मोहन राकेश

रंग-शिल्प और प्रदर्शन

मोहन राकेश

रंग-शिल्प और प्रदर्शन

डॉ. जयदेव तनेजा

राधाकृष्ण प्रकाशन

ISBN : 978-81-7119-722-4

मोहन राकेश : रंग-शिल्प और प्रदर्शन (आलोचना)

पहला संस्करण : 1996
तीसरा संस्करण : 2018

मूल्य : ₹ 950

प्रकाशक
राधाकृष्ण प्रकाशन प्राइवेट लिमिटेड
जी-17, जगतपुरी, दिल्ली-110 051

शाखाएँ : अशोक राजपथ, साइंस कॉलेज के सामने, पटना-800 006
पहली मंजिल, दरबारी बिल्डिंग, महात्मा गांधी मार्ग, इलाहाबाद-211 001
36 ए, शेक्सपियर सरणी, कोलकाता-700 017

वेबसाइट : www.radhakrishnaprakashan.com
ई-मेल : info@radhakrishnaprakashan.com

मुद्रक
बी.के. ऑफसेट
नवीन शाहदरा, दिल्ली-110 032

MOHAN RAKESH : RANG-SHILP AUR PRADARSHAN
by Dr. Jaidev Taneja

नए हिंदी रंगान्दोलन के प्रमुख आधार स्तम्भ

इब्राहिम अल्काज़ी

और उनके प्रतिभावान शिष्यों के लिए

A play after all, is just a basic structure, a skeleton, that assumes its complexion and breathes with the life given to it by the set of actors on the stage.

Mohan Rakesh

नेपथ्य से

मोहन राकेश आधुनिक हिंदी साहित्य के एक मूर्धन्य रचनाकार हैं। केवल तीन या साढ़े तीन नाटकों के रचयिता होने के बावजूद समकालीन भारतीय नाटक के क्षेत्र में उन्होंने महत्त्वपूर्ण स्थान प्राप्त किया है। राकेश के नाटकों की संख्या भले ही कम हो और उनका कथ्य कितना ही सीमित हो, परंतु इस तथ्य से इन्कार नहीं किया जा सकता कि हिंदी के अतिरिक्त मराठी, बांग्ला, कन्नड़, गुजराती, पंजाबी, असमिया, मणिपुरी और अंग्रेज़ी इत्यादि भाषाओं में विविध शैलियों, रंग-रूपों और नई-नई व्याख्याओं के साथ देश-विदेश में की गई उनकी बहुसंख्य प्रभावशाली प्रस्तुतियों ने हिंदी/भारतीय रंगान्दोलन को विकसित और समृद्ध करने में निश्चय ही एक ऐतिहासिक भूमिका का निर्वाह किया है। परंतु हिंदी रंगकर्म में उनके इस बहुमुखी एवं बहुआयामी योगदान की प्रायः उपेक्षा ही की गई है।

इस स्थिति के दो प्रमुख कारण हैं—पहला, अकादमिक एवं सामाजिक स्तर पर रंगकर्म के सम्बन्ध में हमारा बद्धमूल संकीर्ण दृष्टिकोण; और दूसरा, इस विषय के अध्ययन की व्यावहारिक सीमाएँ एवं समस्याएँ। हिंदी प्रदेशों में रंग-परम्परा और रंग-संस्कार के अभाव के कारण रंगकर्म को गम्भीर, रचनात्मक एवं सशक्त अभिव्यक्ति-माध्यम मानने के बजाय केवल मनोरंजन का एक हीनतर कला-माध्यम स्वीकार करके इसे शिक्षित, सभ्य एवं सुसंस्कृत नागर-समाज से बहिष्कृत कर दिया गया। इसी मनोवृत्ति ने हिंदी नाट्यालोचन, अनुसंधान एवं अध्यापन के स्तर पर नाटक को 'पाठ्य' और 'मंचीय' जैसे भ्रामक वर्गों में विभक्त कर दिया। इसके विपरीत अंग्रेजी और अन्य यूरोपीय भाषाओं में नाटक और रंगमंच को अन्योन्याश्रित मानते हुए स्पष्टतः यह स्वीकार किया गया कि "Text is now a kind of surrender, for the text will not tell us much untill it speaks in its own medium." (The Shakespeare Revolution : J. L. Styan : P. 237) यही कारण है कि शेक्सपीयर और कुछ अन्य कालजयी नाटककारों की प्रस्तुतियों और उनके निर्देशकों, अभिनेताओं

एवं पार्श्वकर्मियों इत्यादि को लेकर अंग्रेज़ी और संसार की अन्य भाषाओं में अत्यंत गम्भीर, शोधपरक और महत्त्वपूर्ण समीक्षा-कार्य सम्पन्न हो सका है। परंतु जहाँ तक हिंदी नाट्यालोचन एवं शोध का प्रश्न है, इस तरह के नाटक-रंगमंच समन्वित, संश्लिष्ट अध्ययन-विश्लेषण की अभी शुरुआत तक नहीं हुई है। यह कहना शायद और भी सही होगा कि इस दिशा में अभी हमने गम्भीरता से सोचना भी शुरू नहीं किया है।

यह सच है कि पिछले कुछ वर्षों से हमारे चिंतन एवं दृष्टिकोण में थोड़ा परिवर्तन आया है और इस नई रंग-चेतना जागरूकता के परिणामस्वरूप हिंदी रंगमंच का एक दर्शक-वर्ग बना है। कुछ विश्वविद्यालयों में स्वतंत्र नाटक एवं रंगमंच विभागों की स्थापना भी हुई है। परंतु संस्कारों के स्तर पर जब तक रंगकर्म के महत्त्व को व्यापक जन-स्वीकृति एवं सामाजिक प्रतिष्ठा नहीं मिलती, तब तक न तो हमारे यहाँ समृद्ध व्यावसायिक (प्रोफ़ेशनल) रंगमंच की कोई सम्भावना है और न ही रंगकर्म के व्यावहारिक पक्षों पर किसी मौलिक अध्ययन अथवा गम्भीर अनुसंधान की कोई आशा ही की जा सकती है।

व्यावहारिक स्तर पर नाट्य-प्रस्तुति, अन्य कला-माध्यमों की अपेक्षा, क्षण-जीवी अभिव्यक्ति-माध्यम है। नाट्य-प्रस्तुति की इस प्रकृति से निपटने के लिए विदेशों में माइक्रोफ़िल्म और टेप का सहारा लेने के साथ-साथ ऐसे नाट्य-संग्रहालय भी बनाए गए हैं, जहाँ प्रोडक्शन-स्क्रिप्ट, क्यू-शीट, मंच-सज्जा के विविध प्लान और मॉडल तथा प्रदर्शन सम्बन्धी सभी प्रकार के प्रामाणिक तथ्यों के संग्रह के अतिरिक्त अभिनेताओं द्वारा वास्तव में प्रयुक्त वस्त्राभूषणों एवं मंच-उपकरणों को भी राष्ट्र की सांस्कृतिक धरोहर समझकर सुरक्षित रखा जाता हैं। इसके विपरीत, हमारे यहाँ की स्थिति अत्यंत दयनीय और निराशाजनक है। किसी प्रस्तुति की प्रदर्शन-तिथि तथा कलाकारों के नाम जैसे सामान्य एवं आधारभूत तथ्यों की प्रामाणिक जानकारी पाने तक का यहाँ कोई साधन नहीं है। देश के बहुसंख्य साधनहीन शौकिया नाट्य-दलों की तो बात ही क्या, एशिया के सबसे बड़े, सुव्यवस्थित एवं भरपूर सुविधा-सम्पन्न नाट्य-प्रशिक्षण-संस्थान—राष्ट्रीय नाट्य विद्यालय—के पास भी उसकी अत्यंत महत्त्वपूर्ण आरम्भिक प्रस्तुतियों के पूरे तथ्य तक उपलब्ध नहीं हैं।

यही नहीं, राष्ट्रीय नाट्य विद्यालय रंगमंडल जैसे व्यावसायिक सरकारी संस्थान द्वारा 1992 में प्रकाशित इसकी अपनी गतिविधियों के दस्तावेज़ी महत्त्वपूर्ण ग्रंथ 'रंग यात्रा' में भी 1965 से 1975 तक के प्रदर्शनों की अधूरी जानकारी दी गई है और प्रदर्शन-तिथि एवं मास का उल्लेख तो इनमें से किसी एक के साथ भी नहीं है।

स्पष्ट है कि ऐसी विषम परिस्थितियों में हमारे यहाँ यदि रंगमंच के

डॉक्यूमेंटेशन, प्रामाणिक इतिहास और नाट्य-प्रस्तुतियों की विश्लेषणपरक सूक्ष्म व्याख्या, मूल्यांकनवादी समीक्षा तथा गम्भीर अनुसंधान के स्थान पर प्रायः नाटकों के शास्त्रीय अध्ययन तथा देशी-विदेशी रंगमंच-सिद्धांतों के अनुवाद अथवा पुनर्लेखन का काम ही किया गया हो तो इससे आश्चर्य नहीं होना चाहिए।

इन कठिन एवं विपरीत परिस्थितियों में, 1980-82 में राकेश पर किए गए इस अनुसंधान की ज़रूरत, चुनौती और कमियों-कमज़ोरियों का अनुमान सहज हीलगाया जा सकता है। इसकी सामग्री तत्कालीन पत्र-पत्रिकाओं में छपी छोटी-बड़ी प्रस्तुति-समीक्षाओं, प्रतिक्रियाओं, टिप्पणियों एवं रपटों के अलावा राकेश के देशव्यापी बहुसंख्य निर्देशकों, अभिनेताओं, पार्श्वकर्मियों, पत्रकारों-समीक्षकों तथा प्रबुद्ध प्रेक्षकों के व्यक्तिगत साक्षात्कारों, संस्मरणों, पत्रोत्तरों, छायाचित्रों, आधे-अधूरे रेखांकनों और परिचय-पत्रों के आधार पर संयोजित की गई है। ज़ाहिर है कि यह काम अँधेरे में पगडंडी तलाशने या बनाने की एक आरम्भिक कोशिश भर है। इसमें सम्पूर्णता या उपलब्धि का कतई कोई दावा नहीं है—हो भी नहीं सकता। इस तरह के अपरम्परावादी शोध-कार्य को करने में आदरणीय प्रो० निर्मला जैन तथा डॉ० सत्येन्द्र तनेजा ने जो दिशा-निर्देश, सहयोग और प्रोत्साहन दिया उसके बिना हिंदी नाट्य-शोध के क्षेत्र में किया गया यह 'प्रयोग' सम्भव ही नहीं था।

प्रबुद्ध प्रकाशक श्री अशोक माहेश्वरी ने यदि इसे छापने में उत्साहपूर्ण दिलचस्पी न दिखाई होती तो पता नहीं यह पुस्तक कब तक और अप्रकाशित ही पड़ी रहती?

मैं इन सबका हृदय से आभारी हूँ। प्रस्तुत पुस्तक लगभग साढ़े सात सौ पृष्ठों के मूल बृहद शोध-ग्रंथ का संक्षिप्त, सम्पादित एवं संशोधित रूप है। अद्यतन बनाने की दृष्टि से इसमें 1995 तक की प्रमुख प्रस्तुतियों को भी शामिल कर लिया गया है।

नाट्यालोचकों और विशेषतः विश्वविद्यालयों से जुड़े प्राध्यापक-समीक्षकों के प्रति रंगकर्मियों के जगज़ाहिर पूर्वाग्रह, उपेक्षाभाव और अलगाव के बावजूद व्यक्तिगत परिचय और स्नेह-सम्बन्धों के कारण देश-भर के जिन बहुसंख्य रंग-कर्मी मित्रों ने इस अनुष्ठान को पूरा करने में जो व्यापक सहयोग दिया है, उसका आभार स्वीकार न करना निश्चय ही कृतघ्नता होगी। समय-समय पर गुरुवत श्री नेमिचन्द्र जैन तथा भाई जितेन्द्र कौशल, आनन्द गुप्त, डॉ० शेरजंग गर्ग और डॉ० कुलभूषण हस्ती जैसे अनेक अभिन्न मित्रों से मिले परामर्श एवं सद्भाव के लिए भी मैं उनका आभारी हूँ। जिनके आत्मीय प्रेम एवं शुभाशीष ने मुझे घोर निराशा और असमर्थता के आत्मघाती क्षणों में भी सदैव प्रेरित और उत्साहित किया है—उन नितांत अपनों के अमूल्य दाय को तो मौन रहकर

नत-शिर स्वीकार ही किया जा सकता है।

नाट्य-प्रदर्शनों के छायाचित्र राष्ट्रीय नाट्य विद्यालय, श्रीमती अनीता राकेश और सर्वश्री राजिन्दर नाथ, फ़ैज़ल अल्काज़ी, अरुण कुकरेजा तथा जितेन्द्र कौशल के सौजन्य से प्राप्त हुए। दृश्य-बंध रेखांकन श्री पंकज झा द्वारा किए गए। इन सबके सहज सहयोग के लिए धन्यवाद।

आशा करता हूँ कि अपनी तमाम सीमाओं और कमियों के बावजूद यह पुस्तक चिरजीवी रचनाकार मोहन राकेश के नाटकों को करने तथा पढ़ने-पढ़ाने वाले नई पीढ़ी के जागरूक रंगकर्मियों, अनुसंधाताओं, अध्यापकों तथा छात्रों के लिए समान रूप से दिलचस्प और उपयोगी सिद्ध होगी। यही नहीं, कलकत्ता में 'नाट्य शोध संस्थान' तथा दिल्ली में 'नटरंग प्रतिष्ठान' की स्थापना और राष्ट्रीय नाट्य विद्यालय रंगमंडल द्वारा संयोजित 'रंग यात्रा प्रदर्शनी' की दिशा में आगे बढ़ते हुए उम्मीद करनी चाहिए कि हम जल्दी ही 'राष्ट्रीय नाट्य संग्रहालय' जैसे ज़रूरी संस्थानों के विषय में भी गम्भीरता से सोचेंगे और तब हिंदी/भारतीय नाट्य-प्रस्तुतियों के प्रामाणिक इतिहास, विवेचन, अध्ययन-विश्लेषण और समग्र मूल्यांकन का गम्भीर शोध-कार्य सम्भव हो सकेगा।

नई दिल्ली
विश्व रंगमंच दिवस, 1996

—जयदेव तनेजा

क्रम

तीन

आधे अधूरे

चार

पैर तले की ज़मीन

उपसंहार

परिशिष्ट

मोहन राकेश

रंग-शिल्प और प्रदर्शन

पूर्वरंग

एक अनूठा विद्रोही

मोहन राकेश के एक दोस्त ने उन्हें 'साहित्य का सुल्ताना डाकू' कहा था, 'जो 'टाइम्स ऑफ इंडिया' जैसे अमीरों को लूटता था और 'इनैक्ट' जैसे गरीबों में बाँट देता था।' विश्वम्भर सुरेका ने उन्हें साहित्य का 'बुलडॉग' कहा है तो उनके अभिन्न हृदय मित्र कमलेश्वर के अनुसार 'राकेश जैसा आदमी दुनिया के पर्दे पर नहीं है।' राक्रेश ने अपने नाम, काम और आत्म-सम्मान को लेकर कभी, कहीं, कोई समझौता नहीं किया। उन्होंने अपनी कोई चीज (रचना) मौजूदा कीमत पर कभी नहीं बेची। हमेशा अपनी शर्तें रखीं और मनवाईं।

मोहन राकेश का ऐसा विद्रोही, खुद्दार और विचित्र व्यक्तित्व कैसे, कब और क्यों बना—यह जानना दिलचस्प भी है और जरूरी भी। तो क्यों न इसे शुरू से ही शुरू किया जाए – वंशानुक्रम और परिवेश से! राकेश का जन्म 8 जनवरी, 1925 को अमृतसर की जंडीवाली गली के एक सीलनभरे, अँधेरी सीढ़ियों और बदबूदार नालियों वाले घर तथा दादी माँ के अंधविश्वासों, टोने-टोटकों और भूत-प्रेतों के सच्चे-झूठे आतंक के बीच हुआ। स्वयं राकेश के शब्दों में, 'जीवन में जो पहली शिक्षा मुझे प्राप्त हुई, वह यही थी कि घर के बाहर (और इस अर्थ में ताई का कमरा भी घर के बाहर ही था) कोई भी व्यक्ति स्नेह और विश्वास का पात्र नहीं!···वह जीवन की कल्पना कुछ ऐसी थी, जैसे चारों ओर बुने हुए मकड़ी के जाले के अंदर थोड़ी-सी खाली जगह थी, जहाँ हम रह रहे थे; जरा भी हिलने-डुलने में उस जाले में फँस जाने की सम्भावना थी, अतः सुरक्षा इसी में थी कि अपने कोने में यथासंभव निश्चेष्ट रहा जाए। आमोद खतरे का विषय था। साहस खतरे का विषय था। जीवन में कोई भी प्रयत्न खतरे का विषय था। डिबिया में बंद कीड़े की तरह जीना ही जीने का एक रास्ता था।' सबसे पहले राकेश ने होश सँभालते ही 'घर' की इस संकीर्ण और घुटनभरी बंद कैद से ऐसा विद्रोह किया कि लगभग जीवन भर वह बेघरबार की सी जिंदगी ही जीते रहे। गालिब की तरह बेदरो-दीवार का घर बेशक न बनाया हो, मगर जब बनाया भी तो उसकी खिड़कियाँ, दरवाजे और रौशनदान सबके

लिए हमेशा खुले रहे। महानगरों में रहने के बावजूद प्रकृति के साथ तादात्म्य करके जीना ही उनकी जीवन-शैली बन गई। दुस्साहसी बनकर नए-नए खतरे उठाना और बने-बनाए रास्तों को छोड़कर चलना, विश्वास करना और धोखे खाना उनका जीवन-दर्शन हो गया। उन्होंने दुनिया को मुसाफिरखाना और स्वयं को खानाबदोश बना लिया।

पिता श्री करम चंद अरोरा (गुगलानी) पेशे से वकील और अत्यंत अनुशासन-प्रिय एवं संस्कारी व्यक्ति थे। वह वल्लभ सम्प्रदाय के वैष्णव थे और सोलह वर्ष की अवस्था में ही उन्होंने 'ब्रह्म सम्बन्ध' ले लिया था। उस धार्मिक नियम के तहत वह अपने 'घर के या किसी ब्राह्मण के चौके के अतिरिक्त और कहीं का भोजन नहीं खा सकते थे। पानी वह कुएँ में से शुद्ध पात्र में अपने या ब्राह्मण के हाथ का खींचा हुआ ही पीते थे।' पिता की जल्दी मृत्यु हो जाने के कारण उस विकट संयम और खान-पान की अटूट मर्यादा की तीव्र प्रतिक्रिया भी राकेश में जल्दी ही हुई। तथाकथित सुरक्षा, संयम, नियम, मर्यादा और खुले जीवन को किसी भी रूप या स्तर से बाँधने वाली अनिवार्यता के प्रति तीव्र वितृष्णा, असंतोष, विरोध और विद्रोह का भाव उनके स्वभाव का अभिन्न एवं अविभाज्य अंग बन गया। लाहौर के खुले परिवेश और ज्ञान जैसे अमीर दोस्त के साथ ने इस नए रंग को और भी पक्का कर दिया। राकेश ने पहला प्रेम अपने दूर के रिश्ते की एक बहिन से ही किया और उसी के कारण वह मांसाहारी भी बने। दुर्भाग्य से जल्दी ही उसका निधन हो गया, परंतु खाने-पीने के मामले में राकेश अंत तक स्वतंत्र बने रहे। दिल्ली में जामा मस्जिद की निहायत गंदी सी दुकान के बेहद लजीज कबाब और चिल्ड बियर राकेश की कमजोरी थे। लेकिन माँ (श्रीमती बच्चन कौर) की बेइंतिहा इज्जत करने वाले राकेश ने उनकी 'रसोई' को कभी 'अपवित्र' नहीं होने दिया और उनकी आस्था को कभी ठेस नहीं पहुँचाई। अम्माँ के मन में भी राकेश के प्रति अखंड और अनंत विश्वास तथा प्यार था। राकेश ने शहर बदला हो या नौकरी या बीवी —उन्होंने कभी कोई सवाल नहीं किया ! राकेश को इस तरह 'निरंकुश' बनाने में माँ के इस अंधे प्यार ने भी निर्णायक भूमिका निभाई होगी।

दिलचस्प बात तो यह है कि राकेश ने अपने वंशानुक्रम से प्राप्त संस्कारों और परिस्थितियों के प्रभावों से ही नहीं बल्कि भाग्य और सितारों का भी कम विरोध नहीं किया। अंक विज्ञान के अनुसार उनका जन्मांक 8 था। जन्म के इस अंक वाला व्यक्ति दृढ़ प्रकृति और अपने अधिकारों के प्रति सचेत तो होता है—जैसे कि राकेश भी थे। परंतु इस अंक वाले व्यक्तियों की शेष विशेषताएँ—जैसे—उसका व्यवसाय, सेना या राजनीति से सम्बद्ध होना तथा मित्रों को उनकी सम्पत्ति या शक्ति के आधार पर आँकना अथवा वस्तु की कलात्मक

सुंदरता की अपेक्षा उसके मूल्य को अधिक महत्त्व देना और पैसे या सत्ता के लिए कुछ भी कर गुजरने जैसे जन्मजात 'गुण' राकेश ने अपने में कतई नहीं आने दिए।

नियति में राकेश को विश्वास नहीं था और भाग्य के मुकाबले भी वह भविष्य को ही अधिक महत्त्व देते थे। फिर भी अधिकांश लोगों की तरह उन्हें तीन की संख्या पसंद नहीं थी। अनीता राकेश को सम्बोधित कुफ्री (शिमला) से लिखे 4.4.63 के पत्र में राकेश स्वीकार करते हैं कि "आज तीन तारीख है। पत्र कल निकलेगा इसलिए ऊपर चार तारीख डाली है। तीन का हिंदसा वैसे भी मुझे मनहूस लगता है।" और मजेदार बात यह है कि उनके जन्म के नाम मदन मोहन का अंक भी तीन ही बनता है। जिसके अनुसार व्यक्ति प्रतिभावान और कल्पनाशील तो होता है। परंतु इस अंक के व्यक्तियों में पाए जाने वाले विज्ञान, कलाओं और खेलों में दिलचस्पी तथा तात्कालिक लाभ के लिए भावी सर्वोत्तम लाभों को छोड़ देने या मामूली चीजों के लिए धैर्य खो देने जैसे दुर्गुणों (?) से स्वयं को बचाने के लिए उन्होंने अपना नाम मदन मोहन से मोहन राकेश बनाकर अपने नाम-अंक को भी तीन के बजाए पांच बना लिया। इस नाम-संख्या वाला व्यक्ति उत्साही, दुस्साहसी, असामान्य के प्रति आकर्षित होने वाला, नए विचारों को ग्रहण करने के लिए तत्पर, घुमक्कड़, देश-विदेश में कहीं भी रह सकने में समर्थ, अनिश्चित अप्रत्याशित, अस्थिर स्वभाव तथा रुटीन कर्तव्यों के प्रति अत्यंत लापरवाह जैसी विशेषताओं से युक्त होता है और मोहन राकेश के व्यक्तित्व एवं कृतित्व से परिचित उनके लगभग सभी पाठक ये तथ्य अच्छी तरह जानते हैं कि पाँच की नाम-संख्या वाले ये तमाम गुण या अवगुण राकेश में कूट-कूट कर भरे हुए थे। जाहिर है कि राकेश ने अपने नाम को ही नहीं, इन विशेषताओं को भी स्वयं ही अर्जित किया था। उनके व्यक्तित्व के बदलाव सन् 1950 से लेकर 1972 तक लगातार बदलते हस्त-लेख और हस्ताक्षर के विविध रूपों में भी देखे जा सकते हैं। वह कहते हैं, "मैं 'ईवननैस' बर्दाश्त नहीं कर सकता। मैं हमेशा 'अनईवन' रहना चाहता हूँ। 'अनईवननेस' में ही सस्पेंस है, थ्रिल है, मजा है।" या जैसाकि उन्होंने अपने मित्र गिरधारी लाल वैद को अपने 20.4.51 के पत्र में स्पष्ट लिखा है कि "शांति में स्थिरता होती है और स्थिरता से मैं डरता हूँ।" लेकिन कैसी विडम्बना है कि अपने नाम-अंक को तीन से पाँच बना लेने वाले राकेश की मृत्यु मनहूस तीन तारीख को ही हुई!

'काम' राकेश के जीवन का मूलाधार रहा है। सर्वविदित है कि लेखन उनका काम था और वह अंत तक उनके जीवन की पहली प्राथमिकता बना रहा। 'काम' का अर्थ यदि सैक्स है तो उससे भी राकेश कभी बच नहीं सके। यह अलग बात है कि किसी औरत के साथ रहना राकेश के लिए जितना कठिन था

उसके बिना रहना शायद उससे भी ज्यादा मुश्किल था। और 'काम' का अर्थ कामना, जीवनी शक्ति, कर्मठ जीवन में आस्था और अटूट विश्वास है तो श्रीनगर से भाभी श्रीमती कौशल्या अश्क को 6.5.59 को लिखे एक लंबे डिप्रैसिंग पत्र के अंत में राकेश पूरे निश्चय और विश्वास के साथ लिखते हैं कि "···मगर मैं ज़िंदगी को एक हारे हुए आदमी के दृष्टिकोण से ग्रहण नहीं कर सकता—कि जो कुछ मिलता है, वही सही।"

अपने तमाम अंतर्द्वंद्व, संशय, अनिश्चय, अनिर्णय और दुःख के बावजूद राकेश में अपने सिद्धांतों, मूल्यों और विश्वासों के लिए लड़ने की अद्भुत हिम्मत थी। अपनी शर्तों पर ज़िंदा रहने की तड़प, आत्म-सम्मान और लिखने के लिए सब कुछ छोड़ देने की कुव्वत, सम्बन्ध बनाने और आखिर तक उन्हें निभाने की जीतोड़ कोशिश, लक्ष्य को पा लेने की बेसब्री, खून की गर्मी और संवेदनाओं-भावनाओं की कोमलता के साथ-साथ प्रखर बौद्धिकता की चमक एवं उनके बहु-मुखी सम्मोहक व्यक्तित्व की खुशबू—राकेश के कथा-साहित्य और नाटकों के अनेक चरित्रों में साफ-साफ देखी जा सकती है। उन्होंने जब भी और जो कुछ भी लिखा, अपने ही जीवन के इतिहास को फिर-फिर दोहराया।

राकेश का जीवन और लेखन एक प्रयोगशाला की तरह थे, जिसमें उन्होंने स्वयं अपने और अपने समय, समाज और परिवेश के सत्य को पूरी ईमानदारी, सच्चाई, सूक्ष्मता तथा गहराई से जीने, जानने और जाँचने-परखने की बार-बार कोशिश की। यह अनवरत और अनंत तलाश ही जैसे उनके व्यक्तित्व एवं कृतित्व की धुरी है। स्वयं को सम्बोधित करते हुए उन्होंने 1 जून, 1957 को अपनी डायरी में लिखा था कि "···तू हवा और पानी का साथी है, उनके साथ मिलकर उनकी तरह ही जी—जीवन में ख्याति या प्राप्ति तेरी उपलब्धि नहीं है। तेरी उपलब्धि तेरी खोज है। खोज और जी।" अपनी आंतरिक और बाह्य प्रकृति के साथ एकात्म होकर जीने और तमाम उपलब्धियों को ठोकर मारकर प्रति पल नई चुनौतियाँ खोजने वाले राकेश सचमुच एक अनूठे विद्रोही थे।

हिंदी रंगान्दोलन की भूमिका और मोहन राकेश का उदय

आधुनिक हिंदी नाटक और रंगमंच का यह एक सर्वमान्य और ऐतिहासिक सत्य है कि पारसी व्यावसायिक थियेटर की प्रतिक्रियास्वरूप हिंदी में सुरुचिपूर्ण एवं गम्भीर अव्यावसायिक रंगमंच की स्थापना और उसके विकास में भारतेंदु हरिश्चंद्र तथा पं० माधव शुक्ल के बहुविध रचनात्मक प्रयासों के साथ-साथ अर्द्ध-व्यावसायिक 'पृथ्वी थियेटर' और प्रतिबद्ध 'इप्टा' का बुनियादी महत्त्व रहा है। यह भी सच है कि हिंदी के नये रंगान्दोलन के आरम्भ होने से पूर्व काशी, लखनऊ, इलाहाबाद और कानपुर जैसे हिंदी प्रदेश के रंग नगरों तथा कलकत्ता, दिल्ली और बम्बई जैसे महानगरों में हिंदी रंगमंच किसी न किसी रूप में जीवित अवश्य था। परंतु इस तथ्य को भी झुठलाया नहीं जा सकता कि हिंदी प्रदेश का यह रंगमंच स्वतंत्रता-प्राप्ति के प्रथम दशक की समाप्ति के समय तक (कुछेक अपवादों को छोड़कर) पारसी रंगमंच की अतिरंजनापूर्ण शैली से आक्रांत और प्रदर्शन-मूल्यों की दृष्टि से अत्यंत निराशाजनक स्थिति में था। इसका स्वाभाविक परिणाम यह हुआ कि विभिन्न कारणों से धीरे-धीरे इन तमाम नाट्य-संस्थाओं का विघटन होता गया। महानगरों का तत्कालीन रंगकर्म भी वहाँ के सांस्कृतिक और दैनिक जीवन की अपेक्षाओं की सहज उपज न होकर कुछ विशिष्ट व्यक्तियों की निजी प्रतिष्ठा एवं महत्त्वाकांक्षा से उद्भूत होने के कारण प्रायः साहित्यिक-सांस्कृतिक दृष्टि और गम्भीर रंग-संस्कार से रहित महज मनोरंजन अथवा आत्म-प्रदर्शन का साधन मात्र बनकर रह गया था।[1]

इस संदर्भ में उल्लेखनीय है कि बँगला, मराठी और कन्नड़ जैसी अपेक्षाकृत समृद्ध भारतीय भाषाओं का व्यावसायिक रंगमंच प्रायः हिंदी-भाषी नाटक और रंगमंच के समक्ष चुनौती और कुंठा का कारण बनता रहा है। परंतु सच तो यह है कि "बहुत-सी नाट्य-परम्पराओं की लोकप्रियता की रवायतों से हमें ख्वाहम-ख्वाह आक्रांत होने की कोई जरूरत नहीं दीखती।...जैसे रंगमंच और उनसे सम्बद्ध नाट्य-लेखन हिंदी में नहीं है, यह हमारा दुर्भाग्य नहीं, सौभाग्य है। हम

एक स्वस्थ शुरुआत तो कर सकते हैं।"[2] और आजादी के बाद निश्चय ही हमने हिंदी नाटक और रंगमंच के क्षेत्र में एक नई और स्वस्थ शुरुआत की। हमने आधुनिक भारतीय रंग-दृष्टि को उपलब्ध और विकसित करने के उद्देश्य से संस्कृत, मध्यकालीन एवं लोक-नाट्य तथा पश्चिमी रंगमंच के सार्थक और प्रासंगिक रंग-तत्त्वों के रचनात्मक उपयोग से (नये परिप्रेक्ष्य में उनके संतुलन और समन्वय द्वारा), सृजन के प्रत्येक स्तर पर बहुरूपी एवं बहुरंगी नाट्य-प्रयोग किए। यही नहीं, रंगमंच को 'मूल्यवान, सार्थक और जीवंत अनुभव को मूर्त करने के साथ-साथ किसी कलात्मक-सर्जनात्मक उपलब्धि'[3] के सशक्त साधन एवं प्रभावशाली अभिव्यक्ति माध्यम के रूप में विकसित करने का प्रयत्न भी किया।

इस परिप्रेक्ष्य में जनवरी, 1953 में केंद्रीय संगीत नाटक अकादमी तथा 1956 तक अनेक राज्यों में प्रादेशिक अकादमियों की स्थापना के साथ-साथ 1958-59 में 'एशियायी नाट्य संस्थान' अथवा 'राष्ट्रीय नाट्य विद्यालय' की स्थापना भारतीय और विशेषतः हिंदी रंगमंच पर नवीन रंग-चेतना तथा तकनीक समृद्ध गम्भीर रंगकर्म के उदय की दृष्टि से निर्णायक एवं बुनियादी मोड़ कही जा सकती है। और यह आकस्मिक नहीं है कि मोहन राकेश का नाटक 'आषाढ़ का एक दिन' न केवल संगीत नाटक अकादमी द्वारा सर्वश्रेष्ठ नाट्य-रचना के रूप में पुरस्कृत ही होता है, बल्कि राष्ट्रीय नाट्य विद्यालय में निदेशक के तौर पर इब्राहिम अल्काज़ी के आगमन के बाद सर्वप्रथम इसी मौलिक नाटक का चुनाव और स्मरणीय प्रदर्शन आधुनिक हिंदी रंगमंच के एक नये आयाम का उद्घाटन भी करता है। सम्भवतः यही कारण है कि अनेक नाट्य-समीक्षक एवं रंगकर्मी नए हिंदी नाटक और रंगान्दोलन की सही शुरुआत राकेश के 'आषाढ़ का एक दिन' के प्रकाशन एवं प्रदर्शन से ही स्वीकार करते हैं।

इस संदर्भ में यह तथ्य उल्लेखनीय है कि राष्ट्रीय नाट्य विद्यालय के उदय तक कलकत्ता में 'अनामिका' (1955), बम्बई में 'थियेटर यूनिट' (1954) तथा दिल्ली में 'थ्री आर्ट्स क्लब' (1948), 'लिटिल थियेटर ग्रुप' (1948), 'दिल्ली आर्ट थियेटर' (1951), 'इंद्रप्रस्थ थियेटर', 'हिंदुस्तानी थियेटर' (1954) तथा 'नया थियेटर' और 'यात्रिक' (1959) जैसी नाट्य-संस्थाएँ अपना रंगकार्य आरम्भ कर चुकी थीं। इनके अतिरिक्त, लखनऊ में 'राष्ट्रीय नाट्य परिषद्' (1949-50) तथा 'लखनऊ रंगमंच' (1953), प्रयाग में 'इलाहाबाद आर्टिस्ट एसोसिएशन' (1955) तथा 'नाट्य-केंद्र', वाराणसी में 'श्रीनाट्यम्' और कानपुर में 'भारतीय कला मंदिर', 'काडा-नाट्य भारती' एवं 'परफार्मर्स' (1959) जैसी नाट्य-संस्थाएँ भी पर्याप्त सक्रिय थीं। राकेश के नाटकों के अभिमंचन के संदर्भ में यह तथ्य चौंकाने वाला ही नहीं बल्कि महत्त्व-पूर्ण भी है कि 'आषाढ़ का एक दिन' के आरम्भिक प्रदर्शन राष्ट्रीय नाट्य

विद्यालय से काफ़ी पहले लखनऊ, इलाहाबाद और कलकत्ता में किए जा चुके थे तथा 'लहरों के राजहंस' का प्रथम अभिमंचन भी महानगरों के बहुचर्चित निर्देशकों अथवा नाट्य-दलों के बजाए सत्यव्रत सिन्हा द्वारा 'प्रयाग रंगमंच' की ओर से किया गया था। यही नहीं, हिंदी नाटक और रंगमंच पर राकेश के उदय से पूर्व जगदीश चंद्र माथुर के 'कोणार्क' तथा धर्मवीर भारती के 'अंधायुग' जैसी श्रेष्ठ रचनाओं का प्रकाशन अथवा प्रदर्शन भी हो ही चुका था। अतः स्वतंत्रता-प्राप्ति से लेकर छठे दशक के आरम्भ तक के ये बिखरे हुए छोटे-छोटे प्रयास, परम्परा के सार्थक समन्वय से आधुनिक रंग-शैली की तलाश के प्रयोग—उत्साही रंगकर्मियों के अथक परिश्रम एवं मूक समर्पण का ऐसा इतिहास प्रस्तुत करते हैं, जिसके बिना हिंदी के नए रंगान्दोलन की कल्पना ही नहीं की जा सकती। इब्राहिम अल्काज़ी के शब्दों में, "भारतीय रंगमंच के विकास में छठा दशक अनेक कारणों से बहुत ही समृद्ध और महत्त्वपूर्ण कालों में से एक माना जाएगा। सबसे स्पष्ट और सबसे प्रमुख कारण यही है कि इन वर्षों में रंगकला की आनुषंगिक शाखाओं—नाट्य-लेखन, अभिनय, निर्देशन, मंच-परिकल्पना एवं प्रकाश-व्यवस्था ने विशिष्ट प्रतिभाओं के ज़रिए प्रौढ़ता प्राप्त कर ली। यह व्यापक उत्कर्ष आकस्मिक नहीं था, क्योंकि इसके पीछे धीमे लेकिन दृढ़ और समर्पित प्रयत्न के दस-पंद्रह वर्ष हैं।"[4] परंतु दिल्ली, बंबई, कलकत्ता जैसे महानगरों तथा लखनऊ, इलाहाबाद, वाराणसी, कानपुर, आगरा इत्यादि रंगनगरों का "यह रंगकार्य चाहे कितना ही निष्ठावान, महान, कौशलपूर्ण एवं कल्पना-मूलक रहा हो, प्रत्येक मंडली का योग केवल अपनी भाषा की हदों तक ही सीमित था और क्षेत्रीय तथा भाषिक सीमाओं के पार विचारों का कोई आदान-प्रदान नहीं होता था। दूसरे, हर भाषा में इस चेतना का काँटा चुभ रहा था कि राजनीतिक उतार-चढ़ाव, सामाजिक परिवर्तन, असुरक्षा, कुंठा तथा अवसाद के साथ समय के मिज़ाज को रंगमंच में वाणी नहीं मिल रही है। अब बस, एक आवाज़ की ज़रूरत थी—जीवंत, प्रामाणिक और परिस्थितियों के आक्रोश से भरी हुई आवाज़ की।"[5] छठे दशक के आरम्भ में बँगला, मराठी और कन्नड़ जैसी रंग-परम्परा से समृद्ध भाषाओं में ही नहीं बल्कि तथाकथित रंग-संस्कार और परम्परा से रहित हिंदी रंगमंच के क्षेत्र में भी आधुनिक रंग-चेतना एवं नई संवेदनशीलता से युक्त निष्ठावान तथा कल्पनाशील रंगकर्मियों की एक पूरी पीढ़ी मानो एक साथ सक्रिय हो उठी। इब्राहिम अल्काज़ी, सत्यदेव दुबे, श्यामानंद जालान, हबीब तनबीर, राजिन्दर नाथ, सत्यव्रत सिन्हा, लक्ष्मीनारायण लाल जैसे उत्साही एवं कल्पनाशील निर्देशकों ने अपने आधुनिक रंगकर्म से नई पीढ़ी को प्रेरित करने में निर्णायक भूमिका निभाई। बादल सरकार, विजय तेंदुलकर, आद्य रंगाचार्य, गिरीश कर्नाड तथा मोहन राकेश के कृतित्व ने प्रादेशिकता की सीमाएँ तोड़कर राष्ट्रीय स्तर

प्राप्त किया। हिंदी भाषा तथा इसके रंगमंच ने सेतु-धर्म का निर्वाह अत्यंत तत्परता, सजगता और सफलता के साथ किया। हिंदी-भाषियों की उदारता और सहजग्राह्यता ने एक ओर यदि हिंदी रंगमंच को व्यापकता एवं समृद्धि प्रदान की तो दूसरी ओर इसे मात्र अनुवादों और रूपांतरणों का रंगमंच बना दिया।

रंगमंच के संदर्भ में आधुनिक नाट्य-लेखन की स्थिति पर दृष्टिपात करें तो ज्ञात होगा कि पारसी रंगमंच के उत्कर्ष-काल में भारतेंदु हरिश्चंद्र तथा पं० माधव शुक्ल ने रंगमंच-सम्पृक्त जिन साहित्यिक एवं कलात्मक नाटकों से हिंदी रंगमंच का जो श्रीगणेश किया और नाट्य-लेखन के साथ-साथ स्वयं अभिनय एवं व्यावहारिक रंगकर्म का जो आदर्श सामने रखा वह कई दृष्टियों से महत्त्वपूर्ण तथा प्रेरणादायी था। परंतु तत्कालीन परिस्थितियों, अपेक्षाओं और सीमाओं के कारण इस युग का नाटक, कथ्य और शिल्प की विविधता एवं व्याप्ति के बावजूद भावमयता, आंतरिकता, गहन वैचारिकता और कलात्मक सूक्ष्मता से वंचित रहा। भारतेंदु के बहिरंगी नाटक को अंतरंगी बनाने तथा उसे साहित्यिक-दार्शनिक उत्थान प्रदान करने का महत्त्वपूर्ण कार्य जयशंकर प्रसाद ने किया। इन दोनों युगप्रवर्तक नाटककारों के बीच के समय मौलिक नाट्य-लेखन के बजाए संस्कृत, अंग्रेजी, बँगला इत्यादि के श्रेष्ठ नाटकों को हिंदी में प्रस्तुत करने की प्रवृत्ति अधिक प्रबल रही। अतः द्विवेदी-युग के इस समय-खंड को हिंदी नाटक का 'अनुवाद-काल' कहा जा सकता है। जयशंकर प्रसाद ने कलाहीन एवं फूहड़ पारसी-नाटकों की प्रतिक्रियास्वरूप 'अजातशत्रु', 'स्कंदगुप्त', 'चंद्रगुप्त' तथा 'ध्रुवस्वामिनी' जैसे छोटे-बड़े अनेक पुनरुत्थानवादी साहित्यिक-सांस्कृतिक नाटकों का प्रणयन किया—यह अलग बात है कि रंग-पद्धति और प्रदर्शन-शैली की दृष्टि से उनके ये नाटक पारसी रंग-रूढ़ियों से पूरी तरह आक्रांत हैं। इसके बावजूद, यह एक महत्त्वपूर्ण तथ्य है कि प्रसाद ने भारतीय और पाश्चात्य नाट्य-परम्पराओं के सम्यक् सामंजस्य से एक नई नाट्य-शैली की सार्थक तलाश का रचनात्मक प्रयत्न किया। इसमें संदेह नहीं कि प्रसाद हिंदी रंगमंच की समस्याओं के प्रति पूर्णतः जागरूक और उसके अभ्युत्थान के लिए चिंतित थे; परंतु विडम्बना यह है कि मूलतः आभिजात्य संस्कारों वाले अंतर्मुखी कवि होने के कारण स्वयं को व्यावहारिक रंगकर्म से प्रत्यक्षतः जोड़ पाना उनके लिए सहज-सम्भव और स्वाभाविक नहीं था। उनकी इसी प्रकृति और मनोवृत्ति का परिणाम हमें उनके इस बहु उद्धृत कथन में देखने को मिलता है कि "रंगमंच के सम्बन्ध में यह भारी भ्रम है कि नाटक रंगमंच के लिए लिखे जाएँ। प्रयत्न तो यह होना चाहिए कि नाटक के लिए रंगमंच हों, जो व्यावहारिक है। हाँ, रंगमंच पर सुशिक्षित और कुशल अभिनेता तथा मर्मज्ञ सूत्रधार के सहयोग की आवश्यकता है।"[6] यह

सत्य है कि प्रसाद की इस धारणा का प्रत्यक्ष प्रभाव नाटककार और रंगकर्मी के अलगाव तथा भारतेंदु प्रवर्तित हिंदी रंगमंच के अवरोध का कारण बना, परंतु गम्भीरता से विचार करने पर प्रसाद का उक्त कथन सिद्धांततः गलत नहीं है। नाट्यालेख ही रंगमंच का मूलाधार प्रस्तुत करता है और प्रत्येक रंगमंच का स्वरूप एवं स्थापत्य सूक्ष्मत: नाट्यालेख में ही विद्यमान होता है। निर्देशक का काम उसे तलाशना और अभिनेता के द्वारा मूर्तरूप में प्रस्तुत करके प्रेक्षकों तक सम्प्रेषित करना है। यही कारण है कि आज भी संस्कृत या ग्रीक रंगमंच का वास्तविक स्वरूप हम उस काल के नाटकों से ही उपलब्ध करते हैं—कर सकते हैं। समर्थ नाटककार सदैव अपने समय की रंग-रूढ़ियों का इस्तेमाल भी करते हैं और उनका अतिक्रमण भी। विश्व-रंगमंच का इतिहास इस तथ्य का प्रमाण है कि नाट्यालेखों में निहित नए रंगमंच का अनुसंधान करके ही रंगमंच ने नई रंग-पद्धतियों और शैलियों का विकास किया है। यथार्थवादी रंगमंच के उद्भव से पूर्व किसी इब्सन या शॉ का होना निहायत जरूरी है। जहाँ तक कुशल अभिनेता और प्रबुद्ध प्रेक्षक का प्रश्न है—इसकी माँग तो संस्कृत के नाट्य-शास्त्रा भी हमेशा करते हैं। प्रसाद के कथन को गलत समझने-समझाने का मूल कारण लोक और व्यावसायिक रंगमंच तथा शास्त्रीय एवं आभिजात्य रंगमंच की मूल अपेक्षाओं के अंतर को उपेक्षित करने के कारण हुआ है। परंतु सिद्धांततः प्रसाद का दृष्टिकोण कितना ही सही और व्यावहारिक क्यों न रहा हो, इस ऐतिहासिक सत्य को झुठलाया नहीं जा सकता कि उनके नाटक सामान्यत: अरंगमंचीय सिद्ध हुए और उनकी उक्त मान्यता ने, भ्रमवश ही सही, नाटककार तथा रंगकर्मियों के बीच एक अलंघ्य दीवार खड़ी करके हिंदी-रंगमंच का भारी अहित किया। गोविंद वल्लभ पंत, हरिकृष्ण प्रेमी, सेठ गोविंददास, वृंदावनलाल वर्मा, चंद्रगुप्त विद्यालंकार इत्यादि में किंचित परिवर्तन के साथ इस प्रसाद-परंपरा के अवशेष देखे जा सकते हैं।

जयशंकर प्रसाद के ऐतिहासिक-सांस्कृतिक नाटकों की प्रतिक्रियास्वरूप 'सिंदूर की होली', 'राक्षस का मंदिर', 'मुक्ति का रहस्य' और 'आधी रात' जैसे यथार्थवादी समस्या-नाटक लिखने वाले लक्ष्मीनारायण मिश्र प्रकटत: इब्सन और शॉ से प्रभावित रहे। इन्होंने बुद्धिवाद का उद्घोष किया और भावुकता तथा काव्यात्मकता से मुक्त करके अपने नाटकों को रंगमंचीय (?) बनाने की कोशिश भी की। नेमिचंद्र जैन के शब्दों में, "मिश्रजी ने अपने नाटकों में स्त्री-पुरुष के नये सम्बन्धों की बौद्धिक जाँच-पड़ताल करने का प्रयास किया है। परंतु इस बदलती हुई स्थिति को गहराई में जाकर देखने योग्य पैनी यथार्थ दृष्टि उनके पास नहीं थी। इसलिए उनके नाटकों के कथानक बनावटी हैं, स्थितियाँ अधिकांश आरोपित, काल्पनिक और अविश्वसनीय हैं और चरित्र निर्जीव, निरे विचार मात्र, ऐसी

अंतहीन बहस में लगे हुए जो लेखक के खोखले आदर्शवाद के कारण अवास्तविक ही नहीं, एक भंगिमा मात्र लगते हैं।"[7] इन नाटकों की भाषा कृत्रिम, गतिहीन और बोझिल है तथा सम्वाद सपाट अर्थों के वाहक। यही कारण है कि प्रकटत: सहज-सरल और रंगमंचीय प्रतीत होने के बावजूद मिश्रजी के नाटक हिंदी नाटक और रंगमंच को कोई नया एवं सार्थक मोड़ देने में असमर्थ रहे। इनकी अपेक्षा, इसी परम्परा के उपेन्द्रनाथ अश्क ने, अपनी सीमाओं के बावजूद, स्कूलों-कॉलेजों या विशुद्ध शौकिया नाट्य-दलों के तत्कालीन हिंदी रंगमंच को—अतिरंजनावादी पारसी रंग-शैली तथा प्रसाद की बोझिल अलंकृत-काव्यात्मक भाषा से मुक्त करके—स्वाभाविकता के निकट लाने में सफलता प्राप्त की।

परंतु नाट्य-रचना के स्तर से वास्तविक नवोन्मेष स्वतंत्रता के बाद अथवा अधिक स्पष्ट तथा निश्चित रूप से कहें तो 'कोणार्क' और 'अंधायुग' के प्रकाशन (सन् 1951-1953) से आया। "इस नवोन्मेष के मूल में अंतर्राष्ट्रीय सम्बन्धों से उत्पन्न हमारी बौद्धिकता, नवीन सौंदर्य-वृत्ति एवं सांस्कृतिक चेतना है जिसने जीवन के गहरे और वास्तविक सत्य को स्वीकार किया। इंग्लैंड, अमरीका, रूस फ्रांस तथा एशियायी देशों से सांस्कृतिक आदान-प्रदान ने हमारा ध्यान हिंदी के जीवित रंगमंच और व्यावहारिक नाट्य-कला के अभाव की ओर आकृष्ट किया। परिणामस्वरूप रंगमंच के प्रति एक दृढ़ आस्था का उदय हुआ और हिंदी नाटककार नवीन नाट्य-प्रयोगों की ओर प्रवृत्त हुआ।"[8]

नाटक और रंगमंच के अन्योन्याश्रित अटूट सम्बन्ध तथा नाटककार और रंगकर्मी के अपरिहार्य पारस्परिक सहयोग का पहला रचनात्मक प्रमाण 'कोणार्क' में ही मिला, जिसकी भूमिका में नाटककार ने स्पष्टतः निःसंकोच स्वीकार किया कि "मैंने जो कुछ लिखा है, उस पर रंगमंच और नाट्य-लेखन के तजुर्बे की छाप है, शास्त्रीय अध्ययन की नहीं। लेकिन शास्त्र के दामन पर तजुर्बे के दाग न पड़ें, तो वह दामन नहीं पताका बनकर रह जाएगा। हमें दामन की जरूरत है, पताका की नहीं।"[9] 'कोणार्क' के परिशिष्ट (1) में प्रस्तुत 'निर्देशक और अभिनेताओं के लिए संकेत', 'अंधायुग' की भूमिका और 'मादा कैक्टस' के साथ प्रकाशित 'निर्देश' तथा 'रंगमंच के उपरांत' में शास्त्र और व्यवहार समन्वित उस नये रंग-बोध और स्वस्थ-संतुलित दृष्टिकोण के सूत्र एवं प्रमाण साफ तौर से देखे जा सकते हैं, जो नये हिंदी रंगकर्म की आधारशिला बने। इसी पृष्ठभूमि में 1958 में मोहन राकेश के प्रथम नाटक 'आषाढ़ का एक दिन' का प्रकाशन हुआ, जिसकी भूमिका में नाटककार ने पाश्चात्य रंगमंच की उपलब्धियों से प्रभावित और आक्रांत हो रहे हिंदी रंगमंच के स्वस्थ विकास के लिए अपनी नैजिक रंग-दृष्टि की तलाश पर जोर देते हुए लिखा कि "हिंदी रंगमंच को हिंदी-भाषी प्रदेश की सांस्कृतिक पूर्तियों और आकांक्षाओं का प्रतिनिधित्व करना होगा,

रंगों और राशियों के हमारे विवेक को व्यक्त करना होगा। हमारे दैनंदिन जीवन के राग-रंग को प्रस्तुत करने के लिए, हमारे संवेदों और स्पंदनों को अभिव्यक्त करने के लिए, जिस रंगमंच की आवश्यकता है, वह पाश्चात्य रंगमंच से कहीं भिन्न होगा। इस रंगमंच का रूपविधान नाटकीय प्रयोगों के अभ्यंतर से जन्म लेगा और समर्थ अभिनेताओं तथा दिग्दर्शकों के हाथों उसका विकास होगा।" और 'आषाढ़ का एक दिन' इस निजी रंग-दृष्टि की सम्भावनाओं की खोज का पहला सार्थक, समर्थ और महत्त्वपूर्ण सर्जनात्मक रंग-प्रयोग सिद्ध हुआ।

स्पष्ट है कि हिंदी रंग-परिदृश्य पर राकेश के आगमन से पूर्व पर्याप्त जागरूकता और सक्रियता विद्यमान थी। राकेश का महत्त्व इस दृष्टि से है कि इनके नाटकों में भारतेंदु प्रवर्तित किंतु लुप्तप्राय रंग-परम्परा, प्रसाद की काव्यश्री, भुवनेश्वर, लक्ष्मीनारायण मिश्र तथा उपेन्द्रनाथ अश्क के नाटकों में प्रस्तुत स्त्री-पुरुष सम्बन्धों के विश्लेषण तथा समस्या-नाटक के शिल्प, जगदीश चंद्र माथुर एवं धर्मवीर भारती के आधुनिकता-बोध और साहित्य-रंगमंच-सम्पृक्त दृष्टिकोण जैसी सभी विशेषताओं के सार-तत्त्व को रचनात्मक स्तर पर पचाकर उन्हें अपने नाटक में एक अंतरंग नाट्य-भाषा, विश्वसनीय सम्वाद-लय तथा समकालीन मुहावरे और तेवर के साथ इस प्रभावशाली रूप में प्रस्तुत किया कि 'आषाढ़ का एक दिन' उस पूरी रंग-परम्परा के सार्थक एवं प्रासंगिक दाय की उपलब्धियों का जीवंत प्रतीक बन गया। इसने राष्ट्रीय स्तर पर चर्चित होकर एक नई हलचल पैदा की। इसके बहुसंख्य प्रदर्शनों ने अपने-अपने नगरों तथा प्रदेशों तक सीमित छुटपुट रंग-प्रयोगों वाले हिंदी रंगमंच को एकसूत्र में बाँधकर उसे आंदोलन का रूप प्रदान करने में सहयोग किया। हिंदी नाटक और रंगमंच को नई गरिमा, प्रतिष्ठा तथा व्यापकता प्राप्त हुई। इस कार्य में केवल राकेश के नाटकों का ही नहीं, उनके उत्साही, समर्पित और उत्प्रेरक व्यक्तित्व का योगदान भी कम उल्लेखनीय नहीं है। इसलिए छठे दशक के बीच जब देश की सभी रंग-समृद्ध भाषाओं के नाटकों और नाटककारों को (हिंदी रंगमंच के माध्यम से) राष्ट्रीय स्तर पर प्रतिष्ठा मिली तो उस समय हिंदी नाटक का उचित प्रतिनिधित्व करने का श्रेय स्वभावतः केवल मोहन राकेश को ही प्राप्त हुआ। अतः यह मात्र संयोग ही नहीं है कि इब्राहिम अल्काज़ी ने राष्ट्रीय नाट्य विद्यालय का निदेशक बनने के बाद अपने प्रथम नाट्य-प्रदर्शन के लिए 'आषाढ़ का एक दिन' का ही चुनाव किया और इस मुक्ताकाशी ऐतिहासिक प्रदर्शन के साथ ही मानो हिंदी रंगमंच को एक नया आयाम और प्रदर्शन-मूल्यों की दृष्टि से एक उच्चतर स्तर उपलब्ध हो गया।

इसी काल खंड में नाटककार, अभिनेता और दर्शक को कलात्मक स्तर पर जोड़ने वाले निर्देशक नामक एक संयोजक व्यक्तित्व का उदय हुआ और रंगकर्म

में अपनी प्रमुख भूमिका के कारण कालातर में वह इतना महत्त्वपूर्ण हो गया कि समकालीन हिंदी रंगमंच वास्तव में केवल निर्देशक का रंगमंच ही होकर रह गया। यहाँ यह चर्चा शायद बहुत अप्रासंगिक न हो कि किस प्रकार राकेश ने हिंदी नाटककार और निर्देशक के बीच की लगातार बढ़ती खाई को पाटने के लिए 'अनामिका' के निमंत्रण पर 1966 में कलकत्ता जाकर निर्देशक श्यामानंद जालान और उनके रंगकर्मियों के साथ मिलकर 'लहरों के राजहंस' को 'सहयोगी प्रयास' के रूप में पुनः लिखकर एक नई रचनात्मक पहल की। यह अलग बात है कि कालांतर में राकेश ने यहाँ भी निर्देशक के आरोपित आतंक और अतिरिक्त महत्त्व को अस्वीकार करके 'नाटककार का रंगमंच' की धारणा का समर्थन किया और अपने अधिकाधिक सम्पूर्ण नाट्यालेखों के माध्यम से रंगकर्म में नाटककार की महत्त्वपूर्ण भूमिका को प्रतिष्ठित करके हिंदी रंगमंच के उलझे समीकरण को सुलझाकर संतुलित करने की भी पूरी कोशिश की।

अपने समय में जयशंकर प्रसाद ने हिंदी रंगमंच के विकास और उत्थान के लिए जिस 'सुशिक्षित और कुशल अभिनेता तथा मर्मज्ञ सूत्रधार' की ऐतिहासिक आवश्यकता की ओर संकेत किया था और बाद में मोहन राकेश ने जिन 'समर्थ अभिनेताओं तथा दिग्दर्शकों' की माँग की थी, काफी हद तक उसकी पूर्ति राष्ट्रीय नाट्य विद्यालय ने कर दी। कुछ ही वर्षों में प्रशिक्षण प्राप्त समर्थ अभिनेताओं, प्रतिभावान मर्मज्ञ निर्देशकों तथा कुशल और प्रवीण नेपथ्यकर्मियों की एक पूरी पीढ़ी देखते ही देखते भारतीय रंगमंच पर छा गई। हिंदी नाट्यान्दोलन के उद्‌भव एवं विकास में राष्ट्रीय नाट्य विद्यालय के स्नातकों और उनके द्वारा देश-भर में संचालित रंग-शिविरों ने निर्णायक भूमिका अदा की है। इनके अतिरिक्त अगणित निष्ठावान कलाकार एवं नाट्य-दल स्तर-भेद के बुनियादी अंतर के बावजूद, अपनी-अपनी प्रतिभा, समझ और सामर्थ्य के अनुसार, स्थानीय समस्याओं एवं परिस्थितियों से सतत जूझते हुए देश के विभिन्न रंग-नगरों में अपने समर्पित रंगकर्म से समकालीन हिंदी रंगमंच को विकसित और समृद्ध करने में अपना महत्त्वपूर्ण योगदान देते रहे हैं—दे रहे हैं। इनके श्रेष्ठ नाट्य-प्रदर्शनों तथा रंग-शिविरों का प्रत्यक्ष-परोक्ष प्रभाव पूरे हिंदी रंगमंच पर पड़ा और बहुत कम समय में ही उसने अपना आशातीत विस्तार और विकास कर लिया। दिल्ली, कलकत्ता, बम्बई, बनारस, लखनऊ, कानपुर, इलाहाबाद, पटना, गोरखपुर, भोपाल, ग्वालियर, जयपुर, जोधपुर, उदयपुर, रायपुर, देहरादून, चंडीगढ़, जम्मू इत्यादि की सीमाओं को तोड़कर आज हिंदी रंगमंच जिन बहुसंख्य छोटे-बड़े शहरों और कस्बों तक फैल गया है, यहाँ उन सबका नामोल्लेख तक करना कठिन है।

मोहन राकेश के अतिरिक्त, डॉ० लक्ष्मीनारायण लाल, सुरेंद्र वर्मा, मणि

मधुकर, शंकर शेष, मुद्राराक्षस, भीष्म साहनी, गिरिराज किशोर, बृजमोहन शाह, रमेश बक्षी, सर्वेश्वर दयाल सक्सेना, शरद जोशी, कुसुम कुमार, त्रिपुरारी शर्मा, मृणाल पांडे, नंदकिशोर आचार्य, स्वदेश दीपक, रामेश्वर प्रेम इत्यादि से लेकर नई पीढ़ी के कई युवा रचनाकारों के अनेक नाट्यालेखों ने कल्पनाशील निर्देशकों को उत्तेजित करके अभिनव रंग-प्रयोगों के माध्यम से हिंदी रंगमंच को समृद्ध एवं उन्नत करने में उल्लेखनीय योगदान दिया है। किंतु इस सत्य को झुठलाया नहीं जा सकता कि संख्या में बहुत कम होने के बावजूद प्रस्तुति-स्तर, प्रदर्शन-संख्या और प्रभाव एवं प्रतिष्ठा की दृष्टि से आज भी राकेश के नाटक सर्वाधिक महत्त्वपूर्ण और लोकप्रिय हैं। अनेक प्रमुख रंग-नगरों और कई उल्लेखनीय नाट्य-संस्थाओं ने अपने रंगकर्म का श्रीगणेश ही राकेश के नाटकों से किया। ऐसे निर्देशकों और दलों की भी कमी नहीं है जो राकेश के नाटकों के अपने प्रदर्शनों को अपने जीवन की सबसे बड़ी उपलब्धि मानते हैं। राकेश के नाटक प्रत्येक रंगकर्मी को अपनी प्रतिभा एवं सामर्थ्य की परख के लिए एक कसौटी प्रस्तुत करते हैं। यही कारण है कि इतनी तरह से इतनी बार प्रदर्शित होकर भी ये नाटक हर पीढ़ी के रंगकर्मियों को लगातार चुनौती देकर अपनी ओर आकर्षित करते रहे हैं। आधुनिक हिंदी रंगमंच का शायद ही कोई उल्लेखनीय निर्देशक या नाट्य-दल ऐसा हो जिसने कभी न कभी राकेश के किसी नाटक को अभिमंचित न किया हो।

अतः स्पष्ट है कि मोहन राकेश के अभ्युदय से पूर्व भी हिंदी रंगमंच विद्यमान था और उस पर बहुसंख्य आस्थावान, समर्पित एवं उत्साही रंगकर्मी सक्रिय थे; किंतु राकेश ने अपने नाटकों और व्यक्तिगत क्रियाकलापों से उसे आंदोलन की शक्ल देने तथा विकसित करने में एक निर्णायक भूमिका का निर्वाह किया है—इसे अस्वीकार नहीं किया जा सकता। डॉ० नामवर सिंह का यह कथन उनके शोक-संतप्त हृदय का भावुक उद्‌गार मात्र नहीं है कि "राकेश के आगमन के पूर्व हिंदी रंगमंच की सम्भावनाओं का पता नहीं चलता था। उन्होंने पहली बार सिद्ध किया कि नाटक गम्भीरता से लेने की कला है।"[10] और न इब्राहिम अल्काज़ी के यह विचार ही अतिशयोक्ति हैं कि, "हिंदी नाटक को उन्होंने एक नया युग दिया, प्रौढ़ किया। वह हिंदी नाटक में परिवर्तन का प्रतिनिधित्व करते हैं। उनकी उपलब्धि ऐतिहासिक महत्त्व रखती है।"[11] अतः हिंदी रंगान्दोलन में मोहन राकेश के नाटकों की भूमिका के संदर्भ में समग्रतः यह कहा जा सकता है कि 'आषाढ़ का एक दिन' से हिंदी के नये रंगान्दोलन की शुरुआत हुई, 'लहरों के राजहंस' के दौर में वह परिपक्व हुआ और 'आधे अधूरे' ने उसे व्यापकता एवं लोकप्रियता प्रदान करके शौकिया हिंदी रंगकर्म को अर्द्ध-व्यावसायिक रंगमंच की सीमा-रेखा तक पहुँचा दिया।

मोहन राकेश के केवल तीन नाटक क्यों और कैसे नए हिंदी रंगान्दोलन में केंद्रीय महत्व की भूमिका निभा सके—इस रहस्य को जानने के लिए हमें इन नाटकों के कथ्य और रंग-शिल्प के विश्लेषण के साथ-साथ इनकी देशव्यापी बहुसंख्य प्रस्तुतियों का अध्ययन-विवेचन भी करना होगा। परंतु उनसे पहले बेहद जरूरी यह है कि हम यहाँ नाट्यालेख एवं प्रस्तुति के अन्तर्सम्बन्धों को अच्छी तरह समझ लें।

संदर्भ

1. द्रष्टव्य : रंगदर्शन : नेमिचंद्र जैन, पृ० 214-215
2. पश्यंती : धर्मवीर भारती, पृ० 124-25
3. धर्मयुग : 26 नवम्बर, 1967 (भारतीय रंग दृष्टि की खोज, नेमिचंद्र जैन), पृ० 23
4. आज के रंग नाटक (टूटे आईने के प्रतिबिम्ब : इब्राहिम अल्काज़ी), पृ० 11
5. वही, पृ० 12
6. काव्य और कला तथा अन्य निबंध : जयशंकर 'प्रसाद', पृ० 107-108
7. आलोचना : वर्ष 17, अंक—2, : (जुलाई-सितम्बर, 1967), पृ० 86
8. समसामयिक हिंदी नाटकों में चरित्र-सृष्टि : जयदेव तनेजा, पृ० 92-93
9. कोणार्क : जगदीश चंद्र माथुर : परिचय, पृ० 10

10-11. राष्ट्रीय नाट्य विद्यालय, दिल्ली द्वारा 4 दिसम्बर, 1972 को संयोजित स्मृतिशेष राकेश की 'शोक-सभा' में व्यक्त डॉ० नामवर सिंह तथा इब्राहिम अल्काज़ी के वक्तव्यों से उद्धृत।

नाट्यालेख एवं प्रस्तुति के अंतर्सम्बन्ध

एक कृति के रूप में नाटक तभी सफलता प्राप्त कर सकता है जबकि उसमें रंगमंच पर अभिनीत होने की सम्भावनाएँ निहित हों।... लिखा गया नाटक एक हड्डियों के ढाँचे की तरह है जिसे रंगमंच का वातावरण ही मांसलता प्रदान करता है।

—मोहन राकेश

सभी प्रदर्शनकारी कलाओं में नाट्य-कला शुद्ध रूप से सामाजिक और एकांत-रूप से प्रस्तुतिधर्मी कला है। यही कारण है कि नाटककार द्वारा शब्दों में लिखे नाट्यालेख को जब तक रंगकर्मी (और दर्शक) मिलकर एक सांस्कृतिक-सामाजिक क्रियाकलाप के रूप में मंच पर जीवंत नहीं करते वह अपनी सम्पूर्णता को प्राप्त नहीं होता। आलेख की यह सम्पूर्णता एवं सार्थकता चूँकि अनिवार्यत: उसकी प्रस्तुति से जुड़ी है, इसलिए नाट्यालेख एवं प्रस्तुति के बीच एक अभिन्न, जरूरी और बुनियादी सम्बन्ध होता है। इस बहुरूपी और बहुपरिणामी सम्बन्ध को जाने-समझे बिना हम रंगकर्म के मूल स्वरूप तथा सत्य से साक्षात्कार नहीं कर सकते।

नाट्यालेख के प्रस्तुति तक पहुँचने की यह प्रक्रिया रचनात्मक भी है और जटिल तथा दिलचस्प भी। इस रंग-प्रक्रिया में सूत्रधार/निर्देशक, अभिनेता और प्रेक्षक सहकर्मी की निर्णायक भूमिका निभाते हैं।

पारम्परिक भारतीय रंगकर्म में प्रस्तुति के मूल नियंता सूत्रधार की जो केंद्रीय महत्ता थी उसे आधुनिक समय में, कई ऐतिहासिक कारणों से, निर्देशक ने ग्रहण कर लिया है। इसलिए आज निर्देशक नाट्यालेख के शब्दाश्रित कथ्य को, चिह्नों और संकेतों-प्रतीकों की भाषा का प्रयोग करते हुए दृश्य-सज्जा, मंच सामग्री, पार्श्व-संगीत, छायालोक, वस्त्राभूषण, रूप-विन्यास के साथ-साथ पात्रों के प्रवेश-प्रस्थान तथा उनकी गतियों, मुद्राओं, भंगिमाओं, क्रियाओं और समूहनों-संयोजनों द्वारा न केवल प्रभावी चाक्षुष बिम्बों में ही बदलता है बल्कि

अपनी दृष्टि, विचारधारा और अपने मंतव्य के अनुकूल आलेख में कई प्रकार के छोटे-बड़े परिवर्तन या संशोधन भी कर लेता है। इस प्रक्रिया के फलस्वरूप जन्मी रचना को प्रस्तुति-आलेख (प्रोडक्शन स्क्रिप्ट) कहते हैं। नाटककार के मूल आलेख पर आधारित निर्देशक के इस प्रस्तुति आलेख को ही अभिनेता और पार्श्वकर्मी मिलकर अपनी सृजनशीलता के बल पर दर्शकों के समक्ष प्रस्तुत करते हैं। प्रत्येक नई प्रस्तुति में नए ढंग से पुनर्रचित होने के कारण ही एक आलेख की अलग-अलग रूप, रंग, व्याख्या, आस्वाद और प्रभाव की अनेक प्रस्तुतियाँ सम्भव हो पाती हैं और नाट्यालेख के अनंत पाठ की बात कही जाती है। यही नहीं, एक ही रंग-संस्था, निर्देशक और कलाकारों द्वारा एक ही प्रस्तुति के विभिन्न प्रदर्शन तक प्रायः प्रभाव और आस्वाद की दृष्टि से, एक-दूसरे से सूक्ष्म स्तर पर अलग होते हैं। रंगकर्म की यही क्षणभंगुरता, विविधता और हर बार नए होते रहने की शक्ति/सीमा ही इसकी वास्तविक चुनौती है। रंगकर्म का यही वह मूल सम्मोहन है, जो सिनेमा तथा दूरदर्शन जैसे अपेक्षाकृत अत्यंत लोकप्रिय एवं व्यापक किंतु निर्जीव यांत्रिक माध्यम के मुकाबले इसे ज्यादा जीवंत और सृजनात्मक बनाता है।

विश्व के विकसित और रंग-समृद्ध देशों में प्रस्तुति-आलेखों को अत्यधिक महत्त्व दिया जाता है और उन्हें सुरक्षित भी रखा जाता है। इनकी किसी नाटक विशेष के गम्भीर अध्ययन एवं अनुसंधान में बड़ी उपयोगिता और महत्ता होती है। परंतु हमारे यहाँ ऐसी कोई परम्परा नहीं है। बल्कि सच तो यह है कि हमारे अधिकांश निर्देशक रिहर्सल से पहले अपना सम्पूर्ण प्रस्तुति-आलेख अंतिम रूप से तैयार कर लेने के बजाए तैयारी के दौरान ही उसे साथ-साथ बनाते चलते हैं और उसमें अंतिम दिन तक परिवर्तन होते रहते हैं। अक्सर इस प्रक्रिया को गम्भीरता से नहीं भी लिया जाता और यह भी एक कारण है कि प्रस्तुति-आलेख को बचा कर रखने अथवा कालांतर में उसे प्रकाशित करने-कराने की ओर भी कोई ध्यान नहीं दिया जाता। इसीलिए हमारे यहाँ महत्त्वपूर्ण नाटकों को उनके प्रस्तुति आलेखों के साथ देखने और देशकाल के बदलावों के साथ उनमें आने वाले परिवर्तनों के गम्भीर अध्ययन का कोई भी उल्लेखनीय प्रयास नहीं हुआ है। प्रस्तुति आलेखों की सहज उपलब्धता के बिना इस प्रकार का तुलनात्मक और ऐतिहासिक शोध सम्भव भी नहीं है।

परंतु इस सबके बावजूद प्रस्तुति आलेख की सत्ता और महत्ता को किसी भी दृष्टि से नकारा नहीं जा सकता। यह एक दिलचस्प तथ्य है कि अधिकांश बड़े निर्देशक अक्सर मूल आलेख के साथ ज्यादा छेड़छाड़ नहीं करते और उसके कथ्य एवं रूप का सम्मान करते हुए प्रायः नाट्य-शब्दों के अनुरूप या उनसे उद्भूत छवियों की रचना करके और सम्वादों के बलाबल में बारीक अंतर

करके अपने मंतव्य को सम्प्रेषित करने का प्रयास करते हैं। शिवपुरी अल्काज़ी के 'तुग़लक', ओम शिवपुरी के 'आधे अधूरे', राजिन्दर नाथ के 'जात ही पूछो साधु की', अमाल अल्लाना के 'महाभोज' तथा राम गोपाल बजाज के 'सूर्य की अंतिम किरण से सूर्य की पहली किरण तक' जैसे बहुचर्चित नाट्य प्रदर्शनों की सफलता का रहस्य आलेख और प्रस्तुति-आलेख के अधिकाधिक सामंजस्य में ही छिपा है। परंतु कई बार ऐसा नहीं होता और कुछ प्रतिभावान प्रयोग-धर्मी निर्देशक आलेख को केवल स्प्रिंग-बोर्ड की तरह इस्तेमाल करते हुए निजी अनुभव-सागर में छलांग लगाकर अपने मौलिक प्रस्तुति-आलेख के माध्यम से एक बिल्कुल भिन्न आस्वाद और उद्देश्य वाली प्रस्तुति पेश कर देते हैं। पिछले दिनों के रंजीत कपूर निर्देशित सम्भवतः सर्वाधिक लोकप्रिय और इस लिहाज से सफलतम प्रस्तुतीकरण 'खूबसूरत बहू' के बारे में नाटककार नाग बोडस की यह टिप्पणी थी कि "निर्देशक ने मेरी पीठ में छुरा भोंक दिया है। वास्तव में ये मेरा नाटक है ही नहीं।" कहा जाता है कि 'सखाराम बाइंडर' की प्रस्तुति के बाद विजय तेंदुलकर ने निर्देशक अरुण कुकरेजा को भविष्य में अपने किसी भी नाट्यालेख को करने की अनुमति देने से इनकार कर दिया था। ऐसे बेशुमार उदाहरण दिए जा सकते हैं जहाँ निर्देशकों के मनमाने प्रस्तुति-आलेखों के कारण नाटककार असंतुष्ट, आहत और नाराज हुए हैं। इस प्रकार की अतिवादी घटनाओं की वजह से भी हिंदी में नाटककार रंगकर्म से कटता चला गया और इनके बीच कोई स्वस्थ एवं सम्मानजनक समीकरण नहीं बन सका।

वास्तव में मूल नाट्यालेख से हटकर किए गए इस प्रकार के चुनौतीपूर्ण प्रयोगों में किसी प्रदर्शन की अर्थवत्ता और प्रभावशीलता-आलेख तथा प्रस्तुति-आलेख में निहित द्वंद्व एवं तनाव के सर्जनात्मक उपयोग के स्वरूप तथा स्तर पर निर्भर करती है। तमाम परिवर्तन, संशोधन एवं सम्पादन के बावजूद यदि आलेख और प्रस्तुति में अन्विति बनी रहती है तो प्रदर्शन सफल होता है और यदि प्रस्तुति में आलेख की आत्मा सुरक्षित नहीं रह पाती तो रंग-कला के सारे ताम-झाम और आकर्षक लटकों-झटकों के बावजूद प्रदर्शन अर्थहीन और बेअसर हो जाता है।

आलेख और प्रस्तुति तथा नाटककार और निर्देशक के संघर्ष का मूल कारण यथार्थवादी पश्चिमी शैली और आलेख के प्रति पवित्र भाव तथा साहित्यिक मूल्यों के प्रति अतिरिक्त आग्रह भी है। हिंदी रंगकर्म में जयशंकर प्रसाद की समकालीन प्रस्तुतियों को लेकर उठे विवादों का बुनियादी कारण यही रहा है।

भारतीय नाट्य-परम्परा में सूत्रधार, अभिनेता और दर्शक की सृजनात्मक भागीदारी के बिना नाट्य-प्रयोग की कल्पना तक नहीं की जा सकी। अभिनेता

का सृजनशील अभिनय ही (अपनी देह और वाणी के माध्यम से, गतियों, मुद्राओं, भंगिमाओं, क्रियाओं और व्यंजनाओं से) आलेख में निहित (काव्य) बिम्बों को दृश्य-बिम्बों में रूपांतरित करता है और सहृदय दर्शक की सम्वेदनशीलता उसके 'रस' या 'प्रभाव' को ग्रहण करती है। पारम्परिक एवं लोक-नाटकों में तो यह स्थिति और भी स्पष्ट है। यहाँ लिखित और ज्यादातर अलिखित आलेख को कलाकार केवल आधार मात्र मानकर प्रस्तुति के पूरे भवन को अपनी उपजपूर्ण अभिनयकला के बल पर ही खड़ा करते हैं। 'कूडियाट्टम' में तो कुछेक सम्वादों को ही विविध अर्थ-छायाओं के साथ अभिनेता रात भर के एक सम्पूर्ण प्रदर्शन के रूप में प्रस्तुत कर देते हैं। हमारे समकालीन रंगकर्म में कवलम नारायण पणिक्कर ने भास के 'मध्यम व्यायोग', 'उरुभंगम्' और 'कर्णभारम्' जैसे छोटे नाटकों को केरल के पारम्परिक-नाट्य-तत्त्वों का सार्थक एवं मौलिक उपयोग करके अपनी प्रस्तुतियों में उन्हें न केवल पूर्णकालिक नाटक ही बना दिया बल्कि एक नए सौंदर्य-बोध के साथ आधुनिक भारतीय रंग मुहावरे की खोज करके राष्ट्रीय और अंतरराष्ट्रीय ख्याति भी प्राप्त की। यही काम अपने मौलिक और अनूठे ढंग से मणिपुर में रतन थियम ने भी किया।

अभिनेता नाट्यालेख की शाब्दिक भाषा और पद-रचना को रंगमंचीय भाषा और व्याकरण में बदल कर उसे मूर्तिवत्ता प्रदान करता है। मुख-सज्जा, वस्त्राभूषण, दृश्य-बंध, संगीत, छायालोक और अर्थगर्भी आकर्षक संयोजनों इत्यादि के द्वारा निर्देशक अपने प्रस्तुति-आलेख (पर्फोमेंस टैक्स्ट) की रचना करता है। डॉ० सुरेश अवस्थी के शब्दों में, "प्रस्तुति-पाठ की रचना-प्रक्रिया और उसका स्वरूप बहुत जटिल है। वह वास्तव में एक पाठ न होकर बहुपाठीय रचना है, जिसमें नाटक के अतिरिक्त अन्य पाठों की रचना अभिनेता और दर्शक करते हैं, अलग-अलग भी और सम्मिलित रूप से भी। निर्देशक इन पाठों का सर्जक और नियोजक है, उसका अपना पाठ भी होता है। नाट्य-प्रयोग का सामाजिक और सांस्कृतिक संदर्भ भी एक पाठ जोड़ते हैं।"

समकालीन रंग-परिदृश्य में नाट्यालेख की अपनी शैली से अलग हटकर कई प्रतिभावान निर्देशकों ने अपनी प्रस्तुतियों में दूसरे प्रकार की शैली का चुनौतीपूर्ण प्रयोग करके अपनी रचनात्मकता का परिचय दिया। 'महाभोज' जैसे यथार्थवादी नाटक को देवेन्द्र राज 'अंकुर' ने कथा-मंच और बलवंत ठाकुर ने मनोशारीरिक रंगमंच के तत्त्वों का रोचक प्रयोग करते हुए अमाल अल्लाना के बहुचर्चित 'महाभोज' से एकदम अलग रंग-रूप का नाट्य-प्रदर्शन बना दिया। शूद्रक की कालजयी रचना 'मृच्छकटिकम्' को हबीब तनवीर ने, छत्तीसगढ़ के नाचा और सतीश आनंद ने बिहार के बिदेसिया में ढाल कर पूर्णतया नया रूप प्रदान किया। 'अंधायुग' के बहुरूपी रंग-प्रयोगों का इतिहास एक ही

आलेख को विविध प्रस्तुति-आलेखों में बदल कर उसे नित नूतन करते जाने का दिलचस्प उदाहरण है। इनमें इब्राहिम अल्काज़ी, सत्यदेव दुबे, एम०के० रैना, बंसी कौल, मोहन महर्षि, राम गोपाल बजाज और रतन थियम जैसे निर्देशकों के प्रदर्शन परस्पर भिन्नता के कारण ही नहीं बल्कि मूल आलेख को बेहद नए और रोचक दृश्य-बिम्बों में प्रस्तुत करने के कारण भी विशेष उल्लेखनीय रहे। ब०ब० कारंत द्वारा शेक्सपियर के विश्वविख्यात नाटक 'मेकबेथ' को कर्नाटक की सुप्रसिद्ध यक्षगान शैली के कल्पनाशील प्रयोग से 'बरनम वन' में रूपांतरित करने का प्रयोग अपने आप में ऐतिहासिक महत्त्व का अत्यंत उल्लेखनीय कार्य था। बंसी कौल निर्देशित नौटंकी 'आला अफ़सर' और भवई में 'लोमड़ खाँ का वेश' भी इसी प्रकार के प्रदर्शन थे।

'आलेख' और 'प्रस्तुति-आलेख' के अंतर का एक भिन्न आयाम प्रस्तुत करता है:—भीष्म साहनी के नाटक 'कबीरदास' का एम०के० रैना निर्देशित प्रदर्शन 'कबिरा खड़ा बजार में'। इसमें नाटक के नाम के अलावा रैना ने मूल आलेख की खड़ी बोली को न केवल अवधी-भोजपुरी के मिश्र रूप में ही बदला, बल्कि कबीर के दस पदों के स्थान पर सत्रह पदों का इस्तेमाल भी किया। इसी प्रकार, पहले अंक के दूसरे दृश्य से पूर्व काशी का वातावरण बनाने के लिए बाजार में प्रभातवेला का एक छोटा-सा प्रभावशाली दृश्य भी जोड़ा गया। अंक दो के दूसरे और अंक तीन के पहले दृश्य को मिलाकर एक कर देना भा निर्देशक की अपनी सूझ-बूझ का ही कमाल था। असगर वजाहत के नाटक 'जिस लहौर नहिं देख्या ओ जन्म्याई नई' का प्रस्तुति-आलेख तैयार करते समय निर्देशक हबीब तनवीर ने भी मूल आलेख में इसी प्रकार के अनेक परिवर्तन किए। नाग बोडस के 'खूबसूरत बहू' को लोकप्रिय प्रदर्शन बनाने की प्रक्रिया में रंजीत कपूर ने मूल नाटक को लगभग आमूलचूल ही बदल दिया। इसी प्रकार, छठे दशक में निर्देशकीय व्याख्याओं के भेद के कारण ही बादल सरकार के 'एवं इंद्रजित' की 'शौभनिक', 'अनामिका', 'दिशांतर' तथा 'थियेटर यूनिट' की प्रस्तुतियों ने दर्शकों पर एकदम अलग-अलग प्रभाव डाला था। मोहन महर्षि निर्देशित 'दिशांतर' की प्रस्तुति में तो नाटक के अंत में मूल आलेख के सर्वथा विपरीत, लेखक से इंद्रजित की हत्या ही करवा दी गई थी।

रंगकर्म की कलात्मक सादगी में विश्वास करने वाले निर्देशक राजिन्दर नाथ दृश्य-बंध की दृष्टि से अपनी लगभग सभी प्रस्तुतियों में, नाटककारों की परिकल्पना के विपरीत, प्राय: धरातलों और न्यूनतम मंच-उपकरणों का प्रयोग करते रहे हैं। किंतु मोहित चटर्जी के नाटक 'गिनी पिग' के राजिन्दर नाथ कृत प्रदर्शन ने नाटककार के मंतव्य के विपरीत होने के कारण पर्याप्त विवाद को जन्म दिया। मूल आलेख में सत्ता के दमन और भ्रष्टाचार के अंत की

सम्भावना का संकेत था। कलकत्ता के बँगला प्रदर्शन में विभाष चक्रवर्ती ने विद्रोही युवक द्वारा अंत में राजा की हत्या करवाकर परिवर्तन को निश्चित बना दिया था। इसके विपरीत, राजिन्दर नाथ निर्देशित 'अभियान' (दिल्ली) की प्रस्तुति का अंत इस प्रकार रखा गया—

> "लूसी खून तेरा भी पीछा कर रहा है। भाग, मेरे साथ आ—बहुत आहिस्ते—छुपकर।"
>
> 'दूसरा' (राजा) यह सम्वाद बोलता हुआ मंच से चला जाता है। उसके बाद मंच पर जब रोशनी आती है तो नाटक के शुरू के एक दृश्य को बिना सम्वादों और एक 'बड़ी तबदीली' के साथ दोहराया जाता है। राजा की कुर्सी पर अब 'दूसरे' की जगह पहला (युवक) बैठा है। तीसरा अपनी जगह हाथ बाँधे खड़ा है और पहले की जगह 'चौथा' (यह पात्र आलेख में नहीं है) हाथ में जूता लिए 'नील डाउन' हुआ खड़ा है। इसी के साथ परदा गिरता है।

इस अंत-परिवर्तन से निर्देशक ने यह ऐतिहासिक सत्य रेखांकित करने का प्रयास किया कि "कल के क्रांतिकारी आज के अधिनायक बनते हैं और वे अपने खिलाफ नये क्रांतिकारियों को जन्म देते हैं।' इस अंत ने नाटककार-निर्देशक के बीच गहरे विवाद को जन्म दिया। परिणामस्वरूप बाद के प्रदर्शनों में लेखक-निर्देशक की सहमति से अंत को फिर बदला गया। अब पीछा करते खून से भागता 'दूसरा' मंच से बाहर जाने के बजाए अपनी कुर्सी के इर्दगिर्द तेजी से चक्कर लगाता रहता था।

इसी प्रकार ब० ब० कारंत ने भी भारतेन्दु के 'अँधेर नगरी' में—"सत्ताधारी बदलते हैं किंतु सत्ता का मूल (भ्रष्ट) चरित्र नहीं बदलता"—जैसी निजी टिप्पणी के साथ अपनी प्रस्तुति का पहले दृश्य की विडम्बनापूर्ण पुनरावृत्ति के साथ अंत करके, मूल नाट्यालेख को जरा सा भी बिना बदले, प्रदर्शन को अधिक प्रासंगिक एवं उत्तेजक बना दिया था। सतीश आनंद की प्रस्तुति 'माटीगाड़ी' में नाट्यालेख की मूल प्रदर्शन-शैली के साथ-साथ उसके अंत को भी निर्देशक ने बदल दिया। चारुदत्त शर्विलक का हाथ पकड़कर शकार को क्षमा कर देता है। किंतु तभी चितकबरा आगाह करता है कि "अरे! अब ऊ जमाना ना है कि पापी-नीच को छिमा किया जाए। सूदरक का जमाना न है ई। समझे?" और समाजियों के बीच से आवाज आती है, "पापी को सजाए दो उस्ताद! सजाए दो।" सूत्रधार कहता है, "जैसे पंचों की मरजी।" और जनता की सामूहिक राय के सामने सिर झुका कर निर्णय सुनाता है "नाहिं माफी पापी के, सजाय होई भइया, तबाह कइल जिनगी जे, तबाह होई भइया।" प्रतीक रूप में शकार मरने

का अभिनय करता है। जनता के राज्य के आगमन की खुशी में सभी कलाकार नाचते-गाते मंच से प्रस्थान करते हैं। प्रस्तुति के इस नए अंत ने शूद्रक के मूल आलेख को एक बिल्कुल नया आयाम और समकालीन संदर्भ प्रदान किया। इसी प्रकार 'मैला आँचल' के भरतवाक्य में भी निर्देशक सतीश आनंद ने जमीनों के कागजी हस्तांतरण के बजाए खेतों को वास्तव में हासिल करने के लिए किसानों से एकजुट होकर सामूहिक संघर्ष करने का आह्वान करके मूल आलेख को एक नई एवं प्रगतिशील भंगिमा प्रदान की।

इस प्रकार स्पष्ट है कि वास्तव में नाटक की रचना उसके आलेख के लिखे जाने के साथ समाप्त नहीं होती, बल्कि अपने प्रत्येक प्रस्तुति-आलेख एवं प्रदर्शन के रूप में सदैव पुनर्रचित होती रहती है। देशकाल की जरूरतों और निर्देशकों-दर्शकों की इच्छाओं एवं अपेक्षाओं के अनुरूप आलेख अपनी नई प्रस्तुतियों में अपना रंग, रूप, आस्वाद और प्रभाव बदलते रहकर ही अपनी जीवंतता का प्रमाण देते हैं।

किसी भी श्रेष्ठ रंग-नाटक को अपनी सम्पूर्णता एवं सार्थकता पाने के लिए अपने प्रस्तुतकर्ता निर्देशक तथा सतत परिवर्तनशील समय के साथ एक लगातार द्वंद्व की प्रक्रिया से होकर गुजरते रहना पड़ता है। कोई नाटक यदि अपने निर्देशक को भीतर से रचनात्मक स्तर पर उत्प्रेरित एवं उत्तेजित नहीं करता तो उसके नए जीवंत प्रदर्शनों की सम्भावनाएँ निरंतर कम होती चली जाती हैं और वह नाटक अंततः मर जाता है। इसी प्रकार, गुजरते समय के साथ बदलते मानव-सम्बन्धों, मूल्यों और मुहावरों के संदर्भ में भी रंग-नाटक को अपनी प्रासंगिकता एवं अर्थवत्ता अनिवार्यतः सिद्ध करनी होती है। नाटक के अनुभव-संसार की प्रासंगिकता और अपनी मौलिकता की सिद्धि के लिए निर्देशक प्रायः नाटक की व्याख्या, चरित्रों और उनके आपसी सम्बन्धों के अर्थ-निरूपण तथा प्रस्तुति-शैली आदि की दृष्टि से नए-नए प्रयोग करते हैं।

पुनर्मूल्यांकन की दृष्टि से राकेश के नाटक व्यावहारिक स्तर पर दर्शक-समीक्षक के समक्ष एक और समस्या भी पैदा करते हैं। दरअसल मोहन राकेश के नाटक अपने कथ्य चरित्रांकन, रूप-विन्यास और उद्देश्य में इतने सुनिश्चित एवं सम्पूर्ण हैं कि रंगकर्मी को किसी भी तरह की छेड़छाड़ की ज्यादा इजाजत नहीं देते। इसके अलावा, इन नाटकों के नाटककार की अपनी परिकल्पना और इच्छा के अधिकाधिक अनुकूल किए गए पूर्ववर्ती प्रभावशाली प्रस्तुतीकरणों ने समीक्षकों-प्रेक्षकों के मन पर इतनी गहरी छाप छोड़ रखी है कि आम तौर पर वे किसी भी तरह के बदलाव से असुविधा अनुभव करते हैं और नए प्रयोगों को सहज स्वीकार नहीं कर पाते। अनुभव के स्तर पर अतीत और वर्तमान का यह द्वंद्व किसी भी नई प्रस्तुति के स्वीकार एवं मूल्यांकन की एक नई समस्या पैदा

करता है। 'नाटककार का रंगमंच' की अवधारणा में विश्वास करने वाले मोहन राकेश के नाटकों की चुनौती को अब तक के रंगकर्मियों की हर नई पीढ़ी की रंग-प्रतिभाओं ने कैसे-कैसे स्वीकारा और झेला—यह पुस्तक इस ऐतिहासिक रचनात्मक द्वंद्व का यथासम्भव प्रामाणिक लेखा-जोखा प्रस्तुत करने का शायद पहला और अत्यंत विनम्र प्रयास भर है। अपनी प्रथम प्रस्तुतियों से लेकर राष्ट्रीय नाट्य विद्यालय, रंगमंडल द्वारा राकेश की बीसवीं पुण्यतिथि के अवसर पर आयोजित 'मोहन राकेश नाट्य समारोह' तक आते-आते ये नाटक व्याख्या, चरित्र-निरूपण, प्रस्तुति-शैली और आस्वाद-प्रभाव की दृष्टि से समय के साथ-साथ कैसे और कितने बदल गए हैं—यह अपने आप में एक ज़रूरी, दिलचस्प और रोमांचक अध्ययन/अनुभव है। ये नाट्य-प्रयोग प्रकारांतर से मूल नाट्यालेख और प्रस्तुति (आलेख) के अंतर्सम्बन्धों के विविध, व्यापक और मौलिक रचनात्मक आयामों का उद्घाटन कर नाटक के अध्ययन-अध्यापन की एक नई दिशा का संकेत भी देते हैं।

एक

आषाढ़ का एक दिन

परिकल्पना— इब्राहिम अल्क़ाज़ी

कथ्य और रंग-शिल्प

3 मार्च से 21 अप्रैल, 1958 के बीच लिखित और जून, 1958 में प्रकाशित मोहन राकेश का प्रथम पूर्णकालिक नाटक 'आषाढ़ का एक दिन' कई दृष्टियों से आधुनिक हिंदी नाटक एवं रंगमंच के लिए एक महत्त्वपूर्ण घटना सिद्ध हुआ। राकेश ने हिंदी नाटक और रंगमंच को बाहर से 'नया' और 'आधुनिक' रूप देने के सुविधाजनक एवं सुगम मार्ग को छोड़कर अपनी संस्कृति और जड़ों से जुड़कर अपने जीवन और परिवेश के भीतर से, आज के लिए प्रासंगिक भारतीय रंगमंच की सम्भावनाओं की खोज के कठिन किंतु सही रास्ते को अपनाया। उनकी निर्भ्रांत धारणा थी कि "यह खोज ही हमें वास्तविक नये प्रयोगों की दिशा में ले जा सकती है और उस रंग-शिल्प को आकार दे सकती है जिससे हम स्वयं अब तक परिचित नहीं हैं।"[1] यही कारण है कि 'आषाढ़ का एक दिन' हमारी सम्पूर्ण नाट्य एवं रंग-परम्परा के जीवंत और सार्थक तत्त्वों का एक रचनात्मक यौगिक बन सका। यह नाट्य-कृति हमारी मौलिक रंग-दृष्टि की खोज का दिशा-निर्देश करने वाली हिंदी की प्रमुख आरम्भिक नाट्य-रचनाओं में से एक अत्यंत महत्त्वपूर्ण रचना है। सुप्रसिद्ध सिने-निर्देशक और राकेश के मित्र बासु भट्टाचार्य के शब्दों में, यह सच है कि "अतीत के परिधान में से वर्तमान की आकांक्षा जिस तरह आषाढ़ के झरते दिन के माध्यम से व्यक्त हुई, उसके साथ ही व्यक्त हुआ इस व्यक्ति मोहन राकेश का नाटककार रूप। मुझे लगा कि अतीत के बीज और वर्तमान के गर्भ से जन्म लेकर निष्कलंक भविष्य की देखरेख में जिसका पालन हो, उस व्यक्ति को सार्थक कलाकार होने का सौभाग्य अनायास ही प्राप्त हो जाता है।"[2] परंतु 'आषाढ़ का एक दिन' का सृजन अनायास नहीं हो गया। इसके पीछे गम्भीर अध्ययन, गहरे चिंतन, कठिन अभ्यास और सम्वेदनशील मन के तीव्र घात-प्रतिघातों से उद्भूत सूक्ष्म अंतर्दृष्टि का निर्णायक हाथ रहा है। यही कारण है कि कई दृष्टियों से अतीताश्रित होने के बावजूद नेमिचंद्र जैन के अनुसार, "हिंदी के ढेरों तथाकथित ऐतिहासिक नाटकों से 'आषाढ़ का एक दिन' इसलिए मौलिक रूप में भिन्न है कि उसमें न तो अतीत का तथ्यात्मक विवरण है, न पुनरुत्थानवादी गौरवगान और न

भावुकतापूर्ण अतिनाटकीय स्थितियाँ। उसकी दृष्टि कहीं ज्यादा आधुनिक तथा सूक्ष्म है जिसके कारण वह सही अर्थ में आधुनिक हिंदी नाटक की शुरुआत का सूचक है।"[3]

स्थूलतः कहा जा सकता है कि इस नाटक की रचना के लिए राकेश ने संस्कृत साहित्य से कालिदास का नाम (चरित्र) और परिवेश, भारतेंदु से साहित्य रंगमंच समन्वित रंग-बोध, प्रसाद से भाव-सघनता और काव्यत्व, पारसी रंगमंच से मनोरंजन का तत्त्व और कॉमिक-सीन नियोजन (रंगिणी संगिनी), एब्सर्ड नाटकों से विसंगतिजन्य हास्य व्यंग्य (अनुस्वार अनुनासिक), भुवनेश्वर, मिश्र और अश्क से मध्यवर्गीय स्त्री-पुरुष सम्बन्धों के कथ्य, समस्या नाटकों से तीन अंकीय रंग विधान और अभिव्यंजनावाद से मानव मन की गहरी अनुभूतियों और सूक्ष्म प्रतिक्रियाओं को उकेरने की शैली लेकर 'आषाढ़ का एक दिन' में उनका मौलिक एवं सृजनात्मक उपयोग किया है। इसी अर्थ में इसे हम अपनी रंग-परम्परा की सार्थक परिणति का उल्लेखनीय साक्ष्य भी मान सकते हैं।

संस्कृत साहित्य के अध्ययन और विद्यार्थी-जीवन से रंगमंच के प्रति आकर्षण ने ही सम्भवतः मोहन राकेश को अश्वघोष के 'तरंस्तरंगेष्विव राजहंसः' एवं कालिदास के 'आषाढ़स्य प्रथम दिवसे' के मूल काव्य-नाट्य बिम्बों पर नाटक लिखने तथा 1944 में 'वेणी संहार' के संस्कृत-मंचन से अभिनेता तथा 1945-46 में दो अन्य संस्कृत नाटकों से निर्देशक के रूप में जुड़ने को प्रेरित किया होगा। लेखन क्रम की दृष्टि से 'लहरों के राजहंस' राकेश का पहला पूर्णकालिक नाटक होता; यदि राकेश द्वारा 1957 के अंत में डी०ए०वी० कॉलेज, जालंधर के हिंदी विभागाध्यक्ष के पद से त्यागपत्र देने के बाद स्वयं अपने व्यक्तित्व और समकालीन लेखक साथियों के जीवन पर पड़ने वाले राज्य अथवा व्यवस्था के बहुविध दबावों के प्रत्यक्ष तात्कालिक प्रभावों के कारण[4] 'आषाढ़ का एक दिन' का लेखन और जून, 1958 में उसका तत्काल प्रकाशन न हो गया होता। स्वयं रचनाकार के शब्दों में, " 'आषाढ़ का एक दिन' के भी वह तीन चरित्र पहले से मन में स्पष्ट थे। मेघदूत पढ़ते हुए मुझे लगा करता था कि कहानी निर्वासित यक्ष की उतनी नहीं है जितनी स्वयं अपने आत्मा से निर्वासित उस कवि की, जिसने अपनी ही एक अपराध-अनुभूति को इस परिकल्पना में ढाल दिया है। उस अपराध-अनुभूति के सम्बन्ध में सोचते हुए जो तीन चरित्र मुझे मिले, वे थे मल्लिका, अम्बिका और विलोम। कालिदास का चरित्र तो केंद्र में था ही। इनके अतिरिक्त शेष सब पूरक चरित्र हैं जिनकी सृष्टि नाटक लिखते समय हुई है।"[5] परंतु सच यह है कि कालिदास को केंद्र में रखने और ऐतिहासिक-सांस्कृतिक परिवेश का इस्तेमाल करने के बावजूद यह नाटक "कालिदास के बारे में नहीं है।"[6] 'लेखक के अनुसार, "मैं इस नाटक में आज के लेखक की

द्विविधा को चित्रित करना चाहता था—लेखक जो राज्य या इसी प्रकार की अन्य संस्थाओं द्वारा प्रस्तावित लोभ के प्रति आकर्षित होता है और दूसरी ओर कहीं अपने प्रति प्रतिबद्ध भी होता है।"[7] और इस द्विविधा से पार पाकर राकेश इस निष्कर्ष पर पहुँचते हैं कि, "लेखक का व्यक्तित्व निःसंदेह उन सब सुविधाओं की अपेक्षा अधिक महत्त्वपूर्ण है, जो राज्य उसे दे सकता है।"[8] परंतु यह कैसी विडम्बना है कि इस धारणा को पुष्ट करने वाले नाटक 'आषाढ़ का एक दिन' का मूल चरित्र कालिदास न केवल राज्याश्रय ही ग्रहण कर लेता है बल्कि स्वयं सत्ताधारी भी बन बैठता है और इसका लेखक मोहन राकेश इसी नाटक के लिए अकादमी पुरस्कार प्राप्त करता है।

विवेच्य नाटक का उद्देश्य कालिदास, मल्लिका और विलोम की प्रेम-कथा के माध्यम से साहित्य-कला और प्रेम, रचनाकार और परिवेश, भावना और कर्म, इच्छा और समय, कलाकार और राज्य इत्यादि के पारस्परिक सम्बन्ध, आंतरिक तनाव एवं संघर्ष का नाटकीय प्रस्तुतीकरण करना है। इनमें से राकेश का बुनियादी सरोकार कालिदास को मूल में रखकर उसके रचनाकार व्यक्तित्व की स्वतंत्रता के प्रश्न को रेखांकित करना है। राकेश के शब्दों में, "It was the main speech of Kalidas at the end of the third Act that for me carried the meaning of the play. Therefore I felt astounded when the play was interpreted by some people just as the emotional tragedy of Mallika."[9]

राकेश के इस दृष्टिकोण से पूर्णतः सहमत होते हुए, इस नाटक के कई प्रस्तुतिकरणों से जुड़े अभिनेता-निर्देशक, रामगोपाल बजाज भी कहते हैं कि, 'आषाढ़ का एक दिन' न तो मल्लिका का नाटक है और न विलोम का—यह नाटक सिर्फ कालिदास का है। दरअसल तीसरे अंक में कालिदास का जो लम्बा एकालाप है वह इस नाटक का सबसे महत्त्वपूर्ण अंश है, जिसे आम तौर पर इसकी कमजोरी माना जाता है। मैं मानता हूँ कि जिस दिन कालिदास का यह लम्बा एकालाप कोई निर्देशक और अभिनेता पूरी तरह उजागर कर देगा उसी दिन 'आषाढ़...' का वास्तविक अर्थ खुलेगा और इसका सही मूल्यांकन होगा।[10] परंतु विचारणीय प्रश्न यह है कि अभी तक इस नाटक के किसी भी अभिमंचन से यह सत्य स्थापित क्यों नहीं हो पाया? इस संदर्भ में स्वयं बजाज निःसंकोच स्वीकार करते हैं कि, "मैंने भी कोशिश तो बहुत की परंतु किन्ही कारणों से मल्लिका या विलोम ही प्रमुख हो गए।"[11] सम्भवतः इसके दो-तीन प्रमुख कारण हैं।

नाटक का सम्पूर्ण कार्य-व्यापार मल्लिका के घर पर ही घटित होता है। मल्लिका और विलोम तीनों अंकों में सदैव उपस्थित हैं। इसके विपरीत

कालिदास दूसरे अंक में अपनी परोक्ष उपस्थिति का सतत एहसास कराने के बावजूद दर्शकों की दृष्टि और मंच से पूर्णतः गायब है। मल्लिका अपने अनन्य प्रेम, आस्थामय प्रेरक रूप, अटूट विश्वास और निर्दोष होकर भी सतत कष्ट झेलने की अभिशप्त नियति के कारण न केवल दर्शकों की सहानुभूति ही प्राप्त करती है वरन् अपने करुण-कोमल भावनामय चरित्र से उन्हें प्रभावित करने में भी सफल हो जाती है। इसी प्रकार, विलोम अपनी दुराग्रह की आक्रामक शक्तियों वाले सबल चरित्र के साथ तीनों अंकों में मंच पर आकर अपनी खरी-पैनी तथा बेलाग बातों से अन्य चरित्रों को ही नहीं प्रेक्षकों को भी हतप्रभ कर देता है। इनके विपरीत, कालिदास के विषय में नाटककार का मत है कि वह, "मेरे लिए एक व्यक्ति नहीं, हमारी सृजनात्मक शक्तियों का प्रतीक है।"[12] तथा 'आषाढ़ का एक दिन' का कालिदास दुर्बल नहीं है; कोमल, अस्थिर और अंतर्द्वंद्व से पीड़ित है।[13] स्पष्ट है कि अपनी इस मूल प्रकृति और प्रतीकात्मकता के कारण कालिदास अपने पाठक को भले ही अपनी कोमलता, भावुकता और अंतर्द्वंद्वग्रस्तता का विश्वास दिलाकर प्रभावित कर ले, मंच पर प्रत्यक्ष आकर तो वह प्रेक्षकों को पलायनवादी, स्वार्थी, गैर जिम्मेदार, झूठा, आत्मसीमित और दुर्बल व्यक्ति ही दिखाई देता है। संवाद-संख्या की दृष्टि से भी कालिदास और विलोम के क्रमशः 63 और 45 संवादों के मुकाबले मल्लिका के 190 संवाद रंगमंच पर उसके महत्त्व एवं प्रभाव को बढ़ाने में प्रमुख भूमिका निभाते हैं। ध्यातव्य है कि नायक-नायिका को लेकर यही (विसंगत) स्थिति राकेश के तीनों नाटकों में विद्यमान है। इसके अतिरिक्त तीसरे अंक में कालिदास के 81 पंक्तियों के जिस लम्बे महत्त्वपूर्ण एकालाप की चर्चा ऊपर की गई है, उसका कथ्य नाटक की मूल संरचना में नियोजित न होकर नाटककार द्वारा स्पष्टीकरण की तरह ऊपर से आरोपित सूचनात्मक संवाद होने के कारण भी अपेक्षित प्रभाव उत्पन्न नहीं कर पाता और परिणामस्वरूप उसके वक्ता (कालिदास) के चरित्र को पूर्णतः सच्चा और विश्वसनीय नहीं बनने देता।

लगभग यही स्थिति कालिदास, मल्लिका और विलोम की प्रभावशाली प्रेम कहानी के मुकाबले राज्याश्रय वाली समस्या की है। राज्याश्रय के सम्बन्ध में नाटककार के निष्कर्ष से किसी को आपत्ति नहीं होगी। परंतु इस संदर्भ में दो बातें विचारणीय हैं। विष्णुकांत शास्त्री के शब्दों में, "पहली बात यह है कि राज्याश्रय स्वीकार करना और राज्याधिकारी बनना एक ही चीज नहीं है। कालिदास न केवल राज्याश्रय स्वीकार करता है, बल्कि काश्मीर का शासक भी बनता है जो निश्चय ही कला के क्षेत्र से भिन्न क्षेत्र है, अतः उसके अनुभव उन कलाकारों के अनुभवों से भिन्न होंगे जो राज्याश्रय प्राप्त करके भी अपने क्षेत्र में बने रहते हैं। दूसरी बात यह कि राज्याश्रय प्राप्त करने के बाद यदि

कालिदास कुमारसंभव, मेघदूत, अभिज्ञान शाकुंतल, रघुवंश जैसी श्रेष्ठ कला-कृतियों की रचना करता है तो यह किस प्रकार कहा जा सकता है कि राज्याश्रय ने उसके कलाकार जीवन को खंडित कर दिया ? इन बातों का अर्थ यही है कि ऐसा लगता है कि नाटककार ने अपने निष्कर्ष के लिए नाटक में यथेष्ट पृष्ठभूमि प्रस्तुत नहीं की है; वह छलाँग मार कर अपने पूर्वनिश्चित निष्कर्ष पर पहुँच गया है ।"[14] यह सच है कि यदि हम नाटककार के बजाए नाटक को ही अंतिम प्रमाण मानकर चलें, जैसा कि उचित ही है, तो हमें ये आरोप एक सीमा तक सत्य होकर भी अधिक महत्त्वपूर्ण प्रतीत नहीं होंगे, क्योंकि आलेख में राकेश ने कहीं भी 'राज्याश्रय' शब्द का स्पष्ट प्रयोग नहीं किया है । इसके विपरीत प्रियंगु मंजरी का संवाद 'राजनीति साहित्य नहीं है ।'[15] तथा कालिदास का यह संवाद कि "एक राज्याधिकारी का कार्यक्षेत्र मेरे कार्यक्षेत्र से भिन्न था ।"[16] साफतौर से कालिदास की त्रासदी को एक सत्ताधारी की त्रासदी ही सिद्ध करता है । और अपने परवर्ती श्रेष्ठ लेखन के विषय में स्वयं कालिदास का कथन है कि "लोग सोचते हैं कि मैंने उस जीवन और वातावरण में रहकर बहुत कुछ लिखा है । परंतु मैं जानता हूँ कि मैंने वहाँ रहकर कुछ नहीं लिखा । जो कुछ लिखा है, वह यहाँ के जीवन का ही संचय था ।"[17] यह कथन मल्लिका को सीधे संबोधित होने के बावजूद मूलतः स्वगत-कथन की प्रकृति का है । कालिदास अपनी जिन कृतियों की चर्चा यहाँ करता है, उसके अनुसार उनकी कोई जानकारी मल्लिका को नहीं है । अतः स्पष्ट है कि यह तर्क वह स्वयं अपने आपको ही दे रहा है और उसके आत्मचिंतन का अंश होने के कारण झूठ या दिखावा नहीं है । उसकी उपलब्धियाँ बाहरी हैं और थकन टूटन भीतरी । 'निष्कर्ष' की 'पृष्ठभूमि' के रूप में सत्ता की क्रूरता एवं विसंगति के कई संकेत भी रचना में विद्यमान हैं । दंतुल द्वारा हरिणशावक का शिकार और कालिदास से किया गया दुर्व्यवहार, अम्बिका का सत्ताधारियों के आगमन को अपशकुन मानना, रंगिणी-संगिनी और अनुस्वार अनुनासिक का हास्यास्पद विसंगत आचरण, प्रियंगु मंजरी द्वारा मल्लिका के विवाह का प्रस्ताव, मातुल का आत्मानुभव एवं कालिदास के आत्म-स्वीकार जैसे उल्लेखनीय संदर्भों-प्रसंगों के बावजूद 'छलाँग' लगाने की बात भी न्यायोचित एवं तर्कसंगत प्रतीत नहीं होती ।

इसके विपरीत 'आषाढ़ का एक दिन' पर लगाया गया यह आरोप निराधार नहीं है कि, "प्रस्तुत नाटक में रंगिणी और संगिनी नामक उज्जयिनी की दो शोधकर्त्री भी आई है, पर उनका कोई औचित्य सिद्ध नहीं होता । यही नहीं, उनकी अतिसाधारण बुद्धि का प्रदर्शन कालिदास के व्यक्तित्व को आघात तक पहुँचाता है । यदि उज्जयिनी के ऐसे लोगों ने कालिदास का सम्मान किया तो उससे कालिदास की महत्ता का बोध कठिनाई से ही होगा ।···हास्य-रस की

आयोजना के लिए निक्षेप-मातुल तथा अनुस्वार-अनुनासिक के वार्तालाप ही पर्याप्त थे।"[18] यही कारण है कि इस नाटक के अनेक निर्देशकों ने ही नहीं बल्कि इसके रेडियो-रूपांतर के लिए स्वयं रचनाकार ने भी इस प्रसंग को काट कर नाट्यालेख को अधिक सुगठित और कार्य-व्यापार को तीव्र बनाने का सार्थक प्रयत्न किया।

विवेच्य नाटक की ऐतिहासिकता और भाषा को लेकर भी कई आपत्तियाँ उठाई गईं। चरित्रों और घटनाओं की ऐतिहासिकता अनैतिहासिकता तथा घटनास्थल की भौगोलिकता के सम्बन्ध में विस्तृत चर्चा-समीक्षा की गई है।[19] इस सम्बन्ध में नाटककार का यह कथन मुझे उचित प्रतीत होता है कि, "नाटक की रचना एक समसामयिक परिस्थिति को उसकी अपनी नाटकीयता में अभिव्यक्त करने के लिए हुई है, इसलिए इसे इतिहासगत या संस्कारगत संदर्भ से अलग रख-कर इसके साथ न्याय किया जा सकता है।"[20] क्योंकि, "नाटक सिर्फ नाटक होता है, एक साहित्यिक कला-कृति के संदर्भ में यह कहना कि वह ऐतिहासिक है, या पौराणिक है, या सामाजिक है, बेमानी है। समय बहुत जल्दी सामाजिक को ऐतिहासिक और ऐतिहासिक को पौराणिक बना देता है।"[21] लगभग यही बात नाटक की भाषा को लेकर भी कही जा सकती है। 'आषाढ़ का एक दिन' की संस्कृत-निष्ठ काव्यात्मक भाषा और उसके लंबे एकालापों के कारण आरम्भ में अनेक समीक्षकों-रंगकर्मियों ने इसे प्रसाद परम्परा का नाटक समझकर अरंग-मंचीय मान लिया। परंतु जैसे ही प्रबुद्ध रंगकर्मियों समीक्षकों का ध्यान शब्द-भंडार और व्याकरणिक विश्लेषण से हटकर नाट्य-भाषा की दृष्टि से इसकी भाषायी संरचना की सूक्ष्मताओं और इसके संवादों की बारीक कारीगरी एवं आंतरिक लय की ओर गया तो उन्होंने तुरंत राकेश की इस जीवंत, अंतरंग, तनावपूर्ण और स्वतः-स्फूर्त रंग-भाषा को आधुनिक हिंदी नाटक की महत्त्वपूर्ण उपलब्धि के रूप में स्वीकार कर लिया। सुविख्यात अभिनेता-निर्देशक सत्यदेव दुबे ने स्थितियों के काव्य को प्रभावशाली रूप में संप्रेषित कर सकने वाले 'आषाढ़ का एक दिन' के संगीतमय संवादों की प्रशंसा करते हुए इसकी नाट्य-भाषा के विषय में कहा कि, "Though the Hindi used was Sanskritized for the sake of the period, yet the play brought to the Hindi language a fully envolved dramatic idiom, flawless in its speech rhythms and which also had a distinct modern ring."[22]

सही शब्द की खोज, पहचान और उसके नाटकीय प्रयोग के विषय में राकेश आरंभ से ही बहुत संवेदनशील और सचेत रचनाकार थे। विवेच्य नाटक के विशिष्ट संस्करण में 'यहाँ-वहाँ भाषा की गठन को लेकर'[23] किए गए अति-साधारण परिवर्तन भी कितने सूक्ष्म एवं महत्त्वपूर्ण हैं, इसका सहज अनुमान

पुराने और नये संस्करण के इस ज़रा से शब्द-परिवर्तन से भी लगाया जा सकता है : प्रथम संस्करण में निक्षेप के यह कहने पर कि कालिदास के मन में "राजकीय सम्मान का कोई मोह नहीं है।" वे सचमुच ।अम्बिका की प्रतिक्रिया है, "नहीं चाहता !···हूँ ।"[24] नये संस्करण में 'हूँ' को बदलकर 'हुंः' कर दिया गया है ।[25] राकेश के विकासशील रंग-बोध की दृष्टि से ध्यातव्य है कि, 'हूँ' में एक प्रकार से निश्चयात्मक चिंतन या निष्कर्ष की मुद्रा है जिसमें चेहरा धीरे से ऊपर से नीचे और नीचे से ऊपर की ओर चला जाता है; जबकि 'हुंः' में घृणा और उपेक्षा का भाव प्रकट होता है और उसमें गर्दन को झटका देकर चेहरा दायें हाथ को तिरछा घूमता है। निस्संदेह 'हुंः' का अर्थ अम्बिका के चरित्र कालिदास से सम्बन्ध और तात्कालिक संदर्भ में अधिक संगत है।"[26] 'आषाढ़ का एक दिन' के नये-पुराने संस्करणों को आमने-सामने रखकर देखने से राकेश की बारीक कारीगरी, शब्दों की तराश, भाषा की चुस्ती, सूक्ष्म रंग-दृष्टि और सृजनात्मक सामर्थ्य का पता अनायास ही चल जाता है। इसी नाटक के रेडियो रूपांतरण से आर्द्र, उष्णता, तल्प, अस्पृश्य, आत्म-प्रवंचना, वितृष्णा, प्रताड़ना, विडम्बना तथा अनर्गलता जैसे संस्कृत के तत्सम शब्दों को निकाल देना तथा उपत्यकाएँ को घाटियाँ, भर्त्सना को डाँटना, अन्य को और, आस्तरण को शय्या, घृत को घी, दूर्वा को दूब, पूर्वग्रह को गाँठ, दोहित्र को नाती, भागिनेय को भानजे, क्रीत को बिकना, क्रय-विक्रय को बिकने-बिकाने, अभिस्तुति करके को हाथ जोड़कर, विचक्षता को चतुराई और ब्रह्म मुहूर्त को बदलकर सूर्योदय से पहले इत्यादि कर देना राकेश की माध्यमगत समझ और जागरूकता का प्रत्यक्ष प्रमाण है। मेरा विश्वास है कि संवादों में 'तल्प' जैसे अपेक्षाकृत कठिन शब्दों के प्रयोग और रंग-निर्देशों में भी संस्कृतनिष्ठ भाषा के उपयोग का मूल कारण वास्तव में 'काल विशेष की पृष्ठभूमि रखने' एवं 'अपेक्षित यथार्थ-भ्रम की सृष्टि'[27] को ध्यान में रखकर ही किया गया है न कि केवल कोर्स में लगने के लालच के कारण।[28] अतः नेमिचंद्र जैन के शब्दों में हम निःसंकोच कह सकते हैं कि इस नाटक की सबसे बड़ी खूबी है इसकी भाषा "जो एक क्लासिकी युग का हलका-सा आभास बनाए रखकर भी बोलचाल के बहुत समीप है। साथ ही उसमें व्यंजना, विडम्बना, बिम्बपरकता, एकाधिक संदर्भों की अनुगूंज को बड़े संयम और नियंत्रण के साथ संजोया गया है, जिससे पहली बार आधुनिक नाटकीय गद्य का रूप निखर सका है। हिंदी नाटक के विकास की यह एक ऐसी शर्त और जरूरत थी जिसे पूरा किए बिना किसी महत्त्वपूर्ण उपलब्धि की ओर बढ़ना कठिन था।"[29] भाषा और रंगमंच की दृश्यात्मकता से आंतरिक एवं अभिन्न रूप से जुड़ी वैविध्यपूर्ण और प्रखर बिंबात्मकता राकेश की रंग-सृष्टि की एक अन्य विशेषता है। विवेच्य नाटक में डॉ० गोविंद चातक के अनु-

सार, "आषाढ़ के झरते मेघ, सुखाने के लिए फैलाए हुए गीले कपड़े, अम्बिका की ठोस और मल्लिका की तरल भाव-मुद्राएँ, अनुस्वार और अनुनासिक की बनावटी भंगिमाएँ, ग्रामवासियों का भोला देहातीपन और राजपुरुषों के दर्पपूर्ण चेहरे और अंततः दीपक की लौ में डूबा सब चेहरों में मल्लिका का एक चेहरा ऐसे दृश्य बिम्ब प्रस्तुत करता है जो रंगमंच की कविता रचता है।"[30]

प्रतीकात्मकता और नाट्य-विडम्बना राकेश के रंग-शिल्प की दो अन्य प्रमुख विशेषताएँ हैं जिनका बहुआयामी प्रयोग उन्होंने अपने सभी नाटकों में किया है। 'आषाढ़ का एक दिन' का मंच-विधान इसके चरित्रों, आर्थिक और सामाजिक स्थिति का संकेत देने के साथ-साथ उनकी शारीरिक और मानसिक यात्रा के लिए आधार-स्थल प्रस्तुत करता है। जगदीश शर्मा के शब्दों में, "इस प्रकार एक ही स्थान पर समय की गति के साथ बदलता हुआ परिवेश समय के हाथों उत्पीड़ित मानव-नियति की कथा कहता है।"[31] इस प्रकार काल के आयाम को मल्लिका के चरित्र और दृश्यबंध के माध्यम से बड़ी रोचक तीव्रता एवं नाटकीयता के साथ प्रस्तुत किया गया है।

चारित्रिक स्तर पर कालिदास 'सृजनात्मक शक्तियों का प्रतीक' है तो मल्लिका 'कालिदास की आस्था का विस्तारित रूप' संकेतित करती है। विलोम 'दुराग्रह की आक्रामक शक्तियों'[32] का द्योतक है। मल्लिका के भावनामय रोमानी चरित्र के मुकाबले अम्बिका यथार्थपरक व्यावहारिक जीवन-दृष्टि का प्रतिनिधित्व करती है। प्रियंगुमंजरी, दंतुल, रंगिणी-संगिनी और अनुस्वार-अनुनासिक जैसे पात्र सत्ता और व्यवस्था के विविध रूपों का प्रतिनिधित्व करते हैं और सत्ताधारी, राजपुरुष, राज्याश्रयी बुद्धिजीवी तथा राज्याधिकारी की बहुरूपी मानसिकताओं के प्रतीक हैं। इसी प्रकार 'मेघ'[33] और 'ग्रंथ'[34] को कालिदास तथा 'ग्राम प्रांतर'[35] और 'भूमि'[36] को मल्लिका का सूक्ष्म प्रतीकत्व प्रदान करके नाटककार ने अद्भुत रंग-कौशल का परिचय दिया है। इसी प्रकार पृष्ठ 23 का घायल हरिणशावक जो कवि कालिदास की नैसर्गिक कोमल भावना, निश्छल चेतना और स्पंदनमय संवेदनशीलता का प्रतीक है, वही पृष्ठ 25 के संवाद 'माँ की-सी आँखें और उसका-सा ही स्नेह' की पृष्ठभूमि में देखने पर तीसरे अंक में मल्लिका की बच्ची बनकर कालिदास के चरित्र की विसंगति एवं परिस्थिति की विडम्बना का नाटकीय संकेत बन जाता है।

इसी प्रकार राकेश ने व्यंग्य और नाट्य-विडम्बना का कई रूपों और स्तरों पर अत्यंत कलात्मक एवं प्रभावशाली ढंग से इस्तेमाल करके 'आषाढ़ का एक दिन' को नई समृद्धि और गरिमा प्रदान की है। कुछ उदाहरण द्रष्टव्य हैं—

दूसरे अंक के आरम्भ में राजकर्मचारियों के सम्बन्ध में मल्लिका के इस कथन कि 'जानते हैं, माँ इस सम्बन्ध में क्या कहती है? कहती है कि जब भी ये

आकृतियाँ दिखाई देती हैं, कोई न कोई अनिष्ट होता है। कभी युद्ध, कभी महामारी। परंतु पिछली बार तो ऐसा कुछ नहीं हुआ।' के उत्तर में निक्षेप का प्रश्न 'नहीं हुआ ?'[37] पूरी तीव्रता और सघनता से मल्लिका के जीवन के आंतरिक सत्य और स्थिति की विडम्बना का संकेत दे देता है। लगभग यही स्थिति पहले और तीसरे अंक के आषाढ़ के दिन के मेघों और वर्षा के अंतर की है। तीसरे अंक में इसी से जुड़ा कालिदास का एक सम्वाद है– 'और कि वही चेतना है जिसमें कम्पन होता है। वही हृदय है जिसमें आवेश जागता है। परंतु···।'[38] यह छोटा-सा 'परंतु' इच्छा के विरुद्ध समय की शक्ति, नियति के समक्ष व्यक्ति की दुर्बलता और परिस्थितियों के मुकाबले सम्बन्धों की विडम्बना का कितना बड़ा प्रमाण प्रस्तुत कर देता है। प्रथम अंक में कालिदास घायल हरिणशावक की रक्षा के लिए राजकर्मचारी से भिड़ जाता है परंतु वही कालिदास तीसरे अंक में मल्लिका के घर के 'हरिणशावक'[39] से वितृष्णा के कारण वह घर, प्रेमिका और प्रदेश ही छोड़कर चला जाता है। आश्रय देने के नाम पर मातुल की टाँग और कालिदास के व्यक्तित्व एवं मन को तोड़ देने वाले राज्य की विडम्बना भी स्पष्ट ही है। दूसरे अंक में बर्षों बाद कालिदास से मिलने की आतुर प्रतीक्षा करती मल्लिका का रंगिणी-संगिणी तथा अनुस्वार-अनुनासिक और प्रियंगुमंजरी से मिलना भी कम विडम्बनापूर्ण नहीं है परंतु मल्लिका द्वारा विवाह का प्रस्ताव विनम्रतापूर्वक ठुकरा देने पर उसका प्रेमी और घर लूट लेने वाली प्रियंगु का यह भोला प्रश्न तो त्रासद ही है कि, 'क्यों ? तुम्हारे मन में कल्पना नहीं है कि तुम्हारा अपना घर-परिवार हो ?'[40] स्पष्ट है कि संदर्भों, शब्दों, सम्वादों, स्थितियों और मनःस्थितियों की यह विडम्बना समन्वित होकर समग्रतः चरित्रों और सम्बन्धों की व्यापक विडम्बना का रूप लेकर सम्पूर्ण नाटक को आषाढ़ के मेघों की तरह चारों ओर से आच्छादित कर लेती है। नाट्य विडम्बना का बहुस्तरीय एवं प्रभावशाली रोचक उपयोग राकेश के रंग-शिल्प की एक महत्त्वपूर्ण विशेषता है।

'आषाढ़ का एक दिन' रस और आनंद का परम्परित नाटक नहीं वरन् द्वंद्व और त्रासदी पर आधारित एक आधुनिक नाटक है। इस बुनियादी अंतर को न समझने के कारण ही अधिकांश समीक्षक अनजाने और अनचाहे ही इस नाटक और मल्लिका के चरित्र के प्रति अन्याय कर जाते हैं।[41] नाटक का द्वंद्व, तनाव और संघर्ष भावना, व्यक्ति, स्थिति तथा प्रकृति—सभी स्तरों पर विद्यमान है। रूपानियत और यथार्थ, भावना और कर्म, समय और इच्छा, प्रेम और विवाह, परिवेश और सृजनात्मकता, व्यक्तिगत स्वातंत्र्य और राज्याश्रय—'आषाढ़ का एक दिन' में व्याप्त संघर्ष के विविध आयाम हैं। नाटककार इसे आरम्भ में 'मेघ (कालिदास) और 'बिजली की कौंध' (विलोम राज्य) के द्वारा और फिर विरोधी

वृत्तियों एवं दृष्टिकोणों वाले चरित्रों के पारस्परिक अंतर्संबन्धों के द्वारा व्यक्त करता है। ज्येष्ठ मास की तपती हुई लू (परिस्थितियाँ) ने धरती (मल्लिका) को सुखा रखा है। तभी आषाढ़ मास के मेघों की पहली वर्षा (कालिदास की प्रेमासक्ति) उसे जीवनदायी आर्द्रता से तृप्त कर जाती है। लेकिन तभी बिजली (विलोम-राजा का दूत) कौंधती है और प्यासी मल्लिका को अपनी आत्मीय आर्द्रता एवं कोमलता से चारों ओर से घेरने वाले गहरे मेघ न जाना चाहकर भी उज्जयिनी की ओर उड़ जाते हैं। यह नाटक बाहरी क्रियाओं (एक्शन) और संघर्ष के बजाए अधिकतर भीतरी प्रतिक्रियाओं और द्वंद्व के द्वारा तनाव की सृष्टि करता है। तलवारों की लड़ाई की अपेक्षा यह नाटक विरोधी भावनाओं, मनोवृत्तियों और इरादों के संघर्ष को प्रायः वाक् युद्ध के रूप में प्रकट करता है। प्रथम अंक में यह तनाव अम्बिका और मल्लिका, दंतुल और कालिदास, निक्षेप-मातुल और अम्बिका तथा कालिदास, मल्लिका और विलोम के बीच उभरता है। दूसरे अंक में मल्लिका और प्रियंगुमंजरी का वैषम्य इसे गहराता है और तीसरे अंक में परिस्थितियों की विडम्बना से घिरे कालिदास, मल्लिका और विलोम के बीच पूरी शक्ति से उभर कर यह संघर्ष तीनों को तोड़ जाता है। मल्लिका को पाकर ही विलोम जान पाता है कि मन के बिना केवल तन की प्राप्ति कितनी अधूरी और अर्थहीन उपलब्धि है। इसी प्रकार, तन के बिना केवल मन (भावना) के स्तर पर मल्लिका की प्राप्ति कालिदास को भी असंतोष एवं मोह भंग की दारुण स्थिति में ले जाती है। कालिदास के आगमन से विरहिणी मल्लिका की प्रतीक्षा खत्म होती है, लेकिन केवल उसकी आस्था और उसके विश्वास को तोड़कर चिर-वियोग में अकेला छोड़ जाने के लिए। मानव-प्रकृति और नियति की इस विडम्बना को रेखांकित करने के लिए नाटककार कई रंग-युक्तियों का नाटकीय प्रयोग करता है। तनाव और प्रभाव को गहराने के लिए रचनाकार ने विविध पात्रों के स्वभाव, व्यवहार, वस्त्र-विन्यास, रंग-रूप, हाव-भाव और गति-विधान के वैषम्य के साथ-साथ नाटकीय प्रवेश-प्रस्थान, अर्थगर्भी मौन, आशंका, सम्भावना और आकस्मिकता का भी रोचक इस्तेमाल किया है। नाट्य समीक्षक एन०सी० ठाकुर के शब्दों में, "He has skillfully contrasted characters, their gestures and movements, their dresses, their language and its rhythms, their thought patterns and behaviour. He has also contrasted atmosphere and its effect and the setting of the different Acts of the play. His use of contrast is not for the sake of contrast. He uses it for dramatic tension, to heighten the dramatic impact of the play."[42]

विवेच्य नाटक के प्रवेश और प्रस्थान, रचनाकार ने कौशलपूर्वक अत्यंत

नाटकीय एवं दिलचस्प ढंग से नियोजित किए हैं। आकस्मिक होकर भी वह पूर्णतः स्वाभाविक है। सभी महत्त्वपूर्ण पात्रों के प्रवेश से पहले उनके नाम और चरित्र का संकेत राकेश ने बड़ी चतुराई से अपने पाठकों-दर्शकों को दे दिया है। मल्लिका नाटक के प्रथम सम्वाद में ही घर की मालकिन अम्बिका को 'माँ' कहकर उससे अपने सम्बन्ध और अपनी मानसिकता को स्पष्ट कर देती है। कालिदास को लेकर माँ-बेटी के लम्बे वाद-विवाद के बाद उसका प्रवेश कराया गया है। विलोम के प्रवेश से पूर्व मल्लिका के सम्वाद, "यह तुम्हारी नहीं, विलोम की भाषा है।"[43] द्वारा उसके चरित्र का पूर्वाभास नाटककार हमें करा देता है। मातुल का प्रथम सम्वाद ही उसके अपने व्यक्तित्व और कालिदास से उसके रिश्ते को साफ कर देता है। दूसरे अंक में राजदुहिता (प्रियंगुमंजरी) से कालिदास के विवाह का संदर्भ भी निक्षेप के सम्वाद में पहले से ही दे दिया जाता है और अनुस्वार अनुनासिक उसके आगमन की पूर्व सूचना दे देते हैं।

राकेश के नाटकों का बुनियादी सरोकार रहा है, "व्यक्तित्व की खोज घर के माध्यम से और घर की खोज व्यक्तित्व के माध्यम से।"[44] प्रेमिका और पत्नी दोनों के साथ अपनी कल्पना के घर की तलाश में असफल होने के बाद 'आषाढ़ का एक दिन' के अंत में कालिदास सम्बन्धों के किसी नये समीकरण की खोज में बाहर निकल जाता है। यह घर मल्लिका और विलोम को भी नहीं मिलता। कालिदास के भीतर के दूसरे आदमी को मंच पर प्रस्तुत करने के लिए राकेश ने विलोम की सृष्टि की है। इसी रंग-युक्ति का प्रयोग नाटककार ने 'लहरों के राजहंस' में श्यामांग तथा 'आधे अधूरे' में सिंघानिया, जगमोहन और जुनेजा के रूप में भी किया है। 'आषाढ़ का एक दिन' में व्यक्तित्व के इस द्वैत को मूर्त रूप देने के लिए राकेश ने मातृगुप्त के नाम-संदर्भ का भी उपयोग किया है।

'आषाढ़ का एक दिन' का दृश्य-विधान अम्बिका और मल्लिका की सामाजिक-आर्थिक स्थिति, सुरुचि, संस्कार और सौंदर्य-बोध का द्योतक होने के अतिरिक्त समय के साथ-साथ इन चरित्रों की बदलती हुई परिस्थितियों और मनःस्थितियों को भी उजागार करता है। 'मेघ' का प्रतीकत्व बहुअर्थगर्भी है। 'मेघ' पानी से जुड़कर जीवन के प्रतीक बनते हैं तो अंधकार से जुड़कर दुख और निराशा के। विवेच्य नाटक में मेघगर्जन, वर्षा और विद्युत के दृश्य-श्रव्य बिम्ब नाटक के कथ्य और शिल्प का अविभाज्य अंग बनकर आए हैं। आरम्भ में यह मल्लिका के नवोपलब्ध सौंदर्यानुभव और अनुभूतिमय प्रेम के लिए रोमानी वातावरण की सृष्टि करते हैं। कालिदास की विदाई से पहले अंधकार और प्रकाश की यह लुकाछिपी मल्लिका एवं कालिदास के अंतर्द्वंद्व का संकेत देती है

और बाद में यही बिम्ब मल्लिका की पीड़ा और आँसुओं को एक व्यापक आयाम दे जाता है। तीसरे अंक में प्रकृति के इन उदात्त तत्त्वों का उपयोग रचनाकार ने परिस्थितियों की विडम्बना और विषमता को रेखांकित करने के लिए किया है। प्रथम अंक के आरम्भ में अम्बिका का छाज में धान फटकना एक ओर उसके कर्मनिष्ठ व्यक्तित्व का संकेत है,[45] दूसरी ओर उसके मन की हलचल और उद्वेलन का[46] तो तीसरी ओर खाद्य (मल्लिका और परिवार की प्रतिष्ठा) में से किसी तरह अखाद्य (कालिदास) को अलग करके बाहर निकाल फेंकने के प्रयत्न का भी संकेत देता है।[47] यहाँ अम्बिका की शब्द-मितव्ययता और चुप्पी तथा घोड़ों की टापों और राजकर्मचारियों के आगमन से जुड़ी आशंका के द्वारा राकेश ने ज़बरदस्त तनाव की सृष्टि की है। इसके अतिरिक्त, 'हरिणशावक, उपत्यकाएँ, वायु, कुम्भ, बाघ (छाल), दीपक, रेशमी वस्त्र में लिपटे भोजपत्र, गेरु की आकृति सब मिलकर आत्मीय सम्बन्धों के सूचक बन जाते हैं।…अंत में एक ही दीपक का जलना कई संकेत एक साथ करता है—अम्बिका की मृत्यु, मल्लिका का एकाकीपन और उसका आत्मदाह। घोड़ों की टापों से मल्लिका, अम्बिका, विलोम की अलग-अलग स्थितियों का प्रस्तुतीकरण करते हुए नाटकीय संघर्ष को तीव्र प्रभाव दिया गया है। 'आषाढ़ का एक दिन' का सारा सौंदर्य सांकेतिकता में है—यह सांकेतिकता भाषा में भी है, और क्रियाओं में, दृश्यों में भी।'[48]

इस नाटक में रचनाकार ने प्रकाश-व्यवस्था सम्बन्धी निर्देश बहुत कम दिए हैं—कुल 56 शब्दों में 7 निर्देश। लेकिन विलोम के अग्निकाष्ठ का बहुत ही रोचक और नाटकीय प्रयोग यहाँ हुआ है। विलोम का प्रथम प्रवेश अँधेरे में से अग्निकाष्ठ की चमकती लौ के साथ रहस्यमय प्रभाव के साथ कराया गया है। जलता हुआ अग्निकाष्ठ—जो अम्बिका के लिए प्रकाश का स्रोत हो सकता है और मल्लिका एवं कालिदास के लिए आग (जलाने) का। इस मंच उपकरण को राकेश ने 'स्पाट लाइट' की तरह इस्तेमाल किया है। मल्लिका और कालिदास के बीच आकर कालिदास पर सीधा वार करने से पहले विलोम 'अग्नि-काष्ठ के पास जाकर उसे सहलाने लगता है।' और इस प्रकार, 'प्रकाश उसके मुख पर पड़ता है।'[49] पृष्ठ 52-53 पर इसके अर्थपूर्ण एवं नाटकीय उपयोग के कई उदाहरण देखे जा सकते हैं। कालिदास पर कटाक्ष करते समय 'विलोम उल्मुक (को) कालिदास के मुख के निकट ले आता है।' मल्लिका के बीच में आ जाने पर "अग्निकाष्ठ का प्रकाश उसके मुँह पर पड़ने लगता है।' और विलोम कालिदास से पुनः सम्बोधित होते ही 'अग्निकाष्ठ का प्रकाश फिर कालिदास के चेहरे पर डालता है।'[50] भारतीय रंग-दृष्टि की खोज के लिए राकेश ने अपने अंतिम दिनों में शब्द और अभिनय के जिस मूल तर्क पर बल दिया था, उसका प्रमाण हमें उनके इस प्रथम पूर्णकालिक नाटक में भी प्रत्यक्षतः

मिल जाता है। इस प्रसंग में यदि हम रंग-निर्देशों के अनुपात पर ध्यान दें तो पाएँगे कि 'आषाढ़ का एक दिन' में नाटककार ने दृश्य-बंध, प्रकाश, ध्वनि और अभिनय सम्बन्धी क्रमशः 3, 7, 22 और 558 निर्देशों की योजना की है। स्पष्ट है कि राकेश तकनीक समृद्ध पाश्चात्य 'रंगमंच की अपेक्षा रचनात्मक स्तर पर मूलतः अभिनयाश्रित प्रतीकात्मक रंगमंच की दिशा में आगे बढ़ने के ही आकांक्षी थे।

पहले अंक की वर्षा ने सुख देकर जो वस्त्र भिगोए थे वह कुछ वर्षों के अनंतर दूसरे अंक के आरम्भ में दुख देकर सूख रहे हैं। अल्हड़ मल्लिका का जो अंशुक तब हवा ने उड़ा दिया था उसे अब जीवन के कटु अनुभवों से वयस्क हुई मल्लिका ठीक कर रही है।[51] कुछ और वर्षों के बाद तीसरे अंक में वस्त्र सूख तो अवश्य गए हैं, किंतु अब वह 'फटे और मैले वस्त्र'[52] हैं जो एक ढेर की तरह पड़े हुए हैं। पहले अंक में आनंदित मल्लिका के भीग कर आने और तीसरे अंक में बैसाखी के सहारे मातुल तथा क्षत-विक्षत कालिदास के भीगकर आने का अंतर ही पहले "आषाढ़ के एक दिन और वर्षों बाद के इस आषाढ़ के एक दिन की विडम्बना को तीव्रता से रेखांकित करके नामकरण की सार्थकता को सिद्ध करता है। जीवन सौंदर्य और आनंद की पर्याय आषाढ़ की वर्षा कालांतर में कैसे काल बन जाती है—इसे अपने पात्रों के जीवन की त्रासदी से जोड़कर राकेश ने 'आषाढ़ का एक दिन' के रूप में एक करुण काव्य की ही रचना कर डाली है। और राकेश की इस अनुभूतिमय समर्पित कविता का नाम है—मल्लिका। इस नाटक की लोकप्रियता तथा प्रभावशीलता (अपील) की धुरी है मल्लिका का यह स्पंदनशील चरित्र। भारतीय संस्कारों में दुःख और वियोग का बड़ा मूल्य रहा है। मल्लिका का यह अटूट आस्थामय त्याग, चिर-वियोग और आजन्म दुःख उसके अपने निर्णय एवं चुनाव का परिणाम है। वरण की स्वतंत्रता के अधिकार के उपयोग से अनिवार्यतः जुड़े होने के कारण इस चरित्र में एक सार्वजनीन और सार्वकालिक प्रभावशीलता आ गई है। इसलिए उसके विषय में यह कहना कि, 'उसने जिस प्रकार का जीवन अपनाया उससे तो अच्छा होता कि वह प्रियंगुमंजरी का कृपाभाव स्वीकार कर लेती।'[53]—वास्तव में मल्लिका के चरित्र की मूलभूत विशेषता, प्रतीकात्मकता और शक्तिमत्ता से ही अनभिज्ञता प्रकट करना है। सम्भवतः तीसरे अंक में मल्लिका और विलोम के सम्बन्धों की अस्पष्टता से अधिक इसके चरित्रांकन पर कोई आक्षेप लगाना उचित नहीं होगा। इस संदर्भ में सुरेंद्र वर्मा का यह सुझाव अवश्य विचारणीय है कि, "मल्लिका को वेश्या बनाना क्यों जरूरी था ? क्या वह अपनी माँ की तरह कूटने-पीसने जैसा कोई काम नहीं कर सकती थी ? कुछ नहीं तो कोरे पन्नों की कापियाँ तो बना ही सकती थी, या कहीं लिपिक वगैरह हो सकती थी।"[54] परंतु प्रश्न यह है कि क्या

मल्लिका की यह बाहरी टूटन उसकी भीतरी निष्ठा और अटूटता को अधिक तीव्रता से रेखांकित नहीं करती? और क्या मल्लिका का यह 'कामकाजी महिला' वाला रूप उसके भावनामय चरित्र के विपरीत आरोपण की हद तक आधुनिक स्त्री के नजदीक नहीं होता? इस प्रश्न पर विवाद की सम्भावना हो सकती है, मगर फिर भी, आज के संदर्भ में इतना तो कहा ही जा सकता है कि, 'राकेश घर और परिवार से बाहर कुछ सोच ही नहीं सकते थे और मध्यवर्गीय नैतिकता से बुरी तरह आक्रांत थे। इसलिए राकेश पुरुष से अलग स्वतंत्र इकाई के रूप में स्त्री को देख पाने में असमर्थ थे।'[55] चरित्रांकन की दृष्टि से नायक और खलनायक की परम्परागत धारणाओं को तोड़कर मानवीय रूपाकार ग्रहण करता कालिदास और विलोम का आधुनिक व्यक्तित्व तथा मातुल का करुणा-मिश्रित विदूषकत्व भारतीय नाट्य-परम्परा में अपूर्व है।

इस नाटक में संकलन-त्रय और एक ही दृश्य की योजना जहाँ रंगमंचीयता की दृष्टि से रंगकर्मियों को विशिष्ट सुविधा प्रदान करती है वहीं कालिदास के अंतर्द्वंद्व को सूच्य और तीसरे अंक को लम्बे स्वगत कथनों पर आधारित उद्घाटन मूलक रूप देकर शिथिल और प्रभावक्षीण भी कर देती है। परंतु अपनी इन कुछेक कमियों और सीमाओं के बावजूद समग्रत: यह कहा जा सकता है कि 'नाट्य-रूप की दृष्टि से 'आषाढ़ का एक दिन' सुगठित यथार्थवादी नाटक है, जिसमें बाह्य ब्यौरे की बातों से अधिक परिस्थिति के काव्य को अभिव्यक्त करने का प्रयास है। इस दृष्टि से शायद हिंदी का यह पहला यथार्थवादी नाटक है जो बाह्य और आंतरिक यथार्थ को उनकी समन्विति में उनके अंतर्द्वंद्व में देखता और प्रस्तुत करता है। निस्संदेह हिंदी नाटक के परिप्रेक्ष्य में, और भाववस्तु और रूपबंध दोनों के स्तर पर, 'आषाढ़ का एक दिन' ऐसा पर्याप्त सघन, तीव्र और भावोद्दीप्त लेखन प्रस्तुत करता है जैसा हिंदी नाटक में बहुत ही कम हुआ है।···उसकी दृष्टि कहीं ज्यादा आधुनिक और सूक्ष्म है जिसके कारण वह सही अर्थ में आधुनिक हिंदी नाटक की शुरुआत का सूचक है।'[56] अत: निष्कर्षत: कहा जा सकता है कि हिंदी रंगांदोलन की गति को तीव्र करने और उसे व्यापक बनाने में इसने निश्चय ही महत्त्वपूर्ण योगदान दिया है।

संदर्भ

1. नटरंग : 6 : अप्रैल-जून 1968 (नाटककार और रंगमंच : मोहन राकेश), पृ॰ 11
2. अनामिका, कलकत्ता द्वारा प्रस्तुत 'लहरों के राजहंस' की स्मारिका में प्रकाशित लेख 'मोहन राकेश : दो एंगिल से' से उद्धृत।
3. आधुनिक हिंदी नाटक और रंगमंच : सं॰ नेमिचंद्र जैन (आधुनिक हिंदी नाटक : सार्थकता की दिशाएँ), पृ॰ 124
4. इनैक्ट : 53 : मई 1971 (मोहन राकेश इंटरव्यूड : राजेंद्र पाल)।
5. लहरों के राजहंस : मोहन राकेश (नाटक का यह परिवर्तित रूप)। पृ॰ 14-15
6. मोहन राकेश साहित्यिक और सांस्कृतिक दृष्टि : (एक महत्त्वपूर्ण भेंट), पृ॰ 164
7. वही
8. वही : (साहित्यकार की समस्याएँ), पृ॰ 25
9. Enact : 53 (May 1971) Mohan Rakesh Interviewed : Rajinder Paul.
10. श्री राम गोपाल बजाज और लेखक की व्यक्तिगत बातचीत से।
11. वही।
12. लहरों के राजहंस : मोहन राकेश (पहली भूमिका), पृ॰ 8
13. वही, पृ॰ 9
14. अनामिका, कलकत्ता द्वारा प्रस्तुत 'आषाढ़ का एक दिन' की स्मारिका में प्रकाशित विष्णुकांत शास्त्री के लेख 'आषाढ़ का एक दिन : कुछ विचार' से उद्धृत।
15. आषाढ़ का एक दिन : मोहन राकेश, पृ॰ 83
16. वही, पृ॰ 115
17. वही, पृ॰ 117
18. आलोचना : जनवरी, 1966 (आषाढ़ का एक दिन : महेंद्र भटनागर), पृ॰ 182
19. द्रष्टव्य :

    (क) नाटककार मोहन राकेश : सं॰ सुंदरलाल कथूरिया में संकलित विष्णुकांत शास्त्री के 'कल्पना का यथार्थ' तथा च्यवन ऋषि झा लिखित 'ऐतिहासिकता का दृष्टि बिम्ब' नामक लेख।

(ख) आषाढ़ का एक दिन : वस्तु और शिल्प—विश्वप्रकाश दीक्षित 'बटुक' पृ० 101-113

(ग) नाटककार मोहन राकेश : जीवन प्रकाश जोशी, पृ० 62

(घ) मोहन राकेश का नाट्य साहित्य : डा० पुष्पा बंसल, पृ० 11

(ङ) अपने नाटकों के दायरे में मोहन राकेश : तिलकराज शर्मा, पृ० 34-37

(च) आलोचना : जनवरी 1966 : आषाढ़ का एक दिन : महेंद्र भटनागर, पृ० 179-180; इत्यादि ।

20. आषाढ़ का एक दिन : (इस संस्करण तक···मोहन राकेश), पृ० 8
21. घासीराम कोतवाल : विजय तेंदुलकर : 'लेखक के वक्तव्य' से उद्धृत ।
22. Times Weekly : 10 Dec., 1972 : P. 7.
23. आषाढ़ का एक दिन : (इस संस्करण तक···मोहन राकेश), पृ० 7
24. आषाढ़ का एक दिन : मोहन राकेश (प्रथम विद्यार्थी संस्करण), पृ० 28
25. वही : (विशिष्ट संस्करण), पृ० 41
26. नटरंग 28 : जनवरी-मार्च, 1977 (राकेश की नाट्य-भाषा : जयदेव तनेजा), पृ० 41
27. आषाढ़ का एक दिन : (इस संस्करण तक···मोहन राकेश), पृ० 7
28. द्रष्टव्य : सारिका : 1 दिसम्बर, 1981 (···तो कोर्स में कैसे लगता : सत्येंद्र शरत), पृ० 13
29. आधुनिक हिंदी नाटक और रंगमंच : नेमिचंद्र जैन, पृ० 124
30. आधुनिक हिंदी नाटक का मसीहा : मोहन राकेश : गोविंद चातक, पृ० 60
31. मोहन राकेश की रंग सृष्टि : जगदीश शर्मा, पृ० 16
32. द्रष्टव्य : लहरों के राजहंस : मोहन राकेश (पहली भूमिका), पृ० 8-9
33. द्रष्टव्य : आषाढ़ का एक दिन : मोहन राकेश, पृ० 59
34. वही, पृ० 106
35. वही, पृ० 48
36. वही, पृ० 124
37. आषाढ़ का एक दिन : मोहन राकेश, पृ० 65
38. वही, पृ० 126
39. वही, पृ० 123
40. आषाढ़ का दिन : मोहन राकेश, पृ० 87
41. द्रष्टव्य :

(क) नाटककार मोहन राकेश : सं० सुन्दरलाल कथूरिया (रस निकष पर), पृ० 186-197

(ख) आषाढ़ का एक दिन : वस्तु और शिल्प : विश्वप्रकाश दीक्षित 'बटुक', पृ० 175-185

(ग) नाटककार मोहन राकेश : जीवनप्रकाश जोशी, पृ० 26-36 तथा पृ० 66

(घ) मोहन राकेश की रंग सृष्टि : जगदीश शर्मा, पृ० 26

42. Ashadh Ka Ek Din : N.C. Thakur (Contrast and Parall-elsim), P. 22.

43. आषाढ़ का एक दिन : मोहन राकेश, पृ० 34

44. हिंदी नाटक और रंगमंच : पहचान और परख : इंद्रनाथ मदान, पृ० 79

45. "माँ का जीवन भावना नहीं कर्म है। उसे घर में बहुत कुछ करना है।" —आषाढ़ का एक दिन पृ० 23

46. "अंबिका धान को मुट्ठी में ले-लेकर जैसे मसलती हुई छाज में गिराने लगती है।"—वही, पृ० 20

47. "उसके प्रभाव से मेरा घर नष्ट हो रहा है।"—आषाढ़ का एक दिन, पृ० 23

48. समकालीन हिंदी नाटककार : गिरीश रस्तोगी, पृ० 42

49. आषाढ़ का एक दिन : मोहन राकेश, पृ० 48

50. वही, पृ० 53

51. वही, पृ० 61

52. वही, पृ० 101

53. मोहन राकेश की रंग-सृष्टि : जगदीश शर्मा, पृ० 26

54. श्री सुरेन्द्र वर्मा और लेखक के बीच 5.4.1980 को हुई एक व्यक्तिगत बातचीत से उद्धृत।

55. वही।

56. नटरंग : 21 : अक्टूबर-दिसम्बर, 1972 (मोहन राकेश के नाटक : नेमिचंद्र जैन), पृ० 35

प्रस्तुतीकरण

(क)

महानगरों के व्यावसायिक/अर्द्ध-व्यावसायिक नाट्य-दलों के महत्त्वपूर्ण प्रस्तुतीकरण

1. अनामिका (कलकत्ता) : श्यामानंद जालान

साठ से भी अधिक नाटकों का स्तरीय प्रदर्शन करके 22 दिसम्बर, 1979 को पच्चीसवें वर्ष में प्रवेश कर 1980 में अपनी रजत जयंती मनाने वाली कलकत्ता की सुप्रसिद्ध नाट्य-संस्था 'अनामिका' द्वारा 28 अप्रैल, 1957 को प्रस्तुत विनोद रस्तोगी के नाटक 'नये हाथ' के प्रदर्शन को 1959 में संगीत नाटक अकादमी द्वारा आयोजित 'अखिल भारतीय नाट्य प्रस्तुतीकरण प्रतियोगिता' में प्रथम पुरस्कार प्रदान किया गया था। इसी वर्ष मोहन राकेश की रचना 'आषाढ़ का एक दिन' को भी सर्वश्रेष्ठ नाटक के रूप में पुरस्कृत किया गया। 'अनामिका' के जागरूक रंगकर्मियों का इस नये नाटक के प्रति आकृष्ट होना स्वाभाविक ही था। श्यामानंद जालान के अनुसार, "उसी समय वापसी में हमने इस नाटक को पढ़ा और मैं उससे सचमुच बहुत प्रभावित हुआ। उस समय तक हमने उपेंद्रनाथ अश्क, डी० एल० राय, चेखव, शेक्सपियर, शॉ, इब्सन वगैरह के नाटक या उनके अनुवाद ही पढ़े-देखे थे। 'स्ट्रीट कार नेम्ड डिज़ायर', 'डैथ आफ ए सेल्समैन' या 'लुक बैक इन ऐंगर' जैसे आधुनिक नाटकों से हमारा परिचय नहीं हुआ था—माने पढ़ने को पढ़ लिए थे लेकिन अनुवाद करके इन्हें मंचित किया जाए ऐसा नहीं सोचा था। इस पृष्ठभूमि में 'आषाढ़ का एक दिन' एकदम नया और प्रभावशाली नाटक लगा। एक ऐसा आधुनिक नाटक जिसमें एक रोचक कथ्य है और सुंदर शिल्प में उसका निर्वाह किया गया है; परंतु पढ़ने के बाद हममें से ज्यादातर लोगों ने यह महसूस किया कि आलेख तो अच्छा है लेकिन इसे सफलतापूर्वक मंचित नहीं किया जा सकता।"[1] अनामिका के सदस्यों का विचार था कि इसकी संस्कृतनिष्ठ भाषा, काव्यात्मकता और विशेष-

कर तीसरे अंक में लम्बे-लम्बे स्वगत कथनों की योजना इसकी अभिनेयता की सबसे बड़ी बाधा है। परंतु श्यामानंद जालान का विचार था कि, "नहीं, इसे अवश्य मंचित किया जा सकता है किया जाना चाहिए और मंचन में यह नाटक काफ़ी सशक्त हो सकता है।"[2] कालांतर में जब 'अनामिका' में इसके प्रस्तुतीकरण का प्रस्ताव रखा गया तो कमेटी ने इसका विरोध किया। इसी संदर्भ में 'आषाढ़ का एक दिन' नाटक की साहित्यिक और रंगमंचीय समस्याएँ विषय पर एक परिसंवाद भी आयोजित हुआ। श्री विष्णुकांत शास्त्री ने नाटक की ऐतिहासिकता, कालिदास के चरित्रांकन, उद्देश्य और रचनाकार के रोमानी दृष्टिकोण को लेकर नाटक की धज्जियाँ उड़ा दीं, हालाँकि मल्लिका के चित्रण, व्यंग्य, संवादों के पैनेपन और शिल्प की उन्होंने प्रशंसा भी की। तीसरे अंक के लम्बे एकालापों के विषय में उनकी राय थी कि, "इन परिस्थितियों में यदि अभिनय भावानुकूल रहे तो ये अखरेंगे नहीं।"[3] श्री भँवरमल सिंघी ने अध्यक्ष पद से बोलते हुए 'आषाढ़ का एक दिन' को 'एक युगांतरकारी रचना'[4] घोषित किया और 'अभिनेयता की बात अभिनय के पश्चात्'[5] करने का परामर्श दिया। परंतु अधिकांश सदस्यों की राय थी कि यह नाटक मंच पर बुरी तरह असफल होगा और इसके लिए दर्शक नहीं मिलेंगे। इसके बावजूद जालान अपने विश्वास पर अटल रहे और उनके "आग्रह करने पर कमेटी ने यह शर्त रखी कि पहले केवल इसके तीसरे अंक का ही मंचन करके स्वयं देख लिया जाए। इस प्रकार तीसरे अंक का मंचन देखने के बाद ही कमेटी ने इसे करने की अनुमति दी और यह नाटक मंचित हुआ।"[6]

यह थी उस नाटक के प्रस्तुतीकरण की पृष्ठभूमि जो 18 और 28 सितम्बर, 1960 को प्रात: 10.30 बजे न्यू एम्पायर में प्रदर्शित होकर 'अनामिका' के लिए ही नहीं बल्कि पूरे हिंदी नाटक और रंगमंच की एक महत्त्वपूर्ण उपलब्धि सिद्ध हुआ। डॉ॰ सुरेश अवस्थी के शब्दों में श्यामानंद जालान के निर्देशन में प्रस्तुत "इस प्रदर्शन ने हिंदी रंगमंच को नितांत नया आयाम और स्तर दिया।"[7] इसके संयुक्त-निर्देशक थे—बद्री तिवारी। इसी प्रस्तुति का एक अन्य प्रदर्शन '61 में भारतीय हिंदी परिषद् (कलकत्ता)के अधिवेशन के अवसर पर भी किया गया।

निर्देशकीय व्याख्या और उद्देश्य के रेखांकन की दृष्टि से 'अनामिका' की इस प्रस्तुति का केंद्र मल्लिका और उसकी करुण-कोमल प्रेम-कथा ही रही। निर्देशक ने स्वीकार किया कि, "मेरे लिए कहानी और सुंदरता से उसका निर्वाह ही प्रमुख वस्तु थी। कलाकार और राज्याश्रय की समस्या वगैरह उसके अन्य तथाकथित उद्देश्य गौण थे। मुझे मल्लिका और कालिदास की कथा और विशेषत: मल्लिका की व्यथा ने बहुत प्रभावित किया था। मैंने उसी को ईमानदारी से प्रदर्शित करने का भरसक प्रयत्न किया।"[8] और सम्भवत: यही कारण

है कि इसमें मल्लिका की भूमिका करने वाली अभिनेत्री सुनीता रैलिन (अब भगत) का अभिनय ही सर्वाधिक मार्मिक, जीवंत और प्रशंसनीय रहा। उसकी माँ अम्बिका की भूमिका करने वाली सहअभिनेत्री एवं ख्यात नाट्य समीक्षक डॉ॰ प्रतिभा अग्रवाल के अनुसार, "इस नाटक की सफलता का बहुत बड़ा श्रेय मल्लिका की भूमिका करने वाली सुनीता को है। जिस प्रकार उसने अपने-आपको मल्लिका के रूप में रूपांतरित कर दिया था (जो नाटक के रूपक नाम को सार्थक एवं मूर्तिमान किए दे रहा था), जिस लगन, निष्ठा एवं अध्यवसाय से वह उस स्तर पर पहुँची थी, उसने सहयोगी कलाकारों एवं दर्शकों को न जाने कितनी बार आँखें पोंछने को बाध्य कर दिया था।"[9] स्वयं नाटककार राकेश ने इस प्रदर्शन पर अपनी तात्कालिक प्रतिक्रिया व्यक्त करते हुए कहा था कि, "प्रस्तुत मल्लिका मेरी धारणा की मल्लिका से सर्वथा भिन्न है पर मैं यह निर्णय करने में असमर्थ हूँ कि मेरी कल्पना वाली मल्लिका अच्छी थी या मंचवाली।"[10] अम्बिका के रूप में प्रतिभा अग्रवाल ने भी जमकर और रमकर अभिनय किया। उन्हें इस भूमिका में 'अभिनय करके कलात्मक सौंदर्य को प्रकट करने का आनंद'[11] मिला। उन क्षणों का स्मरण और तटस्थ विवेचन करते हुए वह कहती हैं कि, 'आषाढ़ का एक दिन' में रमने का जितना श्रेय स्वयं लेने की या पाने की अधिकारिणी हूँ उससे अधिक मल्लिका है, क्योंकि उसकी आत्मविस्मृति मुझे भी माँ अम्बिका के रूप में बरबस आत्म-विस्मृत कर देती थी—प्रतिभा अग्रवाल और सुनीता रैलिन गायब हो जाती थीं, रह जाती थी प्रिय को स्वयं ही विदेश भेजकर, उसकी प्रणयगाथाओं को सुनकर भी झूठे आश्वासन एवं टूटे विश्वास पर जीवन को किसी प्रकार घसीटने वाली मल्लिका जो यही विश्वास लिए जी रही थी कि 'मेरे टूटने में भी तुम बन रहे हो' और उसकी थकी-हारी-जर्जर माँ जो अपने अनुभव, दूर-दर्षिता, स्नेह एवं रोष के बावजूद अपनी हठीली बेटी को उसके निर्णय से जौ भर भी विचलित नहीं कर पाती और अंत में उसके आँसू में अपने भी आँसू मिला, बेटी को जीवन-संग्राम में जूझने के लिए अकेला छोड़ चल बसती है। सारा-सब इतना करुणापूर्ण था जो आज भी आँखें ही नहीं मन भी गीला कर देता है और इसमें कोई संदेह नहीं कि इस नाटक को प्राणवान बनाने का संतोष हम सब को है।"[12] इस संतोष के अन्य प्रमुख भागीदार हैं श्यामानंद जालान, बद्री तिवारी, तथा बनवारी लाल नेमानी जिन्होंने कालिदास, विलोम तथा मातुल के चरित्रों को अपने सशक्त एवं सूक्ष्म अभिनय-कौशल से जीवंत बनाया। प्रियंगुमंजरी, दंतुल, निक्षेप, रंगिणी-संगिणी तथा अनुस्वार-अनुनासिक के रूप में क्रमशः अंजु देव, विश्वनाथ यादव, नरेंद्र अग्रवाल, निर्मला जालान, सरोज खन्ना, राम कुमार शर्मा और राम गोपाल खत्री के सम्यक् सहयोग के बिना

निश्चय ही 'अनामिका' की यह प्रस्तुति इतनी प्रभावशाली नहीं हो सकती थी। अभिनय और निर्देशन की प्रशंसा करते हुए अंग्रेजी के एक रंग-समीक्षक ने लिखा था कि, "I have just seen 'Anamika's' latest Hindi play, 'Ashar Ka Ek Din ! The success or failure of such a daringly unconventional Hindi play depends solely on acting & direction with proper understanding neither was lacking."[13] तो हिंदी के एक नाट्यालोचक ने समग्र रूप से प्रस्तुति की प्रशंसा करते हुए कहा, "प्रश्न था कि इतना जटिल और सूक्ष्म भावभूमिवाला नाटक मंच पर सफल हो पाएगा कि नहीं। 'अनामिका' ने मेहनत, ईमानदारी, सूझबूझ और कलात्मक अभिरुचि से इस नाटक के आंतरिक सौंदर्य को रंगमंच पर उतारने की चेष्टा की।...नाटक बहुत सफल रहा। दर्शकों ने मुक्तकंठ से प्रशंसा की।"[14] इस प्रशंसा के हकदार सिर्फ निर्देशक और अभिनेता ही नहीं बल्कि नेपथ्य में रहकर अपनी कला का प्रदर्शन करने वाले शुभकरण राँका (दृश्य-बंध परिकल्पना), अनिल साहा (प्रकाश-योजना), निर्मलेंदु विश्वास (ध्वनि प्रभाव एवं संगीत), कृष्णा रैलिन (परिधान-नियोजन), शचिनंदन घोष (रूप-विन्यास), राजेश गर्ग और परमानंद जालान (संवाद-संकेत) तथा इंद्र दूगड़ (कला-निर्देशन) भी हैं जिन्होंने अपने सौंदर्य बोधयुक्त कल्पनाशील और प्रभावोत्पादक पार्श्व-कर्म के द्वारा प्रदर्शन को प्रामाणिक, उत्कृष्ट और नैनरंजक बनाया। परंतु फिर भी यह नहीं कहा जा सकता कि 'आषाढ़ का एक दिन' की विवेच्य प्रस्तुति सर्वांगपूर्ण एवं उत्कृष्ट प्रस्तुति थी। सबसे पहली बात तो यही कि भावना और भावुकता-प्रधान यह नाटक इस प्रस्तुति में अति रोमानी प्रेम-कथा बनकर रह गया और इसकी अन्य अनेक महत्त्वपूर्ण एवं समसामयिक समस्याएँ उपेक्षित हो गईं। दूसरे, कालिदास का चरित्र बहुत दबा-घुटा रह गया—विशेषतः विलोम के उग्र एवं आक्रामक चरित्रांकन तथा बद्री तिवारी के प्रशंसनीय अभिनय के कारण भी ऐसा हुआ। तीसरे, निर्देशक का अतियथार्थवादी मोह जिंदा हरिण-शावक मंच पर ले आया। तेज प्रकाश से घबराकर उसने अपने पंजे अभिनेता के पेट में गड़ा दिए जिससे एकाग्रता भंग होने के साथ-साथ एक अत्यंत मार्मिक, गम्भीर और उत्तेजक प्रसंग हास्योत्पादक बनकर रह गया। इसलिए अंत में कुल मिलाकर हम भी खालिद चौधरी की तरह यही कह सकते हैं कि, "यद्यपि नाटक में यहाँ-वहाँ कुछ कमजोरियाँ थीं तथा कलाकार अच्छे और ईमानदार थे, निर्देशन परिष्कृत था और इस प्रकार वह अनुभव संतोषप्रद था।"[15]

'अनामिका' की इस बहुचर्चित, बहुप्रशंसित और उल्लेखनीय प्रस्तुति का 'आषाढ़ का एक दिन' के मंचन-इतिहास में एक महत्त्वपूर्ण स्थान है।

2. राष्ट्रीय नाट्य विद्यालय (दिल्ली) : इब्राहिम अल्काज़ी

इब्राहिम अल्काजी के निर्देशन में राष्ट्रीय नाट्य विद्यालय, दिल्ली द्वारा नवम्बर-दिसम्बर, 1962 को विद्यालय के तत्कालीन भवन 15-ए कैलाश कालोनी के प्रांगण में प्रस्तुत नवोदित नाटककार मोहन राकेश के प्रथम नाटक 'आषाढ़ का एक दिन' के ऐतिहासिक मुक्ताकाशी प्रदर्शन ने न केवल रंगद्वारी बंद प्रेक्षागृहों में मंचित-मनोरंजन प्रधान सतही समस्या नाटकों के अतिरंजनापूर्ण प्रदर्शनों से अलग हटकर गहन, गम्भीर, काव्यात्मक यथार्थपूर्ण और आधुनिक हिंदी रंगमंच की सार्थक परम्परा का श्रीगणेश ही किया, बल्कि मंच-विधान, दृश्य-सज्जा, प्रकाश एवं ध्वनि-योजना, रूप-विन्यास, वेशभूषा, निर्देशन और अभिनय-शैली तथा प्रदर्शन-पद्धति की दृष्टि से हिंदी रंगकर्म के अभूतपूर्व एवं नये आयामों का उद्घाटन भी किया।

अपनी स्वाभाविक रचनाभूमि और प्रेरणा (प्रेमिका) के मोहपाश में जकड़े स्थानीय कवि कालिदास द्वारा सम्राट के निमंत्रण पर राजधानी जाकर राज-कवि का सम्मान प्राप्त करने के घटनाक्रम के माध्यम से कलाकार के शाश्वत अंतर्द्वंद्व की सम्वेदनशील नाटकीयता के साथ रेखांकित करने वाले राकेश के नाटक 'आषाढ़ का एक दिन' को राष्ट्रीय नाट्य विद्यालय का निदेशक बनने के बाद इब्राहिम अल्काजी द्वारा अपने प्रथम नाट्य-प्रदर्शन के लिए चुनना महज़ एक संयोग ही नहीं है। गीता सोंधी के शब्दों में, यह सच है कि "The rhythm of the language did not escape his keen earand he knew that it would come through theatrically. Other directors had earlier been wary of its sanskritisation. As it turned out, this play and its production by Alkazi—in the backyards of the School's premises in Kailash Colony—became a very singnificant event in Hindi theatre."[16]

परंतु मुझे लगता है कि शायद निर्देशक के लिए व्यक्तिगत स्तर पर इस नाटक के चुनाव के पीछे एक रोचक नेपथ्य-कथा भी विद्यमान रही है।

स्मरणीय है कि 28 जनवरी, 1953 को संस्थापित संगीत नाटक अकादमी ने 25 से 31 मार्च 1956 के बीच दिल्ली के सप्रू हाउस में नाटक पर पहले राष्ट्रीय सेमिनार का आयोजन किया था, जिसमें राष्ट्रीय नाट्य विद्यालय की परिकल्पना ने जन्म लिया था। इस संगोष्ठी के बाद प्रतिभावान युवा रंगकर्मी इब्राहिम अल्काज़ी को विद्यालय का निदेशक बनने का निमंत्रण दिया गया था। उन दिनों अल्काज़ी बम्बई में 'थियेटर यूनियट' चला रहे थे और उत्कृष्ट विदेशी नाटकों के श्रेष्ठ अंग्रेजी प्रदर्शनों के लिए प्रसिद्ध थे। उन्होंने निमंत्रण अस्वीकार

कर दिया। 1960 में वह अपने नाट्य-दल के साथ नाट्य-प्रदर्शन करने दिल्ली आए। निमंत्रण एक बार फिर दिया गया, किंतु उन्होंने पुनः अनिच्छा प्रकट करके उसे अस्वीकार कर दिया। 1961 में विद्यालय की बुरी हालत देखकर अल्काज़ी से फिर से आग्रह किया गया कि वह नाट्य-विद्यालय के निदेशक का पदभार सम्भाल लें और अपनी इच्छा से उसे जैसे चाहें चलाएँ। जुलाई, 1962 में अंततः वह दिल्ली आ ही गए। कौन कह सकता है कि 1956 और 1962 के बीच इस सम्वेदनशील रंगकर्मी के मन में उसी अंतर्द्वंद्व का तूफान नहीं उठा होगा जो 'आषाढ़ का एक दिन' के कालिदास को उद्वेलित कर देता है। क्या यह सँभव नहीं कि राजाश्रय को लेकर अपने ही कलाकार-मन के अंतः-संघर्ष की छाया अल्काज़ी को राकेश के नाटक में दिखाई दी हो और इसी कारण उनके चेतन-अवचेतन ने उन्हें यह नाटक अभिमंचित करने के लिए प्रेरित किया हो।

'आषाढ़ का एक दिन' की इस प्रस्तुति की अन्य अनेक विशेषताओं के साथ-साथ इसकी एक अत्यंत महत्त्वपूर्ण उपलब्धि थी इसका—दृश्य-बंध। दृश्यांकन को केवल प्रदर्शन को सुंदर बनाने वाली बाहरी सजावट मानने के परम्परित दृष्टिकोण से भिन्न उसे नाटक के चरित्रों की अनुभूति-यात्रा का सार्थक स्थल स्वीकार करके अल्काज़ी ने रंगमंच को पवित्र तीर्थयात्रा की महिमा से गरिमा-मंडित कर दृश्य-बंध को नाटक के चरित्रों एवं उसकी प्रस्तुति की आत्मा से सम्बद्ध करके हिंदी रंगकर्म की प्रकृति में एक क्रांतिकारी मोड़ ला दिया। 'आषाढ़ का एक दिन' के उस मुक्ताकाशी अभिमंचन के आरम्भिक दिनों को याद करते हुए विद्यालय के पुराने कर्मचारी मुहम्मद हसन कहते हैं कि "In fact, it was purely his idea and initiative that culminated into a production which started a new trend in theatre. He made 'Jhonpras' and created village streets and asked us to colleet dried trees and thorny bushes—just like in a village—and used this material in place of barbed wire or perimeter wall."[17]

यही नहीं, इस दृश्य-बंध में अम्बिका और मल्लिका के ग्रामीण घर को स्वाभाविक और सम्पूर्ण बनाने के लिए अनाज कूटने के मूसल, इंधन रखने की जगह, छोटे-से देव-स्थान, कंडे सुखाने के लिए नीची-सी दीवार, मिट्टी का चूल्हा, कुम्भ, बर्तन माँजने की जगह, एक सूखे हुए पेड़ का तना इत्यादि की भी व्यवस्था की गई। नाटककार की प्रौसीनियम प्रेक्षागृह और बाक्स-सेट की मूल परिकल्पना के विरुद्ध जाकर निर्देशक ने इसे मुक्ताकाशी रूप में प्रस्तुत करने का साहस दिखाया। स्वयं अल्काज़ी के अनुसार, "इस नाटक के रूप में ही खुले रंगमंच के उपयुक्त तत्त्व मौजूद हैं और हमारे प्रदर्शन में प्राकृतिक वातावरण ने दृश्य-बंध

के भावोद्रेकी तत्त्वों को उभारने में बड़ी सहायता की—पत्तों की सरसराहट, डूबते सूरज की बुझती हुई किरनें, बादलों का भटकते जाना, साँझ के आसमान में उड़ते हुए पक्षियों के परों की छपछप, धीरे-धीरे बढ़ते हुए रात्रि के स्वर (झींगुर की झंकार आदि), दूर कुत्तों के भौंकने की आवाज, यहाँ तक कि किसी राहगीर की वंशी और बातचीत के आकस्मिक स्वर, या हवा में अचानक ही दूर से तैरती आती आदमी की आवाज। इन सबने उस प्रदर्शन को ऐसी जीवंतता प्रदान की जो कुशल से कुशल मंच-व्यवस्था अथवा अधिक से अधिक सावधानी से बनाए गए ध्वनि-प्रभावों द्वारा भी नहीं सम्भव थी।"[18] यह बात ध्वनि-प्रभाव एवं संगीत परिकल्पक पंचानन पाठक भी स्वीकार करते हैं और ईमानदारी तथा विनम्रता के साथ प्रस्तुति के इस उल्लेखनीय एवं समृद्ध पक्ष का मूल श्रेय भी अल्काज़ी को देना चाहते हैं।[19] आज के सुविख्यात रंगकर्मी ब० व० कारंथ भी (जिन्होंने इस प्रदर्शन में नेपथ्य-संगीत के लिए इसराज वादन किया था) उन दिनों की स्मृतियों से अभिभूत होकर आधुनिक हिंदी रंगमंच की शुरुआत ही इस प्रदर्शन से स्वीकार करते हैं।[20] स्पष्ट है कि पंचानन पाठक का संगीत इस प्रस्तुति की एक उल्लेखनीय विशेषता थी। नाट्यालेख के निर्देशानुसार बादलों के गरजने, बिजली के कड़कने और वर्षा के बरसने, सरकारी मुँहजोर घोड़ों की प्रखर टापों से आतंकित भोले ग्रामवासियों के घबराकर बचने-भागने की डरी हुई अस्पष्ट आवाजों के साथ-साथ मंदिर के शंख, घंटे, घड़ियाल इत्यादि के पूजा-स्वरों का तो असरदार प्रयोग इस प्रस्तुति में किया ही गया। इनके अतिरिक्त निर्देशक ने अपनी ओर से कालिदास के वियोग में मल्लिका के हृदय की मूक पीड़ा और उसके एकाकीपन की त्रासदी को रेखांकित करने के लिए नेपथ्य से एक (भोजपुरी) बिदेसिया का भी बड़ा मौलिक एवं मार्मिक इस्तेमाल किया। सुधा शर्मा/शिवपुरी (मल्लिका) की दर्दभरी सघन आवाज ने इसे और भी प्रभावशाली बना दिया। उस बिदेसिया के वे करुण-कोमल शब्द इस प्रकार थे—

"रहिया तकत मोरी भरी भइले अँखियाँ, होऽ, रहिया तकत···
बिजुरी चमक गइले, बदरा बरस गइले
धड़केला जियरा हमार रे बिदेसिया।

ए मोर बदरा रे, तूहु मोर भइया रे,
इतना सँदेसवा ले जही रे बिदेसिया

सबके बलमवा रे घर घर इइले हो
हमरा बलम परदेस रे बिदेसिया

घरी रात गइले पहर रात गईले हो
निंदिया न आवे सारी रात रे बिदेसिया

संग की सहेलियाँ हिंडोला सजावें हो
मोरे जिया हूक उठत रे बिदेसिया

पापी पपीहा रे सोर मचावे हो
तोरे बिन कछू ना सुहाए रे बिदेसिया

जा जा रे बदरा तू पिऊ के नगरिया रे
कहिए पिया के समझाए रे बिदेसिया।"

इंदु घोष के रूप-विन्यास, (स्व०) कोकिला भवानी की वेश-भूषा तथा जी० एन० दासगुप्ता की प्रकाश-व्यवस्था ने भी इस यथार्थवादी प्रस्तुति की मूल प्रकृति एवं स्वाभाविकता की रक्षा करते हुए निर्देशक की इच्छानुसार अपना-अपना नेपथ्य-कर्म किया। प्रकाश-परिकल्पक जी० एन० दासगुप्ता के अनुसार, 'आषाढ़ का एक दिन' (मोहन राकेश) में दूसरे अंक में जब रंगिणी-संगिणी प्रस्थान करती हैं तो मल्लिका की पंक्तियाँ उसके दुःख और कालिदास के उज्जयिनी से लौटने की आशा टूटने के भाव को अभिव्यक्त करती हैं। गहन दुख के वातावरण को सघन करके उसके सम्वादों को तीव्रता प्रदान करने के लिए उस समय प्रकाश रंगिणी-संगिणी के प्रस्थान के साथ ही क्रमशः अत्यंत धुंधला हो जाता है। पर जैसे ही अनुनासिक और अनुस्वार प्रवेश करते हैं, सारी बत्तियाँ एक झटके से पूरी जल उठती हैं। यहाँ इस विशेष स्थिति में वातावरण के परिवर्तन को दिखाने के लिए, और वातावरण को करुणा से हास्य में बदलने वाले पात्रों के प्रवेश को स्थापित करने के लिए, झटके से प्रकाश में परिवर्तन वांछनीय है। इसी नाटक के पहले अंक में एक भाव परिवर्तन भी प्रकाश द्वारा स्थापित किया गया था। जब कालिदास अंततः उज्जयिनी चला गया तो उसके जाने में पूरा उत्साहपूर्ण सहयोग देने के बावजूद मल्लिका अकेली परित्यक्ता-सी ही रह गई। राष्ट्रीय नाट्य विद्यालय के प्रदर्शन में कालिदास के रंगमंच से प्रस्थान के साथ ही सारी बत्तियाँ क्रमशः बुझा दी गई थीं। केवल एक सूखे पेड़ को प्रकाशित करती हुई एक बत्ती जलती रही। इस प्रकार ध्यान समस्त रंगमंच से हटकर केवल उस सूखे पेड़ पर केंद्रित हुआ जो मल्लिका के अकेलेपन और खालीपन को सूचित करता था। मल्लिका स्वयं अँधेरे में थी, बस वह सूखा पेड़ प्रकाशित था।

इसी नाटक के दूसरे अंक के अंत में डूबते हुए सूरज को सूचित करने वाली नारंगी रंग की रोशनी का एक अंश पेड़ की पत्तियों में से होकर अम्बिका और

मल्लिका पर डाला गया था। इसका उद्देश्य वास्तविक सूर्यास्त का प्रभाव उत्पन्न करना नहीं, बल्कि अम्बिका की आसन्न मृत्यु और मल्लिका के जीवन से आशा के अंत का आभास देना था।"[21]

प्रस्तुति के इस सुचिन्तित, कुशल और आधुनिक तकनीकी-पक्ष ने इसके सम्वेदनशील निर्देशन और भाव-प्रवण सूक्ष्म अभिनय के साथ मिलकर इस प्रदर्शन को हिंदी रंगमंच की एक यादगार घटना बना दिया। कालिदास और मल्लिका के रूप में ओम शिवपुरी तथा सुधा शर्मा (शिवपुरी) ने सम्बन्धों की काव्यात्मकता, स्थितियों की विडम्बना एवं नियति की त्रासदी को प्रभावपूर्ण ढंग से रेखांकित किया। अम्बिका और विलोम की भूमिकाओं में मीना विलियम्स तथा अरुण अग्निहोत्री और मातुल, निक्षेप एवं दंतुल के रूप में शंकर बिहारी लाल, सुरेन्द्र कौशिक तथा हरपाल टिवाणा ने भी प्रभावित किया। बाहर से गर्विता किंतु भीतर से आशंकित प्रियंगुमंजरी की भूमिका सई परांजपे ने सूझ-बूझ से अभिनीत की। रंगिणी-संगिणी तथा अनुस्वार-अनुनासिक की गौण भूमिकाओं में क्रमशः (स्व०) मीना पेठे, ज्योति व्यास, वी० राममूर्ति/आनंद मथाई और नारायण स्वामी/श्यामलाल दर ने भी प्रदर्शन के उच्च अभिनय-स्तर को बनाए रखने में अपना पूरा योग दिया।

राम गोपाल बजाज के शब्दों में, "उस समय हमने ऐसे नाटक किए तो क्या देखे-सुने तक नहीं थे—इसलिए हम विभोर थे।···रंगमंच की घटना के रूप में, इस नाटक की प्रतिष्ठा के रूप में, कला और क्राफ्ट के रूप में वह प्रस्तुति एक बहुत बड़ी प्राप्ति थी।"[22] जितेंद्र कौशल के अनुसार, " 'आषाढ़ का एक दिन' की उस प्रस्तुति ने हिंदी रंगमंच की दशा ही नहीं दिशा को भी एकदम बदल दिया।"[23]

इब्राहिम अल्काज़ी की इस प्रस्तुति के समग्र-प्रभाव और योगदान का कुछ अनुमान इस तथ्य से भी लगाया जा सकता है कि कालांतर में मोहन महर्षि, ओम शिवपुरी तथा राम गोपाल बजाज इत्यादि ने जब भी 'आषाढ़ का एक दिन' को अभिमंचित किया वे इस प्रस्तुति की मूल परिकल्पना और प्रकृति से बहुत दूर तक बँधे हुए प्रतीत होते रहे। हिंदी के इस श्रेष्ठ मौलिक नाटक एवं नाटककार की खोज और उसके इस आधुनिक, कल्पनाशील और काव्यात्मक प्रस्तुतीकरण के लिए हिंदी रंगमंच सदैव अल्काज़ी का ऋणी रहेगा।

3. थियेटर यूनिट (बम्बई) : सत्यदेव दुबे

21 नवम्बर, 1964 को बम्बई के तेजपाल प्रेक्षागृह में इस महानगर की अत्यंत सक्रिय एवं जागरूक नाट्य-संस्था 'थियेटर यूनिट' ने मोहन राकेश के पुरस्कृत नाटक 'आषाढ़ का एक दिन' को सत्यदेव दुबे के कुशल निर्देशन में प्रस्तुत किया।

इस नए हिंदी नाटक के अभिमंचन से सम्बद्ध गम्भीर समस्याओं और निर्देशक की रचनात्मक चिंताओं का हल्का-सा आभास हमें 'आषाढ़ का एक दिन का दृश्यांकन'[24] नामक सत्यदेव दुबे की टिप्पणी से मिलता है। अपने आर्थिक और वैयक्तिक साधनों की अटूट सीमाओं से बंधे दृश्य-बंध परिकल्पक और निर्देशक ने दृश्य-बंध के अनेक सार्थक और सुंदर सम्भावित प्रारूपों को छोड़कर जिस व्यावहारिक रूप को अपनाया उसके विषय में चर्चा करते हुए दुबे कहते हैं कि "हमने पीछे की दीवार बाँस की बनाने का निश्चय किया और यह तय किया कि ये बाँस काफी दूर-दूर लगाए जाएँ और इस दीवार में एक दरवाजा भी बनाया जाए। इससे हमारी एक अतिरिक्त और प्रभावपूर्ण प्रवेश जुटाने की समस्या भी हल हो गई और बाँस की दीवार के पीछे का क्षेत्र सुंदर दृश्य निर्माण के उपयुक्त होने के साथ-साथ उत्तम अभिनय क्षेत्र के लिए भी बहुत ही उपयुक्त था। बाँसों के बीच जगह छोड़ने से वातावरण सम्बन्धी प्रभावों के लिए गगनिका का प्रभावपूर्ण उपयोग सम्भव हो गया।"[25] नाटककार द्वारा सूझ-बूझ और परिश्रमपूर्वक दिए गए मंच-निर्देशों से अलग हटकर बनाए गए इस दृश्य-बंध के कारण पात्रों के प्रवेश-प्रस्थान और मंच पर उनके स्थान के सम्बन्ध में भी व्यापक परिवर्तन करने पड़े। उदाहरणार्थ, 'पहले अंक में मल्लिका, कालिदास और राजपुरुष इसी बाँस के दरवाजे से प्रवेश करते हैं—बाद में कालिदास और राजपुरुष प्रस्थान भी उसी से करते हैं। मातुल और निक्षेप रंगशीर्ष में बाएँ द्वार से प्रवेश करते हैं, और मातुल जाता भी उसी से है। मल्लिका और निक्षेप बाँस के दरवाजे से जाते हैं। बाद में विलोम बाँस के दरवाजे से आता है—कुछ देर बाद कालिदास और मल्लिका भी उसी द्वार से प्रवेश करते हैं। विलोम रंगशीर्ष के बाएँ द्वार से प्रस्थान करता है और बाद में कालिदास भी उसी से प्रस्थान करता है। इस व्यवस्था के कारण रंगिणी और संगिणी का प्रवेश बड़ा दिलचस्प बन जाता है। जिस समय निक्षेप प्रस्थान करता है, उस समय मल्लिका मंच के अग्र भाग में सम्वाद बोलती होती है और रंगिनी-संगिनी पीछे दिखाई पड़ती हैं। इस युक्ति से रंगिणी और संगिणी की आरम्भिक पंक्तियों को छोड़ा जा सका और उनका भाव अब मुद्राओं और रंगचर्या के रूप में नाट्य-व्यापार द्वारा प्रकट किया जा सका। इस युक्ति द्वारा तीसरे अंक में भी सहायता मिली।'[26] पूर्वाभ्यास से पूर्व मूल आलेख के सम्पादन-परिवर्तन करने के सम्बन्ध में निर्देशक ने नाटककार को लिखा था कि "नाटक की एक भी पंक्ति नहीं काटी यह कहना झूठ होगा। तीसरे अंक में मल्लिका की लम्बी स्पीच में से 'यद्यपि तुमने वह शुभकामनाएँ प्रत्यक्षतः ग्रहण नहीं कीं' यह पंक्ति मुझे हटानी पड़ी। मातुल के साथ मल्लिका के सम्वादों में जो हेर-फेर किया है वह इस तरह है—'आपको वस्त्र सुखाने के लिए आग जला दूँ' की जगह 'जलाए देती हूँ' कर दिया है और उसके बाद आग वाली

पंक्ति इस तरह है 'लीजिए आग जल गई।' मातुल प्रस्थान करते वक्त अपनी एक पंक्ति दोहराता है, 'एक राजनीतिक जीवन और दूसरे कालिदास—मैं इन दोनों में से किसी की धुरी नहीं पहचान सका।' आपके स्टेज डायरेक्शन मैं उपयोग में नहीं ला रहा हूँ। प्रथम अंक का ड्राप मैं 'यह मेघ उज्जयिनी उड़ जायेंगे' पर लाना चाहता हूँ। दूसरे अंक में मल्लिका रोएगी नहीं, ऐसा मेरा विश्वास है। तीसरे अंक में उसके चरित्र में जो स्पष्ट परिवर्तन है उसका पूर्वाभास मैं दूसरे अंक में देना चाहूँगा। विलोम के प्रस्थान पर मल्लिका की दर्शकों की तरफ पीठ है। अम्बिका अपनी पंक्ति बोलते हुए मल्लिका की तरफ बढ़े और मल्लिका जब माँ की तरफ उन्मुख हो तो उसकी आँखें सूखी होनी चाहिएं और उसकी अंतिम पंक्ति उसके उपयुक्त होना चाहिए—ऐसा मेरा विश्वास है। आगे आपकी मर्जी।"[27] इस प्रस्तुति में कालिदास, मल्लिका और विलोम की केंद्रीय भूमिकाएँ क्रमश: वी० के० शर्मा, रेखा सबनीस और सत्यदेव दुबे ने अभिनीत कीं। प्रियंगुमंजरी अनुपम बहल थीं और दंतुल, मातुल एवं निक्षेप के रूप में क्रमश: अमरीश पुरी, कांति मड़िया तथा गुरनाम मंच पर उतरे। रंगिणी-संगिणी और अनुस्वार-अनुनासिक की पूरक भूमिकाओं को शबनम साहनी और गीता धवन तथा श्याम असरानी और अरविंद ठक्कर ने साकार किया। 'नटरंग' के नाट्य-समीक्षक के अनुसार, " 'आषाढ़ का एक दिन' सम्भवत: 'थियेटर यूनिट' तथा सत्यदेव दुबे का असफल प्रदर्शन है। यों तो निर्देशक को पूरा हक है कि वह जिस रूप में चाहे पात्रों का चरित्रांकन करे। पर इस प्रदर्शन में दुबे की नाटक के चरित्रों की व्याख्या बहुत न्यायसंगत नहीं लगी। मल्लिका की भूमिका करने वाली बालिका ने इतना बचकाना अभिनय किया कि नाटक की गम्भीरता का आभास ही नहीं हुआ।[28] दुबे को इस नाटक को तभी करना चाहिए था जब उन्हें कुशल कलाकार मिल सकते। इसमें मंच-सज्जा तथा वेश-भूषा में भी समन्वय नहीं था। कुल मिलाकर निर्देशन कमजोर था। केवल निक्षेप के रूप में गुरनाम, मातुल के रूप में अमरीश पुरी, विलोम के रूप में स्वयं सत्यदेव दुबे तथा प्रियंगुमंजरी की भूमिका में अनुपम का अभिनय सराहनीय रहा।"[29] परंतु इसके विपरीत 'धर्मयुग' की एक टिप्पणी में फकरुद्दीन गुलाम जिलानी ने लिखा कि "वह दृश्य जहाँ शबनम साहनी और गीता धवन शोध छात्राओं के रूप में उपस्थित होती हैं, व्यंग्य की चरम सीमा है। अंतिम दृश्य में विलोम के रूप में सत्यदेव दुबे अभिनय की चरम सीमा पर पहुँच जाता है जहाँ वह कालिदास से जीने का हक माँगता है। सारे नाटक में दुबे का अभिनय अत्यंत संतुलित और संयमपूर्ण है। स्टेज के परोक्ष में आषाढ़ की वर्षा की फुहारें नाटक को एक नई सम्वेदना, गहराई और आकर्षण देती हैं।"[30] शशिप्रभा अत्री के मत से 'आषाढ़ का एक दिन' का यह प्रस्तुतीकरण 'निस्संदेह स्तरीय

था' और 'समयानुकूल वातावरण की सृष्टि में यह नाटक अत्यन्त सफल रहा।'[31] यह सच है कि आज दुबे स्वयं अपनी इस प्रस्तुति को बहुत महत्त्वपूर्ण नहीं मानते परंतु इस तथ्य को भी नकारा नहीं जा सकता कि खुद निर्देशक-अभिनेता सत्यदेव दुबे और नाट्य-संस्था 'थियेटर यूनिट' के उस आरम्भिक जीवन में ही नहीं बल्कि बम्बई के सम्पूर्ण हिंदी रंगमंच के उस प्रारम्भिक दौर में 'अंधायुग' और 'आषाढ़ का एक दिन' के अभिमंचनों ने सुदृढ़ आधारशिला के ऐतिहासिक दायित्व का सफल निर्वाह किया है और विवादास्पद होने के बावजूद 'आषाढ़ का एक दिन' के प्रस्तुति-इतिहास में विवेच्य प्रस्तुति का एक प्रमुख एवं महत्त्वपूर्ण स्थान है।

4. यात्रिक/इंडियन नेशनल थियेटर (दिल्ली) : मोहन महर्षि

प्रायः अंग्रेजी में ही नाटक करने के लिए विख्यात दिल्ली की एक प्रमुख नाट्य-संस्था 'यात्रिक' (इंडियन नेशनल थियेटर) ने मोहन महर्षि के निर्देशन में राकेश के नाटक 'आषाढ़ का एक दिन' को हिंदी में ही 22 से 31 अक्टूबर, 1970 को संगीत भारती के पिछवाड़े अस्थायी रूप से बनाए गए मुक्ताकाशी मंच पर प्रस्तुत किया। इस प्रस्तुति के लिए विशेषतः निर्मित अपेक्षाकृत नीचे मंच और एक ही धरातल पर मंच से काफी दूर रखी गई कुर्सियों एवं कलाकारों के धीमे स्वर-निक्षेप के कारण आगे की तीन पंक्तियों के बाद नाटक ठीक से देखना-सुनना बहुत कठिन और देर तक बाहर खुले में बैठने की दृष्टि से खासा ठंडा मौसम असुविधाजनक था। इसके अतिरिक्त 'नाटक के अनेक महत्त्वपूर्ण समूहन, बहुत-सा कार्य-व्यापार पृष्ठमंच पर आयोजित किया गया। प्रकाश इतना अपर्याप्त था कि चेहरे के भाव महत्त्वपूर्ण स्थलों पर भी स्पष्ट नहीं दीखते थे। उसमें न विविधता थी न विसदृशता। मंच बहुत चौड़ा बनाया गया था। इसलिए गतियों का लंबा और बड़ा होना अनिवार्य हो गया जिससे नाटक की गति इतनी धीमी पड़ गई कि पूरे प्रदर्शन में प्रायः पौने तीन घंटे समय लगा।'[32] इब्राहिम अल्काज़ी की प्रस्तुति के अनुरूप नाटक को खुले में करने का निर्देशक का निर्णय और बैरी जॉन का दृश्य-बंध उपयुक्त सिद्ध नहीं हुआ। आर० के० डींगड़ा जैसे अनुभवी प्रकाश-परिकल्पक ने भी निराश किया और अंजला महर्षि की वेशभूषा में भी कोई खास कल्पनाशीलता दिखाई नहीं दी। जी० के० माथुर के ध्वनि-प्रभाव अवश्य स्थितियों और पात्रों की मनःस्थितियों के अनुकूल थे।

मीना विलियम्स राष्ट्रीय नाट्य विद्यालय की प्रस्तुति में भी अम्बिका की भूमिका निभा चुकी थीं और इस बार उन्होंने अपने उस अनुभव का पूरा लाभ उठाते हुए इस चरित्र को पूरी आत्मीयता एवं संलग्नता से अभिनीत किया। चमन बग्गा ने विलोम के चरित्र के सूक्ष्म-आंतरिक स्तरों को बारीकी से उद्घाटित करने के बजाय चरित्र की बाहरी निर्ममता, रुक्षता और आक्रामकता

को अभिव्यक्त करने का सरल मार्ग अपनाया। तीसरे अंक में वह पूर्णतः शराबी बनकर एकायामी हो गए। एक रंग-समीक्षक के अनुसार, "Played to direction by Chaman Bagga as blustring in the first half and drunk in the second, which is uncomfortably close to the overall dramic intention, as this character and Mallika's mother are the only two that come close to the elemental in the play. Uncomfortable, as this was unrealized and Bagga's Vilom went completely out of control. Meena William's Ambika (Mallika's mother) on the other hand I found was far too controlled, since as long she was there she could have more concretely controlled the denouement of the play. As it is one did not miss her very much in the last act when she is posthumous."[33]

मीनाक्षी शर्मा भी इससे पहले मल्लिका की भूमिका मोहन महर्षि निर्देशित जयपुर की चर्चित प्रस्तुति में निभा चुकी थीं—जिसकी बहुत प्रशंसा भी हुई थी। परंतु यहाँ उनकी भूमिका में संतुलन और संगति का अभाव था। बाह्य रूपाकार की दृष्टि से वह अवश्य चरित्र के पूर्णतः अनुकूल लगती थीं और चेहरे पर मासूमियत भी थी; परंतु अटूट आस्थाजन्य आंतरिक कोमलता एवं अनुभूतिमयता और दृढ़ इच्छा-शक्ति एवं आत्मसम्मान के अद्भुत सम्मिश्रण से उद्भूत मल्लिका के जटिल तथा सूक्ष्म आंतरिक चरित्र को वह समझने और प्रदर्शित करने में सफल नहीं हो सकीं। नेमिचन्द्र जैन के शब्दों में, "उनकी गतियाँ, अंग-संचालन, स्वर-प्रक्षेप सब कुछ बहुत शहरी था, जिसमें न सहजता थी न तल्लीनता। स्वर आखीर तक बहुत क्षीण और फीका रहा आया। उनकी दोनों चीखें आरोपित और अतिरंजित तो थीं ही, स्वर से हटी हुई भी थीं। कुलभूषण खरबंदा कालिदास में कोई विशेषता न पैदा कर सके—न गरिमा न तुच्छता। उसका अंतिम पलायन हेतु-प्रेरित नहीं हो पाया।"[34] कुलभूषण के अभिनय में आत्मकेंद्रित द्विधाग्रस्त व्यक्ति और आधुनिक रचनाकार की अंदरूनी लड़ाई, टूटन और पीड़ा का अहसास नहीं उभरा। चबा-चबाकर धीरे-धीरे बोले गए उनके सम्वाद या तो सुनाई ही नहीं दिए और कहीं-कहीं यदि दिए भी तो उनसे एक चतुर अवसरवादी, कमजोर-डरपोक और रोमेंटिक पलायनवादी व्यक्ति की तस्वीर उभर कर सामने आई। प्रियंगुमंजरी के रूप में अंजला महर्षि भी दर्पोद्दीप्त राजमहिषी और ईर्ष्यापीड़ित दयनीय नारी का द्वंध उजागर करने में सफल नहीं हुईं। निक्षेप एवं दंतुल की सपाट भूमिकाओं में सुधीर टंडन और टी० आर० वालिया तथा मातुल के लगभग एकायामी चरित्र को प्रस्तुत करने में रमेश माथुर को कोई असुविधा नहीं हुई। यही स्थिति हास्योत्पादक प्रसंगों के

सृजन में चम्पक जैन (रंगिणी) और सुनीता शिरोले (संगिणी) तथा राजकर्मचारियों के निरर्थक एवं हास्यास्पद क्रियाकलापों के माध्यम से व्यंग्य और विसंगति के साथ-साथ प्रमुखतः हास्य की सृष्टि करने में कीमती आनंद (अनुनासिक) तथा बी० के० सूद (अनुस्वार)[35] भी सामान्यतः ठीक ही रहे। हम कह सकते हैं कि 'आषाढ़ का एक दिन' की इस प्रस्तुति में, "कुल मिलाकर गति का संतुलन नहीं हो पाया, पूरे नाटक में कसाव और तीव्रता का अभाव रहा। पहले-दूसरे अंक के उत्कर्ष बिंदु बहुत प्रभावी नहीं : पहले अंक के अंत में मल्लिका पहले से ही फूट पड़ने की स्थिति में आ जाती है, दूसरे अंक के अंत में अम्बिका से लिपटकर सिसकने और सम्वाद बोलने के बजाय वह अकेली बीच मंच पर गिर जाती है। तीसरे अंक का अंत भी ढीला और प्रभावहीन ही रहता है।" तथा, "प्रस्तुति में एक प्रकार की खीज पैदा करने वाली कलावादिता (आर्टीनेस) थी। और एक तरह का ठंडापन भी। नाटक की आत्मीयता कहीं पैदा नहीं हो सकी। निस्संदेह सामान्य स्वच्छता और कुशलता थी, पर सर्जनात्मक उपलब्धि कोई खास नहीं हुई।"[36] यह कैसी विडम्बना है कि विवेच्य प्रस्तुति के अधिकांश कलाकार प्रशिक्षित, प्रतिष्ठित और ख्यातिप्राप्त थे परंतु उनका अभिनय-स्तर बिलकुल साधारण रहा और मोहन महर्षि जैसा सुप्रसिद्ध और प्रतिभावान निर्देशक भी व्याख्या, चरित्रों के अधिनिरूपण और प्रदर्शन-शैली तथा उसके प्रवाह (टेम्पो) की दृष्टि से प्रभावशाली सिद्ध नहीं हुआ।

5. दिशांतर (दिल्ली) : ओम शिवपुरी

राजधानी की ख्यातिप्राप्त संस्था 'दिशांतर' द्वारा मार्च, 1973 में आयोजित 'मोहन राकेश स्मृति समारोह' के अंतर्गत ओम शिवपुरी निर्देशित 'आषाढ़ का एक दिन' का मंचन 13 और 14 मार्च को आइफैक्स प्रेक्षागृह में किया गया। लगभग दस वर्ष पहले राष्ट्रीय नाट्य विद्यालय द्वारा इब्राहिम अल्काज़ी के निर्देशन में प्रस्तुत इस नाटक के बहुचर्चित प्रदर्शन में ओम शिवपुरी कालिदास की भूमिका अभिनीत कर चुके थे। निर्देशन के अतिरिक्त दायित्व तथा उम्र और शरीर के बढ़ जाने के कारण इस बार उन्होंने स्वयं विलोम की भूमिका करने का फैसला किया और कालिदास को साकार करने की जिम्मेदारी वि० मो० बडौला जैसे सम्वेदनशील अभिनेता को सौंपी। सुधा शिवपुरी और मीना विलियम्स ने इस बार की तरह तब भी मल्लिका और अम्बिका की भूमिकाएँ ही की थीं। इस प्रस्तुति में मातुल का अभिनय करने वाले अभिनेता राम गोपाल बजाज भी अल्काज़ी की प्रस्तुति के समय विद्यालय के ही छात्र थे और उस प्रदर्शन से भली भाँति परिचित थे। इसलिए प्रबुद्ध दर्शकों द्वारा 'दिशांतर' के प्रदर्शन पर नाट्य-विद्यालय के प्रदर्शन की छाप की उम्मीद करना स्वाभाविक ही

-था। और सचमुच कई अर्थों में यह उससे प्रभावित था भी; परंतु नाटक को मुक्ताकाशी मंच से उठाकर बंद प्रेक्षागृह में करने के निर्णय के कारण प्रस्तुति में जो अनेक परिवर्तन आ जाना जरूरी था, वह यहाँ भी देखने को मिले। इस दृष्टि से सबसे पहले ध्यान आकृष्ट किया—मीना विलियम्स के दृश्य-बंध निरूपण ने। राकेश और अल्काज़ी की मिली-जुली परिकल्पना के अनुरूप होने के बावजूद यह नई अपेक्षाओं को पूरा करने वाला एक भिन्न, कलात्मक, व्यावहारिक, 'सादा और देखने में असरदार'[37] दृश्य-बंध था। एक अंग्रेजी नाट्य-समीक्षक के अनुसार, " 'Ashadh Ka Ek Din' is a play meant to be acted in a box set. In Om Shivpuri's production and Meena William's set design this requirement was fairly closely adhered to in so far as the set was in principle a bit of a manger, open to the elements above and beyond."[38]

यह प्रदर्शन मल्लिका की पीड़ा और करुणा पर केंद्रित प्रदर्शन था, इसलिए प्रस्तुति पर प्रेम-कथा की रोमानियत और भावुकता आद्यंत छाई रही। सुप्रसिद्ध नाट्य समीक्षक नेमिचन्द्र जैन के अनुसार, 'दिशांतर' के इस प्रदर्शन में "मल्लिका के जीवन की करुणा तो अभिव्यक्त हुई, पर नाटक की स्थितियों में मौजूद कोमल भावशीलता तथा सूक्ष्म हलकी विडम्बनाएँ नहीं उभर सकीं और पूरे प्रदर्शन का बड़ा स्थूल और उथला असर पड़ा। चरित्रों की आंतरिक विसदृशता भी नहीं मूर्त हो पाई और सारे चरित्र—विलोम और मातुल तक—एक प्रकार की सतही भावुकता में लिपटे दिखाई पड़े। किसी हद तक अभिनेताओं का चुनाव भी पात्रानुकूल नहीं था। कालिदास के प्रतिद्वंद्वी और मल्लिका के प्रेमी विलोम के लिए ओम शिवपुरी कुछ ज्यादा ही वयस्क लगे, जिससे कालिदास के साथ उसकी प्रतिस्पर्धा की स्थिति अविश्वसनीय हो गई। वैसे भी भावुक, अंतर्मुख कालिदास की तुलना में विलोम कहीं ज्यादा अदम्य, उत्साही और व्यावहारिक है। उसके चरित्र के बहुत-से सूक्ष्म पक्ष अभिनय में नहीं प्रकट हो पाए और वह चिड़चिड़ा और द्वेषी अधिक साबित हुआ। पर सुधा शिवपुरी ने, जीवंत और अल्पवयसी मल्लिका की भूमिका के लिए पूरी तरह उपयुक्त न होने पर भी, बाद के प्रसंगों में अपनी अभिनय-निपुणता से नाटक को पूरी तरह बैठ जाने से बचाया। आजकल उनके चेहरे और स्वर में कोमलता, मृदुता और तल्लीनता के बजाय 'आधे-अधूरे' की सावित्री का तीखापन और धारदार कड़वा व्यंग्य अधिक सहजता से उभरता है। शायद कई भूमिकाओं (में) तल्खी लाने की कोशिश से, उनका भाषण अस्पष्ट और धुँधला होने लगा है। विश्व मोहन बडौला कालिदास के रूप में नाटक के अंतिम अंश में ही प्रभावी हो सके। मीना विलियम्स की अम्बिका शुरू में तो असरदार थी पर धीरे-धीरे वह भी पूरे प्रदर्शन

की भावुकता में डूब गई। मातुल के रूप में राम गोपाल बजाज ने सधा हुआ और संयत अभिनय किया।"[39] दंतुल, निक्षेप और प्रियंगुमंजरी की पूरक भूमिकाओं में डी० एस० कँवर, बनवारी तनेजा तथा अनीता गांधी का निर्देशकीय व्याख्या में बँधा अभिनय सराहनीय था। रंगिणी-संगिणी और अनुस्वार-अनुनासिक के रूप में क्रमशः सुरेखा सीकरी, मणि कोहली, भूपेन्द्र कुमार तथा बी० के० सूद ने दर्शकों का भरपूर मनोरंजन किया परंतु यदि नाटक के गम्भीर मंतव्य और समग्र योजना की दृष्टि से देखें तो यह भी सच है कि इन्हें, "विदूषकीय ढंग से पेश करने का कोई औचित्य नहीं था। आवश्यक व्यंग्य और हास्य उनके व्यवहार और सम्वादों में अपने आप ही मौजूद है और वह अपने सूक्ष्म, संतुलित स्तर पर ही नाटक के स्वर से मेल खाता है। अतिरंजित करने से नाटक का संतुलन बिगड़ गया।"[40] आर० के० धींगड़ा की प्रकाश-परिकल्पना अभिव्यंजनापूर्ण थी और दीनानाथ के ध्वनि-प्रभावों की योजना असरदार। मीना विलियम्स की वेशभूषा भी संगत एवं आकर्षक थी। कुल मिलाकर, पहली बार इस नाटक से मंच-साक्षात्कार करने वालों के लिए बेशक यह एक रोचक और प्रभावी प्रस्तुति थी; परंतु इसके गम्भीर एवं अनुभवी पाठकों-दर्शकों को ऐसा प्रतीत हुआ मानो ऊपरी दृष्टि से सब कुछ निर्दोष और सफल लगने के बावजूद नाटक की आत्मा का पूरा साक्षात्कार इस प्रदर्शन में नहीं किया जा सका। इतनी सारी श्रेष्ठ रंग-प्रतिभाओं के रचनात्मक सहयोग मिलने के बावजूद आलेख में निहित अनेक सम्भावनाओं का दोहन इस प्रस्तुति से नहीं हुआ और यह व्याख्या अथवा प्रदर्शनीयता की दृष्टि से किसी महत्त्वपूर्ण एवं नये आयाम का उद्घाटन नहीं कर सकी।

6. संगीत कला मंदिर (कलकत्ता) : बद्रीप्रसाद तिवारी

पारिवारिक-सामाजिक हास्य-प्रधान तथा रहस्य-रोमांच के हल्के-फुल्के मनोरंजक नाटकों के लिए प्रसिद्ध कलकत्ता की नाट्य-संस्था 'संगीत कला मंदिर' के सामने 1976 में जब अपनी नाट्य-प्रस्तुतियों की रजत-जयंती मनाने का अवसर आया तो, निर्देशक बद्री तिवारी के शब्दों में, "हम कोई महत्त्वपूर्ण और क्लासिकल स्तर का नाटक करना चाहते थे। इसीलिए मैंने 'आषाढ़ का एक दिन' चुना। कथ्य की गरिमा और शिल्प की कुशलता के साथ-साथ इसकी काव्यात्मकता ने मुझे बहुत प्रभावित किया।"[41] परिणामस्वरूप 27 और 28 मार्च, 1976 को सायं 6 बजे 'कला मंदिर' में 'प्रेम, वात्सल्य, करुणा, त्याग, पीड़ा और बलिदान को अपने कलेवर में समेटे इस अत्यंत सशक्त एवं लोकप्रिय नाटक के प्रदर्शन'[42] सम्पन्न हुए। पहले दिन के प्रमुख अतिथि थे श्रीकृष्णचंद्र जी अग्रवाल और दूसरे दिन श्री नेमिचंद्र जैन। इस प्रस्तुति के निर्देशक बद्रीप्रसाद तिवारी 'अनामिका'

द्वारा प्रस्तुत 'आषाढ़ का एक दिन' में श्यामानंद जालान के साथ संयुक्त निर्देशन और विलोम की भूमिका में अपने सशक्त अभिनय के कारण पहले भी चर्चित हो चुके थे। विलोम की भूमिका के अतिरिक्त संगीत (निर्मलेंदु विश्वास), आलोक (अनिल साहा), वस्त्राभूषण (सौजन्य अनामिका) तथा परिधान-नियोजन (कृष्णा रैलिन), 'अनामिका' वाली प्रस्तुति के अनुभवी पार्श्वकर्मियों द्वारा ही किया गया था। अम्बिका की भूमिका पहले दिल्ली और अब कलकत्ता रंगमंच की प्रतिष्ठित अभिनेत्री पल्लवी मेहता ने निभाई। निश्छल ग्राम्य-यौवना मल्लिका के रूप में उषा गांगुली ने अपने नृत्य और नाट्य के अनुभव एवं कौशल का सार्थक प्रयोग करते हुए सराहनीय प्रदर्शन किया। कालिदास की भूमिका में राजाराम याज्ञिक और मातुल के रूप में नाटककार-निर्देशक-अभिनेता राजेंद्र शर्मा ने अपने चरित्रों को मंच पर साकार करने की भरसक चेष्टा की। परंतु वे अधिकांश पात्रों के सतही रूप को ही साकार कर सके—विशेषत: कालिदास के चरित्र की सूक्ष्मता और जटिलता यहाँ नहीं उभरी – हालाँकि इस 'प्रस्तुति में मल्लिका के बजाय कालिदास को केंद्र में रखने का प्रयत्न किया गया। तीसरे अंक में उसके पश्चात्ताप को देखकर दर्शकों को उससे सहानुभूति भी हुई।'[43] लेकिन ग्राम के धूर्त और मद्यप युवक विलोम की बद्री तिवारी अभिनीत आक्रामक भूमिका के समक्ष याज्ञिक जम नहीं सके। प्रियंगुमंजरी, दंतुल और निक्षेप की पूरक भूमिकाओं में पूनम जैन, हरिकृष्ण टंडन तथा अंजन श्रीवास्तव और रंगिणी-संगिनी एवं अनुस्वार-अनुनासिक की हास्य-व्यंग्यपूर्ण गौण भूमिकाओं में क्रमश: आशा मिश्रा, अनुजा जैन, अमर गुप्ता और सुरेश शर्मा ने अपने-अपने अभिनय-कौशल का भरपूर इस्तेमाल करने का प्रयत्न किया। किंतु नाटक की भूमिकाएँ और उसकी भाषा (बद्री तिवारी, पल्लवी मेहता तथा उषा गांगुली को छोड़कर) इन कलाकारों के लिए एक बड़ी चुनौती सिद्ध हुई और कुल मिलाकर उन्हें रटे हुए सम्वाद बोल देने भर से ही संतोष करना पड़ा। दृश्य-बंध परिकल्पना अनिल साहा की थी और रूप-सज्जा तथा मंच-व्यवस्था सृष्टिधर बेनर्जी एवं आनंद स्वरूप मित्र की। कलकत्ता के लगभग 2000 नाट्य-प्रेमियों ने इस प्रस्तुति को देखा। प्रदर्शन के अवसर पर विशिष्ट अतिथि के रूप में उपस्थित प्रसिद्ध नाट्य-समीक्षक नेमिचंद्र जैन के अनुसार, "अभिनय और निर्देशन में गहराई एवं सूक्ष्मता के अभाव के कारण 'आषाढ़ का एक दिन' की यह प्रस्तुति प्रदर्शन के स्तर पर बहुत सतही और खराब थी।"[44] अत: 'संगीत कला मंदिर' की यह महत्त्वाकांक्षी 25वीं नाट्य-प्रस्तुति संस्था के लिए भले ही गौरवपूर्ण और उल्लेखनीय रही हो परंतु कलकत्ता के हिंदी रंगमंच पर इसका कोई विशेष प्रभाव नहीं पड़ा।

7. स्टूडियो– 1 (दिल्ली) : अमाल अल्लाना

प्राय: विदेशी नाटकों के हिंदी अनुवाद मंचित करने के लिए प्रसिद्ध राजधानी की चर्चित नाट्य-संस्था 'स्टूडियो-1' ने 8 से 11 सितम्बर, 1981 को श्रीराम सेंटर (दिल्ली) के तलघर में 'आषाढ़ का एक दिन' को अमाल अल्लाना के निर्देशन में प्रस्तुत किया। संस्था के लिए यह हिंदी का पहला मौलिक नाटक था। परंतु संस्था के पहले सभी प्रस्तुतीकरणों की तरह यह आरंगण भी निसार अलाना के भारी-भरकम यथार्थवादी दृश्य-बंध से बुरी तरह आक्रांत रहा। राकेश की मूल परिकल्पना और आलेख के मंच-निर्देशों से अलग हटकर बड़े दालान वाली एक झोंपड़ी के अतिरिक्त यहाँ प्रेक्षागृह का लगभग दो-तिहाई हिस्सा पेड़, पौधों, झाड़ियों और पुल इत्यादि से भरा हुआ था, जिसका कोई व्यावहारिक/रचनात्मक उपयोग प्रदर्शन में नहीं हुआ। इस विस्तृत और सघन मंच-परिवेश के बीच दर्शक ही नहीं अभिनेता भी उपेक्षित और नगण्य प्रतीत हो रहे थे। बाहरी द्वार की निश्चित योजना के अभाव में पात्रों के प्रवेश-प्रस्थान अनिश्चित रहे और अंतिम दृश्य में विलोम का 'हर समय द्वार बंद' वाला सम्वाद तो हास्यास्पद ही बन गया। निर्देशन और अभिनय के कई पक्षों की प्रशंसा करने वाले अंग्रेजी के दो नाट्य-समीक्षकों को भी स्वीकार करना पड़ा कि "Amal Allana produced Mohan Rakesh's masterpiece 'Ashadh Ka Ek Din' with an unconventional treatment. She made Rakesh's vascillating Kalidas all the more undecided, Villom became an agressive, down-to-earth jealous husband Mallika protected Kalidas as a bird protects her offsprings. Nissar Allana's huge set cried for football field as the audience were cramped into the basement."[45]

श्रीराम सेंटर के मुख्य प्रेक्षागृह में जब 11, 12, 13 और 14 जनवरी, 1982 को इसी प्रस्तुति के चार और पुनर्प्रदर्शन प्रोसीनियम मंच पर किए गए, इस स्थिति में तब भी कोई सुधार नहीं हुआ। प्रथम प्रवेश में मल्लिका द्वारा सामने का द्वार छोड़कर पूरा मंच पार करके दाईं ओर के विंग्ज के पास से घर में प्रवेश करना, बाहर बैठे कालिदास-मल्लिका के लिए दंतुल का आँगन की दीवार फाँद कर अंदर आना, दाईं ओर से बाहर गए कालिदास के पीछे जाते क्रोधित दंतुल को रोकने के लिए मल्लिका का बाईं ओर पुल पर चढ़कर सम्वाद बोलना—जैसे अनेक प्रभावशाली प्रवेश-प्रस्थान असंगत और अनाटकीय बन गए। दृश्य-बंध के इस बिखराव के कारण ही पात्रों की अनेक गतियाँ बेवजह लम्बी और निरुद्देश्य हो गईं। झरोखे के अभाव ने भी स्थिति और सम्वादों को अतार्किक बनाया। जितेंद्र कौशल के शब्दों में, "His elaborate set not only hindered the vision, it also caused unnecessary movements."[46] नेपथ्य में बाईं ओर से घोड़ों की आवाज सुनाई देती है और कलाकार दाईं ओर प्रेक्षागृह में सामने देखने का अभिनय करते हैं। पुल पर चढ़कर या उसके दाएँ-बाएँ से आते-जाते हुए सम्वाद बोलने के पीछे भी कोई प्रयोजन समझ में नहीं आया। मंचाग्र में झोंपड़ी के सामने स्थित ऊँचे-ऊँचे पौधों ने दर्शकों के लिए अभिनेताओं के हाव-भाव देखने में रुकावट पैदा की। तीसरे अंक में पालने की स्थिति भी अनिश्चित बनी रही।

दृश्य-बंध देखने में सुंदर और कलात्मक था। बैलगाड़ी के पहिए ने 'काल-चक्र' की प्रतीकात्मकता और सामाजिक-आर्थिक व्यवस्था का संकेत भी दिया। रस्सी, चक्की, बरतन, चूल्हा, घड़े और पालने इत्यादि ने ग्रामीण वातावरण बनाने में पूरी सहायता भी की। परंतु कुल मिलाकर इस मंच-सज्जा ने पहाड़ी प्रदेश के स्थान पर जंगल का और व्यावहारिकता के बजाय सुंदरता का ही एहसास कराया। वसंत जोसलकर की प्रकाश-व्यवस्था कल्पनाशील थी। अमाल अलाना ने अपनी सटीक परिधान-परिकल्पना तथा सुधीर कुलकर्णी की रूप-सज्जा का नाटकीय इस्तेमाल करके प्रस्तुति को प्रभावशाली बनाने का प्रयास किया।

प्रदर्शन के आरम्भ पर सिने-तकनीक का प्रभाव दृष्टिगोचर हुआ। पर्दा उठने पर एक लौंग शाट की तरह जंगल का आभास पैदा किया जाता है और फिर धीरे-धीरे एक क्लोज़-अप या ज़ूमिंग की तरह प्रकाश सिमट कर अम्बिका पर केंद्रित हो जाता है। इस प्रस्तुति की सबसे बड़ी उपलब्धि थी—निर्देशिका द्वारा नाटक के कथ्य और चरित्रों के पारस्परिक सम्बन्धों को मंच के व्याकरण में अनूदित एवं रूपायित कर पाने की सफलता। कालिदास, मल्लिका, अम्बिका और विलोम के बदलते हुए आपसी रिश्तों को मंच पर उनके स्थान-निर्धारण, संयोजन, हाव-भाव, गति-संचालन और ध्वनियों एवं स्वरों के आरोह-अवरोह से ही साकार करने का प्रयास निश्चय ही प्रशंसनीय था। निर्देशिका ने मातुल-अम्बिका, निक्षेप, मल्लिका तथा रंगिणी-संगिनी और अनुस्वार-अनुनासिक के प्रसंगों को समानांतर दृश्यों में प्रस्तुत करके आलेख की संरचना में कसाव लाने की सार्थक कोशिश भी की। प्रियंगुमंजरी के प्रवेश के समय इन राजकर्मचारियों को साथ रखकर राजसत्ता के प्रभाव और ऐश्वर्य का अच्छा प्रदर्शन किया। परंतु 'आषाढ़ का एक दिन' की मूल विशेषता इसकी सम्वेदनशील भाषा और काव्य एवं नाट्य के अद्भुत संतुलन से संयोजित इसके सम्वाद हैं और विवेच्य प्रस्तुति का सबसे कमजोर पक्ष यही था। सम्वाद-प्रस्तुति में अंग्रेजी भाषा की लय अथवा पंजाबी-उच्चारण बार-बार सम्वेदनशील मन को आघात लगाता था। गौण पात्र दंतुल के रूप में राजकमल का 'परशंसा' और 'उजैनी' को तो

थोड़ी देर के लिए छोड़ भी दें परंतु विलोम की भूमिका में बनवारी तनेजा जैसे सशक्त और अनुभवी अभिनेता द्वारा 'और' को 'ओर', 'अवश्य' को 'आवश्य' तथा 'अभाव' को 'आभाव' कहने का क्या करेंगे ? जनवरी 82 के प्रदर्शनों में लक्ष्मी कृष्णामूर्ति (अम्बिका) का 'क्षुद्र' को 'शुद्र' और 'मल्लिका' को 'मलिका' बना देना तो सचमुच अक्षम्य लगता था। इस सम्बन्ध में प्रथम प्रदर्शन की समीक्षा करते हुए कविता नागपाल ने भी लिखा था कि, "Diction was by and large faulty, something rather unforgivable in a play which is acclaimed for its superb dramatic language."[47] इसी समीक्षिका के अनुसार इस प्रदर्शन में प्रमुख चरित्रों की व्याख्या में वैचारिक स्पष्टता थी। कालिदास को राकेश की परिकल्पना के अनुरूप आत्मकेंद्रित व्यक्ति के रूप में ही प्रस्तुत किया गया। लेकिन इसका यह अर्थ नहीं कि उसे रवि झांकल जैसे अपेक्षा कृत कमजोर अभिनेता से प्रस्तुत कराया जाता। अन्य कलाकारों की चर्चा करते हुए समीक्षिका कहती हैं कि "Mallika was magnificently played by Mona Chawla, there was depth of meaning in each word she uttered. Her exchanges with Abha Sood, who put up a creditalle first performance on the Hindi stage as Ambika, the mother-were exteremely evocative as was the delineation of her relationship with Vilom and Kalidas. Vilom, the antithesis of Kalidas, was also brilliantly played by Bonwari Taneja... Sudhir Kulkarni's Matul in contrast overstepped the mark, even if he did bring the house down with some well-timed witticism. The greatest disappiontment was Veena Trivedi as Priangamanjuri. She and her courtly entourage was a farce of mockery."[48] जनवरी 82 के प्रदर्शन में दो प्रमुख कलाकारों का परिवर्तन हुआ। अम्बिका के लिए आभा सूद के स्थान पर लक्ष्मी कृष्णामूर्ति तथा प्रियंगुमंजरी के लिए वीणा त्रिवेदी की जगह निरुपमा वर्मा को रखा गया। जहाँ तक निरुपमा वर्मा का सवाल है उन्होंने प्रियंगुमंजरी के सत्ता एवं रूप गर्व, ऐश्वर्य और गरिमा के साथ-साथ मानवीयता को भी बनाए रखने में सफलता प्राप्त की। परंतु अम्बिका की भूमिका में लक्ष्मी कृष्णामूर्ति ने 11 तारीख के प्रदर्शन में बहुत ऊँचे पिच से आरम्भ किया—जिससे चरित्र का समुचित विकास नहीं हो पाया। उनकी भूमिका चीखने-चिल्लाने और रोने-दहाड़ने के बीच मेलोड्रामा बनकर रह गई। कई स्थानों पर वह दुःखी, विवश और क्रोधित माँ के बजाय विक्षिप्त राक्षसी-सी लगती थीं। 14 तारीख के प्रदर्शन में उन्होंने स्वयं को संयमित और संतुलित करने का सराहनीय प्रयत्न किया परंतु उस दिन वह पहले अंक में 'मैं कब कहती हूँ कि...'

वाला अपना सम्वाद भूल गईं और दो अन्य स्थानों पर सम्वाद-निवेदन में थोड़ा गड़बड़ा गईं। इसी तरह विलोम के रूप में बनवारी तनेजा भी आरम्भिक प्रदर्शनों में अत्यधिक आक्रामक, अतिमुखर और ईर्ष्यालु नजर आए जबकि अंतिम शो में उन्होंने स्वयं को संतुलित करके अपने चरित्र को मानवीय आयाम देने की कोशिश की। मुझे लगता है, अम्बिका और विलोम का यह रूप अभिनेताओं की अपेक्षा निर्देशिका की व्याख्या पर अधिक निर्भर रहा होगा। दंतुल और कालिदास के बीच हाथापाई, मल्लिका का विलोम को थप्पड़ मारने का प्रयत्न, विलोम का मल्लिका को धकियाना-घसीटना और अंतिम दृश्य में कालिदास को दिखाकर विलोम का मल्लिका से सटकर बैठना, उसे खींचना, पकड़ना और बाँहों में भरना वगैरह अनायास नहीं हो सकता। अम्बिका को पूर्णतः कर्म-प्रधान और विलोम को कालिदास का बिल्कुल विपरीत रूप देने के लिए ही शायद ऐसा किया गया होगा। लेकिन इस प्रक्रिया में ये चरित्र अधिक स्पष्ट होने के साथ-साथ एकायामी और एकांगी भी हो गए। कालिदास के रूप में यद्यपि रवि झाँकल आरम्भ में काफी कमजोर रहे, परंतु फिर भी एकमात्र वही ऐसे अभिनेता थे जिन्होंने राकेश की भाषा से कुछ न्याय करने का प्रयास किया। मोना चावला (मल्लिका) का शब्दों का उच्चारण तो शायद गलत नहीं था परंतु उनके वाक्यों की लय और मुद्राओं-क्रियाओं का विधान आधुनिक कांवेंट में पढ़ी-लिखी लड़की के व्यक्तित्व से प्रभावित था। रंगिणी-संगिणी तथा अनुनासिक-अनुस्वार के रूप में क्रमशः जमीला वर्गीस, अलका जैन, सुनील छाबड़ा और तिलक राज अभिनय की दृष्टि से बहुत कमजोर और कच्चे थे। अमिताभ श्रीवास्तव का निक्षेप भी निस्तेज ही रहा। गौण पात्रों में मातुल के रूप में सुधीर कुलकर्णी का अभिनय श्रेष्ठ और दर्शनीय था। अपने हाव-भाव, सम्वाद-निवेदन, गति-संचालन और आत्म-विश्वास के बल पर उन्होंने मंच पर अपनी जीवंत उपस्थिति का एहसास कराया।

कुल मिलकर, व्याकरण और तकनीक की दृष्टि से समृद्ध एवं श्रेष्ठ होने के बावजूद 'स्टूडियो-1' की यह प्रस्तुति अभिनय की बारीकी, कथ्य की पूर्ण सम्प्रेषणीयता, भाषा की सम्वेदनशीलता और मानव सम्बन्धों की त्रासदी के मार्मिक प्रस्तुतीकरण की दृष्टि से विशेष उल्लेखनीय नहीं बन सकी। समग्रत: अमाल अलाना निर्देशक के रूप में मौलिक अधिक और प्रभावशाली कम रहीं। दिल्ली रंगमंच के एक प्रमुख एवं प्रबुद्ध अभिनेता विश्वमोहन बडोला की यह तात्कालिक प्रतिक्रिया ठीक ही थी कि कुल मिलाकर, "यह 'आषाढ़' की ऐंग्लो-इंडियन प्रस्तुति है।"

8. श्रीराम सेंटर, रंगमंडल (दिल्ली) : राजिन्दर नाथ

राकेश के 'आषाढ़ का एक दिन' में व्यक्त कला और प्रेम, कलाकार और राज्याश्रय, रचनात्मकता और परिवेश, भावना और कर्म, आदर्श और यथार्थ, इच्छा और समय के स्थायी द्वंद्व और इनके आंतरिक सम्बन्ध को राजिन्दर नाथ के निर्देशन में श्रीराम सेंटर के रंग-मण्डल द्वारा 19 नवम्बर, 1983 की प्रस्तुति में उभारने की कोशिश की गई। प्रस्तुति साफ-सुथरी, संतुलित और रोचक थी। मनोज शर्मा ने कालिदास के अंतर्विरोधों को विश्वसनीय ढंग से पेश किया तो सीमा भार्गव ने आस्था और समर्पण की साकार प्रतिमा, भावुक प्रेमिका मल्लिका की मूक वेदना को सम्वेदनशील ढंग से उभारा। संजीव सहाय का विलोम भी सहज था। प्रतिमा काज़मी की अम्बिका में विवशता-जन्य पीड़ा और मल्लिका के प्रति उपेक्षा भाव के स्थान पर शुरू में कटुता का पुट कुछ ज्यादा था और ज़फ़र सजरी के मातुल में कुछ अतिरंजना भी थी। सबीना मेहता सूद का व्यक्तित्व तो प्रियंगुमंजरी के अनुकूल भव्य, सुंदर और प्रभावशाली था किंतु उनकी हँसी चरित्र से मेल नहीं खाती थी। प्रस्तुति के प्रथम अंक में कई जगह गलत बलाघातों के कारण सम्वादों की काव्यात्मकता को ही नहीं बल्कि अर्थों तक को क्षति पहुँची। बिजली, बादल और वर्षा तथा घोड़ों की आवाजों तथा बच्ची के रोने की दोषपूर्ण प्रस्तुति ने भी प्रदर्शन के प्रभाव को खंडित किया। फिर भी, कुल मिलाकर 'आषाढ़ का एक दिन' की यह प्रस्तुति अपनी कलात्मक सादगी, आलेख के प्रति अधिकाधिक ईमानदारी, नेपथ्य-संगीत के प्रभावशाली उपयोग और अभिनेताओं के सहज अभिनय के कारण एक रोचक एवं सुखद अनुभव सिद्ध हुई।[49]

9. राष्ट्रीय नाट्य विद्यालय, रंगमंडल (दिल्ली) : रामगोपाल बजाज

राकेश की बीसवीं पुण्य-तिथि के उपलक्ष्य में दिल्ली के राष्ट्रीय नाट्य विद्यालय रंगमंडल द्वारा श्रीराम सेंटर के मुख्य प्रेक्षागृह में आयोजित महत्वाकांक्षी 'मोहन राकेश नाट्य समारोह' का शुभारम्भ रामगोपाल बजाज निर्देशित 'आषाढ़ का एक दिन' के 3 दिसम्बर, 1992 को हुए भव्य प्रदर्शन से हुआ। एक गम्भीर अभिनेता, निर्देशक, पार्श्वकर्मी और आलोचक/चिंतक के रूप में इस नाटक से रामगोपाल बजाज़ का बहुत गहरा, पुराना और आत्मीय सम्बन्ध रहा है। इनके अनुसार, " 'आषाढ़ का एक दिन' का परिवेश भारतीय है, शिल्प इब्सन जैसा, सोच आधुनिक है।"[50]

विवेच्य प्रस्तुति के दृश्यांकन एवं संगीत (भास्कर चंदावरकर) के बारे में निर्देशक ने नि:संकोच स्वीकार किया है कि "मंच-विधान के माध्यम से यथार्थ और अमूर्तन के बीच की कड़ी ली गई है। जिसे संगीत के द्वारा शून्य-चेतना तक उठाने

की दिशा में प्रयत्न दीखेंगे। इसकी मूल मंच-रचना 'दिशांतर' की प्रस्तुति में मीना विलियम्स की परिकल्पना से प्रेरित है। मैं आभारी हूँ श्री बंसी कौल ने इसे मेरे इस सोच के साथ ग्रहण किया और अपने ढंग से पुनः नियोजित कर बहुत सामान्य और बारीक अंतर से रचित किया है।''[51] यही बात मोटे तौर से अभिनय, चरित्रांकन और ब्लाकिंग वगैरह के बारे में भी कही जा सकती है। परंतु यह 'सामान्य और बारीक अंतर' अत्यंत महत्त्वपूर्ण है, क्योंकि इसका बुनियादी सम्बन्ध निर्देशक की अपनी व्याख्या और उसके पाठांतर से है।

यह एक दिलचस्प तथ्य है कि मार्च, सन् 1981 में रामगोपाल बजाज ने इस समीक्षक को एक व्यक्तिगत किंतु गम्भीर बातचीत में बताया था कि आरम्भ से ही उन्हें यह लगता रहा है कि " 'आषाढ़ का एक दिन' न तो मल्लिका का नाटक है और न विलोम का। यह नाटक तो मुख्यतः कालिदास का ही है। परंतु दुर्भाग्य से अभी तक किसी भी प्रस्तुति में यह स्थापित नहीं हो पाया। मेरी अपनी प्रस्तुतियों में भी तमाम कोशिशों के बावजूद किन्हीं कारणों से मल्लिका या विलोम ही प्रमुख हो जाते रहे। दरअस्ल, तीसरे अंक में कालिदास का जो लम्बा एकालाप है न, (जिसे आम तौर पर इसकी कमजोरी माना जाता है—शायद इसलिए कि यह हिंदुस्तानी नाटक है—क्योंकि 'इडिपस' में इतना ही लम्बा स्वगत कमजोरी नहीं माना जाता!) मैं मानता हूँ कि जिस दिन कालिदास के इस लम्बे एकालाप को कोई निर्देशक या अभिनेता पूरी तरह से जीकर उजागर कर देगा उस दिन 'आषाढ़' का वास्तविक अर्थ खुलेगा और इसका सही मूल्यांकन होगा। मेरे विचार से इस लम्बे स्वगत में केवल आत्मरति और तरल भावुकता मात्र ही नहीं है—इसमें कहीं अपने प्रति गहरी कटुता, ग्लानि और कठोरता भी है। कालिदास जैसा सम्वेदनशील व्यक्ति मल्लिका के उस रूप को देखकर, अपने उस आचरण और अपनी भोली समझ के प्रति भी कटु होगा ही। थियेट्रीकली भी यदि इस एकालाप को आत्मविश्लेषण करते अथवा स्वयं को दंडित-पीड़ित करते व्यक्ति की आत्माभिव्यक्ति के रूप में प्रस्तुत किया जाए तो वह अधिक दिलचस्प और आज के व्यक्ति के ज्यादा निकट होगा। यहीं आकर मुझे 'आषाढ़' में एक 'ऐंग्री थियेटर' की झलक मिलती है। 'लुक बैक इन ऐंगर' में जो अपने प्रति आक्रोश और क्रोध है— वह स्पष्टतः यहाँ कालिदास में मौजूद है। मुझे समझ में नहीं आता कि क्यों अब तक हमारे निर्देशकों-अभिनेताओं को यह दिखाई नहीं दिया? वह यहाँ आत्मपीड़ा और आत्म-दया की ही अभिव्यक्ति क्यों करते-कराते रहे हैं? हाँ, मैं यह भी मानता हूँ कि एक सीमा तक वह भाषा की नासमझी का भी दोष है। इसमें उन शब्दों का प्रयोग हुआ है जो हमारे छायावादी युग में रोमानी भावना से लिप्त हो गए थे।'' परंतु मूल प्रश्न यह है कि आरम्भ से ही चली आती इस सोच को क्या एक खासी लम्बी रचनात्मक

रंग-यात्रा के बावजूद निर्देशक अपनी इस अब तक की सबसे महत्त्वपूर्ण प्रस्तुति में भी साकार कर पाया या नहीं ? इस प्रस्तुति में कालिदास की यह जटिल भूमिका अभिजित लाहिड़ी ने अभिनीत की थी जो अपने गोरे-चिट्टे रंग, भरे हुए चेहरे, लम्बे कद और सुडौल-सुंदर शरीर की दृष्टि से तो कालिदास जैसे महाकवि के किशोर मन में बसी रोमानियत, रचनाकार की दुविधा और पारम्परिक उदात्त छवि के तो सर्वथा अनुकूल थे। परंतु तीसरे अंक में रवीन्द्रनाथ ठाकुर जैसी छवि और बांग्ला-लय मिश्रित हिंदी उच्चारण के कारण न तो राकेश की व्यंजनात्मक काव्यमयी भाषा से न्याय कर पाए और न ही अपनी अभिनयगत सूक्ष्मता से लेखकीय कोमलता और भावुकता तथा निर्देशकीय कटुता, कठोरता एवं आत्म-ग्लानि को ही रेखांकित करने में सफल हो सके। हाँ, बाद के प्रदर्शनों में रोहिताश्व गौड़ ने अवश्य ही इस भूमिका को, एक हद तक, निर्देशकीय व्याख्या के अनुकूल ढालने की सार्थक 'कोशिश' अवश्य की।

इसी प्रकार विलोम और मल्लिका के सम्बन्धों के बारे में भी रामगोपाल बजाज की एक भिन्न और मौलिक दृष्टि रही है। उनके अनुसार, "बहुत शुरू से 'आषाढ़ का एक दिन' को पढ़ते वक्त ये बात मेरी समझ में कभी नहीं आती थी कि ये विलोम जो एक अच्छे-भले घर का खाता-पीता किसान है—उसे तीसरे अंक में जब मल्लिका प्राप्त हो जाती है, उसके बाद वह क्यों शराब पीता और लड़खड़ाता हुआ आता है ? मेरे विचार से इसका स्पष्ट अर्थ यह है कि दैहिक स्तर पर मल्लिका की प्राप्ति ही उसे यह भान कराती है कि वास्तव में उसे मल्लिका की प्राप्ति नहीं हुई है। इसी संदर्भ में मेरी दूसरी समस्या यह थी कि पहले और दूसरे अंक में जो मल्लिका विलोम से पूरी तरह अलग और कटी हुई है, वह तीसरे अंक में, विवशतावश ही सही, विलोम को क्यों और कैसे स्वीकार कर लेती है ? वारांगना होकर भी और किसी पुरुष के साथ वह क्यों नहीं रहती ? विलोम ही क्यों ? मेरे विचार से इसका अर्थ यह है कि मल्लिका के अवचेतन में पहले से ही विलोम के स्वीकार का कोई न कोई बीज अवश्य रहा होगा—भले ही मल्लिका उसे न जानती रही हो। उनके सम्बन्धों की इस जटिलता, ऐम्बीग्विटी और ड्वैलिटी के बिना—यह परिणति झूठ है, असम्भव है। इसलिए मुझे लगा कि इसे विश्वसनीय बनाने के लिए इसका कोई पूर्व-संकेत प्रस्तुति में अवश्य होना चाहिए। वह मिला मुझे पहले अंक में उस जगह जहाँ विलोम मल्लिका से यह कहता है कि "तुम मुझसे घृणा करती हो, मैं जानता हूँ। परंतु मैं तुमसे घृणा नहीं करता। मेरे यहाँ होने के लिए इतना ही पर्याप्त है।" मुझे लगता है यह बात मल्लिका के अवचेतन में समा गई होगी और तीसरे अंक में जरूरत पडने पर शायद यही आधार रहा होगा उसे विलोम को स्वीकार करने का।"

सम्भवतः इसी कारण विवेच्य प्रस्तुति में निर्देशक बजाज ने कालिदास, मल्लिका (सीमा बोस) और विलोम (जितेंद्र शास्त्री) को एक त्रिकोण के रूप में प्रस्तुत किया है। तीनों परस्पर समान दूरी पर हैं और दूर कोने से अम्बिका इन्हें देख रही है। मल्लिका यह कहकर कि "…आप सम्भवतः यह अनुभव नहीं कर रहे कि आप यहाँ इस समय एक अनचाहे अतिथि के रूप में उपस्थित हैं," विलोम का सीधा अपमान करती है। जाहिर है इसकी सबसे पहली और तीखी प्रतिक्रिया विलोम पर ही होगी। इसीलिए वह तुरंत मल्लिका की ओर न देखकर पहले कालिदास की ओर देखता है—क्योंकि उसी के कारण और उसी की तुलना में वह अपमानित किया गया है। परंतु मल्लिका के भावनामय चरित्र को देखते हुए यह स्वाभाविक ही है कि मन ही मन अपने इस व्यवहार पर उसे कहीं न कहीं पश्चात्ताप भी होगा।[52] सम्भवतः यही कारण है कि मल्लिका यहाँ विलोम की ओर देखने का साहस नहीं करती। और इसी बिंदु पर जब विलोम कहता है, "तुम मुझसे घृणा करती हो…पर्याप्त है।" तो "क्या मल्लिका इतनी सम्वेदनहीन है कि इस बात पर ध्यान ही न दे?"[53] यहाँ मल्लिका को फ़ोर स्टेज पर रखा गया है—विलोम पीछे से उसके कंधे के पास आकर उपरोक्त सम्वाद बोलता है। इस पर तुरंत मल्लिका अस्थिर-सी होकर इधर-उधर (या शायद छत की ओर) देखकर विलोम की ओर देखती है। विलोम मल्लिका की आँखों में देख रहा है। तभी कालिदास एक कदम आगे आता है। मल्लिका की दृष्टि के माध्यम से विलोम उसकी उपस्थिति के प्रति सचेत होता है और कालिदास के निकट जाकर पीड़ित किंतु आत्मीय भाव से कहता है, "तुम्हारी यात्रा शुभ हो, कालिदास! तुम जानते हो, विलोम तुम्हारा भी हितचिंतक है।" कालिदास उसके इस भाव से कंटकिट होकर स्तब्ध रह जाता है। विलोम पीछे हटकर चुपचाप प्रस्थान करता है और कालिदास धीरे-धीरे कोने में असहाय-सा बैठ जाता है। मल्लिका में हलका-सा अपराध-भाव है। मल्लिका विलोम को पीछे से दरवाजे की ओर जाते हुए देखती है। कालिदास जहाँ खड़ा था, वहीं बैठ चुका है। विलोम जा चुका है। इस बीच मल्लिका इस द्विविधापूर्ण स्थिति से उबरकर, स्वस्थ होकर—कालिदास के निकट उसके पीछे आकर पूछती है, "फिर उदास हो गए?" इस सारी प्रक्रिया के बीच प्रकाश (अशोक सागर भगत) की तीव्रता और क्षेत्र में एक लाक्षणिक परिवर्तन होता है जो सांकेतिक रूप से बीतते हुए क्षण और बदलती हुई मनःस्थिति को एक लम्बे अंतराल की दीर्घता प्रदान करता है। यहीं निर्देशक सोचता है कि "इस सम्भाषण में, इस परिस्थिति में निश्चय ही ऐसा कुछ है जो कालिदास को उदास/हताश करता है। अभी-अभी तो कालिदास विजयी हुआ है और विलोम अपमानित—फिर कालिदास क्यों उदास है? दरअसल कालिदास बहुत सम्वेदनशील और पैनी दृष्टि वाला

व्यक्ति है सम्भवतः वह मल्लिका के उस भीतरी सत्य या द्वैत को (जिसे चेतन स्तर पर वह स्वयं भी नहीं जानती) स्पष्टतः देख पाया होगा।"[54] तीसरे अंक के अंत से थोड़ा पहले विलोम का प्रवेश होता है और वह नशे की हालत में कालिदास को ठीक से पहचान नहीं पाता। प्रस्तुति में यहाँ भी वह मल्लिका को देखता है और उसी की कालिदास को देखती दृष्टि के माध्यम से उसे अचानक पहचान कर कह उठता है, "तो तुम हो, तुम ?"

दूसरा अंक इस प्रस्तुति में कहीं-कहीं अतिनाटकीय हो गया है। अम्बिका (प्रतिमा काज़मी) के प्रवेश के बाद से तो ग्रीक त्रासदी नाटक का सा आभास देने लगता है। अम्बिका के सम्वाद के बाद प्रियंगुमंजरी (ग़ज़ाला अमीन) का जाने से पहले "मैं आपका कष्ट समझ रही हूँ। जो भी सहायता मुझसे बन पड़ेगी अवश्य करूँगी ···" कहते-कहते अपने हाथ का कंगन उतारकर अम्बिका की ओर बढ़ाना प्रियंगुमंजरी की अपनी 'समझ' और स्थिति की विडम्बना को तीव्रता से रेखांकित करने वाली एक निर्देशकीय मौलिक उद्भावना है।

निर्देशक के अनुसार, "अनजान, अबोध मातुल, सामान्य दैनंदिन स्तर पर पंगु होते हुए भी बाह्य सामाजिक संक्रांति के मूल्यों की पंगुता का प्रतीक बन सके, ऐसी कोशिश है।"[55] और मातुल की भूमिका में विवेक मिश्र ने इस 'कोशिश' को सफल बनाने की भरसक कोशिश की। इसके अतिरिक्त दंतुल, निक्षेप, रंगिणी, संगिनी, अनुस्वार और अनुनासिक की पूरक/गौण भूमिकाओं में क्रमशः अमित बनर्जी, सुनील कुमार सिंह, प्रेमलता, नीलिमा शर्मा, रोहिताश्व गौड़/महेन्द्र शर्मा और सौरभ शुक्ला ने भी अपनी-अपनी भूमिकाओं से न्याय करने का खासा प्रयत्न किया। परंतु इन गौण चरित्रों में ये अभिनेता, अपने अनुभव और कौशल के बावजूद ज्यादातर "शब्दों के बाहरी खोल से ही उलझे रहे और उन्होंने पहले से दूसरे अर्थ तक पहुँचने की यात्रा ही नहीं की। अगर कुछ सम्प्रेषित हुआ तो वह आलेख की अपनी शक्ति के कारण हुआ है।"[56]

नाटक के अंत में कालिदास के प्रस्थान के बाद मूल आलेख के अनुसार मल्लिका उसे पुकारते हुए न तो बच्ची को बाँहों में देखकर अपने बाहर जाते पाँवों को रोकती है और न ही नाटककार के निर्देशानुसार "टूटी-सी आकर आसन पर बैठ जाती है और बच्ची को और साथ सटाकर रोती हुए उसे चूमने लगती है।"

बल्कि यहाँ वह चमकती हुई बिजली और मेघ-गर्जन के बावजूद बच्ची को मजबूती से बाँहों में सँभाले मंच के मध्य में एकदम आगे आकर उद्धत, दृढ़ और अकेले जीने के निश्चित संकल्प के साथ दर्शकों के सामने निर्भय खड़ी रहती है। नाटक का यह अंत निर्देशक रामगोपाल बजाज के निजी वक्तव्य, अभिनेत्री सीमा बोस के प्रभावशाली अभिनय और पार्श्वकर्मियों एवं सह-कलाकारों के

रचनात्मक सहयोग के कारण मोहन राकेश के जाने के बीस साल बाद की आधुनिक भारतीय नारी के चरित्र में आए परिवर्तन और आत्मविश्वास को तीव्रता एवं सघनता से सम्प्रेषित करता है।

कुल मिलाकर, कैसी विडम्बना है कि नाटककार और निर्देशक की भरसक इच्छा और भरपूर कोशिश के बावजूद, हमेशा की तरह, इस बार भी 'आषाढ़ का एक दिन' मुख्यतः कालिदास के बजाय मल्लिका का नाटक होकर ही रह जाता है। यह अलग बात है कि पहले की प्रस्तुतियों में अक्सर वह दयनीय बनकर दर्शकों की सहानुभूति प्राप्त करती थी, जबकि इस बार 'भावना में भावना का वरण' करने के बावजूद उसने अपने साहस और आत्मविश्वास के बल पर प्रेक्षकों की प्रशंसा प्राप्त कर एक आधुनिक भारतीय नारी के समकालीन तेवर और स्वर को सम्प्रेषित करने में भी सफलता प्राप्त की।

(ख)

शौकिया नाट्य-दलों के प्रमुख प्रस्तुतीकरण

1. राष्टीय नाट्य परिषद् (लखनऊ) : रमेशचन्द्र श्रीवास्तव

'आषाढ़ का एक दिन' का आरम्भिक (सम्भवतः प्रथम) अभिमंचन लखनऊ की नाट्य-संस्था 'राष्ट्रीय नाट्य परिषद्' द्वारा 1958 में 'रंगमंच' के बैनर पर रमेशचंद्र श्रीवास्तव[57] के निर्देशन में किया गया था। कहा जाता है कि नाटक के इस आरंगण से स्वयं नाटककार मोहन राकेश और रमेश इत्यादि उनके कई मित्र व्यक्तिगत रूप से जुड़े हुए थे। लखनऊ के प्रसिद्ध रंगकर्मी उर्मिल कुमार थपलियाल के अनुसार, " 'आषाढ़...' का प्रथम मंचन लखनऊ में ही हुआ था। तब शायद इस का बिधिवत् प्रकाशन भी नहीं हुआ था। तब उ० प्र० के मुख्यमंत्री डा० सम्पूर्णानंद थे और राज्यपाल के० एम० मुंशी। सूचना विभाग की ओर से तब नाट्य प्रतियोगिता होती थी। उस नाटक में अम्बिका की भूमिका करने वाली अभिनेत्री आजकल आकाशवाणी में ही है। नाटक करने वाली संस्था के तत्कालीन सचिव श्री यज्ञदेव पंडित (समाचार प्रवक्ता, आकाशवाणी, लखनऊ) के अनुसार तब इस नाटक को सर्वाधिक पुरस्कार मिले थे। यह बात तब की है जब राष्ट्रीय नाट्य विद्यालय की स्थापना भी नहीं हुई थी।...'आषाढ़' के (उस) प्रथम मंचन के समय न जाने क्यूं प्रदर्शन से विक्षुब्ध होकर मुख्यमंत्री डॉ० सम्पूर्णानंद उठकर चले गए थे। उनके साहित्यकार मन को सम्भवतः राकेश के कालिदास ने आहत कर दिया था।...राकेश ने कालिदास को जो आकार दिया (है) उसे यदि कश्मीर के राज्यपाल पद पर आसीन कालिदास स्वयं देखते

तो शायद वो भी 'वाक आउट' कर जाते।"[58]

लखनऊ में आजादी के बाद के प्रथम दशक में स्थापित होने वाली प्रमुख नाट्य-संस्थाओं में उल्लेखनीय संस्था 'राष्ट्रीय नाट्य परिषद्' यद्यपि "सन् 1960 तक कुँवर कल्याण सिंह के निर्देशन में ज्ञात-अज्ञात नाटककारों के लगभग दो सौ नाटक प्रस्तुत कर चुकी थी।"[59] परंतु फिर भी तत्कालीन दर्शक की रुचि और रंगमंच की स्थिति को देखते हुए 'आषाढ़ का एक दिन' जैसे भावना-प्रधान, काव्यात्मक और संवेदनशील नाटक को मंचित करना अपने आपमें एक चुनौतीपूर्ण एवं दुःसाहसी कदम था। इस ऐतिहासिक प्रदर्शन में भावना और आस्था की साकार प्रतिमा मल्लिका के रूप में धीरा बैनर्जी तथा रचनाकार और राज्य के पारस्परिक संबंधों की आंतरिक विसंगतियों को तीव्रता से उजागर करने वाले प्रतीक पात्र कालिदास की भूमिका में मनमोहन शर्मा ने अपनी अभिनय प्रतिभा के कुशल प्रयोग द्वारा प्रदर्शन को जीवंत बनाने का भरसक प्रयत्न किया। कालिदास के चरित्र की आंतरिक विडम्बना और मल्लिका के वायवी प्रेम एवं भावुकता की त्रासद नियति को दूर तक देख सकने में समर्थ किंतु विवश माँ अम्बिका की भूमिका में कृष्णा मिश्र का अभिनय भी सराहनीय था। इस प्रस्तुति के समग्र-प्रभाव और प्रदर्शन-मूल्यों के स्तर का कुछ अनुमान इस बात से लगाया जा सकता है कि 1958 में उत्तर प्रदेश सरकार की नाट्य-प्रतियोगिता में 'आषाढ़ का एक दिन' के इस अभिमंचन को सर्वोच्च 'शाकुंतल पुरस्कार' प्रदान कर गौरवान्वित किया गया था। इसकी चर्चा और प्रशंसा से प्रभावित होकर ही इसे 9 से 13 अक्टूबर, 1968 को कलकत्ता में आयोजित 'हिंदी रंगमंच शताब्दी समारोह' के अंतर्गत ससम्मान सम्मिलित किया गया था। यह अलग बात है कि किन्हीं अपरिहार्य कारणों से 13 अक्टूबर को प्रदर्शित होने वाली इस प्रस्तुति का मंचन सम्भव नहीं हो सका।

आज के प्रदर्शन-मूल्यों और प्रस्तुति-प्रतिमानों की दृष्टि से, सम्भव है, विवेच्य प्रदर्शन का स्तर बहुत उच्च एवं श्रेष्ठ भले ही न रहा हो, किंतु इसमें कोई संदेह नहीं कि तत्कालीन रंग-परिस्थितियों को देखते हुए यह अभिमंचन न केवल 'राष्ट्रीय नाट्य परिषद्' अथवा लखनऊ की नाट्य-गतिविधियों के लिए बल्कि उत्तर प्रदेश के रंगांदोलन को नई चेतना और जीवंतता प्रदान करने की दृष्टि से भी एक ऐतिहासिक, महत्वपूर्ण और विचारोत्तेजक नाट्य-प्रदर्शन रहा होगा।

2. नाट्य-केंद्र (इलाहाबाद) : लक्ष्मी नारायण लाल

15 फरवरी, 1959 को इलाहाबाद के जागरूक एवं उत्साही रंगकर्मियों की संस्था 'नाट्य-केंद्र' ने (डॉ०) लक्ष्मीनारायण लाल के निर्देशन में नये नाटककार राकेश के पहले और पुरस्कृत पूर्णकालिक नाटक 'आषाढ़ का एक दिन' का

आरम्भिक प्रस्तुतीकरण करने का साहस दिखाया। स्थानीय पैलेस थियेटर में प्रदर्शित इस प्रस्तुति के लिए निर्देशक ने नाट्यालेख का पर्याप्त सम्पादन किया। नारी कलाकारों के अभाव के कारण अम्बिका के स्थान पर 'दादू' नामक पुरुष पात्र को रखा गया—जिसकी भूमिका रामचंद्र गुप्त ने अभिनीत की। रंगिणी और संगिनी के प्रसंग को नाटक से पूरी तरह निकाल दिया गया। कलाकार की रचनाशीलता के शाश्वत प्रतीक कालिदास तथा उसकी भावनामयी प्रेयसी-प्रेरणा मल्लिका के रूप में सम्पत लाल सिंह और उषा वर्मा ने अपनी अभिनय-प्रतिभा का श्रेष्ठ प्रदर्शन किया। मल्लिका के लिए कालिदास के प्रतिद्वंद्वी व्यावहारिक और आक्रामक विलोम की भूमिका (डा०) सत्यव्रत सिन्हा ने सूझ-बूझ से निभाई। मातुल और प्रियंगुमंजरी के रूप में जीवनलाल गुप्त तथा पूर्णिमा दास और निक्षेप (ग्रामीण) तथा दंतुल की भूमिका में कैलाश किशोर साही एवं हृदय नारायण टंडन ने भी उत्साह से काम किया। हास्य तथा व्यंग्य-विद्रूप की सृष्टि की दृष्टि से अनुस्वार और अनुनासिक की भूमिका में राजेश्वर प्रसाद मिश्र और शांति स्वरूप प्रधान ने दर्शकों का अच्छा मनोरंजन किया। नाटककार की मूल परिकल्पना के आधार पर जीवनलाल गुप्त, शांति स्वरूप प्रधान एवं बाल्मीकि ने मिलकर प्रतीकात्मक दृश्य-बंध का निर्माण किया। प्रकाश-व्यवस्था आमोद कृष्ण की थी और संगीत एवं ध्वनि-योजना नरेन्द्र प्रसाद श्रीवास्तव की। वेशभूषा, रूपविन्यास इत्यादि का शेष पार्श्वकर्म शिवाजी मिश्र और हरिशंकर उपाध्याय ने सँभाला। डा० जीवनलाल गुप्त के अनुसार, "नाटक का तीसरा अंक कुछ कमजोर है, परंतु उसे सुधारने के लिए प्रस्तुति में कुछ नहीं किया गया।" कुल मिलाकर, "उन दिनों के हिसाब से प्रदर्शन ठीक—प्रभावकारी रहा।"[60] 'अमृत बाजार पत्रिका' (16 फरवरी, 1959), 'लीडर' (22 फरवरी, 1959) तथा 'धर्मयुग' ने प्रदर्शन की विस्तृत और सचित्र समीक्षाएँ प्रकाशित की थीं। डा० लाल के अनुसार, "उन दिनों लगातार राकेश से पत्राचार होता रहा। प्रदर्शन सफल था—उसे प्रबुद्ध दर्शकों की भरपूर सराहना प्राप्त हुई थी।"[61] परंतु इस संदर्भ में स्वयं नाटककार मोहन राकेश का साक्ष्य कुछ और ही कहता है। उन्हीं के शब्दों में, "कुछ वर्ष पहले मेरा नाटक 'आषाढ़ का एक दिन' इलाहाबाद में खेला गया था, तो उसमें से अम्बिका की भूमिका हटा कर उसकी जगह 'बाबा' की भूमिका रख दी गई। मुझे इसकी सूचना मिली थी नाटक के अभिनय के दो महीने बाद।"[62] जाहिर है कि राकेश इस अनपेक्षित परिवर्तन से खुश तो नहीं ही रहे होंगे!

फिर भी, तमाम विवादों और सीमाओं के बावजूद, यह तो कहा ही जा सकता है कि, तत्कालीन हिंदी रंगमंच और इलाहाबाद या हिंदी प्रदेशों के पारसी रंगमंच से बुरी तरह आक्रांत रंगकर्म के परिदृश्य को देखते हुए

डॉ० लक्ष्मीनारायण लाल और 'नाट्य-केंद्र' द्वारा काव्यात्मक-यथार्थपरक दृष्टि के संस्कृतनिष्ठ भाषा में लिखे गए इस नए नाटक को प्रस्तुत करने का प्रयास निश्चय ही साहसपूर्ण एवं प्रशंसनीय कहा जा सकता है।

3. सांस्कृतिक परिषद् (गया कॉलेज, गया) : नवलकिशोर प्रसाद सिंह

मार्च, 1960 में गया कॉलेज, गया के सांस्कृतिक वार्षिक महोत्सव के अवसर पर, 'आषाढ़ का एक दिन' का मंचन किया गया, जिसका निर्देशन नवलकिशोर प्रसाद सिंह ने किया था। कॉलेज के प्रांगण में पाँच हजार से भी अधिक शिक्षित दर्शकों के सम्मुख प्रस्तुत इस नाटक की प्रमुख भूमिकाएँ नवलकिशोर प्रसाद सिंह (कालिदास), रागिनी रस्तोगी (मल्लिका), कमला सिन्हा (अम्बिका) तथा गोपाल गुर्जर (विलोम) ने अभिनीत कीं। मातुल, निक्षेप, दंतुल तथा प्रियंगु-मंजरी की पूरक भूमिकाएँ क्रमशः समेंद्र भूषण प्रसाद, विनोद कुमार सिन्हा, श्याम सुंदर प्रसाद वर्मा तथा वीणा सिन्हा ने निभाईं। आलेख का सम्पादन किया गया और उस प्रक्रिया के दौरान अनुस्वार-अनुनासिक तथा रंगिणी-संगिणी के प्रसंग काट दिए गए। निर्देशक के अनुसार इन चरित्रों के कारण 'मुझे नाटक के प्रवाह में अवरोध का अनुभव होता था। तीसरे अंक में कालिदास के कुछ अत्यंत लम्बे सम्वादों को भी मैंने कम किया था। ऐसा मैंने यत्र-तत्र अन्य पात्रों के सम्वादों के साथ भी किया था।"[63] लेकिन इतनी काट-छाँट करने के बावजूद वह यह भी स्वीकार करते हैं कि "मैं यह नहीं कहता कि जो मैंने अलग किया वह अनावश्यक था। मैंने मात्र निर्देशन में सुविधा को ध्यान में रखते हुए (ही) काट-छाँट किया था।"[64] निर्देशक चूँकि इतिहास के विद्यार्थी रहे हैं इसलिए उन्हें ऐतिहासिक पृष्ठभूमि के नाटकों से स्वाभाविक लगाव रहा है। इससे पहले वह 'कोणार्क' कर चुके थे। 'आषाढ़ ...' के चुनाव का प्रमुख कारण कालिदास का चरित्र, नाटक का दुःखांत अभिनय तथा इसके सम्वाद थे। निर्देशक मानता है कि इसके "सम्वाद आज भी मुझे रोमांचित कर देते हैं।"[65] इस लगाव, आस्था, रुचि और समझ के साथ प्रस्तुत इस नाटक में ध्वनि एवं प्रकाश संयोजन मोंटू दा का था। मंच, दृश्य-बंध-निर्माण, रूप-सज्जा तथा वेशभूषा का उत्तर-दायित्व बद्री 'विशाल' ने परिश्रमपूर्वक और सूझ-बूझ से सँभाला मंच-व्यवस्था और निरीक्षण का भार उस समय के दर्शनशास्त्र के प्रवक्ता डॉ० अजित सिन्हा (सम्प्रति बम्बई में फिल्मों से सम्बद्ध) ने उठाया था। बिहार के तत्कालीन राज्यपाल स्व० डॉ० जाकिर हुसैन इस प्रदर्शन के विशिष्ट अतिथि थे। एक प्रबुद्ध प्रेक्षक के अनुसार, "दर्शकों की उपस्थिति लगभग 6000 थी। साहित्यिक अभिरुचि के नाट्य-प्रेमियों द्वारा विशेष रूप से प्रशंसित यह प्रदर्शन अपने समय की बहुचर्चित प्रस्तुति था।"[66] निर्देशक के शब्दों में भी, "बुद्धिजीवी वर्ग के

दर्शकों ने नाटक की मुक्त कंठ से प्रशंशा की थी। अभिनय-निर्देशन दोनों से वे पूर्णतः संतुष्ट थे । अतः मैं उसे एक सफल प्रस्तुति ही मानूँगा । वर्षों बाद आज भी लोग उस प्रस्तुति की चर्चा करते हैं ।"[67] उस समय के नाट्य-प्रतिमानों, गया की रंगमंचीय परिस्थितियों और दर्शकों की रंग-चेतना को देखते हुए यह प्रदर्शन अवश्य ही एक साहसिक और उल्लेखनीय प्रयास कहा जा सकता है ।

4. एशियन ड्रामा सोसाइटी (दिल्ली) : प्राणनाथ तुगनैत

सामाजिक और सांस्कृतिक गतिविधियों को प्रोत्साहित करने के उद्देश्य से गठित दिल्ली की 'एशियन ड्रामा सोसाइटी' ने 11 और 12 मार्च, 1964 को प्राणनाथ तुगनैत के निर्देशन में मोहन राकेश के कठिन एवं काव्यात्मक नाटक 'आषाढ़ का एक दिन' को सप्रू हाउस में मंचित करके साहस का काम किया था। स्वयं नाटककार ने संस्था को शुभकामनाएँ देते हुए इस प्रयास के सम्बन्ध में कहा था कि "आप 'आषाढ़ का एक दिन' अभिनय करने जा रहे हैं। मेरे लिए यह प्रसन्नता का विषय है । अपने पहले प्रयास के रूप में इस नाटक को उठाना सचमुच आपके साहस को प्रमाणित करता है, क्योंकि हमारे यहाँ भावनात्मक नाटकों को उठाने में प्रायः दिग्दर्शक संकोच करते हैं । विशेष रूप से जबकि भाषा और सम्प्रेषण की समस्या का भी उन्हें सामना करना हो।"[68] परंतु प्रस्तुति का स्तर देखने के बाद प्रबुद्ध एवं सहृदय दर्शकों को इससे न केवल घोर निराशा ही हुई, बल्कि राकेश जैसे सचेत रचनाकार द्वारा बिना नाट्य-दल की क्षमता-सामर्थ्य जाने प्रशंसा-भाव से अनुमति प्रदान करने पर आश्चर्य भी हुआ । इस प्रदर्शन में कालिदास, मल्लिका, अम्बिका, विलोम, मातुल और प्रियंगुमंजरी की प्रमुख भूमिकाओं में क्रमशः प्राणनाथ, चित्रा सचदेव, आशा कुंद्रा, सुशील कुमार, प्रेम चतुर्वेदी तथा बीणा बत्रा ने अभिनय किया और दंतुल, निक्षेप, अनुस्वार तथा अनुनासिक की भूमिकाएँ क्रमशः सुरेन्द्र बक्षी, श्री भगवान गुप्ता, सतीश मेहरा और पृथ्वीराज विग ने निभाई । संगीत तीर्थ सिंह का था । शेष नेपथ्य-कर्म सम्भवतः निर्देशक की देखरेख में कलाकारों के सम्मिलित सहयोग से सम्पन्न किया गया था । रंगिणी और संगिनी के प्रसंग को हटा दिया गया था । अभिनय पर फिल्मी प्रभाव अत्यंत स्पष्ट था । सम्वेदनशील भाषा के लिए बहु-चर्चित इस नाटक को उठाने वाले इन रंगकर्मियों की अपनी भाषा-समझ का कुछ अनुमान ब्रोश्योर में प्रकाशित 'आषाढ़ का एक दिन की कथा का सार' से उद्धृत इन पंक्तियों से सहज ही लगाया जा सकता है—

"मोहन राकेश की कलात्मक रचना 'आषाढ़ का एक दिन' नाटक में उस सत्य को उभारते ! बिक्रमादित्य के सभी रत्नों में 'कालीदास', 'रघुवंश', 'मेघदूत' और 'कुमारसंभव' का रचयता मल्लिके के अमीसल प्रचार स्पर्श को पाकर बह

एक महान मलांकार बना !···मल्लिका ने 'आषाढ़ का एक दिन' प्रकृति के आँचल में प्रकृति के साक्षात्कार में, जहाँ लताएँ, झुरमुट, झाड़ियाँ मृगशावल और हरितिमा प्रणयाकुल होकर एक दूसरे से अलिग्न कर रहे थे···मल्किा इतनी वीर नारी थी कि उसने गाँव वालों को प्रवाह न की माँ की प्रवाह न की··।"

इस भ्रष्ट और असह्य भाषा को केवल प्रूफ या छपाई की अशुद्धियाँ कह कर टाला नहीं जा सकता। इससे निर्देशक तथा संस्था के अन्य सदस्यों की भाषा सम्बन्धी समझ, सम्वेदनशीलता और दृष्टि का स्पष्ट प्रमाण मिलता है। इसके अतिरिक्त, चटाई से बनाया गया सौंदर्य-बोध रहित दृश्य-बंध, पूर्वाभ्यास की कमी, प्रोम्टिग के कारण सम्वाद-प्रस्तुति एवं हाव-भाव में असहजता और निर्देशन में कल्पनाहीनता के साथ-साथ मंच पर जीवित मृग-शावक को लाने से उत्पन्न अयाचित एवं हास्यास्पद स्थिति और मशाल में बल्ब लगाकर उसकी तार को मंच पर लिए-लिए घूमने जैसी तकनीकी कमजोरियों के कारण 'आषाढ़ का एक दिन' की यह प्रस्तुति अत्यंत फूहड़ और कमजोर प्रदर्शन सिद्ध हुई। 'इनैक्ट' के सम्पादक राजेन्द्र पॉल के अनुसार, "·· the 'great' actor-director who was playing Kalidasa was, like the French realists who used to bring pigeons on to the stage, trying to play hide and seek with a live deer. It was a ridiculous performance of the play."[69]

5. रंगवाणी (कानपुर) : श्रीमती पी० कैम्फ़र

कानपुर में 'आषाढ़ का एक दिन' के मंचन का भी एक छोटा-सा इतिहास है। राकेश के इस पुरस्कृत और बहुचर्चित नाटक के प्रति सहज आकर्षण से प्रेरित होकर सबसे पहले इसे ज्ञानदेव अग्निहोत्री की संस्था, 'कानपुर एकेडेमी ऑफ ड्रैमिटिक आर्ट्स' (काडा—जो बाद में 'नाट्य भारती' के नाम से लोकप्रिय हुई) ने प्रस्तुत करने का प्रयास किया; परंतु कुछ अज्ञात कारणों से प्रारम्भिक पूर्वाभ्यासों के बावजूद इसे बीच में ही छोड़ दिया गया। इसके बाद डॉ० अज्ञात द्वारा स्थापित संस्था 'भारतीय कला मंदिर' ने, कानपुर के तत्कालीन रंगकर्म की दृष्टि से खासे कठिन साहित्यिक और काव्यात्मक से लगने वाले इस नये नाटक को, बड़े उत्साह के साथ पेश करने का बीड़ा उठाया। पूर्वाभ्यास भी बड़े जोर-शोर से आरम्भ हुए, मगर नियति इस बार भी वही रही। नाटक तैयार नहीं किया जा सका। असित डैनियल्स द्वारा 1966 में स्थापित नाट्य संस्था 'फोनो-विजन्स' 1967 में जब 'रंगवाणी' बनी तो 'भारतीय कला मंदिर' में अधूरी रह गई अपनी इच्छा को पूरा करने के लिए असित डेनियल्स और उनके कुछ सहयोगी कलाकारों ने पुनः 'आषाढ़ का एक दिन' की तैयारी शुरू की और लम्बी प्रतीक्षा तथा जिज्ञासा के बाद श्रीमती पी० कैम्फर के निर्देशन में अंततः यह

नाटक 13 अगस्त, 1967 को कानपुर के इंडियन मैडीकल एसोसिएशन के प्रेक्षागृह में प्रदर्शित हुआ। इसमें "असित डेनियल्स ने कालिदास, रीटा कैम्फ़र ने मल्लिका, कांतिकृष्ण वाजपेयी ने विलोम, प्रमोद बाला ने अम्बिका तथा भगवती प्रसाद आर्य ने विलोम (मातुल) की सफल भूमिकाएँ कीं।"[70] इनके अतिरिक्त, दंतुल, निक्षेप, अनुस्वार, अनुनासिक तथा प्रियंगुमंजरी के रूप में क्रमश: राज भसीन, सुशील निगम, अनिल दास, डी० एस० श्रीवास्तव तथा नरगिस दास ने भी अपनी अभिनय-सामर्थ्य का अच्छा परिचय दिया। दृश्य-बंध अशोक श्रीवास्तव का था और ध्वनि-संयोजन जगदीश चोपड़ा एवं प्रमोद शर्मा का। संगीत अशोक गुप्त तथा असित डेनियल्स ने दिया था। प्रकाश-व्यवस्था गोकरण दास की थी और वेश-भूषा तथा रूप-सज्जा श्रीमती हेमा डेनियल्स एवं सत्य किशोर की। रंगिणी-संगिनी प्रसंग सम्भवत: आलेख की सम्पादन-प्रक्रिया में कट गए थे। कानपुर के सक्रिय रंगकर्मी और नाट्यालोचक डॉ० अज्ञात के अनुसार, "रंगवाणी ने इसे भारतीय कला मंदिर, कानपुर के इस नाटक के प्रस्तुत न कर पाने पर एक चुनौती के रूप में उठाया था। संभवत: तब तक राकेश के नाटक मंच के लिए चुनौती ही समझे जाते थे—भाषा, भावना और कल्पना, कथ्य की 'बोल्डनेस' के कारण भी। रंगवाणी में भी कलाकार वही थे, जो भारतीय कला मंदिर में काम कर चुके थे। प्रस्तुतीकरण साफ-सुथरा था। अधिक कुछ स्मरण नहीं पड़ रहा है।"[71] कुल मिलाकर, कानपुर के रंग जगत के लिए यह प्रस्तुति एक उल्लेखनीय एवं चर्चित प्रदर्शन सिद्ध हुई।

6. एमेच्योर आर्टिस्ट्स एसोसियेशन (जयपुर) : मोहन महर्षि

दिल्ली के राष्ट्रीय नाट्य विद्यालय से वर्ष के सर्वश्रेष्ठ छात्र के पुरस्कार के साथ निर्देशन का डिप्लोमा लेकर प्रतिभावान रंगकर्मी मोहन महर्षि ने जयपुर लौट कर 'एमेच्योर आर्टिस्ट्स एसोसियेशन' और स्थानीय अव्यावसायिक रंगकर्मियों में नई सक्रियता भर दी। सितम्बर, 1968 के प्रथम सप्ताह में रवीन्द्र मंच की खुली छत पर मोहन महर्षि निर्देशित राकेश के 'आषाढ़ का एक दिन' की प्रस्तुति केवल 'एमेच्योर आर्टिस्ट्स एसोसियेशन' द्वारा प्रस्तुत किसी पूर्णकालिक नाटक की पहली गम्भीर एवं श्रेष्ठ प्रस्तुति ही नहीं, बल्कि पूरे नगर अथवा प्रदेश के लिए भी नई रंग-चेतना को जगाने वाली महत्त्वपूर्ण घटना थी। मोहन राकेश, सुरेश अवस्थी और हबीब तनवीर जैसे विशिष्ट दर्शकों की उपस्थिति में प्रदर्शित इस मुक्ताकाशी प्रदर्शन को विविध वर्ग के स्थानीय प्रेक्षकों की भरपूर प्रशंसा प्राप्त हुई।

प्रबुद्ध नाट्य-समीक्षक डॉ० हरिराम आचार्य के अनुसार, "नाटक के सफल अभिनय के लिए कलाकारों ने बड़ा परिश्रम किया। मल्लिका के रूप में मीनाक्षी

शर्मा और मातुल के रूप में आकाशवाणी के विख्यात कलाकार नंदलाल शर्मा का अभिनय देखते ही बनता था। चरित्र की मार्मिकताओं की संतुलित एवं प्रभावी अभिव्यक्ति देने में ये कलाकार सर्वाधिक सफल रहे। विलोम के रूप में अरुण माथुर और अम्बिका के रूप में रमा पांडे के अभिनय में आयास स्पष्ट झलकता था, इसलिए कई तीखे प्रसंगों में वे 'लाउड' हो जाते थे। कालिदास का अभिनय करने-वाले सरताज माथुर अभी अपेक्षाकृत नये हैं। उनके अभिनय में परिश्रम तो था, किंतु चरित्र की पकड़ नहीं आ पाई। कालिदास जैसा चरित्र समझे जाने की अपेक्षा तो रखता ही है। शेष पात्रों में प्रियंगुमंजरी का अभिनय प्रशंसनीय कहा जा सकता है, किंतु विदुषी राजमहिषी की प्रौढ़ गरिमा के प्रकाशन के लिहाज से इला पांडे की उम्र और अनुभव दोनों कम हैं।"[72] निक्षेप, अनुस्वार, अनुनासिक, रंगिणी और संगिनी जैसे गौण पात्रों को साकार करने में क्रमशः डी० एन० शैली, गंगा-प्रसाद माथुर, भानु भारती, रंजना चौधरी तथा मौलश्री मुखर्जी ने भी अपनी-अपनी भूमिकाओं पर पर्याप्त परिश्रम किया।

नाट्यालेख में नाटककार द्वारा निर्दिष्ट मंचोपकरणों का कलात्मक उपयोग करते हुए मोहन महर्षि ने अपनी मंच-सज्जा में अल्काजी की दृश्य-परिकल्पना के अनुरूप आँगन के ठूंठ को भी शामिल कर लिया। ध्वनि-प्रभाव गंगाप्रसाद माथुर के थे। प्रकाश-योजना मोहन महर्षि की और वेश-भूषा अब्दुल सत्तार की थी। सामान्यतः दृश्य-बंध के सौन्दर्य-बोध और प्रामाणिक परिवेश की दर्शकों ने मुक्त कंठ से प्रशंसा की। परंतु समीक्षक की पैनी दृष्टि को लगा कि, "मंच-सज्जा में ग्राम्य वातावरण तो था, किंतु पुरायुगीन 'संस्कार' जैसी कोई बात नहीं थी। वेशभूषा में भारतीयता थी। ध्वनि-प्रभाव एवं संगीत का उचित योग था, किंतु वियोग-गीत में भोजपुरी का प्रयोग खटकता था। प्रकाश-योजना आकर्षक थी। निर्देशन प्रभावोत्पादक तो था, किंतु मोहन महर्षि के निर्देशन में 'शिल्प' प्रायः हावी रहता है। इसलिए कई बार गति और बोलने की यांत्रिकता खटकने लगती है। साथ ही नाटक को सजाने-सँवारने में वे मार्मिक अभिव्यंजनाओं और मूलभूत भारतीय संवेदनाओं में ज्यादा गहरे नहीं उतर पाते। वैसे यह नाटक भी उनकी निर्देशन प्रकृति से थोड़ा हटकर था। किंतु उन्होंने इसे एक सुंदर प्रयोग बनाने में पर्याप्त श्रम किया था।"[73]

अभिनेता के रूप में स्वयं इस प्रस्तुति से सम्बद्ध रहे, आज के सुविख्यात निर्देशक भानु भारती के अनुसार, "मल्लिका के रूप में मीनाक्षी का सम्वेदनशील अभिनय इस प्रस्तुति की सबसे बड़ी उपलब्धि थी।"[74] और इतने वर्षों बाद भी बहुचर्चित रंगकर्मी मणि मधुकर का यह विश्वास है कि, "'आषाढ़ का एक दिन' जैसे मोहन महर्षि ने जयपुर में किया—कहीं भी नहीं हुआ होगा।"[75] इस संदर्भ में यह तथ्य भी ध्यान देने योग्य है कि मोहन महर्षि इस प्रस्तुति से पहले दिल्ली

में प्रस्तुत 'आषाढ़ का एक दिन' की इब्राहिम अल्काज़ी निर्देशित अत्यंत महत्त्वपूर्ण और प्रभावशाली प्रस्तुति देख चुके थे और यह बहुत स्वाभाविक है कि जयपुर के प्रदर्शन पर इसका प्रत्यक्ष अथवा परोक्ष प्रभाव विद्यमान रहा हो। फिर भी, इसमें कोई संदेह नहीं कि 'आषाढ़ का एक दिन' के प्रस्तुति-इतिहास में मोहन महर्षि की इस प्रस्तुति का उल्लेखनीय स्थान है।

7. माडर्न कॉलेज एवं यवनिका (दिल्ली) : मनोज भटनागर

मनोज भटनागर के निर्देशन में दिल्ली के मॉडर्न कालेज द्वारा 10 और 11 नवम्बर, 1969 को सप्रू हाउस में प्रस्तुत 'आषाढ़ का एक दिन' का प्रदर्शन सामान्य कालेजी स्तर से कुछ बेहतर इसलिए भी रहा क्योंकि इसमें निर्देशन के साथ-साथ सभी पुरुष-पात्रों की भूमिका तथा नेपथ्य-कर्म का उत्तरदायित्व राजधानी की सक्रिय नाट्य-संस्था 'यवनिका' द्वारा निभाया गया। इसमें कालिदास, विलोम, मातुल, दंतुल और अनुस्वार के रूप में क्रमशः दिनेश कपूर, मनोज भटनागर, मुकेश कपूर, नरेश सूरी तथा रमेश मनचंदा ने सधा हुआ अभिनय किया। मल्लिका, अम्बिका, प्रियंगुमंजरी तथा रंगिणी-संगिनी के नारी-चरित्रों की भूमिकाओं में क्रमशः वीना बत्रा (अब गाँधी), रिम्मी सेठी, रजनी, स्नेह दत्त और उमा दत्त नामक कॉलेज की छात्राओं ने ही अपनी अभिनय-क्षमता को आजमाने का प्रयास किया। 'यवनिका' द्वारा निर्मित दृश्य-बंध में एक प्रकार का खुलापन था। झोंपड़ी मंच के बाईं ओर विंग्स के साथ लगाई गई और बाहर आने-जाने का दरवाजा दाईं ओर कोने में मंचाग्र पर रखा गया। झोंपड़ी के साथ पीछे की ओर मटके और रसोई वगैरह के सामान की व्यवस्था की गई तथा साइक्लोरामा के साथ दाईं ओर एक पेड़ और मशाल रखने का स्थान बनाया गया। पीछे मध्य में खिड़की और मंच के केंद्र में एक तुलसी के पौधे को रखा गया। झोंपड़ी पर कमल के बजाए परम्परागत स्वस्तिक के मांगलिक चिह्न बनाए गए। गोविंद गुप्ता ने अपनी आलोक-व्यवस्था में झरोखे का अच्छा उपयोग किया। वीरेन्द्र शर्मा ने संगीत और ध्वनि-प्रभावों के लिए आरंभ में सितार पर रविशंकर के मेघराग तथा हरिण शावक प्रसग में बाँसुरी का कल्पनाशील प्रयोग किया। इनके अतिरिक्त सरोद, सारंगी और तबले जैसे वाद्यों ने नेपथ्य-ध्वनियों एवं संगीत में रोचक वैविध्य उत्पन्न किया। वेश-भूषा की परिकल्पना साधना भटनागर ने की थी। इस प्रस्तुति की एक अन्य विशेषता यह थी कि कालिदास के लिए एक जीवित हरिण-शावक की व्यवस्था की गई। पहले दिन के प्रदर्शन में नाटककार राकेश स्वयं उपस्थित थे। प्रस्तुति के स्तर का अनुमान इस तथ्य से भी लगाया जा सकता है कि जनवरी 70 में इसके दो प्रदर्शन 'यवनिका' ने अपने नाम से श्रीराम सेंटर में भी किए।

आलेख में कोई परिवर्तन नहीं किया गया। निर्देशक के अनुसार, "राकेश जी के इस बहुचर्चित नाटक की भाषा और काव्यात्मकता से मैं अभिभूत था। निर्देशन की दृष्टि से यह मेरा पहला गंभीर और महत्त्वपूर्ण हिंदी नाटक था। इसलिए उत्साह के साथ-साथ मन में कहीं भय भी था। लेकिन आज मुझे लगता है कि उस प्रस्तुति ने मुझे काफी संतोष दिया और अब भी मैं उसे अपनी एक उल्लेखनीय उपलब्धि मानता हूँ।"[76]

8. युवक कल्याण एवं सांस्कृतिक परिषद् (सागर) : विवेकदत्त झा

मोहन राकेश की पुण्य-स्मृति में 'युवक कल्याण परिषद्', सागर ने 22 दिसम्बर, 1972 की शाम विश्वविद्यालय के कांफ्रेंस-कक्ष के मंच पर "मानस मन की परवशता और उसकी गहराइयों में बैठे प्राकृतिक बंधनों"[77] का स्वाभाविक चित्रण करने वाले उनके भावमय नाटक 'आषाढ़ का एक दिन' का मंचन किया। निर्देशक डॉ० विवेक दत्त झा के अनुसार इस नाटक के चुनाव का मुख्य कारण, इसमें "भाषा, सम्वाद, कथावस्तु, भाववस्तु, रूपबंध और चरित्रांकन के संदर्भ में बड़ी सम्भावनाएँ"[78] दिखाई देना था। उनके शब्दों में, "मानव मन का विश्लेषण करने वाले इस नाटक में स्त्री-पुरुष के सम्बन्धों की विडम्बना के शाश्वत सत्य को उजागर किया गया है। नाटक एक साथ कई स्तरों पर प्रभावशाली है। इसमें तीव्रता, विविधता और सम्वादों में सातत्य है। चरित्र स्वाभाविक किंतु दुर्लभ हैं। भाषा काव्यमय है। चरित्र और सम्वाद इसकी सबसे बड़ी ताकत हैं।"[79] इस नाटक की प्रभावशाली प्रस्तुति के लिए भाषा और सम्वादों का शुद्ध उच्चारण एवं सही अर्थ-ग्रहण एक अनिवार्य शर्त है। इस बुनियादी शर्त को पूरा न कर पाने के कारण ही इस प्रस्तुति में दंतुल, अनुस्वार, निक्षेप तथा संगिनी की भूमिका में रमाकांत दीक्षित, रविशंकर अतरौलिया, सुरेंद्र खरे तथा कविता खरे का अभिनय कमजोर रहा और अनुनासिक, रंगिणी एवं प्रियंगुमंजरी के रूप में क्रमशः सुधीर मिश्र, आशा दुबे तथा मृदुला वर्मा भी खास असरदार सिद्ध नहीं हुए। स्वयं निदशक के अनुसार, "पूर्वाभ्यास में निक्षेप, दंतुल और अनुस्बार 'स' 'श' तथा 'ष' की गलती करते रहे। यह कमी प्रदर्शन में भी बनी रही। काव्यमय सम्वादों के बीच उनके कर्णकटु स्वरोच्चारण ऐसे प्रतीत होते जैसे मधुर स्वर-लहरी के बीच बेसुरा आलाप।"[80] भाषा की संस्कृतनिष्ठता तथा सम्वादों की लम्बाई जैसी कुछेक प्रत्यक्ष कठिनाइयों के बावजूद निर्देशक ने आलेख में कोई काट-छाँट नहीं की। निर्देशक स्वीकार करता है कि निःसंदेह "कहीं-कहीं कालिदास और मल्लिका के सम्वाद अधिक लम्बे प्रतीत होते हैं।" परंतु "उनके बिना नाटक का निर्वाह कठिन है। कालिदास और मल्लिका की मनःस्थितियाँ, इन लम्बे सम्वादों तथा स्वगत-कथनों के

बिना, इतने प्रभावशाली ढंग से अभिव्यक्त नहीं की जा सकतीं। प्रारम्भ में ये सम्वाद मेरे अभिनेताओं को भी लम्बे प्रतीत होते थे। इन्हें बोलने में अंग-संचालन, भावाभिव्यक्ति तथा गति में तारतम्य बनाये रखना उन्हें कठिन प्रतीत होता था। किंतु ज्यों-ज्यों रिहर्सल होता गया, उन तथाकथित लम्बे सम्वादों के अर्थ और उनकी अनिवार्यता की प्रतीति होती गई।"[81] भाषा और सम्वादों के उचित अर्थ-निर्धारण से नाटक की आत्मा को समझ लेने के बाद पात्रों के सही चरित्र-निरूपण का महत्त्वपूर्ण प्रश्न सामने आता है। इस सम्बन्ध में निर्देशक विवेकदत्त झा का विचार है कि 'आषाढ़ का एक दिन' में, "न तो विलोम को आम खलनायक की तरह और न ही कालिदास को सामान्य नायक की तरह प्रस्तुत किया जा सकता है। विलोम चतुर और संयमित है, भावनाएँ उसे प्रभावित नहीं करतीं। सामान्य खलनायक की तरह आवेश, क्रोध, कपट और धूर्तता को वह उभरने नहीं देता। इसीलिए वह सामान्य से हटकर है।··· अपनी विशेषताओं के कारण अपने सम्वादों से दर्शकों को भ्रमित कर विलोम कभी-कभी नायक की तरह उभरता प्रतीत होता है। इसके विपरीत अन्तर्द्वंद्व से पीड़ित, खंडित, भावुक, निष्कपट कालिदास अपने बेलाग सम्वादों के कारण कुछ स्थलों पर खलनायक की-सी स्थिति में खड़ा पाया जाता है। मूल्यबोध से युक्त असाधारण कवि कालिदास, जिसका अधिकांश जीवन पर्वत शिखरों और बादलों के बीच व्यतीत हुआ है, सामान्य से तनिक हटकर ही होगा।···मल्लिका 'लहरों के राजहंस' की सुंदरी तथा 'आधे अधूरे' की सावित्री की तरह दर्शकों की सहानुभूति अर्जित करती है। उसके चरित्र-निर्माण में किसी प्रकार की दिक्कत नहीं हुई। अम्बिका का चरित्र भी सहज है, किंतु हमारी अम्बिका थीं प्रथम वर्ष की छात्रा वंदना भट्ट। लहजा, भावाभिव्यक्ति तथा अंग-संचालन चरित्र के अनुकूल होने पर भी उनकी सहज तीखी आवाज खटकती थी। आवाज भारी बनाकर बोलने में गले में तकलीफ होने लगती। मैंने उन्हें रुक-रुक कर, खाँसते हुए गहरी साँस ले-लेकर बोलने की सलाह दी। यह उनके चरित्र के अनुकूल भी था। युक्ति कारगर साबित हुई।"[82] और, परिणामस्वरूप प्रदर्शन में अभिनय की प्रशंसा करते हुए एक समीक्षक ने लिखा, "विभूतिदत्त झा ने कालिदास की भूमिका का निर्वाह कुशलतापूर्वक किया: उनकी भावभंगिमा और आवाज ने दर्शकों तक उनके मन की व्यथा पहुँचाई। मल्लिका का अभिनय करने वाली माया शाह ने अपने मासूम अभिनय, भावों की सूक्ष्म एवं तरल अभिव्यक्ति से दर्शकों को मोह लिया। अम्बिका के रूप में निस्संदेह वंदना भट्ट अप्रतिम रहीं, अपनी अभिनय प्रतिमा की पूरी धाक उन्होंने जमायी, विशेष रूप से मानव अस्तित्व के संकट की पीड़ा के स्थलों पर। मसलन, माँ का हक छिन जाने और उससे उत्पन्न विवशता एवं निराशा को उन्होंने पूरी मार्मिकता से उभारा। विलोम

के रूप में आलोक प्रतापसिंह ने अपनी पूरी क्षमता के साथ प्रभावित किया।"[83] मातुल की भूमिका में ईशदत्त अवस्थी का अभिनय निर्देशक के अधिनिरूपण के अनुरूप अतिनाटकीय और मुखर रहा।

कालिदास युगीन परिवेश के निर्माण के लिए नाटककार के रंग-निर्देशों का यथातथ्य पालन करते हुए यथार्थवादी मंच-सज्जा में विवेक झा, विभूति झा, निर्मला चौहान एवं मुकेश वर्मा ने बड़ी कुशलता और सावधानी का परिचय दिया; क्योंकि "मंचावतरण के दौरान प्रत्येक वस्तु यथास्थान हो इस पर विशेष ध्यान देना अनिवार्य है। जरा-सी चूक विषम स्थिति पैदा कर सकती थी। अनुस्वार-अनुनासिक के प्रवेश पर चौकी का बीच में होना, प्रियंगुमंजरी की उपस्थिति में आसन के समीप चौकी पर मेघदूत की प्रति तथा प्रथम अंक में विलोम के प्रवेश पर ताक पर बुझे दीपकों का होना उतना ही अनिवार्य है जितना कि पात्रों की उपस्थिति।"[84] इसी दृष्टिकोण के कारण निर्देशक "नाटक की पृष्ठभूमि को समय तथा काल के साथ प्रशंसा की हद तक वास्तविक"[85] बनाने में सफल हुआ। इस भ्रम के निर्माण में रमेश चौबे, विभूति झा एवं आलोक प्रताप सिंह की परिधान-परिकल्पना, माया शाह एवं विभूति झा की रूप-सज्जा और महेश मित्र, अशोक शुक्ल एवं अजय परमार की संगीत/ध्वनि योजना ने भी पर्याप्त सहयोग दिया। परंतु बसंत नावलेकर की "प्रकाश व्यवस्था संतोषप्रद नहीं जान पड़ी। अनुपयुक्त प्रकाश-व्यवस्था में ही निर्देशन का शैथिल्य दृष्टिगोचर हुआ।"[86] निर्देशक ने तटस्थ-भाव से प्रस्तुति की समीक्षा करते हुए साहस के साथ स्वीकार किया कि, "इस खामी के लिए सदैव सागर नगर तथा विश्वविद्यालय के सीमित साधनों को दोषी ठहराना, मेरे विचार से, अपनी कमजोरी पर परदा डालना है। अवश्य कुछ और समय उपलब्ध होने पर इस कमी को दूर किया जा सकता था।"[87] परंतु कुल मिलाकर यह प्रस्तुति 'सफल और प्रशंसित'[88] रही, जिसे लगभग 600 प्रबुद्ध प्रेक्षकों ने देखा और सराहा।

9. वर्तमान (रायपुर) : विवेकदत्त झा

विवेकदत्त झा के निर्देशन में सागर विश्वविद्यालय की 'युवक कल्याण एवं सांस्कृतिक परिषद्' द्वारा अपने पुस्तकालय कक्ष के मंच पर दिसम्बर 1972 में प्रस्तुत 'आषाढ़ का एक दिन' की प्रस्तुति का अन्य प्रदर्शन स्व० मोहन राकेश की 50वीं वर्षगाँठ के अवसर पर रायपुर की प्रमुख नाट्य-संस्था 'वर्तमान' द्वारा आयोजित पाँच दिवसीय नाट्य-समारोह के अंतर्गत **11 जनवरी, 1975 को रायपुर में** भी की गई। कालिदास, विलोम, निक्षेप, प्रियंगुमंजरी के रूप में क्रमशः विभूतिदत्त झा, आलोक प्रताप सिंह, सुरेंद्र खरे, मृदुला वर्मा तथा निर्देशक

विवेकदत्त झा के अतिरिक्त शेष कलाकारों का चुनाव नए सिरे से किया गया था। कालेज और विश्वविद्यालयों की प्रस्तुतियों के लिए यह एक सामान्य और स्वाभाविक बात है क्योंकि दो-तीन वर्षों में प्रायः सभी पुराने छात्र चले जाते हैं। सम्भवतः इसीलिए इस नयी प्रस्तुति में मल्लिका और अम्बिका के रूप में ज्योत्स्ना सिंह तथा अर्चना झा ने अभिनय किया और मातुल की भूमिका स्वयं निर्देशक ने सँभाली। आरम्भ में दंतुल की संक्षिप्त भूमिका करने के बाद निक्षेप का अभिनय भी सुरेंद्र खरे ने दोहरी भूमिका निभा कर किया। रंगिणी, संगिनी, अनुस्वार एवं अनुनासिक के रूप में क्रमशः मुक्ति बनर्जी, वाणी नार्ला, अरुण चौहान तथा लखन पुरोहित को तैयार किया गया। नेपथ्य-कर्म का उत्तरदायित्व विवेकदत्त झा, आलोक प्रसाद सिंह एवं विभूति झा (मंच-सज्जा) विवेक एवं अरविंद झा (प्रकाश-व्यवस्था), कीर्तिव्यास, विवेकदत्त एवं श्रीमती अंजलि झा (ध्वनि-प्रभाव), श्रीमती अंजलि झा एवं आलोक प्रताप सिंह (वेश-भूषा) तथा श्रीमती अंजलि झा एवं विभूतिदत्त झा (रूप-विन्यास) ने मिलजुल कर किया। इसमें कोई संदेह नहीं कि 'आषाढ़ का एक दिन' में 'नाटककार ने जीवन-स्पंदन को पकड़ते हुए मूल्य-बोध द्वारा नाटक को समग्रता प्रदान की है। उनके पात्र जीवन्त और स्वाभाविक हैं। मानव-मन का विश्लेषण बखूबी किया गया है। स्त्री-पुरुष के सम्बन्धों की विडम्बना को अलग-अलग स्तरों पर पकड़ने के प्रयत्न में नाटककार को अभूतपूर्व सफलता मिली है।"[89] परंतु दुर्भाग्य से यह भी असत्य नहीं है कि रायपुर के इस प्रदर्शन में जीवन-स्पंदन तथा स्त्री-पुरुष की विडम्बना को उजागर करने वाले इसके जीवंत और स्वाभाबिक पात्रों की अभिव्यक्ति में कलाकारों को अभूतपूर्व तो क्या सागर वाली प्रस्तुति की भूतपूर्व सफलता भी नहीं मिल सकी। स्वयं निर्देशक के शब्दों में, "सागर की प्रस्तुति सफल और प्रशंसित" रही जबकि उसके मुकाबले 'रायपुर की प्रस्तुति संतोष-जनक (भी) नहीं'[90] हो सकी।

10. रूपांतर (गोरखपुर) : गिरीश रस्तोगी

19 अक्टूबर, 1973 को गोरखपुर की चर्चित नाट्य-संस्था 'रूपांतर' की ओर से डॉ० गिरीश रस्तोगी के निर्देशन में 'आषाढ़ का एक दिन' का आरंगण जूनियर इंस्टीच्यूट, पूर्वोत्तर रेलवे के प्रेक्षागृह में किया गया। स्वर्गीय मोहन राकेश की स्मृति में आयोजित इस कार्यक्रम में उनके नाटक के मंचन के अतिरिक्त डॉ० परमानंद श्रीवास्तव के संयोजन में एक नाट्य-परिसम्वाद का भी आयोजन किया गया—जिसमें रंगकर्मियों, बुद्धिजीवियों और प्रबुद्ध प्रेक्षकों ने भी भाग लिया।

'रूपांतर' का यह प्रदर्शन कई दृष्टियों से प्रभावशाली होते हुए भी समग्रतः

यह प्रस्तुति कोई तीखा और सघन प्रभाव पैदा नहीं कर सकी। इस सीमा अथवा दुर्बलता का बहुत बड़ा कारण कालिदास और मल्लिका की केन्द्रीय भूमिकाओं में संतकुमार श्रीवास्तव तथा धीरा जोशी का अपेक्षाकृत कमजोर अभिनय था। विश्वप्रसाद तिवारी के अनुसार, "अच्छी प्रस्तुति के बावजूद मल्लिका की सम्भावनाएँ अविकसित रह गईं—शायद मंच पर मल्लिका और कालिदास के बीच औपचारिक दूरी बनाए रखने के कारण, जो नाटककार की रोमांटिक दृष्टि के अनुकूल नहीं था।"[91] एक अन्य समीक्षक के शब्दों में, "धीरा जोशी और संतकुमार मल्लिका एवं कालिदास से और अधिक तादात्म्य स्थापित करके अंत तक मंच पर उसे जी सकते तो और भी अच्छा होता।"[92] स्वयं निर्देशिका की तटस्थ राय के मुताबिक भी, "कालिदास और मल्लिका को और अधिक गहरी अनुभूति से युक्त लगना चाहिए था।"[93] गौण पात्रों में से निक्षेप और दंतुल के रूप में काशीनाथ चौधरी तथा प्रमोद पाण्डेय का अभिनय भी अपेक्षित प्रभाव उत्पन्न करने में सफल नहीं हुआ। निर्देशिका के विचार से हालाँकि, "विलोम का अभिनय प्रभावशाली था लेकिन नाटकीयता से बचा जा सकता था।"[94] फिर भी, यह सत्य है कि विलोम के रूप में अजित विश्वास ने नायक और खलनायक के बीच संतुलन बनाते हुए अपने सही चरित्र-अधिनिरूपण और अभिनय कौशल के बल पर दर्शकों का मन मोह लेने में सफलता प्राप्त की। शेष कलाकारों ने भी, एक नाट्य-समीक्षक के अनुसार, "अलका धूलिया ने प्रियंगु के ऊपरी दर्प, शालीनता-शिष्टता, स्पर्धा, ईर्ष्या, हीनभावना और घबड़ाहट का मिलाजुला रूप कुशलता से अभिव्यक्त किया। दर्शकों को ज्यादा प्रभावित किया मंच पर थोड़ी देर के लिए उपस्थित पात्रों ने, शायद अभिनय शैली की विशेषता और वर्ग-विशेष की बनावट को, सम्वादों में छिपे व्यंग्य को मुखर करने के कारण। नर्तकी होने के कारण रंगिणी-संगिणी के हाव-भाव, गतियों, प्रवेश-प्रस्थान सभी में नृत्य जैसे संकेतों, चपलता और कृत्रिमता को महत्त्व दिया गया —पूनम पाण्डेय और पूनम रस्तोगी ने, विशेषतः पूनम पाण्डेय ने, वस्तुतः मंच को सजीव और सार्थक बनाया। अनुस्वार (रवि चौपड़ा) और अनुनासिक (एस० ए० कृष्णन्) में अभिनय की बड़ी सम्भावनाएँ हैं—यहाँ निर्देशक की कल्पनाशीलता ने दर्शकों को बड़ा प्रभावित किया। सम्वादों की आंतरिक लय को पकड़ते-निभाते हुए उनके अनुकूल गति, संकेत, उठना-बैठना, सारे व्यंग्य को इतना तीखा कर गए कि थोड़ी देर के लिए मोहन राकेश की भावुकता और रोमांटिक दृष्टि बहुत पीछे छूट गई। शम्भु तरफदार ने भी मातुल की झल्लाहट, अवसरवादी मनोवृत्ति, चाटुकारिता और अंत में एक टूटन को बड़ी अच्छी तरह अभिनीत किया।···कंचन पाण्डे के लिए एक वृद्धा का अभिनय आसान नहीं था—उन्हें उसकी कठोरता तो समझ आती थी लेकिन रह-रहकर अम्बिका की

पीड़ा और ममता को महसूस कर पाना उन्हें रिहर्सल में बड़ा मुश्किल लगता था लेकिन उन्होंने अंत में इसमें सफलता पाई। प्रतिभा दिखाने का अवसर और भी था लेकिन दर्शकों में उनका और अजित कुमार विश्वास (विलोम) का अभिनय बहुत सराहा गया।"[95] पार्श्व-कर्म की दृष्टि से नाटक की दृश्य-बंध-परिकल्पना (अशोक श्रीवास्तव), प्रकाश-व्यवस्था और ध्वनि-संयोजन (पन्ना लाल जायसवाल), रूप सज्जा एवं वेशभूषा (गिरीश रस्तोगी तथा संत कुमार) में आलेख की मूल भावना के अनुकूल ऐतिहासिकता और समकालीनता की दोहरी और कठिन अपेक्षाओं को पूरा करने की सार्थक कोशिश स्पष्ट दिखाई देती थी। कुछ प्रबुद्ध प्रेक्षकों-समीक्षकों को इसमें शैलीगत असंगति दिखाई दी। प्रस्तुति पर आयोजित एक परिसम्वाद में इस आक्षेप का उत्तर देते हुए निर्देशिका ने स्पष्ट किया कि, "यह शैली का अंतर नहीं दरअसल, दो वर्गों, पक्षों—सामान्य ग्रामीणजन और चतुर नागर सत्ता—का अंतर है। रूप-सज्जा आदि भी इसीलिए दो स्तरों पर है। वस्तुतः मोहन राकेश के इस एक नाटक में प्रयोग की बड़ी सम्भावनाएँ हैं, जिन्हें आधुनिक अर्थों में ही पकड़ा जा सकता है।"[96] वर्षों बाद उस अनुभव का स्मरण करते हुए निर्देशिका ने भी स्वीकार किया कि, प्रमुख पात्रों के अभिनय की अपेक्षा, "उसकी संवेदना और बिम्बात्मकता ने सबको प्रभावित किया था। मेरी दृष्टि में इस प्रस्तुति में दृश्य-बंध और मंच-प्रभाव वातावरण श्रेष्ठ बन पड़ा था।"[97] एक अन्य समीक्षक के अनुसार, "प्रस्तुति की कुछ सीमाओं के बावजूद इस नाटक के मर्म ने दर्शकों को सीधे प्रभावित किया। नाटक का समूचा दृश्य-विधान और सभी प्रभाव-संकेत दर्शकों को नाटक की केंद्रीय समस्या से, वक्तव्य और मर्म से जोड़ रहे थे।"[98] निश्चय ही 'रूपांतर' के इस प्रस्तुतिकरण ने अपनी कुछेक कमियों-कमजोरियों के बावजूद प्रेक्षकों को उद्वेलित करने में सफलता प्राप्त की और यह मंचन प्रयोगशील निर्देशन की दृष्टि से एक उल्लेखनीय रचना सिद्ध हुआ।

11. अभिनेत (चण्डीगढ़) : नवीनचंद ठाकुर

यह एक उल्लेखनीय तथ्य है कि चण्डीगढ़ की गम्भीर एवं कलात्मक नाटकों के लिए आज की प्रसिद्ध नाट्य-संस्था 'अभिनेत' का जन्म अगस्त, 1974 में प्रो० एन० सी० ठाकुर निर्देशित मोहन राकेश के नाटक 'आषाढ़ का एक दिन' की प्रस्तुति के साथ ही हुआ था। निर्देशक के अनुसार, "हिन्दी के चुने हुए प्रथम कोटि के नाटकों में से यह एक महत्त्वपूर्ण नाटक है।" और "निरंतर नाटकीय तनाव को बनाए रखने में लेखक सफल हुआ है—यह इसकी सबसे बड़ी शक्ति है।"[99] अपनी प्रस्तुति में प्रो० ठाकुर ने इस 'नाट्यात्मक तनाव' और नाटककार द्वारा आलेख में प्रस्तुत रंगों, दृश्यों और पात्रों के नाटकीय वैषम्य पर अधिक

बल दिया। नाटककार के मंतव्य को रेखांकित करने के उद्देश्य से निर्देशक ने सम्वादों के माध्यम से गतियों और क्रियाओं के व्यापार को सम्यक् संगति प्रदान की। निर्देशन को अभिनय पर हावी नहीं होने दिया।[100] यही कारण है कि प्रदर्शन में कालिदास, मल्लिका, विलोम और अम्बिका की प्रमुख भूमिकाओं में क्रमशः हरीश भाटिया, उषा शर्मा, अतुलवीर अरोड़ा तथा शीला राय ने ही नहीं मातुल, दंतुल, निक्षेप और प्रियंगुमंजरी की पूरक भूमिकाओं में भुवनेश्वर प्रसाद सिन्हा, राकेश शर्मा, विकास नंदा और अंजु अरोड़ा ने भी खुलकर अभिनय किया। आलेख को सुगठित एवं चुस्त बनाने के उद्देश्य के साथ-साथ अच्छे अभिनेताओं की कमी के कारण अनुस्वार तथा अनुनासिक की भूमिका काट दी गई। रंगिणी एवं संगिनी के रूप में चेतना और आलोका ने हास्य-व्यंग्य की कमी को पूरा करके दर्शकों का अच्छा मनोरंजन किया।

'इंदिरा हौली डे होम' के सभाभवन में । और 2 अगस्त, 1974 को प्रस्तुत इस नाटक की सांकेतिक मंच-परिकल्पना ठाकुर नवीनचंद, पल्लव मुखर्जी एवं दयाल ने की। प्रकाश-व्यवस्था और ध्वनि-प्रभाव-योजना भारत भूषण की थी। वेशभूषा तथा रूप-विन्यास राजकुमार एवं के० पी० सिन्हा ने संयुक्त रूप से किया। मंच-व्यवस्था वीरेंद्र मेंहदीरत्ता की थी।

प्रो० एन० सी० ठाकुर ने इस प्रस्तुति में यह बताने का प्रयत्न किया कि वर्षा व्यक्ति के मन-प्राणों का कलुष धो देती है; इसीलिए जब भी कोई व्यक्ति वर्षा में भीग कर आता है—मल्लिका, मातुल, कालिदास या विलोम --वह आतमस्वीकार करता है, सच बोलता है।[101] नाटकीय-तनाव, संयोजन और रंगों का वैषम्य --इस प्रस्तुति की उल्लेखनीय विशेषताएँ रहीं। इसके दो प्रदर्शन हुए जिन्हें नगर के लगभग चार सौ प्रबुद्ध प्रेक्षकों ने देखा और सराहा। इस प्रस्तुति को लेकर निर्देशक की गम्भीरता, वैचारिकता, संलग्नता और मौलिकता का कुछ अनुमान इस बात से भी लगाया जा सकता है कि इसी से प्रेरित होकर उन्हें 'आषाढ़ का एक दिन' को लेकर एक पूरी और महत्त्वपूर्ण पुस्तक लिखने की जरूरत महसूस हुई।

12. द ड्रैमेटिक्स क्लब आई० आई० टी० (दिल्ली) : सुधा शिवपुरी

यद्यपि इंडियन इंस्टीच्यूट आफ टेक्नोलॉजी, दिल्ली का ड्रैमेटिक्स क्लब अपनी रंग-गतिविधियों में पर्याप्त सक्रिय रहा है और उसने एम० के० रैना तथा बी० एम० शाह जैसे ख्याति प्राप्त निर्देशकों के साथ 'खामोश ! अदालत जारी है', 'बाकी इतिहास', 'अलगोजा' और 'त्रिशंकु' इत्यादि नाटकों के चर्चित मंचन भी किए। परंतु श्रीमती सुधा शिवपुरी के निर्देशन में तैयार की गई 'आषाढ़ का एक दिन' की प्रस्तुति इतनी प्रभावशाली रही कि संस्था ने अपने इतिहास में पहली

बार इंस्टीच्यूट के परिसर से बाहर निकल कर 29 और 30 अगस्त, 1974 का गाँधी मैमोरियल हाल में इस नाटक के दो सार्वजनिक प्रदर्शन करने का फैसला किया। इस नाटक के चुनाव और प्रस्तुतीकरण का प्रमुख कारण यह था कि, "स्त्री का एकाकीपन और प्रेम की अतृप्त कामना—सभी कालों और सभी संस्कृतियों में—कला-सृजन का सर्वश्रेष्ठ विषय रहा है।·· भावों की तीव्रता ऐतिहासिक काल-क्रम के अवरोधों का उच्छेदन करके आधुनिक दर्शक के मन को उत्तेजित करने की क्षमता रखती है।"[102] और 'आषाढ़ का एक दिन' इसी कोटि का श्रेष्ठ नाटक है। निर्देशिका की व्याख्या और परिकल्पना के अनुरूप मल्लिका को केवल अपनी रचनात्मकता का उपादान समझ कर प्रियंगुमंजरी से विवाह कर लेने वाले अवसरवादी आत्मकेंद्रित कालिदास के चरित्र को प्रस्तुत करने में वेद गुप्ता तथा किसी भी मूल्य पर मल्लिका को हथिया लेने वाले कामुक और लम्पट विलोम को अभिनीत करने में पुरुषोत्तम दास तथा मल्लिका के रूप में इन दोनों के बीच लगातार टूटते जाने वाली एकाकी नारी की वेदना एवं त्रासदी को मंच पर साकार करने में शशिनंदा ने अपनी अभिनय प्रतिभा का अच्छा परिचय दिया। सब कुछ समझने-बूझने के बावजूद कुछ न कर पाने वाली अभिशप्त माँ अम्बिका के रूप में रीता मित्रा का अभिनय भी सराहनीय रहा। मातुल, दंतुल, निक्षेप, अनुस्वार, अनुनासिक और प्रियंगुमंजरी की सहायक भूमिकाओं में क्रमशः मंसूर सिद्दीकी, सुधीर शर्मा, हेमकांत जोशी, अतुल बहल, राजीव मदान तथा रश्मि माहेश्वरी ने भी भरसक सहयोग दिया। दृश्य-बंध परिकल्पना राजीव चोपड़ा तथा कुलदीप शास्त्री की थी और आलोक-व्यवस्था ए० ए० हटंगड़ी की। रूप-विन्यास योगेश्वर कुमार ने किया था और ध्वनि-प्रभाव कुलदीप शास्त्री के थें। निर्देशिका सुधा शिवपुरी स्वयं इब्राहिम अल्काज़ी और ओम शिवपुरी निर्देशित इसी नाटक की दो महत्त्वपूर्ण प्रस्तुतियों में अभिनय कर चुकी थीं, परंतु इस प्रस्तुति में उन्होंने आलेख में निहित कलाकार की सृजनात्मकता और राज्य से उसके सम्बन्धों की महत्त्वपूर्ण समस्या की उपेक्षा करके उसे केवल मल्लिका की पीड़ा और स्त्री-पुरुष सम्बन्धों की त्रासद नियति का एकांगी नाटक ही बना दिया। जटिल चरित्रों का सरलीकरण किया तथा नाटक की सम्पादन-प्रक्रिया में रंगिणी-संगिनी प्रसंग काट दिया गया। समग्रतः प्रस्तुति रोचक रही और प्रदर्शन में भावुकता एवं काव्यात्मकता का रेखांकन विशेष रूप से हुआ।

13. दर्पण (लखनऊ) : उर्मिल कुमार थपलियाल

गम्भीर एवं सार्थक रंगकर्म के उद्देश्य से गठित विभिन्न नगरों में कार्यरत नाट्य-संस्था 'दर्पण' की लखनऊ शाखा का वहाँ के रंगमंच में एक विशिष्ट और महत्त्व-

पूर्ण स्थान है। विमल बनर्जी, स्वदेश बंधु, रामगोविंद, मायागोविंद, शोमना, ब० व० कारंथ, बलराज पंडित इत्यादि के कलात्मक रंगकर्म की परम्परा को आगे बढ़ाते हुए अब कुशल अभिनेता तथा कल्पनाशील निर्देशक उर्मिल कुमार थपलियाल इसके आधार-स्तम्भ बन गए हैं। इन्हीं के निर्देशन में 'आषाढ़ का एक दिन' जैसे ख्याति प्राप्त और बहुमंचित नाटक को 'दर्पण' की ओर से लखनऊ के रवीन्द्रालय प्रेक्षागृह में 14, 15 और 18 अक्तूबर, 1974 को प्रस्तुत किया गया, जिसे कुल मिलाकर लगभग 2500 प्रबुद्ध दर्शकों ने देखा और सराहा। इसकी सफलता का अनुमान इस बात से लगाया जा सकता है कि पहले प्रेक्षागृह दो दिन के लिए बुक किया गया था। यह लखनऊ-रंगमंच का वह समय था जब गम्भीर नाटक के ढाई-तीन सौ के टिकिट बिक जाएँ तो लोग मिठाई बाँटते थे। अतः जब 'दर्पण' के रंगकर्मियों को यह पता चला कि 'आषाढ़...' के तेइस सौ रुपए के टिकिट बिक गए हैं (जो कि रवीन्द्रालय के प्रबंधक श्री टंडन के अनुसार एक कीर्तिमान था) तो एक और 'शो' करने का निर्णय लिया गया। परंतु 16 और 17 तारीख के लिए हाल पहले से बुक था। इसलिए 15 की रात दृश्य-बंध को तोड़कर 18 की शाम उसे फिर से लगाया गया और इस नाटक का तीसरा शो दर्शकों के सामने पूरे उत्साह और समर्पण के साथ प्रस्तुत हुआ।

इस नाटक को करने की प्रेरणा और इसके चुनाव के कारणों की चर्चा करते हुए उर्मिल कुमार थपलियाल ने बताया कि " 'दर्पण' ने राकेश का कोई नाटक नहीं किया था। साहित्य का विद्यार्थी होने के नाते मैं राकेश की कहानियाँ पढ़ता ही रहा था। राकेश जी से परिचय तो नहीं था, किंतु...एक अजीब-सी भावुकता थी। 'आषाढ़' पहले कभी पढ़ा था। इस बार, शोमना में मल्लिका को पाते ही, मंचन की इच्छा बलवती हो गई। कुछ उस समय 'सारिका' में श्रीमती अनीता राकेश के संस्मरणों ने भी राकेश जी के प्रति बहुत भावुक बना दिया था।" और शायद यह इस अतिरिक्त भावुकता का ही परिणाम था कि उर्मिल कुमार थपलियाल का यह पहला और अब तक का अंतिम नाटक है, जिसके मूल नाट्यालेख में कोई परिवर्तन नहीं किया गया। निर्देशक के अनुसार, "मेरी रचनात्मकता मूल आलेख में संशोधन व परिवर्तन करने में नहीं, बल्कि लिखे हुए को अपना निजी कोण देकर कहने में ज्यादा काम आई।" भावुक, आस्थावान और प्रेरणा-रूप प्रेयसी मल्लिका के रूप में शोभना अग्रवाल तथा दुःखी, जिम्मेदार, अनुभवी और व्यावहारिक अम्बिका की भूमिका में नीरजा गुप्ता ने अपने अभिनय कौशल से नाटककार, निर्देशक और दर्शक की अपेक्षाओं से पूर्णतः न्याय किया। नाटक की मूल भावना और केंद्रीय चरित्रों की व्याख्या की दृष्टि से निर्देशक का कथन है कि "मुझे राकेश का कालिदास, हर युग का वह बुद्धि-

जीवी लगा जो सत्ता से सम्बद्ध हो जाता है। आत्मपीड़ा और कायरता जिसका गुण है और जो कहीं न कहीं किसी न किसी स्तर पर परजीवी होता है। उसके सामने मुझे विलोम कहीं अधिक सच्चा, ईमानदार और स्वाभाविक इंसान लगा। विलोम को यदि मल्लिका का प्यार और राज्याश्रय का अवसर मिल जाता तो शायद वह भी कालिदास बन जाता। मगर ऐसा न पाकर भी विलोम, सही अर्थों में कालिदास का विलोम (उल्टा) है। मेरा प्रयत्न ये रहा कि मैं कालिदास को 'एक्सपोज़' कर दूं और विलोम को प्रतिष्ठित। मल्लिका यदि विलोम को नहीं कालिदास को प्रेम करती थी तो इसमें विलोम का कोई अपराध नहीं था। वह प्रेक्टीकल-पुरुष था। वह हारा नहीं और मल्लिका को लेकर रहा···जबकि अवसरवादी कालिदास, अपनी मूल प्रेरणा को ही भूल गया। कालिदास का यह कपटी व्यवहार आज भी कायम है। हर बुद्धिजीवी के साथ जो शायद राज्याश्रय की इच्छा में है।" कालिदास और विलोम के इस गहरे अंतर्सम्बन्ध और निकटता को दर्शकों तक प्रत्यक्षतः पहुँचाने के लिए कालिदास और विलोम की वेशभूषा तथा कदकाठी को समान रखा गया जिससे प्रेक्षकों में कालिदास में विलोम और विलोम में कालिदास के होने का भ्रम आद्यन्त बना रहे। निर्देशक की इस व्याख्या को बिना आलेख में परिवर्तन किये प्रस्तुत करना कठिन था, परंतु विमल बैनर्जी (कालिदास) तथा प्रयाग वर्मा (विलोम) ने इसे मंच पर साकार करने का भरसक एवं सराहनीय प्रयत्न किया। यह अलग बात है कि निर्देशक एवं अभिनेताओं का यह प्रयत्न राकेश की मूल-परिकल्पना और प्रत्यक्ष व्याख्या से कितना हट कर और अलग सिद्ध हुआ ? परंतु समकालीन रंगमंच पर निर्देशक का इतना अधिकार तो अब सर्वमान्य और स्वीकृत हो ही गया है। सम्भवतः कालिदास की इस व्याख्या और रचनाकार के इस अवसरवादी कायर रूप को देखकर ही इस नाटक के लखनऊ में हुए एक पहले मंचन के बीच से उत्तर प्रदेश के तत्कालीन मुख्यमंत्री डॉ० सम्पूर्णानंद तथा इस मंचन से सुप्रसिद्ध साहित्यकार श्री अमृतलाल नागर उठकर चले गये। निर्देशक उर्मिल कुमार थपलियाल ने इस 'वाक आउट' को इन शब्दों में व्याख्यायिक किया, "दरअसल कालिदास और डॉ० सम्पूर्णानंद व अमृतलाल नागर में एक चीज कॉमन है—सत्ता से सम्बन्ध (उन दिनों नागर जी हिन्दी संस्थान के अध्यक्ष बनाये गये थे। सरकारी सुविधाएँ उन्हें हासिल थीं) कालिदास ने भी राज्याश्रय स्वीकारा और इन दोनों महानुभावों ने भी। कश्मीर का राज्यपाल कालिदास प्रकारांतर में डॉ० सम्पूर्णानंद बनकर मुख्यमंत्री और फिर नागर बनकर हिंदी संस्थान का अध्यक्ष बन जाये तो क्या अंतर है। राकेश ने कालिदास को जो आकार दिया उसे यदि काश्मीर के राज्यपाल पद पर आसीन कालिदास स्वयं देखते तो शायद वो भी 'वाकआउट' कर जाते।" मेरे विचार से यह प्रतिक्रिया शायद निर्देशकों

की विशिष्ट व्याख्या के कारण ही हुई होगी; क्योंकि यदि आलेख में ही स्पष्टतः ऐसा कुछ होता तो फिर सर्वत्र या अधिकतर प्रदर्शनों में ऐसी प्रतिक्रिया होनी चाहिए थी—जबकि इस प्रकार की दुर्घटना का कोई अन्य महत्त्वपूर्ण उल्लेख उपलब्ध नहीं है।

जहाँ तक 'ट्रीटमेंट' का प्रश्न है, स्वयं थपलियाल के शब्दों में, "आषाढ़ का एक दिन' के लिए निर्देशक का कवि होना आवश्यक है—क्योंकि राकेश भी 'आषाढ़...' से अच्छी 'कविता' नहीं लिख सके।" अतः इस मंचन में आलेख के कवित्व, भाव-प्रवणता एवं करुण-कोमल सम्वेदन-शीलता का उभर आना स्वाभाविक ही था; परंतु इस प्रस्तुति की एक खास बात और शक्ति यह थी कि इन विशेषताओं के साथ-साथ चरित्रों एवं स्थितियों की विडम्बना और समकालीन संदर्भों का व्यंग्य भी पूरी गहराई और तीक्ष्णता से सम्प्रेषित हुआ। इस कठिन कार्य को सम्पन्न करने में प्रमुख कलाकारों के साथ-साथ विजय वास्तव (मातुल), विष्णुदत्त गौड़ (दंतुल), सुरेंद्र बहोरे (निक्षेप), कल्पना अग्रवाल (प्रियंगुमंजरी), वीरेंद्र शर्मा (अनुस्वार), राकेश निगम (अनुनासिक), सीता कौशल (रंगिणी) तथा वासवी उप्रेती (संगिनी) ने भी भरपूर सहयोग दिया।

दृश्य-बंध परिकल्पना निर्देशक की थी और मंच-प्रबंधक थे—नंद कुमार। आलेख के अनुरूप ही मल्लिका की मानसिकता के प्रतीक रूप में 'सेट' का रंग-रूप भी प्रत्येक अंक के साथ बदला गया। प्रथम अंक की सुघड़ सुरुचि सम्पूर्णता अंतिम अंक तक आते-आते एक सूनेपन और खालीपन में तब्दील हो जाती है—केवल ढाँचा मात्र—कोई रंगीनी और समृद्धि नहीं। निर्देशक ने "मंच-सज्जा को भी पात्रीय तेवर देने का प्रयत्न किया।" जिसे पीर गुलाम की कल्पनाशील प्रकाश-व्यवस्था ने और भी प्रभावशाली बना दिया। देशकाल एवं परिवेश के अनुरूप वेशभूषा तथा रूप-विन्यास का दायित्व सुमन गुप्ता और विजय चटर्जी ने सँभाला। ध्वनि-प्रभाव एवं संगीत का चयन भी उर्मिल कुमार थपलियाल ने ही किया। अमीर खाँ साहेब के गायन के साथ मेघगर्जन का ध्वनि-प्रभाव शामिल करके आरम्भिक संगीत तैयार किया गया। संगीत में अप्रचलित अथवा कम प्रचलित रागों का प्रयोग किया गया—जैसे, प्रातःकाल के लिए राग बैरागी। अनुस्वार और अनुनासिक के प्रसंग को शैलीबद्ध अभिनय और जनाब अहमद खाँ थिरकवा के तबले से सम्बद्ध करके जीवंत बनाया गया। अंतिम दृश्य को नाटकीय मौन से मुखर किया गया। बच्चे के रोने की आवाज कालिदास के जाने के बाद दरवाजे पर ठिठकी खड़ी मल्लिका की सिसकियों से टूटती यह गहन खामोशी काफी असरदार सिद्ध हुई। दृश्य को ढँकते अंधकार के साथ करुण संगीत का प्रभाव नाटक की मूल त्रासदी को रेखांकित करने में विशेष सहायक सिद्ध हुआ। संगीत-संचालन प्रभात अग्रवाल ने किया था। कुल मिला-

कर, 'आषाढ़ का एक दिन' की यह प्रस्तुति इतनी प्रभावशाली थी कि निर्देशक को अब भी ऐसा विश्वास है कि, "मैं आज भी अपने उस मंचन से बेहतर 'प्रोडक्शन' रिपीट नहीं कर सकता।" और सम्भवतः यही कारण है कि इस प्रस्तुति का महत्त्व न केवल 'दर्पण' और उर्मिल कुमार थपलियाल बल्कि सम्पूर्ण लखनऊ रंगमंच के लिए भी उल्लेखनीय है।[103]

14. सेवा मंदिर (उदयपुर) : भानु भारती

सेवा मंदिर, उदयपुर की ओर से भानु भारती के निर्देशन में 1975 में आयोजित एक नाट्य-कर्मशाला (वर्कशाप) में 'आषाढ़ का एक दिन' की प्रस्तुति हुई। निर्देशक ने विद्या भवन के खेतों और खुले आकाश में मंच और दृश्य-बंध का निर्माण किया। आषाढ़ का महीना, पीछे पहाड़ियाँ, चोटी पर मंदिर और उसकी घंटा ध्वनि, नीचे गाँव, आकाश में छाए बादल और रह-रह कर कौंधती-चमकती हुई बिजली—अर्थात् राकेश के भावनामय नाटक की अत्यन्त स्वाभाविक और पूर्णतः यथार्थवादी पृष्ठभूमि। भानु भारती ने अपनी प्रस्तुति में कालिदास के बजाय माल्लिका और विलोम को केन्द्र में रखने का प्रयत्न किया। निर्देशक के अनुसार, "'आषाढ़ का एक दिन' मेरे लिए मुख्यतः मल्लिका की वेदना और त्रासदी का नाटक है। उसके लिए तो कालिदास और विलोम दोनों ही अधूरे और पीड़ादायक हैं।" मल्लिका के इस रूप को मंच पर साकार करने में चन्द्रलेखा शर्मा काफी हद तक सफल रहीं और कवि एवं राजनीतिज्ञ के दोहरे दायित्वों के बीच पिसते-टूटते हुए कालिदास की भूमिका शिरीष शर्मा ने निभाई। कय्यूम अली बोहरा द्वारा अभिनीत विलोम का चरित्र इस प्रस्तुति की एक व्याख्यागत उपलब्धि रहा। स्वयं भानु भारती के शब्दों में, "विलोम को प्रायः लोगों ने विलेन, असंवेदनशील और कटु दिखाया है। मेरा विलोम पूर्णतः मनुष्य है—संवेदनशील और समझदार मनुष्य। वह मल्लिका से प्रेम करता है, उसे समझता है और कालिदास का भी हितचिंतक है। वह कटु और ईर्ष्यालु नहीं है।"[104] सम्भवतः यही कारण है कि इस प्रदर्शन का विलोम तीसरे अंक में शराब पीने के बावजूद एक पियक्कड़ की तरह लड़खड़ाता नहीं है। वह नशे में धुत होकर नाली में नहीं गिरता। तीसरे अंक में घर लौटने पर कालिदास को देखकर, वह वस्तुस्थिति को भली-भाँति समझता है। उसे मल्लिका से पूरी सहानुभूति है—वह हर हाल में उसे चाहता है और इसीलिए जानबूझकर मल्लिका की खुशी के लिए उन्हें अकेला छोड़कर चला जाता है। अनुस्वार-अनुनासिक तथा रंगिणी-संगिनी प्रसंग हास्योत्पादन एवं नाटक के गंभीर-करुण वातावरण को थोड़ी देर के लिए हल्का करने में सहायक सिद्ध हुआ। मातुल, निक्षेप और दंतुल की पूरक भूमिकाएँ क्रमशः शैल चोयल, के० पी० सिंह तथा रिज़वान ज़हीर उस्मान ने

निभाई। परिधान-परिकल्पना किरण गुंडिया की थी और रूप-विन्यास था जानवे का। भानु भारती के ध्वनि-प्रभावों तथा सुब्बाराव की प्रकाश-परिकल्पना ने प्रस्तुति को जीवंत बनाने में महत्त्वपूर्ण योगदान दिया। आलेख का सम्पादन नहीं किया गया और कर्मशाला-प्रस्तुति होने के बावजूद इसमें राकेश की स्पंदनशील भाषा की संवेदनशीलता को बरकरार रखने का सराहनीय प्रयास किया गया।

15. यौवन (दिल्ली) : बृज मोहन शाह

दिल्ली के कुछ उत्साही रंग-प्रेमी छात्र-छात्राओं ने अक्टूबर-नवम्बर, 1975 में 'यौवन' नामक नाट्य-संस्था के अंतर्गत किसी सार्थक एवं श्रेष्ठ आधुनिक भारतीय नाटक को हिंदी में करने की योजना बनाई। वह विजय तेंदुलकर, मोहन राकेश और बादल सरकार के कुछ बहुचर्चित नाटक लेकर निर्देशक बृज मोहन शाह के पास गए और उनसे सही नाटक के चुनाव तथा निर्देशन में सहायता करने की प्रार्थना की। कलाकारों के आयु-वर्ग को देखते हुए निर्देशक ने 'आषाढ़ का एक दिन' करने का फैसला किया। मल्लिका, कालिदास, अम्बिका, विलोम और मातुल की प्रमुख भूमिकाओं में क्रमश: किरण जुनेजा, देवप्रिय केजरीवाल, एल० सक्सेना, एम० भसीन तथा एस० तलवार ने अभिनय किया और प्रियंगुमंजरी, दंतुल, निक्षेप, रंगिणी-संगिनी, अनुनासिक एवं अनुस्वार की शेष भूमिकाएँ क्रमश: पी० कौशल, डी० तलवार, उमेश मल्ला, एम० चोपड़ा, मिस बत्रा, एस० हांडा तथा आर० औपलिश ने निभाईं। युवा कलाकारों के लिए यह एक प्रकार का प्रारम्भिक रंग-प्रशिक्षण था और स्वभावत: प्रदर्शन वर्कशाप-प्रस्तुति के स्तर का ही था। बाँस की खप्पचियों और चटाइयों वगैरह से बना खुले कमरे और आँगन का आभास देता दृश्य-बंध स्वयं बी० एम० शाह ने ही बनाया था—जिसके पश्चिम में मलमल के पर्दे से ढकी एक खिड़की की व्यवस्था थी। समुचित आलोक एवं ध्वनि प्रभावों के द्वारा बादल, वर्षा और बिजली का वातावरण बनाया गया। निर्देशक के अनुसार, "खिड़की सप्रयोजन रखी गई थी। भीतर घुटन और बाहर घुमड़न दिखाने के लिए। पश्चिम में रखने का उद्देश्य यह संकेत देना था कि उन्हें रोशनी मिलेगी भी तो डूबते हुए सूरज की ही—आशा के विरुद्ध आशा।" आलेख के तीसरे अंक को सम्पादित किया गया क्योंकि वहाँ, "एक्टर के लिए मुश्किल हो जाता है, ड्रामा कम है और काटने से विशेष अंतर नहीं पड़ता। वहाँ कही गई ज्यादातर बातें निक्षेप पहले ही कह चुका है।" व्याख्या के स्तर पर इस प्रस्तुति की प्रमुख विशेषता अम्बिका और मल्लिका को एक खास कोण से देखते हुए एक त्रासदी की पुनरावृत्ति को प्रस्तुत करना था। निर्देशक के शब्दों में, "अम्बिका के जीवन-अनुभव भी शायद मल्लिका जैसे ही रहे हैं, तभी वह बेटी के वर्तमान और भविष्य को इतनी गहराई से विश्लेषित करके

उसकी नियति को दूर तक देख पाती है। संभवत: उसकी अपनी जीवन-यात्रा भी किसी कालिदास और विलोम से होकर गुजरी है—नहीं तो, नाटक में मल्लिका के पिता का कोई उल्लेख कहीं भी क्यों नहीं है ?"[105] स्पष्टत: इस प्रस्तुति में किन्हीं विशिष्ट आर्थिक-सामाजिक परिस्थितियों के बीच एक परिवार की त्रासदी को दो पीढ़ियों और दो स्तरों पर दिखाने का प्रयत्न किया गया। कुल-मिलाकर, यह स्कूल-कालेज के उत्साही छात्रों की एक संतोषजनक प्रस्तुति थी, जिसे 'यौवन' ने श्रीराम कला केंद्र के प्रेक्षागृह में प्रदर्शित किया।

16. कला संगम (पटना) : सतीश आनन्द

बिहार रंगान्दोलन के अग्रणी रंगकर्मी सतीश आनंद के निर्देशन में पटना की सक्रिय एवं सुप्रसिद्ध नाट्य संस्था 'कला संगम' ने 'आषाढ़ का एक दिन' को 1975, 1976 तथा 1978 में तीन बार प्रस्तुत किया। स्वयं संस्था के मतानुसार, 'इसमें दो राय नहीं कि इसके सर्वश्रेष्ठ प्रदर्शन द्वारा कला-संगम ने अपनी पिछली तमाम सफल प्रस्तुतियों को काफी पीछे छोड़ दिया।'[106]

मोहन राकेश की स्मृति में 13, 14, 18, 19 और 20 दिसम्बर, 1975 को सायं 6 बजे इंडियन मेडिकल एसोसियेशन हाल, पटना में प्रदर्शित 'आषाढ़ का एक दिन' की इस प्रशंसित प्रस्तुति में, एक स्थानीय पत्र के नाट्य-समीक्षक के अनुसार, मल्लिका की भूमिका में 'सुश्री विनीता सिंह का मंच मुक्त अभिनय सहज ही आकर्षक था। अपने सुंदर अभिनय से आपने दर्शकों पर अमिट छाप छोड़ दी। कालिदास की भूमिका में निर्देशक श्री सतीश आनंद स्वयं थे। कालिदास के चरित्र को उजागर करने में आप काफी सफल रहे। आपके सुंदर अभिनय से कालिदास का चरित्रांकन सजीव हो गया। संवादों के प्रस्तुतीकरण का ढंग भी सुंदर था। राजपुरुष दंतुल का संक्षिप्त अभिनय श्री अरुण कुमार मिश्र ने काफी कुशलता से किया।···मातुल की भूमिका में बसंत जी कोई प्रभाव न जमा सके। फिर भी जिस शीघ्रता से तीन-चार दिनों के अंदर ही उक्त भूमिका के लिए बसंत जी ने अपने को तैयार किया--यह जरूर ही प्रशंसनीय है। बिहार के उभरते हुए अभिनेता श्री चंद्रेश्वर तिवारी ने, जो दो-तीन फिल्मों में भी काम कर चुके हैं, निक्षेप की भूमिका कुशलता से निभाई। विलोम के खलनायकी चरित्र को उभारने में सुमन कुमार काफी सफल रहे। राजमहिषी प्रियंगुमंजरी की भूमिका में सुश्री वंदना शर्मा भी अच्छी रहीं। संवादों के अनुरूप अभिव्यक्ति न होना कहीं-कहीं खलता था। श्री पंकज खरबंदा अनुस्वार की भूमिका में अपनी अभिनय कुशलता का परिचय देने में पूरी तरह कामयाबी हासिल न कर सके फिर भी आपने अपनी ओर से पूरी कोशिश की। अनुनासिक की भूमिका में के० विजय अच्छे रहे। आपके अभिनय

में स्वाभाविकता सहज ही आकर्षक थी।' और नेपथ्य-कर्म की आलोचना करते हुए उक्त समीक्षक ने लिखा कि, 'श्री सतीश आनंद एवं श्याम शर्मा के संयुक्त प्रयास से बना सेट डिजाइन उक्त दोनों कलाकारों की कला कुशलता का परिचायक था। सेट के निर्माण एवं मेकअप में महावीर सिंह आजाद उल्लेखनीय रहे। पंकज खरबंदा का संगीत बिलकुल बकवास—कुछ न था। प्रकाश की व्यवस्था में प्रदीप घोष का कार्य सराहनीय रहा। बरखा के दृश्य काफी सुंदर थे जो मात्र प्रकाश की व्यवस्था के ही कारण सुंदर लग रहे थे।'[107] इस प्रदर्शन में निर्देशकीय दृष्टि की गंभीरता एवं समग्र-प्रभाव की प्रशंसा एक अंग्रेजी पत्र के रंग-समीक्षक ने भी की।[108]

इस प्रस्तुति में दृश्य-बंध-परिकल्पना काफी हद तक आलेख के निर्देश के अनुरूप ही थी। प्लाईवुड से घेर कर आँगन की दीवारें बनाई गईं। बीच में बाहर आने-जाने का दरवाजा, एक तरफ भीतर का कमरा, दूसरी ओर खिड़की, अलगनी, कुम्भ, दीवट आदि नाटककार के निर्देश के अनुसार ही थे। बैठने के लिए मोढ़े का इस्तेमाल किया गया। प्रकाश और गति-संयोजन आलेखाश्रित और असरदार थे। संगीत में वायलिन का टेपांकित प्रभाव कोई विशिष्ट भूमिका नहीं निभा सका। संपादन में रंगिणी-संगिनी प्रसंग काट दिया गया था। वेश-भूषा में पुरुषों ने धोती और मिरजई का प्रयोग कि ा। प्रस्तुति-प्रभाय के स्तर पर दर्शकों की सहानुभूति पूरी तरह मल्लिका को ही मिली परंतु अंतिम दृश्य में कालिदास अपने लंबे काव्यात्मक एकालाप के बाद दर्शकों की संवेदना बटोरने में सफल हो गया। समग्रतः प्रदर्शन दिलचस्प और असरदार था।[109]

प्रदर्शन के बाद 21 दिसम्बर को प्रस्तुति के संबंध में विचार-विमर्श करने के उद्देश्य से एक संगोष्ठी का भी आयोजन किया गया। इसमें पटना विश्व-विद्यालय के हिंदी विभाग के प्राध्यापक डॉ॰ राम बचन राय ने कहा, "आषाढ़ का एक दिन' में कालिदास की अभिव्यक्ति पूर्ण-रूपेण हो जाएगी—इसमें मुझे संदेह था। परंतु प्रदर्शन को देखने से यह आशंका निर्मूल सिद्ध हुई।" श्री सूर्य नारायण चौधरी के अनुसार, "नाटक में नारी का पक्ष सबल है और नायिका के पक्ष में ही इस नाटक की सफलता जाती है।" स्वयं निर्देशक की राय में, "इसमें कालिदास वास्तविक की अपेक्षा काल्पनिक अधिक हो गया है।" अंततः लगभग सभी विद्वान-कलाकार इस बात पर सहमत थे कि 'कला संगम' की यह प्रस्तुति एक सफल प्रदर्शन सिद्ध हुई।

इसी प्रस्तुति के दो और प्रदर्शन **9-10 जनवरी, 1976** को भी हुए, जिनकी समीक्षा करते हुए नगर के एक समाचार-पत्र समीक्षक ने प्रदर्शन के निर्धारित समय से करीब 45 मिनिट बाद आरम्भ करने तथा 'दो सीनों के बीच का अंत-राल' काफी ज्यादा समय तक बनाए रखने की शिकायत करते हुए तटस्थ भाव

से लिखा, "मल्लिका की भूमिका में विनीता सिंह की भूमिका काफी सराहनीय थी। उसके द्वारा बोले गए सम्वाद स्पष्ट एवं कर्णप्रिय थे। निर्देशन का स्तर भी अच्छा था, यद्यपि कुछ स्थानों पर नाटक की गति कुछ धीमी तथा बोझिल हो उठती थी।"[110]

बावजूद कुछ छुटपुट असावधानियों और कमजोरियों के दोनों दिन इंडियन मेडिकल एसोसियेशन भवन की दर्शक दीर्घा का बिल्कुल भरा होना किसी भी कलाप्रेमी के लिए निश्चय ही उत्साह, संतोष एवं प्रसन्नता का विषय तो था ही। इन तमाम समीक्षाओं के संदर्भ में, रा० ना० वि० दिल्ली के स्नातक तथा पटना के सक्रिय रंगकर्मी प्यारे मोहन सहाय की यह प्रतिक्रिया आश्चर्यचकित करने वाली है, "सतीश आनंद के 'आषाढ़ का एक दिन' का प्रस्तुतीकरण देखकर ऐसा प्रतीत हुआ जैसे किसी फिजीशियन को ऑपरेशन टेबुल पर खड़ा कर दिया हो। इसमें न तो चरित्रांकन ही सही था और न ही तकनीकी दृष्टि से कोई उल्लेखनीय विशेषता दिखाई दी। हर लिहाज से यह एक खराब नहीं तो अत्यंत सामान्य प्रदर्शन था।"[111] जबकि 'जनशक्ति', 'नव विहार', 'सर्चलाइट' और अन्य अनेक प्रबुद्ध दर्शकों-समीक्षकों की राय में यह एक उत्कृष्ट और मानक प्रदर्शन था। यही नहीं, पटना की प्रबुद्ध एवं प्रसिद्ध अभिनेत्री डॉ० विनीता अग्रवाल आज बीस साल बाद भी 'कला संगम' की उस प्रस्तुति को निःसंकोच अविस्मरणीय एवं उत्कृष्ठ मानती हैं।[112]

रंग जागरण की दिशा में व्यापक एवं अभिनव प्रयास के रूप में 'कला संगम ने **11, 12, 13, 14 और 15 फरवरी, 1978** को 'भारतीय नृत्य कला मंदिर', पटना में एक महत्त्वाकांक्षी 'नाट्य-महोत्सव' का आयोजन किया। इसमें 'अंधायुग', 'बल्लभपुर की रूपकथा', 'सिंहासन खाली है' तथा 'लहरों के राजहंस' के साथ-साथ 'आषाढ़ का एक दिन' का भी मंचन हुआ। 'आषाढ़ का एक दिन' का यह प्रस्तुतीकरण पिछले कलाकारों के स्थान पर कई नये कलाकारों के आने के कारण काफी हद तक एक नई प्रस्तुति की तरह ही था। परंतु कालिदास, मल्लिका, विलोम, मातुल तथा प्रियंगुमंजरी की प्रमुख भूमिकाएँ पहले वाले कलाकारों ने ही अभिनीत कीं। अन्य भूमिकाओं में इस बार अम्बिका के रूप में माया सिन्हा, दंतुल के रूप में ठाकुर ओंकार नाथ, निक्षेप के रूप में परवेज अख्तर तथा अनुस्वार और अनुनासिक के रूप में विनीत कुमार एवं हरिशरण ने पर्याप्त परिश्रम किया और प्रदर्शन के समग्र-प्रभाव को खण्डित नहीं होने दिया। नेपथ्य-कर्म में भी इस बार प्रदीप घोष के बजाय प्रकाश-व्यवस्था का काम अशोक श्रीवास्तव ने किया और ध्वनि-प्रभाव एवं संगीत की जिम्मेदारी पंकज खरबंदा के स्थान पर सुमन कुमार तथा ए० पी० जायसवाल ने सँभाली। वेशभूषा एवं रूप-विन्यास सतीश आनंद तथा महावीर सिंह आजाद ने संयुक्त रूप से किया।

प्रस्तुति-प्रबंधक थे—दीपक कुमार। आलेख का सम्पादन तथा प्रस्तुति की दिशा और व्याख्या में कोई अंतर नहीं था। पहले ही की तरह यह प्रदर्शन भी दर्शकों द्वारा उत्साह से देखा और सराहा गया।

17. चतुरंग (पटना): दीपांकर दासगुप्ता

यह एक आश्चर्यजनक और सुखद संयोग है कि 14 दिसम्बर, 1975 की शाम पटना में 'आषाढ़ का एक दिन' की दो अलग-अलग प्रस्तुतियाँ एक साथ प्रदर्शित हो रही थीं। इंडियन मेडीकल एसोसियेशन हॉल में सतीश आनंद के निर्देशन में 'कला संगम' द्वारा और रवींद्र भवन के प्रेक्षागृह में दीपांकर दास गुप्ता के निर्देशन में 'चतुरंग' द्वारा इसे प्रस्तुत किया गया। पुनर्प्रदर्शन के समय भी 'कला संगम' ने 9-10 जनवरी तथा 'चतुरंग' ने 21 जनवरी, 1976 को एक ही प्रेक्षागृह (आई० एम० ए० हॉल) में मंचित किया। दोनों ही प्रस्तुतियों में रंगिणी-संगिनी प्रसंग को काट कर आरंगित किया गया था। 'चतुरंग' की प्रस्तुति में कालिदास, मल्लिका, विलोम, अम्बिका और प्रियंगुमंजरी की प्रमुख भूमिकाओं में क्रमश: शिवाजी सिंह, सुमन जैन, सीताराम सिंह, रागिनी प्रकाश तथा अर्चना शरण ने अपने अभिनय कौशल का भरपूर इस्तेमाल करने का प्रयास किया। मातुल, दंतुल, निक्षेप, अनुस्वार और अनुनासिक के रूप में सुरेंद्र जायसवाल, एच० मोतीलाल, अशोक वर्मा, कमल किशोर तथा इशरत पाश ने भी भरपूर मेहनत की। परंतु अभिनय के स्तर से पूर्वाभ्यास की कमी के कारण कई स्थानों पर अपरिपक्वता के लक्षण साफ दिखाई दे रहे थे। आलेख के लगभग अनुरूप यथार्थवादी दृश्य-बंध की परिकल्पना विनोद सिंह की थी और प्रकाश-व्यवस्था निर्देशक दीपांकर दासगुप्ता की। ध्वनि-संयोजन सुहृदय घोष तथा रूप-विन्यास मलयकर ने किया। परंतु समग्र-प्रभाव की दृष्टि से यह प्रस्तुति विशेष सफल और लोकप्रिय नहीं हो सकी।

इन दोनों प्रस्तुतियों के साथ-साथ प्रदर्शित होने के कारण दर्शकों-समीक्षकों द्वारा इनकी तुलना किया जाना भी स्वाभाविक ही था। नाट्य-समीक्षक विभूति नाथ मिश्र 'विभूति' के शब्दों में, "'कला संगम' द्वारा प्रदर्शित 'आषाढ़ का एक दिन' काफी सफल रहा। हालांकि पटना की एक अन्य कला-संस्था 'चतुरंग' ने भी कुछ पहले उक्त नाटक का प्रदर्शन किया था परंतु बिलकुल ही असफल रहा।···नाट्य कला से अपरिचित व्यक्ति ने भी यदि 'कला संगम' एवं 'चतुरंग' की प्रस्तुति देखी होगी तो मैं दावे के साथ कह सकता हूँ कि उसके विचार में भी 'कला संगम' की प्रस्तुति सर्वोत्तम ही रहेगी।"[113] इनके प्रदर्शन-मूल्यों और निर्देशकीय व्याख्या की तुलनात्मक चर्चा करने वाले एक अन्य समीक्षक के अनुसार, "···the audience reaction was that while the Chaturanga production was just an exercise, the Kala Sangam's was a real study in depth."[114]

इस प्रकार, ऐसा प्रतीत होता है कि 'चतुरंग' की यह प्रस्तुति पूरी तैयारी, सूझ-बूझ और कल्पनाशीलता के अभाव में महज एक नियत समय पर नाटक को किसी भी तरह प्रदर्शित कर देने की अरचनात्मक चुनौती के रूप में प्रस्तुत की गई। यही कारण है कि वह दर्शकों को सृजनात्मकता का अपेक्षित सुख प्रदान करने में सफल नहीं हो सकी।

18. मिलन (जबलपुर) : रामगोपाल बजाज

1976 में 'मध्य प्रदेश साहित्य कला परिषद्', भोपाल और जबलपुर की नाट्य-संस्था 'मिलन' द्वारा (राष्ट्रीय नाट्य विद्यालय, दिल्ली) रामगोपाल बजाज के निर्देशन में आयोजित एक वर्कशाप के दौरान 'आषाढ़ का एक दिन' और 'बहुत बड़ा सवाल' तैयार किये गये। 20 फरवरी, 1976 को जबलपुर के 'शहीद स्मारक' प्रेक्षागृह में 'आषाढ़ का एक दिन' का एक अजीबोगरीब-सा प्रदर्शन हुआ। प्रदर्शन और उसके पीछे की परिस्थितियों का विवरण स्वयं निर्देशक के शब्दों में इस प्रकार है—"वर्कशाप की कुछ सामान्य समस्याएँ, कुछ स्थानीय जोड़-तोड़ और कुछ अहंकारों की टकराहट—मतलब ये कि नाटक आखिर तक पूरा नहीं तैयार हो पाया। अंतिम समय में प्रियंगु की भूमिका करने वाली अभिनेत्री गायब हो गई।[115] तभी मुझे बहुत समय से सुनी गई यह बात स्मरण हो आई कि, 'यदि आलेख हो, अभिनेता हों और दर्शक हों तो प्रदर्शन हो सकता है।' डॉ० सुरेश अवस्थी विशेष अतिथि के रूप में आए हुए थे। समय निर्धारित था—शाम 6.30 बजे। ठीक वक्त पर घंटी बजी, पर्दा उठा और नाटक शुरू हो गया। परंतु अंदर की हालत यह थी कि किसी को सम्वाद याद नहीं, किसी का मेकअप पूरा नहीं हुआ, किसी की गतियाँ अनिश्चित हैं। कुछ व्यक्तिगत कारणों से मैं स्वयं भी बहुत व्यवस्थित नहीं था। सब के सब परेशान, चिंतित और नर्वस। अचानक मुझे शाहजी के 'त्रिशंकु' की याद आई और मैं लपक कर मंच पर चला गया। मल्लिका, अम्बिका, कालिदास, दंतुल वगैरह का अभिनय करने वाले कलाकारों को उनके स्थानों से उठाकर, उनका मेकअप (दाढ़ी-मूँछ इत्यादि) उतार कर दर्शकों से उनका परिचय कराने लगा। कलाकार, व्यवस्थापक, दर्शक—सब हतप्रभ। मैंने कहा—ये मल्लिका है—सुनीला शर्मा, सोलह वर्ष की लड़की, अमुक कॉलेज में पढ़ रही है, और ये हैं कालिदास—महेश गुरु—चालीस साल के हैं, रेडियो में काम करते हैं। ये हैं अम्बिका—मीना चोलकर—मल्लिका की माँ का अभिनय कर रही हैं—कुमार किशोर विलोम हैं और ये हैं रामचंद्र मित्र—मातुल ''आप इन सबसे भली भाँति

परिचित हैं। आप यह भी जानते हैं कि ये अमुक चरित्र की भूमिका कर रहे हैं और यहाँ नाटक हो रहा है। फिर क्यों यह जरूरी है कि हम इस सर्वविदित सत्य को छिपाने की कोशिश करें। और यह सब इसलिए नहीं कि मैं यहाँ कोई शिल्प या शैलीगत नया प्रयोग करना चाहता हूँ बल्कि सच तो यह है कि नाटक के प्रस्तुतीकरण में कुछ व्यवस्थात्मक कमजोरी है— हम पूरी तैयारी नहीं कर पाये हैं। जो कुछ जैसा भी है—वह आपके सामने है। हाँ तो···लाइट्स···प्रमोद ···फुल लाइट दे दो···चलो भई, अपनी-अपनी पोजीशंस ले लो और नाटक फिर से शुरू करो।" नाटक शुरू हुआ और बीच-बीच में निर्देशक कभी मंच पर, कभी नेपथ्य में और कभी दर्शकों के बीच लगातार आता-जाता रहा। प्रदर्शन कच्चे-पक्के ग्रेंड रिहर्सल की तरह हुआ। कुछ दृश्यों में नाटक बिना किसी रोक-टोक और रुकावट के चला तो कुछ दृश्यों में—जैसे प्रियंगुमंजरी-मल्लिका के प्रसंग में—निर्देशक रजनागरे (प्रियंगु) के पीछे स्क्रिप्ट पकड़ कर सम्वाद और मूव्ज समझाता नजर आया। कभी वह दर्शकों को सम्बोधित करता तो कभी अपने कलाकारों से जोर से बोलने को कहता। दंतुल, निक्षेप, अनुस्वार, अनुनासिक, रंगिणी और संगिनी की सहायक भूमिकाएँ क्रमशः राम गुलवानी, कामता मिश्र, बाल मुकुंद मिश्र, विघ्नेश चाम्बेवार, रीता कुलकर्णी तथा चंदा सोनी ने निभाई। दृश्य-बंध परिकल्पना निर्देशक ने 'दिशांतर' की प्रस्तुति में मीना विलियम्स द्वारा निर्मित दृश्य-बंध के आधार पर की थी। ध्वनि-संकलन रामचन्द्र मिश्र, प्रकाश-व्यवस्था प्रमोद सोलंकी, वेशभूषा रामेंद्र श्रीवास्तव और रूप-विन्यास काशीनाथ परांजपे का था। मंच-व्यवस्थापक और अभ्यास-सहायक थे—अलखनंदन। इस नाट्य-प्रक्रिया में स्वभावतः प्रदर्शन लम्बा हो गया। दर्शकों की प्रतिक्रिया मिश्रित रही। कुछ को यह एक ताजा और रोचक प्रयोग लगा तो कुछ को बिना तैयारी के दर्शकों को निमंत्रित करके रिहर्सल दिखाना बहुत गलत और नाजायज लगा। लेकिन निर्देशक इस प्रयोग से आश्वस्त और इतना प्रभावित हुआ कि बाद में जब उसने यही नाटक दिल्ली के मिरांडा हाउस के लिए किया तो पूरी तैयारी के बावजूद उसका पहला शो ठीक इसी तरह प्रदर्शित किया।

कालांतर में पूरी तैयारी के साथ मार्च, 1976 में मध्य प्रदेश कला परिषद् द्वारा आयोजित 'म० प्र० नाट्य महोत्सव' में भी इसका एक प्रदर्शन किया गया। इस समारोह में प्रदर्शित अधिकांश नाटकों के गिरे हुए स्तर की निंदा करते हुए विवेच्य प्रस्तुति के विषय में रश्मि वाजपेयी ने लिखा कि, "जबलपुर की मिलन संस्था के 'आषाढ़ का एक दिन' को भी किसी हद तक सफल प्रदर्शनों में रखा जा सकता है।"[116]

19. जनवादी रंगमंच (चण्डीगढ़) : कुमार वर्मा

'अभिनेत' की प्रस्तुति के लगभग दो वर्ष बाद चण्डीगढ़ में 3 और 4 मई 1976 को 'जनवादी रंगमंच' ने भी कुमार वर्मा के निर्देशन में 'आषाढ़ का एक दिन' को टैगोर थियेटर में प्रस्तुत करके राकेश के इस बहुमंचित नाटक की नई व्याख्या करने की सराहनीय कोशिश की। कालिदास को आरम्भ से अंत तक एक कमजोर, झूठा और अवसरवादी व्यक्ति सिद्ध करने के निर्देशकीय प्रयत्न को काफी हद तक अभिनेता हरीश भाटिया/प्रदीप वर्मा तथा एक सीमा तक नाट्यालेख का भी सहयोग प्राप्त हुआ। अतुलवीर अरोड़ा का विलोम अपनी आक्रामकता और व्यंग्यात्मकता के साथ-साथ ईमानदार और संवेदनशील व्यक्ति के रूप में उभर कर आया। मल्लिका के लिए मंच पर झूले की व्यवस्था की गई। वह जब भी भावुक होती है, सपने देखती है, कल्पना की उड़ान भरती है—झूले का इस्तेमाल करती है। मल्लिका की भूमिका में उषा रानी शर्मा ने अपने पूर्व-अनुभव का पूरा लाभ उठाते हुए चरित्र से न्याय करने की भरपूर कोशिश की। दरअसल, इस प्रस्तुति के लगभग सभी प्रमुख कलाकार—उषारानी शर्मा, हरीश भाटिया, अतुलवीर अरोड़ा, कमल अरोड़ा (मातुल) और भारतभूषण (निक्षेप) मूलतः 'अभिनेत' के ही कलाकार थे जो एन० सी० ठाकुर के निर्देशन में यही भूमिकाएँ पहले अभिनीत कर चुके थे। नये कलाकारों में पूनम वाधवा (अम्बिका), अश्विनी कुमार / सुशील पराशर (दंतुल), सुप्रीति (रंगिणी), बलजीत गिल (संगिनी), सुरिंदर (अनुस्वार), सुशील पराशर / अश्विनी कुमार (अनुनासिक) तथा मंजु सिन्हा (प्रियंगुमंजरी) ने भी अपनी-अपनी अभिनय-क्षमता का अधिकाधिक प्रदर्शन करने का सराहनीय प्रयास किया। प्रियंगुमंजरी का प्रवेश और चरित्र भी इस प्रस्तुति में अन्य प्रदर्शनों से अलग था। प्रियंगु को शाही जुलूस (प्रोसेशन) के साथ दर्शकों के बीच से होकर मंच पर लाया गया। जुलूस में सबसे आगे प्रियंगुमंजरी का छत्र पकड़े हुए मातुल को रखा गया। डॉ० अतुलवीर अरोड़ा के अनुसार, "यहाँ प्रियंगु मल्लिका को तोड़ने और छोटा करने आती है। वह झूठ बोलती है—कुछ-कुछ इंदिरा गाँधी की झलक देने की कोशिश की गई।"[117] दृश्य-बंध, वेश-भूषा और रूप-विन्यास का सम्पूर्ण नेपथ्य-कर्म महेंद्र ने किया और प्रकाश-योजना स्वयं निर्देशक कुमार वर्मा की थी। चण्डीगढ़ की दर्शक-प्रतिक्रिया से प्रोत्साहित होकर ही 9 और 10 जून, 1976 को इस प्रस्तुति के दो प्रदर्शन शिमला के गेयटी थियेटर में भी किये गये। कुल मिलाकर, आलेख को बिना तोड़े-मरोड़े नाटक के कथ्य और उसके चरित्रों को एक भिन्न तेवर देने की दृष्टि से 'आषाढ़ का एक दिन' का यह प्रस्तुतीकरण विशेष रूप से उल्लेखनीय रहा।

20. जिला संगीत नाटक अकादमी (देहरादून) : सतीश चांद/बंसी कौल

19 और 20 जून, 1976 को 'सम्वेदना' ग्रुप के सौजन्य से जिला संगीत नाटक अकादमी, देहरादून द्वारा मोहन राकेश के बहुचर्चित नाटक 'आषाढ़ का एक दिन' का प्रदर्शन देहरादून के गम्भीर और सार्थक रंगकर्म की दृष्टि से एक उल्लेखनीय उपलब्धि था। नारी शिल्प मंदिर हॉल में सायं 8 बजे से प्रस्तुत इस नाटक को सुविख्यात रंगकर्मी बंसी कौल के सहयोग से सतीश कुमार चाँद ने निर्देशित किया था। सुरुचि सम्पन्न यथार्थवादी दृश्य-बंध की परिकल्पना बंसी कौल और अवधेश कुमार ने संयुक्त रूप से की थी जो बहुत दूर तक (आँगन के पेड़ / ठूंठ को छोड़कर) राकेश के आलेख में प्रस्तुत मंच-सज्जा के अनुरूप ही थी। झोंपड़ी के द्वार के दोनों ओर की दीवारों को सुंदर चित्रकारी से सजाया गया था। ध्वनि और प्रकाश-संयोजन की जिम्मेदारी रवीश पुरी एवं टी० के० अग्रवाल ने कुशलतापूर्वक सम्भाली थी। प्रथम दृश्य के प्रारम्भ में हरिप्रसाद चौरसिया और पं० शिवकुमार शर्मा के बाँसुरी एवं संतूर वादन के प्रसिद्ध रेकार्ड 'कॉल ऑफ द वैली' से राग पहाड़ी और भैरवी के अंशों का इस्तेमाल किया गया। दूसरे अंक में घोड़े की टापों की आवाज के लिए अलग-अलग स्थानों पर रखे गए तीन स्पीकरों का प्रयोग वातावरण के निर्माण और दर्शकों को चमत्कृत करने में पूर्णतः सफल रहा। बादलों की गड़गड़ाहट, बिजली की चमक, वर्षा और झींगरों की आवाज को एक रेकार्ड से पहले ही टेपांकित कर लिया गया था। हेम पंत, एम० के० भटनागर तथा लक्ष्मी नारायण की रूप-सज्जा एवं वेश-भूषा भी देश-काल और चरित्रों के अनुरूप ही थी।

मल्लिका, कालिदास और विलोम की प्रमुख भूमिकाएँ क्रमशः अमरदीप चड्ढ़ा, सतीश कुमार चाँद तथा सहदेव नेगी ने प्रभावशाली ढंग से अभिनीत कीं तो अम्बिका, प्रियंगुमंजरी, मातुल, दंतुल और निक्षेप के रूप में आभा ममगाई, हेम पंत, लक्ष्मी नारायण, धीरेंद्र नेगी तथा अवधेश कुमार ने भी सूझ-बूझ का अच्छा परिचय दिया। रंगिणी-संगिनी की भूमिका में बीना गोसाईं और चीना गोसाईं ने आज की शिक्षा प्रणाली व आधुनिक बोध की गलत धारणा तथा अनुनासिक और अनुस्वार के रूप में रमेश नौडियाल एवं विद्या भूषण शर्मा ने राजतंत्र की अकर्मण्यता पर तीखा प्रहार किया। प्रस्तुति की समीक्षा करते हुए धीरेंद्र अस्थाना ने लिखा कि, "सूरज का सातवाँ घोड़ा' की चर्चित प्रस्तुतियों के बाद जिला संगीत नाटक अकादमी के अधिक सक्रिय कलाकारों ने 19-20 जून, 1976 को मोहन राकेश के सुविख्यात नाटक 'आषाढ़ का एक दिन' का सफल मंचन किया। इसका निर्देशन एकदम नये और युवा निर्देशक

सतीश चाँद ने पूरी कुशलता और परिपक्वता के साथ किया। इस नाटक में भी बंसी कौल ने देहरादून पहुँचकर पूरा सहयोग दिया। जैसा कि स्वाभाविक था, इस बार मंच-संयोजन, ध्वनि व प्रकाश व्यवस्था तथा कलाकारों का अभिनय पहले से अधिक सफल, सशक्त और परिपक्व रहा।"[118] बंसी कौल निर्देशित रंगशिविर के कलाकारों द्वारा 10 और 11 अप्रैल 1976 को 'सूरज का सातवाँ घोड़ा' का प्रदर्शन यहाँ के आधुनिक रंगमंच के लिए एक महत्त्वपूर्ण कदम था। इस बार की प्रस्तुति में स्वभावतः इन कलाकारों ने उस प्रशिक्षण और प्रदर्शन का पूरा लाभ उठाया।

22 जून, 1979 को आई० आई० पी० क्लब के तत्वावधान में 'वातायन' की ओर से इस प्रस्तुति का ही एक और प्रदर्शन भी किया गया, जिसे 'स्वस्थ मनोरंजन' की दृष्टि से सभी प्रेक्षकों ने भरपूर सराहा।

21. कला त्रिवेणी (जोधपुर) : के० के० माथुर

9 दिसम्बर, 1977 को जोधपुर की नाट्य-संस्था 'कला त्रिवेणी' ने के० के० माथुर के निर्देशन में स्थानीय जयनारायण व्यास स्मृति भवन के मंच पर राकेश के नाटक 'आषाढ़ का एक दिन' को प्रस्तुत करके गम्भीर एवं सार्थक रंगकर्म के प्रति अपनी आस्था का विश्वास दिलाया। निर्देशक ने चरित्रों की प्रतीकात्मकता की अपेक्षा उनके स्थूल यथार्थपरक फिल्मी चित्रण पर अधिक बल दिया। आरम्भ में उद्घोषणा के समय पात्रों के लम्बे परिचय के साथ-साथ उनकी स्लाइडों के प्रक्षेपण तथा मल्लिका के एक-एक कर गीले वस्त्र उतारने को पर्दे पर पीछे से छाया के द्वारा दिखाया गया। सिने जगत से सम्बद्ध बाबूलाल माथुर की संगीत-योजना एवं संस्कृत के श्लोकों के स्थान पर नवल माथुर के दो गीतों के उपयोग ने प्रस्तुति के फिलमी-प्रभाव को स्पष्टतः रेखांकित किया। निर्देशक के अनुसार, "कहीं-कहीं नाटक कुछ 'लूज़' लगा उसके लिए दो गाने व संगीत का प्रयोग किया गया।"[119] परंतु व्यवहारतः इस प्रस्तुति में एक नाट्य-समीक्षक के शब्दों में, "नाटक के कथा-शिल्प को और प्रभावोत्पादक बनाने के लिए निदेशक ने नाटक में गीत जोड़ कर अपने विशेषाधिकार का प्रयोग अवश्य किया है, परंतु मुख्य और प्रासंगिक कथाओं का तालमेल बैठाने एवं पात्र चयन में जो भूलें की हैं, वे उनके नये-नये मुल्ला होने की ओर इंगित करती हैं। गीत-संगीत का प्रयोग आरम्भिक दृश्य में मल्लिका के कालिदास के प्रति आसक्तिपूर्ण भावों को उजागर करने में अवश्य सहयोगी सिद्ध हुआ किंतु बाद में वियोग स्थिति की दुःखांत भावना का आत्मसात नहीं कर सका। सुधा कुलकर्णी के पार्श्व गायन में कुछ भी माधुर्य एवं दर्द नहीं था।"[120] कालिदास के रूप में रमेश बोहरा ने संतुलित अभिनय किया परंतु विलोम की भूमिका में अरविन्द भट्ट के आक्रामक अभिनय

के समक्ष वह उभर नहीं सके—यह अलग बात है कि तीसरे अंक में शराबी के रूप में अरविंद का अभिनय अत्यधिक मुखर अथवा फिल्मी-सा हो गया। अम्बिका के रूप में श्रीमती जानकी का अभिनय सामान्य रहा और कुछ समय के लिए उनका मंच पर चश्मा लगाकर आना दर्शकों को हास्यास्पद / विवादास्पद प्रतीत हुआ। मातुल की भूमिका में सुशील व्यास अपनी वाणी एवं रूपाकृति से वृद्ध नहीं लग रहे थे किंतु अपने अभिनय के बल पर उन्होंने दर्शकों को बाँधे रखा। रंगिणी और संगिनी को प्रस्तुति से हटा दिया गया; परंतु अनुस्वार एवं अनुनासिक के रूप में यशपाल सेठ तथा केसरी मल शर्मा ने दर्शकों का भरपूर मनोरंजन करके उस कमी को पूरा कर दिया। दंतुल, निक्षेप तथा प्रियंगुमंजरी की भूमिकाओं में क्रमशः राजेन्द्र कुमार व्यास, प्रकाश सोलंकी और सुश्री मधुर मेहले ने पहली बार मंच पर आने के बावजूद आत्मविश्वास एवं कुशलता का परिचय दिया। मल्लिका के केंद्रीय चरित्र की पीड़ा को दर्शकों तक सम्प्रेषित करने में सुश्री गीता भट्टाचार्य का प्रयास भी सराहनीय रहा। रवींद्र माथुर की आलोक व्यवस्था असंतुलित थी—कहीं प्रभावशाली और कहीं एकदम अनुपयुक्त एवं बेअसर। सी० एम० मित्रा, केसरी मल शर्मा एवं राजेंद्र प्रसाद व्यास की मंच-सज्जा यथार्थवादी, आलेख के अनुरूप, व्यावहारिक और प्रभावशाली थी। श्री एवं श्रीमती मित्रा, कैलाश माथुर तथा कमला भट्टाचार्य का वेश-विन्यास तथा पात्रों की रूप-सज्जा भी प्रशंसनीय थी। कुल मिलाकर यह एक 'सफल प्रस्तुति'[121] थी और उल्लेखनीय भी—क्योंकि "इस तरह का पूर्ण हिंदी नाटक जोधपुर की स्थानीय संस्थाओं में पहली बार खेला गया था।[122]

22. विवेकानंद महिला कालेज (दिल्ली) : अशोक निशेष

साहित्य कला परिषद्, दिल्ली द्वारा प्रायोजित 26 नवम्बर से आरम्भ हुए एक रंगशिविर (वर्कशाप) के अंतर्गत राष्ट्रीय नाट्य विद्यालय के स्नातक अशोक निशेष के निर्देशन में विवेकानंद महिला कॉलेज (दिल्ली) द्वारा प्रस्तुत 'आषाढ़ का एक दिन' 29 और 30 जनवरी, 1981 को आइफैक्स प्रेक्षागृह में प्रदर्शित किया गया। 29 का प्रदर्शन 2.30 बजे हुआ केवल कॉलेज के लिए और 30 तारीख को 6.30 बजे इसका सार्वजनिक प्रदर्शन भी हुआ। निर्देशक अशोक निशेष के अनुसार, "जब कॉलेज की इन छात्राओं ने 'आषाढ़ का एक दिन' मंचन के लिए चुना, (तो) एक पल मैं चकित रह गया। सोचने लगा, क्या कालेज की ये नई छात्राएँ अंतर्द्वंद्व में जूझ रहे इन पात्रों—अम्बिका, मल्लिका, कालिदास, विलोम को जी पाएँगी ? उनके चरित्र की गहनता को अनुभव कर सकेंगी ? और उसी समय स्वयं मेरे मन ने भी यही उत्तर दिया, 'क्यों नहीं कर पाएँगी ?' जब उन्होंने इस नाटक को चुनने का साहस किया है तो सफलतापूर्वक मंचन का साहस भी

इनमें अवश्य होना चाहिए और इस प्रकार नाटक मंचन हेतु चुन लिया गया।"

यह प्रदर्शन अपनी प्रस्तुति-शैली में अमाल अल्लाना के 'आधे-अधूरे' से बहुत प्रभावित था। उसी तरह कोरस की कल्पना की गई। नाटक को रोककर, पात्रों को फ्रीज़ करके, उनके कुछ संवाद कोरस से कहलवाए या गवाए गए। कोरस को नेपथ्य (दाएँ पार्श्व) में रखा गया। कोरस के संवाद आरम्भ में बहुत ज्यादा थे जो अंत तक पहुँचते-पहुँचते बहुत ही कम रह गए। कोरस की आवश्यकता और उस के लिए सम्वादों के चुनाव में किसी तर्क अथवा दृष्टि का अभाव दिखाई दिया। लगभग यही बात नाटक के सम्पादन को लेकर भी दिखाई दी। अनुस्वार और अनुनासिक का प्रसंग तो सम्भवतः पुरुष कलाकारों के स्वाभाविक अभाव तथा समय-सीमा को देखते हुए ठीक ही काटा गया परंतु तीसरे अंक में कालिदास के सुप्रसिद्ध एवं प्रभावपूर्ण सम्वाद (तुमने ये पृष्ठ…अनंत सर्गों के एक महाकाव्य की) के अधिकांश को काट देने का कोई औचित्य समझ में नहीं आया। यह सम्पादन इसलिए और भी अखरा, क्योंकि कालिदास की भूमिका महाविद्यालय की किसी छात्रा द्वारा नहीं, बल्कि रा० ना० वि० के प्रशिक्षित कलाकार गोविंद नामदेव द्वारा अभिनीत की गई थी।

अखिलेश खन्ना की दृश्य-परिकल्पना में थोड़ा नयापन था—साइक्लोरामा के समानांतर दो दरवाजे (एक बाहर आने-जाने के लिए और दूसरा प्रकोष्ट के लिए) तथा बाईं ओर को एक खिड़की। दाईं ओर के द्वार से थोड़ा आगे को एक ठूँठ। बाईं ओर विंग्ज के आगे पूरा लम्बा स्थान रसोई के लिए। झोंपड़ी के निर्माण में बाँस के डंडों और फूस का इस्तेमाल किया गया। परंतु व्यवहारतः यह दृश्य-बंध पर्दे की तरह द्विआयामी लगा—उसमें गहराई का अभाव था, जो अभिनय-स्थलों के कल्पनाहीन प्रयोग के कारण और भी निरर्थक प्रतीत हुआ। इस परिकल्पना से—दृश्य में फैलाव आया, अनेक सम्वाद और कार्य छप्परों के नीचे और पीछे होने से गौण हो गए तथा मंच का सर्वाधिक महत्त्वपूर्ण और प्रभावशाली स्थान (मंचाग्र) एकदम खाली छूट गया। कुछेक स्थानों पर साइक्लोरामा के प्रकाशित रहने और मंच के सामने का प्रकाश कम होने या लुप्त होने की स्थिति में सम्पूर्ण दृश्य-बंध बाँस के डंडों से निर्मित एक सीधी दीवार की तरह दिखाई दिया और प्रकोष्ठ की गहराई यानी मंच के तीसरे आयाम का भ्रम एकदम ही नष्ट हो गया। संजीव दीक्षित की डगमगाती एवं आरम्भ में असंगत बैंजनी रंग वाली प्रकाश-योजना और गोपाल सक्सेना के आगे-पीछे चलते ध्वनि-प्रभावों ने तकनीकी दृष्टि से भी इस प्रस्तुति को काफी कमजोर बनाया। डॉली अहलूवालिया का रूप-विन्यास ठीक था और वस्त्र-विन्यास में भी उपलब्ध सुविधाओं से काम निकाल ले जाने की समझदारी साफ दिखाई दे रही थी। बिजली के दो-तीन बार चले जाने और एक बार टार्च के

प्रकाश में भी मंचन जारी रखने के लिए कलाकारों के साहस और दर्शकों के धैर्य की प्रशंसा की जानी चाहिए।

अभिनय-पक्ष बहुत कमजोर रहा। भावाभिव्यक्ति की तो बात ही क्या अधिकांश कलाकारों की सम्वाद-प्रस्तुति भी दोषपूर्ण थी। गलत स्थान या शब्द पर बल देने के कारण अर्थ का अनर्थ भी कई जगह हुआ किंतु कॉलेज की अनुभवहीन एवं अप्रशिक्षित छात्राओं की दृष्टि से देखें तो अम्बिका के रूप में विनीता त्यागी तथा मल्लिका और प्रियंगुमंजरी की भूमिकाओं में किरण शर्मा एवं कान्ता गाँधी के साथ-साथ पुरुष पात्रों के रूप में नीना गुप्ता (मातुल) तथा संतोष शर्मा (निक्षेप) का कार्य संतोषजनक कहा जा सकता है। परंतु दंतुल और विलोम की भूमिकाओं में सुनील जैन तथा अनिल चौधरी का अभिनय बहुत ही खराब रहा। विलोम ने एक क्षण के लिए भी गमछे से अपने हाथों को नहीं हटाया और नाटक का आक्रामक एवं सबल चरित्र होने के बावजूद प्रस्तुति में दुर्बल एवं हास्यास्पद बना रहा। इस प्रस्तुति का एकमात्र सराहनीय पक्ष कालिदास के रूप में गोविंद नामदेव का संतुलित और कल्पनाशील अभिनय था। इस प्रदर्शन के अंत में निर्देशक ने थोड़ा-सा परिवर्तन करके कालिदास के चरित्र के विषय में अपनी व्याख्या देने का महत्त्वपूर्ण प्रयत्न भी किया। यहाँ बच्ची के रोने पर (शायद वह रोती भी नहीं) मल्लिका अंदर नहीं जाती और कालिदास मल्लिका के एकदम सामने खड़ा होकर साहस के साथ यह कहते हुए कि, 'वह (समय) प्रतीक्षा नहीं करता' झटके से नाटक और चरित्र को एक निश्चित अंत एवं भंगिमा देकर बाहर चला जाता है। इस तरह कालिदास एक पलायनवादी कायर चरित्र न रहकर परिस्थितियों से जूझने वाला और नयी चुनौतियाँ स्वीकार करनेवाला एक निश्चित् पात्र बनकर सामने आता ह। यह अलग सवाल है कि यह अंत कालिदास के अंतर्द्वंद्व ग्रस्त अनिश्चयी चरित्र के विकास की दृष्टि से कितना सार्थक एवं तर्कसंगत है?

23. 'मिनी' सांस्कृतिक संस्थान (वाराणसी) : सुधांशु मोहन 'मीत'

5 नवम्बर, 1978 को वाराणसी की नई नाट्य-संस्था 'मिनी' सांस्कृतिक संस्थान ने युवा निर्देशक सुधांशु मोहन 'मीत' के निर्देशन में राकेश लिखित 'भावुक हृदय की शिष्ट अभिव्यक्ति'[123] 'आषाढ़ का एक दिन' को संस्था की गौरवमयी प्रथम प्रस्तुति के रूप में श्री नागरी नाटक मंडली के प्रेक्षागृह में प्रस्तुत किया। निर्देशक के अनुसार, "कुछ बातें, ऐसी होती हैं जिनकी स्मृति मात्र से ही रोमांच हो आता है! नाटक 'आषाढ़ का एक दिन' मेरे लिए एक ऐसी ही अनुभूति है।...चार वर्ष पूर्व जब मैं मात्र बीस वर्ष का था तभी मैंने इस नाटक का निर्देशन किया था। अट्ठारह वर्ष की उम्र में पहली बार मैंने इस

नाटक को पढ़ा था और उसी समय से इस नाटक के विषय में सोचने लगा। किंतु उस समय मेरा ध्यान केवल अभिनय की ओर ही था। अट्ठारह वर्ष की उम्र में मैंने निर्देशन के क्षेत्र में कदम रखा, और दो वर्ष बाद मैंने सँजोए सपने को साकार कर लिया।"[124]

रंगिणी-संगिनी प्रसंग को आलेख में से हटा दिया गया। इस प्रदर्शन के लगभग सभी कलाकार नये/अनुभव-शून्य थे। फिर भी विलोम, अम्बिका, मातुल तथा प्रियंगुमंजरी की भूमिका में क्रमश: पीयूष मोहन गौड़, प्रतिमा श्रीवास्तव, विश्वबंधु खन्ना एवं संयुक्त लता श्रीवास्तव और निक्षेप, दंतुल, अनुस्वार तथा अनुनासिक के रूप में राजबंधु खन्ना, कृष्ण कुमार श्रीवास्तव, लक्ष्मीकांत जायसवाल एवं राकेशचंद्र जौहरी ने भी 'प्रशंसनीय' और 'अच्छा' कार्य किया। परंतु मल्लिका और कालिदास की केंद्रीय भूमिकाओं में संगीता अग्रवाल तथा सुधांशु मोहन 'मीत' ने 'सर्वश्रेष्ठ अभिनय किया।'[125] प्रकाश परिकल्पना अजय कुमार मिश्रा तथा संगीत एवं ध्वनि-व्यवस्था प्रतिमा और महेंद्र श्रीवास्तव की थी। वस्त्राभूषण और रूप-सज्जा का दायित्व क्रमश: संयुक्त लता श्रीवास्तव तथा अनिल कांजीवाल ने संभाला। दृश्य-परिकल्पना महेंद्र श्रीवास्तव 'प्रशांत' की थी और मंच-निर्मिति रविशंकर पाण्डेय की। निर्देशक के अनुसार प्रस्तुति की 'सबसे बड़ी ताकत इसका दृश्य-बंध था जो स्वय ही सारी बातें कह सकने में समर्थ था।'[126] इस यथार्थपरक दृश्य-बंध पर अखबार एवं दूसरे कागज द्वारा की गई मंच-सज्जा सस्ती ही नहीं सुंदर और आकर्षक भी थी।

निर्देशक के सौजन्य से प्राप्त किसी स्थानीय पत्र में प्रकाशित (काशी के रंगमंच से : मृगांक) समीक्षा की तिथि रहित कतरन के अनुसार इस "नाटक के निर्देशन में श्री 'मीत' ने अपनी उत्कृष्ट लगन एवं परिश्रम का परिचय दिया; संवादों के उच्चारण सही, सटीक एवं शुद्ध थे। भाव अभिव्यक्ति की यथार्थता के कारण बार-बार दर्शकों की आँखें भीग जाती थीं।···रंग-कर्मियों की समीक्षा के अनुसार यह प्रस्तुति वाराणसी में इस नाटक की सर्वश्रेष्ठ प्रस्तुति थी।" जबकि एक अन्य नाट्य-समीक्षक विजय कुमार के अनुसार, 'यह प्रस्तुति बेहद कमजोर थी।'[127] इन दोनों सीमान्तों के बीच सत्य का कुछ अनुमान अप्रशिक्षित युवा निर्देशक के इस आत्मस्वीकार से लगाया जा सकता है कि, 'अनमेच्योर्ड होने के कारण काफी हद तक मैं उस नाटक की तह तक नहीं पहुँच सका था किंतु अब पुन: इस नाटक का मंचन करने का विचार कर रहा हूँ।'[128]

इस प्रस्तुति के कुल तीन प्रदर्शन किए गए, जिनमें जौनपुर में हुआ एक प्रदर्शन भी शामिल है। इसे लगभग तीन हजार दर्शकों ने देखा। प्रदर्शन मूल्यों की दृष्टि से समग्रत: इसे 'आषाढ़ का एक दिन' की एक सामान्य प्रस्तुति कहा जा सकता है।

24. मिरांडा हाउस (दिल्ली) : रवि शर्मा एवं राम गोपाल बजाज

दिल्ली विश्वविद्यालय के मिरांडा हाउस की नाट्य गतिविधियाँ, जो प्रायः समकालीन हिंदी रंगमंच के चर्चित निर्देशकों की देखरेख में प्रस्तुत की जाती रही है, नाटकों के सजग चुनाव और उन्हें सार्थक ढंग से प्रदर्शित करने की दृष्टि से विशेष उल्लेखनीय हैं। 'गोदान', 'गुड़ियाघर', 'यह घर यह लोग', 'कांचन रंग', 'माँ' और 'यर्मा' के बाद सन् 1978 में इस महाविद्यालय ने जब राकेश के बहुचर्चित नाटक 'आषाढ़ का एक दिन' को प्रस्तुत करने का निर्णय लिया तो सम्बद्ध कलाकारों और व्यवस्थापकों का यह महसूस करना स्वाभाविक ही था कि यह नाटक, 'जटिल वस्तु-परिकल्पना और गहन चरित्रों के कारण एक तो यूँ ही अपने आप में चुनौती है, दूसरे अनेक मंजे हुए रंगकर्मियों द्वारा इसके अनेक उत्कृष्ट प्रदर्शनों ने इसे अव्यावसायिक के लिए और भी कठिन (चुनौती) बना दिया है।'[129] सम्भवतः इसी कारण कालेज ने इसके निर्देशन का उत्तर-दायित्व रवि शर्मा एवं राम गोपाल बजाज जैसे अनुभवी और कुशल निर्देशकों को संयुक्त रूप से सौंपा। इसमें महिला चरित्रों की भूमिकाएँ महाविद्यालय की उत्साही छात्राओं और पुरुष पात्रों की भूमिकाएँ राष्ट्रीय नाट्य विद्यालय तथा दो एक बाहर के श्रेष्ठ कलाकारों द्वारा परिश्रमपूर्वक अभिनीत की गईं।

रंग-स्थापत्य हरि प्रसाद एवं संतोष गोयल का था, जिसे, 'दिशांतर' के लिए मीना विलियम्स द्वारा परिकल्पित दृश्य-बंध के आधार पर तैयार किया गया। परंतु कॉलेज के मंच के अनुपात से दृश्य-बंध भारी सिद्ध हुआ। ठूँठ ने अपेक्षाकृत अधिक जगह घेर ली और ऊपर शहतीरों के जाल ने सारे मंच को छा लिया। खिड़की को पीछे की ओर रखने के कारण विलोम के अनेक सम्वाद और भाव-प्रदर्शन दर्शकों को ठीक से सुनाई-दिखाई नहीं दिए।

दिनेश शाकुल द्वारा प्रस्तुत कालिदास और हेमा सहाय (सिंह) द्वारा अभिनीत मल्लिका के चरित्रांकन में मौलिकता और सूझ-बूझ का परिचय मिला। यहाँ नाटक के अंत में कालिदास एक पलायनवादी की तरह भागकर नहीं जाता, बल्कि सत्य और यथार्थ के स्वीकार के साथ एक निश्चयात्मक मुद्रा में प्रस्थान करता है। इसी तरह वर्षा, बिजली और मेघ-गर्जन के साथ बच्ची को हाथों में लिए 'कालिदास ! कालिदास' पुकारती मल्लिका द्वार तक आती है। इसके बाद नाटककार के निर्देश कि 'फिर टूटी-सी आकर आसन पर बैठ जाती है और बच्ची को साथ सटा कर रोती हुई उसे चूमने लगती है।' के स्थान पर इस प्रस्तुति में वह बिना रोए, धीरे-धीरे दरवाजे से वापस लौटती है—आगे दर्शकों के पास (डाउन स्टेज की तरफ)—बादलों की तरफ देखते-देखते उसमें निश्चय का भाव आ जाता है। उसमें एक कठोरता और दृढ़-संकल्प का भाव दिखाई पड़ता है। इस परिवर्तन के संदर्भ में पूछने पर निर्देशक ने बताया कि, "मेरे विचार

से मल्लिका और विलोम के वर्तमान को समग्रता से देख लेने के बाद कालिदास का मोह-भंग हो जाता है, उसकी भावुकता छूट जाती है। इसलिए अंत में कालिदास किसी द्वंद्व या अनिश्चय में वहाँ से नहीं लौटता। इस बदली हुई परिस्थिति के सत्य के स्वीकार के बाद वह टूटा और लड़खड़ाता हुआ न जाए—ये मुझे जरूरी लगा। 'कालिदास ! कालिदास !' कहती मल्लिका बेटी को गोद में लेकर बैठे—ये भी मुझे गलत लगता है; क्योंकि यहाँ आकर जब कालिदास ने अपना फैसला ले लिया है तो अंततः मल्लिका को भी निर्णय लेना ही होगा। अम्बिका ने भी तो विपरीत परिस्थितियों में—अकेले ही मल्लिका को पाला था। अब वही दायित्व स्वयं मल्लिका पर आ पड़ा है। इसीलिए अंत में उसे अपने अस्तित्व की सार्थकता का बोध कालिदास के बजाए अपनी बच्ची के भविष्य में दिखाई देता है।'[130]

विलोम के रूप में रवि शर्मा और मातुल की भूमिका में सुधीर कुलकर्णी जैसे कुशल कलाकारों का अभिनय पर्याप्त प्रभावशाली रहा। तीसरे अंक में कालिदास को पहचानने के लिए विलोम का मल्लिका की ओर साभिप्राय देखना और 'आतिथ्य में कोई कमी न रहे' जैसा अश्लील इशारा करके तिक्त और कटु भाव से उत्तेजना में लड़खड़ाते हुए प्रस्थान करना इस प्रस्तुति का अत्यंत नाटकीय और दिलचस्प प्रसंग था।

रितु बाला ने बूढ़ी और विवश माँ अम्बिका की बेबसी, ऊब और चिढ़ को तो अपनी भाव-भंगिमा से प्रभावी अभिव्यक्ति दी, परंतु उनकी सम्वाद-प्रस्तुति कमजोर रही। इनके विपरीत शाकुल का कवि-चेहरा और सम्वाद-निवेदन कालिदास के अनुकूल थे परंतु वह मुख-मुद्रा और हाव-भाव से चरित्र की सूक्ष्म-गहन उलझनों को सम्प्रेषित करने में पूरी तरह सफल नहीं हो सके। हेमा सहाय ने अपनी अभिनय-सम्भावना का परिचय अवश्य दिया। प्रियंगुमंजरी की भूमिका भारती शर्मा ने निभाई तो निक्षेप और दंतुल की राकेश नीरव तथा स्वतंत्र कुमार नायक ने। अनुस्वार-अनुनासिक तथा रंगिणी-संगिनी के रूप में क्रमशः राजुल अवस्थी, स्वतंत्र कुमार नायक, प्रीति श्रीवास्तव और मंजु बंसल ने हास्य प्रसंग में निहित व्यंग्य को उभारने में पर्याप्त परिश्रम किया।

कुल मिलाकर, 'आषाढ़ का एक दिन' की यह प्रस्तुति व्याख्या के स्तर पर भिन्न और उल्लेखनीय रही—यह अलग बात है कि प्रदर्शन मूल्य एवं समग्र-प्रभाव की दृष्टि से यह प्रयोग कोई महत्त्वपूर्ण उपलब्धि सिद्ध नहीं हो सका।

25. नव नाट्यम् (आजमगढ़) : ओम प्रकाश पांडेय

31 मार्च, 1979 को शाम 7.30 बजे आजमगढ़ के हरिऔध कला भवन के मंच पर नगर के जागरूक रंगकर्मियों की संस्था 'नव नाट्यम्' ने ओमप्रकाश

पांडेय के निर्देशन में 'आषाढ़ का एक दिन' का 'सफल मचन'[131] किया। प्रस्तुति से गहरे जुड़े मंच-संचालक डॉ० प्रशांत के अनुसार, "कालिदास के जीवन पर आधारित 'आषाढ़ का एक दिन' आधुनिक मानव की विवशता, उसके अंतर्द्वंद्व का उसकी जटिलता का नाटक है। आधुनिक समाज में एक सृजनशील कलाकार किस तरह व्यवस्था द्वारा कुचल और तोड़ दिया जाता है, कालिदास का खंडित व्यक्ति इसका सार्थक प्रमाण है। ''मल्लिका और कालिदास के जीवन की यह विसंगति, अंतर्द्वंद्व, विवशताः तनाव और टूटन 'आषाढ़ का एक दिन' को हमसे जोड़ती है और पीड़ा के साक्षात्कार की माँग करती है।"[132] अंतर्मुखी रचनाकार कालिदास और उसकी 'अहंवृत्ति की शिकार' तथा "वितृष्णा, आत्म-ग्लानि, टूटन को निरंतर जीती हुई'[133] समर्पित मल्लिका की केंद्रीय भूमिकाएँ कमल कृष्ण तथा कुमारी सुलता रूपाली ने अभिनीत कीं। एक स्थानीय नाट्य-समीक्षक के शब्दों में मल्लिका का अभिनय, "मार्मिक स्थलों पर सम्वेगात्मक एवं रागात्मक भाव उत्पन्न करने में काफी प्रभावशाली रहा।" और कमल कृष्ण (कालिदास) भी "दर्शकों पर अच्छा प्रभाव छोड़ गये।" अन्य कलाकारों में से, "मातुल (राम बोधन उपाध्याय) और निक्षेप (बृज मोहन) समय-समय पर नाटक में सरसता एवं रोचकता लाते रहे (प्रियंगु) मंजरी (मीना) और दंतुल (राकेश) के अभिनय में स्वाभाविकता खटकती रही। विलोम (राजू रागस) के अतिरिक्त ध्वनि उत्पन्न करने के प्रयास ने दर्शकों को काफी प्रभावित किया। अनुनासिक (सुभाष) एवं अनुस्वार (कैलाश) ने दर्शकों का भरपूर मनोरंजन किया।"[134] विवश और विक्षुब्ध माँ अम्बिका को मंच पर साकार किया कु० सुनीता ने। द्वितीय अंक से रंगिणी-संगिनी के चरित्रों को निकाल देने के अतिरिक्त आलेख में कोई परिवर्तन नहीं किया गया। निर्देशक के अनुसार, "इसके दो कारण थे—यह प्रसंग नाटक के मूल प्रयोजन पर सीधा प्रभाव नहीं डालता। निक्षेप के कालिदास के आगमन के प्रति सम्भावना प्रगट करने के पश्चात् अनुस्वार और अनुनासिक का प्रवेश ही सार्थक लगा था। दूसरा कारण महिला कलाकारों का अभाव है। आजमगढ़ नगर में महिला रंगकर्मियों की संख्या अधिक नहीं थी।"[135]

कला निर्देशक केशव प्रसाद अस्थाना की मंच एवं रूप सज्जा, वाराणसी के मिश्रबन्धु की प्रकाश-परिकल्पना, डॉ० शान्ति स्वरूप की वस्त्राभूषण योजना तथा श्रीमती रत्नकला स्वरूप एवं श्रीमती राधा जायसवाल की संगीत योजना के साथ-साथ राज रांडिग्स के विशेष ध्वनि-प्रभावों की भी सराहना की गई।[136] स्थानीय समाचार पत्रों—विशेषतः—'आज', 'सन्मार्ग', 'दैनिक देवल' एवं 'सर्व-हितकारी' पत्रिका में प्रदर्शन की प्रशंसात्मक समीक्षा रपट छपीं। यद्यपि स्वयं निर्देशक ओमप्रकाश पांडेय तथा प्रबुद्ध दर्शक-समीक्षक डॉ० प्रशांत अभिनय पक्ष

की कतिपय कमजोरियों के कारण इस प्रस्तुति से बहुत संतुष्ट नहीं थे, परंतु लगभग एक हजार की संख्या में प्रदर्शन देखने आए दर्शकों के लिए राकेश का यह भावना-प्रधान मार्मिक नाटक देखना एक मनोरंजक और सुखद अनुभव था।

(ग)

विभिन्न भाषाओं / विदेशों में हुए प्रस्तुतीकरण

अमरीका

अनुवाद : सराह ऐंस्ले

1. मेरी वाशिंगटन कालेज (वर्जीनिया) : जॉय माइकेल

दिल्ली की प्रतिष्ठित नाट्य-संस्था 'यात्रिक' की निदेशक तथा देश-विदेश के श्रेष्ठ नाट्य-अनुभवों से समृद्ध सुविख्यात अभिनेत्री-निर्देशिका जॉय माइकेल जब 1968 में वर्जीनिया विश्वविद्यालय के मेरी वाशिंगटन कॉलेज में 'विज़िटिंग प्रोफेसर ऑफ ड्रामा' होकर अमेरिका गईं तो वहाँ पर उन्होंने भारतीय भाषाओं के तमाम समकालीन श्रेष्ठ नाटकों का प्रतिनिधित्व करने के इरादे से मोहन राकेश के नाटक 'आषाढ़ का एक दिन' के सराह ऐंस्ले कृत अंग्रेजी अनुवाद 'वन डे इन आषाढ़' को 15 मई, 1968 को 'डूपौंट लिटिल थियेटर' में मंचित करके आधुनिक हिंदी नाटक को गौरवान्वित किया।

निर्देशिका ने व्ही० राममूर्ति के झोंपड़ी, छप्पर, ऊँचा बड़ा पेड़, छोटी-सी चारपाई, कुंभ और स्वस्तिक चिह्न वाले दृश्य-बंध तथा पात्रों की वेशभूषा (रौशन अल्काज़ी) और रूप-सज्जा इत्यादि के द्वारा मंच पर प्रामाणिक एवं सघन भारतीय ग्राम्य परिवेश की सृष्टि करने का सार्थक प्रयत्न किया। यूं तो फ्रेंचकट में कालिदास और विलोम की कल्पना भी हमें अजीब और अटपटी-सी लग सकती है परंतु आधी बाँह के गोल ऊँचे गले वाले ब्लाउज, सिर पर पटके की तरह सिर को पूरी तरह ढकने वाले सुसज्जित वस्त्र तथा हाथों में दो-चार चूड़ियों तथा गले में पड़े एक सादे से हार वाली प्रियंगुमंजरी को देखकर तो सचमुच ही हँसी आती है। आरंभ में मल्लिका के सहज-सरल चरित्र को उसके सादे वस्त्र-विन्यास तथा बालों में लगे फूलों से और बाद के विरही-पीड़ित रूप को फूलों को हटाकर और चेहरे की कांति को कम करके प्रस्तुत किया गया। वर्जीनिया के एक दैनिक-अखबार के नाट्य-समीक्षक के अनुसार, "मल्लिका के रूप में एलिनोर वोलार्ड, जो स्थानीय रंगमंच पर पहली बार प्रमुख भूमिका में आयीं, अपने सूक्ष्म उतार-चढ़ाव भरे अभिनय के लिए विशेष प्रशंसा की हकदार हैं! उनका दुर्भाग्यग्रस्त नायिका के चरित्र में पूरी तरह डूब जाना, उनकी गरिमा, उनके चेहरे और आवाज की सुंदरता और उनका नाट्यकला पर अधिकार—सभी कुछ सराहनीय था।"[137] मल्लिका की भावुकता एवं कोमलता के सामने

लिओना हर्टल (अम्बिका) की विवश टूटन एवं पीड़ा ने अच्छा वैषम्य उत्पन्न किया। नैन्सी रेज़ोर की प्रियंगुमंजरी में गरिमा और ऐश्वर्य कम उभरा। रॉजर केनविन के चेहरे की रुक्षता और सख्ती विलोम के चरित्र के अनुकूल थी। अनुस्वार तथा अनुनासिक के रूप में प्रेस्टन टामसन और हेनरी टामसन के रंग-बिरंगे आधी बाँह के कुर्तों तथा चेहरों से ही मूढ़ता का भाव प्रकट होता था। कालिदास की प्रमुख भूमिका में टॉम फ़ोक के पुष्ट शरीर तथा चेहरे के स्निग्ध-कोमल भाव ने उनकी काफी सहायता की। पहले अंक में शरीर के ऊपरी हिस्से को लगभग निर्वस्त्र और तीसरे अंक में कीमती और चमकदार वस्त्रों की योजना ने कालिदास की स्थिति के बाह्य अंतर को भलीभांति रेखांकित किया। विश्वविद्यालय के नाटक विभाग के अध्यक्ष ऐलबर्ट क्लाइन की प्रकाश-योजना ने प्रदर्शन को प्रभावशाली बनाने में उल्लेखनीय योगदान दिया।

इन स्थूल और बाहरी तथ्यों पर आधारित इस विवेचन के अतिरिक्त विवेच्य प्रस्तुति के संदर्भ में प्रामाणिक तौर पर और कुछ भी कह पाना भले ही सम्भव न हो परंतु यह तो निर्विवाद ही है कि अमरीका में हुए 'आषाढ़ का एक दिन' के इस प्रदर्शन से देश-विदेश में हिंदी नाटक और रंगमंच की प्रतिष्ठा अवश्य ही बढ़ी। नाट्य-समीक्षक जॉर्ज सेंट जूलियन ने तो यहाँ तक कहा कि "यदि आप, नवीनतम ब्रॉडवे 'हिट' की बजाय रंगकला के शौकीन हैं तो 'आषाढ़ का एक दिन' अवश्य देखिये—नहीं तो एक दिन आपको पछताना पड़ेगा।" राकेश के नाटक और जॉय माइकेल के लिए यह प्रतिक्रिया कम बड़ी उपलब्धि नहीं है। इस प्रदर्शन में प्रयुक्त भारतीय आभूषण आज भी वहाँ के नाटक विभाग में एक स्थायी प्रदर्शनी में रखे हुए हैं।

अंग्रेजी **अनुवाद : सराह ऐंस्ले**

2. लेडी इर्विन कालेज (दिल्ली) : अवीक् घोष

'लेडी इर्विन कॉलेज ड्रेमेटिक सोसाइटी' दिल्ली की ओर से अवीक् घोष के निर्देशन में 'आषाढ़ का एक दिन' के सराह के॰ ऐंस्ले कृत अंग्रेजी अनुवाद 'वन डे इन आषाढ़' का प्रदर्शन 13, 14 और 15 नवम्बर, 1970 को हुआ। समीर मैत्रा का दृश्य-बंध सुंदर और व्यावहारिक था। निर्देशक द्वारा स्पेस का बुद्धिमत्तापूर्ण प्रयोग किया गया। मल्लिका दत्त एवं रुखसाना रहमान की वस्त्र-परिकल्पना तथा लोला चैटर्जी की रूप-सज्जा (विशेषतः केश-विन्यास) देश-काल और परिवेश का भ्रम पैदा करने में सर्वथा सफल थी। समीर मैत्रा, नवीन प्रकाश तथा तीर्थ चक्रवर्ती की प्रकाश-व्यवस्था कल्पनाशील किंतु जर्की रही। कालिदास की केंद्रीय भूमिका में स्वयं अवीक घोष का अभिनय उनकी गूँजती हुई सघन आवाज और सम्वाद-प्रस्तुति में मौन, विराम तथा बलाबल के सटीक

उपयोग के बावजूद अपने प्रतिद्वंद्वी विलोम के रूप में रवींद्र रे के आक्रामक और सधे हुए अभिनय के सामने उतना प्रभावशाली सिद्ध नहीं हुआ। प्रथम दृश्य के आरम्भ में मल्लिका के सम्वादों से 'ऋतुसंहार' के काव्यांशों को काट देने के कारण वरुणा हून का भीगे कपड़े बदलने के लिए मंच और नेपथ्य के बीच डगमगाते हुए तेजी से आना-जाना यद्यपि अटपटा और अस्वाभाविक लग रहा था परंतु बाद में हाव-भाव और सम्वाद के कुशल संयोजन से उसने मल्लिका के चरित्र की करुणा, कोमलता, भावमयता और त्रासदी को सम्प्रेषित करने में काफी हद तक सफलता प्राप्त कर ली। चिंतातुर किंतु कर्मठ और व्यावहारिक माँ अम्बिका की भूमिका में पद्मिनी मैनन का आँसू-बहाऊ अतिभावुक अभिनय दर्शकों की भरपूर सराहना के बावजूद वास्तव में चरित्र के अनुकूल नहीं था। अनुस्वार और अनुनासिक के रूप में अभिताभ पाण्डे तथा अजय तन्खा द्वारा सुनील चंद के संगीत (तबले) के ताल से सम्बद्ध दिलचस्प गति-संयोजन और मुखर अभिनय का प्रभाव रंगिनी (रेणुका थैम्पी)—संगिणी (गीता वर्तक) प्रसंग के साथ मिलकर दर्शकों को नाटक के बोझिल वातावरण से थोड़ी देर के लिए मुक्त और हल्का करने में सहायक सिद्ध हुआ। प्रियंगुमंजरी की भूमिका में कंचन पंडित बरुआ तथा मातुल के रूप में अरुण लूना ने भी अपने चरित्रों से न्याय करने का भरसक प्रयत्न किया। दंतुल और निक्षेप की पूरक भूमिकाएँ क्रमशः भरत रंगाचारी तथा श्रीधर कृष्ण ने अभिनीत कीं। यदि प्रोम्टिंग से बचा जा सकता तो प्रस्तुति अधिक प्रभावशाली हो सकती थी; हालाँकि इस विशुद्ध भारतीय रंग-रूप के नाटक को अंग्रेजी में देखना-सुनना भी कुछ कम रोचक अनुभव नहीं था। अवीक घोष ने कलाकार और राज्याश्रय की समस्या को उभारने के बजाय मल्लिका, कालिदास और प्रियंगुमंजरी के पारस्परिक सम्बन्धों के मैलोड्रामा को रेखांकित करने का प्रयास किया। कालेजी प्रस्तुतियों के स्तर से देखने पर निश्चय ही यह प्रस्तुति एक प्रशंसनीय प्रदर्शन थी।

अंग्रेजी **अनुवाद : सराह ऐंस्ले**

3. थियेटर ग्रुप (बम्बई) : सैम कैरावाला

सुविख्यात अंग्रेजी नाटकों के श्रेष्ठ प्रदर्शनों के लिए प्रतिबद्ध बम्बई की नाट्य-संस्था 'थियेटर ग्रुप' ने 22-23 सितम्बर, 1971 को जब मोहन राकेश के हिंदी नाटक 'आषाढ़ का एक दिन' के साराह ऐंसले कृत अंग्रेजी अनुवाद 'वन डे इन आषाढ़' को सैम कैरावाला के निर्देशन में प्रस्तुत किया। उस शाम आश्चर्य एवं जिज्ञासा-भाव से पाटसन हॉल पहुँचने वाले प्रेक्षकों/समीक्षकों की संख्या उत्साहवर्द्धक थी। कन्हैयालाल नंदन के शब्दों में, "इस जिज्ञासा में एक प्रसन्नता भी जुड़ी हुई थी कि अंग्रेजी नाटक करने वालों की दिशा तो बदली,

उन्हें इस बात का एहसास तो हुआ कि हिंदी में भी कुछ ऐसे नाटक हैं, जिनकी ओर ध्यान दिये बिना भारतीय रंगमंच का अंग बन कर रहने में कठिनाई अनुभव हो सकती है।"[138]

नाटक के आरम्भ में पर्दा उठते ही मंच-सज्जा (शैल और परीश) आलोक-व्यवस्था (डैरेक जैफ़रीज़), संगीत एवं ध्वनि-संयोजन (किरण सम्पत) और वर्षा की पहली फुहार के मायावी प्रभाव ने दर्शकों को अभिभूत कर दिया। एक नाट्य-समीक्षक के अनुसार, "Production values with Deryck Jaffereis were predictably flawless, and bore the indeliable stamp of Theatre Group excellence."[139]

निःसंदेह तकनीकी और प्रदर्शन-मूल्यों की दृष्टि से यह प्रस्तुति अत्यंत महत्त्वपूर्ण और दर्शनीय थी। परंतु जहाँ तक निर्देशन, व्याख्या और अभिनय का प्रश्न है—इसने अनेक प्रबुद्ध दर्शकों को काफी निराश किया। अम्बिका की भूमिका में दीना पाठक और मल्लिका के रूप में धुन बिलीमोरिया का कल्पनाशील अभिनय बेशक इस प्रस्तुति की उल्लेखनीय विशेषता थी। मिनू छोई (मातुल) तथा मारिया सैम्सन (संगिनी) को भी संतोषजनक कहा जा सकता है—परंतु कालिदास की प्रमुख भूमिका में सईद इब्राहिम पूरी तरह प्रभावित नहीं कर सके। नाट्य-समालोचक कन्हैयालाल नंदन के अनुसार, "कश्मीर से लौटकर मल्लिका से जब कालिदास कहता है, "मैंने जब-जब लिखने का प्रयत्न किया, तुम्हारे और अपने इतिहास को फिर-फिर दोहराया। और जब उससे हटकर···" ये सम्वाद मैंने 'थियेटर यूनिट' द्वारा प्रस्तुत 'आषाढ़ का एक दिन' में भी सुने थे और तब, सच कहूँ तो, एक सिहरन दौड़ गई थी मन में। लेकिन यहाँ नाटक की इस चरम स्थिति में भी सम्वादों की फर्ज अदायगी का आभास हो रहा था। विलोम की भूमिका में कटाक्ष का जो करारापन होना चाहिए था, वह भी अभावग्रस्त लग रहा था। जो करारापन था, वह नाटककार का अपना था, मुद्रा-विशेष के माध्यय से उस लिखे हुए पर जो सान चढ़ाई जा सकती थी, वह गायब थी।···इस अंग्रेजी मंचन में दोनों पुरुष भूमिकाएँ नाटक की संवेदन तरलता को काठ बना गईं।" तथा "बाकी सभी पात्र (भी) अतिनाटकीयता और फैंसी ड्रेस प्रदर्शन का अंग अधिक लगे, 'वन डे इन आषाढ़' का अंग कम।"[140] इसके विपरित 'करेंट' (2 अक्टूबर, 71), 'फाइनैंशियल एक्सप्रेस' (28-9-71), 'इकनॉमिक टाइम्स' (27-9-71) और 'टाइम्स ऑफ इंडिया' (22-9-71) के अंग्रेजी नाट्य समीक्षकों ने विलोम के रूप में योहान जैफ़रीज़ की मुक्तकंठ से प्रशंसा की। जैसा कि पहले कहा जा चुका है धुन बिलीमोरिया का अभिनय इस प्रस्तुति की उपलब्धि रहा। एक अंग्रेजी नाट्य-समीक्षक के शब्दों में, "But despite the poor control of the acting and weak direction and the horrors of translation, Dhun Billimoria was splendid. This was, in fact, her play...A perfect technical actress, with ability to emote, project and react, even when not speaking, and an instinctive knowledge of pauses, which when superimposed with tremendous range of expression and an iridescent personality, adds up to a brilliant actress tomorrow."[141]

यह अलग बात है कि अपने घिसे-पुराने वस्त्रों (ममता साहू एवं पल्लवी दीक्षित) और ग्रामीण रूप-सज्जा (सरोश मोदी) के रहते भी वह कहीं से भी एक ग्राम्य-बाला नहीं लग सकीं। फिर भी, अपनी सभी कमियों और कमजोरियों के बावजूद 'थियेटर ग्रुप' जैसी अंग्रेजी नाटक-प्रिय संस्था द्वारा हिंदी के नाटक को करने और समकालीन भारतीय रंग चेतना से जुड़ने के सार्थक प्रयास की अवश्य ही प्रशंसा की जानी चाहिए।

अंग्रेजी **अनुवाद : सराह ऐंस्ले**

4. रुचिका (दिल्ली) : फ़ैज़ल अल्काज़ी

19 और 20 अगस्त, 1972 को राजधानी के उत्साही नवयुवकों की एक नवगठित नाट्य-मंडली 'रुचिका' ने वाई० एम० सी० ए० में अपनी पहली बड़ी प्रस्तुति के रूप में मोहन राकेश के नाटक 'आषाढ़ का एक दिन' के सराह ऐंस्ले कृत अंग्रेजी अनुवाद 'वन डे इन आषाढ़' का अभिमंचन किया। पहली बार एक पूर्णाकार नाटक के निर्देशन के लिए निर्देशक फ़ैजल अल्काज़ी द्वारा इसी नाटक के चुनाव का कारण उन्हीं के शब्दों में, यह था कि, "अपनी उम्र के लोगों के लिए मुझे नाटक में कुछ ऐसी सार्थक चीजें दिखाई दीं, जिन्हें मैं अपने ढंग से पेश करना चाह सकता था। इसके साथ ही नाटक के सफल अंग्रेजी अनुवाद, उसकी गठी हुई बुनावट, बिम्बों की स्पष्टता और भाषा की सुंदरता ने भी मुझे अपनी और आकर्षित किया।"[142] प्रस्तुति-समीक्षा में अंग्रेजी अनुवाद की प्रशंसा करते हुए नाट्य-समीक्षिका कविता नागपाल ने लिखा था कि, "Sarah Ensley caught the nuances of Mohan Rakesh's original, and in fact certain things which the sanskritised Hindi fails to reveal, were uncovered of Saturday."[143]

समस्या, उद्देश्य और अपनी व्याख्या की चर्चा करते हुए फ़ैज़ल कहते हैं कि, "मैंने नाटक में मौजूद समस्या की सार्वजनीनता पर बल देना चाहा—यानी एक सृजनशील कलाकार किस तरह से किसी व्यवस्था द्वारा पूरी तरह से कुचल और तोड़ दिया जाता है। कालिदास समाज में 'मिसफिट' नहीं था, बल्कि राज्य स्वयं कुछ अजीब-सा, बनावटी और क्रूर हो गया था।"[144] इस तथ्य को

रेखांकित करने के लिए सम्वादों के विशिष्ट बलाघात और अभिनय के साथ-सीधे देहाती पात्रों के सहज, स्वाभाविक, आडम्बरहीन, सीधे-सादे धरती के फीके रंगों में सजे (रूप-सज्जा विहीन) चरित्रों के मुकाबले दरबारी पात्रों के लिए बिल्कुल बनावटी चाल-ढाल, औपचारिक-शिष्ट भाषा-लय, आरोपित भाव-भंगिमाएँ, गुलाबी और जामुनी रंग की भड़कीली वेशभूषा, भारी-भरकम आभूषण, गहरी रूप-सज्जा और जटिल केश-रचना इत्यादि का आश्रय ग्रहण किया।

अम्बिका की भूमिका में मीरा आनंद ने युगों से पीड़ित भारतीय नारी के प्रतीकत्व के बजाए जीवन के कटु यथार्थ की भोक्ता एक जीवट वाली संघर्षशील स्त्री का वास्तविक चरित्र प्रस्तुत किया। यूसुफ मेहता का विलोम भी खलनायक के स्थान पर एक व्यावहारिक और पैनी नजर वाले सही व्यक्ति के रूप में उभर कर सामने आया। उम्र, रूप-रंग और अभिनय-कौशल की दृष्टि से कालिदास की प्रेरणा और प्रेयसी के रूप में मालती खन्ना सम्भवतः सर्वाधिक प्रभावशाली रहीं। अपनी सृजनभूमि से कट कर राज्याश्रय की सुविधासम्पन्न धरती पर सूख जाने वाले कवि कालिदास की प्रमुख भूमिका राजीव भार्गव ने परिश्रमपूर्वक निभाई। सत्ता के अहंकार और पति को बाँध रखने की असमर्थताजन्य घबराहट को प्रियंगुमंजरी बनी पूनम इंद्रजित ने साकार करने का प्रयत्न किया तो राजसीपन के उथले रूप को रंगिणी-संगिनी एवं अनुस्वार की भूमिकाओं में क्रमशः तानी सांधू, देविका नारायण, तथा पाल्लो वार्थोलोम्यू ने अपने बनावटी और आरोपित व्यवहार से प्रस्तुत करके दर्शकों का अच्छा मनोरंजन किया। मातुल, निक्षेप और दंतुल की पूरक भूमिकाओं में अनूप झालानी, शेखर शाह तथा पाल्लो बार्थोलोम्यू ने भी अपने-अपने चरित्रों से भरसक न्याय करने की पूरी कोशिश की। नेपथ्य-कर्म को अपने निर्देशन का अविभाज्य अंग मानते हुए फ़ैज़ल अल्काज़ी ने उसे भी प्रमुखतः स्वयं ही सँभाला और दृश्य-बंध, ध्वनि-प्रभाव, प्रकाश-संयोजन तथा परिधान-कल्पना से नाटक के मूल भाव को प्रभावी बिम्बों में उभारने का सार्थक प्रयत्न किया। उन्हीं के शब्दों में, "निर्देशक की हैसियत से मैंने नाटक को कुछ विशेष दृश्य-श्रव्य बिम्बों के रूप में देखा। नाटक के आरम्भ में बिजली की चमक के साथ चिंतित अम्बिका का प्रवेश, दूसरे अंक में कालिदास के पैरों की दूर होती आहट को उभारते हुए नगाड़े के जोरदार बोल, तीसरे अंक में काले वस्त्र पहने मल्लिका के अकेलेपन को और भी तीखा बनाती हुई बाहर प्रकृति की तूफानी गरज, एक बार फिर अलग होते प्रेमियों के बीच अंतिम प्रसंग में कमरे में कालिदास की धीमी चहलकदमी, मंद रोशनी में दिए की जलती-बुझती लौ में चमकता मल्लिका का आँसुओं में डूबा चेहरा, और नाटक के अंतिम क्षणों के साथ-साथ तूफान—ये कुछ ऐसे बिम्ब हैं जो मुझे काफी दिनों तक बाँधे रखेंगे।"[145] एक नाट्य-समीक्षक के शब्दों में, शायद सभी

प्रेक्षकों ने भी यह अनुभव किया कि, "Faizal Alkazi and Pablo Barthlmew displayed amazing maturity in the handling of sequences, and in the direction of actors, The young performers were quite at ease in their respective roles."[146]

समग्रतः हम कह सकते हैं कि 'आषाढ़ का एक दिन' की यह प्रस्तुति संस्था और निर्देशक का आरम्भिक प्रयास होने के बावजूद व्याख्या और प्रदर्शनीयता की दृष्टि से निश्चय ही एक गम्भीर और प्रशंसनीय प्रस्तुति थी।

कन्नड़ **अनुवाद : सिद्धलिंग पट्टण शेट्टि**

5. निनासम (हेमागुडु सागर, कर्नाटक) : के० वी० सुब्बण्णा

समकालीन कन्नड़ रंगमंच के एक अत्यंत जागरूक, कल्पनाशील एवं महत्त्वपूर्ण रंगकर्मी के० वी० सुब्बण्णा के सक्रिय नाट्य-दल 'निनासम' (नीलकंठेश्वर नाट्य सेवा संघ) ने 12 नवम्बर, 1972 को रात के दस बजे, आधुनिक हिंदी नाटक और रंगमंच के राष्ट्रीय ख्याति प्राप्त रचनाकार मोहन राकेश के पुरस्कृत एवं बहुचर्चित नाटक 'आषाढ़ का एक दिन' को स्थानीय 'शिवराम कारंथ रंग मंदिर' में सफलतापूर्वक प्रस्तुत करके दोनों भाषाओं और रंगमंचों के बीच की घातक और निरर्थक दीवार को गिराकर रचनात्मक सम्वाद की एक महत्त्वपूर्ण कोशिश की। सिद्धलिंग पट्टण शेट्टि कृत नाटक के कन्नड़ अनुवाद को के० वी० सुब्बण्णा के कुशल निर्देशन में अभिमंचित किया गया। नाट्य-दल के सम्मिलित प्रयासों के परिणामस्वरूप निर्मित दृश्य-बंध, नाटककार द्वारा परिकल्पित प्रोसीनियम-मंच के सर्वथा अनुरूप था, परंतु उसे पूर्णतः यथार्थवादी बनाने के बजाए प्रतीकात्मक ही रखा गया। 'भावना में भावना का वरण करने वाली' और नैसर्गिक सौंदर्य की प्रतिमा मल्लिका की केंद्रीय भूमिका को एम० बी० राजलक्ष्मी ने मंच पर जीवंत किया तो अंतर्मुखी प्रेमी, असफल पति एवं राजनीतिज्ञ तथा महान् रचनाकार कालिदास की कठिन भूमिका को वी० वी० शिवराम ने बड़ी सूझ-बूझ से साकार करने की सार्थक कोशिश की। मल्लिका की व्यावहारिक, दूरदर्शी किंतु विवश माँ—अम्बिका के रूप में टी० मीनाक्षी तथा प्रेम में कालिदास के प्रतिद्वंद्वी, मुँहफट और आक्रामक विलोम के रूप में जी० एस० अनंथ ने भी अपनी अभिनय-प्रतिभा का सुंदर प्रदर्शन किया। दंतुल, मातुल, निक्षेप तथा अनुस्वार और अनुनासिक के रूप में क्रमशः हिरियन्ना भट, एम० डी० सुब्बाराव, जी० एस० मंजप्पा, पी० नागेश राव एवं ए० एस० हरियप्पा ने भी सराहनीय अभिनय किया।शेष स्त्री-पात्रों में प्रियंगुमंजरी, रंगिणी तथा संगिनी की संक्षिप्त भूमिकाओं को क्रमशः एम० एम० जयश्री, ए० एस० वेदा और के० एस० मीरा

ने परिश्रमपूर्वक अभिनीत किया। प्रकाश, संगीत, ध्वनि-प्रभाव तथा वस्त्राभूषण और रूप-सज्जा के सभी काम संस्था के सदस्यों ने मिल-जुलकर सफलतापूर्वक निभाए। 'आषाढ़ का एक दिन' की इस कन्नड़ प्रस्तुति के दो प्रदर्शन किए गए।

मॉरीशस

6. युवा मंत्रालय (मॉरीशस) : मोहन मर्हषि

5 से 14 अप्रैल, 1973 तक आसा-ला-रे (मॉरीशस) में युवा मंत्रालय की ओर से यूथ ड्रामा फैस्टीवल के अंतर्गत नाट्य-प्रशिक्षण पर एक सेमिनार आयोजित किया गया। मॉरीशस में हिंदी नाटक और रंगमंच के विकास एवं विस्तार तथा वहाँ के सांस्कतिक उत्थान के लिए भारत सरकार ने मॉरीशस को तीन वर्ष के लिए सुप्रसिद्ध एवं उत्साही रंगकर्मी श्री मोहन एवं श्रीमती अंजला मर्हषि की सेवाएँ प्रदान कीं। मर्हषि दम्पति के सक्रिय एवं समर्पित प्रयास और 'मॉरीशस कला केंद्र' के सहयोग से वहाँ नई रंग-चेतना का उदय हुआ। फलस्वरूप अप्रैल, 1973 में वहाँ पहली बार अंग्रेजी और फ्रांसीसी के मुकाबले हिंदी को भी राष्ट्रीय स्तर पर एक सम्मानजनक स्थान प्राप्त हुआ। हिंदी में नाट्य-कला पर विचार-विमर्श हुआ और मोहन मर्हषि के कुशल निर्देशन में राकेश के बहुमंचित एवं चर्चित नाटक 'आषाढ़ का एक दिन' का अभिमंचन भी किया गया। मोहन और अंजला मर्हषि ने मंच-सज्जा, वस्त्राभूषण एवं रूप-विन्यास में मॉरीशस की अपनी संस्कृति का स्पर्श देकर नाटक को स्थानीय प्रेक्षकों के लिए एक आत्मीय और रोचक अनुभव बना दिया। इस प्रदर्शन में महाकवि कालिदास के अंदर से संवेदनशील एवं करुण-कोमल किंतु बाहर से आत्मनिष्ठ, अवसरवादी और निष्ठुर रूप को साकार करने में राजकरण तथा कालिदास की प्रेरणा, प्रेयसी और एक-निष्ठ समर्पण-भावना की प्रतीक मल्लिका की केंद्रीय भूमिका में स्वयं अंजला मर्हषि ने अपनी-अपनी अभिनय-प्रतिभा का अच्छा परिचय दिया। अन्य स्थानीय कलाकारों के साथ-साथ मल्लिका की व्यवहार कुशल एवं कर्मशीला माँ अम्बिका के रूप में भामा तथा राजकर्मचारी निक्षेप की गौण भूमिका में सुंदरलाल ने भी अपने-अपने चरित्रों के साथ भरसक न्याय करने की पर्याप्त कोशिश की। राकेश के 'आषाढ़ का एक दिन' तथा भारती के 'अंधा युग' के सफल प्रदर्शनों ने मॉरीशस के हिंदी रंगमंच को एक सम्भावनापूर्ण सार्थक दिशा देने का प्रशंसनीय प्रयास किया है। अभिमन्यु अनत के शब्दों में 'आषाढ़ का एक दिन' के 'सफल प्रदर्शन के कारण न केवल मॉरीशस में हिंदी रंगमंच की सम्भावनाएँ बढ़ गईं, बल्कि अंग्रेजी व फ्रांसीसी नाट्य-विशेषज्ञों को भी आश्चर्य हुआ।'[147] स्मरणीय है कि मोहन मर्हषि राष्ट्रीय नाट्य विद्यालय, दिल्ली द्वारा इब्राहिम अल्काजी के

निर्देशन में प्रस्तुत 'आषाढ़ का एक दिन' के बहुचर्चित प्रस्तुतीकरण से भली-भाँति परिचित एवं सम्बद्ध रहे हैं और 'एमेच्योर आर्टिस्ट्स एसोसियेशन,' जयपुर तथा 'यात्रिक' दिल्ली के लिए भी इससे पहले वह इस नाटक का निर्देशन कर चुके थे। अतः इस बात की निश्चित सम्भावना है कि उनकी विवेच्य प्रस्तुति भी अपनी रंग-शैली और प्रदर्शनीयता में एक उल्लेखनीय स्तर तक उठकर दर्शकों को अपने साथ बहा ले जाने की दृष्टि से सफल ही रही हो।

अंग्रेजी **अनुवाद : सराह ऐंस्ले**

7. द ड्रैमेटिक सर्किल (हैदराबाद) : बॉब मार्श

हैदराबाद की सुप्रसद्धि नाट्य-संस्था 'डी॰ सी॰ एच॰' द्वारा बॉब मार्श के निर्देशन में प्रस्तुत 'आषाढ़ का एक दिन' के अंग्रेजी अनुवाद का प्रदर्शन अपनी सीमाओं के बावजूद एक उल्लेखनीय और साहसी प्रयास था।

आस्था और भावनात्मक प्रेम की साकार प्रतिमा मल्लिका की भूमिका में दीपा धनराज ने अभिनय की सूक्ष्मता, विविधता और रोचकता का अच्छा परिचय दिया। कालिदास के साथ अभिनीत दृश्यों में उसका अभिनय अवमंदित एवं अमुखर रहा तो विलोम के सामने प्रखर एवं उग्र। अम्बिका और मातुल के प्रसंग में मल्लिका के चरित्र की चपलता, गम्भीरता और करुण-विवशता की नाटकीय अभिव्यक्ति हुई। दीपा धनराज ने अपनी समृद्ध एवं वैविध्यपूर्ण आवाज और संवेदनशील चेहरे का सही एवं सुंदर इस्तेमाल करके इस केंद्रीय चरित्र को मंच पर जीवंत करने में सफलता प्राप्त की। विरक्त, विवश और पीड़ित माँ अम्बिका के रूप में रोड़ा रिपोर्टर ने अपने चरित्र को सहजता से लिया। मल्लिका के लिए कालिदास के प्रतिद्वंद्वी विलोम की भूमिका में गणेश ईश्वर अपने सधे हुए, श्रेष्ठ और आक्रामक अभिनय से प्रस्तुति पर हावी हो गए। कालिदास के साथ हुई अपनी शाब्दिक भिड़ंत में उन्होंने आत्मकेंद्रित कवि को पूरी तरह गात दे दी। कालिदास के वाचाल मामा मातुल के रूप में बी॰ एस॰ प्रकाश ने अपने सहज हिंदुस्तानी उच्चारण, सायास तेज टोन और अभिनय की संक्रामक सजीवता से अपने चरित्र को ही नहीं पूरी प्रस्तुति को ही सजीव बना दिया। इसके विपरीत, प्रियंगुमंजरी के रूप में बिजेथ बैनर्जी ने चरित्र की गरिमा और भव्यता के स्थान पर केवल बाहरी तड़क-भड़क और ऐश्वर्य का ही प्रदर्शन किया। वह राजकन्या के केवल सतही और सरलीकृत रूप को ही ग्रहण कर सकीं। आडम्बर-प्रिय अनुस्वार, अनुनासिक, रंगिणी और संगिनी की हास्योत्पादक सहायक भूमिकाओं में क्रमशः एम॰ एच॰ असकरी, मुहम्मद अली अहमद, बाला और मोहना ने अपने चरित्रों की विडम्बना और व्यंग्य को समझते हुए सराहनीय

अभिनय किया। बशीरुद्दीन बाबू खान की मंच-सज्जा तथा सुनंदा बुर्श एवं जी० नारायण की वस्त्राभूषण परिकल्पना व्यावहारिक, सुंदर और देशकाल के अनुरूप थी। कल्पनाशील दीप्ति-योजना ने नाटक के कथ्य एवं चरित्रों को उभारने में निर्णायक योगदान दिया। परंतु इन तमाम विशेषताओं के बावजूद प्रस्तुति का स्तर और समग्र प्रभाव श्रेष्ठ एवं एकाग्र नहीं था। इसका सर्वाधिक महत्त्वपूर्ण कारण रंग-समीक्षक डी० आर० मोहन राज के अनुसार प्रमुख पात्र कालिदास की केंद्रीय भूमिका में कलाकार का गलत चुनाव था। उन्हीं के शब्दों में, "If indeed Rakesh's portrait of Kalidas is 'unconventional and startling', Ram Narayan, in this role, failed to drive home that impression. So unimpressive was he that one had to rely mainly on those around him—Vilom, Ambika and Mallika—to understand the vicissitudes of feeling he was supposedly undergoing. Maybe it was a total failure to perceive the role Maybe it was just an amateurish combination of an overly clipped accent, too speedy delivery and unfavourable acoustics. The poet's flights of rhetoric fell flat and vapid."[148] कुल मिलाकर, बॉब मार्श का यह प्रथम निर्देशन प्रयास साहसपूर्ण होते हुए भी पूर्णतः सफल और प्रभावशाली सिद्ध नहीं हुआ।

असमिया **अनुवाद : देव कुमार नाथ**

8. न्यू आर्ट प्लेअर्स (गुवाहाटी) : उपेक्षित मल्लिका

'आषाढ़ का एक दिन' के देव कुमार नाथ कृत असमिया रूपांतरण 'उपेक्षित मल्लिका' उन्हीं के निर्देशन में 3 और 4 जुलाई, 1976 को 'न्यू आर्ट प्लेअर्स' द्वारा गुवाहाटी में प्रस्तुत किया गया। शीर्षक से ही स्पष्ट है कि इस प्रस्तुति में उपेक्षित मल्लिका की पीड़ा और त्रासदी के रेखांकन पर बल दिया गया। भावना और भावुकता से भरी अतृप्त प्रेम की साकार प्रतिमा मल्लिका और उसके अवसरवादी प्रेमी कवि कालिदास की प्रमुख भूमिकाएँ मलय राजखोवा तथा नीरेन बरुआ ने सफलतापूर्वक अभिनीत कीं। कालिदास के प्रतिद्वंद्वी और व्यवहार-कुशल विलोम के रूप में अखिल देका का मुखर अभिनय भी सराहनीय रहा। अम्बिका, मातुल, दंतुल, निक्षेप और प्रियंगुमंजरी की भूमिकाओं में क्रमशः बीना प्रसाद, बीरेन दास, रामेन कालिता, जे० जमल, तथा मिताली बरुआ और अनुस्वार, अनुनासिक, रंगिणी एवं संगिनी के रूप में क्रमशः कल्याण दास, मिरेल कुद्दुस, मनीषा हजारिका और ज्वाली देवी ने अपनी-अपनी अभिनय-क्षमता

के अनुसार नाटक के चरित्र को मंच पर जीवंत करने का भरसक प्रयत्न किया। राकेश की परिकल्पना के अनुरूप झोंपड़ी को पीछे मंच के मध्य में रखा गया। हिरण, बेल, फूल और बच्चों के सादे रेखाचित्रों से सजी झोंपड़ी के दाईं ओर चित्रित कुम्भ, रसोई का सामान और खिड़की के स्थान पर बाँस की खप्पचियों से बना जंगला-सा बनाया गया। उससे थोड़ा आगे की ओर एक सूखे पेड़ के तने और साथ ही बैठने के लिए आसन की व्यवस्था की गई। आसन को बाघ की खाल से सजाया गया। बाईं ओर कपड़े टाँगने के लिए रस्सी की योजना थी। तड़क-भड़कपूर्ण वस्त्रों और नख से शिख तक आभूषणों से लदी-सजी प्रियंगु-मंजरी तथा एकदम सादे और साधारण रूप-रंग में उपस्थित मल्लिका के वैषम्य ने स्थिति की विडम्बना को असरदार ढंग से रूपायित किया। दृश्य-बंध, रूप-सज्जा, परिधान और आलोक परिकल्पना निर्देशक देव कुमार नाथ की ही थी। देश-काल और परिवेश को साकार करने में समर्थ इस नेपथ्य-कर्म को पूर्णतः सार्थक करने में रमण बरुआ की संगति-योजना ने भी अच्छा साथ दिया। मल्लिका को केंद्र में रखकर भारतीय नारी की करुण, त्रासद और अभिशप्त नियति को प्रस्तुत करने वाली यह प्रस्तुति सराहनीय एवं दर्शनीय प्रदर्शन होने के बावजूद महज एक रोमानी प्रेम-कथा बनकर रह गई—मूल आलेख के अन्य महत्त्वपूर्ण आयाम इसमें उपेक्षित हो गए।

मणिपुरी

अनुवाद : दीनामणि सिंह

9. कोरस रिपर्टरी (इम्फाल) : रतन थियम

12-13 अप्रैल, 1978 को आज के अंतर्राष्ट्रीय ख्याति प्राप्त सुप्रसिद्ध नाट्य-निर्देशक रतन थियम के निर्देशन में 'आषाढ़ का एक दिन' के दीनामनि सिंह कृत मणिपुरी अनुवाद को 'कोरस रिपर्टरी थियेटर' द्वारा इम्फाल के 'एरियान थियेटर' में प्रस्तुत किया गया। अनुवादक को दोनों भाषाओं की अच्छी जानकारी थी (इससे पहले वह जैनेंद्र के उपन्यास 'त्याग-पत्र' का सुंदर अनुवाद कर चुके थे)। अतः मणिपुरी आलेख में मूल नाटक की आत्मा, भाषा-सौंदर्य और काव्यत्व की पूरी रक्षा हुई। रतन थियम ने अपने यथार्थवादी दृश्य-बंध को सामान्यतः राकेश की कल्पना के अनुकूल ही रखा। मंच के मध्य में पीछे एक झोंपड़ी—सामने आँगन—दो पतले खम्भों या बल्लियों पर टिकी फूस की छत, बैठने के लिए दो मूढ़े। बीच में दरवाजा। दरवाजे के साथ दोनों ओर बने दो आले। दाएँ आले के नीचे थोड़ा हटकर मटके-बरतन वगैरह—उनके ऊपर छिक्के से लटके दूध-दही के छोटे मिट्टी से दो-तीन बर्तन। और बाईं ओर से बाहर को खुलती एक खिड़की। झोंपड़ी के पीछे से दाईं-बाईं ओर विंग्स तक चली गई घास-फूस से बनाई गई

ऊँची-नीची दीवार। दाईं ओर आखिर में एक दरवाजा—आने-जाने के लिए। दाईं ओर ही दालान के बीच एक और खम्भा जिससे झोंपड़ी के खम्भे तक रस्सी बाँधी गई—जो कपड़े सुखाने-टाँगने के काम आती है। बाईं ओर दीवार के पीछे से झाँकता एक पेड़। झोंपड़ी के सामने का पूरा विस्तृत खाली मंच—अभिनय-क्षेत्र। दृश्य-बंध का स्थापत्य और उपकरण खास मणिपुरी शैली के। रूप-सज्जा और वस्त्र-विन्यास में भी मणिपुरी रंगत पैदा की गई। ग्रामीण पात्रों के लिए ऑफ वाइट या काले रंग का डबोंग (Ngabong) नामक मणिपुर का ग्रामीण मोटा कपड़ा इस्तेमाल किया गया और राजधानी से आने वाले पात्रों के लिए लाल, हरे और दूसरे चटख रंगों का रेशमी कपड़ा। विलोम सिर पर एक बेतरतीब पग्गड़-सा बाँधता है और घुटनों तक की मैली-सी धोती। उसके चेहरे पर रुक्षता और आवाज में खुरदरापन है। विलोम के लिए एस० के० मंगांग का चुनाव उनके चेहरे-मोहरे और भारी-करख्त-सी आवाज के कारण ही किया गया और उन्होंने अपने चरित्र का बखूबी निर्वाह भी किया। कालिदास का विशिष्ट आकार का कुर्त्ता, टखनों तक की धोती और ऊपर से ओढ़ने के लिए मोटा-सा दुशालेनुमा वस्त्र दिया गया। दाढ़ी-मूँछ के बाल कुछ बढ़े हुए। चेहरे पर कोमलता, सौम्यता और दृढ़ता—एक साथ। कालिदास की महत्त्वपूर्ण और कठिन भूमिका को ईबाचौबा मैंते ने सफलतापूर्वक अभिनीत किया। मल्लिका काले-मटमैले-से रंग के अति-सामान्य घाघरे-ब्लाउज में—आभूषण विहीन किंतु नैसर्गिक सौंदर्य और मुस्कराहट से दमकता रूप-रंग। मल्लिका की केंद्रीय भूमिका में भुवनेश्वरी देवी ने अपनी अभिनय-क्षमता का सर्वश्रेष्ठ प्रदर्शन करके दर्शकों को अभिभूत कर दिया। प्रियंगुमंजरी—इसके ठीक विपरीत—सुंदर, रेशमी, कढ़े हुए चमकदार विशिष्ट वस्त्रों-आभूषणों में। चेहरे पर भारी मेकअप और गरिमा-गम्भीरता। ग्रामीण पात्रों की कोई रूप-सज्जा न करके उन्हें स्वाभाविक रूप-रंग में ही रहने दिया गया।

तीसरे अंक का लम्बा एकालाप किसी भी अभिनेत्री की अभिनय-प्रतिभा की कसौटी है और इस प्रस्तुति का यही प्रसंग सर्वाधिक जीवंत एवं प्रभावशाली सिद्ध हुआ।

अपनी इस प्रस्तुति में रतन ने माल्लिका को केंद्र में रखा; क्योंकि कालिदास, विलोम और शेष सभी पात्र उसी के इर्द-गिर्द घूम रहे हैं। प्रथम अंक के प्रथम प्रवेश में वर्षा में भीगी अपने आप में डूबी उत्फुल्ल मल्लिका माँ अम्बिका के छाज से चावल अपनी मुट्ठी में भर लेती है और वर्षा की बूँदों की आवाज के साथ-साथ उसके दाने नीचे गिराती जाती है। आँखें आकाश की ओर लगी हैं। "मैंने यहाँ चावलों को आर्थिक-भौतिक या सांसारिक समस्या के रूप में और वर्षा तथा बादलों को कलात्मकता, सौंदर्य एवं भावना के रूप में प्रस्तुत किया।" विलोम

और कालिदास की विपरीतता और सम्बद्धता को उन्हें पीठ से पीठ मिलाकर खड़े संयोजन द्वारा व्यक्त किया। जो जुड़े तो हैं किंतु जिनके चेहरे या दृष्टि-कोण परस्पर विपरीत दिशाओं में हैं। कालिदास और विलोम की भूमिकाओं में ईबोचोबा मंते तथा एस० के० गंगांग ने भी अभिनय की दृष्टि से भुवनेश्वरी देवी (मल्लिका) जैसी प्रतिष्ठित और कुशल अभिनेत्री का पूरा-पूरा साथ दिया। मल्लिका को धुरी मानकर कालिदास और विलोम को उसी के इर्द-गिर्द चक्कर काटते दिखाया गया। प्रथम अंक के अंत में कालिदास के प्रस्थान के बाद अम्बिका की भूमिका में सरोजिनी देवी ने जिस तरह मल्लिका को सँभालते हुए अपनी अभिनय-क्षमता का प्रदर्शन किया, वह स्मरणीय था। प्रियंगुमंजरी के रूप में चाँदनी देवी ने भी अपने राजसी ऐश्वर्य, गौरव और गर्व का सटीक प्रदर्शन करके अपने चरित्र से पूरी तरह न्याय किया। मातुल, निक्षेप और दंतुल की पूरक भूमिकाओं में क्रमशः मेघचंद्र, होमेन तथा चाओबा ने और अनुस्वार, अनुनासिक, रंगिणी एवं संगिनी की गौण भूमिकाओं में क्रमशः तोम्बा, रवि, शांति देवी तथा सत्यवती देवी ने भी प्रस्तुति के समग्र प्रभाव को सघन एवं एकाग्र बनाने में सराहनीय सहयोग दिया। निर्देशन के साथ-साथ मंच-सज्जा, आलोक, ध्वनि, परिधान और रूप-सज्जा इत्यादि सम्पूर्ण पार्श्व-कर्म का दायित्व भी रतन थियम ने ही सफलतापूर्वक निभाया।

'आषाढ़ का एक दिन' के चुनाव का कारण बताते हुए रतन थियम ने कहा कि, "कलाकार के रूप में मेरे अपने जीवन की असफलताएँ और द्वंद्व कालिदास की तरह ही हैं। मैं इस नाटक के माध्यम से उनका विश्लेषण और अध्ययन करना चाहता था। मैंने इसमें भौतिक और कला-जगत के संघर्ष को देखने-दिखाने का प्रयत्न किया। इस व्यक्तिगत कारण के अतिरिक्त इस नाटक की भाषा मुझे सबसे ज्यादा पसंद है। हालाँकि राकेश ने ग्रामीण और शहरी पात्रों की भाषा में अंतर नहीं किया है—जो कि होना चाहिए था—फिर भी यह दोष नाटक में अखरता नहीं है।" "क्या अनुवाद में इस 'दोष' को दूर करने का कोई प्रयत्न किया गया ?" के उत्तर में निर्देशक ने बताया कि, "हाँ, पहले अनुवाद में दो भाषाओं-बोलियों को रखने की बात सोची गई थी—परंतु बाद में लगा कि इससे चरित्रांकन—विशेषतः कालिदास के संदर्भ में काफी दिक्कत पैदा होगी। बहुत गहरी सोच-विचार के बाद मुझे प्रतीत हुआ कि किसी भी तरह राकेश की भाषा को बदला नहीं जा सकता।" सहयोगियों और दर्शकों की प्रतिक्रिया के सम्बन्ध में उन्होंने कहा कि "कलाकारों और प्रेक्षकों को जितना 'इन्वाल्वमेंट' मैंने इस नाटक में देखा उतना और किसी नाटक में देखने को नहीं मिला।" सम्भवतः यह इस प्रस्तुति की सफलता, लोकप्रियता और प्रभविष्णुता का ही प्रमाण है कि इसके आठ प्रदर्शन किए गए, जिनमें 3500 से भी अधिक दर्शकों ने इसे देखा

और सराहा। 'आषाढ़ का एक दिन' की यह प्रस्तुति केवल रतन थियम के रंग-जीवन की ही नहीं, बल्कि आधुनिक मणिपुरी रंगमंच की भी एक महत्त्वपूर्ण उपलब्धि है।[149]

पंजाबी **अनुवाद : कृष्ण द्विवेदी**

10. नाटक कला विभाग पटियाला : राम गोपाल बजाज

यह मात्र संयोग नहीं हो सकता कि पंजाबी विश्वविद्यालय, पटियाला के नाटक कला विभाग के निदेशक बनने के बाद राम गोपाल बजाज ने पंजाबी भाषा में अपने निर्देशन के लिए उसी नाटक का चुनाव किया जिसे वह इब्राहिम अल्काजी एवं मोहन महर्षि की प्रस्तुतियों में देख चुके थे, ओम शिवपुरी की प्रस्तुति में अभिनय कर चुके थे और जबलपुर की नाट्य-संस्था 'मिलन' तथा दिल्ली के मिरांडा हाउस के लिए निर्देशित भी कर चुके थे। इतनी बार देखे-किए जा चुके 'आषाढ़ का एक दिन' के आलेख में निश्चय ही ऐसा कुछ अवश्य ही रहा होगा जिसे हर बार नये सिरे से उपलब्ध करने की आकांक्षा इस समर्पित एवं निष्ठावान रंगकर्मी में जीवित रही है। मेरे यह पूछने पर कि, "पंजाबी भाषा में अनूदित होकर क्या यह नाटक अधिक सहज और आधुनिक बना ?" निर्देशक बजाज ने उत्तर दिया, "हाँ, पहले मैं इसकी भाषा पर मुग्ध था। पंजाबी-रूपांतरण ने ही पहली बार इसकी भाषा की औपचारिकता से मेरा साक्षात्कार कराया। कृष्ण द्विवेदी तथा कलाकारों द्वारा ठेठ ग्राम्य भाषा में किया गया इसका अनुवाद भाव और भाषा की एकात्मकता, प्रभावशीलता और सबसे बड़ी बात अनौपचारिक सहजता को प्रस्तुत करने में सफल हुआ। हिंदी में इसका आरोपित आभिजात्य ही इसे 'क्लासीकल ट्रीटमेंट' की ओर ले जाने का भ्रम पैदा करता है और इससे इसकी सहज 'रॉ-नैस' की उपेक्षा हो जाती है।" मेरे इस प्रश्न कि, "यदि क्लासीकल और पोएटिक ट्रीटमैंट गलत है तो इस नाटक को आपके विचार से कौन-सा ट्रीटमैंट दिया जाना चाहिए ?" का उत्तर देते हुए उन्होंने कहा, "एकदम यथार्थवादी। उसमें जब आप उसे यहाँ-वहाँ से तोड़ेंगे तब उसकी आर्द्रता, कोमलता और कविता का सच्चा बोध होगा—जैसे कड़ी माटी खोदने पर पानी निकलने का बोध होता है।"

विभाग के प्रोसिनियम स्टूडियो थियेटर में यथार्थवादी दृश्य-बंध पर 17 से 22 अगस्त, 1980 तक प्रदर्शित इस नाटक में कालिदास, मल्लिका, अम्बिका और विलोम की प्रमुख भूमिकाएँ क्रमशः रमेश बोड़ा, सुनीता धीर, जतिन्दर कौर तथा महावीर सिंह ने बड़ी सूझ-बूझ के साथ अभिनीत कीं। प्रियंगुमंजरी के रूप में वन्दना धीर अपेक्षित आत्मविश्वास का प्रदर्शन नहीं कर सकीं। अन्य

कलाकारों में विनोद रिखी (दंतुल), राममूर्ति केसर सिंह (मातुल), मनजीत (निक्षेप), कुलदीप कौर (रंगिणी), पुष्पिन्दर कौर (संगिनी), दलबीर सिंह (अनुस्वार) तथा रणवीर सिंह (अनुनासिक) ने भी पर्याप्त सहजता और कुशलता का परिचय दिया। पी० एन० साही की प्रकाश-व्यवस्था, डी० एस० नागरा की संगीत-योजना, रमेश बोड़ा की परिधान-परिकल्पना और सुभाष पुरी की रूप-सज्जा ने नाटक के कथ्य को सघन बनाने, परिवेश को प्रामाणिकता प्रदान करने तथा प्रदर्शन को जीवंत बनाने में पूरा सहयोग दिया।

इसमें एक काल-विशेष तथा कालिदास और विरह की क्लासिकी परम्परा को अविच्छिन्न लोक-परम्परा से जोड़ने के उद्देश्य से मूल प्रस्तुति के आरम्भ होने से लगभग दस मिनिट पूर्व संस्कृत भाषा में पहले से टेपांकित 'मेघदूत' की पंक्तियों का गायन आरम्भ होता था—अंधकार होने पर जिसकी आवाज और तेज हो जाती थी। प्रकाश आने, बिजली चमकने और बादलों की गड़गड़ाहट के क्रम संस्कृत स्वरों के विलय के साथ-साथ पंजाबी में वर्षा ऋतु सम्बन्धी लोक गायन के स्वर उभर आते थे। संकेत द्वारा दर्शकों को संस्कृत से पंजाबी लोक भूमि तक ले आने की यह एक दिलचस्प और नाटकीय युक्ति थी। प्रस्तुति के अंत में अंधकार के साथ-साथ पुनः 'मेघदूत' की पंक्तियों का संयोजन प्रदर्शन को अविन्ति प्रदान करता था। आलेख में—विशेषतः प्रियंगुमंजरी के सम्वादों में किया गया सम्पादन प्रस्तुति को चुस्त, सघन और तनावपूर्ण बनाने में सहायक सिद्ध हुआ।

"पंजाबी भाषा में नाटक करने के लिए आपने 'आषाढ़ का एक दिन' का ही चुनाव क्यों किया?" सीधे-सीधे जब यह प्रश्न मैंने निर्देशक से पूछा तो उन्होंने स्पष्ट उत्तर देते हुए कहा, "इस विषय पर सोचते हुए मुझे लगा कि राकेश जी ने लिखा भले ही हिंदी में हो, लेकिन मूलतः तो वह पंजाबी ही थे। इसलिए यह कैसे सम्भव है कि उनकी रचना में पंजाबी आदमी की सघनता, भावुकता और तीव्रता मौजूद न हो। कालिदास जैसा नायक और विलोम जैसा प्रतिनायक आप को बंगाल की भूमि से नहीं मिलेगा। विलोम की बातचीत का ढंग, स्वभाव और व्यवहार पूर्णतः एक ठेठ पंजाबी आदमी का व्यक्तित्व सामने लाता है। वह झूठ नहीं बोलता। बेलाग और स्पष्टवादी विलोम जब उदार भी होता है तो ईमानदारी के साथ। वह सचमुच पत्थर तोड़कर निकाली गई आर्द्रता और भावुकता है।"

"क्या प्रस्तुति के बाद आपका यह पूर्वानुमान ठीक निकला?" का जवाब देते हुए उन्होंने बताया, "जी हाँ, एकदम ठीक। इस नाटक की भाव प्रवणता—स्थितियों की, चरित्रों की या कि अनुभवों की—जब उस कठोर भूमि (पंजाबी) पर आती है तो वह सचमुच बहुत विश्वसनीय हो जाती है। घटना और चरित्र के

धरातल से 'आषाढ़' का पूरा कथानक आज के किसी गाँव की लड़की और उसके कलाकार प्रेमी की कहानी कहता है। आप कालिदास और उज्जयिनी के नाम बदल दीजिए—नाटक का जो मूल भाव है, संघर्ष है या समस्या है या जो नाटक-तत्त्व है—उसमें इससे कोई फर्क नहीं पड़ेगा। इस भाषा की अनौपचारिकता पाकर यह नाटक मेरे ज्यादा नजदीक आ गया है।"

इसकी सफलता और लोकप्रियता का एक सबूत यह भी है कि नाटक का कोई निमंत्रण-पत्र, पोस्टर, पर्चा, विज्ञापन, ब्रोश्योर—कुछ नहीं छापा-बाँटा गया—इसके बावजूद हर रोज अनेक दर्शक सीट न मिलने के कारण निराश लौटते रहे। दर्शकों की उत्साहबर्द्धक प्रतिक्रिया और उनके मौखिक प्रचारके कारण इसने एक हंगामा-सा मचा दिया। 6 से 11 अगस्त तक हुए 'ड्रेस रिहर्सल' भी उत्साही दर्शकों ने देखे। अभिनय एवं तकनीक सम्बन्धी कुछ छोटी-मोटी कमजोरियों के बावजूद 'आषाढ़ का एक दिन' का यह पंजाबी प्रदर्शन पटियाला की नाट्य-गतिविधियों में एक उल्लेखनीय घटना से कम महत्त्वपूर्ण सिद्ध नहीं हुआ।[150]

पंजाबी **अनुवाद : कृष्ण द्विवेदी**

11. दिशांतर (दिल्ली) : राम गोपाल बजाज

सुप्रसिद्ध रंगकर्मी ब० व० कारंत का विचार है कि अल्काज़ी द्वारा 'आषाढ़ का एक दिन' के मंचन से पहले हिंदी रंगमंच था ही नहीं। हिंदी में मौलिक नाट्य लेखन की दृष्टि से बेशक इसे हम अपनी रंग-परंपरा का उल्लेखनीय साक्ष्य भी कह सकते हैं। अल्काज़ी से लेकर अब तक इसके साठ से भी अधिक प्रस्तुतीकरण किए जा चुके हैं। यही नहीं अंग्रेजी, असमिया, कन्नड़, मराठी, गुजराती और मणिपुरी में भी इसके अट्ठारह मंचन का होना एक उल्लेखनीय उपलब्धि है। दिल्ली की नाट्य-संस्था 'दिशांतर' और अभिनेता-निर्देशक प्रो० राम गोपाल बजाज का मोहन राकेश और उनके नाटकों से पुराना आत्मीय सम्बन्ध रहा है। जबलपुर और दिल्ली के अलावा बजाज ने अगस्त 1980 में इस नाटक का पंजाबी अनुवाद पटिलाया के 'नाटक कला विभाग' के साथ भी खेला था।[151] इसलिए 15 अगस्त, 1984 को 'मंज़र थिएटर' में 'दिशांतर' की ओर से बजाज के निर्देशन में हुए 'हाड़ दा इक दिन' से मौलिकता और नएपन की उम्मीदें जोड़ना स्वाभाविक ही था।

'आषाढ़ का एक दिन' जैसे काव्यात्मक नाटक को पंजाबी में करने का कारण बताते हुए बजाज ने कहा कि "राकेशजी ने लिखा भले ही हिंदी में हो, लेकिन मूलतः तो वह पंजाबी थे। इसलिए यह कैसे संभव है कि उनकी रचना में

पंजाबी आदमी की सघनता, भावुकता और तीव्रता मौजूद न हो। कालिदास जैसा नायक और विलोम जैसा प्रतिनायक आपको बंगाल की भूमि से नहीं मिलेगा। विलोम की बातचीत का ढंग, स्वभाव और व्यवहार एक ठेठ पंजाबी आदमी का व्यक्तित्व सामने लाता है। वह झूठ नहीं बोलता। बेलाग और स्पष्टवादी विलोम जब उदार भी होता है तो ईमानदारी के साथ। वह सचमुच पत्थर तोड़कर निकाली गई आर्द्रता और भावुकता है।" पता नहीं यह निर्देशक बजाज के इस नजरिए का नतीजा था या अभिनेता महावीर भुल्लर की अभिनय-क्षमता का कि नाटककार राकेश की इच्छा के विरुद्ध कालिदास या मल्लिका के बजाए, विलोम ही इस प्रदर्शन का प्रमुख और मानवीय चरित्र बन कर उभरा।

अम्बिका और मल्लिका के रूप में सुचित्रा गुप्ता और दीपा साही ने अपने चरित्रों को जीवंत बनाने की भरसक कोशिश की और अभिनय की दृष्टि से वे कहीं मात नहीं खातीं। पर जहाँ तक वाचिक का प्रश्न है वह उससे सहज रिश्ता कायम नहीं कर पातीं। कालिदास की भूमिका के लिए पटियाला से बुलाए गए रमेश बोड़ा तो इस दृष्टि से और भी निराश करते हैं। मातुल के रूप में एस० केसर का उच्चारण ठीक था, पर उनकी नंगी छाती के स्याह काले बाल उनके सर और मूछों के एकदम सफेद बालों से मेल न खाने के कारण हास्यास्पद लग रहे थे। अनुस्वार-अनुनासिक (किरण भाटिया, मुनीश बहल) का प्रसंग हास्य पैदा करने में असमर्थ रहा। प्रियंगुमंजरी का चरित्रांकन भी खासा अटपटा था। राकेश की प्रियंगु एक स्तर पर मल्लिका की ही तरह अधूरी और बेचारी है, जो पूरेपन के सूत्रों की तलाश में मल्लिका के पास आती है। पर जास्मीन सूरी की प्रियंगुमंजरी तो पूरी तरह से खलनायिका बना दी गई। दीनानाथ के ध्वनि, प्रभाव अच्छे थे और दृश्य-बंध भी सुरुचिपूर्ण।

कुल मिलाकर नाटक दर्शकों को बाँधने में समर्थ नहीं हो सका। इसका सबसे बड़ा कारण था इसके पंजाबी अनुवाद की बनावटी भाषा, जिसके विषय में निर्देशक का मत है कि, 'कृष्ण द्विवेदी और कलाकारों द्वारा ठेठ ग्राम्य-भाषा में किया गया इसका अनुवाद भाव और भाषा की एकात्मकता, प्रभावशीलता और सबसे बड़ी बात अनौपचारिक सहजता को प्रस्तुत करने में सफल हुआ।·· इस भाषा की अनौपचारिकता पाकर यह नाटक मेरे ज्यादा नजदीक आ गया है।' क्या नाटक के ग्रामीण पात्रों को किसी अंचल विशेष की पंजाबी बोली और दरबारी पात्रों को शहरी सुसंस्कृत पंजाबी भाषा के शब्दों एवं लय-विधान से युक्त संवाद देना अधिक प्रभावशाली नहीं होता ? अनुवाद की मौजूदा 'आकाशवाणीनुमा भाषा' (एम० के० रैना) से न तो अभिनेता सहज हो पाते हैं और न दर्शक। इनमें संवेदनशीलता, अंतरंगता और ठेठ पंजाबी ठसक का अभाव है।

कालिदास का चेहरा एकदम भावशून्य रहा और तीसरे अंक में उसके

संवादों की गति बहुत तेज होने के कारण राकेश की काव्यात्मकता नष्ट हो गई। पहले अंक के शुरू में प्रस्तुत बिजली चमकने, बादल गरजने और पानी बरसने के प्रभावों का तीसरे अंक के शुरू में दोहराया जाना आवश्यक था, क्योंकि इससे परिस्थिति की विडंबना का रेखांकन होता। भाषा के प्रति संवेदनशील और प्रबुद्ध नाट्य-निर्देशक की इस प्रस्तुति ने समग्रतः निराशा ही किया।

'आषाढ़ का एक दिन' की कुछ अन्य प्रस्तुतियों की सूची

अंग्रेज़ी

वुमंस क्रिश्चियंस कॉलेज, मद्रास : अम्मू मैथ्यू (1971)

असमिया

असम राज्य सांस्कृतिक नाट्योत्सव; डिब्रूगढ़ : मूनीन भुइयाँ (1990)

कन्नड़

कन्नड़ साहित्य संघ, बैंगलूर : नागेश (1972)

तिरुगाता, हेग्गूडू : के० वी० अक्षर (1991)

गुजराती

राष्ट्रीय कला केंद्र, सूरत

मराठी

भरत नाट्य मंदिर, पूना : विजय कुमार चौकसे (3 जनवरी, 1976)

अहल्या देवी माध्यमिक विद्यालय, पूना : श्रीमती विद्या बापट (10 दिसम्बर, 1981)

मणिपुरी

अवंत गार्द, इम्फाल : सानाख्या इ बोतोम्बी (1995)

हिंदी

(1) कमला राजा महाविद्यालय, ग्वालियर : डॉ० सुशीला सोहतगी (1960)

(2) प्रयाग रंगमंच, इलाहाबाद : सत्यव्रत सिन्हा (1965)

(3) सेंट एण्ड्रूज कॉलेज, गोरखपुर (1968)

(4) राष्ट्रीय नाट्य परिषद्, कानपुर
(5) सी० एम० दुबे कॉलेज, बिलासपुर : रवि पाण्डेय (1968)
(6) अनुपमा, वाराणसी : ज्योतींद्र सिंह सोहल (1972)
(7) नाट्य भारती, कानपुर : राधेश्याम दीक्षित (1973)
(8) नव नाट्य निकेतन, दिल्ली : सूर्यकांत माथुर (15 जून, 1973)
(9) ज० रा० दानी कन्या शाला, रायपुर : श्रीमती विनोद गर्ग (9 जनवरी, 1975)
(10) हिंदी नाट्य समिति, जबलपुर : महेन्द्र सिंह चौहान (1975)
(11) सेंट जेवियर्स कॉलेज, राँची
(12) अंकुर आर्ट्स, अम्बाला : ज्ञान चौरसिया (1979)
(13) महारानी सुदर्शना छात्रा महाविद्यालय, बीकानेर (1981)
(14) भारतीय संगीत नृत्य-नाट्य महाविद्यालय, बड़ौदा : यशवंत केलकर (3-7 सितम्बर 1981),
(15) कल्चरल सोसाइटी ऑफ राजस्थान, जयपुर : राम सहाय पारीक (10 जनवरी, 1984)
(16) पूर्वाभ्यास, लखनऊ : नवीन कुमार (1985)
(17) ओ० एन० जी० सी० थियेटर, देहरादून (24 दिसम्बर, 1985)
(18) कला अकादमी, गोआ : बसंत जोसलकर (1994)

निष्कर्ष और मूल्यांकन

"जून सन् '58 में इस नाटक का पहला संस्करण प्रकाशित हुआ था। तब इसे लेकर जो कई एक प्रश्न उठाए गए थे, उनमें एक प्रश्न अभिनेयता का भी था। परंतु इस ग्यारह वर्षों में लगभग तीस स्थानों पर अलग-अलग नाट्य-संस्थानों द्वारा इसका प्रस्तुतीकरण यहाँ उस प्रश्न पर विचार करने का अवसर नहीं रहने देता। हिंदी रंगमंच की वर्तमान स्थिति में किसी भी नाटक के लिए इस तरह का सौभाग्य गर्व का विषय हो सकता है।"[152]

यह पंक्तियाँ सितम्बर, 1969 में प्रकाशित 'आषाढ़ का एक दिन' के विशिष्ट संस्करण की भूमिका का आरम्भ करते हुए नाटककार राकेश ने लिखी थीं। महाकवि कालिदास की चरित्र-प्रतिमा और ऐतिहासिकता के प्रश्न पर पुराणपंथी पण्डितों का चौंकना और अप्रसन्न होना तो अपनी जगह था ही; इसकी संस्कृतनिष्ठ काव्यात्मक भाषा और तीसरे अंक के लम्बे एकालापों-संलापों के कारण अधिकांश रंगकर्मियों एवं जागरूक नाट्य-समीक्षकों ने इसकी रंगमंचीयता को लेकर भी शंकाएँ व्यक्त की थीं। इसका एक दिलचस्प उदाहरण

कलकत्ता की नाट्य-संस्था 'अनामिका' द्वारा इसके मंचन की नेपथ्य-कथा है। इसके नाट्य-पाठ के बाद अनामिका की कमेटी के सक्रिय एवं जागरूक सदस्यों ने इसे प्रसाद-परम्परा का पाठ्य-नाटक मानते हुए इसके मंचन-प्रस्ताव का लगभग सर्वसम्मति से विरोध किया। निर्देशक श्यामानंद जालान के तीव्र आग्रह पर 'उन्होंने यह शर्त रखी कि पहले केवल इसके तीसरे अंक का ही मंचन करके स्वयं देख लिया जाए; यदि वह ठीक लगे तो बाद में पूरा नाटक तैयार करके उसका सार्वजनिक प्रदर्शन किया जाए।'[153] कहने की आवश्यकता नहीं कि उस प्रयोग की सफलता से आश्वस्त होकर ही 'अनामिका' ने इस नाटक का सम्पूर्ण अभिमंचन किया, जो आधुनिक हिंदी रंगमंच के इतिहास में एक बहुचर्चित और बहुप्रशंसित प्रस्तुतीकरण माना जाता है। इसकी मंचीय सफलता का प्रमुख कारण यह है कि इस नाटक में काल-विशेष की पृष्ठभूमि और उसके यथार्थ-भ्रम की सृष्टि के लिए संस्कृत के कुछ तत्सम शब्दों का उपयोग अवश्य किया गया है; परंतु शब्दों के संयोजन से उत्पन्न सम्वाद-लय एकदम आधुनिक और पूर्णतः विश्वसनीय है। संस्कृत के अपेक्षाकृत कठिन शब्दों को उनके प्रयोग-संदर्भ एवं चरित्रों की भाव-भंगिमाओं और क्रियाओं से अनूदित करके रचनाकार ने उन्हें साधारण दर्शक के लिए भी सहज-सम्प्रेष्य बना दिया है। यही बात तीसरे अंक के एकालाप और संलाप को लेकर भी है। यहाँ मातुल के प्रस्थान के बाद मल्लिका का 49 पंक्तियों का एक एकालाप और थोड़ा बाद में कालिदास का 81 पंक्तियों का एक लम्बा सम्लाप है। मल्लिका के एकालाप में राकेश ने 'ग्रंथ' को कालिदास का सजीव प्रतीक बनाकर बड़ी सूक्ष्मता एवं कुशलता से इस स्वगत कथन को सहज सम्बोधित सम्वाद में बदल दिया है। इसके अतिरिक्त, नाटककार ने मल्लिका की परिस्थिति और मनःस्थिति के अनुरूप इस लम्बे सम्वाद को नौ स्थानों पर विभक्त करके न केवल उसकी एकरूपता और लम्बाई को तोड़ दिया है, बल्कि अभिनेत्री के लिए वैविध्यपूर्ण अभिनय की चुनौती भी प्रस्तुत कर दी है। यही बात मल्लिका को सम्बोधित कालिदास के 81 पंक्तियों के सम्वाद के विषय में भी सच है, जिसे राकेश ने बड़ी सूझ-बूझ से सात स्थानों पर तोड़कर सम्वाद-लय और भाव-भंगिमा के परिवर्तन द्वारा विविधता एवं नाटकीयता उत्पन्न की है। इस बारीक फर्क को जाने-समझे बिना प्रसाद और राकेश की नाट्य-कला के सूक्ष्म एवं आंतरिक भेद का ज्ञान नहीं हो सकता।

दूसरी बात इस नाटक की मंचन-संख्या को लेकर है। मुझे कई वर्षों की भाग-दौड़ और खोजबीन के बाद इसके कुल 60-65 प्रस्तुतीकरणों की ही जानकारी मिल पाई है। इनमें से भी हिंदी में 18 और अन्य भाषाओं में 8 प्रस्तुतीयों के होने की केवल सूचनाएँ भर ही मिली हैं, सम्पूर्ण तथ्य उपलब्ध

नहीं किए जा सके। रचनाकार के साक्ष्य पर सितम्बर 1969 तक इसके 30 प्रस्तुतिकरण हो चुके थे, जबकि मुझे उस समय तक के केवल 13 अभिमंचनों की ही जानकारी मिल पाई है। उपलब्ध तथ्यों की सीमा और मंचन-संख्या के इस अनुपात को देखते हुए यह अनुमान आसानी से लगाया जा सकता है कि अब तक 'आषाढ़ का एक दिन' के शायद डेढ़-दो सौ से अधिक प्रस्तुतीकरण तो हो ही चुके होंगे। हिंदी के किसी भी गम्भीर नाटक के लिए यह तथ्य, न केवल 1969 में ही, बल्कि आज 1995 के हिंदी रंगमंच की वर्तमान स्थिति को देखते हुए भी निश्चय ही सौभाग्य और गर्व का विषय है। यही नहीं, इस नाटक के अंग्रेजी, कन्नड़, मराठी, मणिपुरी, असमिया, गुजराती और पंजाबी में हुए लगभग अट्ठारह अभिमंचनों ने सम्पूर्ण भारतीय रंग-परिदृश्य पर हिंदी नाटक की प्रतिष्ठा में उल्लेखनीय अभिवृद्धि की है।

इस नाटक की व्याख्या और प्रस्तुतीकरण-शैली को लेकर अनेक मौलिक एवं रोचक प्रयोग किए गए हैं। श्यामानंद जालान और इब्राहिम अल्काज़ी ने रोमानी दृष्टि से नाटक के सौंदर्य-पक्ष और मल्लिका के करुण-कोमल प्रेम की त्रासदी को उभारने की कोशिश करते हुए अपने दर्शकों को भाव-विभोर किया। कालांतर में ओम शिवपुरी (हिंदी), देवकुमार नाथ (असमिया), रतन थियम (मणिपुरी) तथा राम गोपाल बजाज (पंजाबी) इत्यादि अनेक निर्देशकों ने मल्लिका को केंद्र में रखकर इसे एक अभिनव प्रेम-कहानी की तरह ही पेश किया जिसमें प्रसंगवश कलाकार और राज्याश्रय की समस्या वगैरह भी स्वतः आ जाती हैं। मोहन महर्षि ने कालिदास को कमजोर, झूठा और छली मानते हुए विलोम और उसकी त्रासदी को उभारने का प्रयत्न किया तो राम गोपाल बजाज (हिंदी प्रस्तुति) ने अपनी दृष्टि को कालिदास पर केंद्रित किया। बजाज 'आषाढ़ का एक दिन' को विभोरता का नहीं, विश्लेषण और मोहभंग जन्य उत्तेजना का नाटक मानते हैं। वह कालिदास के आत्मरति और आत्मपीड़ा वाले कमजोर रूप के बजाए, तीसरे अंक के लम्बे संलाप के आधार पर, उसका कटु, क्रुद्ध और आत्मविश्लेषक रूप प्रस्तुत करना चाहते हैं जिसकी पूरी झलक उनके रंगमंडल के 1992 के प्रस्तुतीकरण से भी नहीं मिल पाती। सत्यदेव दुबे, लक्ष्मीनारायण लाल, एन० सी० ठाकुर, गिरीश रस्तोगी, सतीश आनंद, के० के० माथुर, विवेक दत्त झा, बृजमोहन शाह, सतीश चाँद, उर्मिल कुमार थपलियाल, ओमप्रकाश पाण्डेय, अशोक निशेष, इत्यादि अधिकांश निर्देशक मल्लिका के पक्ष से मानवीय सम्बन्धों की विडम्बना को रेखांकित करते हैं तो कुमार वर्मा, भानु भारती तथा फ़ैज़ल अल्काज़ी जैसे युवा निर्देशक व्यवस्था द्वारा सृजनशील कलाकार को तोड़ने एवं राज्याश्रय तथा कलाकार के सम्बन्धों की विषमता की ओर दर्शक का ध्यान आकृष्ट कराना चाहते हैं। अमाल

अल्लाना विलोम को अधिक उग्र और आक्रामक बनाकर कालिदास-मल्लिका के आस्थामय किंतु अवमंदित प्रेम की पीड़ा को रेखांकित करने की कोशिश करती हैं।

नाट्यालेख के अनुसार मल्लिका की केंद्रीय भूमिका के बाद कालिदास और फिर विलोम का महत्त्व है। सम्वाद-पंक्तियों की दृष्टि से भी इनकी क्रमशः 562, 290 तथा 279 पंक्तियाँ होने से यही क्रम सही प्रतीत होता है। कालिदास और विलोम की सम्वाद-संख्या मिलकर (65+47=112) भी अकेली मल्लिका की सम्वाद-संख्या (193) से बहुत कम पड़ती है। सम्भवतः इसीलिए जिस निर्देशक ने भी, उसके केंद्रीय महत्त्व को कम करके किसी और चरित्र या समस्या को उभारने की कोशिश की, किसी न किसी दृष्टि से प्रदर्शन की मूल्यवत्ता पर उसका कुछ न कुछ नकारात्मक प्रभाव अवश्य पड़ा। चरित्रगत कारणों के साथ-साथ कालिदास और विलोम के सम्वादों में चूँकि केवल 11 पंक्तियों का नगण्य-सा ही अंतर है और मंच-उपस्थिति की दृष्टि से भी कालिदास के पहले और तीसरे अंक के मुकाबले विलोम तीनों अंकों में मँच पर प्रत्यक्षतः मौजूद रहता है। इसलिए इन दोनों चरित्रों के महत्त्व और बलाबल को लेकर जो मामूली-सी मतभेद की सम्भावना बचती है; उसी का लाभ उठाते हुए कुछ निर्देशकों ने कालिदास के बजाए विलोम को अपेक्षाकृत अधिक उभारने का प्रयत्न किया। परंतु अपनी मूल चरित्र-परिकल्पना में ही चूँकि कालिदास कोमल और कमजोर तथा विलोम उग्र और कठोर है और राकेश ने बड़ी सूझ-बूझ एवं कलात्मकता से इनकी मानवीयता की रक्षा करते हुए इनके पारस्परिक सम्बन्ध-संतुलन को बनाया है, इसलिए निर्देशक द्वारा विलोम का पक्ष ग्रहण करते ही वह प्रायः कालिदास के व्यावहारिक-प्रतिरूप के स्थान से गिर कर खलनायक नजर आने लगता है। अतः स्पष्ट है कि 'आषाढ़ का एक दिन' की श्रेष्ठ प्रस्तुतियाँ अक्सर वही रही हैं, जिनमें आलेख और नाटककार के दृष्टिकोण के साथ कम से कम छेड़छाड़ या तोड़-मरोड़ की गई है।

अतीताश्रित पात्र, घटना और परिवेश तथा गरिमापूर्ण सुसंस्कृत भाषा के कारण प्रायः 'आषाढ़ का एक दिन' को 'क्लासिकल-पीरियड' का नाटक मानने और इसे उसी प्रस्तुति-शैली में पेश करने की कोशिश की गई है। परंतु वास्तव में यह एक यथार्थपरक आधुनिक नाटक है जिसे सूक्ष्म काव्यात्मक स्पर्श देकर रचनाकार ने अद्भुत सौंदर्य एवं प्रभाव से मंडित कर दिया है। इसलिए क्लासीकल के साथ-साथ इसे यथार्थवादी, काव्यात्मक और प्रयोगशील प्रस्तुति-शैलियों में विविधतापूर्वक प्रदर्शित किया गया। स्वयं राकेश के शब्दों में, "नाटक के अलग-अलग प्रदर्शनों में प्रस्तुतीकरण की इतनी विविधता रही है कि कभी-कभी तो लगता है कि नाटककार की ओर से किसी तरह के मंच-संकेत भी शायद नहीं

होने चाहिएँ।"[154]

मंच और प्रेक्षागृह को लेकर नाटककार की अपनी परिकल्पना प्रोसीनियम थियेटर की है। रामगोपाल बजाज के अनुसार, "इस नाटक का कथ्य, कथा और पात्र भले ही भारतीय हों, परंतु इसका टेक्नीक, गठन, ढाँचा और स्वरूप सब कुछ विदेशी है—एक 'वैलमेड प्ले' की तरह। इसलिए मैं मानता हूँ कि इसे प्रोसीनियम में ही किया जाए तो अधिक सही और असरदार होगा, वरना प्ले तो यक्षगान में भी किया जा सकता है—प्रयोग के लिए।"[155] और शायद यही कारण है कि 'आषाढ़ का एक दिन' की ज्यादातर प्रस्तुतियां रंगद्वारी प्रेक्षागृह के संदूकिया-मंच पर ही की गईं। इस प्रकार की प्रस्तुतियों में रमेशचंद्र श्रीवास्तव तथा उर्मिल कुमार थपलियाल (लखनऊ), लक्ष्मीनारायण लाल (इलाहाबाद), श्यामानंद जालान तथा बद्री तिवारी (कलकत्ता), सत्यदेव दुबे तथा सैम कैरावाला (बम्बई), मोहन महर्षि (मॉरीशस), के० वी० सुब्बण्णा (कर्नाटक), देवकुमार नाथ (गुहाटी), गिरीश रस्तोगी (गोरखपुर), ज्योतीन्द्र सिंह सोहल एवं सुधांशु मोहन (वाराणसी), के० के० माथुर (जोधपुर), अम्मू मैथ्यू (मद्रास), पी० कैम्फर (कानपुर), विवेकदत्त झा (सागर एवं रायपुर), सतीश चाँद (देहरादून), राम गोपाल बजाज (जबलपुर, दिल्ली, पटियाला), एन० सी० ठाकुर तथा कुमार वर्मा (चण्डीगढ़), ओमप्रकाश पांडे (आजमगढ़), सतीश आनंद और दीपांकर दास गुप्ता (पटना) तथा ओम शिवपुरी, अवीक घोष, मनोज भटनागर, प्राणनाथ तुगनैत, फैज़ल अल्काज़ी, सुधा शिवपुरी, बृजमोहन शाह, रामगोपाल बजाज, अशोक निशेष और अमाल अल्लाना (दिल्ली) के प्रदर्शन उल्लेखनीय हैं। परंतु यह एक आश्चर्यजनक और ऐतिहासिक तथ्य है कि इब्राहिम अल्काज़ी (राष्ट्रीय नाट्य विद्यालय, दिल्ली), द्वारा की गई इस नाटक की सर्वाधिक महत्त्वपूर्ण एवं चर्चित प्रस्तुति नाटककार की इस मूल-परिकल्पना से सर्वथा अलग मुक्ताकाशी मंच पर की गई। इस प्रकार के अन्य प्रस्तुतीकरणों में मोहन महर्षि (एमेच्योर आर्टिस्ट्स एसोसिएशन, जयपुर जॉय माइकेल (मेरी वाशिंगटन कॉलेज, वर्जीनिया), भानु भारती (सेवा मंदिर, उदयपुर), तथा रतन थियम (कोरस रिपर्टरी, इम्फाल) के प्रदर्शन भी विशेष रूप से उल्लेखनीय हैं।

नाट्यालेख में परिवर्तन या उसके सम्पादन का प्रश्न प्रत्यक्षतः नाटककार और निर्देशक के अधिकारों के गम्भीर, नाजुक और विवादास्पद प्रश्न से जुड़ा है। राकेश इस संदर्भ में बड़े जागरूक एवं सम्वेदनशील रचनाकार थे और निर्देशक के अधिकार तथा महत्त्व से पूर्णतः परिचित होने के बावजूद नाटककार के रंगमंच की धारणा में विश्वास रखते थे। इसीलिए उन्होंने अपने नाट्यालेखों को पूर्णतः निर्दोष और प्रत्येक दृष्टि से सम्पूर्ण बनाने का हर सम्भव प्रयत्न

किया। शायद यही कारण है कि, एकाध अपवाद को छोड़कर, राकेश के किसी भी वरिष्ठ, प्रतिष्ठित और महत्त्वपूर्ण निर्देशक ने उनके नाट्यालेखों में कोई बुनियादी या बड़ा परिवर्तन कभी नहीं किया। जहाँ तक 'आषाढ़ का एक दिन' का सवाल है, नाट्य-केंद्र (इलाहाबाद) की प्रस्तुति में स्त्री कलाकारों के अभाव के अत्यंत व्यावहारिक कारण से अम्बिका को दादू बना दिया गया और रंगिणी-संगिनी प्रसंग को भी पूरी तरह काट देना पड़ा। इसी या इसी प्रकार के किसी अन्य कारण से रंगिणी-संगिनी प्रसंग का सम्पादन करने वालों में प्राणनाथ तुगनैत तथा सुधा शिवपुरी (दिल्ली), दीपांकर दास गुप्ता तथा सतीश आनंद (पटना), पी० कैम्फर (कानपुर), के० के० माथुर (जोधपुर) तथा सुधांशु मोहन 'मीत' (वाराणसी) के नाम प्रमुख हैं। ठाकुर नवीनचंद्र (चण्डीगढ़) तथा अशोक निशेष (दिल्ली) ने अच्छे अभिनेताओं की अनुपलब्धि के कारण अनुस्वार-अनुनासिक के प्रकरण को छोड़ दिया तो नवलकिशोर प्रसाद सिंह (गया) ने 'नाटक के प्रवाह में अवरोध'[156] के बहाने न केवल रंगिणी-संगिनी और अनुस्वार-अनुनासिक की भूमिकाएँ हटा दीं बल्कि तीसरे अंक से कालिदास के कुछ लम्बे सम्वादों को भी काट दिया। परंतु उनके अनुसार, "मैं यह नहीं कहता कि जो मैंने अलग किया, वह अनावश्यक था।"[157] रामगोपाल बजाज के निर्देशन में प्रस्तुत इस नाटक की पंजाबी प्रस्तुति में प्रियंगुमंजरी के कुछेक सम्वादों को 'समय की अधिकता और अभिनेत्री की कमजोरी'[158] के कारण काट दिया गया था। इस संदर्भ में चण्डीगढ़ के वरिष्ठ एवं प्रबुद्ध रंगकर्मी डॉ० वीरेन्द्र मेंहदीरत्ता का व्यक्तिगत अनुभव पर आधारित यह कथन महत्त्वपूर्ण है कि, "चंद्रगुप्त विद्यालंकार और उपेंद्रनाथ अश्क के नाटकों की तैयारी करवाते वक्त उनके आलेखों को काफी से ज्यादा सम्पादित करना पड़ता था, जबकि मोहन राकेश के नाटक खेलते वक्त इसकी कम से कम जरूरत पड़ी।"[169] स्पष्ट है कि किसी वैचारिक अथवा सैद्धांतिक गंभीर कारण के बजाए संस्था अथवा समय की सीमा या निर्देशकीय सुविधा ही प्रायः इस प्रकार के सम्पादन का मूल कारण रही है।

कुछ अपेक्षाकृत नए और छोटे रंग-नगरों में कलाकारों की सीमा तथा दर्शकों की अभिरुचि को देखते हुए संस्कृत के श्लोकों के स्थान पर अन्य लोकप्रिय वर्षा गीतों का उपयोग भी किया गया। इस दृष्टि से कला त्रिवेणी, जोधपुर और नाटक कला विभाग, पटियाला की के० के० माथुर तथा रामगोपाल बजाज निर्देशित प्रस्तुतियाँ उल्लेखनीय हैं जिनमें क्रमशः लेखक-संगीत निर्देशक बी० एल० माथुर के दो गानों तथा पंजावी के वर्षा-सम्बन्धी लोक-गीतों का प्रयोग किया गया। इनसे पहले अल्काजी और शायद इसीलिए मोहन महर्षि भी एक भोजपुरी विदाई गीत का रचनात्मक उपयोग अपनी प्रस्तुतियों में कर चुके थे।

यथार्थवाद और स्वाभाविकता के अतिरिक्त-आग्रह के कारण श्यामानंद जालान तथा मनोज भटनागर ने अपनी प्रस्तुतियों में जीवित हरिण शावक का उपयोग किया; परंतु व्यवहारतः इससे मंच पर अव्यवस्था उत्पन्न हुई और नाटक के मूल भाव से दर्शकों का ध्यान हट गया।

किसी भी नाटक का मंच और दृश्य मूलतः नाट्यालेख के भीतर ही समाहित रहता है। यही कारण है कि इब्राहिम अल्काजी ने अपनी प्रस्तुति को प्रोसीनियम के बजाए मुक्ताकाशी मंच पर लाने के बावजूद दृश्य-बंध सम्बन्धी नाटककार की मूल परिकल्पना में कोई बुनियादी परिवर्तन नहीं किया। हाँ, मल्लिका के प्रतीकत्व को साकार करने, दृश्य-बंध के संतुलन को बनाने तथा अभिनेताओं के लिए एक महत्त्वपूर्ण अभिनय-स्थल उपलब्ध कराने की दृष्टि से आँगन में एक छोटे-से पेड़ की व्यवस्था अवश्य की थी, जिसे कालांतर में मोहन महर्षि इत्यादि ने ज्यों का त्यों अपना लिया। कुमार वर्मा ने झूले का इस्तेमाल किया तो भानु भारती ने मंदिर वाली पहाड़ी की तलहटी के स्वाभाविक परिवेश और आषाढ़ के ही मौसम की वास्तविक घटाओं और रह-रहकर चमकती बिजली का चुनाव किया। शेष लगभग सभी निर्देशकों और दृश्य-बंध-परिकल्पकों ने भी कमोवेश इसी दायरे में रह कर काम किया। 'स्टूडियो-1' की अमाल अल्लाना निर्देशित प्रस्तुति के लिए दृश्य-बंध की परिकल्पना करते हुए निसार अल्लाना ने इस परम्परा से अलग और मौलिक होने की कोशिश में पुल और जंगल से युक्त एक भव्य और भारी-भरकम दृश्य-बंध का निर्माण कर डाला। परंतु रचनाकार की मूल परिकल्पना से अलग हटने का प्रत्यक्ष दुष्परिणाम यह हुआ कि पात्रों के प्रवेश-प्रस्थान में ही अंतर नहीं आया, बल्कि गतियों और सम्वाद-संगति तक अव्यवस्थित और कहीं-कहीं असंगत हो गई।

'आषाढ़ का एक दिन' के कालिदास को मंच पर साकार करने वाले अभिनेताओं में ओम शिवपुरी, श्यामानंद जालान, वी० के० शर्मा, वी० एम० बडोला, कुलभूषण खरबंदा, सरताज माथुर, हरीश भाटिया, सतीश कुमार चाँद, सतीश आनंद, असित डेनियल्स, दिनेश शाकुल, रवि झांकल, मनोज शर्मा, अभिजित लाहिड़ी तथा रोहिताश्व गौड़ जैसे प्रशिक्षित, अनुभवी और हिंदी रंगमंच के श्रेष्ठ कलाकारों के नाम लिए जा सकते हैं। किंतु यह कैसी विडम्बना है कि देश के शीर्षस्थ निर्देशकों और अभिनेताओं के भरसक रचनात्मक सहयोग के बावजूद, एकाध अपवाद को छोड़कर, इस नाटक की कोई भी प्रस्तुति मंच पर कालिदास को प्रभावशाली एवं जीवंत चरित्र के रूप में प्रस्तुत नहीं कर सकी। और इस दृष्टि से यह निर्णय करना कठिन है कि इस कमजोरी के लिए वास्तविक उत्तरदायी कौन है—नाटकीय चरित्र या अभिनेता? सम्भवतः कालिदास का सम्वेदनशील चरित्र नाट्यालेख में कोमल होने के बजाए रचनाकार की इच्छा और

कोशिश के विपरीत कमजोर ही हो गया है।

समग्रतः हम कह सकते हैं कि कतिपय सीमाओं के बावजूद 'आषाढ़ का एक दिन' आधुनिक हिंदी नाट्य-लेखन की एक महत्त्वपूर्ण उपलब्धि है जिसके देशव्यापी बहुभाषी, वैविध्यपूर्ण, बहुसंख्य प्रदर्शनों ने समकालीन हिंदी रंगमंच के उद्भव, विकास और उत्कर्ष में निर्णायक भूमिका का निर्वाह करते हुए नये भारतीय रंगमंच के नैजिक रूप की सम्भावनाओं की खोज में उल्लेखनीय योगदान दिया है।

संदर्भ

1. श्री श्यामानंद जालान से लेखक की दिसम्बर, 1980 में कलकत्ता में हुई व्यक्तिगत बातचीत।
2. वही।
3. प्रस्तुति की स्मारिका में संकलित लेख 'आषाढ़ का एक दिन : कुछ विचार' से उद्धृत।
4. प्रस्तुति की स्मारिका में संकलित लेख 'आषाढ़ का एक दिन : जैसा मैंने समझा' से उद्धृत।
5. वही।
6. श्री श्यामानंद जालान से दिसम्बर, 1980 में हुई लेखक की व्यक्तिगत बातचीत।
7. 'नाट्योत्सव—1980 : यादों के आईने में' से उद्धृत।
8. श्री श्यामानंद जालान और समीक्षक की बातचीत।
9. अनामिका द्वारा प्रस्तुत 'लहरों के राजहंस' की स्मारिका में प्रकाशित डा० प्रतिभा अग्रवाल के लेख 'व्यक्तिगत अनुभव के झरोखे से' में से उद्धृत।
10. वही।
11. वही।
12. अनामिका द्वारा प्रस्तुत 'लहरों के राजहंस' की स्मारिका में प्रकाशित डा० प्रतिभा अग्रवाल के लेख 'व्यक्तिगत अनुभव के झरोखे से' में से उद्धृत।
13. Amrita Bazar Patrika : 1960
    (अनामिका रजत जयंती उत्सव—1980 की स्मारिका से उद्धृत)
14. धर्मयुग : 1960 (अनामिका रजत जयंती उत्सव—1980 की स्मारिका से उद्धृत)।
15. नाट्योत्सव—1980 स्मारिका से उद्धृत।

16. Enact : 169-70-71 : NSD issue-I (History : Rita Sondhi).
17. Enact : 172-73-74 : N S D issue-II (Hassan Bhai's Reminiscences).
18. नटरंग : वर्ष 1 अंक 2 (रंगमंच के लिए दृश्यांकन : इब्राहिम अल्काज़ी) : पृ॰ 8
19. श्री पंचानन पाठक तथा श्री ब॰ व॰ कारंथ से लेखक की व्यक्तिगत बातचीत।
20. वही।
21. नटरंग : खंड 2 : अंक 6 : अप्रैल-जून 1968 : (रंगमंच पर प्रकाश-योजना : गैगीनाथ दासगुप्ता), पृ॰ 60
22. श्री राम गोपाल बजाज तथा लेखक की व्यक्तिगत बातचीत।
23. श्री जितेंद्र कौशल तथा लेखक की व्यक्तिगत बातचीत।
24. द्रष्टव्य : नटरंग : वर्ष 1 अंक 2 : पृ॰ 9,10,11
25. वही, पृ॰ 10
26. वही, पृ॰ 10-11
27. सत्यदेव दुबे द्वारा मोहन राकेश को 28-9-64 को लिखे एक पोस्ट कार्ड से उद्धृत।
28. (क) ध्यातव्य है कि मणिकौल निर्देशित इस नाटक पर बनी पुरस्कृत फिल्म में भी मल्लिका की भूमिका रेखा सबनीस नामक इस 'बालिका' ने ही अभिनीत की थी।

    (ख) द्रष्टव्य---राकेश और परिवेश : पत्रों में -- सं॰जयदेव तनेजा, पृ॰227
29. नटरंग : अंक 1 : जनवरी, 1965 (नाट्यवृत्त : बम्बई-शंकर सुहैल), पृ॰ 111-112
30. बीसवीं शताब्दी का हिंदी रंगमंच : शशिप्रभा अत्री, पृ॰ 93 से उद्धृत
31. वही।
32. नटरंग : अंक 17 : अक्टूबर-दिसम्बर, 1971 : (दिल्ली का रंगमंच : नेमिचंद्र जैन), पृ॰ 65
33. Eanct : 59 : Paul Jacob.
34. नटरंग : 17 : पृ॰ 65
35. 'यात्रिक' द्वारा प्रस्तुत 'आषाढ़ का एक दिन' की इस प्रतुति के परिचय-पत्र में कलाकारों के नामों को लेकर बड़ी गड़बड़ है। उसमें दंतुल, संगिनी, अनुस्वार और प्रियंगुमंजरी की भूमिका निभाने वाले कलाकारों के नाम क्रमशः नसीम जेब, अंजला महर्षि, आर॰ के॰ सूद तथा इला पांडेय दिए गए हैं।

36. नटरंग : 17 : अक्टूबर-दिसम्बर 1971, पृ० 65
37. नटरंग : अंक 22 : जनवरी-जून, 1973 : (दिल्ली का रंगमंच : नेमिचन्द्र जैन), पृ० 59
38. Enact : 75-76 : March-April 1973 (Rakesh Festival : Pual Jacob).
39. नटरंग : अंक 22 : जनवरी-जून 1973 (दिल्ली का रंगमंच : नेमिचन्द्र जैन), पृ० 59
40. वही।
41. श्री बद्री तिवारी और लेखक के बीच दिसम्बर, 1980 को कलकत्ता में हुई बातचीत।
42. संगीत कला मंदिर के निमंत्रण-पत्र से उद्धृत।
43. निर्देशक और लेखक की व्यक्तिगत बातचीत : दिसम्बर, 1980
44. श्री नेमिचंद जैन और समीक्षक की व्यक्तिगत बातचीत : मार्च, 1982
45. Financial Express : 31 Dec 81 : Rajinder Paul & J N. Kaushal
46. Enact : 179-180 (Nov -Dec 1981) Last Month in Delhi : J.N. Kaushal.
47. Hindustan Times : (The genius of Kalidas : Kavita Negpal) September 21, 1981.
48. वही।
49. इस प्रस्तुति का पहला प्रदर्शन 'तृतीय विश्व हिंदी सम्मेलन' के अवसर पर 28 अक्टूबर, 1983 को श्रीराम सेंटर के मुख्य प्रेक्षागृह में रात 10 बजे किया गया था।
50. जनसत्ता (दिल्ली) : 11 अक्टूबर, 1989 (अनुवाद के सहारे चलता)
51. 'मोहन राकेश नाट्य समारोह' की स्मारिका में प्रकाशित 'निर्देशकीय' से : पृ० 36
52. निर्देशक और आलोचक की व्यक्तिगत बातचीत पर आधारित।
53. वही।
54. वही।
55. मोहन राकेश नाट्य समारोह : स्मारिका में प्रकाशित निर्देशकीय से; पृ० 35
56. नटरंग : 57 (समारोह के बहाने राकेश के नाटक : महेश आनंद), पृ० 48
57. श्री शरद नागर तथा लखनऊ के कुछ अन्य रंगकर्मियों के अनुसार इसका

निर्देशन श्री कुंवर कल्याण सिंह ने किया था।

58. श्री उर्मिल कुमार थपलियाल द्वारा लेखक को लिखे 7.9.81 के पत्र से।
59. भारतीय रंगमंच का विवेचनात्मक इतिहास : डॉ० अज्ञात, पृ० 472
60. डॉ० जीवन लाल गुप्त द्वारा लेखक को लिखे गए 17.5.82 के पत्र से।
61. डॉ० लक्ष्मीनारायण लाल तथा लेखक के बीच नवम्बर, 1981 में हुई एक अनौपचारिक बातचीत से।
62. नटरंग : 6 : अप्रैल-जून, 1968 : (नाटककार और रंगमंच : मोहन राकेश), पृ० 9
63. निर्देशक श्री नवलकिशोर प्रसाद सिंह द्वारा लेखक को दिए गए 5.8.82 के पत्रोत्तर से उद्धृत।
64. वही।
65. वही।
66. श्री सुरंजन द्वारा लेखक को लिखे गए 31.7.82 के पत्र से उद्धृत।
67. निर्देशक द्वारा 5.8.82 को लेखक को दिए गए पत्रोत्तर से उद्धृत।
68. परिचय-पत्र से उद्धृत।
69. Enact : 73-74 (January-February, 1973) : Editorial.
70. भारतीय रंगमंच का विवेचनात्मक इतिहास : डॉ० अज्ञात, पृ० 469
71. डॉ० अज्ञात द्वारा लेखक को लिखे गए 27-11-80 के पत्र से उद्धृत।
72. नटरंग : अंक 9 (जनवरी-मार्च, 1969), पृ० 88
73. वही, पृ० 88।
74. श्री भानु भारती और लेखक के बीच 15 मार्च, 1982 को हुई एक व्यक्तिगत बातचीत।
75. अभिनय : शतक विशेषांक : मणि मधुकर से 20 फरवरी, 1982 को जयदेव तनेजा और आनंद गुप्त की विशेष भेंट, पृ० 66
76. निर्देशक मनोज भटनागर और लेखक के बीच 8 दिसम्बर, 1980 को हुई व्यक्तिगत बातचीत।
77. नटरंग : 21 : अक्टूबर-दिसम्बर, 1972 : (दुर्लभ स्वाभाविक चरित्र : विवेक दत्त झा), पृ० 25
78. निर्देशक द्वारा लेखक को लिखे गये 25.12.80 के व्यक्तिगत पत्र से।
79. वही।
80, नटरंग : 21 : (अक्टूबर-दिसम्बर, 1972), पृ० 25-26
81. वही, पृ० 26
82. वही, पृ० 26
83. वही, (गोविंद देवलिया), पृ० 83

84. वही, (विवेकदत्त झा), पृ० 27
85. वही, पृ० 83
86. नटरंग : 22 जनवरी-जून, 1973 : (विवेकदत्त झा), पृ० 85
87. वही।
88. निर्देशक द्वारा लेखक को लिखे 5.12.80 के पत्र से।
89. नटरंग : 21 (दुर्लभ स्वाभाविक चरित्र : विवेकदत्त झा), पृ० 25
90. श्री विवेकदत्त झा द्वारा लेखक को लिखे 5.12.80 के पत्र से उद्धृत।
91. रंगभारती : नवम्बर, 1973, पृ० 19
92. वही।
93. डॉ० गिरीश रस्तोगी द्वारा लेखक को लिखे गये 20.9.80 के पत्र से।
94. वही।
95. रंगभारती (नवम्बर, 1973) पृ० 18-19
96. वही, पृ० 19
97. निर्देशिका द्वारा लेखक को लिखे गये 20.9.80 के व्यक्तिगत पत्र से।
98. सारिका (मई, 1974) पृ० 91।
99. प्रोफेसर एन० सी० ठाकुर द्वारा लेखक को लिखे 11.9.1980 के प्रश्नोत्तर से।
100. द्रष्टव्य : Ashad Ka Ek Din : N. C. Thakur.
101. डॉ० अतुलवीर अरोड़ा तथा लेखक के बीच मई, 1981 को हुई एक व्यक्तिगत बातचीत पर आधारित।
102. परिचय-पत्र से उद्धृत।
103. सभी उद्धरण श्री उर्मिल कुमार थपलियाल द्वारा लेखक को लिखे गये 7.9.81 के पत्र और व्यक्तिगत बातचीत पर आधारित।
104. भानु भारती से 20 फरवरी, 1982 को लेखक की व्यक्तिगत बातचीत।
105. सभी उद्धरण श्री बृज मोहन शाह और लेखक के बीच 10 मार्च, 1982 को हुई व्यक्तिगत बातचीत पर आधारित।
106. कला संगम : द्वितीय नाट्य समारोह—79 की स्मारिका में प्रकाशित 'कला संगम की रंग यात्रा', पृ० 16
107. नव विहार, पटना : 11 जनवरी, 1976 ('आषाढ़ का एक दिन' का सफल प्रदर्शन : विभूति नाथ मिश्र 'विभूति'), पृ० 5
108. The Searchlight : Dec 20, 1975, p. 3
109. समीक्षक और श्री सतीश आनंद (निर्देशक) तथा श्री अविनाश चन्द्र मिश्र (नाटककार) के बीच पटना में दिसम्बर, 1980 को हुई व्यक्तिगत बातचीत पर आधारित।

110. जनशक्ति : (कला संगम द्वारा आषाढ़ का एक दिन) : 12 जनवरी, 1976
111. श्री प्यारे मोहन सहाय से पटना में हुई लेखक की व्यक्तिगत बातचीत : 20.12.80
112. डॉ० विनीता अग्रवाल और समीक्षक के बीच दिल्ली में 22 फरवरी, 1995 को हुई व्यक्तिगत बातचीत ।
113. नव विहार : 11 जनवरी, 1976, पृ० 6
114 The Searchlight : December 20, 1975, P. 3
115. "एकदम नयी संस्था का ऐसी स्थिति में बिना अपने निर्देशक के नाटक प्रस्तुत करने का साहस भी कम प्रशंसनीय नहीं है ।"—नटरंग : 27 : पृ० 58
116. नटरंग 27 : जनवरी-दिसम्बर 1976 (भोपाल का रंगमंच), पृ० 58
117. डॉ० अतुलवीर अरोड़ा और लेखक के बीच मई, 1982 को हुई व्यक्तिगत बातचीत ।
118. नटरंग 27 : (नाटक की समझ—समझ का नाटक : देहरादून के परिप्रेक्ष्य में), पृ० 79
119. श्री के० के० माथुर के 12 फरवरी, 1981 के एक पत्र से उद्धृत ।
120. दैनिक जलते दीप : 11 दिसम्बर, 1977 : (डॉ० विश्वनाथ शर्मा)
121. (क) रंग भारती : दिसम्बर 1978 (मदन मोहन माथुर) : पृ० 66
(ख) दैनिक जलते दीप : 11 दिसम्बर, 1977 (डॉ० विश्वनाथ शर्मा)
122. श्री रवीन्द्र माथुर द्वारा लेखक को लिखे गए 12.9.80 के पत्र से उद्धृत ।
123. 'मिनी' सांस्कृतिक संस्थान, वाराणसी द्वारा प्रस्तुत 'आषाढ का एक दिन' के परिचय-पत्र से उद्धृत ।
124. श्री सुधांशु मोहन द्वारा लेखक को लिखे 22.8.82 के पत्र से उद्धृत ।
125. एक स्थानीय पत्र में प्रकाशित (काशी के रंगमंच से : मृगांक) : एक तिथि रहित कतरन से उद्धृत ।
126. श्री सुधांशु मोहन द्वारा लेखक को लिखे 22.8.82 के पत्र से उद्धृत ।
127. श्री विजय कुमार द्वारा लेखक को 5.10.82 को लिखे गए एक व्यक्तिगत पत्र से उद्धृत ।
128. श्री सुधांशु मोहन के 22.8.82 के पत्र से ।
129. आषाढ़ का एक दिन : मिरांडा हाउस की प्रस्तुति के परिचय-पत्र में प्रकाशित '···और यह प्रस्तुति' से उद्धृत ।
130. निर्देशक श्री रामगोपाल बजाज से लेखक की व्यक्तिगत बातचीत ।
131. सन्मार्ग : (आषाढ़ का एक दिन : सफल मंचन) : 18.4.79

132. 'नव नाट्यम्' की प्रस्तुति के परिचय-पत्र में प्रकाशित 'विशेष' से उद्धृत ।
133. वही।
134. आज (आजमगढ़ रंगमंच : प्रमोद कुमार त्रिपाठी) : 7 दिसम्बर, 1979
135. श्री ओमप्रकाश पांडेय द्वारा लेखक को लिखे 6.1.82 के पत्रोत्तर से उद्धृत ।
136. आज : 7 दिसम्बर, 1979
137. जार्ज सेंट जूलियन 16.5.68 : (मोहन राकेश के सम्पूर्ण नाटक : सं० नेमिचंद्र जैन : पृ० 119 से उद्धृत) ।
138. धर्मयुग : 7 नवम्बर, 1971, पृ० 51
139. Enact : 59 : One Day in Ashada : Leslie de Nornha.
140. नाट्य-परिवेश : कन्हैयालाल नंदन, पृ० 55
141. Enact : 59 : Leslie de Nornha.
142. नटरंग : अंक 21 : अक्टूबर-दिसम्बर, 1972 : (गठी हुई बुनावट : फ़ैज़ल अल्काज़ी), पृ० 28
143. The Hindustan Times : 24 August, 1972
144. नटरंग : अंक 21 : अक्टूबर-दिसम्बर, 1972 : (गठी हुई बुनावट : फ़ैज़ल अल्काज़ी), पृ० 28
145. वही, पृ० 28
146. The Hindustan Times : 24 August, 1972
147. धर्मयुग : 29 जुलाई, 1973 (मॉरीशस में हिंदी रंगमंच की संभावनाएँ : अभिमन्यु अनत), पृ० 20
148. Enact : 96 : 1974
149. श्री रतन थियम और लेखक के बीच 3.3.80 को दिल्ली के राष्ट्रीय नाट्य विद्यालय में हुई लम्बी बातचीत पर आधारित ।
150. श्री राम गोपाल बजाज से समीक्षक की व्यक्तिगत बातचीत पर आधारित ।
151. निर्देशकीय व्याख्या के लिए देखें (नाटक कला विभाग, पटियाला), पृ० 137-140
152. आषाढ़ का एक दिन : मोहन राकेश (इस संस्करण तक···), पृ० 7
153. श्री श्यामानंद जालान और समीक्षक की दिसम्बर, 1980 में कलकत्ता में हुई लम्बी बातचीत से ।
154. आषाढ़ का एक दिन : मोहन राकेश (इस संस्करण तक···), पृ० 9
155. श्री राम गोपाल बजाज तथा समीक्षक के बीच फरवरी, 1980 में हुई

व्यक्तिगत बातचीत से।

156. श्री नवलकिशोर प्रसाद सिंह द्वारा समीक्षक को लिखे 5 अगस्त, 1982 के पत्र से उद्धृत।

157. वही।

158. श्री राम गोपाल बजाज तथा समीक्षक के बीच फरवरी, 1982 को हुई व्यक्तिगत बातचीत से।

159. डॉ० वीरेंद्र मेंहदीरत्ता द्वारा समीक्षक को लिखे 6.2.82 के पत्र से।

दो

लहरों के राजहंस

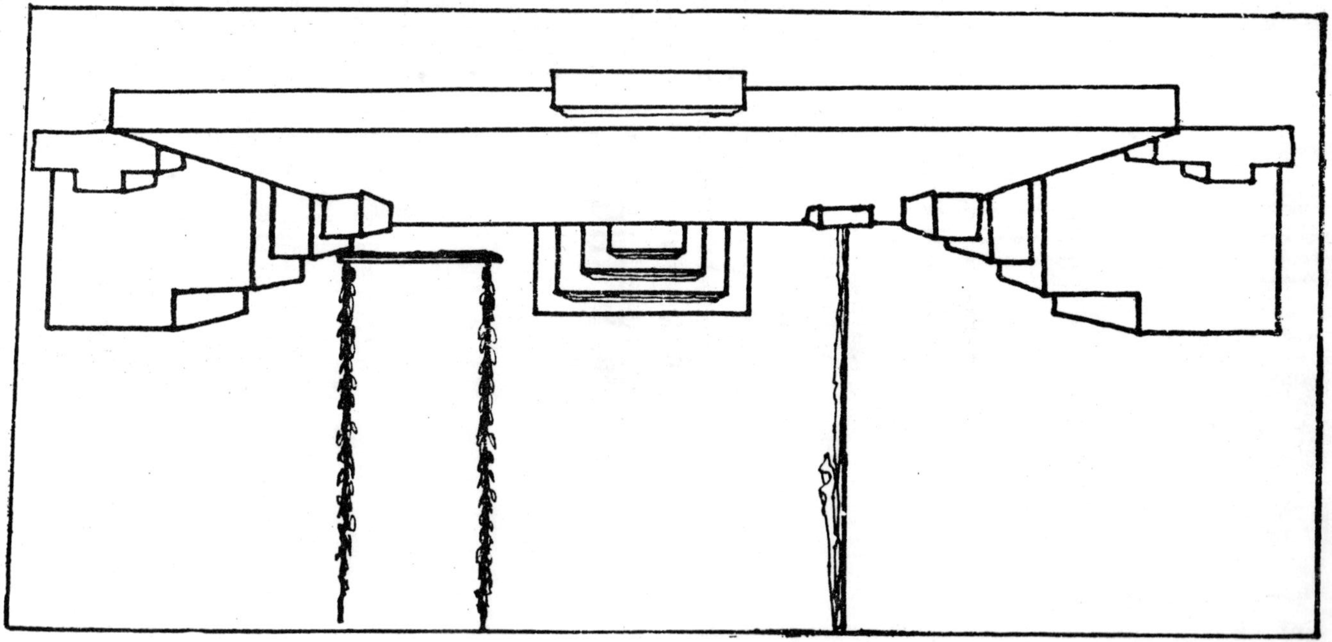

लहरों के राजहंस : परिकल्पना—एम० के० रैना

कथ्य और रंग-शिल्प

अश्वघोष के 'सौंदरनद' से एक उद्विग्न-उत्तेजित क्षण तथा संशयग्रस्त व्यक्ति के विशिष्ट मूड को ग्रहण करके मोहन राकेश ने 'लहरों के राजहंस' में नंद और सुंदरी की कथा का आश्रय लेकर आधुनिक व्यक्ति की द्विधा-विदीर्ण मानसिकता के नाटकीय चित्रण के साथ-साथ स्त्री-पुरुष सम्बन्धों की सामान्य नियति की तलाश का गम्भीर रेखांकन किया है। परिवेश और पात्रों की दृष्टि से अतीतोन्मुखी होने के बावजूद यह ऐतिहासिक नाटक नहीं है। रचनाकार के अनुसार, "मैंने इस इतिहास-कथा का उपयोग इसलिए किया क्योंकि इस कथा के माध्यम से विशेष प्रकार की व्याख्या प्रस्तुत की जा सकती थी।"[1] यह नाटक रस, आनंद और समाधिस्तता का नहीं, द्वंद्व, तनाव और उद्वेग का नाटक है। सुंदरी के, गलत या सही, अपने निश्चित विश्वास हैं। परंतु उसके यही अडिग-अटूट विश्वास उसे तोड़कर अंततः द्वंद्व के दाहक अनुभव तक ले जाते हैं। दूसरी ओर नंद की कोई निश्चित आस्था नहीं है। वह प्रारम्भ से अंत तक संशयग्रस्त है। सुंदरी के पार्थिव और गौतम बुद्ध के अपार्थिव निश्चित विश्वासों के बीच से अपना निजी विश्वास तलाशता हुआ नंद भी अन्त में तनाव और संघर्ष के बिंदु पर ही जा पहुंचता है या कहें, कहीं नहीं पहुंचता है। सुंदरी प्रतिबद्धता के माध्यम से और नंद अप्रतिबद्धता के रास्ते से न चाहते हुए भी उसी द्वंद्व के खौलते हुए बिंदु पर आ मिलते हैं और भीषण विस्फोटक की भांति फट कर बिखर जाते हैं।

सन् छियालीस-सैंतालीस में लिखी गई एक 'अनाम ऐतिहासिक कहानी' से लेकर 'सुंदरी' नामक रेडियो नाटक और 'रात बीतने तक' नामक रंग अथवा रेडियो एकांकी से होते हुए दो अप्रैल से लेकर बारह अप्रैल, उन्नीस सौ तिरेसठ के बीच लिखित और 1963 में ही प्रकाशित 'लहरों के राजहंस' के प्रथम संस्करण और जुलाई सन् छियासठ में 'अनामिका' (कलकत्ता) के रंगकर्मियों के साथ काम करते हुए अंततः सत्रह अगस्त को नए रूप में लिखित और सितम्बर छियासठ में लगभग छः-सात प्रारूपों के बाद अपने पुनर्लिखित एवं सन् अड़सठ में

प्रकाशित इस नाटक के नए संशोधित रूप की लम्बी सृजन-यात्रा का विस्तृत और रोचक उल्लेख नाटककार ने स्वयं 'नाटक का यह परिवर्तित रूप' नामक भूमिका में किया है।

'लहरों के राजहंस' के प्रथम संस्करण के मंचन की सफलता को लेकर नाट्य-समीक्षकों और रंगकर्मियों के बीच ही नहीं स्वयं रचनाकार के मन में भी कई प्रकार की शंकाएं उत्पन्न हो गई थीं। इसके वस्तु-विधान, श्यामांग-प्रसंग, अतिरिक्त दार्शनिकता तथा तीसरे अंक में नंद के सुंदरी से बिना मिले या टकराए पलायन को लेकर आलेख की पर्याप्त आलोचना की गई। इन सभी कमियों और कमजोरियों को ध्यान में रखकर ही राकेश ने इसे पुनः लिखा और इस प्रकार 'लहरों के राजहंस' के नए संस्करण में—

वस्तु को अधिक नाटकीय ढंग से संयोजित किया गया। तीनों अंकों के स्वतंत्र आरम्भ, संघर्ष और चरम-बिंदु रखने के बावजूद उन्हें इस प्रकार कलात्मक और नाटकीय ढंग से अन्विति प्रदान की गई कि नाटक का समग्र-प्रभाव कहीं खंडित न हो।

श्यामांग को दूसरे अंक के आरम्भ के पश्चात् नाटक से पूर्णतः हटाकर रचना को अपेक्षाकृत अधिक रोचक और प्रभावपूर्ण बना दिया गया। प्रथम संस्करण में नंद के अंतर्मन की अभिव्यक्ति के लिए परिस्थितिवश जो भूमिका श्यामांग को निभानी पड़ती थी, नये संस्करण में अब वह भूमिका नंद स्वयं मुखर होकर अधिक नाटकीय ढंग से निभाता है। चरित्रों की रेखाएँ भी अपेक्षाकृत प्रखर एवं स्पष्ट हो गई हैं। तथ्यात्मक दृष्टि से नये संस्करण में श्यामांग के दस सम्वाद (उन्नीस पंक्तियाँ) कम कर दिए गए। इसके छः स्वगत (पच्चीस पंक्तियाँ) भी काटे गए। इसी चरित्र से जुड़े अलका के भी बयालीस सम्वाद (चौहत्तर पंक्तियाँ) नाटक के नए रूप में हटा दिए गए। किंतु कुल मिलाकर आलेख में एक सौ तैंतीस पंक्तियों की वृद्धि हो गई। नंद के उन्नीस सम्वाद (एक सौ पैंतीस पंक्तियाँ) तथा सुंदरी के पंद्रह सम्वाद (चौंसठ पंक्तियाँ) बढ़ा दिए गए। श्वेतांग के सर्वप्रथम लम्बे सम्वाद के कारण अब उसकी भी इक्कीस पंक्तियाँ बढ़ गईं।

तीसरे अंक के मध्य भाग को छोड़कर शेष नाटक में द्वंद्व और तनाव के कोण अधिक पैने हुए और इसकी संरचना में अपेक्षाकृत अधिक कसाव आ गया।

अनेक वैचारिक एवं गम्भीर दार्शनिक अतिरिक्त सम्वादों को काट कर नाटक को अधिक सहज, विश्वसनीय एवं सरल-स्वाभाविक बना दिया गया।

नंद और सुंदरी की समक्षता और टकराहट ने नाटक को जीवन्तता तथा इसकी परिणतिहीन परिणति ने आधुनिकता प्रदान की है।

तीन अंक और 'नंद के भवन में सुंदरी के कक्ष' के एक ही (बॉक्स) दृश्य-

बंध वाले इस नाटक का, संरचना और शिल्प के स्तर से, आधुनिक हिंदी नाटकों में अपना विशिष्ट एवं निश्चित स्थान है, क्यकि 'यह नाटक एक विशेष रचना-पद्धति और शिल्प-विधान के अनुसार एक सुगठित और तर्क-संगत रूप-बंध (Structure) का निर्माण करता है।'[2] संकलन-त्रय (जिसके कठिन बंधन से अधिकांश आधुनिक नाटककारों ने अब मुक्ति पा ली है) का पालन राकेश अपने नाटकों में कई महत्त्वपूर्ण नाटकीय दृश्यों को सूच्य बना देने के मूल्य पर भी हमेशा करते रहे हैं। थोड़े-से तकनीकी चमत्कार के द्वारा दृश्य-बंध को लचीला बनाकर वह नंद की दीक्षा के चरम नाटकीय क्षण को आसानी से मंच पर प्रदर्शित कर सकते थे, परंतु उन्होंने अनेक वैचारिक और व्यावहारिक कारणों से यह सुविधा अस्वीकार करके अपनी रचना को सरल और सहज रूप प्रदान करना अधिक पसंद किया। इस नाटक में अँधेरे से 'धम्मं शरणं गच्छामि' के प्रभावपूर्ण धीर-गम्भीर समवेत स्वर के साथ कामोत्सव की तैयारी के समारोहपूर्ण भव्य दृश्य-संयोजन के वैषम्य से बुद्ध के परोक्ष और सुंदरी के प्रत्यक्ष प्रभाव का रेखांकन कर दिया है। पहले ही सम्वाद द्वारा नाटककार ने नंद-भवन में होने वाले ऐतिहासिक विराट् कामोत्सव और उसके प्रति सुंदरी की अतिरिक्त अनुरक्ति को संकेतित करके एक ओर राजसी वैभव तथा ऐतिहासिक भव्य वातावरण का सुंदर दृश्य प्रस्तुत करता है तो दूसरी ओर महोत्सव के महत्त्व, उसके स्तर और प्रभाव को भी कुशलता से व्यक्त कर देता है। 'उद्घाटन' के अंतर्गत नाटक के द्वंद्व का संकेत देने के बाद रचनाकार अलका, सुंदरी और श्यामांग के माध्यम से सुंदरी के रूप-गर्व, दर्प और प्रभावपूर्ण व्यक्तित्व को स्थापित कर देता है और साथ-साथ एक भिन्न धरातल पर अलका-श्यामांग के सात्विक, शांत और समर्पित प्रणय को नंद-सुंदरी के अधिकार-आवेशपूर्ण मुखर उद्दाम प्रेम के वैषम्य और विकल्प के रूप में उपस्थित करके रंगमंच के माध्यम पर अपनी पकड़ और इसके व्याकरण की अच्छी समझ का पुष्ट प्रमाण प्रस्तुत करता है। प्रथम अंक के आरम्भिक अंश में नाटककार ने सुंदरी की अनेक गर्वोक्तियों का उपयोग 'नाट्य विडम्बना' के पूर्वाभास के रूप में अत्यंत कुशलता से किया है। राकेश बड़ी सावधानी और सतर्कता से सुंदरी के चरित्र की प्रतिष्ठा हो चुकने पर—नंद का प्रवेश कराते हैं। नंद के अंतर्मन के प्रतीक श्यामांग से भली भाँति परिचित दर्शक नंद को देखते ही उसके अंतर्द्वंद्व को पहचान लेता है। प्रथम अंक में नाटक का 'उद्घाटन' सरल, द्रुत, बहुआयामी और स्पष्ट है। इस अंक की एकमात्र शिल्पगत दुर्बलता है—श्यामांग का चरित्र। नंद के अंतर्मन का प्रतीक बनाने की प्रक्रिया में लेखक इसकी स्वाभाविक जीवंतता और मांसलता की रक्षा नहीं कर सका है।

दूसरे अंक के आरम्भ में श्यामांग के नेपथ्य-कथन के साथ मंच पर नंद की क्रियाओं और मुख-मुद्राओं का सामंजस्य करके राकेश ने नाटकीय सूझ-बूझ का

परिचय दिया है। यहीं नंद के एकालाप से उसके संवेदनशील व्यक्तित्व और गम्भीर अंतर्द्वंद्व को प्रत्यक्षतः उद्घाटित किया गया है। सम्भवतः सुंदरी जैसे आक्रामक एवं तीक्ष्ण चरित्र की अनुपस्थिति में ही नंद का अंतर्मुखी जटिल व्यक्तित्व स्थापित हो सकता था। सुंदरी के जागते ही नर-नारी सम्बन्धों का यह नाटक जैसे फिर से अपनी मूल गति को पकड़ लेता है। इसमें मूलतः पति-पत्नी के रूप में प्रेमी नंद और रूपवती सुंदरी के पारस्पारिक मुग्ध-मधुर अंतरंग सम्बन्धों का रमणीय प्रस्तुतीकरण हुआ है। परंतु बीच-बीच में भिक्षुओं के समवेत स्वर से दर्पण के टूटने, कोमल-अक्षत निर्जीव मृग के प्रसंग, हवा, कबूतरों, खुटकबढ़ैया के स्वरों से नंद के चौंकने तथा इसी प्रकार के अन्य व्यवहारों से बाहर से स्थिर किंतु भीतर से उद्विग्न नंद के सम्पूर्ण व्यक्तित्व की झलक प्रबुद्ध दर्शक पा जाता है। नंद के सुंदरी के प्रति गहरे सम्मोहन और साथ ही गौतम बुद्ध के प्रति उत्कट मोह के कारण नंद के भीतर चल रहे भीषण द्वंद्व का चित्रण इस अंक में कलात्मकता के साथ किया गया है।

नाटक का अंतिम अंक और अंत अत्यंत महत्त्वपूर्ण होते हैं और राकेश इस नाटक के इसी अंश को लेकर सबसे अधिक परेशान रहे हैं। इस अंक की अधिकांश महत्त्वपूर्ण एवं निर्णायक घटनाएँ नेपथ्य में घटित होती हैं। उनका दृश्य के बजाए सूच्य होना संरचना की दृष्टि से एक बड़ी कमजोरी है। नंद और बुद्ध के साक्षात्कार की घटना भी पहले श्वेतांग और अलका के बीच, फिर आनंद और नंद के बीच, इसके बाद नंद के एकालाप में तथा अंत में नंद और सुंदरी के बीच बार-बार दोहराए जाने के कारण अपना वांछित प्रभाव खो बैठती है। यही कारण है कि यहाँ केशमुंडित नंद का मंच पर प्रवेश अपनी प्रभविष्णुता एवं नाटकीयता खोकर हास्यास्पद-सा बन जाता है। इस अंश को शिथिल करने में नंद के लम्बे-लम्बे सम्वाद और एकालाप भी पर्याप्त योग देते हैं। यहाँ तक आते-आते यह चुस्त-दुरुस्त नाटक वर्णनात्मक और शिथिल हो जाता है। इस नाटक की सारी सफलता और श्रेष्ठता के बावजूद यह सच है कि नाटककार अपने कथ्य को नाटक की मूल संरचना में आंतरिकता से पिरोने और नाटकीय रूप से अभिव्यक्त करने में पूर्णतः सफल नहीं हो सका है।

वस्तु-संरचना और शिल्प की दृष्टि से, "एक दृश्यबंधीय नाट्य-रचना में कथानक की गति बनाए रखना बहुत कठिन होता है। इस कठिनाई को हल करने के लिए राकेश ने रंगमंच पर पात्रों को बराबर बदलते रहकर कथा-स्थितियों को परस्पर जोड़ा है। पात्रों का एक दल तक स्थिति उत्पन्न करता है, तब तक उनमें से कुछ पात्र मंच से चले जाते हैं और उनके स्थाम पर कुछ नए पात्र आ जाते हैं जो मंच पर पहले से रह गए पात्रों के साथ मिलकर पहले वाली कथा-स्थिति को आगे ले जाते हैं। इस प्रकार नई-नई कथा-स्थितियाँ उत्पन्न

होती रहती है और पहले वाली स्थितियों की शृंखला से नयी-नयी कड़ियाँ जुड़ती जाती हैं। इन्हीं कड़ियों के माध्यम से कथानक को गति प्राप्त होती है।"[3]

'लहरों के राजहंस' में राकेश ने एक ही बात को प्रतीक, बिम्ब, संकेत, संदर्भ, सम्वाद और क्रिया के माध्यम से बार-बार दोहरा-तिहरा कर प्रस्तुत करने का प्रयत्न किया है। यह युक्ति रचना की शक्ति भी है और एक बड़ी सीमा भी।

नाटक का प्रधान पात्र है—नंद, जिसे नाटककार ने एक संशयग्रस्त व्यक्ति—एक प्रश्नचिह्न—के रूप में चित्रित किया है। राकेश के ही शब्दों में, "नंद का ऐतिहासिक रूप जो भी हो, मेरे लिए वह एक ऐसे मन का प्रतीक है जो निरंतर अपने अंतर्द्वंद्व से पीड़ित है। वह जीवन को उसकी समग्रता में जानना और जीना चाहता है—इसलिए बुद्ध और सुंदरी, दोनों की जीवन-दृष्टियाँ उसके लिए एकांगी हैं, वह जिस आसक्ति में जीता है, वह आसक्ति उसके लिए छलना या भ्रांति नहीं, अपने अस्तित्व-बोध की अनिवार्यता है— परंतु उस आसक्ति में जीकर वह जितना अधूरा है, उससे बचकर भी अपने को उतना ही अधूरा अनुभव करता है; और क्योंकि अपने अधूरेपन को भी स्वीकार नहीं कर पाता, इसलिए अंत तक उसकी छटपटाहट ज्यों-की-त्यों बनी रहती है। यह परिणतिहीन परिणति उसके जीवन की विडम्बना भी है, सच्चाई भी।"[4] नंद इस नाटक में कुल 537 पंक्तियाँ बोलता है जिसमें से 112 पंक्तियाँ (पहले अंक में 7, दूसरे में 39 और तीसरे में 66) स्वगत/एकालाप के रूप में बोली गई हैं। नंद द्वारा सर्वाधिक स्वगत बोलने का रहस्य उसके अंतर्मुखी, उद्विग्न और तीव्र अंर्तद्वंद्व-ग्रस्त चरित्र में छिपा है।

नाटककार की इच्छा के विरुद्ध 'आषाढ़ का एक दिन' की मल्लिका की तरह यहाँ भी सुंदरी ही नाटक का केंद्रीय चरित्र बन गई है। कामोत्सव के आयोजन में व्यक्त सुंदरी का दर्प, रूप-गर्व, यशोधरा के प्रति उसके व्यंग्य और अपने सौंदर्य के सम्मोहन एवं प्रेम पर अटूट विश्वास की चटकीली, भड़कीली, नुकीली रंग-रेखाओं के समक्ष नंद बहुत दबा-घुटा और असहाय-सा प्रतीत होता है। और नंद ही क्यों नाट्य-सृजन के दौरान, "नाटककार और परिचालक दोनों उस चरित्र के हाथों पराजित होने के लिए विवश थे।"[5] सम्वाद-संख्या और भूमिका की लम्बाई की दृष्टि से भी सुंदरी ही इस नाटक की प्रमुख पात्र है। वह 249 सम्वाद और 659 पंक्तियाँ बोलती है जबकि नंद में यह संख्या क्रमशः 191 और 537 है। शेष सभी पात्रों के समस्त सम्वादों को मिलाकर भी कुल 190 सम्वाद और 481 पंक्तियाँ ही बनती हैं। तीनों अंकों में स्वगत-कथन के रूप में सुंदरी केवल दो सम्वाद बोलती है, जो उसके पार्थिव के प्रतीकत्व एवं

बहिर्मुखी व्यक्ति-रूप के पूर्णतः अनुरूप है।

श्यामांग एक विवादास्पद किंतु महत्त्वपूर्ण चरित्र है ! श्यामांग यदि अंतर्मुखी व्यक्ति है तो श्वेतांग बहिर्मुखी। इनके इस मूलभूत अंतर को शब्द और अर्थ के स्तर से ही नहीं राकेश ने वाक्य-संरचना के धरातल से भी अत्यंत कुशलता से पेश किया है। पहले अंक में श्यामांग कुल 11 सम्वाद बोलता है जिनमें से केवल तीन वाक्यों की रचना निश्चयात्मक और सीधी है, शेष 8 सम्वादों में वह 15 प्रश्न पूछता है और उनमें 19 स्थानों पर डाट्स का प्रयोग हुआ है। इसके विपरीत श्वेतांग के श्यामांग के साथ कुल 10 सम्वाद हैं जिसमें से केवल एक सम्वाद "तुम्हें मुझसे ईर्ष्या होती है ? क्यों ?"[6] ही प्रश्नवाचक है। वह भी वास्तव में श्यामांग के पहले सम्वाद की पुनरावृत्ति मात्र है। श्वेतांग के सम्वादों में अपनी ओर से एक भी प्रश्न नहीं है। राकेश की सम्वाद-योजना और नाट्य-भाषा की यह एक बड़ी उपलब्धि मानी जा सकती है कि रचनाकार आयु, व्यवसाय, पद और बहुत दूर तक समान चारित्र्य वाले दो पात्रों के आंतरिक अंतर को केवल ध्वनि-संयोजन के द्वारा ही रेखांकित करने में सफल हो जाता है। सुंदरी की दासी-सखी अलका के चरित्र में संकोच, विनम्रता, व्यवहार-कुशलता, सेवा-शालीनता, सहानुभूति, पीड़ा, प्रणय की आकुल-उत्सुकता और द्वंद्व के साथ एक शांत लय और स्थिरता विद्यमान है। भिक्षु आनंद में सहजता, दृढ़ता और आत्म-विश्वास है। इसका उपयोग नाटककार ने नंद के साथ आए बुद्ध के प्रभाव के रूप में किया है। कुछ महत्त्वपूर्ण घटनाओं की सूचना देने के लिए श्यामांग और आर्य मैत्रेय तथा वातावरण की स्थापना के लिए नीहारिका, शेफालिका, बीजगुप्त, नागदास एवं मंदारक जैसे गौण और संक्षिप्त चरित्रों की अवतारणा की गयी हैं।

यूँ तो 'लहरों के राजहंस' में राकेश ने मनोविज्ञान (विशेषतः मनोविश्लेषण) और दर्शनशास्त्र (विशेषतः अस्तित्ववाद) की अनेक धारणाओं का भी बहुविध, व्यापक, सूक्ष्म और रोचक उपयोग किया है[7], परंतु नाट्य-विडम्बना और प्रतीकात्मकता की दृष्टि से राकेश का यह नाटक विशेष रूप से उल्लेखनीय है। 'लहरों के राजहंस' के सम्वादों में नाट्य-विडम्बना भरी पड़ी है जो नाटक में आगे आने वाली घटनाओं को और भी रोचक और प्रभावपूर्ण बनाकर उसकी नाटकीयता में वृद्धि करती है। उदाहरण के लिए पहले अंक में अलका से कहा गया सुंदरी का यह सम्वाद—"हाँ, रात के अंतिम पहर तक ! भोज, आपानक और नृत्य ! वर्षों तक याद बनी रहनी चाहिए लोगों के मन में।"[8] परंतु इस गर्वोक्ति की विम्बडना हमें तब पता चलती है जब कामोत्सव के लिए एक भी अतिथि नहीं आता और अंक के अंत में सुंदरी की समस्त आशाएँ धूल-धूसरित हो जाती हैं। इसी प्रकार, दूसरे अंक में नंद का यह विश्वासपूर्ण कथन, "...सोने के लिए

क्या रातें नहीं आयेंगी ?"[9] तीसरे अंक के अंत तक पहुँचते-पहुँचते अपने भीतर के व्यंग्य, विडम्बना और कटु वास्तविकता को प्रकट करने लगता है, जब सचमुच उस प्रकार सोने के लिए नंद के जीवन में कोई रात नहीं रह जाती। निस्संदेह इस प्रकार के वाचिक व्यंग्य के उदाहरणों से यह नाटक भरा पड़ा है, परंतु राकेश का महत्त्व इस बात में है कि उन्होंने स्थितिगत व्यंग्य को उभारने के लिए इस युक्ति का प्रयोग अत्यधिक व्यापक और संश्लिष्ट रूप में किया है। यह छोटी-छोटी यत्र-तत्र बिखरी हुई नाट्य-विडम्बनाएँ मिलकर अंततः नाटक के तीनों प्रमुख पात्रों—नंद, सुंदरी और बुद्ध के व्यक्तित्व और उनकी नियति की विडम्बना का रूप ले लेती हैं।

एक धरातल से प्रस्तुत नाटक भोग-अभोग या पार्थिव-अपार्थिव के संघर्ष का नाटक है। यह संघर्ष यहाँ सुंदरी और गौतम बुद्ध की विपरीत जीवन-दृष्टियों के माध्यम से अभिव्यक्त हुआ है। जिस प्रकार 'आषाढ़ का एक दिन' में कालिदास और विलोम के बीच जय-पराजय की कसौटी मल्लिका है उसी प्रकार 'लहरों के राजहंस' में सुंदरी और गौतम बुद्ध के बीच हो रहे संघर्ष में जय-पराजय का प्रमाण वे दोनों स्वयं नहीं हैं, यहाँ इसकी कसौटी नंद है। इसलिए इस नाटक का मूल द्वंद्व सुंदरी, नंद और गौतम बुद्ध के तीन कोणों में उलझा हुआ है। यह अद्भुत नाटकीय-विडम्बना है कि ये तीनों व्यक्ति अलग-अलग जीतकर भी हार जाते हैं।

सबसे पहले सुंदरी की दृष्टि से देखने पर हम पाते हैं कि उसने यशोधरा को नीचा दिखाने के लिए, उसके दीक्षा-समारोह को असफल करने के लिए ही कामोत्सव का आयोजन किया है। परंतु पहले अंक के अंत में उसके सारे के सारे मदिरा-पात्र बुद्ध के अकेले भिक्षापात्र से हार जाते हैं और मैत्रेय को छोड़कर कोई भी अतिथि उत्सव में उपस्थित नहीं होता, स्वयं मैत्रेय भी अतिथियों के न आने की सूचना देकर लौट जाता है। यशोधरा पूरे गौरव और सम्मान के साथ भिक्षुणी बनती है। इसके अतिरिक्त सुंदरी अलका के सामने गौतम बुद्ध पर व्यंग्य करते हुए कहती है—"··· कोई गौतम बुद्ध से कहे कि कमल-ताल के पास आकर कभी इनसे (राजहंसों से) भी वे निर्वाण और अमरत्व की बात कहें। ये चोंच-से-चोंच मिलाकर चकित दृष्टि से उनकी ओर देखेंगे—फिर काँपती लहरें जिधर से जायेंगी, उधर को तैर जायेंगे··· ।"[10] परंतु विडम्बना यह है कि उपदेश देने के लिए गौतम बुद्ध को सुंदरी के कमलताल पर नहीं आना पड़ता बल्कि सुंदरी का राजहंस (नंद) ही पूरी सावधानी और सम्मोहन-पाश के बावजूद उसके ताल को छोड़कर स्वयं नदी-तट पर चला जाता है। आर्य मैत्रेय का दीक्षित हो जाना भी सुंदरी के गर्व पर प्रहार करता है। तीसरे अंक में सुंदरी फिर बुरी तरह और शायद पूरी तरह पराजित होती है। नंद समय पर नहीं लौटता और जब

लौटता है तो 'गौतम बुद्ध' बनकर लौटता है। सुंदरी की पराजय यहाँ दोहरी है। वह गौतम बुद्ध से तो पराजित होती ही है अपने-आप से भी हार जाती है। पहले अंक में यशोधरा पर किया गया व्यंग्य, "देवी यशोधरा का आकर्षण यदि राजकुमार सिद्धार्थ को बाँध सकता, तो क्या आज भी वे राजकुमार सिद्धार्थ ही न होते ?"[11] स्वयं सुंदरी का परिहास बनकर उसकी विडम्बनापूर्ण नियति को रेखांकित कर जाता है। इसलिए अपनी दृष्टि से सुंदरी तीनों अंकों में लगातार गौतम बुद्ध से पराजित होती है।

यदि हम गौतम बुद्ध की ओर से देखें तो पायेंगे कि सुंदरी से टकराते हुए गौतम भी जीत कहाँ पाते हैं ? यशोधरा की दीक्षा के समय नंद और सुंदरी दोनों अनुपस्थित हैं। स्वयं तथागत उनके द्वार पर आकर उपेक्षित होते हैं; क्योंकि उस समय वे दोनों प्रेमी अपने भोग-विलास में आकंठ डूबे हैं। नंद गौतम बुद्ध की उपेक्षा के कारण नहीं बल्कि बड़े भाई की उपेक्षा के कारण नदी-तट पर क्षमा याचना करने जाता है—और वह भी स्वयं नहीं सुंदरी के आग्रह करने पर। गौतम बुद्ध जबरदस्ती नंद के केश काटकर और दीक्षित करके भी नंद को बदल नहीं पाते। नंद सबके सामने भिक्षापात्र लौटाकर गौतम को सार्वजनिक रूप से अपमानित करता है। वह अंत तक सुंदरी के मोह से बुरी तरह ग्रस्त है। उसके हृदय में अब भी सुंदरी के लिए वही अनुराग है और आँखों में उसके रूप की वही छाया। इस प्रकार तीनों अंकों में लगातार गौतम बुद्ध सुंदरी के सामने पराजित होते हैं।

इस नाटक में सुंदरी और गौतम अपनी जय-पराजय के प्रमाण स्वयं नहीं हैं—उनकी हार-जीत की कसौटी है नंद। नंद जो पहले अंक में यशोधरा से मिल कर आशीर्वाद ले आया है परंतु सुंदरी के कामोत्सव को सफल बनाने के लिए अपने सम्मान तक की चिंता न करते हुए आमंत्रित व्यक्तियों के घर पर स्वयं चला जाता है। नंद—जो सुंदरी के रूपाकर्षण से सम्मोहित होकर उसके शृंगार-प्रसाधन में लीन है परंतु नेपथ्य से भिक्षुओं की ध्वनि सुनकर (अपने मन का) दर्पण सँभाल नहीं पाता। वह दोनों चुम्बकों के बीच में है। उसे न गौतम बुद्ध बाँधकर रख पाते हैं और न सुंदरी ही। नाटक कोई संकेत नहीं देता कि नंद कहाँ गया ? नंद को दोनों पक्ष केवल साधन मात्र समझते हैं। उसे एक सम्पूर्ण व्यक्ति के रूप में कोई भी नहीं स्वीकारना चाहता। नंद की वास्तविक खोज सुंदरी और गौतम बुद्ध के बीच एक ऐसे संतुलन-बिंदु की तलाश है जहाँ वह स्वयं को अपनी सम्पूर्णता में उपलब्ध कर सके। वह भोग और योग के भीतर से किसी तीसरे—नितांत निजी और अपेक्षाकृत अधिक मानवीय—रास्ते को खोजना चाहता है। नंद की नियति भी उसी प्रकार की विडम्बना से आच्छादित है। वह सुंदरी और गौतम बुद्ध के पाश काट कर अंततः अपनी निजी पगडंडी की तलाश में दोनों से

मुक्त होकर चला जाता है। उन दोनों की दृष्टि में यह नंद की विजय है परंतु स्वयं नंद की दृष्टि से यह उसकी घोर पराजय है। वह दोनों ओर से विच्छिन्न होकर नितांत असहाय, अकेला और विक्षुब्ध रह जाता है।

जहाँ तक परिणति का प्रश्न है, सुंदरी और गौतम बुद्ध विश्वास, आस्था और प्रतिबद्धता के अपने-अपने राजमार्गों से और नंद संशय, अनास्था और अप्रतिबद्धता की अपनी छोटी-सी पगडंडी से एक ही स्थान पर पहुँचते हैं—यानी कहीं नहीं पहुँचते। हर रास्ता सिर्फ एक तलाश है, कभी न समाप्त होने वाली एक लम्बी यात्रा। तीनों मुख्य पात्रों का अलग-अलग मार्गों से इसी अनिश्चयपूर्ण बिंदु पर पहुँचना भी अपने आप में कम विडम्बनापूर्ण नहीं है।

'लहरों के राजहंस' राकेश का प्रतीक-बहुल नाटक है। प्रत्येक घटना, स्थिति, मन:स्थिति के साथ या उससे पहले संकेतात्मक रूप में लेखक एक न एक प्रतीक प्रस्तुत कर देता है। नामकरण से लेकर चरित्र-सृष्टि, कथा-अभिप्राय, दृश्यांकन, संवाद-योजना और मूल संवेदना तक प्रतीकात्मक है।

नामकरण के सम्बन्ध में नाटककार का कथन है कि "राजहंस, नंद और सुंदरी के समानान्तर हैं— लहरें उनकी परिस्थितियाँ हैं।"[12] पहले अंक में अलका से कहे सुंदरी के संवाद से राकेश की बात की पुष्टि भी हो जाती है।[13] नाटक में राजहंसों का एक जोड़ा है: ठीक नंद और सुंदरी की तरह। ताल में खिले, ओस कणों से शोभित कमल राजभवन के ऐश्वर्य को रेखांकित करते हैं और दूर से सुनाई देता राजहंसों का मधुर कुजन नंद-सुंदरी के प्रेमालाप और हास-विलास को ध्वनित करता है। पत्थर फेंके जाने पर हंसों का आहत क्रंदन और उनके पंखों की तेज फड़फड़ाहट, नंद-सुंदरी के मधुर जीवन में शीघ्र ही होने वाली उथल-पुथल, सम्बन्धों के तनाव और उनकी छटपटाहट का पूर्व-संकेत है। यहाँ राकेश ने ध्वनि को प्रतीक की तरह प्रयोग किया है। ठीक इसी प्रकार का प्रयोग दूसरे अंक में नेपथ्य से बौद्ध-भिक्षुओं के समवेत स्वर का भी हुआ है। काँपती लहरें स्पष्टत: परिस्थितियाँ हैं और कमल ताल यह संसार।

सुंदरी जीवन के भोग-पक्ष या प्रवृत्ति की प्रतीक है तो गौतम बुद्ध योग पक्ष या निवृत्ति के प्रतीक हैं। नंद प्रवृत्ति और निवृत्ति के इन दो विपरीत ध्रुवों के बीच निरंतर पिसती हुई द्वंद्वग्रस्त मानव-चेतना का प्रतीक है। नाटककार के शब्दों में, "सुंदरी पृथ्वी के प्रतीक में, पुरुष और उसकी चेतना को अपने तक बाँधे रखना चाहती है—पुरुष बँधना चाहकर भी उससे ऊपर उठना, एक अपार्थिव जिज्ञासा में अपने लिए उपलब्धि ढूँढ़ना चाहता है।"[14] नाटकीय द्वंद्व के स्वरूप और उद्देश्य की सिद्धि के लिए इस प्रकार की प्रतीकात्मकता राकेश के लिए एक अनिवार्यता थी, इसे अस्वीकार नहीं किया जा सकता। नंद का चरित्र एक अन्य स्तर पर सुंदरी के 'अहं' का प्रतीक है।

'छाया' को सामान्यतः पिशाच या डाइन का प्रतीकत्व प्रदान किया जाता है। परंतु 'लहरों के राजहंस' में 'छाया' का, एक अस्पष्ट प्रतीक के रूप में विभिन्न प्रकार से उपयोग किया गया है। यहाँ छाया : श्यामांग की छाया, अनिष्ट की भयावह लंबी छाया, सुंदरी की छाया, बीते कल की छाया, भिक्षु आनंद की छाया और गौतम बुद्ध, यशोधरा तथा नंद के अंतर्मन की छाया के रूप में प्रयुक्त हुई है। अलग-अलग प्रसंगों-संदर्भों में उसकी अलग-अलग अर्थ-छायाएँ हैं। फिर भी, सामान्य रूप से वह व्यक्तिगत अवचेतन के उस दूसरे अंश की प्रतीक है जिससे व्यक्ति प्रत्यक्षतः कोई सम्बन्ध नहीं रखना चाहता। अलका-श्यामांग का प्रेम प्रसंग, नंद-सुंदरी के वासनात्मक उद्दाम प्रेम के विपरीत विशुद्ध भावनात्मक, सात्विक एवं रोमानी प्रेम का प्रतीक है। भिक्षु आनन्द नंद के साथ आए गौतम बुद्ध के प्रभाव को रेखांकित करता है।

अपने अस्तित्व के लिए अन्तिम साँस तक संघर्ष करने वाले और अपनी ही क्लांति से मर जाने वाले अपराजेय 'मृग' का प्रतीकत्व भी काफी व्यापक और गहरा है। नंदरूपी मृग एक ओर सुंदरी और दूसरी ओर गौतम, दो-दो शिकारियों से घिरा हुआ है। उसकी जिजीविषा उसे दोनों से बचा लेती है परंतु अंततः वह अपनी ही क्लान्ति से 'मृत और जीवित' स्थिति को प्राप्त होता है। 'मृग' इस दृष्टि से भीतर ही भीतर निरंतर थकते-टूटते हुए, मरते हुए और बाहर से सतत संघर्षरत एवं जीवित नंद का चित्र प्रस्तुत करता है। नंद के पास सबसे लड़ने की शक्ति है। बाघ से निहत्थे भिड़कर वह अपनी शारीरिक शक्ति का परिचय देता है तो समस्त देश को प्रभावित करने वाले गौतम बुद्ध के भरपूर प्रयास को बावजूद अप्रभावित लौटकर वह अपनी मानसिक-आत्मिक शक्ति का प्रमाण दे देता है। शारीरिक और मानसिक रूप से प्रबल व्यक्तित्व वाला नंद स्वयं अपने सामने निर्बल पड़ जाता है। वह स्वयं से हार जाता है।

'दर्पण' सुंदरी के अहंकार और रूपगर्व का प्रतीक है। (नंद के) केश काम-भावना या प्रवृत्ति के द्योतक हैं। अलका का स्वप्न भी उसकी अतृप्त मातृत्व-जनित निराशा को प्रतीक रूप में प्रस्तुत करता है। पुरुष-मूर्तिवाला 'दीपाधार' नंद का और नारी-मूर्ति वाला सुंदरी का प्रतीक है। 'मत्स्याकार आसन' उद्दाम भोग-भावना को रेखांकित करता है तो 'भिक्षुओं का समवेत स्वर' वैराग्य का संकेत देता हुआ गौतम के सर्वव्याप्त प्रभाव को प्रतिध्वनित करता है। 'झूला' अस्थिर मन अथवा द्वंद्व का प्रतीक है। मंच-सामग्री में से सर्वाधिक उपयोग (चौदह बार) झूले का ही हुआ है। इनके अतिरिक्त 'घर' को भी 'घर' और 'वास्तविक घर' के रूप में दोहरा प्रतीकत्व प्रदान किया गया है। घर भोग या पार्थिवता का प्रतीक है तो वास्तविक घर आत्मिक शांति और स्थायी आश्रय देने वाले स्थान (संभवतः विहार) के लिए प्रयुक्त हुआ है। 'जंगल' योग या अपार्थिव का प्रतीक

है और 'अंधकूप' अवचेतन का। 'चील' का प्रतीक भी सुंदरी और गौतम के प्रभावों के बीच भटक गया है। 'हवा' गौतम के सर्वव्यापी प्रभाव की प्रतीक है। भारतीय संदर्भ में 'बिन्दी' सामान्यतया सौभाग्य की प्रतीक मानी जाती है। परंतु मनोविश्लेषणात्मक दृष्टि से सुंदरी की बिन्दी—जिसे वह नंद के लौट आने तक गीला रखने की बात कहती है—स्त्री जननेन्द्रिय की प्रतीक बन जाती है। नाटककार ने इस प्रतीक का अत्यंत काव्यात्मक उपयोग किया है।

इस प्रकार हम देखते हैं कि आरम्भ से अंत तक इस नाटक में प्रतीकों की भरमार है और कहीं-कहीं यह प्रतीक-बहुलता नाटक को बोझिल और दुरूह भी बना देती है। एक ही स्थिति के लिए एकाधिक प्रतीकों का उपयोग, स्वयं प्रतीक-पात्र के लिए प्रतीकों की योजना किसी एक केंद्रीय नाट्य-बिम्ब को उभरने नहीं देती और 'लहरों के राजहंस' प्रतीकों के भँवर में उलझ कर रह जाता है।

दर्शक की दृष्टि से 'लहरों के राजहंस' का ऐतिहासिक राजसी आकर्षक वातावरण और झूला, मत्स्याकार आसन, मदिरा-कोष्ठ, शृंगार-कोष्ठ, पुरुष-मूर्ति और स्त्री-मूर्ति वाले दीपाधार, गवाक्ष, साज-सज्जा में कामोत्सव के स्पर्श आदि से युक्त वैभवपूर्ण, रमणीय, भव्य दृश्य-बंध एक अच्छा 'स्पेक्टेकल' प्रस्तुत करता है और दर्शक को अभिभूत कर लेता है। अँधेरे में नेपथ्य से सुनाई देता 'धम्मं शरणं गच्छामि···' का स्वर तथा मंच पर रात उतरने के समय का आभास देती प्रकाश-योजना अद्भुत प्रभाव डालती है। वह दर्शक-पाठक की कल्पना को बाँध कर वर्तमान से अतीत की ओर बड़े मायावी ढंग से ले जाती है। कामोत्सव की असफलता से उत्पन्न निराशा और खीज में सुंदरी किस तरह उत्तेजित होकर आवेशपूर्ण आक्रामक व्यवहार करती है उसका आभास भी नाटककार ने इस दूसरे अंक में दृश्य-बंध के उपकरणों की अस्तव्यस्तता (झूले में बिछावन अस्त-व्यस्त है, दो-एक तकिए नीचे इधर-उधर पड़े हैं, चबूतरे पर तथा आसपास कुछ टूटी हुई फूलमालाएँ बिखरी हैं, एक मदिरा-पात्र नीचे औंधा पड़ा हैं) मात्र से दे दिया है। दृश्य-बंध का यह रूप मानो मौन रहकर भी नंद-सुंदरी के पारस्परिक सम्बन्धों के बीच होने वाली उथल-पुथल को चुपचाप बता देता है।

अपने अंतिम दिनों में राकेश नाटककार द्वारा बिस्तृत रंग-निर्देश दिए जाने के पक्ष में नही रहे थे; वह निर्देशक और विशेषतः अभिनेता को इस दृष्टि से स्वतंत्रता देने के समर्थक हो गए थे। इस दृष्टि से 1963 में प्रकाशित इस नाटक के पहले और 1968 में छपे नए संस्करण में रंग-निर्देशों का अध्ययन दिलचस्प तथ्य सामने लाता है। दृश्य-बंध के निर्देशों में 3 पंक्तियों (27 शब्द) की वृद्धि हुई है जबकि प्रकाश, ध्वनि, और अभिनय सम्बन्धी निर्देशों में क्रमशः 7, 6 और 60 पंक्तियों तथा 70, 43 एवं 1328 शब्दों को कम कर दिया गया है। अतः स्पष्ट है कि आलेख को नए रूप में लिखते समय राकेश ने कुल 70 पंक्तियाँ

और 1441 शब्दों के निर्देश काट दिए हैं। निर्देश मंच-सज्जा, प्रकाश एवं ध्वनि व्यवस्था और अभिनय सम्बन्धी सभी प्रकार के हैं किंतु उनमें पात्रों के वस्त्र-विन्यास और उनकी रूप-परिकल्पना का उल्लेख कहीं नहीं है। उन्हें निर्देशकों की सूझ-बूझ और कल्पना पर छोड़ दिया गया है। राकेश ने रंग-निर्देशों को अत्यंत सतर्क होकर नियोजित किया है। उनके सार्थक नाटकीय प्रयोग का एक उदाहरण हमें तब देखने को मिलता है जब सुंदरी अलका-श्यामांग के परस्पर सम्बन्ध पर विचार करती है। अंतर्द्वंद्व के क्षणों में नाटककार सुंदरी को 'झूले के पास रुकने' और निर्णय के क्षणों में 'झूले के पास से हटने' का निर्देश देकर अपनी रंगमंच सम्बन्धी सूझबूझ का परिचय चुपचाप दे देता है।

नाटक का सम्पूर्ण दृश्य कार्यव्यापार सुंदरी के कक्ष में ही प्रस्तुत करके नाटककार ने एक ओर यदि वस्तुधर्मी यथार्थवादी ठोस दृश्य-बंध को बदलने की प्रस्तुतकर्ता की व्यावहारिक कठिनाई और असुविधा को दूर कर दिया है तो दूसरी ओर नाटक के प्रभाव को तीव्र और अनवरत पैना बनाए रखने के लिए स्थान-अन्विति को भी बनाए रखा है। स्थान के साथ-साथ काल और कार्य की अन्विति का भी पूर्णतः निर्वाह करके राकेश ने इस नाटक को एकांकी की-सी तीव्रता और एकाग्रता प्रदान कर दी है।

यद्यपि अपने अंतिम दिनों में राकेश रंगमंच पर दृश्य की अपेक्षा श्रव्य या शब्द पर अधिक बल देने लगे थे फिर भी उनके नाटक मात्र 'शाब्दिक संरचनाएँ' ही नहीं हैं, उनमें दृश्य और श्रव्य का नाटकीय समन्वय देखने को मिलता है।

मोहन राकेश की जटिल-संश्लिष्ट नाट्य-भाषा पात्रों और स्थितियों से स्पष्टतः जुड़ी होकर, चरित्रों के देश-काल का भ्रम बनाए रखकर भी, बोलने के ढंग, सच्ची लगने वाली स्वतः स्फूर्त लय और विश्वसनीयता के कारण अतीत और वर्तमान को एक साथ प्रस्तुत कर देती है। वह शब्द और क्रिया, ध्वनि और मुद्रा के सम्यक् समन्वय से उत्पन्न होकर कथ्य को नाटकीय और जीवंत रूप में सम्प्रेषणीय बनती है। उसमें साहित्यिकता-काव्यात्मकता और नाटकीयता-रंगमंचीयता का अद्भुत सम्मिश्रण है। 'लहरों के राजहंस' की भाषा में उसके द्वन्द्व और तनाव को प्रस्तुत करने की, बोलने के ढंग, लय, टोन और शब्द-विन्यास से एकदम सच्ची लगने का अद्भुत गुण विद्यमान है। पात्रों के 'प्रवेश' और 'प्रस्थान' तथा अंकों के आरम्भ-अंत पर भी राकेश ने बहुत ध्यान दिया है। पहले अंकों के अंत में अतिथियों के आगमन की प्रतीक्षा का यह नाटकीय बिम्ब द्रष्टव्य है—

'बाहर से पैरों का शब्द : नंद सामने के द्वार की ओर बढ़ जाता है, मैत्रेय भरा चषक होंठों के पास रोके प्रतीक्षा करता है, सुंदरी आँखों में अनिश्चय का भाव लिए गवाक्ष की ओर देख रही है।''[15] सम्पूर्ण काल और जीवन जैसे प्रतीक्षा के इस आकुल क्षण में थम गया है। यह बिम्ब अनायास ही पहले अंक

की समस्त कथा को रेखांकित कर जाता है। विवेच्य नाटक में, अनेक नाटकीय स्थलों पर 'मौन' या 'निःशब्दता' का प्रभावपूर्ण प्रयोग किया गया है। राकेश मानते हैं कि "शब्दों के बीच की निःशब्दता अपने नाटकीय तनाव को वहन करने के कारण बहुत सार्थक हो सकती है।"[16] ऐसी तनावपूर्ण सार्थक निःशब्दता का उदाहरण हमें 'लहरों के राजहंस' के दूसरे अंक में उस समय मिलता है जब हाँफती हुई अलका नंद और सुंदरी को गौतम बुद्ध के द्वार पर आने और उपेक्षित लौट जाने की सूचना देती है। तब 'पल भर दोनों में से कोई नहीं बोलता।'[17] यहाँ यह पल भर का मौन कितना नाटकीय, तनावपूर्ण और अर्थ-गर्भी है इसका अनुमान उस सीमा तक सम्भवतः वे लोग नहीं लगा पाएँगे जिन्होंने कभी मंच पर इस जीवंत मुखर मौन की उपस्थिति का अनुभव नहीं किया है।

नाटककार की रंगमंचीय जानकारी और सूझबूझ का एक और प्रमाण यह है कि दृश्य-बंध-योजना एवं सजावट में वह न केवल देशकाल एवं सौंदर्य-बोध का परिचय देता है अपितु मंच पर रखी गई प्रत्येक वस्तु का पात्र-स्थिति के अनुकूल नाटकीय प्रयोग करना भी नहीं भूलता। दीपाधारों का उपयोग नाटक में नौ स्थानों पर किया गया है (नंद द्वारा छः बार तथा सुंदरी और अलका द्वारा क्रमशः दो और एक बार)। पहले अंक के अंत में मैत्रेय के प्रस्थान के बाद नंद का पुरुष दीपाधार की ओर एकटक देखना नंद के अंतःकरण को, उसकी कामना और विवशता को एक क्षण में उद्भासित कर देता है। इसी प्रकार नाटककार ने 'लहरों के राजहंस' में मदिराकोष्ठ, शृंगार-कोष्ठ, मत्स्याकार आसन, झूले और चबूतरे का क्रमशः 11, 15, 7, 15 और 7 बार उपयोग करवाया है। मंच के उपकरणों का इतना सुचिंतित, सार्थक और नाटकीय उपयोग हमें हिंदी के कम ही नाटकों में देखने को मिलता है।

इस नाटक में मोहन राकेश ने 'प्रकाश' के विषय में विशेष निर्देश नहीं दिए हैं। नाटक का आरम्भ 'अंधकार' से होता है, फिर तीनों अंकों में क्रमशः रात उतरने का समय; रात का अंतिम पहर—दीपाधार का प्रकाश, फिर प्रभात; और रात्रि बीच का पहर कहकर प्रकाश-व्यवस्था का स्थूल संकेत दे दिया है। इसके विपरीत 'ध्वनि' के विषय में राकेश ने विस्तृत निर्देश दिए हैं और उसका वैविध्यपूर्ण नाटकीय उपयोग भी किया है। ध्वनियों में—'धम्मं शरणं गच्छामि', हंसों का स्वर, पंखों की फड़फड़ाहट, पानी में पत्थर फेंकने के शब्द, हंसों का आहत क्रंदन, बाहर से पैरों का शब्द, प्रभात की शंखध्वनि, हवा का शब्द, कबूतरों की गुटरगूँ, खुटक-बढ़ैया की आवाज, दूर से किसी के दौड़ते आने का शब्द इत्यादि का प्रभावपूर्ण प्रयोग हुआ है।

विवेच्य नाटक के सम्वादों को लगभग सभी भारतीय रंगकर्मियों और नाट्य-समीक्षकों ने एक स्वर से हिंदी नाटक की उपलब्धि घोषित किया है। संवादों

का पात्रों के अनुकूल होना केवल कुछेक शब्दों के चुनाव तक ही सीमित नहीं है बल्कि सम्वादों में शब्दों के स्थान, वाक्य-रचना के स्वरूप, लय, टोन, ध्वनि, लहजा इत्यादि अनेक बातों पर निर्भर करता है। स्वगत-कथन और एकालाप के विषय में यह बात और भी स्पष्ट हो जाती है। उदाहरणार्थ, 'लहरों के राजहंस' में सर्वाधिक स्वगत बोलने वाला पात्र नंद ही है। वह छः सम्वादों में 112 पंक्तियाँ स्वगत/एकालाप बोलता है तो श्यामांग (स्वगत/नेपथ्य) 29 पंक्तियाँ। चारित्रिक दृष्टि से ये दोनों पात्र अंतर्मुखी और तीव्र अंतर्द्वंद्व से पीड़ित हैं। इनके विपरीत सुंदरी अपनी कुल 659 पंक्तियों में से केवल 17 पंक्तियाँ (2 सम्वादों में) स्वगत बोलती है। श्वेतांग, मैत्रेय, शशांक और आनंद जैसे पात्र अपनी भूमिका की दृष्टि से अपने अंतर्द्वंद्व को खा चुके हैं; वे समन्वित और स्थिर पात्र हैं इसलिए उनके स्वगत भाषण का प्रश्न ही नहीं उठता। इसके अतिरिक्त नंद के लम्बे एकालापों में भी नाटककार ने नीरसता और एकरसता को तोड़ने के लिए पात्र के बदलते 'मूड' के साथ-साथ सम्वाद की लय में परिवर्तन किया है। ऐसे सम्वादों में अभिनेता के लिए अपनी अभिनय-क्षमता के प्रदर्शन का पर्याप्त अवसर दिया गया है। एक ही सम्वाद में कई मनःस्थितियाँ हैं और मंच की त्रियामिता तथा दृश्य-बंध-सामग्री का वैविध्यपूर्ण नाटकीय उपयोग इसकी रंगमंचीयता का एक और आयाम प्रस्तुत करता है।

प्रेक्षागृह की दृष्टि से 'लहरों के राजहंस' का तीव्र अंतर्द्वंद्वपूर्ण कथ्य आपस में जूझते-टकराते हुए पात्र, वस्तु-धर्मी यथार्थवादी दृश्य-बंध, नाट्यालेख में समाहित नाटक का रूप-बंध और नाट्य-रूढ़ियों का स्वरूप, सब अपनी आंतरिक अपेक्षाओं में बंद प्रेक्षागृह की माँग करते हैं। इसे 'आषाढ़ का एक दिन' या 'अंधायुग' की भाँति बंद के साथ-साथ खुले या मुक्ताकाशी मंच पर भी प्रस्तुत किया जा सकना सम्भव नहीं है; क्योंकि मुक्ताकाशी प्रेक्षागृह इसके मूल द्वंद्व को छितरा देगा, इसकी प्रभावान्विति को खंडित कर देगा।

रंगमंचीय दृष्टि से किसी भी नाट्य-समीक्षा का अपरिहार्य तत्त्व है—दर्शक! मोहन राकेश के सभी नाटक आम दर्शक की नहीं एक विशिष्ट दर्शक की अपेक्षा रखते हैं। 'लहरों के राजहंस' का मूल संस्कार 'शहरी' है। इस नाटक का कथ्य भी इस संस्कार के नितांत अनुकूल बैठता है। इसमें लोक नाटक की-सी व्यापकता और सामान्य 'अपील' नहीं है। वैसे स्वयं मोहन राकेश का मूल संस्कार भी शहरी ही था, इसलिए उन्होंने फैशन या किसी अन्य प्रलोभनवश अपने या अपने नाटकों पर कोई बाह्य आरोपण (लोक शैली इत्यादि का) स्वीकार नहीं किया। 'लहरों के राजहंस' की सम्वेदना और उसका शिल्प आधुनिक है, इसलिए वह एक आधुनिक—केवल समसामयिक नहीं—दर्शक की माँग करता है। 'लहरों के राजहंस' आधुनिक प्रेक्षक को सम्बोधित नाटक है। इसलिए इसके पात्रों

की बेचैनी, छटपटाहट और त्रासदी, इनके अंतर्द्वंद्व की गहराई और अर्थवत्ता, इनकी तलाश का अर्थ, इनके टकराते और बदलते हुए सम्बन्धों की कसक और टूटन वे सब महसूस कर सकते हैं जो इस सदी के इस आधुनिक दौर को इसकी तमाम असंगतियों, विडम्बनाओं और प्रश्नाकुलताओं को अपने रक्त-मांस पर झेल रहे हैं।

रंगमंचीय दृष्टि से, पहले श्यामांग-अलका का प्रेम-प्रसंग और बाद में श्यामांग का प्रतीक मात्र रह जाना, और नेपथ्य से आते उसके उलझे सम्वाद इस पात्र को अस्पष्ट बनाते हैं। दूसरे अंक में सुंदरी के इशारों पर नाचते और तीसरे अंक के आक्रामक नंद में सामंजस्य बैठाकर विश्वसनीय-स्वाभाविक अभिनय करना किसी भी अभिनेता के लिए एक चुनौती है। तीसरे अंक में नंद के केश-मुंडन प्रसंग की बार-बार दी गई पूर्व-सूचना भिक्षु-वेशी नंद के प्रत्यागमन के नाटकीय प्रभाव को क्षीण करके नंद की मंच पर उपस्थिति को हास्यास्पद बना देती है। तीसरे अंक के सैद्धांतिक-दार्शनिक-से लगने वाले सम्वाद नाटक में पिरोए हुए न होकर नाटक पर आरोपित प्रतीत होते हैं। तीसरा अंक संरचना की दृष्टि से शिथिल है। यह एक प्रतीक-बहुल नाटक है और अनेक प्रतीक ऐसे हैं जिनको तर्कसंगत तथा स्पष्ट-निर्भ्रान्त नहीं कहा जा सकता; राकेश स्त्री-पुरुष सम्बन्धों में तटस्थ दृष्टिकोण नहीं रख सके हैं—इत्यादि कुछेक दोष ऐसे हैं जो मंचन के समय समस्या बन जाते हैं, परंतु प्रतिभावान निर्देशक और सृजनधर्मी कल्पनाशील अभिनेता इन समस्याओं के अपने-अपने समाधान ढूँढ़ निकालते हैं।

यह सच है कि 'लहरों के राजहंस' के जिन दोषों का उल्लेख बार-बार और नये-नये शब्दों में अधिकतर पढ़ने-सुनने को मिलता है, उनमें अधिकांश का सम्बन्ध नाटक के पुराने रूप से है। परंतु असत्य यह भी नहीं है कि राकेश की सतत एवं भरपूर रचनात्मक कोशिशों के बावजूद इसके नये रूप में भी केवल नाटक की रूप-बंध सम्बन्धी कुछ दुर्बलताएँ ही दूर की जा सकीं और "तीसरे अंक की परिणति को पूरी तरह अनिवार्य और विस्फोटक नहीं बनाया जा सकता।"[18] सुप्रसिद्ध नाट्य-निर्देशक, प्रबुद्ध अभिनेता तथा आक्रामक रंग-समीक्षक सत्यदेव दुबे के शब्दों में राकेश के बहुचर्चित एवं सफल नाटक 'आषाढ़ का एक दिन' के बाद उनके इस दूसरे नाटक में, "Theatrically the conflict did not crystallise to its fullest but the dramatic idiom shows a further surprising development. Without destroying the period flavour, the words have become simpler yet more ousters. Their approximation to a modern tone is hundred percent. The distilled speech rhythms, especially in the second act, are a challenge (not fully met so far) to the best of actors."[19]

अतः स्पष्ट है कि यह नाटक एक सीमित अर्थ में ही 'हिन्दी नाटक की एक नई उपलब्धि'[20] बन सका। अपनी तमाम गम्भीरता, साहित्यिकता, श्रेष्ठता, भाषा-सम्वाद सम्बन्धी जीवंतता और समस्या की रोचक प्रासंगिकता इत्यादि के बावजूद रंगमंचीयता की दृष्टि से 'लहरों के राजहंस' को एक पूर्णतः सफल एवं प्रभावशाली नाटक नहीं कहा जा सकता।

संदर्भ

1. मोहन राकेश : साहित्यिक और सांस्कृतिक दृष्टि (एक महत्त्वपूर्ण भेंट : कार्लो कपोला), पृ० 165
2. लहरों के राजहंस : (नौवाँ संस्करण, सितम्बर, 1973) डा० सुरेश अवस्थी की भूमिका, पृ० 12
3. नया प्रतीक (राकेश के नाटक : कुछ अंतःसूत्र—जगदीश शर्मा), मई, 1975, पृ० 77
4. राष्ट्रीय नाट्य विद्यालय द्वारा प्रस्तुत 'लहरों के राजहंस' के परिचय-पत्र में प्रकाशित 'लेखक का वक्तव्य' से उद्धृत
5. लहरों के राजहंस : (नाटक का यह परिवर्तित रूप : मोहन राकेश), पृ०36
6. लहरों के राजहंस : मोहन राकेश, पृ० 47
7. द्रष्टव्य : लेखक की पुस्तक 'लहरों के राजहंस : विविध आयाम' में संकलित 'मनोविज्ञान' और 'दर्शन' नामक निबंध

8. 9. 10. 11. लहरों के राजहंस : मोहन राकेश, पृ० 50, 89, 56, 56

12. लहरों के राजहंस : मोहन राकेश (नाटक का यह परिवर्तित रूप), पृ० 23

13,14,15. लहरों के राजहंस : मोहन राकेश, पृ० 56, 23, 76

16. नटरंग : 18 : जनवरी-मार्च, 1972, पृ० 27
17. लहरों के राजहंस : मोहन राकेश, पृ० 104
18. नटरंग : 21 : अक्टूबर-दिसम्बर, 1972 (मोहन राकेश के नाटक : नेमिचंद्र जैन), पृ० 37
19. Times Weekly : December 10, 1972 (Death of a Militant Writer : Satyadev Dubey), p. 7
20. विवेक के रंग : सं० डा० देवीशंकर अवस्थी (हिंदी नाटक की एक नई उपलब्धि : सुरेश अवस्थी), पृ० 402

प्रस्तुतीकरण

(क)

महानगरों के व्यावसायिक/अर्द्ध-व्यावसायिक नाट्य दलों के महत्त्वपूर्ण प्रदर्शन

1. अनामिका (कलकत्ता) : श्यामानंद जालान

कलकत्ता की सुप्रसिद्ध हिंदी नाट्य-संस्था 'अनामिका' की ओर से श्यामानंद जालान ने 21 मार्च, 1964 को इस नाटक के अभिनय-पाठ का आयोजन किया; सितम्बर 1965 में वह इसे मंचित करना चाहते थे, किंतु भारत-पाक युद्ध के कारण प्रस्तुतीकरण सम्भव नहीं हो सका। सन् 1966 में जब उसे दुबारा उठाया तो राकेश ने पूर्व-आलेख को संशोधित करने का आग्रह किया और जल्दी ही उसे नये सिरे से पूरा करके भेजने का वादा भी। परंतु काफी दिनों तक कई हिल-स्टेशनों के एकांत कमरों में उसे बार-बार लिख-काट कर भी वह उसे मन-चाहा रूप देने में असफल रहे। उसी परिस्थिति और मन:स्थिति के बीच वह कलकत्ता आए, विश्वम्भर सुरेका के वातानुकूलित कक्ष में लगभग डेढ़ मास निर्देशक और अभिनेताओं के साथ दिन-रात परिश्रम करके 'लहरों के राजहंस' को जैसे-तैसे पूरा किया। श्यामानंद जालान उन दिनों की याद करते हुए बताते हैं कि, "राकेश प्रत्येक शब्द का चुनाव बड़ी सावधानी से करते थे। आरम्भ से ही सम्वादों पर उनका बडा ध्यान था, जो 'लहरों के राजहंस' के संशोधन के दिनों में मैंने प्रत्यक्ष देखा। वाक्य में शब्द के स्थान के विषय में भी वह अत्यधिक सचेत थे। दस-बीस बार स्वयं बोल-बोल कर ध्वनि की दृष्टि से उसके प्रभाव को देखते थे, फिर अभिनेता की आवाज से उसे परखते थे। शब्द के उच्चारण, पाज़, मौन, बलाघात और पंक्चूएशन को लेकर वह प्रायः हर रोज ही रिहर्सल में हम लोगों से झगड़ते थे। उच्चरित सम्वाद और भाषा की लय (रिद्म) पर वह बहुत ध्यान देते थे। जैसे, कोई शब्द—मान लो—'यहाँ' या 'अब' है; तो

वह उसे कभी वाक्य में पहले रखते थे, कभी अंत में और कई बार बीच में रखकर यह देखते थे कि उसका सर्वाधिक तीव्र प्रभाव कहाँ रखने से पैदा होगा। 'अनामिका' के पास शायद वह पूरे पाँच सौ पन्ने अब भी हैं, जो उन्होंने उस दौरान यहाँ लिखे और काटे थे।[1] कई बार ऐसा होता था रात भर और दिन भर प्रयोग करने के बाद वह कुल जमा सिर्फ पाँच सम्वाद ही लिख कर ला पाते थे। उनमें भी तीन के बाद एक लाइन खिंची होती थी। पूछने पर बताते, 'ये सम्वाद अभी सम्पूर्ण नहीं हुए हैं, बात की दिशा यही होगी, शब्दों का हेर-फेर हो सकता है।'....उन्हीं दिनों मैंने देखा कि राकेश अपने चरित्रों के साथ कैसे तादात्म्य कर लेते थे। एक बार जब गर्व-खंडन के बाद सुंदरी की मृत्यु का विकल्प सामने आया, तो उनकी अपनी हालत देखने वाली थी। वह मानो उसके मरने की सम्पूर्ण व्यथा को नाटक में ही नहीं अपने व्यक्तिगत अनुभव में भी—अपने विचारों, भावों, सम्वेदनों और पूरे अस्तित्व के धरातल पर जैसे झेल रहे थे। उस दिन वह बहुत डिप्रैस्ड और थके-हारे से लग रहे थे। उन्हें नाटक का अंत तलाश कर लेने की खुशी के बजाए इस बात की पीड़ा अधिक थी कि सुंदरी के पास मरने के अतिरिक्त कोई दूसरा विकल्प क्यों नहीं है? वह रचना में डूब जाते थे, अपने पात्रों की परिस्थितियों और चरित्रों के मूड में पूरी तरह खो जाते थे।"[2] विकट परिश्रम, तनाव, संघर्ष और कुतूहल के बाद आखिर 21, 22 और 23 अगस्त, 1966 को हिंदी हाई स्कूल के प्रेक्षागृह में लगभग 2000 प्रबुद्ध दर्शकों के समक्ष यह नाटक मंचित हुआ। 'अनामिका' की इस प्रस्तुति के निर्देशक श्यामानंद जालान और सह-निर्देशक विमल लाठ थे। ऊँचे-नीचे विविध धरातलों और स्तम्भों के माध्यमों से रामनारायण चक्रवर्ती की दृश्य-कल्पना एवं निखिल राय के दृश्य-शिल्प की कल्पनाशीलता से निर्मित सांकेतिक दृश्य-बंध, ऐतिहासिक परिवेश और देश-काल का भ्रम पैदा करते हुए कृष्णा रैलिन एवं कुलराज लाठ की वेश-भूषा और शचिनंदन घोष की रूप-सज्जा भी सराहनीय थी। इसमें नंद, सुंदरी, अलका और श्यामांग की भूमिकाएँ क्रमशः श्यामानंद जालान, विनीता रैलिन, चेतना तिवारी और रणजीत मेहता ने, जबरदस्त तनाव के बावजूद, पूर्ण निष्ठा और विश्वास से निभाई। नंद की कठिन भूमिका को श्यामानंद ने आत्मसात् करके सहज सम्प्रेषणीय बनाने का भरसक प्रयत्न किया। अभिनय के दौरान, "श्यामानंद श्यामानंद न रह कर अपनी नियति की खोज में छटपटाते एक व्यक्ति में बदल जाता था।"[3] उसने नंद की व्याकुलता, संशय और अनिश्चय को स्वरों में उतार-चढ़ाव, हाव-भाव, गतियों और मुद्राओं द्वारा कलात्मक ढंग से पेश करने की ईमानदार कोशिश की। विनीता रैलिन ने अपने चरित्र के बाह्य और आंतरिक, सौंदर्य, गरिमा एवं आभिजात्य के अनुकूल सम्वादों की समान रूप से विश्वसनीय लय बनाए

रख कर सुंदरी के विविध रंग-रूपों को बारीकी से अभिव्यंजित करने का प्रयत्न किया। अलका के रूप में चेतना तिवारी तथा श्यामांग, श्वेतांग, भिक्षु आनंद और आर्य मैत्रेय की भूमिकाओं में क्रमशः रणजीत मेहता, विमल लाठ, श्याम सुंदर केजड़ीवाल तथा मोतीशंकर पंचोली ने भी अपने अभिनय-कौशल का श्रेष्ठ रूप प्रदर्शित करना चाहा। नीहारिका और शशांक की संक्षिप्त भूमिकाएँ दिव्या अग्रवाल एवं रवि याज्ञिक ने अभिनीत कीं। निर्देशक ने प्रत्येक चरित्र को मौलिक ढंग से व्याख्यायित करने का प्रयत्न किया और स्त्री-पुरुष सम्बन्धों के माध्यम से कुछ अन्य आयामों की ओर इंगित करने वाले इस कठिन नाटक को सुंदरी के दर्प-खंडन की त्रासदी के रूप में प्रस्तुत किया। भारतीय नाट्य-जगत के सुप्रसिद्ध रंग-प्रकाश परिकल्पक तापस सेन की कल्पनाशील आलोक-व्यवस्था और आलोक दे के प्रभावपूर्ण संगीत ने नाटक के मूड को गहराने में उल्लेखनीय योगदान दिया। स्टेट्समैन (कलकत्ता) के रंग-समीक्षक के अनुसार—"As long as Anamika is there Hindi plays will be produced in Calcutta with care and a great deal of regard for their literary values. It's production of Mohan Rakesh's 'Laharon Ke Rajhans' was a brave effort."[4]

परंतु स्वयं निर्देशक की निष्पक्ष राय में कई विशेषताओं के बावजूद यह प्रस्तुतीकरण कुल मिलाकर सफल नहीं रहा क्योंकि, "प्रोडक्शन पर तो हमारा ध्यान ही नहीं था और हो भी कैसे सकता है जब शो से दो दिन पहले तक सम्पूर्ण आलेख तक आपके पास न हो और आपको यह तक न पता हो कि नाटक का अंत क्या है? उस समय तो हमारे सामने एक अच्छे नाटक को लिखने में सहायक होने की भावना ही प्रमुख थी और सोचा यह था कि इसका अच्छा प्रोडक्शन फिर कभी, बाद में फुर्सत से कर लिया जाएगा।"[5] यह पूछे जाने पर कि, "परंतु उसके इतने वर्षों बाद तक आपने इसे पुनः करने का प्रयत्न क्यों नहीं किया?" श्यामानंद जालान ने बताया कि, "अब मैं इसके नये संस्करण से संतुष्ट नहीं हूँ। राकेश मूलतः रोमेंटिक हैं और इसका पहला संस्करण बहुत स्वाभाविक रूप में 'आषाढ़ का एक दिन' की परम्परा में ही लिखा गया था। लेकिन बुद्धि से सोच-विचार कर बनाया गया यह नया संस्करण 'आषाढ़' और 'आधे-अधूरे' के बीच एक त्रिशंकु बन गया है। यहाँ रचनाकार का स्वाभाविक विकास नहीं है। इसीलिए इसमें काफी अंतर्विरोध हैं। अब मेरी इच्छा है कि मैं इस नाटक के दोनों संस्करणों को एक साथ करूँ। दर्शकों से अनुरोध किया जाए कि वह धैर्यपूर्वक दोनों रूप देखें। मेरा विश्वास है कि 'लहरों के राजहंस' का पहला संस्करण अधिक सफल होगा; क्योंकि दूसरे संस्करण पर बौद्धिकता का बहुत बड़ा आवरण है, जबकि पहला संस्करण नाटककार के भावुक व्यक्तित्व

के स्वाभाविक विकास का सहज परिणाम है।"[6] फिर भी, यह सच है कि 'अनामिका' की यह प्रस्तुति इस नाटक की अत्यन्त महत्त्वपूर्ण प्रस्तुतियों में गिनी जाती है। प्रदर्शन के समय, राजकुमार नंद की परित्यक्ता पत्नी सुंदरी को प्रस्तुत करने वाले अजंता की गुहा संख्या 16 में अंकित 'मरणोन्मुखी राजकुमारी' तथा अजंता की गृहा संख्या 17 में श्रृंगार करती एक बौद्धयुगीन राजकुमारी के भित्ति-चित्रों के आवरण के साथ, एक विस्तृत एवं महत्त्वपूर्ण स्मारिका का प्रकाशन भी किया था, जिसके सम्पादक थे — शरद देवड़ा। 'लहरों के राजहंस' की यह प्रस्तुति अन्य कई विशेषताओं के साथ-साथ नाटककार और रंगकर्मियों के बीच प्रत्यक्ष रचनात्मक सहयोग की अभूतपूर्व घटना से जुड़ जाने के कारण भी विशेष रूप से उल्लेखनीय बन गई है।

2. राष्ट्रीय नाट्य विद्यालय (दिल्ली) : ओम शिवपुरी

कलकत्ता में हुए 'अनामिका' के प्रस्तुतीकरण के बाद दिल्ली लौट कर राकेश ने 'लहरों के राजहंस' के तीनों अंकों में किंचित परिवर्तन और कतिपय संशोधन करते हुए पुनः एक साथ लिखा। आलेख के इस नये संस्करण को जनवरी-फरवरी, 1967 में दिल्ली के राष्ट्रीय नाट्य विद्यालय ने ओम शिवपुरी के निर्देशन में अत्यंत भव्य, कलात्मक और प्रभावी रूप में प्रस्तुत किया। रवींद्र भवन के स्टुडियो-थियेटर में द्विधाविदीर्ण एवं संशयग्रस्त नंद तथा रूपगर्विता एवं आत्म-विश्वासी सुंदरी के विडम्बनापूर्ण सम्बन्धों की इस संघर्ष-कथा को देखना एक जीवंत अनुभव था। नाटककार की मूल कल्पना के अनुरूप इब्राहिम अल्काज़ी की कलात्मक दृश्य-बंध परिकल्पना और सौंदर्य-बोध युक्त मंच-सज्जा रमणीय ही नहीं व्यावहारिक और असरदार भी थी। 'टाइम्स ऑफ इंडिया' के नाट्य समीक्षक शिव के० कपूर के शब्दों में अल्काज़ी का यह 'विरल और उत्कृष्ट' तथा 'स्टेट्समैन' के नाट्यालोचक हरभजन विरदी के शब्दों में 'सहज-सरल किंतु चित्ताकर्षक' दृश्य-बंध, हबीब तनवीर के अनुसार "सभी प्रकार के बाह्य प्रभावों से रहित केवल घरेलू परिवेश के प्रस्तुतीकरण तक ही सीमित था और निर्देशक ने भी बुद्ध के लिए निरंतर बढ़ते प्रभाव को दिखाने के लिए आकाश या क्षितिज पर गेरुए रंग अथवा भिक्षु-आकृतियों की परछाइयाँ इत्यादि का प्रयोग न करके अपने आपको पूरी तरह गार्हस्थ-चित्रण तक ही बाँधे रखा।"[7] नाट्यालेख एवं प्रस्तुतीकरण में बुद्ध के सम्मोहक प्रभाव तथा नंद की आत्मिक तलाश को केवल भिक्षुओं के नेपथ्य से आते समवेत-स्वरों और कुछ सूक्ष्म एवं जटिल प्रतीकों-संकेतों द्वारा अभिव्यक्ति दिए जाने की आलोचना अन्य रंग-समीक्षकों ने भी की है। पार्थिव-अपार्थिव के द्वंद्व और नंद की निजी तलाश के बावजूद निर्देशक का बल पति-पत्नी के पारस्परिक सम्बन्धों के विश्लेषण पर

ही अधिक रहा। सम्भवतः यही कारण है कि दूसरे अंक में प्रस्तुत नंद-सुंदरी के अंतरंग एवं आत्मीय प्रेम-प्रसंग के मुकाबले तीसरे अंक का नंद-भिक्षु सम्वाद, ओम शिवपुरी तथा मोहन महर्षि जैसे कुशल और समर्थ अभिनेताओं के बावजूद सतही तथा प्रभावहीन-सा रहा। वास्तव में निर्देशक की व्याख्या तथा दृश्यांकन का अद्भुत साम्य इस प्रस्तुति की एक प्रमुख विशेषता थी--जिसे नाटक की आध्यात्मिक अथवा निश्चित-अंत प्रधान निजी व्याख्या करने वाले कई नाट्य-समीक्षक नहीं समझ सके। फिर भी, हबीब तनवीर के इस कथन में अवश्य कुछ सच्चाई है कि, "The production as a whole suffered from being more modern than historical. Authenticity was lacking in some of the actions of the characters—in the way a 'diya'—not a candle—was snuffed out by a snuffer, for instance. A wrong gesture was called for by a wrong stage property. The same was true of the dressing table with its stool of the wrong height Due to this the actress could not take the particular posture in which traditional Indian women sit before the mirror so becomingly."

पूर्णतः प्रशिक्षित और अनुभवी कलाकारों की इस प्रस्तुति का अभिनय पक्ष निर्दोष, प्रभावशाली और प्रशंसनीय था। वीरेंद्र शर्मा के श्यामांग, मोहन महर्षि के भिक्षु आनंद या तीसरे अंक में ओम शिवपुरी एवं सुधा शर्मा की बहस के प्रसंगों की कमजोरी मूलतः आलेख अथवा निर्देशन की सीमाओं के कारण थी—न कि अभिनय के कारण। यदि आत्मिक तलाश के गहरे और सूक्ष्म स्तरों को छोड़ दें तो ओम शिवपुरी का नंद अपने दुर्बल मन, अनिश्चय, द्वंद्व, दुविधा और सुंदरी के रूप-पाश में आबद्ध प्रेमी के रूप में पूर्णतः सफल और प्रभावशाली था। सुंदरी की भूमिका में प्रतिभावान अभिनेत्री सुधा शर्मा (अब शिवपुरी) के सशक्त एवं जीवंत अभिनय की दर्शकों-समीक्षकों ने भरपूर प्रशंसा की। अलका के रूप में सविता बजाज (स्व०) शोभना भूटानी तथा श्वेतांग के रूप में रामगोपाल बजाज की संतुलित एवं प्रभावी भूमिकाओं के साथ-साथ शशांक, नीहारिका और मैत्रेय के रूप में क्रमशः नंद अरोड़ा, श्यामा जैन और कविरत्न शर्मा के काम की भी प्रशंसा की गई।

रोशन अल्काज़ी की वस्त्राभूषण-परिकल्पना तथा इंदु भूषण घोष की रूप-सज्जा ने चरित्रों को बौद्ध-काल की प्रामाणिकता प्रदान कर अधिकाधिक विश्वसनीय बनाने में सहयोग दिया। क्रियान्वयन में दो-एक स्थानों पर हुई थोड़ी गड़बड़ी के बावजूद जी० एन० दास गुप्ता की आलोक-व्यवस्था कल्पनाशील थी और पंचानन पाठक की संगीत-योजना प्रभावशाली। सुंदरी द्वारा प्रस्तुत एक

रोमानी गीत के अंश की 'हमिंग' (भुनभुनाने वाली ध्वनि में गायन) का असर, इस संदर्भ में, विशेष उल्लेखनीय है। संगत, प्रामाणिक एवं सुंदर नेपथ्य-कर्म ने प्रदर्शन को प्रशंसनीय सघनता और विश्वसनीयता प्रदान की।

बहुआयामी कथ्य के एकांगी प्रस्तुतीकरण, कुछेक पात्रों के अस्पष्ट चरित्रांकन, दो-एक गम्भीर प्रसंगों के नीरस अथवा हास्योत्पादक (विशेषतः तीसरे अंक में नंद का प्रवेश) निरूपण तथा कहीं-कहीं प्रकाश एवं टेपांकित संगीत के संचालन की थोड़ी शिथिलता जैसी महत्त्वपूर्ण सीमाओं के बावजूद यह एक सम्वेदनशील और उत्तेजक अनुभव था, जिसे तकनीकी और प्रदर्शन मूल्यों की दृष्टि से एक उपलब्धि भी कहा जा सकता है। एक अंग्रेजी नाट्यालोचक के शब्दों में अंततः हम कह सकते हैं कि, "As a whole, however, Om Shivpuri's production is perceptive and lit with thoughtful drama. Well timed in a restless rhythm of pause and rushing movement."[8]

सर्वांगपूर्ण न होते हुए भी रा० ना० वि० द्वारा ओम शिवपुरी निर्देशित 'लहरों के राजहंस' का यह प्रस्तुतीकरण एक अत्यन्त महत्त्वपूर्ण एवं स्मरणीय प्रदर्शन था; जिसका इस नाटक के प्रस्तुति-इतिहास में विशिष्ट और उल्लेखनीय स्थान है।

3. दिशांतर (दिल्ली) : राजिंदर नाथ

'दिशांतर' द्वारा मार्च 1973 में आयोजित 'मोहन राकेश स्मृति समारोह' के अंतर्गत प्रस्तुत 'लहरों के राजहंस' का प्रदर्शन 17 और 18 मार्च की शाम को साढ़े छः बजे दिल्ली के आइफैक्स प्रेक्षागृह में हुआ। इस प्रस्तुतीकरण के लिए 'दिशांतर' ने राजधानी की अन्य रंग-संस्थाओं से भी सहयोग लिया और इसमें 'अभियान' के ख्यातिप्राप्त निर्देशक राजिंदर नाथ के निर्देशन में कुलभूषण खरबंदा ने नंद, सुषमा सेठ ने सुंदरी, सुरेखा सीकरी ने अलका और बनवारी तनेजा तथा रामगोपाल बजाज ने श्वेतांग और श्यामांग की भूमिकाएँ निभाईं। भिक्षु आनंद को अपनी गम्भीर मुद्रा और सौम्य-शांत स्वर से बी० एम० बडोला ने साकार किया तो शशांक, मैत्रेय एवं नीहारिका की गौण भूमिकाओं में क्रमशः नवीन पाल, भूपेंद्र कुमार तथा मणि कोहली ने भी अपनी अभिनय-क्षमता का भरपूर उपयोग करने का प्रयत्न किया। मंच-परिकल्पना में अशोक भट्टाचार्य ने आलेख के दृश्यबंध निर्देशों के कड़े बंधनों से स्वयं को थोड़ा मुक्त करके अपनी मौलिकता, कल्पनाशीलता तथा सौंदर्य-दृष्टि का अच्छा परिचय दिया। परंतु नाटक की मूलभावना और दृश्य-बंध के अंतर्सम्बन्धों की सूक्ष्म समीक्षा करते हुए पाल जैकब ने लिखा कि, "Bhattacharya's huge archway upstage, flanked by a series of attenuated white streamers, gave the impression of some prehistoric orgy in place of the fairly modernistic Kamotsav that Sundri was planning to pit against a spree of Buddhist conversions. It brought in a whiff of modern psychology with the totem and taboo motif, but that is not a plane one which this drama can be made to work."[9]

राजिंदर नाथ के सम्वेदनशील निर्देशन और प्रदर्शन की स्वच्छता तथा गति एवं भंगिमा की मितव्ययता और एकाग्रता की मुक्त कंठ से प्रशंसा करते हुए दृश्य-बंध के उपयोग, नाटक के कमजोर अंत और अभिनेयता के संदर्भ में नेमिचंद्र जैन ने कहा कि, उन्होंने अशोक भट्टाचार्य के दृश्य-बंध का बड़ा प्रभावी उपयोग किया। खास कर उसके पात्रों के प्रवेश-प्रस्थान को खास किस्म का नाटकीय बल देने का काम लिया। पर अंत की अविश्वसनीय और बनावटी स्थिति को वह भी दबा नहीं पाए। बल्कि उनकी धीमी, संयमित शैली से वह और भी अविश्वसनीय हो गई। सुषमा सेठ सुंदरी के चरित्र की राजसीयता, रूप-गर्व और आत्म-मुग्धता को तो सम्प्रेषित कर सकीं, पर उसके अंतर्द्वंद्व और पराजय की करुणा अथवा त्रास को नहीं उभार पाईं। खास तौर से वह सम्वादों की भाषा के साथ बड़ा अटपटापन महसूस करती रहीं, जिससे उनके भाषण में अक्सर बनावट और सतही स्वर उभर आता था। नंद के रूप में कुलभूषण खरबंदा ज्यादा सहज थे और अंतिम दृश्य में नंद के अंतर्द्वंद्व को सम्प्रेषित कर पाए, यद्यपि दूसरे अंक के आशंकामिश्रित प्रणय के क्रीड़ापूर्ण प्रसंग में वह पूरी तरह नहीं डूब सके थे। रामगोपाल बजाज ने श्यामाँग की प्राय: अविश्वसनीय भूमिका बड़ी सूझबूझ और आत्मविश्वास के साथ निभाई। अलका के रूप में सुरेखा सीकरी का सहयोग अच्छा था।[10] अंग्रेजी पत्र 'द इंडियन एक्सप्रेस' के समीक्षक ने भी राजिंदरनाथ के साफ-सुथरे निर्देशन की प्रशंसा की परंतु उसके विचार से सुषमा सेठ का अभिनय अवमंदित (सबड्यूड) था और कुलभूषण खरबंदा एक अच्छे अभिनेता होने के बावजूद, अपनी दाँत भींच कर बोलने की गलत आदत से मुक्त नहीं हो पाए। सुरेखा सीकरी अलका के चरित्र के पूर्णत: अनुरूप थीं, परंतु नाटक में नंद और सुंदरी के बीच उसकी भूमिका संक्षिप्त है। इस समीक्षक ने नाटक के अंत की खास तौर से कटु-आलोचना की।[11] हिंदी समाचार साप्ताहिक 'दिनमान' के नाट्य समीक्षक के शब्दों में, "निर्देशक नंद और सुंदरी के अंतर्द्वंद्व को बहुत संक्षिप्तता और सफाई के साथ प्रस्तुत करा सका। सुषमा सेठ सुंदरी की भूमिका में ऐंद्रिक क्षणों को अपने कुशल अभिनय द्वारा जीवंत करते हुए भी नाटक की भाषा को सँभाल नहीं सकीं।"[12] केंद्रीय भूमिकाओं में इन प्रमुख कलाकारों के अभिनय के सम्बन्ध में एक अन्य समीक्षक का मत यह था कि, "Kulbhushan Kharbanda and Sushma Seth, though excellent actors in their own right, were like two decorative fish floating about or sleeping on the ocean bed. For all dramatic purposes they were inaudible."[13]

मेरे विचार से इस प्रस्तुतिकरण में सुषमा सेठ सुंदरी के चरित्र की सूक्ष्म आंतरिक विशेषताओं को उभारने की अपेक्षा उसके चरित्र की बाह्य रूपरेखा को अपेक्षाकृत अधिक सफलता और प्रभविष्णुता से प्रस्तुत कर सकीं। और यहाँ भी उनकी गतियों और मुद्राओं में सुंदरी की गरिमा और आभिजात्य के स्थान पर रह-रहकर 'सखाराम बाइंडर' की चम्पा (जिसकी भूमिका इन्होंने कुछ ही दिन पहले सफलतापूर्वक निभाई थी) की ठसक और तेजी उभर आती थी। खरबंदा भी दूसरे और तीसरे अंक के बीच नंद के चरित्र का कोई विश्वसनीय सामंजस्यपूर्ण धरातल नहीं खोज सके। सुरेखा सीकरी और रामगोपाल बजाज सम्भवतः अपने चरित्रों के सर्वाधिक निकट थे। शेष कलाकारों ने अपनी पूरक भूमिकाओं में अच्छा सहयोग दिया। दीनानाथ की संगीत-योजना, मीना विलियम्स की वेशभूषा-परिकल्पना तथा आर० के० ढींगड़ा की आलोक-व्यवस्था ने भी पात्रों के अंतर्द्वंद्व को गहराने, उनकी टकराहट को उभारने और परिवेशगत प्रभाव को सघन बनाने में उल्लेखनीय भूमिका अदा की। परंतु एक अत्यंत प्रतिष्ठित संस्था, कल्पनाशील निर्देशक और प्रशिक्षित, कुशल, अनुभवी एवं प्रतिभावान रंगकर्मियों द्वारा पूर्ण निष्ठा और परिश्रम से प्रस्तुत किया गया 'लहरों के राजहंस' का यह उल्लेखनीय प्रदर्शन समग्र-प्रभाव और गहन नाट्यानुभूति की दृष्टि से मन पर कोई तीखा असर नहीं छोड़ सका। इसे लगभग 1100 नाट्य-प्रेमियों ने देखा और प्रस्तुतीकरण के विषय में उनकी प्रतिक्रिया मिश्रित रही।

4. राष्ट्रीय नाट्य विद्यालय, रंगमंडल (दिल्ली) : कीर्ति जैन

3 दिसम्बर से 20 दिसम्बर, 1992 के बीच रा० ना० वि० रंगमंडल द्वारा श्री राम सेंटर के मुख्य प्रेक्षागृह में आयोजित 'मोहन राकेश नाट्य समारोह' की अंतिम प्रस्तुति के रूप में कीर्ति जैन निर्देशित 'लहरों के राजहंस' का अभिमंचन किया गया—जो बहुत प्रभावशाली चाहे न बन सका हो—लेकिन मौलिक सोच और रचनात्मक कोशिश की दृष्टि से निश्चय ही नया और उल्लेखनीय सिद्ध हुआ।

राकेश के नाटकों में प्रकाशन-क्रम की दृष्टि से दूसरा होने के बावजूद इसे समारोह में अंतिम और पाँचवें स्थान पर रखने का एक महत्त्वपूर्ण और व्यावहारिक कारण यह था कि मूलतः इसे हबीब तनवीर निर्देशित कर रहे थे। परंतु तारीखों की गलतफहमी और उन्हीं दिनों हबीब तनवीर के मध्यप्रदेश में किसी फिल्म की शूटिंग में व्यस्त हो जाने के कारण अंतिम समय पर एकाएक इस नाटक की प्रस्तुति का दायित्व राष्ट्रीय नाट्य विद्यालय की निर्देशिका कीर्ति जैन

को लेना पड़ा। हबीब तनवीर जैसा विशिष्ट और निजी (लोक) शैली का वरिष्ठ निर्देशक 'लहरों के राजहंस' को कैसे और किस रूप में करेगा—इसका उत्तेजनापूर्ण कुतूहल प्रबुद्ध प्रेक्षकों के मन में था। परंतु अपने नारी-पात्रों के प्रति आमतौर पर पूर्वाग्रही माने जाने वाले नाटककार मोहन राकेश के इस नाटक और इसकी नायिका सुंदरी को एक महिला निर्देशक किस रूप में पेश करेंगी—यह प्रश्न भी अपने आप में कम सम्भावनाओं और जिज्ञासाओं से भरा नहीं था। स्वयं निर्देशिका के शब्दों में, "यह सही है कि राकेश के नाटक महिला निर्देशक के लिए कई मुश्किलें खड़ी करते हैं। उनके नाटकों में स्त्री को ज्यादा भुगतना पड़ता है।"[14] इसी कारण इनकी कोशिश यह रही कि, 'सुंदरी के चरित्र में निहित, जिसके बीज नाटक में ही हैं, उन पक्षों को उद्घाटित करूँ जिससे उसकी गरिमा और आत्मगौरव दीखे और परिस्थितियों के बीच उसकी असुरक्षित स्थिति भी प्रस्तुति में उद्घाटित हो।"[15] यह एक कठिन काम था, जिसने सुंदरी के अतिरिक्त-रूप-गर्व और दृढ़ आत्म-विश्वास को आक्रामकता के पूछे उसके अवचेतन में समाई असुरक्षा और भय की भावना से जोड़कर और भी जटिल बना दिया। सीमा बोस ने अपने अनुभव और अभिनय कौशल से सुंदरी के बाहर की उग्रता-आक्रामकता तथा भीतर की विवशता, टूटन और कसक को बड़ी सूक्ष्मता एवं प्रभावशीलता से व्यंजित करने की कोशिश की। परंतु कुल मिलाकर वह आधुनिक नारी के आरोपित दर्प, भीतरी भय और विषम परिस्थितियों में फंसी स्त्री की भावुकतापूर्ण विवशता को ही अधिक उभार सकीं। इस संदर्भ में पार्थिव और भोग की प्रतीक सुंदरी के लिए सुपहली सफेद साड़ी की परिकल्पना काफी असंगत और बेतुकी लगी। नंद की भूमिका में जितेंद्र शास्त्री ने अपनी मुखमुद्राओं गतियों और रंग चर्याओं के माध्यम से चरित्र की भीतरी उथल-पुथल और ऊपर से स्वाभाविक स्वस्थ बने रहने को सम्वेदनशीलता से उभारा। परंतु उनके व्यक्तित्व का आकार-प्रकार और कुछ शब्दों पर अतिरिक्त जोर देकर और वाक्यों को गलत जगह तोड़कर बोले गए सम्वादों से नंद की राजकीय गरिमा और सहज-शिष्टता बार-बार टूटती रही। वह अपने अंतिम प्रस्थान को भी विश्वसनीय और अनिवार्य नहीं बना सके। नंद के अंतर्मन के प्रतीक श्यामांग के रूप में रोहिताश्व गौड़ हमेशा की तरह आलेख की सीमाओं के कारण उलझे हुए और अस्पष्ट ही रह गए। श्वेतांग के एकायामी चरित्र को विवेक मिश्र ने आत्म-विश्वास से निभाया और सुंदरी का प्रतिपक्ष प्रस्तुत करती अलका के रूप में नीलिमा शर्मा भी ठीक ठाक ही रहीं। शशांक, मैत्रेय, नीहारिका, और भिक्षु आनंद की गौण भूमिकाएँ क्रमशः अखिलेख खन्ना, अमितरंजन बैनर्जी, प्रेमलता एवं अभिजित लाहिड़ी ने सहजता से अभिनीत कीं।

'अनुभूति की तीव्रता' और अनुभव के प्रखर आवेग के कारण निर्देशिका ने

प्रमुखत: नाटक के पहले प्रारूप (1963) को ही आधार बनाया, परंतु दो एक स्थानों पर संशोधित संस्करण (1968) के कुछ अंश भी उसमें जोड़ दिए—विशेष रूप से तीसरे अंक के अंत में नंद के लम्बे स्वगत के कुछ हिस्से। इस सबके बावजूद 'अंत' को स्वाभाविक और प्रभावशाली नहीं बनाया जा सका।

कीर्ति जैन के अनुसार राग-विराग के नैसर्गिक दार्शनिक द्वंद्व को प्रस्तुत करने वाला यह नाटक "दो धरातलों पर चलता है। पहला धरातल यथार्थ का है और दूसरा अमूर्त का।"[16] निर्देशिका ने प्रस्तुति में इन दोनों धरातलों को समुचित ढंग से उभारने के लिए यथार्थवादी और रीतिबद्ध—दोनों शैलियों का उपयोग किया। परंतु इन दोनों धरातलों में 'उचित अनुपात' बनाए रखने की कोशिश में वह सफल नहीं हो सकीं। इसका प्रमुख कारण स्वयं उनकी दृष्टि, और व्याख्या ही है। उन्हें नाटक के यथार्थ धरातल—स्त्री-पुरुष सम्बन्धों के जटिल किंतु ऊष्म, आवेगपूर्ण और रागात्मक रूप ने ही अधिक प्रभावित किया। उन्हीं के शब्दों में, "मुझे लगता है कि एक-दूसरे के प्रति गम्भीर प्रेम और आकर्षण ही चरित्रों के बाकी संघर्षों के केंद्र में है इसलिए इसको सघन करने के उद्देश्य से ही हमने 'सौंदरानंद' के कुछ पदों को हिंदी अनुवाद में इस्तेमाल करने का निर्णय लिया।"[17] निश्चय ही सौंदरानंद के कुछ श्लोकों के केदारनाथ सिंह कृत पद्य में मुक्त भावानुवाद, कोरस की परिकल्पना और भास्कर चंदावरकर के संगीत ने प्रदर्शन में पार्थिवता और मांसलता को सघन करने में महत्त्वपूर्ण भूमिका निभाई। आरम्भ में कामोत्सव की तैयारी और विशेषत: दूसरे अंक में नंद-सुंदरी के प्रेम-प्रसंग के दृश्यों में इसी कारण अद्‌भुत रमणीयता, सुंदरता, गहनता और ऊष्मा का एक नया ही आयाम इस नाटक को मिल गया। परंतु इस प्रक्रिया में द्वंद्व के दूसरे कई सूक्ष्म एवं जटिल आयाम दबे रह गए।

मूर्त-अमूर्त कार्य-व्यापार को एक साथ आधार प्रदान करने के लिए तीन अलग-अलग दिशाओं में बने तीन सीढ़ीदार धरातलों तथा कपड़े के खंभे और फूलों की रस्सियों से बँधे झूले वाले एम० के० रैना के दृश्य-बंध को भी निर्देशिका की इस सोच ने प्रभावित किया कि, "नाटक का मूल कथ्य काल-बोध और ऐतिहासिकता से परे है। इसीलिए हमने नाटक को अनैतिहासिक किंतु व्यंजनात्मक मंचभूमि पर निरोपित करने का निर्णय किया। एक ऐसी स्पेस रचने की कोशिश की जो स्वयं एक उत्प्रेक्षा (मैटाफर) है और जहाँ पात्र अपने समूचे अनुभवों को जीते भी हैं। यह सम्पूर्ण नाटक जहाँ एक स्तर पर यथार्थ है, वहीं दूसरे स्तर पर व्यंजना भी। इसीलिए यह मूर्त और अमूर्त दोनों को एक साथ समेटता चलता है।"[18] सम्भवत: यही कारण है कि प्रस्तुति विन्यास के सभी पक्ष—मंच-परि-कल्पना, संगीत, प्रकाश-योजना (अशोक सागर भगत) और अभिनय—इसी मूल दृष्टि से प्रभावित थे, और इस नाटक के विशुद्ध यथार्थवादी प्रदर्शन देखने के

आदी कुछ प्रबुद्ध दर्शकों को, कहीं-कहीं अटपटे भी लगते रहे।

चरित्रों के बदलते रूपों और मनोभावों की कशमकश को रेखांकित करने में अशोक सागर भगत की प्रकाश-योजना और भास्कर चंदावरकर की संगीत-परिकल्पना ने महत्त्वपूर्ण भूमिका अदा की। संगीत में राकेश की रंग-भाषा की लयात्मकता के नाद-सौंदर्य, बौद्ध गीत के गुंजन स्वर और अश्वघोष के पदों के गायन ने निश्चय ही प्रदर्शन को सघन बनाया।

परंतु इस सबके बावजूद हमेशा की तरह 'लहरों के राजहंस' की यह भव्य प्रस्तुति भी आकर्षक, और कई अर्थों में नई होकर भी, प्रबुद्ध प्रेक्षक को भीतर से पूरी तरह उत्तेजित और आंदोलित नहीं कर पाई।

(ख)

शौकिया नाट्य दलों के उल्लेखनीय प्रदर्शन

1. प्रयाग रंगमंच (इलाहाबाद) : सत्यव्रत सिन्हा

1963 में प्रकाशित मोहन राकेश के इस दूसरे नाटक 'लहरों के राजहंस' का प्रथम मंचन डॉ० सत्यव्रत सिन्हा के निर्देशन में 'प्रयाग रंगमंच', इलाहाबाद द्वारा 15 दिसम्बर, 1963 को प्रातः 9 बजे पैलेस थियेटर में 585 प्रबुद्ध प्रेक्षकों की उपस्थिति में किया गया। इसकी मंचन-परिस्थितियों का उल्लेख करते हुए डॉ० जीवनलाल गुप्त ने बताया कि, "उन दिनों मोहन राकेश ने 'आषाढ़ का एक दिन' लिखकर हिंदी नाट्य-जगत में तहलका मचा दिया था। प्रस्तुति की दृष्टि से वह बहुत सशक्त, तराशे हुए चरित्रों का निर्माण करने में सफल होकर सामने आए थे। निर्देशकों के बीच उनका बाजार एकाएक गरम हो गया था। नतीजा यह था कि मोहन राकेश के दूसरे नाटक की संस्थाओं को प्रतीक्षा थी। इन परिस्थितियों में जैसे ही 'लहरों के राजहंस' आया, अपने को प्रतिभाशाली और हिंदी के प्रेमी समझने वाले निर्देशकों ने उसे हाथों हाथ लपका। डॉ० सिन्हा भी उसी में लपक ले आए।" प्रतीत होता है कि नाटक के चुनाव और उसके इस प्रस्तुतीकरण के पीछे कोई विशिष्ट दृष्टि अथवा समझ नहीं थी। डॉ० गुप्त के ही शब्दों में, "उन्हें जो समझ थी, उससे उन्होंने हम लोगों को समझाया और हम लोग जैसे चोर-चोर मौसेरे भाई बन गए। नाटक के अंतर्द्वंद्व को वह आंतरिक ढंग से समझ गए हों दीगर है—नाटक की सृजनात्मकता में कोई आनंद मिला हो, मुझे याद नहीं पड़ता। अंत में एक थकान और टूटन अवश्य महसूस हुई थी।"[19] द्रष्टव्य है कि यह प्रतिक्रिया किसी बाहरी व्यक्ति, प्रेक्षक या समीक्षक की नहीं, बल्कि नाटक के केन्द्रीय चरित्र नंद की भूमिका करने वाले प्रमुख

अभिनेता की है। नंद की भूमिका में डॉ० जीवनलाल गुप्त के अतिरिक्त अन्य प्रमुख कलाकारों में सुनीति ओबेराय (सुंदरी), मंजुला मेहरा (अलका), रामचंद्र गुप्त (श्यामांग), शांतिस्वरूप प्रधान (श्वेतांग) तथा डॉ॰ सत्यव्रत सिन्हा (भिक्षु आनंद) ने अपनी-अपनी भूमिका को जीवंत करने का भरसक प्रयत्न किया। शशांक, निहारिका एवं मैत्रेय के रूप में क्रमशः नाना परांजपे, उमा और हरी-राम ने भी पूरा जोर लगाया परंतु डॉ० गुप्त के अनुसार, "किसी ने उसमें अभिनय अच्छा नहीं किया था, बुरा भी नहीं, क्योंकि वह अभिनय ही नहीं था। निर्देशक के माध्यम से पात्रों का नाटक के प्रति रियेक्शन जैसा था। प्रस्तुति का अर्थ बहुत बड़ा होता है।" इसके अतिरिक्त "नंद की डॉ० सिन्हा की व्याख्या से मेरे संतुष्ट / असंतुष्ट होने का उस समय कोई प्रश्न ही नहीं उठता था, क्योंकि हम दोनों को कोई समझ न थी। आज मैं सोच पाता हूँ कि अगर मैं उन दिनों डा० सिन्हा की उम्र का होता (और वह मेरी) तो मैं यह नाटक प्रदर्शन के लिए चुनने के बारे में कई बार सोचता और हो सकता था कि कई 15 दिसम्बर निकलते रहते मैं सोचता रहता···।"[20] इस प्रदर्शन में लम्बे बालों वाले सुप्रसिद्ध छायावादी कवि सुमित्रानंदन पंत भी उपस्थित थे। नाटक में नंद जब केश मुंडा-कर मंच पर प्रवेश करता है तब पंत जी के साथ बैठे साहित्यकार मित्रों ने लम्बे बालों को लेकर उनसे कोई मजाक कर दिया और उस हंसी के कारण इस गम्भीर दृश्य का प्रभाव लगभग समाप्त हो गया। परोक्ष रूप से इसका अर्थ यह भी लगाया जा सकता है कि नाटक के इन अत्यंत तनावपूर्ण एवं नाटकीय क्षणों में भी सामान्य तो क्या ये प्रबुद्ध दर्शक भी प्रस्तुति में डूब नहीं सके थे। वातावरण निर्माण एवं नाट्यानुभव को सघन बनाने के उद्देश्य से की गई रघुनाथ सेठ की संगीत-योजना और रामगोपाल तथा सूर्य प्रकाश की आलोक-व्यवस्था भी विशेष सार्थक सिद्ध नहीं हुई। समग्र प्रभाव की दृष्टि से प्रेक्षकों और समीक्षकों की प्रतिक्रियाएँ भी एकदम विपरीत सीमांतों को छूने वाली थीं। एक ओर यदि प्रसिद्ध अंग्रेजी अखबार 'द लीडर' ने मुखपृष्ठ पर इसके विषय में, 'इट्स आ रेयर ट्रीट टू सी' लिखा और अपने रविवारीय अंक में विस्तार से इसकी प्रशंसात्मक समीक्षा की तो दूसरी ओर 'भारत' ने छापा कि निर्देशक को ऐसा नाटक प्रस्तुति के लिए नहीं चुनना चाहिए था जिससे और भी हजार-आठ सौ लोगों का वक्त खराब हो। समीक्षक ने प्रस्तुति के निम्न स्तर की ही नहीं आलेख में नाटकीय तत्त्वों की कमी की भी कटु आलोचना की। 'लहरों के राजहंस' के प्रथम संस्करण के इस प्रथम प्रस्तुतीकरण के पूर्णतः सफल न होने का महत्त्वपूर्ण कारण, निर्देशक डा० सिन्हा के शब्दों में, यह है कि, "नाटक का तीसरा अंक किंचित दुर्बल है।" परंतु इसके बावजूद प्रदर्शन के लिए इसे चुनने और करने का प्रमुख आकर्षण एवं कारण यह है कि "नाटक का दूसरा अंक सर्वोत्तम है।

वस्तुतः 'कार्य' और 'भाषा' का सौंदर्य इसी अंक में उजागर हुआ है। यह अंक 'नाट्य-भाषा' पर फिर से सोचने के लिए प्रेरित करता है।[21] जबकि सुप्रसिद्ध अभिनेता-निर्देशक डॉ० जीवनलाल गुप्त की धारणा यह है कि, "नंद का सुंदरी के मोह में फंसा रहना और गौतम बुद्ध के वैराग्य के प्रति आकर्षित होना एक बहुत-बहुत बड़ी नाटकीयता है। दो अलग-अलग छोरों के द्वंद्व को बांधना निश्चय ही यह बेहद पेचीदा काम है— विशेष रूप से यदि मंच के लिए नाटक लिखना हो तो। कारण यह है कि सभी पात्र और स्थितियां इतनी दार्शनिक हैं कि विजुअल गतिशीलता उनमें उभार पाना बालू से तेल निकालना है। सबके सब ठंडे-ठंडे पात्र, भीतर ही भीतर घुटने वाले पात्र; शांत-गम्भीर मुद्राएँ, बिना सम्वाद लिए लाइनों के बीच के अर्थ, मौन और विरामों की व्याख्याएँ...यह सब ज्यादा से ज्यादा किसी कला-फिल्म में यदि अभिव्यक्त हो सके तो हो सके; मंच पर प्रभाव ग्रहण कर लें, मुझे इसमें शक है। प्रतीकों को उभारने के लिए संगीत, ध्वनि प्रकाश आदि का सहारा लेना भी कहीं-कहीं इतना बैसाखीनुमा हो जाता है कि जैसे खपच्चियों पर कपड़ा पहनाकर कोई आकृति दी जाए। ढेरों प्रतीक इस नाटक में ऐसे हैं जो इसके नाटक को काव्यात्मकता की ओर अधिक ले जाते हैं अभिनेयता की ओर कम।"[22]

यह सत्य है कि 'लहरों के राजहंस' का प्रथम संस्करण रंगमंचीयता की दृष्टि से कई कमियों और कमजोरियों से भरा था और तत्कालीन हिंदी रंगमंच—विशेषतः प्रयाग रंगमंच—की स्थिति भी शायद बहुत उत्साहवर्द्धक नहीं थी। परंतु यह बात क्या अपने आपमें कम महत्त्वपूर्ण है कि 'आषाढ़ का एक दिन' की तरह मोहन राकेश के दूसरे नाटक 'लहरों के राजहंस' का पहला प्रस्तुतीकरण भी इलाहाबाद में ही हुआ। हिंदी के मौलिक नये नाट्यालेख को अभिमंचन के लिए चुनना — हिंदी प्रदेश की एक जरूरी और उल्लेखनीय पहल थी, इसे भुलाया नहीं जा सकता।

2. रूपांतर (गोरखपुर) : डॉ० गिरीश रस्तोगी

2 फरवरी, 1969 को गोरखपुर की एक महत्त्वाकांक्षी नवोदित नाट्य संस्था 'रूपांतर' ने अपने प्रथम रंग-प्रयोग के रूप में डा० (श्रीमती) गिरीश रस्तोगी एवं डॉ० परमानंद श्रीवास्तव के संयुक्त निर्देशन में मोहन राकेश के कठिन और सम्वेदनशील आधुनिक नाटक 'लहरों के राजहंस' को स्थानीय रेलवे स्टेडियम में अभिमंचित करके नगर के जागरूक और प्रबुद्ध प्रेक्षकों को आश्चर्यचकित कर दिया। इस प्रदर्शन से गोरखपुर के रंग-प्रेमियों में नये नाटक की पहचान, अभिनय कला की सूक्ष्मता, रंगमंच की आधुनिक तकनीक तथा समकालीन हिंदी नाटक की विशिष्ट उपलब्धियों की पहचान की एक सार्थक शुरुआत हुई।

उनके अनुसार 'लहरों के राजहंस' में मौजूद प्रबुद्ध दर्शकों को प्रभावित करने वाले —ऐतिहासिक परिवेश में आधुनिक व्यक्ति के अंतर्द्वंद्व, प्रतीकात्मकता तथा नाटकीयता-गतिशीलता—जैसे महत्त्वपूर्ण सूक्ष्म विरल गुणों के साथ-साथ परिवेश (दृश्य-बंध, वस्त्राभूषण, रूप-सज्जा इत्यादि) की भव्यता, दृश्यत्व का आकर्षण और सम्पूर्ण नाटक में व्याप्त रोमानी वातावरण की रमणीयता जैसे जन-सामान्य को अभिभूत कर लेने वाले गुणों की उपस्थिति ने उन्हें इसके प्रस्तुतीकरण के लिए प्रेरित किया।[23] नगर की नई और पुरानी अभिनय-प्रतिभाओं का संगम भी इस प्रस्तुति के द्वारा सम्भव हुआ। एक ओर पारसी शैली के ऐतिहासिक नाटक करने के अभ्यस्त वरिष्ठ एवं अनुभवी अभिनेता शम्भु तरफदार और दूसरी ओर इंटरमीडियेट की एकदम अनुभवहीन एवं अप्रशिक्षित छात्रा आभा धूलिया— दोनों को नाटक के जटिल चरित्रों की सूक्ष्मताएँ समझाकर एक आधुनिक और सम्वेदनशील अभिनय-स्तर ले आना —निर्देशकों के सम्मुख एक प्रत्यक्ष रचनात्मक चुनौती थी। डॉ० परमानंद श्रीवास्तव के अनुसार, "नंद की भूमिका में शंभु तरफदार, सुंदरी की भूमिका में आभा धूलिया, भिक्षु आनंद की भूमिका में अजित कुमार विश्वास, अलका की भूमिका में छाया सहाय का अभिनय विशेष रूप से सराहनीय था।"[24] मैत्रेय, श्वेतांग, शशांक तथा नीहारिका के रूप में क्रमशः सुब्रत भूषण बागची, कमलाकर त्रिपाठी, अशोक कुमार श्रीवास्तव और कंचन पांडे ने भी अपनी-अपनी भूमिकाओं से न्याय करने की ईमानदार कोशिश की और एक हद तक उसमें सफल भी हुए। परंतु ढाई महीने के कठिन परिश्रम और सतत अभ्यास के बावजूद मुकुंद शंकर श्यामांग की दोहरी जटिल भूमिका प्रभावी ढंग से साकार नहीं कर सके। नाटक के पहले संस्करण का प्रस्तुतीकरण होने के कारण श्यामांग की लम्बी भूमिका और नेपथ्य से आते उसके असंगत-से प्रतीकात्मक सम्वादों ने अभिनेता की दुर्बलता और चरित्र की अविश्वसनीयता को और भी रेखांकित कर दिया।

नाट्यालेख में कोई परिवर्तन नहीं हुआ और प्रदर्शन को नाटककार की इच्छा और परिकल्पना के अधिकाधिक निकट रखने का प्रयत्न किया गया। निर्देशिका के अनुसार, "Our effort was to present the play as it is without affecting any change in the stage decoration and setting, the background musical score etc. and we succeeded in doing so."[25]

निर्देशकों के इस न्यायोचित उद्देश्य की पूर्ति के लिए मुकुल रस्तोगी तथा आर० एन० बैनर्जी (मंच-सज्जा), पी० नियोगी एवं एच० के० चटर्जी (प्रकाश-संयोजन), अशोक श्रीवास्तव (नेपथ्य-प्रभाव), सुरेन्द्र मोहन मिश्रा (संगीत) तथा आर० एन० बनर्जी एवं गिरीश रस्तोगी (रूप-सज्जा और वेशभूषा) का रचना-

त्मक सहयोग महत्त्वपूर्ण सिद्ध हुआ।

इस श्रम-साध्य एवं कठिन नाटक की इस उल्लेखनीय प्रस्तुति को देखने वालों में उत्तर प्रदेश के तत्कालीन राज्यपाल श्री बी॰ गोपाल रेड्डी, कैनबरा विश्वविद्यालय (आस्ट्रेलिया) में प्राच्य विद्या संकाय के अधिष्ठाता श्री ए॰एल॰ बैशम, गोरखपुर विश्वविद्यालय के हिन्दी विभागाध्यक्ष डॉ॰ गोपीनाथ तिवारी के अतिरिक्त उच्च प्रशासनिक अधिकारी, प्राध्यापक, विद्यार्थी, बुद्धिजीवी, कलाकार, साहित्यकार, उद्योगपति, व्यापारी इत्यादि सभी वर्गों और क्षेत्रों के व्यक्ति थे। परस्पर विरोधी मानसिकता और रुचियों के प्रेक्षकों की एक साथ उपस्थिति के कारण ही प्रदर्शन पर इनकी प्रतिक्रियाएँ भी वैविध्यपूर्ण और सीमांती रहीं। फिर भी, "प्रेक्षकों में से अधिकांश ने नाटक के 'मूड' और वातावरण तथा कलाकारों की अभिनय-प्रतिभा की प्रशंसा की, यद्यपि वे नाटक के मूल कथ्य और उसमें अंतर्निहित द्वंद्व को पकड़ नहीं सके।"[26] निर्देशिका के अनुसार इसका प्रमुख कारण यह था कि, "तब दर्शक इस प्रकार के नाटक के लिए जैसे तैयार नहीं थे। मदिरा, प्रसाधन, प्रणय के प्रसंगों ने ही उन्हें विचलित नहीं किया, नाटक के अंत में स्थापित होने वाला जीवन-दर्शन उन्हें आरोपण भी लगा।"[27]

परंतु प्रदर्शन और प्रेक्षकों की इन कतिपय सीमाओं के बावजूद डॉ॰ परमानंद श्रीवास्तव का विचार है कि, "नगर में शायद पहली ही बार इतनी सफलता के साथ, इतने लम्बे परिश्रम के बाद, इतनी सर्जनात्मक कुशलता के साथ आज की सम्वेदना को वहन करने वाला, पुरानी वस्तु को सर्वथा नई प्रतीकात्मकता के साँचे में ढाल लेने वाला ऐसा नाटक खेला जा सका है, जिसकी बहुत ही गहरी छाप सम्वेदनशील दर्शकों के मन पर बनी हुई है।"[28] कुल मिलाकर, यह प्रदर्शन न केवल संस्था बल्कि नगर के रंग-इतिहास में भी एक उल्लेखनीय घटना सिद्ध हुआ।

3. ज्ञान आर्ट्स (चंडीगढ़) : उषा धवन

सितम्बर, 1974 में चंडीगढ़ के टैगोर थियेटर में "गुरु ज्ञान शंकर के आशीर्वाद" से उषा धवन ने 'लहरों के राजहंस' को नृत्य-नाटिका के रूप में प्रस्तुत करके एक नया और चौंकानेवाला प्रयोग किया। 'ज्ञान आर्ट्स' के तत्त्वावधान में 'चित्रलेखा' और 'उमरावजान अदा' के बाद 'लहरों के राजहंस' उनकी तीसरी प्रस्तुति थी। चंडीगढ़ के चर्चित निर्देशक-अभिनेता-समीक्षक अतुलवीर अरोड़ा की तात्कालिक प्रतिक्रिया के अनुसार, "नाटक को नृत्य-नाटिका में बदलते हुए उसके समूचे कथ्य को जिस ढंग से उषा धवन ने जिस प्रकार काट-पीट कर अलग रख दिया है, वह काफी दर्दनाक हादसा है। नाटक के अंत में 'बुद्धं शरणं गच्छामि' के स्वरों के साथ केश-विहीन नंद का बौद्ध धर्म में दीक्षित हो जाना

और सुंदरी का मूर्च्छित होकर रंगमंच पर गिरना, नाटक को उसकी मूल भूमि मे उखाड़ फेंकता है और हठात् दर्शक पहले तो चौंक उठता है, फिर थोड़ी देर बाद माथा पीटने लगता है। मूल नाटक के साथ ऐसी मनमानी निश्चय ही अक्षम्य होनी चाहिए। विशेषतया उस स्थिति में जब वह नाटक की अर्थवत्ता पर और विविध आयामों में ले जाने वाली सवालिया क्षमता पर आघात करती हो।

यूं कहने को तो उषा धवन ने 'लहरों के राजहंस' को नृत्य-नाटिका के रूप में पेश किया है, लेकिन वस्तुतः यह उसकी अवधारणा की खिल्ली उड़ाती-सी लगती है। अगर ज्यादातर कार्य-व्यापार आम नाटकों की तरह ही चले और बीच-बीच में नृत्य की मुद्राओं का आश्रय ले लिया जाए या किसी कुशल नर्तकी की प्रतिभा (आलोका मेंहदीरत्ता) का परिचय देने के लिए बीच में ही सारा कार्य-व्यापार रोक कर उसके नृत्य की योजना कर दी जाए—तमाम सार्थक संदर्भों को तिलांजलि देकर—तो यह नृत्य-नाटिका बन जाती है—कुछ ऐसा ही अनुभव इस नाटिका को देखकर होता है।"[29]

इन बुनियादी कमजोरियों और कमियों के बावजूद इस प्रदर्शन की उपलब्धि और स्मरणीय विशेषताओं का उल्लेख करने की दृष्टि से यह कहा जा सकता है कि अनुभव का हिस्सा बनकर साथ चलने वाली चीजों में सबसे पहली है, "आलोका मेंहदीरत्ता की अलका की भूमिका में अदाकारी और बेशक नाटक से कटा हुआ लेकिन अपने आप में एक पूरा नृत्य जिसमें शरीर के आयामों का बड़ा ही नाजुक और बारीक इस्तेमाल किया गया। यह नृत्य उस समय प्रस्तुत किया गया जब सुंदरी (किरण शंकर) शृंगार के लिए आईने के पास बैठी है। याददाश्त का हिस्सा बनने वाली चीजों में एक और चीज है—आवाजों का जादू। ये आवाजें कथा और सम्वाद का काम बनाती हुई आवाजें हैं जिन्हें बी० पी० सिन्हा और अचला शर्मा ने रूपाकार दिए। इन्हें सहयोग दिया था आभा और विनोद तिवारी ने।" संगीत, गायन, मंच-सज्जा और वस्त्राभूषण जैसे पार्श्वकर्म की दृष्टि से इस "नृत्य-नाटिका के संगीत को लेकर बड़ी भारी आपत्ति उठाई जा सकती है, और वह यह कि एक ऐतिहासिक परिवेश को उभारने के लिए शास्त्रीय संगीत के जिन तत्त्वों की अपेक्षा मास्टर रामप्रकाश और इस्माईल बेचैन से की जा सकती थी, उसकी पूर्ति वे नहीं कर पाए। अलावा इसके, नाटिका के परिवेश में गज़लों और ठुमरियों की तुक बैठाने का नाजायज और असफल प्रयास भी काल-बोध को प्रश्नाहत करता है। फिर भी जसबीर चौधरी का गायन कहीं-कहीं दर्शकों के लिए आकर्षण का केंद्र बनता रहा, इसे अवश्य ही प्रशंसा का विषय मानना होगा। मंच-सज्जा में सौंदर्य-सृष्टि कम ठूंस ज्यादा थी। जो सामग्री जुटाई गई थी उसका सही प्रयोग नहीं था। वस्त्राभरण भी या तो

चकमक थे या फिर खाली रंग-बोध की असंगतियाँ ही उजागर करते थे।"[30]
परंतु मेरे विचार से बड़े से बड़े असफल प्रयोग का महत्त्व इस दृष्टि से तो होता ही है कि उसने एक नयी जमीन तोड़ने का प्रयत्न किया और रचनाशीलता की एक नयी दिशा की ओर इंगित करने का साहस दिखाया। असफल होना प्रत्येक सच्चे कलाकार का बुनियादी अधिकार है और इसी दृष्टि से मैं इस प्रदर्शन को उल्लेखनीय मानता हूँ कि सम्भव है भविष्य में कोई अन्य अधिक प्रतिभावान, समर्थ और कल्पनाशील निर्देशक इस दिशा में कोई सार्थक एवं सफल प्रयत्न करे।

4. अभिनेत (चण्डीगढ़) : डॉ० वीरेन्द्र मेंहदीरत्ता

अगस्त, 1975 में चण्डीगढ़ की सक्रिय नाट्य-संस्था 'अभिनेत' की ओर से टेगौर थियेटर में वीरेंद्र मेंहदीरत्ता के निर्देशन में 'लहरों के राजहंस' का जो प्रस्तुतीकरण किया गया था, उसमें निर्देशक का मुख्य उद्देश्य नंद और सुंदरी की प्रेम-कहानी कहने के बजाए इस सत्य को रेखांकित करना था कि अपनी मुक्ति का रास्ता हर व्यक्ति को अपने आप तलाशना होता है और उसने 'सारी जिंदगी की भटकन और तलाश की पहचान—को इस नाटक द्वारा दिखाने की कोशिश की। इस नाटक के चुनाव का प्रमुख कारण बताते हुए निर्देशक ने बताया कि यह 'जीवन की सार्थक अनुभूति और महत्त्वपूर्ण प्रश्नों को उठाने वाला एक महत्त्व-पूर्ण नाटक है। चण्डीगढ़ में ऐसे नाटकों को पहले नहीं खेला जाता था, इसीलिए चुना।' इसमें सुंदरी और नंद की केंद्रीय भूमिकाएँ गोल्डी मल्होत्रा तथा अतुलवीर अरोड़ा / हरीश भाटिया ने कुशलतापूर्वक अभिनीत कीं तो अलका तथा श्यामांग के रूप में आलोका मेंहदीरत्ता एवं हरीश भाटिया / अतुल वीर अरोड़ा ने भी प्रभावित किया। श्वेतांग, मैत्रेय तथा भिक्षु आनंद की गौण भूमिकाएँ क्रमश: विकास नंदा, राकेश शर्मा एवं भारत भूषण ने निभाई। प्रोसीनियम प्रेक्षागृह में निर्मित पल्लव मुखर्जी का दृश्य-बंध सांकेतिक था। प्रकाश-व्यवस्था कमल तिवारी की थी और ध्वनि प्रभाव अशोक कोछड़ के। वस्त्राभूषण और रूप-विन्यास को परिवेश के अनुरूप बनाने का प्रयत्न किया था गोल्डी मल्होत्रा—कमल अरोड़ा एवं परवेश सेठी ने। आलेख के सम्पादन में नंद के लम्बे एकालाप को काटकर छोटा किया गया और चण्डीगढ़ के प्रमुखत: पंजाबी भाषी दर्शकों को ध्यान में रखते हुए कई जगह संस्कृत के कठिन तत्सम शब्दों को बदल कर आसान बनाने का प्रयत्न भी हुआ। प्रस्तुति पर्याप्त सुचिंतित और नयनाभिराम होने के बावजूद तीसरे अंक में शिथिल पड़ गई। इसका प्रमुख कारण सम्भवत: इसकी संरचना ही है, क्योंकि स्वयं निर्देशक के अनुसार, "नाटकीय तनाव को बनाए रखना इसकी ताकत है। तीसरे अंक में नाटककार डगमगाता नजर आता है। निर्देशक

लाख प्रयत्न कर भी कुछ नहीं कर पाता। नंद का मुंडे सिर मंच पर आना— सभी मंचीय कुशलताओं और अभिनय-क्षमताओं को चुनौती देता है।"[31] स्पष्ट है कि 'अभिनेत' के समर्पित एवं प्रबुद्ध रंगकर्मियों के कल्पनाशील निर्देशन, अभिनय, तकनीक और रंगकौशल की सम्मिलित रचनात्मक शक्ति भी 'लहरों के राजहंस' की इस चुनौती का मुकाबला नहीं कर सकी और इस नाटक की अन्य अनेक प्रस्तुतियों की तरह यह प्रदर्शन भी कलात्मक दृष्टि से उल्लेखनीय प्रयास होने के बावजूद समग्र-प्रभाव की दृष्टि से दर्शकों को अपेक्षित तीव्र, सघन एवं उत्तेजक नाट्यानुभूति देने में सफल नहीं हो पाया। इसके बावजूद यह तथ्य कम महत्त्वपूर्ण नहीं है कि इसके दोनों प्रदर्शनों को चण्डीगढ़ के लगभग एक हजार जागरूक दर्शकों ने देखा और सराहा।

5. अरुणिमा आर्ट्स (दिल्ली) : वीरेन्द्र भार्गव

दिल्ली में सार्थक रंगमंच की सम्भावनाओं को उजागर करने के उद्देश्य से राजधानी के कुछ उत्साही एवं साहित्य-कला प्रेमी रंगकर्मियों की नवगठित संस्था 'अरुणिमा आर्ट्स' ने वीरेंद्र भार्गव के निर्देशन में 8 और 10 जनवरी, 1976 को 'रंगमंच के एक निर्विवादीय दिग्गज (मोहन राकेश) का जन्मदिन मनाने के लिए 'लहरों के राजहंस' का मंचन श्रीराम सेंटर फॉर आर्ट एंड कल्चर में किया। स्त्री-पुरुष सम्बन्धों के जाने कितने-कितने सूक्ष्म एवं गहन स्तरों को कुरेद डालने वाले इस नाटककार की इस दिशा टोहती, दुविधा की नोक पर झुंझलाई और द्वंद्व की पीड़ा पर टिकी कृति की व्यवस्था के सम्बन्ध में प्रस्तुतकर्ता-निर्देशक के दृष्टिकोण का कुछ अनुमान शायद उसकी इन पंक्तियों से लगाया जा सके—

> मदिरा-पात्रों में अचानक प्रश्न उबलने लगे···उठता हुआ धुआँ केश-कटे सिर से जा टकराया तो प्रश्नों की घुटन और अधिक कस गई। पार्थिव अपार्थिव ! प्रवृत्ति·· निवृत्ति···तैरती लहरों पर काँपते, डोलते राजहंस !
>
> ···"उन्होंने केश काट दिए तो क्या व्यक्ति रूप में मैं अधिक सत्य हो गया ! जीभ काट देते, हाथ-पैर काट देते···तो क्या और अधिक सत्य हो जाता ?"···नंद !—संशय से प्रमथित एक टपकाटपका पिघलती हुई आत्मा।
>
> ···"कोई गौतम बुद्ध से कहे कभी कमल-ताल के पास जाकर राजहंसों के इस जोड़े को भी निर्वाण और अमरत्व की बात कहें"·· सुंदरी !—प्रकृति का एक झिझोड़ता हुआ अट्टहास।

···और इनके टकराव का एक अविस्मरणीय तुमुल—'लहरों के राजहंस'[32] इस प्रस्तुति की पूरी दिशा का आभास फिल्मी अंदाज़ में सोचे गए इन अलग-

अलग बिम्बों और 'फ्रेमों' से सहज ही लगाया जा सकता है। फिल्मी तड़क-भड़क और रंगीनी आलेख के पूर्णतः अनुरूप बनाए गए अशोक शर्मा के भव्य दृश्य-बंध के साथ-साथ सरोज दुष्यंत के वस्त्राभूषणों और प्रेम गुप्ता के रूप-विन्यास पर भी बुरी तरह हावी थी। वीरेंद्र भार्गव के सह-निर्देशक थे — रोहित गोस्वामी, अशोक गंगवानी, प्रमोद मल्होत्रा तथा जस्सी। और सचमुच प्रदर्शन देखने के बाद यह जानकर आश्चर्य नहीं हुआ कि निर्देशक महोदय फिल्म-संस्थान से फिल्म-निर्देशन का प्रशिक्षण लेकर ही आए थे और यह प्रस्तुति उनके 'प्रथम-प्रेम' (रंगमंच) को उनकी पहली 'अनमोल भेंट' थी। इसमें नंद, सुंदरी, श्यामांग, अलका, श्वेतांग और मैत्रेय की प्रमुख भूमिकाएँ क्रमशः गगन, चारु दीवान, अनिल मार्क्स, दलबीर कौर, गोवर्धन आचार्य एवं सुरिन्द्र नाथ जोशी ने अभिनीत कीं। शशांक, नागदास, बीजगुप्त, मंदारक, नीहारिका और शेफालिका की गौण भूमिकाओं में क्रमशः रोहित गोस्वामी, श्रीनिवास आचार्य, भगवत शर्मा, राज-कुमार, विजयंती माला तथा उमा ने काम किया। परंतु सम्वाद-प्रस्तुति, गति-विन्यास, संयोजन, समूहन, अभिनय-निर्देशन और समग्र-प्रभाव—सभी दृष्टियों से यह प्रदर्शन राकेश के प्रबुद्ध एवं संवेदनशील पाठकों और दर्शकों के धैर्य के लिए एक अत्यंत कड़ी परीक्षा सिद्ध हुआ। जनवरी की उस बर्फीली रात में पौने ग्यारह बजे रात तक उसे देखना और फिर मंडी हाउस से लगभग पंद्रह-बीस किलोमीटर की यात्रा कर घर पहुँचने की यातना सहज ही भुला देने की चीज नहीं है। सम्भवतः फिल्म और रंगमंच के माध्यमों के 'बुनियादी अंतर की सही जानकारी के अभाव के कारण ही भारी खर्च, अपरिमित निष्ठा और अथाह परिश्रम से तैयार की गई यह प्रस्तुति एकदम कल्पनाहीन, बेअसर और फूहड़ प्रदर्शन होकर रह गई।

6. कला संगम (पटना) : सतीश आनंद

पटना की सक्रिय नाट्य-संस्था 'कला संगम' ने 13 फरवरी, 1978 और 31 मार्च, 1978 को ऐतिहासिक परिवेश में प्रस्तुत स्त्री-पुरुष सम्बन्धों के राग-विराग की एक रोचक नाट्य-कथा के माध्यम से जीवन के पार्थिव-अपार्थिव मूल्यों के संघर्ष को व्यक्त करने वाले राकेश के गहन-गंभीर नाटक 'लहरों के राजहंस' के दो प्रदर्शन किए। प्रशिक्षण शिविर के रूप में फरवरी '78 में आयोजित नाट्य-महोत्सव के अंतर्गत प्रदर्शित 'अंधायुग', 'आषाढ़ का एक दिन', 'बल्लभपुर की रूपकथा' तथा 'सिंहासन खाली है' के साथ 'लहरों के राजहंस' का प्रदर्शन 'कला संगम' की सर्वथा नवीन प्रस्तुति थी। 'यह नाटक अपने जटिल कथ्य एवं संरचना-विधान के कारण रंगकर्मियों के सामने एक चुनौती के रूप में आता रहा है। इस चुनौती का मुकाबला 'कला संगम' के रंग-कर्मियों ने साहस के साथ किया

और कथ्य सम्प्रेषण की समस्या पर विजय प्राप्त किया (की)। नंद के मानसिक अंतर्द्वंद्व और रूप गर्विता सुंदरी के चरित्र का सफल निर्वाह सतीश आनंद एवं श्रुति शुक्ला ने किया। परवेज़ अख़्तर मैत्रेय तथा बसंत कुमार भिक्षु की लघु भूमिका में सराहनीय रहे। अलका के रूप में अंजू झा जैसी प्रतिभासम्पन्न अभिनेत्री भी 'कला संगम' की नई खोज सिद्ध हुई। श्यामांग और श्वेतांग के रूप में सुमन कुमार और अजय ने सफल अभिनय किया। 'लहरों के राजहंस' इस महोत्सव की नवीन उपलब्धि बनकर सामने आयी।'[33] शशांक और नीहारिका की गौण भूमिकाएँ क्रमशः शिवशंकर 'रत्नाकर' तथा नूतन शर्मा ने अभिनीत कीं। कला संगम की अन्य प्रस्तुतियों की तरह इस नाटक का निर्देशन भी सतीश आनंद ने ही किया और दृश्य-बंध परिकल्पना भी उन्हीं की थी। सेट-निर्माण महावीर सिंह आजाद, संगीत-व्यवस्था एस० पी० जायसवाल तथा वेशभूषा बशीर एण्ड कम्पनी की थी। अशोक श्रीवास्तव की प्रकाश-परिकल्पना तथा सुमन कुमार के विशेष-प्रभावों ने नाटक के अनुभव को सघन एवं तीव्र बनाने में उल्लेखनीय योगदान दिया। 31 मार्च, 1978 को विश्व रंगमंच दिवस के अवसर पर इस नाटक का पुनर्मंचन किया गया। प्रदर्शन में मुख्य अतिथि के रूप में उपस्थित बिहार के तत्कालीन राज्यपाल श्री जगन्नाथ कौशल को आंध्र के तूफान पीड़ितों की सहायतार्थ 1001 रुपये की धनराशि संस्था की ओर से भेंट की गई। नवभारत टाइम्स ने प्रदर्शन की सचित्र समीक्षा (रिपोर्टिंग) छापी, उसी के साक्ष्य पर उस दिन 'भारतीय नृत्य कला मंदिर का सभागृह खचाखच भरा हुआ था।'[34] अंग्रेजी पत्र 'सर्चलाइट' की समीक्षक अर्चना राम के शब्दों में, "Shruti Shukla, as Sundri was indeed impressive. The grace of her movements, the arrogant authority in her voice, and her swiftly changing facial expressions brought out the character of Sundri well. Satish Anand as Nand reminded one of a Shakespeaarean hero, struggling against a massive internal conflict as well as against the outer circumstances, which underlins the former. His movements, his powerful diologue-delivery, and his style of walking communicate his train of thoughts convincingly."[35]

इस प्रदर्शन के एक अन्य प्रबुद्ध दर्शक / समीक्षक सुमन सरीन ने 'नाट्य महोत्सव '78 : एक दृष्टि, नामक अपने लेख में भी प्रस्तुति की मुक्तकंठ से प्रशंसा करते हुए लिखा कि, "सुंदरी के रूप में श्रुति शुक्ला ने स्थूल सौंदर्य और उससे उपजते बंधन, मनुहार, आलोढ़न और फिर हठीले नारी चरित्र का सफल निर्वाह किया। नंद बने सतीश आनंद ने उस सौंदर्य और भौतिक चेतना से बँधने-टूटने का अंतर्द्वंद्व और मुक्ति की तलाश में फड़फड़ाते एक उबे (ऊबे) हुए

आदमी की भूमिका में हमेशा की तरह सुंदर अभिनय किया है। अलका के रूप में अंजू झा और श्यामांग के रूप में सुमन कुमार ने गहरे और सम्वेदनशील प्रेम को, अपने सीमित और बँधे हुए स्वर में, मर्यादा और अधीनता की विवशता की वजह से जिस खूबसूरती से प्रस्तुत किया है, वह काबिले तारीफ है। भिक्षु आनंद जीवन-मुक्त होने का संदेश लाते हैं, बसंत कुमार ने इस चरित्र को अपने अभिनय-कौशल से और भी निखारा है। श्वेतांग के रूप में अजय कुमार और मैत्रेय के रूप में परवेज़ अख़्तर अपने आत्म-विश्वास के बल पर पूरे सफल रहे। शशांक बने शिवशंकर रत्नाकर और दासी नीहारिका बनी नूतन शर्मा—ये दोनों छोटी-छोटी भूमिकाओं में अपने अभिनय जीवन की सफल शुरुआत की आरम्भिक सीढ़ी पर थे।"[36] दृश्य-बंध के लिए सतीश आनंद ने विविध धरातलों का इस्तेमाल किया किंतु राजसी वैभव के प्रदर्शन के लिए उन्हें कालीन से ढका गया और दर्शकों के सामने पड़ने वाले किनारों को रंग कर बेल की तरह चित्रित किया गया। झूले को ऊपर से लटकाने के बजाए काफी पड़े पालने की तरह मंच के दाईं ओर रखा गया। सेट भव्यता और समारोह का आभास देने के बावजूद अभिनय के लिए पर्याप्त स्थान छोड़ता था और कई टुकड़ों में बँटा हुआ प्रतीत होता था। सुंदरी को एक विशिष्ट ढंग से बाडर वाली सुंदर साड़ी पहनाई गई, परांदे के साथ लम्बी चोटी, कानों में झुमके, गले में माला और माथे के ऊपर श्रृंगार पट्टी...परंतु पुरुष पात्रों के वस्त्र-विन्यास और रूप-सज्जा में प्रायः वैविध्य, युग-परिवेशजन्य प्रामाणिकता और कल्पनाशीलता का अभाव था। परंतु बावजूद कुछेक कमियों और कमजोरियों के पटना जैसे शहर में 'लहरों के राजहंस' जैसे अपेक्षाकृत कठिन और गंभीर नाटक में दर्शकों को आद्यन्त बाँधे रखना और प्रभावित कर ले जाना सचमुच एक बड़ी सफलता है। इतने श्रमसाध्य और धनसाध्य नाटक को, लम्बे पूर्वाभ्यासों और थका देने वाली तैयारियों के बाद, केवल दो प्रदर्शन करके खत्म कर देना अपने आप में केवल दुर्भाग्यपूर्ण ही नहीं, कलाकारों की दृष्टि से अनुचित और अन्यायपूर्ण भी है। किंतु इसका कारण पूछने पर निर्देशक ने, 'कलाकारों के अपने अपने धंधों के सिलसिले में बिखर जाने' की बात कही तो लगा कि यह स्थिति तो शायद हिंदी के अव्यावसायिक रंगमंच की अनिवार्य नियति ही है।

7. रुचिका (दिल्ली) : फ़ैज़ल अल्काज़ी

9 और 10 अक्टूबर, 1980 को बहुत दिनों बाद दिल्ली में 'लहरों के राजहंस' का अपेक्षाकृत मुक्त, सुगठित और सुंदर प्रस्तुतीकरण किया गया। फ़ैज़ल अल्काज़ी के निर्देशन में 'रुचिका' द्वारा प्रदर्शित इस नाटक में निर्देशकीय सूझ-बूझ, कल्पनाशीलता और रचनात्मक सम्पादन का प्रत्यक्ष प्रमाण मिला। यह नाटक

एक ओर यदि पिंटर के 'द लव सं', स्ट्रिंडबर्ग के 'द फादर' तथा इब्सन के 'डाल्स हाउस' जैसे स्त्री-पुरुष सम्बन्धों की गहरी छान-बीन करने वाले 'रुचिका' के पूर्व-प्रदर्शित उत्तेजक नाटकों की ही एक कड़ी था तो दूसरी ओर इस प्रत्यक्ष धरातल का अतिक्रमण करके जीवन के कुछ अधिक बुनियादी, गहरे और अस्तित्व के उलझे हुए गम्भीर प्रश्नों को छेड़ने वाला एक भिन्न और कठिन चुनौतीपूर्ण नाटक भी था। 'आषाढ़ का एक दिन' और 'आधे-अधूरे' की प्रस्तुति के साथ ही 'रुचिका' के मन में 'लहरों के राजहंस' को भी करने की इच्छा उत्पन्न हुई थी, क्योंकि इसके शक्तिशाली आलेख में अद्भुत सम्मोहन था, परंतु इसका बिम्ब-विधान तथा संश्लिष्ट-समस्या की जटिल अभिव्यक्ति इसके प्रस्तुतीकरण के मार्ग की बड़ी बाधाएँ थीं। यही कारण है कि इसके निर्देशन और प्रमुख कलाकारों के मन की दुविधाओं और कठिनाइयों को पार करके इस नाटक के प्रदर्शित होने में पाँच वर्ष लग गए। इसके प्रस्तुतीकरण की तैयारी में राकेश के चारों पूर्णकालिक नाटकों और दो बीज-नाटकों के साथ-साथ 'लहरों के राजहंस' के पूर्व-संस्करण एवं 'रात बीतने तक' नामक पूर्व-रूप को भी सम्मिलित रूप से पढ़ कर राकेश के नाटकों के कथ्य और उनके चरित्रों में एक तारतम्यता एवं समानता ढूँढ़ने की कोशिश की गई। इस तलाश के दौरान चारित्रिक व्याख्या के स्तर पर यह पाया गया कि, "Sundri is not a seductive temptress who wishes to take Nand away from his spritual quest into the realms of carnal desire. She is a rational, intelligent woman who can not accept him in all his complexity. Sundri is all women to all men just as Nand is all men (engaged in the domestic world/ the outerworld of the hunt and the spiritual quest) to all women. Both are intelligent, rational and strong-willed, and here is where the problem starts."[37]

स्त्री और पुरुष में से किसी का भी पक्ष ग्रहण किए बिना तटस्थ भाव से परिस्थिति और पात्रों का प्रस्तुतीकरण इस प्रदर्शन की एक उल्लेखनीय विशेषता थी। इसकी दूसरी प्रत्यक्ष उपलब्धि थी इसका कुशल सम्पादन। राकेश की भाषा और सम्वाद-शक्ति की रक्षा करते हुए बड़ी सावधानी से यह कठिन कार्य सम्पन्न किया गया। यह सच है कि तीसरे अंक से भिक्षु आनंद के चरित्र को पूरी तरह निकाल देने से नंद के अंतर्द्वंद्व का एक प्रमुख आयाम छूट गया, परंतु इसके साथ-साथ इस सत्य को भी अस्वीकार नहीं किया जा सकता कि इसी के कारण नंद और सुंदरी की टकराहट में अतिरिक्त प्रखरता, पुनरुक्ति-दोष से बचाव और आलेख की संरचना में कसाव जैसे दुर्लभ गुणों के आ जाने के कारण ही प्रस्तुति की गति में तीव्रता एवं एकाग्रता भी आई। फ़ैज़ल नाटक की मूल

आत्मा और चेतना को पकड़ने में काफी दूर तक सफल रहे। मौन और विराम के नाटकीय प्रयोग से सघन नाट्य-क्षणों को अधिक मुखर बनाने का प्रयास भी विशेष रूप से सराहनीय रहा।

अभिनय की दृष्टि से नंद के रूप में आलोक नाथ की भूमिका इस प्रस्तुति की एक उपलब्धि रही। आलोक नाथ ने पहली बार नंद को रीढ़हीन कमजोर व्यक्ति की अपेक्षा अंतर्द्वंद्वग्रस्त सम्वेदनशील व्यक्ति के रूप में प्रभावपूर्ण ढंग से प्रस्तुत करने में सफलता प्राप्त की। आलोक ने अपनी अभिनय-तकनीक से दूसरे अंक में स्वयं को सुंदरी के समक्ष हास्यास्पद होने से बचा लिया। सुंदरी की भूमिका में नोना चावला ने चरित्र की गरिमा को बनाए रखकर उसके रूप-गर्व, आत्मविश्वास, क्षोभ, क्रोध और विस्फोट तथा टूटन को एक साथ जिया। लेकिन नोना की हँसी प्रभावशाली नहीं थी और कहीं-कहीं उन्हें संस्कृतनिष्ठ सम्वादों को बोलने में उलझन और दिक्कत भी पेश आई। नोना चावला ने अलका के अंतर्मुखी चरित्र को विनम्रतावश बार-बार सिर हिलाकर और सम्वेदनशील चेहरे की जीवंत भाव-भंगिमाओं के माध्यम से साकार किया। श्यामांग (त्रिपुरारी शरण/विक्रम परचूरे) की प्रतीकात्मकता और नंद से समानता दिखाने के लिए दोनों को हल्की दाढ़ी-मूँछ में प्रस्तुत किया गया। वस्त्रों के रूप-रंग के अतिरिक्त दोनों देखने में काफी एक-से प्रतीत हो रहे थे। पहले दिन के प्रदर्शन में शशांक (प्रभाकर श्रीवास्तव) को जो प्रमुख मुद्रा (मास्टर जैश्चर) दी गई—ओठों पर उँगली रखकर सोचने, कमर पर हाथ रखने और हिजड़ों जैसी लचकीली चाल —उससे चरित्र हास्यास्पद बन गया और उसने अपनी उपस्थिति के दौरान नाटक के प्रभाव और मूल चरित्र के स्वरूप को बुरी तरह खंडित किया। परंतु स्दिेशक ने भी शायद इस दोष को पहचाना और स्वीकारा तथा दूसरे दिन के प्रदर्शन में इस चरित्र को त्रिपुरारी शरन ने सामान्य ढंग से ही प्रस्तुत करके दृश्य की गम्भीरता को बनाए रखने में निर्णायक योगदान दिया। मैत्रेय एवं श्वेतांग की भूमिका में विक्रम परचूरे/सुशील पराशर तथा सुशील पराशर/प्रभाकर श्रीवास्तव सामान्य ही रहे। नीहारिका, बीजगुप्त, शेफालिका और मदारक की गौण भूमिकाओं में क्रमशः तानी संधू भार्गव, एस० राजगोपाल, कुमकुम जैन तथा रवि देवा बहुत कमजोर रहे। दूसरी प्रस्तुति में शेफालिका को शैवाल बना दिया गया जिसका अभिनय ज़फ़र-अल-तालिब ने किया। प्रथम दृश्य का आरम्भ बेअसर रहा। सुंदरी के प्रवेश के साथ ही प्रस्तुति में जीवंतता आई और नाटक ने गति पकड़ी और फिर लगातार तनाव बढ़ता चला गया।

नाटककार द्वारा कल्पित दृश्य-बंध से एकदम हटकर फ़ैज़ल अल्काज़ी ने अपनी दृश्य-बंध-परिकल्पना में दाईं और बाईं ओर की दो दीवारों के लिए आदित्य द्वारा निर्मित अजंता शैली के दो भव्य भित्ति-चित्रों (म्यूरल) का प्रयोग

किया जो तिरछे रखे गए थे। दायीं ओर के बड़े भित्ति-चित्र के सामने झूले की व्यवस्था थी और उसके विंग की ओर के निचले सिरे पर छोटे स्टूलनुमा आधार पर सुरा पात्र वगैरह रखे थे तो उसके सामने एक लटकते हुए दीपाधार की योजना की गई थी। इस चित्र के दूसरे सिरे पर अग्निकाष्ठ रखने (अटकाने) की व्यवस्था थी। बायीं ओर के मंचाग्र पर तिरछे रखे भित्ति-चित्र से एकदम सटे हुए थोड़े ऊँचे (दो पायदान वाले) धरातल (चबूतरे) पर लगे बिस्तरनुभा लम्बे आसन पर दो गाव तकियों और पिछले किनारों पर लगे जंगले के साथ बैठने की व्यवस्था थी। इसके भीतरी सिरे पर अंदर की ओर मदिरादि पात्रों के रखने की योजना थी तो बाहर की ओर हरे-भरे पौधे कमलताल की ओर जाने वाले मार्ग का संकेत देते थे। मंचाग्र में एकदम बीचोबीच एक मेज पर कुछ बर्तन वगैरह (पानदान, मदिरा-पात्र...) और बैठने का एक छोटा आसन था। इसके दाएँ-बाएँ दीपकों की व्यवस्था थी। प्रवेश-प्रस्थान के लिए चार मार्ग (द्वार) निर्धारित किए गए। दायीं ओर आगे अभ्यंतर कक्ष/कक्षों के लिए और पीछे बाहर से आने के लिए। बायीं ओर आगे नौकर-चाकरों के आने के लिए और पीछे कमलताल की ओर जाने के लिए। चबूतरे और दायीं ओर के भित्ति-चित्र के बीच के स्थान को साइक्लोरामा तक एकदम खुला छोड़ दिया गया—इससे दृश्य-बंध (कक्ष) को गहराई का अद्भुत आयाम मिला—जो भित्ति-चित्रों की दो आयामिता के कारण संकुचित प्रतीत हो रहा था। सुनील अरोरा की प्रकाश-योजना कल्पनापूर्ण थी। पहले अंक में साइक्लोरामा को जोगिया रंग से आलोकित किया गया—गौतम बुद्ध के बढ़ते प्रभाव को रेखांकित करने के लिए। दूसरे अंक के प्रेम-दृश्य में हरे रंग का प्रयोग किया गया तो तीसरे दृश्य में नंद की मनःस्थिति और स्त्री-पुरुष के टकराव को छाया और प्रकाश के कल्पनाशील संयोजन से प्रभावशाली बनाने का सार्थक प्रयत्न किया गया। पहले अंक की समाप्ति पर प्रकाश सिमट कर चबूतरे के कोने पर एकाकी बैठे नंद और स्त्री के भित्ति-चित्र पर केंद्रित होकर विलीन हो जाता है। तीसरे दृश्य के तनाव एवं संघर्षपूर्ण प्रसंग में नंद और सुंदरी को स्पॉट में रखकर बीच के अंधेरे से उन्हें दो कटे हुए अलग-अलग द्वीपों की तरह प्रस्तुत करके नाटककार के मंतव्य को गहराने की कोशिश की गई। परंतु नाटक के अंत में दोनों भित्ति-चित्रों की स्त्रियों और बीच में सुंदरी को आलोकित करने का अर्थ पूर्णतः स्पष्ट नहीं हो पाया। फ़ैज़ल अल्काज़ी ने वस्त्राभूषण के निरूपण में भित्ति-चित्रों के माध्यम से नाटक के ऐतिहासिक परिवेश को प्रामाणिकता प्रदान करने के लिए पर्याप्त शोध-कार्य करने के बाद यह पाया कि कालिदास और अन्य संस्कृत नाटककारों से मिलती-जुलती इस नाटक की भाषा, शैली और बिम्बात्मकता इत्यादि की दृष्टि से इसके परिवेश और चरित्रों की जीवन-पद्धति को मंच पर पुनर्जीवित

करने के लिए इसे 300 ई० पू० के भारी-भरकम साँची और भारहुत स्थापत्य में प्रस्तुत करने के बजाए अजंता के अंतर्मुखी एवं कमनीय भित्ति चित्रों के रूप में प्रस्तुत करना आज के दर्शकों की बुद्धि, रुचि, और ऐंद्रिक-भावना के अधिक अनुकूल रहेगा। और निःसंदेह फ़ैज़ल का यह दृष्टिकोण काफी सही था, क्योंकि इससे दृश्य-बंध को ऐतिहासिक परिवेश और सौंदर्य-बोधयुक्त होने के साथ-साथ एक खुला और अनौपचारिक आयाम मिल गया।

परंतु इन तमाम विशेषताओं के बावजूद यह प्रदर्शन भी सर्वांगपूर्ण और त्रुटिविहीन नहीं था। प्रथम दृश्य के आरम्भ की निर्जीवता, गौण पात्रों के दुर्बल अभिनय तथा कहीं-कहीं उच्चारण-दोष, सम्वादों में गलत बलाघात और श्यामांग के नेपथ्य-सम्वादों का अस्पष्ट और अश्रव्य होने जैसे दोषों के कारण प्रस्तुति आद्यंत समान प्रभावशाली नहीं रह पाई। इनके अतिरिक्त, व्यावहारिक दृष्टि से भी प्रथम प्रदर्शन में श्वेतांग दीपक जलाने के लिए श्यामांग को बुझा हुआ अग्निकाष्ट ही पकड़ा देता है। दूसरे अंक में काफी प्रयत्न के बावजूद दीपक नहीं जल पाते। तीसरे अंक में सुंदरी के सम्वाद के अनुरूप नंद का शरीर 'आहत योद्धा' का नहीं दिखता—नंद के शरीर और वस्त्रों पर व्याघ्र से निहत्थे भिड़ जाने का कोई संकेत दिखाई नहीं देता।

पुनश्च:

'रुचिका' के इस प्रस्तुतीकरण का एक प्रदर्शन दिसम्बर, 1980 को 'साहित्य-कला परिषद्' दिल्ली की वार्षिक नाट्य प्रतियोगिता के अंतर्गत शाह आडिटोरियम में भी प्रस्तुत किया गया। समय के अंतराल और नये प्रेक्षागृह के अनुरूप तैयारी एवं पूर्वाभ्यास की कमी पूरे प्रदर्शन पर हावी थी। कई एक स्थानों पर सम्वादों में भूल और अटकाव तथा पूर्वार्द्ध में आलोक नाथ (नंद) तथा नोना चावला (सुंदरी) के अभिनय की प्रभावक्षीणता स्पष्ट रही। सम्भव है आलोक का 'टीपू सुल्तान' (अग्रदूत) तथा नोना का 'रोशोमन' (रुचिका) की तैयारी में संलग्न होना या प्रतियोगिता के प्रति अनुत्साह ही इसके प्रमुख कारण रहे हों। तकनीकी दृष्टि से दो-एक छोटी-मोटी दुर्घटनाएँ भी इस असहजता का कारण हो सकती हैं। जैसे – श्यामांग और श्वेतांग का आरम्भिक दृश्य अभी पूरी तरह जम भी नहीं पाया था कि सुंदरी के बैठने से झूला टूट गया और उसके बालों से एक वेणी गिर गई। नये स्थान की प्रकाश-व्यवस्था को ठीक से न पकड़ते हुए अकसर पात्र 'स्पाट' से इधर-उधर भी होते रहे। अंतराल तक नंद का उद्वेग भी नहीं उभर पाया और लगभग सभी पात्र जल्दी से अपने-अपने सम्वाद बोल कर नेपथ्य में लौटने की चिंता में मग्न दिखाई दिए। अंतराल के बाद आलोक नाथ ने अपने आत्मविश्वास से प्रदर्शन को कुछ सँभाला और अंतिम

दृश्य में टकराहट की स्थिति में नंद और सुंदरी का दृश्य पूर्ववत ही जम गया। इस प्रदर्शन में अलका की भूमिका में मोना चावला सर्वाधिक सहज, स्वाभाविक और प्रभावशाली रहीं।

(ग)
अन्य भाषाओं/देशों में हुए प्रमुख प्रदर्शन

मणिपुरी
(अनुवाद : रतन थियम)

कोरस रैपर्टरी थियेटर, इम्फाल : सानाख्या ईबोतोम्बी

सानाख्या ईबोतोम्बी के निर्देशन में 'लहरों के राजहंस' के रतन थियम कृत मणिपुरी अनुवाद 'इथाक्की कांगा' को इम्फाल के कोरस रिपर्टरी थियेटर के कलाकारों ने 9 मार्च, 1980 को डांस अकादमी हाल, इम्फाल में प्रस्तुत करके अपने दर्शकों को मंत्र-मुग्ध कर दिया। एक समीक्षक के शब्दों में, "It held the Manipuri audience enthralled for about two hours, forgetting self as if in a trance. It analysed the illusionary world of the then Kapilabastu estabiished by the director, which was so livingly created that the audience could themselves feel as if they were in the remote past confronting the quest of their identity led by the conflict of the play."[38]

यहाँ व्याख्या के स्तर से कोई नयापन लाने या आरोपित करने का प्रयत्न नहीं किया। "निर्देशक ने राकेश की तमाम कृतियाँ पढ़कर—उन्हीं के संदर्भ में—'लहरों के राजहंस' को समझने की कोशिश और उसी को ईमानदारी से प्रस्तुत करने का प्रयत्न किया, जो इस नाटक में राकेश जी दिखाना चाहते थे।" अतः स्पष्ट है कि निर्देशक ने सम्वादों के माध्यम से आलेख में प्रस्तुत कथ्य को बिना जरा भी तोड़े-मरोड़े या जोड़े-घटाए ज्यों-का-त्यों अभिनय, दृश्य-बंध, वस्त्र-विन्यास, रूप-सज्जा, प्रकाश और ध्वनि के माध्यम से मंच पर अनूदित करने का प्रयत्न किया। बुद्धकालीन सुंदरी के ऐतिहासिक कक्ष की प्रामाणिकता' सुंदरता, सुरुचि, भव्यता और समृद्धि को मंच पर एक साथ सजीव करने के लिए सानाख्या ईबोतोम्बी ने अपनी दृश्य-बंध परिकल्पना पर पर्याप्त परिश्रम किया। मंच के दायीं ओर मदिरा-पात्र रखने के लिए खिले कमलों को उँगलियों पर उठाए दो नग्न मूर्तियाँ—एक, मदिरा की सुराही और साफ प्याले रखने के लिए, और दूसरी, मदिरा पीकर जूठे पात्र रखने के लिए। इसके ठीक सामने बायीं ओर सुंदरी की श्रृंगार मेज—कमल के आकार में अर्द्धवृत्ताकार, एक बड़े

दर्पण का फ्रेम और सामने बैठने के लिए गोलाकार सुंदर स्टूल । पीछे साइक्लोरामा के पास ऊँचे धरातल पर बीचोबीच दो चौकोर कपाटों वाला एक भव्य शाही द्वार, उसके आगे मध्य में एक झूला और झूले के दाएँ-बाएँ दो स्तम्भ; बाएँ स्तम्भ पर पुरुष मूर्ति और दाएँ स्तम्भ पर नारी मूर्ति वाले दीपाधार; बैठने के लिए दो-एक आसन। झूले पर कशीदाकारी वाले दो गोल तकिए तथा पूरे दृश्य-बंध में खजुराहो और अजंता शिल्प की पुरातन एवं कलात्मक मूर्तियों तथा उसी शैली के सुंदर चित्रों का प्रयोग किया गया। अनेक स्थानों पर छोटे-छोटे दीपों अथवा दीपाधारों की व्यवस्था। साइक्लोरामा, मंचोपकरणों एवं पात्रों पर अद्भुत ढंग से पड़ता रंगीन प्रकाश। आलोक-व्यवस्था में मंगा ने कहीं भी सामान्य रोशनी का इस्तेमाल न करके अतीत के उस रंगीन और सम्मोहक ऐश्वर्य को रेखांकित करने में सफलता प्राप्त की। सौंदर्य की यही दृष्टि दमयंती एवं श्याम के वस्त्राभूषणों की परिकल्पना तथा स्वर्णजीत की रूप-सज्जा में भी दिखाई दी। लगभग नग्न देह पर सुनहरी कंचुकी से ढके उरोज, नर्तकियों की तरह सामने पटका देकर घुटनों तक की कसी साड़ी, कंधों से पैरों तक चला गया पीछे घिसटता नाइलन का वस्त्र, गले में विविध प्रकार की मालाएँ, कोहनियों तक सुनहरी चूड़ियाँ, भुजाओं पर सर्पमुख वाले बाजूबंद, कलात्मक केश-विन्यास, हीरे-मोती जड़े मुकुट और प्लास्टिक के बने लम्बे-लम्बे सुंदर रंगीन नाखूनों से सज्जित सुंदरी अपने रूपाकार, गति-विन्यास, हाव-भाव और मुद्राओं से खजुराहो की सजीव प्रतिमा ही प्रतीत हो रही थी। नंद को कीमती धोती, जनेऊ की तरह तिरछा जाकर देह की नग्नता को तोड़ते मोटे सूत्र-बंध, उत्तरीय और बाँहों के पुरुषोचित आभूषणों में प्रस्तुत करके मानो एक इतिहास-पुरुष को ही मंच पर जीवंत करने का प्रयास किया गया। इस नाटक की अन्य तमाम प्रस्तुतियों के विपरीत नंद को तीसरे अंक में मुंडित सिर का विग देने के बजाए निर्देशक ने उसके सिर को वास्तव में मुँडवा दिया और पहले दोनों अंकों में उसके लिए विग का इस्तेमाल किया। इस युक्ति से तीसरे अंक की गम्भीरता बनी रही और दर्शकों पर इस वास्तविकता का तीखा प्रभाव पड़ा। अन्य पात्रों के माध्यम से भी ऐतिहासिक-परिवेश को साकार करने का ऐसा ही सफल प्रयत्न हुआ। मणिपुर के समकालीन मंच पर ये सब देखकर प्रदर्शनीयता की दृष्टि से यह कहना कि, "The interpretation of the play in terms of costumes, light and setting is a landmark so far."[39] कोई अतिशयोक्ति प्रतीत नहीं होती।

अभिनय की दृष्टि से सुंदरी के रूप में कु० दमयंती का सूक्ष्म-प्रखर अभिनय दर्शकों के लिए ही नहीं स्वयं निर्देशक के लिए भी अविश्वसनीय प्रामाणिकता एवं जीवंतता लिए हुए था। ईबोचौबा का नंद दिग्भ्रमित अथवा दुर्बल न होकर

द्वंद्वग्रस्त एवं नये रास्ते का अन्वेषी ही प्रतीत हुआ। इस प्रस्तुति में तीसरे अंक में तनाव एवं संघर्ष के चरमोत्कर्ष पर सुंदरी नंद को चाँटा मार देती है। यही अपमान-क्षण नंद द्वारा घर छोड़ने के निर्णय को विश्वसनीय और निर्णायक प्रस्थान-बिंदु तक पहुँचाता है। किंतु अभिनय की दृष्टि से नंद और सुंदरी के व्यक्तित्व, पद, मर्यादा और सम्बन्धों को देखते हुए यह प्रसंग सचमुच अत्यंत कठिन था, जिसे दोनों कलाकारों ने अपनी अभिनय-प्रतिभा के बल पर सफलतापूर्वक अभिनीत किया। अलका, श्यामांग और भिक्षु-आनंद के रूप में क्रमशः राजकुमारी थोईबीसना, श्याम सिंह तथा मणि तोम्बा का अभिनय भी सराहनीय रहा। संरचना की दृष्टि से अब तक प्रायः इस नाटक के तीसरे अंक को शिथिल और सम्पादन-योग्य माना जाता रहा है, परंतु सानाख्या ईबोतोम्बी के अनुसार, "यह अंक अपने वर्तमान रूप में एकदम ठीक, आवश्यक और प्रभावशाली है। नंद के मनोवैज्ञानिक विकास को समझने के लिए कुछेक पुनरावृत्तियाँ और लम्बे स्वगत-कथन अनिवार्य हैं। इसलिए कोई परिवर्तन या सम्पादन करना उचित नहीं है।"[40]

सानाख्या ईबोतोम्बी ने मणिपुरी में पहले राकेश का बहुचर्चित नाटक 'आधे अधूरे' भी प्रस्तुत किया और अब 'आषाढ़ का एक दिन' को मणिपुरी परिवेश और पात्रों में रूपांतरित करके प्रस्तुत करने की भी योजना बना रहे हैं। उन्हें नाटककार के रूप में मोहन राकेश का कृतित्व बहुत महत्त्वपूर्ण और उत्तेजक लगता है और अवसर मिलने पर वह 'लहरों के राजहंस' को फिर से प्रस्तुत करने की भी आकांक्षा रखते हैं।

जापान

विदेशी भाषा विश्वविद्यालय (टोकियो : डॉ० इंदुजा अवस्थी)

'लहरों के राजहंस' का जापानी भाषा में भी अनुवाद हुआ है। परंतु **विदेशी भाषा विश्वविद्यालय टोकियो** (जापान) के हिंदी पढ़ने वाले जापानी छात्रों ने डॉ० इंदुजा अवस्थी के निर्देशन में 20 और 24 नवम्बर, 1986 को विश्वविद्यालय के सभागार में दाम्पत्य-सम्बन्धों की सार्वभौम और चिरंतन समस्या वाले इस उत्तेजक नाटक को हिंदी में ही प्रदर्शित किया। मंचन के दौरान सम्वादों का जापानी अनुवाद साथ-साथ स्क्रीन पर दिखाया गया। निर्देशिका के अनुसार, "अभिनेताओं (द्वितीय वर्ष के आठ लड़के-लड़कियों) ने बहुत ही लगन और अध्यवसाय से दो मास तक नियमित पूर्वाभ्यास किया। संगीत, प्रकाश-योजना और मंच-सज्जा छात्रों ने स्वयं ही की। पार्श्व-संगीत के रूप में नाटक के विभिन्न भावों के लिए बाँसुरी और वीणा बहुत कर्णप्रिय लगे" तथा "दर्शकों ने जिस प्रकार तन्मय होकर नाटक देखा, उससे प्रस्तुति की सफलता स्पष्ट थी।"[41]

(घ)

कुछ और प्रस्तुतियों को सूची

1. उत्तर प्रदेश हिंदी साहित्य परिषद्, लखनऊ (1968)
2. कमला राजा कन्या महाविद्यालय, ग्वालियर (1968)
3. इंद्रप्रस्थ कॉलेज नाट्य संघ, दिल्ली : सुनयना राव (31 जनवरी तथा 1 और 2 फरवरी, 1970)
4. पी० एण्ड टी० क्लब, लखनऊ
5. नाट्य संघ, भिलाई नगर : नीलिमा कौशल (नवम्बर, 1974)
6. शासकीय शिक्षा महाविद्यालय, देवास : ब्रजकिशोर दीक्षित (1975)
7. लेडी श्रीराम कॉलेज, दिल्ली : डॉ० लक्ष्मी नारायण लाल (नवम्बर, 1978)
8. क्लासिक थियेटर, दिल्ली : चित्रा शाह (25 दिसम्बर, 1985)
9. युवा रंगमंच, राँची : अजय मलकानी (1990)
10. हिन्दी नाट्य समिति मिरांडा हाऊस, दिल्ली : दीपक ठाकुर (22-23 दिसम्बर, 1994)
11. आस्था, दिल्ली : दीपक ठाकुर (7-10 मई, 1995)

निष्कर्ष और मूल्यांकन

"मैं जानता हूँ कि यह नाटक मेरे लिए जितनी बड़ी चुनौती रहा है, उतनी या शायद उससे भी बड़ी चुनौती यह प्रस्तुतकर्ता के लिए है। नंद का अंतर्द्वंद्व पहले अभिनेता और फिर दर्शक तक किस रूप में सम्प्रेषित होता है, यह देखने की उत्सुकता हर बार मुझे भी उतनी ही रहेगी जितनी अन्य किसी दर्शक को।"[42]

—मोहन राकेश

सुंदरी, नंद, अलका और मैत्रेय को लेकर सन् छियालीस-सैंतालीस में राकेश द्वारा लिखित रचना एक अनाम ऐतिहासिक 'कहानी' थी और विभाजन के बाद बम्बई में लिखित इसका परिवर्तित रूप **सुंदरी** एक 'रेडियो नाटक'—इसलिए इन अप्रकाशित और अनुपलब्ध कृतियों के मंचन का तो प्रश्न ही पैदा नहीं होता। छप्पन-सत्तावन में जालंधर में लिखित **रात बीतने तक** को राकेश ने स्वयं रंग-नाटक माना है जिसमें प्रसारण के लिए रेडियो शिल्प की दृष्टि से अपेक्षित परिवर्तन कर दिये गये थे। लेखक के मरणोपरांत प्रकाशित इस रचना के विषय में इस बात का निर्णय करना कठिन है कि इसका उपलब्ध रूप वास्तव में रंग-

नाटक वाला है या रेडियो-नाटक वाला ? शिल्प और संरचना से तो यह रेडियो-एकांकी की प्रतीत होता है। सम्भवत: यही कारण है कि 4 मई, 1977 को जोधपुर के 'सम्पूर्णानंद मैडिकल कॉलेज' द्वारा भगवती लाल निर्देशित इस नाटक के एकमात्र सामान्य-से कालेजी-प्रस्तुतीकरण के अपवाद को छोड़कर देश के किसी भी महत्त्वपूर्ण नाट्य-दल या निर्देशक ने इसे अभिमंचित करने की कोई कोशिश नहीं की।

इन तीनों सोपानों से गुजर कर 1963 में यह रचना **लहरों के राजहंस** के नाम से पूर्णतः एक रंग-नाटक के रूप में प्रकाशित हुई। इसका प्रथम अभिमंचन 15 दिसम्बर, 1963 को 'प्रयाग रंगमंच', इलाहाबाद की ओर से डॉ० सत्यव्रत सिन्हा के निर्देशन में हुआ। डॉ० जीवनलाल गुप्त के अनुसार, "किसी ने उसमें अभिनय अच्छा नहीं किया था, बुरा भी नहीं, क्योंकि वह अभिनय ही नहीं था। निदेशक के माध्यम से पात्रों का नाटक के प्रति रियेक्शन जैसा था। प्रस्तुति का अर्थ बहुत बड़ा होता है।"[13] 1964 में कलकत्ता की नाट्य-संस्था 'अनामिका' ने इसका अभिनय-पाठ किया परंतु निश्चित होने के बावजूद कुछ अपरिहार्य कारणों से अभिमंचित नहीं किया जा सका।

2 फरवरी, 1969 को गोरखपुर में डॉ० गिरीश रस्तोगी एवं डॉ० परमानंद श्रीवास्तव के निर्देशन में प्रस्तुत 'रूपांतर' का आरंगण भी इसके प्रथम संस्करण का ही था, जो श्यामाग के आरोपित चरित्र के दुर्बल अभिनय, मदिरा, प्रसाधन एवं प्रणय के प्रसंगों तथा गम्भीर दार्शनिक उक्तियों के आधिक्य के कारण पूर्णतः सफल नहीं हो सका। कई संशोधनों के साथ राष्ट्रीय नाट्य विद्यालय रंगमंडल द्वारा कीर्ति जैन के निर्देशन में 1992 में प्रदर्शित इसके एकमात्र 'प्रस्तुतीकरण' को भी संतोषजनक से अधिक नहीं माना जा सकता।

नाटक के इस प्रथम संस्करण में अनेक रंगमंचीय दुर्बलताएँ थीं—जिनकी व्यापक चर्चा हिंदी नाट्य जगत में हुई। 'नटरंग' के 1 जनवरी, 1965 के अंक में सत्यदेव दुबे तथा मोहन महर्षि जैसे सुप्रसिद्ध रंगकर्मियों द्वारा इसकी प्रदर्शन सम्बन्धी समस्याओं का विस्तृत विश्लेषण प्रस्तुत किया गया। दोनों समीक्षकों ने तीसरे अंक की कमजोरियों को विशेष रूप से रेखांकित किया और मंच पर नाटक की पूर्ण सफलता को संदिग्ध माना। 'इनेक्ट' में प्रकाशित एक लेख 'द हंट आफ द रायल स्वान्स' में भी इसकी कटु आलोचना की गई। 1965 में प्रकाशित 'विवेक के रंग' (सम्पादक : डा० देवीशंकर अवस्थी) में संकलित अपने लेख में इसे 'हिंदी नाटक की नई उपलब्धि' स्वीकार करने के बावजूद राकेश के सर्वाधिक प्रशंसक डा० सुरेश अवस्थी ने प्रदर्शन की दृष्टि से इसके वस्तु-विधान, श्यामांग-प्रसंग और नाटक के अंत को दोषपूर्ण माना। स्पष्ट है कि हिंदी रंगमंच के आरंभिक दौर और शिथिल आलेख के कारण 'लहरों के राजहंस' के ये आरम्भिक प्रस्तुतीकरण

सफल नहीं हो सके। यह अलग बात है कि राष्ट्रीय नाट्य विद्यालय, रंगमंडल द्वारा 1992 में प्रस्तुत प्रदर्शन के लिए निर्देशिका कीर्ति जैन ने कुछ संशोधनों के साथ इसी प्रारूप को स्वीकारा और सुंदरी की नई व्याख्या की तो 1994 में दीपक ठाकुर ने मिरांडा हाऊस की प्रस्तुति में श्यामांग को नेपथ्य के बजाए प्रत्यक्ष मंच पर पेश करके उसका कल्पनाशील उपयोग किया।

नाटककार के अंतर्द्वंद्व और असंतोष के बावजूद इस संस्करण की पाँच आवृत्तियाँ हो गईं। 1966 में 'अनामिका' के रंगकर्मियों के साथ काम करते हुए लेखक ने इसमें कुछ परिवर्तन किए और तीसरे अंक को एकदम नये सिरे से लिखा जो 21, 22, 23 और 24 अगस्त, 1966 को स्थानीय हिंदी हाई स्कूल के प्रेक्षागृह में खेला गया। परंतु कई दृष्टियों से उल्लेखनीय होने के बावजूद समग्रतः प्रदर्शन बहुत संतोषजनक नहीं हो पाया। निर्देशक श्यामानंद जालान के अनुसार "उस समय एक अच्छे नाटक के लिखने में सहायक होने की भावना ही प्रमुख थी और सोचा यह था कि अच्छा प्रोडक्शन फिर कभी फुर्सत से कर लिया जाएगा।"[44] और यह प्रदर्शन देखने के बाद मोहन राकेश को लगा कि, "अपने वर्तमान रूप में नाटक के तीसरे अंक की पहले दो अंकों के साथ ठीक संगति नहीं रही। तीसरा अंक परिकल्पना तथा परिचालना दोनों दृष्टियों से पहले दो अंकों से काफी अलग पड़ गया था।" इसलिए दिल्ली लौटकर लेखक ने सितम्बर मास में इसके तीनों अंकों को एक साथ फिर से लिखा। 'लहरों के राजहंस' के इस संशोधित, परिवर्तित और पुनर्लिखित नए एवं अब अंतिम रूप को ही जनवरी-फरवरी, '67 में राष्ट्रीय नाट्य विद्यालय, दिल्ली ने ओम शिवपुरी के निर्देशन में प्रस्तुत किया था। यह प्रस्तुतीकरण भी अभिनय, दृश्य-बंध, परिवेश, तकनीक और निर्देशन इत्यादि की दृष्टि से महत्त्वपूर्ण होने के बावजूद सर्वांगपूर्ण नहीं बन सका। इस प्रस्तुति में एक सम्वेदनशील एवं संशयग्रस्त व्यक्ति की निजी तलाश के बजाए पति-पत्नी के आत्मीय-अंतरंग सम्बन्धों के मधुर-मुग्ध रूप पर अधिक बल दिया गया। तीसरा अंक यहाँ भी अपेक्षाकृत शिथिल रहा और केश-कर्तन के बाद नंद के पहले प्रवेश के समय दर्शकों के बीच अचानक आ जाने वाली अगम्भीरता को बचाया नहीं जा सका। 'हिंदुस्तान टाइम्स' के 'मेनस्ट्रीम' में हबीब तनवीर ने नाट्यालेख के दोषों का विस्तृत विवेचन करते हुए कहा कि "शिवपुरी के प्रस्तुतीकरण में नाटक के दोष अनावृत्त होकर और भी अधिक उभर आए थे।"[45] इसके बाद आलेख के इस नये रूप को ही कभी ज्यों-का-त्यों और कभी किंचित सम्पादित रूप में क्रमशः इन्द्रप्रस्थ कालेज नाट्य संघ (दिल्ली), दिशांतर (दिल्ली), नाट्य संघ (भिलाई नगर), शासकीय शिक्षा महाविद्यालय (देवास), अभिनेत (चंडीगढ़), अरुणिमा आर्टस् (दिल्ली), कला संगम (पटना), लेडी श्रीराम कालेज (दिल्ली), रुचिका (दिल्ली) और क्लासिक थियेटर (दिल्ली) ने प्रस्तुत किया है। रुचिका के प्रदर्शन

में भिक्षु आनंद जैसे प्रमुख चरित्र को आलेख से निकालकर उसकी संरचना एवं प्रभावशीलता को सुगठित करने के मौलिक और साहसिक प्रयास को छोड़कर कोई महत्त्वपूर्ण रचनात्मक परिवर्तन प्रायः नहीं किया गया।

मोहन राकेश के अन्य नाटकों के मुकाबले 'लहरों के राजहंस' के अन्य भाषाओं में अनुवाद और मंचन बहुत कम हुए हैं। 'इनेक्ट' के मोहन राकेश विशेषांक (जनवरी-फरवरी, 1973) में प्रकाशित पाल जैकब एवं मीना विलियम्स कृत इसके 'द ग्रेट स्वांस आफ द बेव्ज़' नामक अंग्रेजी अनुवाद को छोड़कर इसका कोई अन्य अनुवाद अभी उपलब्ध नहीं है ? और अंग्रेजी में भी इसके मंचित होने का कोई संकेत नहीं मिला। अन्य भारतीय भाषाओं में से केवल रतन थियम कृत इसके मणिपुरी अनुवाद 'इथाक्की काँगा' के 'कोरस रिपर्टरी थियेटर' इम्फाल का प्रदर्शन ही एकमात्र (उल्लेखनीय) प्रदर्शन हुआ है। बँगला, मराठी, कन्नड़ या गुजराती इत्यादि किसी अन्य भारतीय रंगमंच पर इसके अभिमंचित होने का कोई समाचार अभी तक नहीं मिला।

'आषाढ़ का एक दिन' के अनेक और 'आधे अधूरे' के कुछेक प्रस्तुतीकरण मुक्ताकाशी मंच पर भी किए गए हैं। परंतु 'लहरों के राजहंस' के साथ ऐसा कोई भी मंच-प्रयोग सम्भव नहीं हुआ है। नये प्रयोग के नाम पर केवल 'ज्ञान आर्ट्स' चंडीगढ़ द्वारा, 1974 में नृत्य-नाटिका के रूप में हुए इसके एक प्रभाव-हीन से रंग-प्रयोग का ही उल्लेख किया जा सकता है।

यह आकस्मिक नहीं है कि राकेश के शेष दोनों नाटकों की अपेक्षा इसके प्रस्तुतीकरण कम हुए हैं और अब तक इसका कोई भी सर्वांगपूर्ण एवं अत्यंत प्रभाव-शाली प्रदर्शन नहीं किया जा सका। सत्यव्रत सिन्हा, श्यामानंद जालान, ओम शिव-पुरी, राजिंदर नाथ, गिरीश, रस्तोगी, वीरेंद्र मेंहदीरत्ता, सतीश आनंद, लक्ष्मी नारायण लाल फ़ैज़ल, अल्काज़ी और कीर्ति जैन जैसे प्रतिष्ठित निर्देशकों तथा जीवन लाल गुप्त, श्यामानंद, ओम शिवपुरी, शम्भु तरफदार, कुलभूषण खरबन्दा, अतुलवीर अरोड़ा, सतीश आनंद, आलोकनाथ जितेंद्र शास्त्री जैसे श्रेष्ठ अभिनेता भी अब तक नंद की जटिल भूमिका और नाटक के बहुआयामी कथ्य को विश्व-सनीयता एवं समग्रता से सफलतापूर्वक प्रस्तुत नहीं कर सके। नाटक की प्रभावा-न्विति और दो-तीन स्तरों पर सूक्ष्म रूप में चलते हुए इसके कार्य-व्यापार में संतुलन का समुचित निर्वाह भी सम्भव नहीं हो पाया। सत्यदेव दुबे का यह कथन काफी हद तक सही है कि इस नाटक की चुनौती का पूरा मुकाबला अब तक इसके सर्व-श्रेष्ठ अभिनेताओं द्वारा भी नहीं किया जा सका है।[46] मेरे विचार से इसकी जिम्मेदारी निर्देशक-अभिनेता पर उतनी नहीं है जितनी स्वयं नाटककार पर है। पहले, दूसरे और तीसरे अंक के नंद के चरित्र और व्यवहार में ऐसा और इतना अंतर है कि उसे विश्वसनीय बनाकर प्रभावी ढंग से प्रस्तुत कर पाना लगभग

असम्भव ही है। तीसरे अंक में उसका मुंडे सिर के साथ मंच पर प्रवेश नाटक की सारी गम्भीरता तोड़ देता है। गंजे सिर का चिपका हुआ विग साफ दिखाई देता है और दर्शकों की नजर से बचाने के लिए वहाँ प्रायः नंद को मंच पर पीछे की ओर ही रखा जाता है। मणिपुरी प्रदर्शन में इसका एक रोचक समाधान ढूंढ़ निकाला गया। निर्देशक ने नंद की भूमिका करने वाले अभिनेता के बाल सचमुच मुँड़वा दिए और नाटक के पहले दोनों अंकों में उसे एक सुंदर विग के साथ पेश किया। तीसरे अंक में विग उतारकर जब नंद अपने वास्तविक मुंडे सिर के साथ दर्शकों के एकदम सामने आ खड़ा हुआ तो उस रूप में देखकर केवल सुंदरी को ही नहीं बल्कि दर्शकों को भी अपेक्षित आघात लगा। संरचना की दृष्टि से तीसरा अंक लम्बे एकालापपूर्ण, पुनरुक्तिपरक एवं शिथिल होने के कारण कमजोर पड़ गया है। इसीलिए अधिकांश निर्देशकों ने इसका समुचित सम्पादन भी किया।

नंद और सुंदरी के आत्मीय एवं अंतरंग प्रेम-प्रसंग की गरमाहट से प्रदीप्त इस नाटक का दूसरा अंक अपने आप में एक उपलब्धि है। परंतु 'लहरों के राजहंस' के प्रकाशन के समय की हिंदी रंगमंच—विशेषतः कस्बों और शहरों—की स्थिति और वहाँ के प्रेक्षकों की मानसिकता को देखते हुए नंद और सुंदरी की भूमिकाओं को आत्मविश्वास एवं निर्भयता से निभाने वाले श्रेष्ठ कलाकारों तथा इस अंक के गहन अर्थगर्भी उत्तेजक प्रसंगों को उनके सही संदर्भ में गम्भीरता से देखने और ग्रहण कर पाने वाले सम्भ्रांत एवं सुशिक्षित दर्शकों का अभाव भी इसके अपेक्षाकृत कम प्रस्तुतीकरणों का एक प्रमुख कारण रहा है। गोरखपुर में शहर के तथाकथित अभिजात, सुसंस्कृत, सुशिक्षित एवं प्रतिष्ठित दर्शकों के समक्ष प्रदर्शित इस नाटक पर दर्शकों की प्रतिक्रिया रोचक ही नहीं विचारणीय भी है। निर्देशिका डा० गिरीश रस्तोगी के अनुसार अनेक प्रेक्षकों को एक 'ऐतिहासिक नाटक' के चुनाव पर आपत्ति थी तो कुछेक को बौद्ध भिक्षु के बड़े-बड़े सिद्धांत-वाक्यों और उपदेशों भरे इस नाटक की मनोरंजनविहीनता पर एतराज था। इनके अतिरिक्त, "A sizeable group amongest the audience could not swallow the presentation of the emotional, intimate love sequences of Nand and Sundri nor the significant dramatic movements for make-up and the taking of alcohalic drinks by Sundri. There reactions to such scences—as the play progressed—were reflected in a rather vulgar, uncivilized manner."[47]

इस नाटक के अपेक्षाकृत कम प्रदर्शन होने का एक प्रमुख व्यावहारिक कारण इसका श्रम-धन-साध्य भव्य दृश्य-बंध और ऐतिहासिक परिवेश भी है। परिश्रम और कल्पनाशीलता के साथ-साथ जितना धन इस नाटक के प्रस्तुतीकरण के लिए अपेक्षित है, वह हिंदी की अधिकतर अव्यावसायिक नाट्य-संस्थाओं के लिए तब

ही नहीं, अब भी एक भारी चुनौती है। 1966 में 'अनामिका' ने इस पर लगभग पंद्रह हजार रुपए का व्यय किया था। ऐतिहासिक परिवेश के इस नाटक में वस्त्र-विन्यास और रूप-सज्जा के विषय में नाटककार का मौन भी सामान्य निर्देशकों के लिए बड़ी समस्या बन जाता है।

'लहरों के राजहंस' के पूर्णतः सफल प्रदर्शन न हो पाने का एक अन्य कारण इसमें रोमानी और बौद्धिक भावभूमि एवं दृष्टिकोण के बीच समुचित सामंजस्य और संतुलन का अभाव भी है। निर्देशकों ने भी प्रायः इस जटिलता से बचने के लिए अपने प्रस्तुतीकरणों को रोमानी धरातल पर ही प्रस्तुत किया है। यही कारण है कि इस नाटक का कोई भी प्रदर्शन इसके कथ्य की जटिलता और समग्रता को पूरी तरह प्रस्तुत करने में सफल नहीं हो पाया है। रोमान और बौद्धिकता के इन दोनों विरोधी सीमांतों को एक साथ पेश करने में नाटककार और इसके निर्देशक समान रूप से असमर्थ रहे हैं।

इन तमाम सैद्धांतिक और व्यावहारिक परेशानियों के अतिरिक्त यह तथ्य भी उल्लेखनीय है कि इसके नए रूप में प्रकाशित होने के लगभग साथ ही साथ 'आधे-अधूरे' के प्रकाशन, प्रदर्शन और देश-व्यापी प्रचार ने भी 'लहरों के राजहंस' की ओर से रंगकर्मियों का ध्यान हटाने में कम योगदान नहीं दिया। और हिंदी रंगमंच की मौजूदा स्थिति यह है कि इस प्रकार के ऐतिहासिक परिवेश तथा स्त्री-पुरुष सम्बन्धों वाले नाटकों के स्थान पर समकालीन सामाजिक-राजनैतिक समस्याओं वाले मंच-मुक्त नाटकों की लोकप्रियता दिन-ब-दिन बढ़ती जा रही है। यह नाटक आम आदमी के लिए न था, न है और न कभी होगा। इसका द्वंद्व और सौंदर्य-बोध, इसकी समस्या और सम्वेदना हमेशा विशिष्ट प्रेक्षक की ही माँग करेगी।

संदर्भ

1. दुर्भाग्य से बहुत आग्रह के बावजूद डा० प्रतिभा अग्रवाल ने वह पन्ने इस लेखक को दिखाने में असमर्थता व्यक्त की।
2. दिनांक 30 दिसम्बर, 1980 को कलकत्ता में श्यामानंद जालान से हुई व्यक्तिगत लम्बी बातचीत का अंश।
3. लहरों के राजहंस : नाटक का यह परिवर्तित रूप, पृ० 34
4. 'अनामिका : रजत जयंती उत्सव' —1980 की स्मारिका से उद्धृत।
5. निर्देशक से समीक्षक की व्यक्तिगत बातचीत।

6. निर्देशक से लेखक की व्यक्तिगत बातचीत
7. Hindustan Times : Mainstream : Habib Tanvir
8. Times of India : Shiv S. Kapoor
'हिंदुस्तान टाइम्स', 'स्टेट्समैन' तथा 'टाइम्स आफ इंडिया' के सभी उद्धरण 'इनैक्ट' 73-74 (मोहन राकेश स्मृति अंक) में प्रकाशित 'शिव-पुरीज़ राजहंस' से उद्धृत।
9. Enact : March-April, 1973
10. नटरंग : अंक 21, पृ० 59-60
11. The Indian Express : 22.3.73 (Lehron Ke Rajhans ends in whimper)
12. दिनमान : 8 अप्रैल, 1973, पृ० 43
13. Enact : March-April 1973 (Paul Jacob)
14. जनसता, दिल्ली : 27 नवम्बर, 1992 (तो यही इंतज़ार होता···)
15. वही
16. वही : 25 नवम्बर, 1992
17. मोहन राकेश नाट्य समारोह : स्मारिका (निर्देशकीय), पृ० 40
18. वही, पृ० 41
19. डॉ० जीवनलाल गुप्त के लेखक को लिखे 8.4.81 के पत्र से उद्धृत।
20. वही
21. डॉ० सत्यव्रत सिन्हा द्वारा लेखक को लिखे गए 28.2.75 के एक व्यक्तिगत पत्र से उद्धृत।
22. डॉ० जीवनलाल गुप्त द्वारा लेखक को लिखे गए 8.4.81 पत्र के से उद्धृत।
23. द्रष्टव्य : Enact : 73-74 (Jan.-Feb., 1973) : Lehron Ke Rajhans : G. Rastogi. तथा नटरंग : 9 (जनवरी-मार्च, 1969) परमानंद श्रीवास्तव : पृ० 98
24. नटरंग : 9 (जनवरी-मार्च, 1969) : पृ० 99
25. Enact : 73-74 (Jan.-Feb., 1973) : G. Rastogi
26. वही
27. लहरों के राजहंस : विविध आयाम : जयदेव तनेजा, पृ० 124 से उद्धृत।
28. नटरंग : 9 (जनवरी-मार्च, 1969), पृ० 99
29. नटरंग : 25 (चंडीगढ़ का रंगमंच), पृ० 77
30. वही
31. सभी उद्धरण डॉ० वीरेन्द्र मेंहदीरत्ता द्वारा लेखक को लिखे गए 19 सितम्बर, 1980 के व्यक्तिगत पत्र से उद्धृत।

32. परिचय-पत्र से उद्धृत ।
33. कला संगम, द्वितीय नाट्य-महोत्सव '79 : परिचय-पत्र, पृ० 19-20
34. नवभारत टाइम्स, नई दिल्ली (उत्तर प्रदेश), 27 अप्रैल, 1978
35. Searchlight (The Sunday Mgazine) : April, 1978
36. कला संगम — द्वितीय नाट्य-महोत्सव '79 : परिचय-पत्र, पृ० 72-73
37. रुचिका (दिल्ली) द्वारा प्रस्तुत 'लहरों के राजहंस' के परिचय-पत्र में प्रकाशित 'डायरेक्टर्स नोट' से उद्धृत ।
38. Enact : No. 161-162 (May-June, 1980)
39. वही
40. निर्देशक के सभी उद्धरण सानाख्या ईबोतोम्बी एवं रतन थियम के साथ 1980-81 में हुईं दो व्यक्तिगत चर्चाओं पर आधारित ।
41. धर्मयुग : 8 फरवरी, 1987 (टोकियो में 'लहरों के राजहंस' : इंदुजा अवस्थी). पृ० 41
42. राष्ट्रीय नाट्य विद्यालय द्वारा प्रस्तुत 'लहरों के राजहंस' के परिचय-पत्र में प्रकाशित 'लेखक का वक्तव्य' से उद्धृत ।
43. डॉ० जीवनलाल गुप्त द्वारा लेखक को लिखे 8.4.81 के पत्र से ।
44. श्री श्यामानंद जालान और लेखक के बीच सितम्बर, 1980 में कलकत्ता में हुई लम्बी बातचीत से उद्धृत ।
45. द्रष्टव्य : 'इनैक्ट' : 73-74 में पुनर्प्रकाशित हबीब तनवीर की समीक्षा : 'शिवपुरीज राजहंस' ।
46. Times Weekly : 10 Dec., 1972, p. 7
47. Enact : No. 73-74 (January-February, 1973) : 'Lehron Ke Rajhans' : G Rastogi.

तीन

आधे-अधूरे

आधे-अधूरे—दृश्य बंध-परिकल्पना : ओम शिवपुरी

आधे-अधूरे

मीरा आनंद (स्त्री) : निर्देशक–अरुण कुकरेजा और सुरेखा सीकरी (स्त्री) : निर्देशक–अमाल अल्लाना

प्रतिभा काज़मी (स्त्री), रवि खानविलकर (पुरुष) और अलका अमीन (किन्नी): निर्देशक–त्रिपुरारी शर्मा

अनुराधा कपूर (किन्नी), ओम शिवपुरी (पुरुष), दिनेश ठाकुर (अशोक), सुधा शिवपुरी (स्त्री) और ऋचा व्यास (किन्
निर्देशक–ओम शिवपुरी

पैर तले की ज़मीन

सौरभ शुक्ला (झुनझुनवाला), गूशा कपूर (नीरा) और विजय शुक्ला (पंडित) निर्देशक-रंजीत कपूर

स्व. दीनानाथ (अब्दुल्ला) तथा अन्य कलाकार : निर्देशक–राजेन्द्र नाथ

अमितरंजन बैनर्जी (डॉ. राकेश) और मधुमालती कपूर (नज़मा) : निर्देशक–रंजीत कपूर

आषाढ़ का एक दिन

सुधा शर्मा/शिवपुरी (मल्लिका) : निर्देशक-इब्राहिम अल्काजी   ओम शिवपुरी (कालीदास)

धुन बिलमौरिया (मल्लिका) और खोर्शीद कोलाबावाला (प्रियंगुमंजरी) : निर्देशक–सैम कैरावाला

सीमा विश्वास (मल्लिका) और प्रतिभा काज़मी (अम्बिका) : निर्देशक–राम गोपाल

लहरों के राजहंस

कुलभूषण खरबंदा (नंद) और सुषमा सेठ (सुंदरी) : निर्देशक–राजेन्द्र नाथ

आलोकनाथ (नंद) : निर्देशक–फ़ैज़ल अल्काज़ी

ओम शिवपुरी (नंद) और सुधा शर्मा (सुंदरी) : निर्देशक–ओम शिवपुरी

कथ्य और रंग-शिल्प

आधुनिक हिंदी नाटक की एक महत्त्वपूर्ण उपलब्धि और समकालीन हिंदी रंग-मंच के लिए 'मील का पत्थर' माना जाने वाला मोहन राकेश का तीसरा नाटक 'आधे-अधूरे' 19 एवं 26 जनवरी तथा 2 फरवरी, 1969 के 'धर्मयुग' में क्रमशः प्रकाशित और दिल्ली, बम्बई तथा कलकत्ता में अभिमंचित होकर जबर-दस्त चर्चा और विवाद का विषय बन गया था। जहाँ किसी को उससे ब्रैश्ट, स्ट्रिंडबर्ग, इब्सन, ओनील, आर्थर मिलर सब एक साथ या एक-दो करके याद आये, वहाँ किसी और को वह व्यावसायिक अपील को क्रांतिकारी लिबास में छिपाता हुआ, सतही और भीतर से खाली जान पड़ा।[1] इसके कथानक की घटनाहीनता, चरित्रों के इकहरेपन, प्रस्तावना की अनावश्यकता, एक ही अभि-नेता द्वारा पाँच भूमिकाएँ निभाने की रंगमंचीय युक्ति की निरर्थकता और अनु-भव-क्षेत्र की संकीर्णता जैसे अनेक आरोपों के साथ-साथ यह भी कहा गया कि यह नाटक "केवल दो व्यक्तियों के बीच गलतफहमी और झगड़े को, या अधिक से अधिक उनकी टकराहट की अनिवार्यता को, ही पेश कर पाता है, उसे किसी बुनियादी इंसानी संकट, पारस्परिक सम्प्रेषण असम्भव होने की स्थिति, अथवा किसी अन्य व्यापक कारण के साथ नहीं जोड़ पाता, दो इंसानों या स्त्री-पुरुष मात्र के बीच उठने वाले सवालों की तह तक नहीं पहुँचता।"[2] तथा 'आधे-अधूरे' में राकेश "मानव को एक ऐसे बिंदु से जोड़ना भूल गए जहाँ से जीवन की सार्थकता नजर आने लगती है। वस्तुतः अधूरापन एक सापेक्ष स्थिति है जिसका अहसास केवल पूरेपन के संदर्भ में ही सम्भव है।"[3] परंतु सुविख्यात अभिनेता-निर्देशक इब्राहिम अल्काज़ी के अनुसार, "समीक्षकों की यह धारणा उन दर्शक-समुदायों ने झूठी साबित कर दी, जो एक ओर बड़ी-बड़ी संख्याओं में इसे देखने आए और दूसरी ओर बड़ी ही ग्रहणशीलता से इसकी विस्फोटक सघनता के सम्मुख नतशिर भी हुए। ऐसा नाटक, जो लोकप्रियता के लिए कोई छूट नहीं देता, इस प्रकार की प्रतिक्रिया कैसे जगा सकता है, अगर कारण यही नहीं है कि वह अपना कथ्य पूरे प्रभाव के साथ संप्रेषित कर सका?"[4] निःसंदेह यह हिंदी का

पहला नाटक है जिसने रंगमंच का एक बड़ा और गम्भीर दर्शक वर्ग तैयार किया और जो हिंदी में तो सर्वाधिक खेला ही गया, अन्य भाषाओं में अनूदित होकर प्रदर्शित होने वाले हिंदी नाटकों में भी शायद प्रथम स्थान का अधिकारी है। इसने हिंदी नाट्य-लेखन और रंगकर्म को बहुत दूर तक व्यापक स्तर पर प्रभावित किया। दिल्ली के 'दिशांतर' ने इसी से 'सप्ताहांत रंगमंच' और कलकत्ता की 'अनामिका' ने 'नियमित प्रदर्शनों' की महत्त्वाकांक्षी शुरुआत की। बम्बई की 'थियेटर यूनिट' ने अब तक प्रदर्शित अपने सभी नाटकों में से इसी के सर्वाधिक प्रदर्शन किए हैं। 'आधे-अधूरे' की अभूतपूर्व मंचीय सफलता ने कई प्रकार के नये कीर्तिमान स्थापित किए हैं।

मोहन राकेश का बुनियादी सरोकार आज के मध्यवर्गीय घुन लगे जीवन में स्त्री-पुरुष सम्बन्धों की विडम्बना, विषमता और त्रासदी का विश्लेषण-विवेचन करना रहा है। कालिदास से लेकर नंद और महेन्द्रनाथ तक की यात्रा लेखक के पूरे रचनात्मक व्यक्तित्व, उसकी छटपटाहट एवं मान्यताओं का महत्त्वपूर्ण रेखांकन है, जिसमें उसने नर-नारी सम्बन्धों के जटिल इतिहास को फिर-फिर दोहराया है। 'आधे-अधूरे' में पहली बार उन्होंने अपने इस कथ्य को समकालीन परिवेश, चरित्र तथा जीवन को आज की जीवित भाषा में प्रभावशीलता के साथ प्रस्तुत करने की सार्थक कोशिश की है। यह नाटक बड़ी प्रखरता से स्त्री-पुरुष के लगाव और अलगाव, प्रेम और घृणा तथा संलग्नता की विवशता और उसे तार-तार करने की क्रूरता का प्रामाणिक दस्तावेज़ है। एक भिन्न धरातल पर यह नाटक आज के परिवार और समाज के विघटन की करुण कथा भी है और मानवीय सम्बन्धों एवं मूल्यों के टूटने की गाथा भी। 'अर्थज' और 'कामज' विकृतियों के भँवर में फँसे जटिल मानसिकता वाले 'आधे-अधूरे' के ये कुंठित चरित्र एक परिवार के बहाने से हमारे समसामयिक समाज का ही चित्र प्रस्तुत करते हैं।

राकेश के नाटकों के कथ्य का दायरा बेशक बहुत छोटा है; परंतु उसके भीतर उनकी गहरी, सूक्ष्म और प्रखर दृष्टि बहुत दूर तक चली गई है। 'आषाढ़ का एक दिन' का कालिदास मल्लिका (प्रेमिका) को छोड़कर प्रियंगुमंजरी (पत्नी) को अपनाता है परंतु कालांतर में उससे असंतुष्ट होकर मल्लिका के पास लौटता है और अंत में उसे भी अपने पूर्णत: अनुकूल न पाकर बाहर चला जाता है। 'लहरों के राजहंस' की सुंदरी नंद के लिए प्रेयसी भी है और पत्नी भी। परंतु सम्पूर्ण संतुष्टि और सामंजस्य यहाँ भी नहीं है। बुद्ध का आकर्षण नंद को खींचता है लेकिन उसे बाँध नहीं पाता। नंद सुंदरी के पास वापस लौटता है, लेकिन प्रत्यावर्तन के लिए। पुरुष से हताश होकर 'आधे-अधूरे' में सम्पूर्णता और संतोष की इस तलाश का काम राकेश ने स्त्री को सौंपा है। लेकिन नतीजा

यहाँ भी वही है—बाहर और भीतर से जुड़ती-टूटती सावित्री अंत तक उतनी ही अधूरी और असंतुष्ट बनी रहती है। स्त्री और पुरुष दोनों घर नामक इस नरक को छोड़कर बाहर भाग जाना चाहते हैं। कोशिश भी करते हैं—लेकिन प्रत्यावर्तन के लिए विवश हैं। मुक्ति का कोई रास्ता नहीं है। यह अभिशप्त नियति राकेश के सभी पात्रों की है, जो बहुत दूर तक सच होने के कारण हमें बड़ी प्रभावी और अपनी-सी लगती है, लेकिन कहीं ले जाती नहीं—कोई रास्ता नहीं दिखाती। यह स्थिति 'आधे-अधूरे' की बहुत बड़ी शक्ति भी है और भारी सीमा भी। यह नियतिवाद एक निष्क्रिय हताशा को जन्म देता है जो दृढ़ इच्छाशक्ति और इंसानी कोशिश और संघर्ष के तमाम रास्तों को बंद कर देता है।

अनिल सारी के शब्दों में, "इसमें न तो कोई भविष्य का संकेत है, न मुक्ति की सम्भावना, न जीवन के लिए प्रेरणाएँ जिनके बिना ट्रेजेडी मात्र 'मेलोड्रामा' होकर रह गई और मेलोड्रामा भी रेचन नहीं कर पाया क्योंकि बीच में कहीं उसमें समग्र दर्शकों की वर्तमान ज़िंदगी की सामाजिक विश्वदृष्टि का कथन नहीं हो पाता है।"[5] इस सम्बन्ध में अपनी ओर से कुछ भी कहने के बजाए मैं यहाँ स्वयं मोहन राकेश के ही इस कथन को उद्धृत करना चाहूँगा कि "मेरी दृष्टि में यदि कोई कलाकार कहे कि उसके पास कोई विशिष्ट दृष्टि है जो दूसरों का मार्ग-दर्शन कर सकती है तो यह उसका कोरा दम्भ है। वह तो ज्यादा-से-ज्यादा इतना ही कर सकता है कि अपने पाठक या दर्शक के मन में बैठे द्रष्टा को जगा दे और उसे एक ऐसे बिंदु पर लाकर खड़ा कर दे जहाँ से वह यदि चाहे तो स्वयं अपना पथ आलोकित कर सके।"[6]

अपने पहले नाटकों की तरह 'आधे-अधूरे' में भी रचनाकार की व्यक्तिगत सहानुभूति पुरुष के प्रति रही है जबकि रचना में स्त्री प्रमुख भूमिका लेकर दर्शक/पाठक की सहानुभूति जीत लेती है। तथ्यात्मक दृष्टि से भी इस आश्चर्यजनक सत्य की पुष्टि होती है। 'आषाढ़ का एक दिन' के प्रथम संस्करण में मल्लिका कालिदास से 287 सम्वाद-पंक्तियाँ अधिक बोलती है जो कालिदास के सम्वादों की पंक्तियों से ठीक दुगनी हैं। संशोधित संस्करण में यह अंतर कुछ घटकर 272 हो गया है। 'लहरों के राजहंस' के दोनों रूपों में भी सुंदरी नंद की अपेक्षा क्रमशः 165 और 30 पंक्तियाँ अधिक बोलती है। 'आधे-अधूरे' की समस्या एवं चुनौती अपेक्षाकृत कठिन है—क्योंकि यहाँ एक ही स्त्री को चार अलग-अलग पुरुषों से टकराना होता है। परंतु यहाँ भी सावित्री चारों पुरुष पात्रों की सम्मिलित सम्वाद पंक्तियों पर भारी पड़कर उनसे 108 पंक्तियाँ अधिक बोलती हैं। 'आधे-अधूरे' के पहले, दूसरे, तीसरे तथा चौथे पुरुष क्रमशः 199, 27, 73 तथा 290 पंक्तियाँ बोलते हैं, जबकि अकेली सावित्री कुल मिलाकर

697 पंक्तियाँ बोलती है। यह स्थूल गणनात्मक विवेचन अपनी तमाम सीमाओं के बावजूद राकेश के नाटकों में पुरुष की अपेक्षा नारी की महत्त्वपूर्ण एवं केंद्रीय भूमिका पा जाने की प्रवृत्ति के सही होने का परोक्ष प्रमाण तो प्रस्तुत करता ही है।

'आधे-अधूरे' में परम्परागत नाटकों-सी भारी-भरकम, महान और विराट घटनाएँ नहीं हैं। इसमें पात्रों की मन:स्थितियों और सम्वेदनाओं की टकराहट को आंतरिक विस्फोट के रूप में तीव्रता से प्रस्तुत किया गया है। नाटक में कार्यावस्थाओं के विकास और आरम्भ से चरमोत्कर्ष तक निरंतर विकसित होने वाले संघर्ष का अभाव है। नाटक की गति वर्तुलाकार है। नाटक आरम्भ से चलकर अंत में भी उसी आरम्भ पर ही पहुँचता है। नाटक के कथ्य और शिल्प-विधान की यह अद्वैतता अद्भुत अन्विति को जन्म देती है जो इस नाट्य-कृति की सबसे बड़ी विशेषता है।

'आधे अधूरे' के सभी पात्र साधारण मध्यवर्गीय परिवार के सामान्य चरित्र हैं—महत्त्वाकांक्षी, अतृप्त, असंतुष्ट, कुंठित, आक्रोश और विषाद से अभिशप्त तथा आपसी रिश्तों से बेगाना, अजनबी, आतंकित और क्रुद्ध। स्त्री, पुरुष, लड़का, बड़ी लड़की, छोटी लड़की—नाटक के सभी चरित्रों में गहरा तनाव और तीखा अंतर्द्वंद्व है। नाटककार ने उन्हें व्यक्तिगत वैशिष्ट्य— उनका 'अपना एक माद्दा, अपनी एक शख्सियत'— देने के स्थान पर उन्हें जातिगत रूपों में ही उभारना चाहा है। राकेश ने अपने चरित्रों को 'आम' और उनके अनुभव को 'सामान्य' बनाकर एक प्रकार का अमूर्तन किया है, जिसके लिए उसे 'प्रस्तावना' और एक ही अभिनेता से पाँच पुरुष भूमिकाएँ कराने की रंग-युक्ति का प्रयोग करना अपरिहार्य प्रतीत होता है जबकि अधिकांश नाट्य-समीक्षकों की राय में यह प्रस्तावना बिलकुल फिजूल और विविध भूमिकाओं में एक ही कलाकार की युक्ति एकदम निरर्थक है।[7]

यह सही है कि अर्थतंत्र पर स्त्री का एकाधिकार होने तथा पुरुष की बेकारी के कारण 'आधे-अधूरे' एक सामान्य नहीं विशिष्ट परिवार की कहानी बन गया है। परंतु इसे केवल एक औरत-मर्द की व्यक्तिगत त्रासदी कहकर कतई नहीं उड़ाया जा सकता; और न ही यह कहना सही है कि "यदि इस विशेष मध्य-वर्गीय परिवार की केवल आर्थिक स्थितियाँ ही भिन्न होतीं तो नाटक में उस 'संत्रास' का, या कि जिसे नाटककार ने 'हवा' कहा है उसका, बहुत मामूली-सा ही असर रह जाता है।"[8] इस नाटक में सावित्री और महेन्द्रनाथ के अलावा जुनेजा, शिवजीत, जगमोहन, मनोज और सिंघानिया का भी चित्रण या उल्लेख हुआ है। स्पष्टतः यह एकदम महेन्द्रनाथ के ही प्रतिरूप नहीं है और न ही नाटककार ऐसा मानता है। इनकी सामाजिक, आर्थिक और मानसिक स्थिति

एवं बनावट में काफी अंतर है। परंतु मूल प्रश्न यह है कि इन अंतरों को हटा कर देखने पर— विशुद्ध पुरुष के रूप में—क्या इनमें कोई बुनियादी समानता और एकता नहीं है? क्या इनमें से कोई भी सावित्री की परिभाषा पर खरा उतरने वाला 'पूरा आदमी' है? इन सबमें अलग-अलग और अपने-अपने अधूरे-पन हैं —और इन सबके चरित्र की यही वह बुनियादी समानता है जिसे राकेश यहाँ रेखांकित करना चाहते हैं और सावित्री के शब्दों में कहते हैं, "सब-के-सब ...सब-के-सब ...एक-से। बिलकुल एक-से हैं आप लोग! अलग-अलग मुखौटे, पर चेहरा?—चेहरा सबका एक ही।"[9] क्या यह सम्भव नहीं कि जिन अव्यक्त और जटिल कारणों से पिछले बाईस वर्षों की लगातार कोशिशों के बावजूद सावित्री (और एक हद तक महेन्द्रनाथ भी) अपने परिवार या एक-दूसरे को नहीं छोड़ पा रहे, उसी तरह इनमें से प्रत्येक पुरुष भी अपने-अपने घर के नरक में बंदी बने रहने के लिए अभिशप्त है? किन्नी की सहेली सुरेखा के माँ-बाप के भी विवाहेतर सम्बन्धों का संकेत नाटककार ने दिया है और किन्नी और सुरेखा की मैत्री, समान रुचियों तथा चरित्रगत एकता के द्वारा दोनों परिवारों की समानता की ओर भी इशारा किया गया है। इन परिस्थितियों में अशोक और वर्णा के सम्बन्धों का भविष्य भी शायद सम्बन्धों की इस अभिशप्त नियति से भिन्न नहीं होगा। अतः इस नाटक के केवल केंद्रीय स्त्री-पुरुष ही नहीं, बल्कि इस परिवार की परिधि को छूने वाले समाज के विभिन्न स्त्री-पुरुषों की, परि-स्थितियों की भिन्नता के बावजूद, जीवन के स्वरूप और उनकी नियति की समानता के द्वारा राकेश 'प्रस्तावना' की सत्यता और उसकी सार्वभौमिकता को स्थापित करते हैं। इस परिवार की दुर्गति के लिए केवल आर्थिक कारणों को जिम्मेदार ठहराने वाले विद्वानों से मैं केवल एक प्रश्न पूछना चाहता हूँ और वह यह कि मनोज तो बड़े नाम वाला खुशदिल आदमी है, उसकी आर्थिक स्थिति ठीक है और सेहत बहुत अच्छी। चरित्र के लिहाज से भी बहुत साफ आदमी है वह।[10] फिर क्या कारण है कि बिन्नी उसके घर में उतनी ही कुंठित, चिड़चिड़ी, असंतुष्ट, अतृप्त और कटु है जितनी कि इस घर में सावित्री? महेन्द्रनाथ एवं मनोज के विवाह के रूप और आर्थिक सम्पन्नता एवं सामाजिक सम्मान के बावजूद दोनों घरों की स्थिति और नियति को समान दिखाकर क्या राकेश इन बाहरी और ऊपरी कारणों की विविधता के अंदर की एकता तथा मानव मन की आंतरिक जटिलता और किसी काल्पनिक सम्पूर्णता के लिए उसकी अमिट छटपटाहट का संकेत नहीं देते? और क्या इस बिंदु पर आकर सावित्री द्वारा 'पूरे आदमी' की तलाश कालिदास और नंद की भिन्न धरातलों की तलाश का ही एक नया पहलू रेखांकित नहीं करती?

राकेश के अन्य नाटकों की तरह 'आधे-अधूरे' का अंतिम अंश भी, राकेश

की नापसंदगी के बावजूद[11], सूचना-उद्घाटन के रूप में होने के कारण नाट्यानुभव के प्रत्यक्ष एवं सीधे रूपायन में बाधा डालता है और सावित्री तथा महेंद्रनाथ के चरम-साक्षात्कार एवं संघर्ष के क्षणों में जुनेजा को बीच में ला खड़ा करता है। यथास्थिति को बनाए रखने तथा अंतिम नाट्य-बिम्ब को सम्पूर्णता देने के लिए नाटककार ने जुनेजा के प्रस्थान के ठीक बाद महेंद्रनाथ का पुनः प्रवेश कराया है। बेशक यह अंत 'बेहद बनावटी और हास्यास्पद'[12] हो गया है तथा 'नाटक के हर प्रदर्शन में इस स्थल पर दर्शक में करुणा के बजाए हँसी उभरती है।'[13] सम्भवतः राकेश महेंद्रनाथ के इस अंतिम प्रवेश में अभिनेता के वेश-परिवर्तन के लिए बहुत कम समय होने की व्यावहारिक दिक्कत तथा दूसरी परेशानियों से भली भाँति परिचित थे। इसी कारण उन्होंने यहाँ, "लगभग अँधेरे में, लड़के की बाँह थामे पुरुष—एक की धुँधली आकृति अंदर आती दिखाई देती है"[14] का निर्देश देकर इस स्थिति को थोड़ा-बहुत सँभालने की कोशिश भी की है।

'आधे-अधूरे' के चरित्रों के स्वरूप और उनके चित्रण पर कई प्रकार के आरोप लगाए गए हैं, जो एक सीमा तक सही भी हैं। परंतु भारतीय मध्यवर्ग के व्यक्ति की प्रकृति और सही स्थिति को जाने बिना शायद हम इन पात्रों से न्याय नहीं कर सकते। इस संदर्भ में यहाँ इब्राहिम अल्काजी का यह कथन द्रष्टव्य है कि "समाज-व्यवस्था आज तेजी से बदल रही है। न तो कोई टिकाऊ मूल्य रह गए हैं, न कोई धार्मिक आस्था, न कोई राजनीतिक विश्वास, न कोई वैयक्तिक या सामाजिक विवेक। सभी कुछ काम-चलाऊ है और हरेक समाधान तात्कालिक सुविधा पर टिका है। शाश्वत सत्य निकम्मे उपदेश बन गए हैं। ऐसी कोई चीज नहीं है जो लोगों को एक कर सके। न तो कोई एक लक्ष्य है, न कोई प्रतिबद्धता। समाज बिखर गया है, घर टूट चुका है और उसके सदस्य एक-दूसरे से कटकर अपरिचित की तरह भ्रांति और हताशा की अपनी-अपनी निजी आकारहीन दुनिया में रहते हैं। अपने नाटक 'हुई क्लो' में ज्याँ पाल सार्त्र ने कहा है, 'औरों की संगति नरक है।' भारत के मध्यवर्ग के बारे में यह बात निश्चय ही सच है। पर इससे भी बड़ी बात यह है कि व्यक्ति खुद अपने आप से कट गया है। वह स्वयं ही अपना नरक है।"[15] यही नहीं, बल्कि विडम्बना तो यह है कि "इस प्रकार की स्थिति में कोई निश्चित और संगत अस्मिता नहीं बन सकती। वे तो लुंज-पुंज प्राणी हैं, चिंदियों और थिगलियों से बने हुए। टूटे हुए आईने की धुँधली आकृतियाँ, खण्डित प्रतिबिम्ब। इसी कारण वे अबोधगम्य और गूढ़ बन जाते हैं। अस्थिर और परिवर्तनशील, बदलती हुई रोशनी में कई-कई रूप धारण करते हुए।"[16] यही कारण है कि हमें 'आधे-अधूरे' के घुन लगे इन मध्यवर्गीय चरित्रों के भीतर यौन कुंठाओं, अपूर्त महत्त्वाकांक्षाओं, असफल-

ताओं और अनजाने डरों से उद्भूत घृणा, तनाव, तिक्तता, चिड़चिड़ाहट, छटपटाहट, टूटन, आक्रोश और बिखराव का घना जंगल दिखाई पड़ता है। एक पूरे आदमी की तलाश में कई-कई आदमियों से टकराकर लौटती और घर चलाने के लिए सतत विवश संघर्ष करती सावित्री एक जटिल चरित्र है, जो न तो पुराण-काल की 'सती-सावित्री' है और न अत्याधुनिक समय की फ़्लर्ट। घर और बाहर के बीच बुरी तरह फँसी हुई वह एक ज़िंदा औरत है। महेंद्रनाथ जो कभी निहायत हँसमुख और ज़िंदादिल इंसान था, असफलता और पराजय के लगातार आक्रमण से कभी 'सादवादी' दरिंदा और कभी निरीह-नपुंसक बनकर 'ब्लड-प्रेशर' का शिकार हो जाता है। इसी प्रकार अपने आपसे संतुष्ट, फिर भी आशंकित, भ्रष्ट एवं असंस्कृत अफसर—सिंघानिया; अपनी सुविधा के लिए जीने का दर्शन लिए अवसरवादी प्रेम-खिलाड़ी जगमोहन तथा बुजुर्गियत का एहसास लिए हमदर्द, समझदार, साफ़गो मगर काइयाँ व्यवसायी जुनेजा भी इसी वर्ग के अन्य स्तरों का प्रतिनिधित्व करते हैं।

महेंद्रनाथ और सावित्री के इस टूटन-भरे बिखरते परिवार में जन्मे-पले बच्चे स्वभावतः विकृतियों एवं कुंठाओं के शिकार होंगे ही। इसीलिए अवसाद और उतावलापन लिए बड़ी लड़की बिन्नी मनोज से प्रेम-विवाह करने के बावजूद सहज और स्वाभाविक नहीं रह पाती और एक स्तर पर अपनी माँ का सा ही घुटन-भरा जीवन जी रही है। इसी प्रकार युवा पीढ़ी के अस्वीकार, पलायन, आक्रोश, आत्म-सम्मान (?) तथा तनाव-द्वंद्व को मुखर करता अशोक अनजाने-अनचाहे ही अपने पिता के पद-चिह्नों पर चल कर 'पिग्मेलियनवादी'-सा हो गया है।

छोटी लड़की किन्नी में और ज्यादा विस्फोट है। उसके "भाव, स्वर, चाल, हर चीज में विद्रोह है। बारह-तेरह वर्ष की अवस्था में ही वह स्त्री-पुरुष के यौन सम्बन्धों में रुचि लेने लगी है। किन्नी अत्यन्त सिर-चढ़ी, मुँहफट और जिद्दी लड़की है। इसका चित्रण इतने प्रखर एवं जीवंत रूप में हुआ है कि अभिमंचन के समय यह अत्यन्त स्पष्ट और प्रभावशाली चरित्र के रूप में दर्शकों पर अपनी अमिट छाप छोड़ जाता है।

'आधे-अधूरे' में आज के भारतीय मध्यवर्गीय जीवन के सूक्ष्म जटिल अनुभवों, अनुभूत-अर्द्ध अनुभूत सम्वेदनाओं, बहुआयामी वैविध्यपूर्ण स्थितियों और जूझते-टूटते आधे-अधूरे पात्रों की तनावपूर्ण विस्फोटक मनःस्थितियों को पूरी सच्चाई, ऊष्मा और विश्वसनीयता के साथ अपने समकालीन मुहावरे और बोलचाल की सृजनात्मक भाषा में पहली बार सफल नाटकीय अभिव्यक्ति मिली है। डॉ० गोविंद चातक के अनुसार, " 'आधे अधूरे' की भाषा में लय की ऐसी परिपूर्णता है कि शब्दों में वाक्यखण्डों के बीच उसकी उपस्थिति अर्थ के नये द्वार

खोलती है और उसी रूप में सम्वाद अपनी संक्षिप्ति, विस्तार, गति आदि को ग्रहण करता दिखाई देता है।"[17] इसकी भाषा पारस्परिक सम्बन्धों के तनाव, बिखराव, अलगाव, ऊब, कुढ़न, झल्लाहट, छटपटाहट, बौखलाहट, टूटन, आक्रोश, विद्रूप, विडम्बना, संघर्ष और मनहूसियत को 'जीने की भाषा' में प्रस्तुत करती है। यह नाट्य-भाषा शब्द, ध्वनि, मौन, मुद्रा, क्रिया, मंच-सज्जा, संगीत और छायालोक के संश्लेष से उपलब्ध की गई है। चरित्र की आंतरिकता से उद्भूत सम्वाद-लय की रचना हिंदी नाटक को राकेश की एक महत्त्वपूर्ण देन है।

शब्द-समूह के विश्लेषण की दृष्टि से 'आधे अधूरे' में संस्कृत के तत्सम और अंग्रेजी शब्दों की संख्या बराबर है (लगभग 80-80 शब्द), जबकि उर्दू-फारसी के शब्द इनसे 2.8 गुना अधिक हैं। संस्कृत के अधिकांश शब्द सिंघानिया द्वारा हास्य-व्यंग्य उत्पन्न करने के लिए बुलवाए गए हैं। नाटक के सभी पात्र अच्छे पढ़े-लिखे हैं, इसलिए बातचीत में अंग्रेजी के सामान्य शब्दों का आ जाना भी अस्वाभाविक नहीं है। उर्दू-फारसी के शब्दों के आधिक्य का एक कारण तो यह है कि हमारी बोल-चाल में ही ये शब्द अपेक्षाकृत अधिक हैं और दूसरे, 'आधे-अधूरे' का यह परिवार एक पंजाबी परिवार है, जहाँ सामान्यत: उर्दू का ही अधिक व्यवहार होता है। स्वयं राकेश के अनुसार, उनके इस दौर के नाटकों की भाषा में, "अधिकतर उर्दू का प्रयोग है। फिर उसमें मेरी लोक भाषा, कुछ स्थानीय मुहावरे और कुछ अंग्रेजी भाषा के शब्द और अभिव्यक्तियाँ भी इसमें शामिल हैं।"[18] 'आधे-अधूरे' में 26 मुहावरों का स्पष्ट प्रयोग हुआ है और लगभग 8 अभिव्यक्तियाँ ऐसी हैं जो मुहावरे का भ्रम पैदा करती हैं। इनके अतिरिक्त, यहाँ प्रतिध्वनि एवं ध्वन्यात्मक शब्दों तथा निरर्थक ध्वनियों के साथ-साथ तुतली भाषा और नाट्य-विडम्बनापूर्ण शब्दों की पुनरावृत्ति का सार्थक प्रयोग भी हुआ है। अनेक स्थानों पर क्रियाओं (एक्शन) को शब्दों के पर्याय के रूप में प्रयुक्त किया गया है[19] जैसे—अखबार की रस्सी बनाना (नपुंसक आक्रोश), पतलून में से कीड़ा पकड़ना और उछलना (घृणा, कड़वाहट और घुटन से उत्पन्न विद्रूप एवं मजाक), पुरानी फाइलों को झाड़ना और पीटना (खीज और मूक विद्रोह तथा अव्यक्त क्रोध की प्रतिक्रिया), ताश से पैशंस का खेल खेलना (अकेला और निठल्लापन), सिगरेट के छल्ले बनाना (बेफिक्री, दिखावा और सीधे प्रश्नों से बचाव), कैंची से कागजों को काटना (सम्बन्धों का विघटन) इत्यादि। दृश्य-बंध और मंच-उपकरणों का प्रतीकात्मक इस्तेमाल, मुखर-मौन का जीवंत उपयोग, संकलन-त्रय का निर्वाह और स्थितियों एवं मन:स्थितियों को रेखांकित करने के उद्देश्य से प्रकाश एवं ध्वनि-प्रभावों/संगीत का नाटकीय प्रयोग इस नाटक के रंग-शिल्प और इसकी भाषिक संरचना की प्रमुख विशेषताएँ हैं। इस

प्रकार यदि हम इन सामान्य युक्तियों और रंग-चर्याओं के स्वरूप के बजाए इनके गम्भीर, गहन एवं सार्थक इस्तेमाल पर ध्यान दें तो इन्हें 'घिसी-पिटी'[20] कहकर खारिज कर देना उचित प्रतीत नहीं होगा।

'आधे-अधूरे' के रंग-शिल्प की एक प्रमुख विशेषता यह भी है कि इसमें नाटककार प्रायः प्रचलित या परम्परित बड़े-बड़े प्रतीकों के प्रयोग की अपेक्षा रोज़मर्रा की जिंदगी में इस्तेमाल होने वाली आम और बहुत साधारण चीजों को ही गहरी और नई अर्थ-छाया देकर प्रतीक की गरिमा प्रदान कर देता है। दृश्य-बंध में प्रयुक्त सभी टूटी-अधटूटी और घिसी-पिटी चीजें इस घर की प्रत्यक्ष आर्थिक स्थिति के रेखांकन के साथ-साथ इस परिवार के सदस्यों के पारस्परिक विघटित सम्बन्धों का परोक्ष संकेत भी देती हैं। नाटककार का यह कथन क्या घर की स्थूल चीजों के बजाए उसमें रहने वाले जिंदा लोगों के अंदरूनी हालात का ही सच्चा बयान नहीं है कि "एक चीज का दूसरी चीज से रिश्ता तात्कालिक सुविधा की माँग के कारण लगभग टूट चुका है। फिर भी लगता है कि वह सुविधा कई तरह की असुविधाओं से समझौता करके की गई है—बल्कि कुछ असुविधाओं में ही सुविधा खोजने की कोशिश की गई है।"[21] इसी प्रकार क्या रचनाकार यह कहकर कि "तीन दरवाजे तीन तरफ से कमरे में झाँकते हैं।"[22] 'कमरे' को इस घर के जीवन और 'दरवाजों' को उसमें ताँक-झाँक करनेवाले सिंघानिया, जगमोहन तथा जुनेजा का रूप नहीं दे देता? प्रथम प्रवेश के साथ ही नाटककार स्त्री के व्यक्तित्व, संघर्ष और अंतर्द्वंद्व की झलक यह कहकर हमें साफ तौर से दिखा देता है कि "स्त्री कई कुछ सँभाले बाहर से आती है। कई कुछ में कुछ घर का है, कुछ दफ्तर का, कुछ अपना। चेहरे पर दिन-भर के काम की थकान है और इतनी चीजों के साथ चलकर आने की उलझन।"[23] पारिवारिक, बाहरी (नौकरी) और व्यक्तिगत जीवन के असामंजस्यपूर्ण तकाजों में तालमेल न बैठा पाना ही वास्तव में सावित्री की त्रासदी का मूल कारण है, जिसका उल्लेख जुनेजा नाटक के अंत में यह कह कर करता है कि "तुम्हारे लिए जीने का मतलब रहा है कितना कुछ एक साथ होकर, कितना कुछ एक-साथ पाकर और कितना कुछ एकसाथ ओढ़कर जीना।"[24] प्रथम संकेत में स्त्री की यह स्थिति विवशताजन्य प्रतीत होकर उसके प्रति सहानुभूति पैदा करती है, जबकि जुनेजा के इस अंतिम विश्लेषण में वह अत्यधिक महत्वाकांक्षिणी और घोर स्वार्थी बताई जाती है तथा दर्शक के मन में वितृष्णा पैदा करती है। वास्तव में सावित्री का चरित्र इन दोनों सीमान्तों को एकसाथ अपने में समाहित किए हुए है। इनमें से केवल किसी एक पक्ष का स्वीकार स्त्री की जटिल मानसिकता का सरलीकरण करके उसके चरित्र को एकांगी बना देता है। इस समग्रता और जटिलता के कारण ही अभिनय की दृष्टि से सावित्री का चरित्र कठिन और

चुनौतीपूर्ण बनता है। पुरुष-पात्रों की तरह भले ही उसमें बाहरी विविधता न हो परंतु सूक्ष्म धरातल पर उसके चरित्र को परत-दर-परत देखना और दिखाना भी आसान काम नहीं है।

इसी प्रकार स्त्री का सर्वप्रथम सम्वाद ही हमें लापरवाह किन्नी की पढ़ाई के कारण घर पर पड़ते आर्थिक दबाव, तस्वीरों के साथ जिंदगी काटते बेरोजगार और नकारा अशोक के बोझ तथा निठल्ले और फालतू-से महेन्द्रनाथ का आरम्भिक परिचय दे देता है। यहाँ राकेश ने बड़ी खूबी से पुरुष-एक के 'पाजामे' को स्वयं महेन्द्रनाथ का ही प्रतीक बना दिया है जिसे साबित्री 'मरे जानवर की तरह उठा कर देखती है और कोने में फेंकने को होकर फिर एक झटके के साथ उसे तहाने लगती है।'[25] कभी महेन्द्रनाथ से मुक्त होकर अलग से अपनी जिंदगी जीने और कभी इस प्रयत्न में असफल होकर इसी नामुराद मोहरे को ठोंक-पीट कर अपने लायक बनाने की कोशिश ही तो वास्तव में सावित्री की ऊबड़-खाबड़ जीवन-यात्रा का पूरा इतिहास है, जिसका संकेत राकेश ने आरम्भ में ही दे दिया है। इसी प्रकार, जगमोहन के प्रवेश से पूर्व सावित्री द्वारा बाहर जाने के लिए तैयार होते समय 'गले की माला को उँगली में लपेटते हुए झटका लगने से माला टूट जाती है। परेशान होकर वह माला को उतार देती है और जाकर कबर्ड से दूसरी माला निकाल लेती है।'[26] सावित्री की मनःस्थिति और परिस्थिति को ध्यान में रखकर देखें तो 'माला' यहाँ उसकी वर्तमान स्थिति की प्रतीक बन जाती है। इसके दाने या मोती घर के अलग-अलग सदस्य हैं, जिन्हें अपनी व्यवस्था के धागे से स्त्री ने एकसाथ बाँध रखा है। परंतु अशोक के सीधे प्रहार से आहत सावित्री सब की परवाह छोड़कर अब से केवल अपनी जिंदगी देखने का निर्णय और परिणामस्वरूप यह घर छोड़कर जगमोहन के साथ अपनी नई दुनिया बनाने का संकल्प करती है। इसी बात को रचनाकार ने यहाँ पुरानी माला के टूटने और नई माला निकालने/पहनने के संकेत द्वारा नाटकीय अभिव्यक्ति दी है। स्त्री के सम्वादों पर ध्यान दें तो यह 'माला' यहाँ एक स्थान और एक परिवार में एक ही तरह से गुजारे गए या जा रहे दिनों-वर्षों की परम्परा भी बन जाती है, जिसे एक झटके से तोड़कर सावित्री जीवन के उस ढर्रे को छोड़कर एक नये ढंग से जिंदगी जीने का प्रयत्न कर रही है। यहीं सावित्री द्वारा टटोलने और ढूँढ़ने के बावजूद एक चप्पल का दूसरा पैर न मिलने पर सब जूतों-चप्पलों को ठोकरें लगाकर पीछे हटा देना[27] भी पारिवारिक सामंजस्य (या महेन्द्रनाथ के अपेक्षित रूप) और उपलब्धि की भरसक तलाश की असफलता पर पूरे घर को ठुकरा देने की झुंझलाहट-भरी कोशिश का संकेत देता है। सावित्री को अपनी पसंद और अपने पाँव के सही नाप की दूसरी चप्पल का न मिलना ही क्या उसके जीवन की विडम्बना की ओर सीधा इशारा नहीं करता? इसी प्रकार अनेक स्थानों

पर पात्रों का दराज/कबर्ड को बार-बार खोलना-बंद करना तथा महेन्द्रनाथ का कुर्सी को झुलाना चरित्रों के मन की उलझन और उनके असमंजस को द्योतित करता है। इसी प्रकार चीज़ का न खुलने वाला डिब्बा भी इस घुटन-भरे अभिशप्त परिवार की निजातरहित अंधी परिस्थितियों का प्रतीक बन गया है जिसे मरी हुई नोक वाले किसी भोथरे टिन-कटर रूपी समाधान या समझौते से नहीं खोला जा सकता। इस स्थिति से निपटने के लिए किसी तीखी नोक वाले तेज औजार की ही जरूरत है। इसी प्रकार राकेश ने इस नाटक में 'धूल', 'हवा', 'फाइल', 'रबड़ स्टेम्प', 'पर्स' जैसे अनेक सामान्य शब्दों और मामूली-सी चीजों को भी अतिरिक्त एवं नया अर्थ देकर रचनात्मक रूप में प्रयोग किया है।

विविध प्रकार की ध्वनियों और रंग-चर्याओं के अर्थपूर्ण एवं नाटकीय इस्तेमाल में भी रचनाकार ने बड़ी सूझ-बूझ और सजगता का परिचय दिया है। सुविख्यात नाट्य-निर्देशिका अमाल अल्लाना के अनुसार, "ध्वनियाँ, जैसे अशोक की कैंची की ध्वनि, टिन-कटर, कप-प्लेटों की या महेन्द्र के फाइल झटकने की आवाजें आदि जो एक ऐसा वातावरण निर्मित करती हैं जिसमें चरित्रों की आंतरिकता मुँह से बोलने की अपेक्षा अधिक मुखर हो उठती है। इन आवाजों और कुछ दृश्य-बिम्बों के अलिरिक्त मोहन राकेश ने, अपने मंच-निर्देश के अनुसार, कुछ अन्य रोजमर्रा के हाव-भावों का प्रयोग प्रतीकात्मक रूप से किया है—जैसे सावित्री टेबल कवर को खींच कर उसमें अपना मुंह छिपा लेती है या परेशान-सी अपने पर्स को टटोलती है। इन भावों में चरित्र की आंतरिक वेदना एवं खोयापन अपनी पूरी शक्ति एवं समग्रता से प्रकट होते हैं।"[28]

मोहन राकेश एक रंग-चेता रचनाकार थे और रंगमंच के साथ उनका गहरा, प्रत्यक्ष, अंतरंग, सहज एवं जीवंत सम्बन्ध था। बहुत-से नाट्य-प्रेमियों और समीक्षकों का विचार है कि 'आधे-अधूरे' की सफलता का महत्त्वपूर्ण और बुनियादी कारण राकेश का ओम शिवपुरी के 'दिशांतर' एवं 'आधे-अधूरे' के पूर्वाभ्यास से प्रत्यक्षतः जुड़े होना ही है। अनेक विद्वानों के अनुसार इस नाटक का अंतिम प्रारूप पूर्वाभ्यास के दौरान ही निश्चित किया गया और इसी वजह से इसका आलेख मंच-तकनीक और व्यावहारिक दृष्टि से एकदम परिपक्व और सम्पूर्ण है। परंतु मेरी विनम्र सम्मति में यह स्थापना सत्य नहीं है। इस संदर्भ में ध्यातव्य है कि 3 जुलाई, 1966 की रात को राकेश कलकत्ता में विश्वम्भर सुरेका के घर श्यामानंद जालान के साथ अपने इस 'नए नाटक के सम्बन्ध में बातचीत'[29] करते हैं। 20 अक्टूबर, 1967 को दिल्ली में श्यामानंद जालान से बातचीत के बाद राकेश ने अपनी डायरी में लिखा था कि "आज श्यामानंद से हुई बातचीत के बाद निश्चय है कि नए नाटक के प्रस्तुतीकरण से पहले कलकत्ता जाकर नहीं रहूँगा···। अपने को अपने केंद्र पर रखा जाए, दृष्टि यही

रखनी चाहिए।... दूसरों के केंद्र पर जाने से न काम होता है न ही वह मान रह जाता है।"[30] 22-10-67 को भी राकेश ने दर्ज किया, "कल सारी रात श्यामानंद के साथ नये नाटक के सम्बन्ध में बात हुई।"[31] 30 जुलाई, 1968 को राकेश ने डॉ० कार्लो कपोला से अपनी एक महत्त्वपूर्ण भेंट में स्पष्टतः यह स्वीकार किया था कि "मैं आजकल ही में एक नाटक पूरा करनेवाला हूँ, जिसका नाम 'आधे-अधूरे' है।"[32] यहाँ नाटककार ने अपनी इस नवीन नाट्यकृति के कथ्य और शिल्प की विस्तार से चर्चा की है। अतः स्पष्ट है कि अगस्त, 1968 तक यह नाटक पूरी तरह से लिखा जा चुका था। परंतु राकेश के मामले में यह बात न तो इतनी आसान है और न ही यहाँ खत्म हो जाती है। चूँकि राकेश अपने नाटकों के कई-कई प्रारूप तैयार किया करते थे, इसलिए दावे से यह कह पाना सम्भव प्रतीत नहीं होता कि अगस्त, 1968 का यह चर्चित प्रारूप वास्तव में इस नाटक का अंतिम और वर्तमान प्रारूप ही था। यह सम्भावना असम्भव नहीं है कि इस अन्तिम प्रारूप के आधार पर ही राकेश ने 'दिशांतर' के पूर्वाभ्यास के दौरान ओम शिवपुरी तथा संस्था के अन्य प्रबुद्ध कलाकारों के सहयोग से ही आलेख को अंतिम रूप प्रदान किया हो। परंतु सच यह है कि उक्त सद्-भावना सही नहीं है। रामगोपाल बजाज तथा विश्वमोहन बडौला जैसे संस्था के कई सक्रिय सदस्यों का कथन है कि रिहर्सल आरम्भ होने से पहले ही 'आधे-अधूरे' अपने सभी ब्यौरों एवं निर्देशों के साथ पूरा किया जा चुका था और राकेश ने प्रस्तुतीकरण से आद्यन्त जुड़े रहकर उसे अपनी मूल परिकल्पना और इच्छा के अनुरूप मंचित करवाया।[33] इसके पक्ष में एक प्रबल और अकाट्य तर्क यह है कि 'आधे-अधूरे' की पहली किस्त 19 जनवरी, 1969 के 'धर्मयुग' में छपी थी। यह पत्रिका उन दिनों अपनी मुद्रित तिथि से लगभग पाँच-छ. दिन पहले ही आ जाती थी। 'धर्मयुग' के तीन अंक सदैव प्रकाशन-प्रक्रिया में रहने के कारण यह लगभग निश्चित ही है कि आलेख के पत्रिका-कार्यालय में पहुँचने के साथ ही यदि इसका प्रकाशन हो गया हो तो भी दिसम्बर, 1968 में या उससे कुछ और पहले यह नाटक 'धर्मयुग' को हर हालत में भेजा जा चुका था और 'दिशांतर' द्वारा इसके पूर्वाभ्यासों की शुरुआत जनवरी, 1969 के आसपास ही की गई थी। 'धर्मयुग' में प्रकाशित इस नाटक के प्रारूप और बाद में पुस्तकाकार रूप में छपे इसके आलेख में एक शब्द का भी हेर-फेर नहीं है। इस संदर्भ में एक अन्य उल्लेखनीय तथ्य यह है कि ओम शिवपुरी ने महेन्द्रनाथ के लिए गेलिस वाली ढीली पैंट और चश्मा तथा सिंघानिया के लिए टोपी वगैरह की राकेश की सहमति से भी जो योजना की थी, आलेख के पुस्तकाकार प्रकाशन के समय नाटककार ने उसे ही अपने नाटक में जोड़ना जरूरी नहीं समझा और उसे अपने मूल रूप में ही छपवाया। अतः हम विश्वास के साथ यह कह सकते हैं कि

'दिशांतर' के प्रस्तुतीकरण से राकेश को इस नाटक के लिखने में कोई सहायता नहीं मिली। इसके विपरीत प्रदर्शन को ही नाट्यालेख के अधिकाधिक निकट रखने की कोशिश की गई। इसलिए 'आधे-अधूरे' की अच्छाई-बुराई और सीमा-सामर्थ्य की पूरी जिम्मेदारी राकेश की ही है। इस संदर्भ में यह देखकर आश्चर्य होता है कि पूर्णतः निर्देशक-प्रधान समकालीन हिंदी रंगमंच पर एक नाटककार ने किस प्रकार अपनी रचनाशीलता एवं तकनीकी कुशलता से निर्देशक को हतप्रभ कर दिया है। महत्त्वपूर्ण बात यह है कि अभिनय एवं दृश्य-बंध ही नहीं, वेश-भूषा, ध्वनि और प्रकाश सम्बन्धी लेखक के निर्देश भी बहुत दूर तक संगत, सटीक एवं प्रभावी होने के बावजूद निर्देशक की कल्पनाशीलता के लिए पर्याप्त हाशिया छोड़ देते हैं। उदाहरण के लिए वेश-भूषा को ही लें, सामान्यतः यह माना जाता है कि जैसे नाटक का एक-एक शब्द नाटक के पूरे कथ्य के लिए अर्थपूर्ण होना चाहिए, वैसे ही वेशभूषा के हर हिस्से को भी नाटक के अर्थ और पात्रों के चरित्र को उभारने में मददगार होना चाहिए। यह तभी हो सकता है जब वेशभूषा पात्र के स्वभाव, वर्ग, आयु, समाज में स्थान, उसकी व्यक्तिगत पसंद, उसकी मनोदशा और उसके चरित्र को ध्यान में रखकर परिकल्पित की गई हो और उस चरित्र की कुछ खास विशेषताओं को उभारती हो।[34] इसके साथ-साथ इस नाटक में चूंकि एक ही कलाकार पाँच अलग-अलग भूमिकाएँ करता है, इसलिए उसके पहरावे में कुछ बहुत स्पष्ट और प्रखर अंतर करना आवश्यक है जिससे अभिनेता को अलग चरित्र बनाने और दर्शक को उसे अलग चरित्र देखने-मानने में मदद भी मिले। राकेश अपने पात्र-परिचय में 'आधे-अधूरे' के पात्रों के चारित्र्य और उनकी वेश-भूषा के सम्बन्ध में निर्देश देते हुए कहते हैं कि काले सूट वाला आदमी पुरुष-एक के रूप में वेशांतर करते समय 'पतलून कमीज' पहनेगा; पुरुष-दो के रूप में 'पतलून और बंद गले का कोट'; पुरुष-तीन के रूप में 'पतलून-टीशर्ट' तथा पुरुष-चार के रूप में 'पतलून के साथ पुरानी काट का लम्बा कोट' पहनेगा। यहाँ हम देखते हैं कि व्यावहारिक सुविधा को देखते हुए नाटककार ने पाँचों पुरुष पात्रों को पतलून ही पहनाई है जिससे कि केवल ऊपर से ही वस्त्रों को पहनने-उतारने से वेश-परिवर्तन किया जा सके। वेश-भूषा सम्बन्धी रेखाचित्र में अनुकूल और मनचाहे रंग-भरने का अधिकार रचनाकार ने निर्देशक के लिए छोड़ दिया है। महेन्द्रनाथ की पतलून-कमीज कैसी और किस रंग-रूप की होगी—इसका निर्णय निर्देशक स्वयं करेगा। स्पष्ट है कि उस जैसी सामाजिक-आर्थिक स्थिति और स्वभाव वाले व्यक्ति के लिए हम चुस्त-दुरुस्त और चटख रंगीन वस्त्रों की कल्पना नहीं कर सकते। इसके लिए तो उसे अधमैले, पुराने और ढीले-ढाले कमीज-पतलून में ही रखना होगा। इसके ठीक विपरीत जगमोहन की चुस्ती-फुर्ती और टिपटाप रहने की आदत को ध्यान

में रखते हुए उसे भड़कीली किंतु सुरुचिपूर्ण टीशर्ट में पेश किया जाना जरूरी है। सिंघानिया की सम्पन्नता, प्रदर्शनप्रियता और आत्मतुष्टि को दिखाने के लिए बंद गले के महँगे कोट (सूट) के साथ टोपी, घड़ी, छड़ी इत्यादि रखी जा सकती है तथा जुनेजा के प्रौढ़, संतुलित, शालीन व्यक्तित्व के साथ काइयाँपन लाने के लिए उसे 'पुरानी काट का लम्बा कोट' दिया जा सकता है जिसमें बुजुर्गियत, गरिमा और छुपाव एक साथ आ जाएँ। इसी प्रकार सावित्री के लिए नाटककार का निर्देश है कि 'ब्लाउज और साड़ी साधारण होते हुए भी सुरुचिपूर्ण। दूसरी साड़ी विशेष अवसर की।'[35] इस सम्बन्ध में कीर्ति जैन का यह विश्लेषण महत्त्वपूर्ण है कि "अगर सावित्री को पहले अंक में किसी चटख रंग की कीमती साड़ी में दिखा दें, तो यह उसकी शारीरिक स्थिति, मानसिक हालत, मनोदशा और पसंद सबके विपरीत जाएगा। पर दूसरे अंक में जगमोहन के साथ बाहर जाने के समय सावित्री का ही चटख रंग की बढ़िया साड़ी पहनना ही उपयुक्त लगेगा। इसलिए नहीं कि इस बीच उसकी सामाजिक या आर्थिक स्थिति बदल गई है, न ही इसलिए कि उसकी पसंद या चरित्र में अंतर आ गया है। ऐसा इसलिए उपयुक्त होगा कि वह सजने की खास कोशिश कर रही है, अपनी उम्र से कम लगना चाहती है, और अपने माहौल के खिलाफ जान-बूझ कर कदम उठा रही है, या विद्रोह कर रही है। तो पहले और दूसरे अंक के बीच पहरावे का यह बदलाव बहुत अर्थपूर्ण हो जाता है और बदलते माहौल को, या सावित्री के निर्णय को, रेखांकित करता है।"[36] यही स्थिति अशोक, बिन्नी और किन्नी के वस्त्र-निरूपण को लेकर भी है।

प्रकाश-व्यवस्था सम्बन्धी रंग-निर्देश केवल दोनों अंकों के आरम्भ और अंत में दिए गए हैं तथा शेष पूरे नाटक के छायालोक की परिकल्पना का दायित्व निर्देशक के लिए छोड़ दिया गया है। संगीत सम्बन्धी केवल दो निर्देश राकेश ने दिए हैं। पहले अंक के अंत में 'एक खंडहर की आत्मा को व्यक्त करता हल्का संगीत' तथा संगीत के रुकने पर 'कैंची की चक्-चक्-चक्' के ध्वनि-प्रभाव की योजना की गई है। इसी प्रकार दूसरे अंक के अंत में 'हल्का मातमी संगीत' उभरने का उल्लेख है। राकेश ने यहाँ भी अपने पात्रों की अभिशप्त नियति के इन त्रासद क्षणों को सघन बनाने वाले संगीत की आत्मा का संकेत देकर उसे शरीर देने का काम संगीतकार के लिए छोड़ दिया है। यह संगीत-निर्देशक की इच्छा पर निर्भर करता है कि इन प्रभावों को मंच पर अनूदित करने के लिए वह किन वाद्यों या स्वरों का किस प्रकार से उपयोग करता है। यहाँ मुझे इस नाटक की 'दिशांतर' की प्रस्तुति के नेपथ्य-कर्म से प्रत्यक्षतः जुड़े हुए कल्पनाशील रंगकर्मी रामगोपाल बजाज का यह कथन याद आता है कि "पहले अंक के अंत के लिए पात्रों के परस्पर अलगाव और उनके सम्बन्धों के

कट-कटकर बिखरने को अभिव्यक्त करने के लिए हमने कई दिनों तक संगीत के कई-कई प्रयोग करके देखे। परंतु अंत में पाया कि उस स्थिति में 'कैंची की चक्-चक्' से बेहतर और कोई ध्वनि-प्रभाव सम्भव नहीं है और अंततः उसे ही रखा भी गया।"[37]

रंगमंच के मूल तर्क की तलाश करते हुए अंतर्दृष्टिपूर्ण नाटककार, राकेश ने जान लिया था कि भारतीय नाटक और रंगमंच का भविष्य पाश्चात्य रंग-चेतना की अनुकृति तथा तकनीक-समृद्धि में न होकर प्रतीकात्मकता और सादगी वाले शब्द (नाटककार), अभिनय (अभिनेता) और इन दोनों को कलात्मक ढंग से संयोजित करने वाले निर्देशक के रंगमंच में है। सम्भवतः इसीलिए मोहन राकेश ने भाषा के रचनात्मक एवं प्रतीकात्मक प्रयोग पर सर्वाधिक बल दिया। वह रंग-निर्देशों में भी प्रकाश और संगीत व्यवस्था सम्बन्धी तकनीकी निर्देशों को लगातार कम करते गए और अभिनय-निर्देशों पर अधिक बल देने लगे। उनकी इस बदलती हुई दृष्टि का स्पष्ट संकेत हमें 'आधे-अधूरे' में भी मिलता है। इसमें दृश्य-बंध, प्रकाश और ध्वनि-व्यवस्था सम्बन्धी निर्देशों की क्रमशः 48, 30 और 20 पंक्तियों के मुकाबले अभिनय-निर्देशों की 941 पंक्तियाँ हैं। शब्द-संख्या की दृष्टि से दृश्य-बंध, प्रकाश और संगीत एवं ध्वनि-प्रभावों के कुल 763 शब्दों की अपेक्षा अकेले—अभिनय-निर्देशों के 5157 शब्द स्पष्टतः इस अंतर को रेखांकित कर देते हैं।

अतः स्पष्ट है कि 'आधे-अधूरे' को हम प्रत्यक्षतः 'चुनौती-भरा अधगढ़ा शिलाखंड'[38] मानें, 'अधूरेपन की त्रासदी'[39], 'शहरी अतिनाटकीय (बनावटी) नाटक'[40], एक 'सफल अनुकृति'[41] कहें अथवा 'मात्र कुंठा और सेक्स, बेबसी और अकर्मण्यता का (अधूरा) नाटक'[42] तथा परोक्षतः 'स्त्री-पुरुष सम्बन्धों के विरूपीकरण का खोखला एकांत'[43] या 'द्वन्द्वात्मक चेतना का विपर्यास'[44] इत्यादि कह कर उसकी छोटी-बड़ी सीमाओं अथवा अपने पूर्वाग्रहों के सच्चे-झूठे कितने ही प्रमाण जुटाते रहें; परंतु इस सच्चाई को अस्वीकार नहीं कर सकते कि 'आधे-अधूरे' आधुनिक मध्यवर्गीय शहरी जीवन के प्रामाणिक अनुभव को, परम्परा और प्रयोग के सर्जनात्मक उपयोग से, समकालीन परिवेश, जीवंत भाषा-सम्वाद, नये मुहावरे तथा अभिनव रंग-शिल्प में प्रभावी अभिव्यक्ति देनेवाला पहला महत्त्वपूर्ण हिंदी नाटक है। इसने भारतीय रंगमंच के व्यापक परिदृश्य पर हिंदी नाटक को प्रतिष्ठित करने, हिंदी रंगकर्म को लोकप्रियता और गरिमा प्रदान करने तथा आधुनिक हिंदी रंगान्दोलन की गति को तीव्र एवं बहुमुखी करने की दृष्टि से एक महत्त्वपूर्ण ऐतिहासिक भूमिका का सफल निर्वाह किया है।

संदर्भ

1. जनांतिक : नेमिचंद्र जैन (अधूरेपन की त्रासदी), पृ० 149
2. नटरंग : 21 (अक्टूबर-दिसम्बर, 1972) : मोहन राकेश के नाटक : नेमिचंद्र जैन, पृ० 38
3. आधुनिक नाटक का मसीहा मोहन राकेश : गोविंद चातक, पृ० 92
4. आज के रंग नाटक (टूटे आईने के प्रतिबिम्ब : इब्राहिम अल्काज़ी), पृ० 16
5. प्रतिपक्ष : 14 जनवरी, 1973, पृ० 14
6. आज के रंग नाटक (टूटे आईने के प्रतिबिम्ब : इब्राहिम अल्काज़ी), पृ० 24
7. द्रष्टव्य : (क) जनांतिक : नेमिचंद्र जैन, पृ० 151; (ख) मोहन राकेश की रंग सृष्टि : जगदीश शर्मा, पृ० 41-42; (ग) मतांतर : जून, 1970 : वीरेंद्र नारायण, पृ० 83; (घ) नटरंग : 10-11 : बृजमोहन शाह, पृ० 54; (ङ) वही : शोभना भूटानी, पृ० 56; (च) वही : गुलशन कपूर, पृ० 59; (छ) इनैक्ट : अप्रैल, 1969; फ्रैंक ठाकुरदास इत्यादि, तथा (ज) 'आधे-अधूरे' के निर्देशकों में से राजिंदर नाथ, एम० के० रैना, सुशील चौधरी, राजेंद्र गुप्त, अलखनंदन, मोतीलाल क्यूम, हरीश भाटिया, गजानन पित्रे, विजय कपूर, अवी नंदा, सतीश कुमार इत्यादि भी इस रंग-युक्ति को निरर्थक मानकर अस्वीकार करते हैं।
8. जनांतिक : नेमिचंद्र जैन (अधूरेपन की त्रासदी), पृ० 152
9. आधे अधूरे : मोहन राकेश, पृ० 109
10. द्रष्टव्य : वही, पृ० 29
11. द्रष्टव्य : Sangeet **Natak** : Oct.-Dec., 1971, P. 25
12. जनांतिक : नेमिचंद्र जैन, पृ० 152
13. वही
14. आधे-अधूरे : मोहन राकेश, पृ० 113
15. आज के रंग नाटक (टूटे आईने के प्रतिबिम्ब : इब्राहिम अल्काज़ी), पृ० 23-24
16. वही, पृ० 24
17. आधुनिक हिंदी नाटक : भाषिक और संवादीय संरचना : गोविंद चातक, पृ० 140
18. मोहन राकेश साहित्यिक और सांस्कृतिक दृष्टि, पृ० 162
19. द्रष्टव्य : 'आधे-अधूरे' के पृ० 77 से पृ० 80 तक स्त्री के लम्बे एकालाप में 66 पंक्तियों में क्रिया-व्यापार का उल्लेख है और 15 पंक्तियों में शाब्दिक सम्वाद का।
20. जनान्तिक : नेमिचन्द्र जैन (अधूरेपन की त्रासदी), पृ० 152-153

21. आध अधूरे : मोहन राकेश, पृ० 10
22. वही, पृ० 10
23. वही, पृ० 14
24. वही, पृ० 106
25. वही, पृ० 15
26. वही, पृ० 77
27. वही, पृ० 78
28. राष्ट्रीय नाट्य विद्यालय, रंगमंडल (दिल्ली) द्वारा प्रस्तुत 'आधे-अधूरे' के काठमंडू में हुए प्रदर्शन के अवसर पर प्रकाशित स्मारिका के 'निर्देशकीय' से उद्धृत ।
29. लहरों के राजहंस : मोहन राकेश (नाटक का यह परिवर्तित रूप), पृ० 32
30. नटरंग : अंक 21 : अक्टूबर-दिसम्बर, 1972 (डायरी के पन्नों से), पृ० 14
31. वही, पृ० 15
32. मोहन राकेश साहित्यिक और सांस्कृतिक दृष्टि, पृ० 172
33. श्री रामगोपाल बजाज एवं श्री विश्वमोहन बडोला से लेखक की 1981-82 में कई बार हुई व्यक्तिगत बातचीत पर आधारित ।
34. नटरंग : अंक 38-39 : रंग-शिल्प विशेषांक : 1982 : (रंगमंचीय वेश-भूषा : कुछ प्राथमिक सवाल : कीर्ति जैन), पृ० 80
35. आधे-अधूरे : मोहन राकेश, पृ० 9
36. नटरंग : अंक 38-39 : रंगशिल्प विशेषांक 1982 (रंगमंचीय वेशभूषा : कुछ प्राथमिक सवाल : कीर्ति जैन), पृ० 80
37. 'अभिनय' द्वारा राष्ट्रीय नाट्य विद्यालय में 8 जनवरी, 1979 को आयोजित 'राकेश स्मृति दिवस' पर रामगोपाल बजाज के वक्तव्य से ।
38. धर्मयुग : 5 सितम्बर, 1976 (नया नाटक : समकालीन बर्बर सत्य के आयाम —एफ० जी० जीलानी), पृ० 21
39. जनान्तिक : नेमिचन्द्र जैन, पृ० 149
40 दिनमान : 26 अगस्त, 1973 (लंकेश की वर्ग पहेली), पृ० 15
41. मतान्तर : जून 1970 (आधे-अधूरे : वीरेंद्र नारायण), पृ० 87
42. रंगभारती : फरवरी, 1979 ('आधे-अधूरे' : एक पुनर्मूल्यांकन—कैलाश 'कल्पित'), पृ० 7
43. दिनमान : 21-27 जनवरी, 1979 (1978 : बदलाव का संकेत : मणि मधुकर), पृ० 51
44. नाटककार मोहन राकेश : सं० सुंदरलाल कथूरिया (द्वन्द्वात्मक चेतना का विपर्यास : डॉ०—प्रेमपति), पृ० 179

प्रस्तुतीकरण

(क)
महानगरों के व्यावसायिक / अर्द्ध-व्यावसायिक नाट्य-दलों के महत्त्वपूर्ण प्रस्तुतीकरण

दिशांतर (दिल्ली) : ओम शिवपुरी

1969-70 के आसपास 'दिशांतर' दिल्ली की सर्वाधिक चर्चित, सक्रिय और उल्लेखनीय नाट्य-संस्था थी। 2 मार्च, 1969 को आयोजित संगीत-नाटक अकादमी पुरस्कार समारोह के अंतर्गत रविवार को ओम शिवपुरी निर्देशित राकेश के नये नाटक 'आधे-अधूरे' का मावलंकर हॉल में किया गया प्रथम प्रदर्शन नाटककार, निर्देशक, और नाट्य-संस्था कलाकारों के लिए ही नहीं पूरे हिंदी रंगमंच के लिए एक ऐतिहासिक घटना सिद्ध हुआ। अंग्रेजी के समाचार पत्रों ने यदि 'अ पावरफुल हिंदी प्ले', 'राकेश प्ले ब्रेक्स न्यू ग्राउंड' तथा 'राकेश'स 'आधे-अधूरे' फर्स्ट-रेट प्ले' इत्यादि शीर्षक देकर इस नाटक को समकालीन भारतीय रंगमंच की एक उपलब्धि घोषित किया तो दूसरी ओर 'दिनमान', 'साप्ताहिक हिंदुस्तान' और कुछ अन्य हिन्दी पत्र-पत्रिकाओं ने इसे अकलात्मक, फार्मूलाबद्ध और अनुल्लेखनीय सामान्य नाट्य-रचना का खिताब दिया। नाट्यालेख की मुक्त कंठ से प्रशंसा करने वाले अंग्रेजी के समीक्षकों ने भी प्रस्तुतीकरण की सीमाओं और कमियों को खुलकर रेखांकित किया। अशोक के रूप में दिनेश ठाकुर तथा किन्नी के रूप में ऋचा व्यास को छोड़ कर शेष तीनों कलाकारों—ओम शिवपुरी (पुरुष), सुधा शिवपुरी (स्त्री) और अनुराधा कपूर (बड़ी लड़की)—के अभिनय में समीक्षकों को कोई-न-कोई कमजोरी अवश्य दिखाई दी। 'इनैक्ट' के समीक्षक को तो तीनों नये अभिनेताओं का चुनाव (भी) दुर्भाग्यपूर्ण लगा।[1] प्रदर्शन की किसी भी प्रमुख नाट्य-समीक्षक ने खुल कर तारीफ नहीं की। जबकि 24, 25 और 26 मार्च, 1969 को आइफैक्स में किए गए तीनों प्रदर्शनों की सभी वर्ग

के दर्शकों ने भूरि-भूरि प्रशंसा की। धीरे-धीरे 'आधे-अधूरे' प्रबुद्ध प्रेक्षकों का सर्वाधिक चहेता नाटक बन गया और इसने लोकप्रियता के नये कीर्तिमान स्थापित किए। दिल्ली और दिल्ली से बाहर हुए इस प्रस्तुतीकरण के अनेक सफल प्रदर्शनों ने एक तहलका-सा मचा दिया और देखते ही देखते इसके आलोचकों के अन्दाज, तेवर और स्वर भी बदलते चले गए।

17 से 25 मई, 1969 को राष्ट्रीय नाट्य विद्यालय ने ग्रीष्मकालीन नाट्य समारोह आयोजित किया। स्कूल के स्टुडियो थियेटर में प्रदर्शित इस महोत्सव का श्रीगणेश 'दिशांतर' के 'आधे-अधूरे' से ही हुआ और जे० एन० कौशल ने 'इनैक्ट' में इसकी समीक्षा करते हुए कहा कि, "Mohan Rakesh's 'Adhe. Adhooray'···gained a compactness and the right feeling of the oppressive 'room', characteristic of Pinter's plays. In its first showing at Mavalankar Hall, the play seemed a bit diffused on the wide stage."[2]

यह आकस्मिक नहीं है कि 'आधे-अधूरे' के 30 'हाउस फुल' प्रदर्शनों के बाद 'दिशांतर' ने सितम्बर-अक्टूबर-नवम्बर, 1972 में अपने 'वीक एण्ड थियेटर' की शुरुआत इसी नाटक से की, इसी प्रस्तुतीकरण की फिल्म बनाई गई और दिसम्बर, 1972 में आयोजित मोहन राकेश की स्मृति को समर्पित 'अकादमी थियेटर फैस्टीवल' का आरम्भ भी 'आधे-अधूरे' के इसी अभिमंचन से किया गया। 'दिशांतर' के महत्त्वाकांक्षी आयोजन 'मोहन राकेश स्मृति समारोह' के अंतर्गत 22 और 23 मार्च तथा राकेश की पुण्य-तिथि के उपलक्ष्य में इसी वर्ष (3 से 9 दिसम्बर, 1973 के बीच) आयोजित 'दिशांतर नाट्य समारोह' के दौरान 3 दिसम्बर को आईफैक्स में प्रस्तुत 'आधे-अधूरे' के प्रदर्शन सम्भवत: इस प्रस्तुतीकरण के अंतिम प्रदर्शन थे। मार्च के प्रदर्शनों में ऋचा व्यास का स्थान हेमा सहाय ने ले लिया था तो दिसम्बर में दिनेश ठाकुर की जगह बनवारी तनेजा को लेनी पड़ी थी। एक नाट्य-समीक्षक के अनुसार, "इस बार 'आधे-अधूरे' में मुख्य भूमिकाएँ वही थीं पर लड़के की भूमिका में बनवारी तनेजा और छोटी लड़की की भूमिका में हेमा सहाय ने पूर्व प्रस्तुतियों की सघनता को बरकरार रखा।"[3]

इसके बाद ओम शिवपुरी और सुधा शिवपुरी पूरी तरह बम्बई जाकर फिल्मों में सक्रिय हो गए और 'दिशांतर' के 'आधे-अधूरे' की वह टीम अपने बहुसंख्य सफल प्रदर्शनों से हिंदी रंगमंच को नई प्रतिष्ठा दिलवाकर अंतत: खंडित हो गई।

इस प्रदर्शन के समय तक मोहन राकेश 'दिशांतर' के अभिन्न अंग बन चुके थे। डॉ० लक्ष्मीमल सिंघवी संस्था के अध्यक्ष और राकेश के मित्र थे। वह इस

नाटक की तैयारी से आरम्भ से ही जुड़े रहे। उनके अनुसार, "हिंदुस्तान में और दिल्ली में देखे गए नाटकों में से जो नाटक मुझे हमेशा याद रहेगा वह है—'आधे-अधूरे'। 'दिशांतर' ने जो 'आधे-अधूरे' किया उसमें मोहन राकेश का 'पर्सनल इन्वाल्वमेंट' या कहें राकेश जी और ओम शिवपुरी का 'इंटरएक्शन' भी कम महत्त्वपूर्ण नहीं था। ये नाटक मुझे भूलता नहीं है। यह हिंदी रंगमंच की उल्लेखनीय उपलब्धि है।"[4] और श्यामानंद जालान तो यहाँ तक कहते हैं कि " 'दिशांतर' का प्रोडक्शन राकेश से इतना ज्यादा प्रभावित है कि हम उसे शिवपुरी का प्रोडक्शन नहीं मानते। उसमें स्वयं राकेश का बहुत बड़ा योगदान था और अंततः वह नेशनल स्कूल आफ ड्रामा टाइप प्रोडक्शन ही था, जिसमें अल्काज़ी का स्थान राकेश ने ले लिया था।"[5] संस्था के सक्रिय सदस्य एवं सुप्रसिद्ध रंगकर्मी विश्वमोहन बडोला तथा रामगोपाल बजाज के अनुसार सम्वादों में शब्दों के बलाबल, गति, मुद्रा और संयोजन ही नहीं नेपथ्य-कर्म के मामले में भी अंतिम 'से' राकेश जी की ही हुआ करती थी।[6] इस प्रस्तुति की मंच-व्यवस्था वामदेव सिन्हा की थी और दृश्य-बंध-परिकल्पना स्वयं ओम शिवपुरी की। प्रकाश-संयोजन एवं ध्वनि-प्रभाव / संगीत का उत्तरदायित्व क्रमशः रामगोपाल बजाज तथा आनंद शिवपुरी ने सँभाला और वेश-भूषा का सुधा शिवपुरी ने। इस प्रस्तुति के आरम्भिक प्रदर्शनों में बाक्स-सैट, कमरे की दीवार पर लगे एक मुखौटे तथा आरम्भ और अंत के लिए पार्श्व-संगीत के रूप में ऐसी ध्वनि-तरंगों का व्यवहार किया गया जिनसे 'श्मशान-भूमि की संत्रस्त वीरानगी'[7] का एहसास होता था किंतु सादगी के आग्रह के कारण कालांतर में इनका इस्तेमाल नहीं किया गया। प्रकाश-व्यवस्था में भी सादगी थी और आलेख में निर्देशित दोनों अंकों के आरम्भ में ही केवल स्पॉट्स का उपयोग किया गया। पुरुष की पाँचों भूमिकाओं के वेश-परिवर्तन की सुविधा के लिए केवल एक ऊपरी वस्त्र के परिवर्तन से ही काम चलाया गया और रूप-विन्यास (मेक-अप) का पूर्णतः बहिष्कार किया गया। कुल मिलाकर, इस प्रस्तुतीकरण की सम्पूर्ण परिकल्पना स्वयं नाटककार की इच्छा और परिकल्पना के सर्वाधिक निकट थी। स्वयं ओम शिवपुरी के शब्दों में, "पहले पूर्वाभ्यास से ही राकेश जी साथ थे और पहले प्रदर्शन तक वे बराबर इस कलात्मक यात्रा के सहयात्री रहे। फर्नीचर में तिपाई के चुनाव से लेकर नाटक के अधिनिरूपण तक हमने साथ-साथ काम किया। अनेक बार मतभेद भी हुए, लम्बे वाद-विवाद भी। लेकिन अंतिम रूप में जो नाट्य-परिणाम सामने आया, उसे लेकर हम दोनों ही सहमत थे, अर्थात् प्रस्तुति में ऐसा एक भी तत्त्व नहीं था, जिससे या तो मैं असहमत होता या राकेश जी।"[8]

'दिशांतर' के आरम्भिक प्रदर्शनों पर नाट्य-समीक्षकों की अंतर्विरोधी और विवादास्पद आलोचनाओं की झलक हम आरम्भ में देख चुके हैं। प्रेक्षकों की

अभूतपूर्व प्रशंसा तथा समय के साथ अभिनेताओं में आने वाले आत्मविश्वास तथा प्रदर्शन की परिपक्वता ने कालांतर में समीक्षाओं के स्वर को भी बदल दिया।

आरम्भिक दौर में 'जयपुर कला समारोह' के अंतर्गत किए गए इसके एक प्रदर्शन की समीक्षा करते हुए हरिराम आचार्य ने लिखा था कि, " 'आधे-अधूरे' का कथ्य, शिल्प, चरित्रांकन आदि भले ही विवादास्पद हों, किंतु उसके रंगायन की सफलता असंदिग्ध ही कही जाएगी। भिन्न प्रकृति के चारों पात्रों के अभिनय में ओम शिवपुरी ने चरित्र-विविधता को महसूस करा दिया—यह उनके अभिनय-कौशल का कमाल ही कहा जा सकता है।"[9] ओम शिवपुरी के अभिनय की समीक्षा का एक रोचक उदाहरण 'नटरंग' के अंक नौ में साथ-साथ प्रकाशित दो समीक्षाओं में मिलता है। जितेंद्र कौशल के अनुसार, "महेंद्रनाथ तथा सिंघानिया की भूमिका में उसने याद रखने लायक अभिनय किया है।"[10] इसके विपरीत हरिराम आचार्य को लगा कि, "जुनेजा के रूप में उनके अभिनय में जमाव है, महेंद्रनाथ की भूमिका में पत्नी को पीटने वाली क्रूरता को वे नहीं उभार सके।"[11] दिनेश ठाकुर एवं ऋचा व्यास की प्रशंसा और अनुराधा कपूर की आलोचना की गई। जितेंद्र कौशल के शब्दों में, "सुधा शिवपुरी सावित्री के रूप में बहुत हद तक सफल रहीं, परंतु वह उस पात्र के आकार को समेट नहीं सकीं।"[12] जबकि नेमिचंद्र जैन के अनुसार सुधा शिवपुरी के अभिनय में, "सावित्री का तीखापन और धारदार कड़वा व्यंग्य अधिक सहजता से उभरता है।"[13]

'आधे-अधूरे' के अधूरे रह गए फिलमांकन के बाद 1970 और फिर 1972 में जब 'दिशांतर' ने दिल्ली में अपने नाटकों के समारोह 'आधे-अधूरे' से ही शुरू किए तो उन्हें देखकर 'इनैक्ट' के समीक्षक को 1970 में लगा कि, "They seemed to be a little more near their characters."[14] तथा 1972 में उसने प्रदर्शन के उच्च स्तर को बनाए रखने तथा दर्शकों की अपार भीड़ को अपनी ओर लगातार आकर्षित किए रहने के लिए 'दिशांतर' की प्रशंसा की।[15] और 'इनैक्ट' के अगले ही अंक में बम्बई के 'थियेटर यूनिट' द्वारा मराठी में प्रस्तुत 'आधे-अधूरे' में डॉ० श्रीराम लागू के बहुचर्चित श्रेष्ठ अभिनय से तुलना करते हुए कहा कि, "We had seen Om Shivpuri giving a far better performance in the same play."[16]

1973 के 'मोहन राकेश स्मृति समारोह' में प्रस्तुत इस प्रस्तुतीकरण के अंतिम प्रदर्शन के विषय में 'इनैक्ट' ने निर्भ्रांत रूप से घोषित किया कि, "—The play is one of the most powerful Indian Vehicles for actors. He (Om) did more than justice to it as he happens to be a most powerful and varied actor, as, in their varying degrees, did

Sudha Shivpuri, Dinesh Thakur, Anuradha Kapur and the fresh and pert fiind for the younger daughter, Hema Sahai."[17]

अपने लगभग चार-पाँच वर्षों के प्रस्तुति-इतिहास में 'दिशांतर' के इस 'आधे-अधूरे' के बहुसंख्य प्रदर्शनों में, 1973 के अंतिम प्रदर्शन को छोड़कर, सभी में उन्हीं कलाकारों ने अभिनय किया और यह प्रस्तुतीकरण दिल्ली के छोटे-बड़े, प्रोसीनियम और मुक्ताकाशी, लगभग सभी तत्कालीन प्रेक्षागृहों में समान प्रभावोत्पादकता और सफलता के साथ प्रदर्शित किया गया।

संयोग से इस लेखक को इस नाटक के कई प्रमुख प्रदर्शन देखने का सुअवसर मिला है और इसका विश्वास है कि देश-भर में किए गए 'आधे-अधूरे' के लगभग सभी प्रमुख प्रस्तुतीकरणों में से ओम शिवपुरी निर्देशित 'दिशांतर' का विवेच्य प्रस्तुतीकरण ही, अपनी तमाम सीमाओं के बावजूद, इस नाटक का सर्वश्रेष्ठ प्रस्तुतीकरण था। इसने ओम शिवपुरी एवं सुधा शिवपुरी जैसे प्रशिक्षित एवं पूर्व प्रतिष्ठित कलाकारों की अभिनय-क्षमता के नये आयाम उद्घाटित किए और दिनेश ठाकुर, अनुराधा कपूर तथा ऋचा व्यास/हेमा सहाय जैसे अपेक्षाकृत नये कलाकारों को अभिनय-कला की बारीकी और व्यापक स्वीकृति एवं प्रतिष्ठा दी। हिंदी रंगमंच के तकनीक-कौशल को भी इसके माध्यम से उच्च स्तरीयता प्राप्त हुई। इसने नाट्य-अनुभव को नई आत्मीयता, सघनता, तीव्रता और समृद्धि प्रदान की। इसके अतिरिक्त, 'आधे-अधूरे' की इस प्रस्तुति ने केवल दिल्ली ही नहीं, बल्कि हिंदी प्रदेश के कई रंग नगरों में नये रंगमंच आंदोलन को जन्म दिया या उसे विकसित किया और बड़े एवं गम्भीर नाट्य-प्रेक्षक वर्ग के निर्माण में अपनी निश्चित ऐतिहासिक भूमिका निभाई।[18]

2. थियेटर यूनिट (बम्बई) : सत्यदेव दुबे

'आधे-अधूरे' की अंतिम किस्त 2 फरवरी, 1969 के 'धर्मयुग' में प्रकाशित हुई और 21 अप्रैल, 1969 की शाम बम्बई के तेजपाल प्रेक्षागृह में 'थियेटर यूनिट' ने सत्यदेव दुबे के निर्देशन में इसका प्रदर्शन भी कर दिया। कई वर्षों तक संस्था की यह बहुचर्चित प्रस्तुति जीवित रही और गाहे-ब-गाहे इसके प्रदर्शन होते ही रहे। निर्देशक सत्यदेव दुबे के अनुसार, "Till date it (Adhe Adhure) is the most suceessful amongst the plays produced in Hindi anywhere in India."

स्पष्ट है कि किसी भी प्रस्तुति के आठ-दस वर्षों तक होने वाले प्रदर्शनों में लगातार कलाकारों की एक ही टीम काम करती नहीं रह सकती। इसलिए विविध पुरुष भूमिकाओं में केवल अमरीश पुरी को छोड़कर समय के साथ-साथ सभी कलाकार किसी-न-किसी कारण से कालांतर में बदलते चले गए। अमरीश

पुरी ने अपनी भूमिकाएँ अत्यंत कुशलता और सम्वेदनशीलता से निभाईं। यदि सिंघानिया के रूप में उनकी सजगता और प्रयत्नशीलता दिखाई देती थी तो अन्य भूमिकाओं में उनकी सहजता और स्वाभाविकता ने प्रभावित किया। कन्हैया लाल नंदन के अनुसार, "अमरीश पुरी का मँजा हुआ अभिनय जुनेजा के तर्कों की शब्दावली में आज भी मन पर छाया हुआ है। महेंद्र नाथ की भूमिका में उन्होंने ऐसे क्षण ला दिए हैं जब महेंद्र का निखट्टूपन, उसका नाकारापन, खिसियानापन, सहमा-सहमा-सा व्यक्ति अपने समूचे प्रभाव में सामने आया है।"[19]

'आधे-अधूरे' में अमरीश पुरी के साथ स्त्री की जटिल भूमिका निभाने के लिए सत्यदेव दुबे ने पेशे से डॉक्टर और मराठी मातृभाषा वाली युवती ललिता कामेरकर उर्फ़ ज्योत्स्ना कार्येकर का चुनाव किया। स्वयं निर्देशक के शब्दों में, "ललिता में स्फूर्ति है, भावात्मक अभिव्यक्ति का ज़ोर है और साथ ही काम करने की लगन है। मगर इसके साथ ही ललिता में तकनीकी ज्ञान कम है और एक्टिंग में 'इंस्टिक्ट' का सहारा वह जरूरत से ज्यादा लेती है। जो चीज रिह-र्सल की शुरुआत में ही उससे नहीं बन पाती, वह आगे भी नहीं बन पाती, ऐसा मेरा अनुभव रहा है।"[20] और यह सच है कि परिवेश, परिस्थिति और व्यक्ति-गत कुंठाओं के दबाव, तनाव और टूटन से छटपटाती-जूझती सावित्री की कठिन भूमिका में ज्योत्स्ना कार्येकर पूरी ईमानदारी और कोशिश के बावजूद न्याय नहीं कर सकीं। वह चरित्र की अंदरूनी और बारीक परतों को नहीं छू सकीं। इसका एक प्रमुख कारण शायद यह भी था कि, "उस भूमिका को नाटककार और निर्देशक दोनों की अपेक्षाओं के अंतर्विरोध ने और भी जटिल बना दिया था। नाटककार ने जुनेजा के तर्कों के जोर पर घर के विघटन की सारी जिम्मे-दारी स्त्री पर डाल कर महेंद्रनाथ की बेबसी के प्रति सहानुभूति पैदा करने की कोशिश की, जबकि निर्देशक ने सरेआम उसके निजी मामलों में जुनेजा के हस्त-क्षेप को उचित न मानकर स्त्री के तर्कों में एक विशेष जोर डालकर दर्शकों की निगाह में उसे गिरने से बचाने की कोशिश करनी चाही है। नाटक में किसी भी प्रकार का परिवर्तन किए बिना नाटक के एक पात्र की व्याख्या करके उसे पेश करने में कोई बुराई नहीं थी, किंतु ज्योत्सना कार्येकर निर्देशक की उस व्याख्या को भी नहीं उभार पाई।"[21] जितेंद्र कौशल के अनुसार भी, "...che lacked both range and variety in her gestures and voice and could not make Savitri very real."[22]

बड़ी लड़की बिन्नी के रूप में दीपा बसरूर (अब दीपा श्रीराम लागू) ने यद्यपि प्रभावशाली अभिनय किया और चरित्र की कशमकश तथा आंतरिक घुटन को उजागर करने में सफल भी रहीं। परंतु वह बिन्नी के भीतरी आक्रोश एवं

असंतोष को सूक्ष्मता से व्यक्त नहीं कर पाईं। अशोक की भूमिका में अमोल पालेकर सहज-स्वाभाविक अधिक रहे, व्यंग्यात्मक और आक्रामक कम। छोटी लड़की किन्नी के लिए मूलतः आशा दंडवते का चुनाव किया गया था; परंतु निर्देशक के अनुसार " 'आधे-अधूरे' के समय छोटी लड़की का रोल आशा करने वाली थी, मगर उसी समय विले पार्ले के अपने फ्लैट में उसे जाना पड़ा। क्योंकि वह नई-नई माँ बनी थी और रिहर्सल रात के नौ बजे के बाद होती थी, उसे नाटक में नहीं लिया जा सका।"[23] परिणामस्वरूप तेरह साल की इस विद्रोही बच्ची की भूमिका अंततः भक्तिलता बर्वे ने निभाई और अपने जीवंत अभिनय से किन्नी को अविस्मरणीय बना दिया।

जब सत्यदेव दुबे ने 'आधे-अधूरे' को मराठी में प्रस्तुत किया तो डॉ० श्रीराम लागू का साथ देने के लिए ज्योत्स्ना कार्रेकर ही नहीं अमोल, दीपा और भक्ति बर्वे भी उस प्रस्तुति में चले गए। तब हिंदी प्रस्तुति में ज्योत्स्ना का स्थान सुनीता प्रधान ने लिया और अशोक, बिन्नी तथा किन्नी की भूमिकाओं में क्रमशः जयदेव हट्टंगड़ी, अनुया पालेकर एवं सुचित्रा का मंचावतार हुआ। जयदेव के नाट्य-प्रशिक्षण के लिए राष्ट्रीय नाट्य-विद्यालय (दिल्ली) चले जाने पर लड़के की भूमिका बाद में बिलास कणेकर ने अभिनीत की। 19 से 22 मार्च, 1977 में 'मध्यप्रदेश कला परिषद्' द्वारा भोपाल में आयोजित 'सत्यदेव दुबे प्रसंग' के अंतर्गत 22 मार्च की शाम को 'आधे-अधूरे' का जो प्रदर्शन हुआ, उसमें अमरीश पुरी और सुनीला प्रधान का साथ संजय दामले (अशोक), रत्ना पाठक (बिन्नी) तथा यज्ञा भट्ट (किन्नी) ने दिया। इसमें दृश्य-बंध की बेतरतीबी और उसके कारण कई स्थितियों में आ गई दृश्यात्मक आकर्षण की कमी तथा गतियों की असहजता प्रायः सभी प्रबुद्ध प्रेक्षकों को अखरी। एक बरिष्ठ समीक्षक के अनुसार, "अभिनय की दृष्टि से बिन्नी के रूप में रत्ना पाठक और अशोक के रूप में संजय दामले के चरित्रों में विघटित होते हुए परिवार की कहीं भी छाया नहीं दिखाई देती। बड़ी लड़की का पति के घर से चले आना माँ के घर पर चाय पीने के लिए आने जैसा लगा। उसके चेहरे से उस 'हवा' की खोज का ज़रा-सा भी आभास नहीं लगता जिसे वह अपनी माँ के घर आकर खोजती है। दुबे द्वारा आरोपित फिल्मी गीत 'कभी तन्हाइयों में भी···' ने इस चरित्र को और भी अविश्वसनीय बना दिया। अशोक में भी उस आक्रोश का अभाव था जो नाटक के मूल चरित्र में स्पष्ट दिखाई देता है। अमरीश पुरी केवल जुनेजा के रूप में कुछ हद तक प्रभावित कर सके। सिंहानिया और जगमोहन का आना अनाटकीय लगा। सावित्री के रूप में सुनीला प्रधान अपने चरित्र में विविधता नहीं ला सकीं। किन्नी के रूप में यक्षा भट्ट प्रभावित करती है।"[24] इस प्रदर्शन की मूल सम्वेदना और इस प्रस्तुति के प्रेक्षक पर पड़ने वाले समग्र प्रभाव को विश्लेषित

करते हुए धनंजय वर्मा कहते हैं कि, "मध्यवर्गीय परिवार की विचलित कर देने वाली स्थितियों के इर्द-गिर्द बुने गए स्त्री-पुरुष सम्बन्धों की यह त्रासदी अपने परिवेश और संदर्भों में देखी होकर भी कहीं बुनियादी संवेदना के लिहाज़ से अपरिचित और बेगानी लग रही थी।.. अनिश्चय का यह नाटक अपनी प्रस्तुति में इतना निश्चित, लगभग तार्किक और तय लग रहा था कि वह परस्पर न समझे जाने की यातना से अधिक परस्पर-अभियोग का नाटक हो गया था। अनुभव-स्थितियाँ खिचती-खिचती एक बोझिलता के एहसास से भर गई थीं।"[25] इस प्रस्तुति के पहले प्रदर्शन को देखकर समीक्षक कन्हैयालाल नंदन को यह एहसास हुआ था कि, "नाटक की परिधि अभी और व्यापक है, उसकी सम्भावनाएँ अभी कुछ और नया दे सकती हैं।"-[6] यह प्रसन्नता की बात है कि अपनी ऐतिहासिक उपलब्धियों के बावजूद इस नाटक के प्रदर्शन से सम्प्रेषित होने वाले नाट्यानुभव के विविध रूपों एवं रंगों की सम्भावनाएँ अभी चुकी नहीं हैं और 'आधे-अधूरे' आज भी नये एवं प्रतिभावान रंगकर्मियों की रचनात्मकता को ज़बरदस्त चुनौती दे रहा है।

व्याख्या, अभिनय और रंग-तकनीक सम्बन्धी अपनी कतिपय सीमाओं के बावजूद इसमें संदेह नहीं कि 'थियेटर यूनिट' की यह प्रस्तुति 'आधे-अधूरे' के अभिमंचनों में एक विशिष्ट एवं उल्लेखनीय स्थान रखती है।

3. अनामिका (कलकत्ता) : श्यामानंद जालान

कलकत्ता की सुप्रसिद्ध नाट्य-संस्था 'अनामिका' द्वारा श्यामानंद जालान के निर्देशन में प्रस्तुत 'आधे-अधूरे' का प्रदर्शन इस नाटक के प्रमुख एवं उल्लेखनीय प्रस्तुतीकरणों में माना जाता है। 1968 के अंत में ही श्यामानंद जालान ने राकेश को एक हजार रुपये की राशि देकर कलकत्ता में इस नाटक को प्रस्तुत करने के सर्वाधिकार प्राप्त कर लिए थे, परंतु नाटक ने उन्हें प्रभावित नहीं किया और इसका मंचन लगातार किसी न किसी बहाने टलता रहा। इसकी भी एक छोटी-सी नेपथ्य-कथा है, जिसे यहाँ जान लेना अप्रासंगिक नहीं होगा। 'अनामिका' की एक प्रमुख आधार-स्तम्भ प्रतिभा अग्रवाल के अनुसार, श्यामानंद न केवल श्रेष्ठ निर्देशक थे वरन् राकेश के अभिन्न मित्र भी थे; 'लहरों' की प्रस्तुति के समय कलकत्ता में करीब एक महीना रह कर, राकेश ने नाटक के तीसरे अंक को श्यामानंद की सलाह से नये सिरे से लिखा भी था; अतः इतना निश्चित था कि यदि कलकत्ता में 'आधे' होगा तो अनामिका के तत्त्वावधान में और श्यामानंद के निर्देशन में ही होगा; तथापि, उनके उत्साह के अभाव में बात साल-भर तक रुकी रही। इस बीच ओम शिवपुरी के निर्देशन में दिल्ली में दिशांतर और सत्यदेव दुबे के निर्देशन में बम्बई में थियेटर यूनिट ने इसे प्रस्तुत किया, नाटक एवं

प्रस्तुति की भूरि-भूरि प्रशंसा हुई। श्यामानंद को कहीं यह लगने लगा कि नाटक करने लायक है शायद। तभी एक घटना ऐसी घटी जिसने कलकत्ता में इसकी प्रस्तुति को आवश्यक बना दिया।

मई सन् 1967 में कलकत्ता में अनामिका कला संगम की स्थापना हो चुकी थी। बाहर के नाट्य-दलों, संगीतज्ञों, कवियों, शायरों, फिल्म-स्टारों आदि को आमंत्रित करने वाली इस संस्था ने सन् 1969 में बम्बई से दुबे को आमंत्रित किया और दुबे ने 'आधे-अधूरे' लेकर आने का प्रस्ताव रखा। यदि दुबे कलकत्ता में 'आधे-अधूरे' दिखला जाएँगे तो अनामिका के लिए प्रदर्शन करना कठिन होगा, राकेश को करने का वचन दे रखा है, रुपए भी दिए जा चुके हैं—ये बातें श्यामानंद के दिमाग में घूम गईं। उन्होंने राकेश को पत्र लिखा—चूंकि दुबे कलकत्ता में 'आधे-अधूरे' करना चाहते हैं इसलिए मैं अब कैसे कर सकता हूँ। राकेश बहुत बौखलाये। एक तो दुबे रायल्टी नहीं देते, नाट्यकार को महत्त्व नहीं देते, ऊपर से वहाँ जाकर नाटक दिखाने का हठ करते हैं जहाँ के लिए सर्वाधिकार किसी और को दिया हुआ है। राकेश ने लिखा श्यामानंद को या सीधे दुबे को, स्मरण नहीं—कलकत्ता में दुबे 'आधे-अधूरे' नहीं कर सकते, यदि करते हैं तो मैं अदालती कार्यवाही करके प्रदर्शन बंद करवा दूंगा। इस स्थिति से दुबे बहुत रुष्ट हुए, उन्होंने संगम को लिखा—लेट राकेश गो एण्ड ड्राउन हिमसेल्फ इन द लेक्स। संगम ने 'आधे-अधूरे' के स्थान पर किसी और नाटक को लेकर आने का आग्रह किया, पर अब तो सम्मान का सवाल था। दुबे नहीं आए, संगम के निमंत्रण पर अभी तक कभी नहीं आए।...

इस झगड़े के तुरंत बाद अगस्त-सितम्बर में अनामिका चार नाटकों को लेकर बम्बई गई। दुबे हम लोगों के आवास-स्थल पर दोपहर में आए। सारा दिन और रात में देर तक साथ रहे और अपना गुबार निकालते रहे मेरे और विष्णुकांत शास्त्री के सामने। श्यामानंद उस दिन नहीं आए थे, अगले दिन पहुँचे। उस दिन शाम को दंगल की पूरी तैयारी हुई। चारों ओर घेरा बनाकर बैठ गए सब लोग, साथ में दुबे और श्यामानंद। हम इसकी प्रतीक्षा में थे कि दोनों एक-दूसरे का सिर फोड़ते हैं, पर कुछ नहीं हुआ। दुबे बोलते रहे, श्यामानंद सुनते रहे, सुनते रहे। दुबे थककर चुप हो गए तो श्यामानंद अपनी आम मुद्रा में मुस्कराते हुए उनकी पीठ पर धौल मारते हुए बोले, "अरे यार, छोड़ो भी! अब बोलो, कलकत्ता कब आ रहे हो? तुम्हीं करो, मैं नहीं करूँगा।" पर एक बार ना कर देने पर दुबे के लिए 'आधे-अधूरे' लेकर कलकत्ता आना सम्भव न था। वहाँ पर हम लोगों के लिए उन्होंने 'आधे-अधूरे' का एक विशेष प्रदर्शन किया। प्रस्तुति प्रभावपूर्ण थी, देखकर अच्छा लगा था।

अब यह आवश्यक हो गया कि श्यामानंद 'आधे-अधूरे' करें, उन्होंने करने

का निर्णय भी किया और कृष्ण कुमार, यामा अग्रवाल, आभा जालान, कल्याण चैटर्जी को तथा मुझे अभिनय करने के लिए कहा। कुल पाँच अभिनेता थे और सभी निष्ठापूर्वक जमकर काम करने वाले थे। ऐसी टीम हर समय नहीं बन पाती। नाटक को जल्दी-से-जल्दी करना तय हुआ। मुझे उन्हीं दिनों स्पानडेलिसिस की शिकायत शुरू हुई, बैठना मुश्किल था। प्रारम्भिक कई रिहर्सल मेरे घर पर हुए, लेटे-लेटे मैंने अपनी पंक्तियाँ पढ़ीं या बोलीं और इस प्रकार चरित्रों को समझने और पार्ट याद करने वाला काम काफी दूर तक हो गया। तबियत थोड़ी ठीक होने पर नियमित रिहर्सल शुरू हुए।[27] और परिणामस्वरूप 24, 25 और 26 अप्रैल, 1970 को हिंदी हाई स्कूल के मंच पर 'अनामिका' द्वारा प्रस्तुत 'आधे-अधूरे' के उस प्रदर्शन की शुरुआत हुई जिसने कलकत्ता रंगमंच पर प्रदर्शनीयता के नए प्रतिमान स्थापित किए, जिससे नियमित मंचन की रविवासरीय योजना का श्रीगणेश हुआ और जिसके कुल मिलाकर चालीस से भी अधिक प्रदर्शन किए गए।

'अनामिका' की इस बहुचर्चित प्रस्तुति में पुरुष की पाँच कठिन और चुनौतीपूर्ण भूमिकाएँ कलकत्ता के हिंदी रंगमंच के अत्यंत सशक्त, अनुभवी तथा प्रतिष्ठित अभिनेता कृष्ण कुमार ने निभाईं और सावित्री के केंद्रीय एवं जटिल चरित्र को प्रतिभा अग्रवाल जैसी वरिष्ठ और सुप्रसिद्ध अभिनेत्री ने मंच पर साकार करने का बीड़ा उठाया। अशोक, बिन्नी तथा किन्नी के रूप में क्रमशः कल्याण चैटर्जी, यामा अग्रवाल और आभा जालान ने अपने-अपने चरित्रों को जीवंत करने में अपनी अभिनय-प्रतिभा के श्रेष्ठ रूप का प्रदर्शन किया।

कलकत्ता से निकलने वाले अंग्रेजी-हिंदी के लगभग सभी पत्रों ने इस प्रस्तुति को अत्यंत प्रभावशाली और निर्दोष मानते हुए इसके कुशल निर्देशन और श्रेष्ठ अभिनय की मुक्त कंठ से प्रशंसा की। 'स्टेट्समैन' के नाट्य-समीक्षक के शब्दों में, "श्यामानंद जालान के निर्देशन ने नाटक को बहुत ऊँचा उठा दिया। पात्र समूह की सावधानी से की गई सुव्यवस्थित संयोजना द्वारा उन्होंने शाब्दिक द्वंद्वों को नया आयाम दे दिया है···अधिकांश अभिनेताओं का अभिनय मर्मस्पर्शी था। किंतु प्रतिभा अग्रवाल ने तो नाटक को वस्तुतः संहति प्रदान की। विरक्त किंतु तेजस्वी पत्नी का उनका रूपांकन उत्कृष्ट उपलब्धि थी।"[28] तो 'हिंदुस्तान स्टैंडर्ड' के समीक्षक के अनुसार, " 'अनामिका' का प्रदर्शन अतिशय प्रशंसनीय था। विदारक तनाव के मध्य भी अभिनेतागण संतुलित एवं आत्मनियंत्रित थे।··· प्रतिभा अग्रवाल का माँ एवं पत्नी का जीवंत रूप-चित्रण बहुत सही था। उनके अंग-प्रत्यंग से गौरव छलकता था। पीड़ित, अपमानित, पराजित पुरुष की भावना का सम्यक् निर्वाह कृष्ण कुमार ने किया।···यामा अग्रवाल, आभा जालान, कल्याण चटर्जी ने अपने-अपने चरित्र का निर्दोष अभिनय किया।"[29] 'सन्मार्ग' ने

यदि इसे समग्रतः 'पूर्णतया सफल'[30] प्रदर्शन स्वीकार किया तो 'विश्वामित्र' के नाट्य-समीक्षक ने इसे 'अनामिका' ही नहीं, सम्पूर्ण हिंदी रंगमंच की विशिष्ट उपलब्धि मानते हुए लिखा कि, "लम्बे अरसे के बाद संस्था ने हर दृष्टि से सफल एक सामाजिक चित्र प्रस्तुत किया।·· निर्देशक एवं अभिनेता श्री कृष्ण कुमार इसमें सबसे अधिक सफल हुए हैं क्योंकि वे इस नाटक में अपनी अभिनय-क्षमता की अमिट छाप छोड़ते हैं। बहुत समय बाद श्रीमती प्रतिभा अग्रवाल रंगमंच पर अवतरित हुईं और काफी कठिन भूमिका में। और उन्होंने इस अनुभूति के साथ अपना कार्य-सम्पादन किया, दर्शकों को अनुभव ही नहीं हुआ कि वे नाटक देख रहे हैं, बल्कि एक ड्राइंग रूम में बैठे हुए मध्यम वर्ग के परिवार की कथा वास्तविक रूप में देख रहे हैं।···सबसे बड़ी खूबी यह रही कि छोटे-से-छोटे पात्र ने भी अपना कार्य अत्यंत स्वाभाविक रूप में प्रस्तुत किया।·· इधर जितने भी नाटक इस संस्था द्वारा अथवा बाहर की प्रसिद्ध नाट्य मंडलियों द्वारा प्रस्तुत किए गए उनमें यह कीर्तिमान सफलता है।"[31]

3 से 7 जून, 1970 के बीच कलकत्ता में 'बांग्ला नाट मंच प्रतिष्ठा समिति' द्वारा आयोजित राष्ट्रीय नाट्योत्सव में भी इस नाटक का प्रदर्शन किया गया था जिसके विषय में डॉ० विष्णु कांत शास्त्री का विचार है कि, "मोहन राकेश के बहुचर्चित नाटक 'आधे-अधूरे' का अनामिका द्वारा मंचन इस उत्सव की एक विशिष्ट घटना है। इसके द्वारा बंगाल के शीर्षस्थ नाट्य-दलों और मर्मज्ञ दर्शकों के समक्ष हिंदी का प्रतिनिधित्व तो हुआ ही, उसकी विकसित क्षमता को स्नेह-समादर युक्त मान्यता भी प्राप्त हुई। श्यामानंद जालान के सर्जनात्मक निर्देशन ने इस नाटक की अंतर्निहित सम्भावनाओं को भली भाँति उभारा।"[32] सूक्ष्म और विस्तृत समीक्षा के बाद नाट्य समीक्षक दिनेश आचार्य भी अंततः इसी निष्कर्ष पर पहुँचते हैं कि 'आधे-अधूरे' सम्पूर्ण अस्वीकार का, लेकिन सीधा-सादा-सा, साथ ही एक गम्भीर नाटक है। श्यामानंद जालान ने अपने कुशल निर्देशन से नाटक को कहीं भी 'स्लो' नहीं होने दिया है, जो कमी अधिकांश गम्भीर नाटकों में रह जाती है।"[33] निर्देशन और सभी कलाकारों के श्रेष्ठ अभिनय के साथ-साथ अनिल साहा की प्रकाश-परिकल्पना और खालिद चौधरी के दृश्य-बंध की भी भरपूर सराहना हुई। एक ओर यदि 'सन्मार्ग' के समीक्षक के लिखा कि, "पार्श्व प्रभाव के साथ आलोक-सज्जा तथा मंच-परिकल्पना अपनी पूर्ण गरिमा के साथ प्रस्तुत है!"[34] तो दूसरी ओर 'नटरंग' के समीक्षक ने भी नेपथ्य-कर्म की प्रशंसा करते हुए कहा कि, "खालिद चौधरी की मंच-परिकल्पना और सज्जा में पूर्णता की छाप थी। अनिल साहा की प्रकाश-व्यवस्था संतोषजनक रही।"[35] और एक दशक बाद भी इस प्रस्तुति का वह सम्मोहक प्रभाव शायद कम नहीं हुआ, क्योंकि अनामिका ने अपने रजत-जयंती समारोह के अंतर्गत 28 जनवरी,

1980 को जब इसे कलकत्ता के कला मंदिर में पुन: प्रस्तुत किया तो उसमें दो प्रमुख कलाकारों को छोड़कर शेष सभी नए कलाकारों ने भाग लिया; परंतु समीक्षा के स्वर में कोई मूलभूत परिवर्तन दिखाई नहीं दिया। शिशिर गुप्त के अनुसार, "इस प्रस्तुति को देखना एक रोमांचक अनुभूति थी। राष्ट्रीय नाट्य विद्यालय तथा दूसरी कई प्रतिष्ठित नाट्य-संस्थाओं को भी इस नाटक को प्रस्तुत करते मैंने देखा है, लेकिन उनमें से किसी को 'अनामिका' की प्रस्तुति के करीब नहीं पाता। किसी प्रस्तुति का इतना सटीक सम्प्रेण सचमुच एक उपलब्धि है —'आधे-अधूरे' का निःशब्द आर्तनाद और द्वंद्व प्रेक्षकों का द्वंद्व हो जाता है। 'आधे-अधूरे' की इस असाधारण मंच-प्रस्तुति के लिए श्यामानंद जालान और कलाकारों को बधाई।...कृष्ण कुमार ने पुरुष के चारों रूपों को बखूबी उभारा है, लेकिन पति के रूप में उनकी मजबूरी और हताशा के बाद का विद्रोह छू जाता है।...स्त्री की कुंठा और पीड़ा को प्रतिभा अग्रवाल ने जीवंतता से व्यक्त किया है, लेकिन तब उनका प्रभाव और मार्मिक हो जाता है जब उनका आक्रोश बिफर कर फूटता है। बिन्नी की भूमिका को उषा गांगुली एक सीमा तक ही व्यक्त कर पाई।...लड़के के विद्रोही तेवर को पकड़ने में प्रदीप अरोड़ा बखूबी सफल रहे। सम्वाद बोलने का उनका ढंग पहचान बनाता है। प्रस्तुति में छोटी लड़की की भूमिका का चरित्र बदला नहीं गया है। इसे कृष्ण बाहरी ने निभाया।"[36]

'अनामिका' की इस बहुप्रशंसित एवं बहुचर्चित प्रस्तुति का पच्चीसवाँ प्रदर्शन 'अभियान' के निमंत्रण पर 9 (और 10) जनवरी, 1971 को दिल्ली के आइफैक्स प्रेक्षागृह में किया गया था। यहाँ के दर्शकों-समीक्षकों के समक्ष ओम शिवपुरी का प्रदर्शन इससे पहले ही हो चुका था—अतः उससे इस प्रदर्शन की तुलना किया जाना स्वाभाविक ही था। इसी प्रक्रिया में 'दिनमान' के नाट्य-समीक्षक को इस प्रस्तुति में एक ओर यदि अंतराल के बिना प्रत्येक अंक को दूसरे अंक में गुल करने के कारण नाटक में "गतिशीलता और प्रभाव में तीव्रता" के दर्शन हुए तो दूसरी ओर कई कमियाँ भी दिखाई दीं। उन्हें कृष्ण कुमार के अभिनय में महेंद्रनाथ और जुनेजा के मुकाबले जगमोहन और सिंघानिया की भूमिकाओं में 'भावनात्मक प्रवाह' का अभाव दिखाई दिया और ऐसा लगा जैसे उनका अभिनय मध्यवर्ग की सार्वग्राहिकता के स्थान पर केवल अभिनेता की कुशलता (या करिश्मे) को ही सामने ला सका है। परिणामस्वरूप "नाटक का कुल प्रभाव नाट्य-अनुभव से हटकर कुछ पात्रों के अभिनय का प्रभाव रह गया। इन पात्रों में लड़की (आभा जालान) और लड़के (कल्याण चटर्जी) की भूमिकाएँ स्वाभाविक निर्बाधता की वजह से बहुत जमीं। सावित्री की भूमिका में प्रतिभा अग्रवाल का अभिनय भी अच्छा रहा, लेकिन बीच-बीच में ऐसा लगा कि वे

'स्पेस' का पर्याप्त उपयोग नहीं कर पा रही हैं। इस तरह इस प्रदर्शन की कमजोरियाँ प्रतिभा की नहीं, संतुलन की थीं।"[37] 'इनैक्ट' के सम्पादक-समीक्षक राजिंदर पाल ने इस प्रदर्शन पर अधिक स्पष्ट और बेलाग भाव से टिप्पणी करते हुए लिखा है कि, "···main actor, Krishan Kumar, besides his physical handicaps, has also the handicap of an impure diction and imitative acting style. His limited range comes in his way. Since he has to play five roles, his limitations appear five-fold. Pratibha Agrawal takes a stiff stance throughout her sternness, though it has a fine character approximation, unfortunately goes against her in her effort to win audience sympathy.... Yama Agrawal as Binny is excellent. She is very sensitive and responsive on stage. Abha Jalan as the younger daughter Kinny does a marvellous Job of a difficult role. She is extremely unninhibited—and has the right amount of impudence and kiddishness. Kalyan Chatterji is quite alright as the son."[38]

इससे पहले कलकत्ता से दिनेश आचार्य ने 'नटरंग' में इसकी समीक्षा करते हुए लिखा था, "···सावित्री के रूप में उनका (प्रतिभा अग्रवाल) अभिनय चारित्रिक सम्वेदनाओं से अधिक भावनात्मक हो पड़ा है। यद्यपि प्रतिभा जी का अभिनय बहुत ही मंजा और गतिमान था, लेकिन उसमें सावित्री के पात्र की ट्रेजडी मुखरित नहीं हो पा रही थी। चारों पुरुषों की भूमिकाएँ कृष्ण कुमार ने निभाई हैं, यद्यपि जुनेजा और जगमोहन की भूमिकाओं में वे उतना नहीं कर पाये जितनी सच्चाई से उन्होंने महेंद्रनाथ और सिंघानियाँ की भूमिकाओं को निभाया है। ···बड़ी लड़की बिन्नी की भूमिका यामा अग्रवाल ने निभाई है जो उनकी पकड़ में नहीं आ पा रही थी, लेकिन इसकी वजह बिन्नी के चरित्र की निरर्थकता और अस्पष्टता है। ···छोटी लड़की किन्नी की भूमिका आभा जालान ने आश्चर्यजनक पटुता से निभाई।"[39] इसी प्रकार, आभा जालान और कल्याण चटर्जी की भूमिकाओं की प्रशंसा करते हुए 'इनैक्ट' में के० के० वर्मा भी इस प्रस्तुति में कृष्ण कुमार द्वारा अभिनीत 'प्रस्तावना' की अविश्वसनीयता, यामा अग्रवाल द्वारा प्रस्तुत बिन्नी के माँ के प्रति व्यवहार की अनाक्रामकता तथा प्रतिभा अग्रवाल के सावित्री के मूल चरित्र के मुकाबले अत्यधिक गरिमा एवं गौरवपूर्ण (डिग्नीफाइड) लगने की शिकायत कर चुके थे।[40] इस प्रस्तुति को अनेक समीक्षकों ने ओम शिवपुरी की अभिनय-प्रधान प्रस्तुति के मुकाबले निर्देशकीय-व्याख्यापूर्ण प्रस्तुति कहा तथा स्वयं श्यामानंद जालान को पुरुष की भूमिकाएँ करने की चुनौती भी दी। बाद में श्यामानंद जालान ने अंग्रेजी में हुए

इस नाटक के एक प्रस्तुतिकरण में स्वर्ण चौधरी के निर्देशन में इस भूमिका को अभिनीत भी किया। उपर्युक्त कमियों और दोषों के संदर्भ में मैंने सम्बन्धित प्रमुख कलाकारों से बात की तो पाया कि वास्तविक जीवन में यामा अनुशासन-प्रिय माँ डा० प्रतिभा अग्रवाल की शिष्य और आज्ञाकारी बेटी हैं, अतः नाटक में भी यदि वह उनके प्रति आक्रामक या मुखर नहीं हो पाई तो आश्चर्य नहीं करना चाहिए। प्रतिभा जी ने 'आधे-अधूरे' की तैयारी अनेक पारिवारिक परेशानियों तथा व्यक्तिगत अस्वस्थता के बीच की थी। प्रतिभा जी स्वीकार करती हैं कि, "मैं संस्कारवश रोमेंटिक रोल में सहज नहीं हो पाती···इसीलिए शायद हम जगमोहन-सावित्री वाले प्रसंग को निर्देशक की इच्छानुसार रोमेंटिक नहीं बना सके। श्यामानंद माँ-बेटी में राइवैलिरी दिखाना चाहते थे, वह भी उभर नहीं पाई।" कृष्ण कुमार से परिचित सभी लोग जानते हैं कि उन्हें हास्य-प्रसंगों को अभिनीत करने में अपेक्षाकृत ज्यादा मजा आता है। यही कारण है कि महेंद्रनाथ के इस सम्वाद में कि, "क्या कोई बता सकता है कि मेरी उम्र क्या है?" में उन्होंने क्रोध, ग्लानि या करुणा के बजाए हास्य उत्पन्न किया और दर्शकों के लाफ्टर को अपनी उपलब्धि माना। अन्य भूमिकाओं की अपेक्षा सिंघानिया के अधिक दिलचस्प बन जाने का भी शायद यही प्रमुख कारण है।

सावित्री को केन्द्र में रखकर एक ही पुरुष के लिए माँ-बेटी को प्रतियोगी रूप में प्रस्तुत करके 'आधे-अधूरे' के एक नए आयाम का उद्घाटन करने वाली 'अनामिका' की विवेच्य प्रस्तुति अपनी मौलिक निर्देशकीय व्याख्या और विशेषता के बावजूद दर्शक को सघन एवं तीव्र नाट्यानुभव देने में आंशिक रूप से ही सफल हो सकी।

4. संगीत कला मंदिर (कलकत्ता), अभियान (दिल्ली) : राजिंदर नाथ

1971 में कलकत्ता की समृद्ध सांस्कृतिक संस्था 'संगीत कला मंदिर' ने हर साल एक सर्वश्रेष्ठ भारतीय नाटक को पुरस्कृत करने की योजना बनाई थी। पहले पुरस्कार के लिए जनवरी 1966 से दिसम्बर 1971 तक प्रकाशित अथवा अभिमंचित भारतीय भाषाओं के कुल बारह श्रेष्ठ नाटकों में से एक का चुनाव किया जाना था। 5 अगस्त, 1973 को दिल्ली में निर्णय की घोषणा हुई और दस हजार रुपये का यह प्रथम पुरस्कार जीतने का सौभाग्य मोहन राकेश के नाटक 'आधे-अधूरे' को मिला। जनवरी, 1974 में संस्थान ने कलकत्ता में एक समारोह का आयोजन किया। पुरस्कार की राशि स्व० राकेश की पत्नी अनीता राकेश ने ग्रहण की। इस अवसर पर दिल्ली के सुपरिचित निर्देशक राजिंदर नाथ द्वारा निर्देशित 'आधे-अधूरे' की एक विशिष्ट प्रस्तुति का प्रदर्शन भी हुआ। शनि-वार, 19 जनवरी, 1974 को सायं पाँच बजे कलकत्ता के कला मंदिर में प्रस्तुत

इस प्रदर्शन में निर्देशक ने पाँचों पुरुष भूमिकाएँ पाँच अलग-अलग कलाकारों से करवाईं। इसमें काले सूट वाला आदमी, महेंद्र नाथ, सिंघानिया, जगमोहन और जुनेजा के रूप में क्रमशः सुधीर पांडे, राजेंद्र गुप्ता, एम० के० रैना, जे० वी० रमन तथा ओम पुरी जैसे श्रेष्ठ कलाकारों ने अभिनय किया। सावित्री की जटिल भूमिका को सुधा चोपड़ा जैसी सम्वेदनशील अभिनेत्री ने निभाया। अशोक बिन्नी और किन्नी के रूप में दीपक केजरीवाल, मीनाक्षी तथा मोना ने अपने अभिनय-कौशल का उत्कृष्ट परिचय दिया। मंच-सज्जा और आलोक-परिकल्पना के लिए अशोक भट्टाचार्य तथा सितांशु मुकर्जी जैसे 'अभियान' के सुविख्यात और राजधानी के हिंदी रंगमंच के चर्चित कलाकारों का सहयोग भी लिया गया था। परंतु सर्वश्रेष्ठ आलेख कल्पनाशील निर्देशक, प्रतिभावान कलाकारों और श्रेष्ठ पार्श्वकर्मियों के रचनात्मक सहयोग के बावजूद, प्रस्तुति प्रभावहीन और दुर्बल सिद्ध हुई। डा० प्रतिभा अग्रवाल के शब्दों में, "प्रस्तुति साधारण थी।"[41] और कलकत्ता के सुप्रसिद्ध निर्देशक-अभिनेता श्यामानंद जालान के अनुसार, "राजिंदर नाथ की प्रस्तुति में अलग-अलग कलाकारों से पाँचों भूमिकाएँ करवाने के कारण नाटक की बुनियादी थियेट्रीकैलिटी और यूनिटी मारी गई।"[42] इस प्रदर्शन की असफलता का एक और प्रमाण यह भी है कि निर्देशक ने कालांतर में न तो इसे 'अभियान' की प्रस्तुतियों में ही शामिल किया और न ही दिल्ली लौटने पर यहाँ इसका कोई प्रदर्शन करना उचित समझा। अधिकांश कलाकारों की राय में भी यह एक कमजोर और कच्ची-पक्की-सी प्रस्तुति थी।

5. राष्ट्रीय नाट्य विद्यालय, रंगमंडल (दिल्ली) : अमाल अल्लाना

राष्ट्रीय नाट्य विद्यालय, दिल्ली के रंगरत वर्ग की ओर से अमाल अल्लाना के निर्देशन में 28, 29 और 30 सितम्बर, 1976 को विद्यालय के स्टूडियो थियेटर में 'आधे-अधूरे' का सर्वथा अपूर्व, उत्तेजक और प्रयोगधर्मी प्रस्तुतीकरण किया गया। राष्ट्रीय नाट्य विद्यालय द्वारा आयोजित अक्टूबर के नाट्य-समारोह में भी इसके 14 प्रदर्शन हुए। तीन धरातलों वाले मंच के तीन ओर दर्शकों को बिठाकर तथा बीच वाले धरातल की लम्बी पट्टी को मुख्य प्रेक्षागृह के केंद्रीय भाग तक बढ़ाकर और उसे तथा दर्शकों के प्रवेश द्वार को भी नाटकीय कार्य-व्यापार के लिए प्रयोग में लाकर निसार अल्लाना ने अपनी मंच-कल्पना से अभिनेताओं और प्रेक्षकों में एक निकटता और अंतरंगता की भावना उत्पन्न करने की कोशिश की। दर्शकों को अलग-अलग कोणों से नाटक देखने की सुविधा देकर चमत्कृत कर दिया। स्त्री, पुरुष तथा परिस्थितियों के संघर्ष और माता-पिता, संतान एवं हालात के त्रिकोणात्मक द्वंद्व के प्रतीक स्वरूप तीन धरातल, तीन खम्भे, पात्रों की अंतरंग मानसिकता के अनुरूप, बदरंग और भुरभुरी दीवारें,

अस्थिर चित्त और चरित्र के प्रतिरूप झूलने वाली आराम कुर्सी, परिवार की भविष्यहीन नियति को रेखांकित करते बुझे लैम्प का प्रयोग हुआ। कुल मिलाकर नाट्य-समीक्षक कन्हैया लाल नंदन के शब्दों में यह ठीक है कि "निसार अल्लाना की मंच-सज्जा और प्रकाश-व्यवस्था इस नाटक के तनाव को उभारने और समूचे वातावरण को एक बिखरे परिवार की प्रतीति देने में बहुत सहायक थी।"[43] परंतु सही यह भी है कि दृश्य-बंध के फैलाव ने जहाँ एक ओर पात्रों के बीच की दूरी और उनके अलगाव को सफलतापूर्वक रेखांकित किया, वहीं इसने छोटे और घुटन भरे अंधेरे बंद कमरों में व्याप्त सीलन, घुटन और तनाव भरी चुभन को कम भी कर दिया।

घोर यथार्थवादी एवं अति नाटकीय तत्त्वों के सामंजस्य से निर्मित अपनी इस प्रस्तुति की नई शैली के अनुरूप निर्देशिका ने नाट्यालेख में पर्याप्त परिवर्तन किए। 'आधे-अधूरे' जैसे सुगठित यथार्थवादी नाटक में 'कोरस' की योजना तो सचमुच कल्पनातीत ही थी, परंतु निर्देशिका के अनुसार, " 'आधे-अधूरे' में मोहन राकेश द्वारा नाट्य-संरचना की दृष्टि से अपनी लोक-परम्परा से लिया गया सूत्रधार का प्रयोग, जो सभी चरित्रों का अभिनय करता है, आधुनिक हिंदी नाट्य-लेखन की महत्त्वपूर्ण उपलब्धि है।···प्रस्तुति में (इस) लोक परम्परा को आगे बढ़ाते हुए छः सदस्यों का कोरस भी शामिल किया है जो सूत्रधार का विकसित रूप है।"[44] फलतः लम्बी प्रस्तावना को तीन-चार अंशों में तोड़ कर उसे काली शाल वाले आदमी (का० सू० वाला आदमी), कोरस तथा नैरेटर में बाँट कर उसकी एकरसता में से नाटकीयता पैदा करने की कोशिश की गई। रंग-निर्देशों तक को एकाध स्थान पर 'कोरस' से बुलवाकर 'अलगाव' की स्थिति बनाई गई तथा विशिष्ट संगीत के माध्यम से पात्रों के प्रवेश-प्रस्थान को नए ढंग से नियोजित किया गया। सिंघानिया के मंच-प्रवेश से पूर्व उसके सम्बन्ध में बिन्नी और अशोक की बातचीत को उसकी उपस्थिति में ही एक भिन्न धरातल पर 'नियत श्राव्य' की तरह प्रस्तुत किया गया। अनेक सम्वाद छोड़ दिए गए। कुछेक विशुद्ध गद्यात्मक सम्वादों को कोरस द्वारा लयात्मक ढंग से गवाया गया। यही नहीं नाटक की आत्मा को रेखांकित करने वाले, निर्देशिका के आग्रह पर (इस प्रस्तुति के लिए प्रेम मटियानी द्वारा विशेष रूप से लिखित), इस गीत को भी आलेख में समाविष्ट कर लिया गया—

"छुपा सका है क्या यथार्थ को,
कोई भी आडम्बर,
हो सकता है बहला लें हम
अपने मन को पल भर।

झाँक रही है सच्चाई,
इन सफेद बालों से,
माँग रहा है न्याय लाल रंग
बीते सालों से ।
सम्बन्धों से मुक्ति नहीं,
पा सकता है मानव मन,
भूत-भविष्य के बीच रहेगी
वर्तमान की उलझन ।"

ऐसी पंक्तियों ने एक ओर यदि नाटक के प्रभाव को गहराने में सहायता पहुँचाई तो दूसरी ओर प्रत्यक्ष अभिधात्मकता के कारण कुछ प्रबुद्ध दर्शकों के आत्म-सम्मान को ठेस भी लगाई। एक नाट्य-समीक्षक के अनुसार, "स्थितियों को विशेष रेखांकित करने के लिए नाटक के ही चुने हुए वाक्यों को कोरस में कुछ इस अंदाज में गाया गया था मानों किसी लम्बे लेख को उपशीर्षक दिए जा रहे हों।"[45]

बुझी लालटेन को महेंद्रनाथ के प्रतीक तथा चाबियों के गुच्छे को घर के साथ-साथ सावित्री के निर्णय से जोड़कर प्रस्तुत करना निर्देशिका की प्रतिभा का प्रमाण है। परंतु 'कैंची' को अत्यधिक मुखर और स्पष्टतः प्रस्तुत करके उस का अकलात्मक ढंग से उपयोग हुआ जबकि एक स्थान पर पति-पत्नी के सम्वादों की 'ओवर लैंपिंग' का प्रभाव निःसंदेह अत्यंत तीव्रता से महसूस किया गया।

अंतिम दृश्य में पिता के लौट आने के बाद बिन्नी का अपना बैग उठा कर झटके से बाहर निकल जाना भी नाटक के अनिश्चित अंत को एक निश्चित रूप देने की कोशिश का ही प्रमाण है। बिन्नी का यह प्रस्थान प्रत्यक्षतः घर और सम्बन्धों के इस नरक से मुक्ति का रास्ता दिखाता प्रतीत होता है—परंतु मूलतः वह भी सम्बन्धों की जकड़न का ही एक और रूप है, मुक्ति का नहीं। जिस प्रकार पिता तमाम झगडों और कोशिशों के बावजूद अंततः अपने ही नरक में वापस लौट आया है, ठीक उसी प्रकार बिन्नी भी शायद अपने ही नरक (पति के घर) में जाने के लिए वहाँ से निकल जाती है। स्वयं नाटककार के अनुसार भी इससे बचने के, मुक्त होने के क्षणिक या अस्थायी समाधान तो हो सकते हैं मगर इसका-कोई स्थायी हल नहीं है—ये सब के सब पात्र अंततः सम्बन्धों की इस क्रूरता को झेल ने के लिए अभिशप्त हैं।

राकेश मध्यमवर्ग की इस सामान्य स्थिति और उसकी त्रासदी के दो एक कारण (अर्थ-काम इत्यादि) बताकर इसकी जटिलता का सरलीकरण नहीं करना

चाहते थे। जबकि इस प्रस्तुति में 'अर्थ' और 'काम' को ही इसका मूलभूत और एकमात्र कारण बना कर प्रस्तुत किया गया। सिंघानिया को स्पष्टतः अति कामुक और अशिष्ट व्यक्ति का कैरीकेचर बनाकर तथा बिन्नी को उसे बाहर छोड़ने के लिए भेज कर निर्देशिका ने एक ओर यदि सावित्री और बिन्नी के चरित्र को नीचे गिराया तो दूसरी ओर अशोक के आक्रोश को सीधे इस घटना की प्रतिक्रिया से जोड़ कर सतही भी बना दिया।

'आधे-अधूरे' का उत्तरार्द्ध—विशेषतः अंतिम भाग—विवरण प्रधान होने के कारण दृश्यात्मकता एवं प्रभावोत्पादकता की दृष्टि से प्रदर्शन में प्रायः कमजोर पड़ता रहा है। परंतु विवेच्य प्रस्तुति में यह भाग अपेक्षाकृत असरदार प्रतीत हुआ। इसका प्रमुख कारण यह था कि प्रदर्शन के इस भाग में प्रस्तुत कार्य-व्यापार, संघर्ष एवं तनाव को कोरस या सूत्रधार ने प्रायः खंडित नहीं किया। जहाँ तक अभिनय का सवाल है—रंगमंडल के प्रशिक्षित, अनुभवी एवं प्रतिष्ठित कलाकारों से सामान्यतः निर्दोष और प्रभावशाली अभिनय के साथ-साथ चरित्रों के सूक्ष्म एवं जटिल स्तरों को उद्घाटित करने वाले कल्पनाशील अभिनय की भी अपेक्षा की जाती है। लगभग सभी समीक्षकों ने प्रस्तुति के इस पक्ष की भर-पूर सराहना की। कविता नागपाल के शब्दों में, "The performances by Surekha Sikri, Manohar Singh and Uttra Baokar are excellent."[46] तथा कन्हैयालाल नंदन के अनुसार, "सावित्री की टूटन और प्रतारणाभरी खीज को सुरेखा सीकरी ने चरम बिंदु तक पहुँचाया, मनोहर सिंह ने पुरुष की भिन्न-भिन्न भूमिकाओं के ज़रिए अपनी जीवंत अभिनय क्षमता का परिचय दिया। उत्तरा बावकर, पंकज कपूर और छोटी बच्ची की चिनगारी जैसी तेजी दिखाने में नीना चावला के अभिनय भी बेजोड़ कहे जा सकते हैं। शायद आधे-अधूरे की यह टीम एक आदर्श अभिनय-टीम कही जा सकती है कि जिसके हर पात्र ने साक्षात्कार के क्षणों में पूरे आक्रोश को प्रतिबिम्बित किया।"[47] परंतु मेरे विचार से निर्देशक के हाथों की कठपुतली बने इन श्रेष्ठ कलाकारों को यहाँ चरित्रों में डूबने और उन्हें तीव्रता से जीने की छूट ही नहीं थी। उनके घात-प्रतिघातपूर्ण सम्वादों को बीच में रोक देना अभिनेताओं के लिए ही नहीं दर्शकों के लिए भी काफी तकलीफदेह था। पुरुष पात्रों की केंद्रीय भूमिका मूलतः राजेश विवेक ने तैयार की थी। लेकिन विवेक द्वारा अचानक रंगमंडल छोड़ दिए जाने के कारण अंतिम समय में इसे मनोहर सिंह को करने के लिए बाध्य होना पड़ा। उन्हीं के शब्दों में, "मुझे उसे हफ्ते या दस दिन में तैयार करना पड़ा। मैं उस रोल में अपने आपको ज़स्टीफ़ाई नहीं कर सका। वहाँ चुनौती सिर्फ उतने समय में रोल को तैयार कर लेने भर की थी, कैसा करना है—यह चुनौती मुख्य नहीं थी। इस-लिए उसमें मुझे कोई रचनात्मक सुख नहीं मिल सका—न किसी उपलब्धि का

ही एहसास हुआ।"[48] चार पुरुष पात्रों को अलग-अलग दिखाने के लिए थोड़े बहुत परिधान-परिवर्तन के अतिरिक्त महेंद्रनाथ को बीड़ी, जगमोहन को (गोल्ड फ्लैक) सिग्रेट तथा जुनेजा को सिगार पिलवाकर अंतर बनाने की एक स्थूल-सी कोशिश की गई। परंतु अभिनय के बल पर मनोहर सिंह केवल महेंद्रनाथ और सिंघानियाँ को ही अलग-अलग प्रतिष्ठित कर पाए (शायद चरित्रों के स्पष्ट वैषम्य के कारण) शेष पात्रों के साथ पूरा न्याय नहीं हो पाया। कई स्थानों पर सम्वाद भूलने और वाणी स्खलन जैसे दोषों ने पूर्वाभ्यास की कमी की ओर भी संकेत किया। सावित्री के रूप में सुरेखा सीकरी ने स्त्री की कुढ़न, घुटन, टूटन और करुणा के स्थान पर उसके आक्रामक क्रोध और विस्फोट को ही अधिक व्यक्त किया। इसके विपरीत बड़ी लड़की के अपेक्षाकृत कम नाटकीय और अव्यक्त घुटन भरे गम्भीर चरित्र को उत्तरा बावकर ने अपने अभिनय की सूक्ष्मता और कुशलता से पर्याप्त जीवंत कर दिया। जबकि छोटी लड़की के अत्यंत प्रखर और प्राणवान चरित्र को नोना चावला की भागदौड़, मारपीट और गलाफाड़ रुदन ने अत्यधिक मुखर (ओवर) बना दिया। अशोक के रूप में पंकज कपूर प्रभावशाली रहे। इस प्रस्तुति में नैरेटर सी० एस० वैष्णवी, कोरस के० के० रैना, आशा देवी / ममता गुप्ता तथा वाद्य-वादक थे—प्रेम मटियानी, एस० बी० जोसलकर और टीं०बी० शेरचंद। मार्च, अप्रैल, मई 1978 में इसके और भी कई प्रदर्शन किए गए। इन प्रदर्शनों के दौरान मनोहर सिंह, सुरेखा सीकरी तथा उत्तरा बावकर के अभिनय में उत्तरोत्तर निखार और मंजाव आता गया। अशोक और किन्नी के रूप में के० के० रैना तथा अनिला सिंह का आगमन हुआ और इन दोनों ने अपनी-अपनी भूमिकाओं को जीवंतता एवं प्रखरता से प्रस्तुत किया। कोरस में हरजीत सिद्दू, सुमन तिवारी आ गए तथा वाद्य-वादकों में शेरचंद का स्थान रघुवीर यादव ने ले लिया। भारतीय सांस्कृतिक सम्बन्ध परिषद, नई दिल्ली तथा भारतीय दूतावास, काठमंडू द्वारा प्रायोजित इस प्रस्तुति के नेपाल में हुए प्रदर्शन के समय हरजीत के स्थान पर कोरस में रंजीत कपूर तथा पंकज कपूर को शामिल कर लिया गया। अपने अंतिम प्रदर्शनों तक पहुँचते-पहुँचते अभिनय का स्तर आरम्भिक प्रदर्शनों के मुकाबले काफी बेहतर और अपेक्षाकृत अधिक प्रभावशाली हो गया था।

अमाल अल्लाना, उत्तरा बावकर तथा प्रेम मटियानी की संगीत-रचना इस प्रस्तुति की एक उल्लेखनीय विशेषता है। नाटक का आरम्भ नारी-कंठ से टूट-टूट कर निकलती आदिम ध्वनियों से होता है, जो अस्पष्टता के बावजूद करुणा, पीड़ा और त्रासदी का भाव मन में जगाती हैं। तभी दो ठोस काठ के टुकड़ों की भोथरी किंतु भरपूर घनी आवाज ('कट' की तरह) होती है और फिर वाद्य-यंत्रों से उत्पन्न विशिष्ट स्वरों के आरोह-अवरोह द्वारा नाटक की मूल भावना को

अनूदित करने का प्रयास किया जाता है। निर्देशिका के शब्दों में, "अप्रिय एवं कर्कश संगीत का प्रयोग मात्र नाटकीय चरमोत्कर्ष के लिए ही नहीं है, बल्कि चरित्रों के जीवन में व्याप्त कटुता एवं कर्कशता को प्रकट करने के लिए है।"[49] अमाल अल्लाना की इस अभिनव प्रस्तुति ने परस्पर विरोधी प्रतिक्रियाओं को जन्म दिया। एक ओर यदि ब० व० कारंत[50] जैसे वरिष्ठ और प्रतिष्ठित एवं रंजीत कपूर[51] जैसे युवा और प्रतिभावान नाट्य-निर्देशकों ने इस रंग-प्रयोग की रचनात्मकता एवं मौलिकता की प्रशंसा की तो दूसरी ओर हिंदी-अंग्रेजी के अधिकांश नाट्य-समीक्षकों ने इसे एक अतिवादी निरंकुश रंग-प्रयोग मानते हुए नाटककार के प्रति अन्याय कहा। सुधीर गुप्त ने इसे 'चों चों का मुरब्बा' मान कर प्रस्तुति का मजाक उड़ाते हुए कहा कि, "स्त्री पुरुष के आपसी सम्बन्धों को रूपायित करने वाला यह पाँच पात्रीय नाटक अमाल अल्लाना की शिल्पी उधेड़बुन में फँस कर अपनी गति और लय से हाथ धो बैठा।"[52] कविता नागपाल ने 'रियल कंटेंट मिस्ड'[53] कहकर इसकी सीमा रेखांकित की तो डा० प्रतिभा अग्रवाल ने 1979 में इसके कलकत्ता में हुए प्रदर्शन के आत्मानुभव को विश्लेषित करते हुए पाया कि "मंच के एक ओर ब्रेख्तियन स्टाइल में टीका-टिप्पणी करने के लिए कलाकारों को बैठा कर बीच-बीच में उनसे मंच पर पात्रों द्वारा कही गई पंक्तियों को दोहरवाना या काठ के टुकड़ों को बजाकर नाटकीय प्रभाव को तोड़ना दर्शकों के लिए पीड़ादायक अनुभव था।"[54] एक अन्य प्रबुद्ध रंगकर्मी तथा चण्डीगढ़ में प्रस्तुत 'आधे-अधूरे' की एक प्रस्तुति के निर्देशक हरीश भाटिया के अनुसार, "मेरे लिए अमाल अल्लाना की 'आधे-अधूरे' की प्रस्तुति एक 'तोड़ देने वाला अनुभव' मात्र है।"[55]

कुल मिलाकर, 'आधे-अधूरे' की इस प्रयोगधर्मी अपूर्व प्रस्तुति ने एक ओर अपनी नवीनता, मौलिकता और ताजगी के कारण दर्शक-समीक्षक को आश्चर्यचकित किया तो दूसरी ओर नाट्यालेख की मनमानी चीर-फाड़ और प्रयोग के नाम पर परस्पर विरोधी रंगधर्मिताओं एवं रूढ़ियों के एक साथ इस्तेमाल के कारण यह प्रदर्शन तीव्र, सघन और एकाग्र नाट्यानुभूति देने में सफल नहीं हो पाया। यह प्रस्तुति नाटककार और निर्देशक के आपसी अधिकारों की सीमारेखा के सम्बन्ध में एक बार पुनः सोचने विचारने पर बाध्य करती है।

6. डिपार्टमैंट ऑफ इंडियन थियेटर, पंजाब विश्वविद्यालय (चण्डीगढ़) : मोहन महर्षि

पंजाब विश्वविद्यालय चण्डीगढ़ के 'भारतीय रंगमंच विभाग' ने 10 से 14 अप्रैल, 1981 तक अपने प्रो० एवं अध्यक्ष मोहन महर्षि (सह-निर्देशक : मनोज

बंसल) के कुशल निर्देशन में विभाग के स्टुडियो-थियेटर के भीतर मोहन राकेश के बहुमंचित नाटक 'आधे-अधूरे' का प्रस्तुतीकरण किया। इसमें पुरुष की पाँच चुनौतीपूर्ण भूमिकाएँ मंगल सिंह ढिल्लों 'अनाम' ने निभाईं। महेंद्रनाथ के ढुल-मुल चरित्र के रेखांकन के लिए निर्देशक ने झूलने वाली आराम कुर्सी का नाटकीय प्रयोग किया। जुनेजा के चरित्र-निरूपण में मौलिकता के दर्शन हुए। उसे काइयाँ और चालाक के बजाए सहानुभूतिपूर्ण और सम्वेदनशील बनाया गया। महेंद्रनाथ की तरह ही इस पारिवारिक यातना के भोक्ता के रूप में जुनेजा का यह मानवीय रूप-व्याख्या के स्तर पर—निश्चय ही असरदार रहा। परंतु सिंघानिया के चरित्र को छोड़कर अन्य पात्रों के अलग-अलग रूपों को मंच पर जीवंत करने में अभिनेता ढिल्लों को पूरी सफलता नहीं मिली। चरित्रों का फर्क यहाँ मूलत: कपड़ों का फर्क होकर ही रह गया। सावित्री की भूमिका में श्वेता भी चरित्र की जटिलता को गहराई और सूक्ष्मता से नहीं उभार पाईं। जुनेजा-सावित्री के प्रसंग में उन्हें मेज के आर-पार बैठाकर उनके प्रखर सम्वादों को वाद-विवाद प्रतियोगिता की तरह पेश करने की युक्ति प्रभावशाली सिद्ध नहीं हुई। यूँ तो अशोक तथा बिन्नी के रूप में बृजमोहन बक्षी (गुरमीत मितवा) तथा नवरीत ढिल्लों (वर्षा बत्रा) ने भी सराहनीय अभिनय किया, परंतु जीवंतता और तीव्रता की दृष्टि से छोटी लड़की किन्नी की भूमिका में अमला राय ने सर्वाधिक प्रभावित किया। उसका रोते-बिलखते हुए खाली कमरे को पार करने के दृश्य ने दर्शकों को हिला दिया। इस प्रसंग में अशोक भगत की प्रकाश-परिकल्पना भी असरदार थी। किन्नी के कमरे में प्रवेश के साथ ही ऐसा प्रतीत होता है जैसे वह किसी जाल में घिरी हुई है। जैसे-जैसे वह उस जाल से मुक्त होने के लिए कसमसाती-छटपटाती है, वैसे ही वैसे वह जाल उसके इर्द-गिर्द और कसता चला जाता है।

निर्देशक ने कई जगह महेंद्रनाथ-अशोक, बिन्नी-सावित्री और बिन्नी-अशोक को आपस में इस तरह देखते हुए दिखाया, जिससे लगता था कि सारी टूटन के बावजूद शायद अब भी कोई ऐसा सूत्र बचा है जिससे वह परस्पर जुड़े हैं और एक-दूसरे को समझते हैं। घोर निराशा और अभिशप्त नियति के दुष्चक्र में फँसे पात्रों वाले इस नाटक में आशा की यह कमजोर और सामान्य-सी किरण भी कम महत्त्वपूर्ण नहीं लगती।

महेंद्र ने अपनी मंच-सज्जा में डाइनिंग टेबल को छोड़कर आलेख में निर्दिष्ट लगभग सभी मंच-उपकरणों का सहारा लिया। दाईं ओर आगे ड्रेसिंग टेबल और उसके थोड़ा पीछे अशोक के लिए बैंच; बाईं ओर आगे झूलने वाली कुर्सी और उसके पीछे बुक-रैक, मध्य में सोफासैट, उसके पीछे अलमारी और उससे थोड़ा दाईं ओर हटकर पीछे का दरवाजा। रानी बलबीर कौर के संगीत एवं ध्वनि

प्रभावों ने नाटक के मूड को गहराने में पूरी मदद दी। मंच-व्यवस्था मोहम्मद अशरफ की थी।

मोहन राकेश के इस अभिनय-प्रधान नाटक की यह निर्देशन-प्रधान प्रस्तुति कई कमियों और कमजोरियों के बावजूद एक उल्लेखनीय तथा सराहनीय मंच-प्रयोग सिद्ध हुई।

7. मध्यप्रदेश रंगमंडल (भोपाल) : अलखनंदन

2 से 6 नवम्बर, 1982 को दिल्ली के त्रिवेणी कला संगम में आयोजित मध्यप्रदेश रंगमंडल नाट्य-समारोह के अंतर्गत 6 नवम्बर को समापन प्रस्तुति के रूप में अलखनंदन निर्देशित 'आधे-अधूरे' का प्रदर्शन किया गया। यह प्रस्तुति प्रभावोत्पादकता की दृष्टि से कमजोर होने के बावजूद कई अर्थों में उल्लेखनीय सिद्ध हुई। काले सूट वाले आदमी का चरित्र पूर्णतः हटा दिया गया और पुरुष पात्रों की विभिन्न भूमिकाएँ अलग-अलग कलाकारों से करवाई गईं। निर्देशक के अनुसार, इसका प्रमुख कारण यह है कि, "मेरे विचार से 'आधे-अधूरे' पूर्णतः एक यथार्थवादी सामाजिक नाटक है। काले सूट वाले आदमी की प्रस्तावना समस्या का अमूर्तन और सामान्यीकरण करके इसके मूल फार्म को तोड़ती है। मैं इस स्थापना को भी स्वीकार नहीं करता कि इस नाटक में सभी पुरुष एक-से हैं और एक के स्थान पर दूसरे को रख देने से स्थिति में कोई अंतर नहीं पड़ता। यह एक रोमानी-सी धारणा है। आर्थिक-सामाजिक और मानसिक दृष्टि से यह सभी पुरुष एक-दूसरे से बहुत दूर तक अलग हैं। इसीलिए मैंने इन भूमिकाओं के लिए अलग-अलग कलाकारों को रखा है।"[56] इस प्रस्तुति में महेंद्रनाथ, सिंघानिया, जगमोहन और जुनेजा के रूप में क्रमशः जावेद ज़ैदी, जयप्रकाश शर्मा, राकेश बिदुआ तथा रामप्रकाश मिश्रा ने अभिनय किया। इनमें से किसी की भूमिका भी जीवंत और असरदार ढंग से नहीं उभर पाई। इसका एक प्रमुख कारण शायद निर्देशक द्वारा इन पुरुषों की अपेक्षा स्त्री को अधिक महत्त्व देना भी रहा क्योंकि, "महेंद्रनाथ सहानुभूति का पात्र तो है पर सावित्री इसके परिवारों के इतिहास में सचमुच संघर्ष कर रही है, जिसमें (वह) बार-बार टूटती है, भटकती है पर निष्क्रिय नहीं है।"[57] अलखनंदन का महेंद्रनाथ निकम्मा और निठल्ला ही नहीं पुरुष के परम्परित दम्भ से आक्रांत भी है। सिंघानिया कामुक और चरित्रहीन अधिकारी है। जगमोहन अवसरवादी फ़्लर्ट और जुनेजा दोस्ती के नाम पर दूसरों के घर में बेवजह दखल रखने और उपदेश देने वाला ढोंगी पूंजीपति। इन सबसे अकेले दम जूझते और लड़ते हुए सावित्री ही किसी न किसी तरह इस परिवार की गाड़ी को खींच रही है। घर और बाहर के दोहरे दायित्वों तले दबी स्त्री अपनी तमाम कमजोरियों के बावजूद सहानुभूति की पात्र है। इस बिंदु को

उभारने के लिए निर्देशक ने आलेख में थोड़ा-सा परिवर्तन भी किया। अंतिम प्रसंग में सावित्री के एकालाप को अंत में रखकर जुनेजा को सावित्री पर हावी नहीं होने दिया गया। सावित्री के लम्बे सम्वाद के समय उसके चेहरे को स्पॉट लाइट में रखकर शेष मंच पर किए गए अंधेरे की युक्ति भी इस कार्य में सहायक सिद्ध हुई। इसमें संदेह नहीं कि सिंघानिया को घर पर बुलाने का एकमात्र कारण अशोक की नौकरी ही है। इसलिए विवेच्य प्रस्तुति में बिन्नी के प्रति उसकी कामुकता देखकर सावित्री की करुण-विवशता, सिंघानिया द्वारा बिन्नी को छूने का प्रयत्न करते देख बेटी के रक्षार्थ उसका ढाल की तरह तुरंत बीच में आ जाना तथा अंत में जुनेजा के तर्क जाल से बाहर निकल कर आक्रोश से फाइलों को उसके मुँह पर दे मारना—स्त्री के चरित्र को नया उत्थान दे जाता है। सावित्री की जटिल भूमिका में आभा चतुर्वेदी ने अपनी अभिनय-प्रतिभा का कहीं-कहीं अच्छा परिचय दिया। परंतु नाटकीय चरित्र के मुकाबले कलाकार की कम-उम्र, तथा आत्मानुभूति के अभाव ने अभिनय में अपेक्षित तीव्रता, सघनता सूक्ष्मता और प्रामाणिकता नहीं आने दी। किन्नी और बिन्नी के रूप में क्रमशः शोभा तथा सरोज शर्मा सामान्यत: ठीक रहीं। अशोक की भूमिका में आलोक चैटर्जी ने चरित्र की आक्रामकता को बनाए रखकर मंच पर कुछ जीवंत क्षणों को नाटकीय ढंग से साकार करने में सफलता प्राप्त की। प्रस्तुति को एक खुला अंत देने के उद्देश्य से निर्देशक ने कुछ रचनात्मक परिवर्तन भी किया। जुनेजा के मुँह पर उसकी फाइलें मारकर मानों सावित्री अपने परिवार को भीतर तक तोड़ने वाली पूँजी के चालाक प्रतिनिधि जुनेजा के बहुमुखी हस्तक्षेप का अस्वीकार करती है। लगभग रोते-चीखते हुए उसका रसोई में जाना तथा वहाँ बिन्नी और किन्नी का उससे लिपट कर सहानुभूति प्रकट करना—वास्तव में एक नई उम्मीद का साफ संकेत देता है। ब० व० कारंत ने भी प्रस्तावना को अपने आलाप से स्थानापन्न करके तथा अन्य कई स्थानों पर वाद्य-यंत्रों के बजाए केवल स्वरों से परिस्थिति एवं मन:स्थिति को सघन बनाकर प्रस्तुति में नयापन लाने की रचनात्मक कोशिश की।

शरद शबल एवं राजकुमार कामले की मंच-परिकल्पना में भी नवीनता थी। उन्होंने राकेश की ब्यौरे-बहुल मंच-योजना से और आगे बढ़कर दर्शकों को रसोई तथा गुसलखाने का दृश्य भी दिखा दिया। इनमें से रसोई को मंच के बीचोंबीच पीछे आधी दीवार काट कर बनाया गया और निर्देशक ने कई बार उसका सार्थक एवं नाटकीय इस्तेमाल भी किया। इसके विपरीत, बाईं ओर बनाया गया गुसलखाना निरर्थक और लगभग अप्रयुक्त ही रहा। यही स्थिति सावित्री की ड्रेसिंग टेबल तथा अशोक की मेज पर लगे टेबल लम्पों और सोफे के थोड़ा आगे लटका कर लगाए गए बल्ब को लेकर भी रही—जिनका कोई

अर्थपूर्ण एवं सर्जनात्मक प्रयोग प्रदर्शन में नहीं किया जा सका। गहरे पीले से रंग की चमचमाती दीवारें घर की टूटती जर्जर स्थिति के विपरीत पड़ने के साथ-साथ सारी रोशनी लील गईं और कलाकारों के चेहरे कई बार अप्रकाशित अथवा अनालोकित ही रह कर निष्प्रभ हो गए। कलाकारों को इस प्रकार गौण बनाने में दीवारों के चटकीले रंग के साथ-साथ राकेश बिदुला एवं शोभा की वेशभूषा ने भी निर्णायक भूमिका निभाई। चरित्रों को प्रायः चमकहीन और धूमिल रंगों के कपड़े पहनाए गए, जो दृश्य-बंध की दीवारों के रंग से कोई वैषम्य उपस्थित नहीं कर पाए। कुल मिलाकर, फैला हुआ बड़ा-सा दृश्य-बंध चरित्रों को खा गया और कलाकारों का रूपाकार तथा कार्य-व्यापार अपेक्षित तीव्रता एवं प्रखरता प्राप्त नहीं कर सका। प्रस्तुति के पर्याप्त प्रभावशाली न बन पाने का एक प्रमुख कारण निर्देशक द्वारा स्त्री के चरित्र को अत्यधिक महत्त्व देना तथा नाटककार की परिकल्पना के विरुद्ध जाकर पुरुष पात्रों को अलग-अलग कलाकारों से करवाना भी था। इस व्याख्या ने जहाँ एक ओर नाट्यालेख को समय-सापेक्ष प्रासंगिकता प्रदान की, वहीं दूसरी ओर उसे असंतुलित भी बना दिया। इस परिवर्तन से प्रभावान्विति तथा मूल नाटकीयता को भी क्षति पहुँची और समग्रतः 'आधे-अधूरे' का यह प्रदर्शन दिल्ली के नाट्य-प्रेमियों को प्रभावित करने में सफल नहीं हो पाया।

व्यावहारिक दृष्टि से इसकी शिथिलता एवं प्रभाव-क्षीणता का एक महत्त्वपूर्ण कारण सम्भवतः यह भी रहा कि निदेशक ने इस प्रस्तुति का मूल प्रारूप वास्तव में भोपाल स्थित भारत भवन के छोटे एवं बंद प्रेक्षागृह 'अंतरंग' के लिए तैयार किया था, जहाँ 23 सितम्बर, 1982 को इसका सफल प्रदर्शन हुआ। 26 सितम्बर को इसके तीन प्रदर्शन किए गए और दर्शकों ने बड़ उत्साह तथा प्रशंसाभाव से इसे देखा और सराहा। दिल्ली में त्रिवेणी कला संगम के मंच पर इसका ग्यारहवाँ प्रदर्शन हुआ। छोटे 'तलरंग' और त्रिवेणी के मुक्ताकाशी बड़े प्रेक्षागृह तथा फैले हुए मंच की बुनियादी प्रकृति एवं इनके स्वरूप के अन्तर ने भी यदि इस प्रदर्शन को अव्यवस्थित और बेअसर कर दिया हो तो कोई आश्चर्य नहीं होना चाहिए। 'दिशांतर' के प्रदर्शन में यद्यपि घर की दीवारें नहीं बनाई गई थीं और दृश्य-बंध में अपेक्षाकृत अधिक लचीलापन था; फिर भी आईफैक्स या रवीन्द्र भवन के स्टूडियो-थियेटर के मुकाबले त्रिवेणी में आकर उसका प्रभाव भी कमोबेश क्षीण तो हुआ ही था।

अतः कुल मिलाकर हम कह सकते हैं कि 'आधे-अधूरे' को अस्तित्ववादी दायरे से निकालकर स्त्री के अस्तित्व-रक्षा के प्रश्न और उसके सामाजिक संघर्ष को व्यापक क्षेत्र से जोड़ने वाला अलखनंदन का यह प्रस्तुतीकरण व्याख्या की

दृष्टि से जितना महत्त्वपूर्ण है, समग्र-प्रभाव और प्रदर्शनीयता की दृष्टि से उतना उल्लेखनीय नहीं बन सका।

8. सम्भव (दिल्ली) : सुरेश भारद्वाज

राजधानी की अपेक्षाकृत नई किंतु अत्यंत सक्रिय और लगभग व्यावसायिक नाट्य-संस्था 'सम्भव' ने अगस्त, 1985 में श्रीराम सेंटर के तलघर में 'आधे-अधूरे' का एक उल्लेखनीय प्रस्तुतीकरण किया। निर्देशक थे—सुरेश भारद्वाज। दो धरातलों पर कई कोनों में बिखरा-फैला दृश्य-बंध निम्न मध्यवर्गीय परिवार के रोजमर्रा की चीजों के जंगल की तरह था। आधे-अधूरे पात्रों का काल्पनिक पूरेपन की तलाश में कुढ़ना, टकराना, लड़ना और छटपटाना--प्रशिक्षित एवं अनुभवी कलाकारों के सशक्त अभिनय के कारण प्रेक्षकों के अपने जीवन-अनुभव का प्रतिबिम्ब बन गया। घर के जंगल और सम्बन्धों के जंगली बन जाने की इस बहुमंचित नाट्य-कथा को इस बार सावित्री के रूप में सीमा भार्गव ने अपने आवेशित मुखर अभिनय और दर्पण के नाटकीय इस्तेमाल से नए अर्थ और आयाम दिए। पाँचों पुरुष भूमिकाओं में बड़ी मितव्ययता और सूझ-बूझ से बारीक फर्क करते हुए मनोज पाहवा ने भी अपनी अभिनय प्रतिभा का अच्छा परिचय दिया। लवलीन मिश्रा की किन्नी और आशीष विद्यार्थी के अशोक में नई क्रुद्ध पीढ़ी की आक्रामक प्रखरता थी। बिन्नी के रूप में सीमा गर्ग कहीं-कहीं ही प्रभावित कर सकीं। घिसे-पुराने रिकार्ड की अस्पष्ट सी आवाजों से मेल खाता नेपथ्य-संगीत सम्बन्धों के बासीपन, कटाव और दुहराव को रेखांकित करता था। प्रकाश-व्यवस्था कल्पनाशील थी। प्रदर्शन में एक प्रकार की आत्मीयता और अंतरंगता थी। उसका सघन समग्र-प्रभाव दर्शकों को अपने साथ बहा ले जाने के अलावा सोचने पर भी विवश करता था। इसके सभी प्रदर्शनों में प्रदुद्ध दर्शकों की उत्साही भारी भीड़ ने मोहन राकेश और उनके 'आधे-अधूरे' की प्रासंगिकता तथा प्रभावशीलता को एक बार फिर से प्रमाणित कर दिया।

अंग्रेजी की वरिष्ठ नाट्य समीक्षक कविता नागपाल के अनुसार, "Director Suresh Bhardwaj drew one's attention to many fresh details.··· His work with seema Bhargava gave added dimentions to Savitri which Seema essayed with rare conviction and dramatic sensibility. If Manoj displayed versaility as Man 1, 2, 3 and 4, Seema tried to match him with 4 Savitris !"[58]

9. पदातिक (कलकत्ता) : श्यामानंद जालान

अप्रैल 1984 में 'अभियान' के निमंत्रण पर श्रीराम सेंटर के तलघर में और

अगस्त 1984 में भारतीय मेला विकास प्राधिकरण निगम के निमंत्रण पर 'मंजर थियेटर' में कलकत्ता की नाट्य-संस्था 'पदातिक' ने श्यामानंद जालान निर्देशित 'आधे अधूरे' के चार प्रदर्शन दिल्ली में भी किए। इससे पहले श्यामानंद जालान इसी नाटक को 'अनामिका' के लिए निर्देशित कर चुके थे और स्वर्ण चौधरी निर्देशित 'ऑस्कर' की अंग्रेजी प्रस्तुति में पुरुष की भूमिकाएं भी निभा चुके थे। इसके बावजूद शायद इस नाटक का अब भी कहीं कुछ ऐसा था जो अनुपलब्ध रह गया था। उसी अनुपब्ध को पाने की रचनात्मक एवं ईमानदार कोशिश का ही परिणाम था कि ओमशिवपुरी, सत्यदेव दुबे, श्रीराम लागू और अमाल अल्लाना के बहुचर्चित प्रस्तुतीकरणों के बावजूद, अपनी कई सीमाओं के रहते भी, यह प्रदर्शन ताजा और आकर्षक लगा। महेन्द्रनाथ के चरित्रांकन में स्वयं श्यामानंद जालान ने एक हारे हुए, दब्बू, लिजलिजे और व्यक्तिहीन से व्यक्ति के साथ-साथ उसके भीतरी क्रूर-दरिंदे रूप का अद्भुत संयोग करके इस नाटक के प्रदर्शन-इतिहास में शायद पहली बार इस जटिल पात्र को पूरी तरह विश्वसनीय बनाया गया। जालान का सिंघानियां फूहड़ नहीं काइयाँ और कामुक है। जगमोहन मात्र फैशनेबुल न होकर अवसरवादी कलाकार के निकट पड़ता है और जुनेजा एक गम्भीर तथा चालाक व्यापारी है। जुनेजा की भूमिका में श्यामानंद का सौलीसीटर रूप उनकी भरपूर सहायता करके, नाटककार और निर्देशक की इच्छा के विरुद्ध, सावित्री पर बुरी तरह हावी हो जाता है। इन चरित्रों की ऊपरी असमानता और भीतरी समानता को जालान ने बड़ी सहजता और बारीकी से साकार किया। सावित्री की भूमिका में चेतना जालान भी कई जगह प्रभावित करती हैं। परंतु अधिकतर वह चरित्र की सतह पर ही हैं और आक्रोश या उद्वेग के क्षणों में प्राय: अतिनाटकीय हो जाती हैं। उनकी भीतरी लड़ाई, कशमकश और पीड़ा कम ही उभरती है। बिन्नी के रूप में जागृति रूपारेल एकायामी हैं और मध्यान्तर से पहले के दृश्य में एकदम भावविहीन लगीं। रेशमी भट्टाचार्य (किन्नी) और प्रदीप राय (अशोक) सामान्यत: ठीक हैं परंतु 'दिशांतर' के ऋचा व्यास और दिनेश ठाकुर के स्तर को नहीं छू पाते। संयोजनों में त्रिकोण का कल्पनाशील उपयोग निर्देशक बार-बार करता है। नाटकीय मौन का सार्थक उपयोग इस प्रस्तुति की एक अन्य विशेषता है। पार्श्व-संगीत नहीं है। अभिनय-स्तर की असमानता और समग्र-प्रभाव की दृष्टि से प्रदर्शन चाहे कोई उपलब्धि न हो परन्तु नाटक एवं चरित्रों की मौलिक व्याख्या और स्वयं श्यामानंद के अभिनय-निर्देशन की कुशलता प्रस्तुति को स्मरणीय ही नहीं उल्लेखनीय भी बना देती है। 'संगीत नाटक अकादमी' (दिल्ली) द्वारा कमानी में आयोजित 'नेहरू शताब्दी नाट्य समारोह' के अन्तर्गत 8 सितम्बर, 1989 को भी इसका एक प्रदर्शन दिल्ली में किया गया।[59]

10. राष्ट्रीय नाट्य विद्यालय रंगमंडल (दिल्ली) : त्रिपुरारी शर्मा

'मोहन राकेश नाट्य समारोह' के अंतर्गत 11 और 12 दिसम्बर, 1992 को राष्ट्रीय नाट्य विद्यालय रंगमंडल (दिल्ली) ने त्रिपुरारी शर्मा के निर्देशन में राकेश के बहुमंचित नाटक 'आधे-अधूरे' को श्रीराम सेंटर के मुख्य प्रेक्षागृह में एक नए रंग-रूप में अभिमंचित किया।

अमाल अल्लाना ही की तरह त्रिपुरारी शर्मा की यह प्रस्तुति भी नाटक के ठोस यथार्थवादी से दीखते मजबूत ढाँचे को तोड़ती है। प्रदर्शन नाटक के पूर्वाभ्यास दृश्य से आरम्भ होता है। निर्देशिका के अनुसार, "यह नाटक अपने आप में पूरा संसार है, एक ऐसा संसार जो पहले व्यक्ति ने रचाया है—काले लिबास वाले व्यक्ति ने, जिसके तर्जुबे और जिसकी नजर का रंग इस संसार पर काबिज है। चूँकि उसने काला चुना है यह सारे स्थान में फैल जाता है। इसी में बाकी के पात्र स्थापित किए गए हैं।"[60] शायद यही कारण है कि निर्देशिका ने अपनी मंच-परिकल्पना में दृश्य-बंध को काले रंग में रखा है और उसे घर के साथ-साथ स्टूडियो (नाटक घर) भी बनाया है, जिसकी दीवारें वास्तविक न होकर भी सबको घेरे हैं। दृश्य-बंध एक इकाई होकर भी कई हिस्सों—आइलैंड्स—में बँटा है। सर्कस के घेरे की तरह बने स्टुडियो (घर) के ऊपर तीनों ओर बल्ब ही बल्ब हैं। रामगोपाल बजाज की प्रकाश-योजना में आरम्भ में चरित्र प्रकाशित होते हैं और अंत में सामान उभरता है।

'आधे-अधूरे' के मंचन-इतिहास में शायद पहली बार सावित्री को कोमल, मानवीय और सहानुभूतिपरक दृष्टि से देखा गया है। निर्देशिका के शब्दों में सावित्री "केवल भूमिकाओं में बंधी औरत ही नहीं बल्कि मानवीय आत्मा है जो अपने सुख की खोज, शान्ति और सुंदरता और मंजिल में संतुलन की खोज स्वयं करती है। और ऐसा लगता है कि नाटक में होने वाली घटनाओं का दोष सावित्री का है, लेकिन यह इसलिए कि वो ही जिम्मेदारी उठाती है औरों से कम भगोड़ी है। हमने उसे परखने की कोशिश की है उसे समझने की, उसकी कुंठाओं, इच्छाओं और टूटन को समझने की कोशिश।"[61] इस कोशिश में 'आधे-अधूरे' का वह परिवार जो 1969-70 में विशिष्ट और असामान्य-सा लगता था 1992-93 तक आते-आते सामान्य और साधारण प्रतीत होने लगता है। चरित्रों के चेहरे और सम्बन्ध सारी खीझ, झुंझलाहट, कड़ुवाहट, लड़ाई और टूटन-बिखरन के बावजूद कहीं न कहीं अब भी 'मानवीय' बनकर उभरते हैं। उस नरक जैसे घर में अब भी एक कोना है जहाँ हरियाली बची रह गई, जहाँ अब भी फूल खिल सकने की गुंजाइश बाकी है और जिसे अपनी तमाम जिम्मेदारियों, संघर्षों, तनावों, दबावों और बोझ तले दबते-थकते-टूटते व्यक्तित्व के बावजूद

सावित्री अब भी पानी देकर सींचते रहना चाहती है। यही कारण है कि वह अपने पहले प्रवेश के समय, तमाम कारण मौजूद होने के बावजूद, क्रुद्ध, क्षुब्ध और उत्तेजित नहीं होती। थके किंतु सहज भाव से घर के बिखराव को समेटती है, अशोक से बात करते हुए मुस्कराने की चेष्टा भी करती है। समय आने पर बिन्नी माँ को पकड़कर उसके साथ खड़ी होती है और अशोक पिता की विवशता को समझकर हमेशा उसे सहारा और सहानुभूति देता है। बिन्नी और किन्नी (और शायद अशोक) के बीच तकियों की 'लड़ाई' उनकी अब भी बच रही आपसी अंतरंगता और आत्मीयता का संकेत देती है।

इसके अतिरिक्त निर्देशिका का 'घर' को बचाए रखने का आग्रह भी इस प्रस्तुति को नया आयाम देता है। त्रिपुरारी के अनुसार, "सावित्री के माँ-बाप का कहीं कोई जिक्र नहीं फिर भी जब कभी बिन्नी अपनी शादी-शुदा जिंदगी से लौटना चाहती है तो उसके पास लौटने की एक जगह है। हालाँकि यह वही घर है जिसने उसे ऐसा बनाया, फिर भी यही आसरा भी और आदि बिंदु भी है। टूटता हुआ-सा घर। फिर भी मजबूत है कि हर किसी को वापस खींचता है। एक मजबूरी और निर्भरता सबको एक-दूसरे से बाँधती है···घर उन सबमें प्रमुख है और वोह घटनाओं को आकार देता है—यह चक्र चलता रहता है। क्या चलना ही चाहिए ? शायद नाटक धीरे से अस्पष्ट स्वर में यही प्रश्न करता है।"[62] और यही प्रश्न उठाना इस प्रस्तुति की मौलिक विशेषता और शायद उपलब्धि भी है। आज से बीस वर्ष पहले मानव मूल्यों में आने वाले परिवर्तनों और पारिवारिक सम्बन्धों के विघटन ने घर तथा विवाह संस्था की जरूरत के बारे में जिस तीव्रता से सोचने पर मजबूर किया था और आक्रामक अंदाज में चौंकाया था—आज उस स्थिति में काफी परिवर्तन आ गया है। इस बीच 'घर' के भीतर कई बातें स्वीकृत और मान्य हो गई हैं। सम्बन्धों में भी एक समझौता परक सहजता आने लगी है और सामाजिक दृष्टिकोण में भी बदलाव आया है। त्रिपुरारी शर्मा की यह प्रस्तुति इसी बदलाव को देखने-दिखाने की सार्थक कोशिश करती है। यह दबाव, तनाव, आक्रोश, घुटन और टूटन के बीच जुड़े रहने और जीने के, विडम्बना और विवशतापूर्ण ही सही, संतुलन-बिंदु की तलाश करती है।

एक-दूसरे की कमजोरियों-कमियों से नफरत करते ये चरित्र एक-दूसरे के प्रति असहिष्णु हैं, एक-दूसरे की आजादी को बदाश्त नहीं कर पाते। एक स्थिर एवं सुखी परिवार के मिथक को साफ-साफ तोड़ने के बावजूद एक मजबूरी और निरभंरता से परस्पर, न चाहते हुए भी, बँधे हैं। एक संक्रमणकालीन अराजकता सब पर हावी है। निर्देशिका के अनुसार, "अशोक को लगता है घर निश्चित रूप से टूटा है। बिन्नी की कोशिश है कि सब कुछ बंधा रह सके, इस प्रक्रिया में वोह ऐसी धुरी बन जाती है जिसके गिर्द सारी स्थितियाँ घूमती हैं। किन्नी

जैसे घर की आत्मा हो, तरसती हुई कि कोई उसे प्यार करे, कोई उसकी तरफ भी ध्यान दे।"[63] इस व्याख्या को रूपाकार देने में रवीन्द्र खानविलकर (पुरुष), प्रतिमा काजमी (स्त्री) अलका अमीन (बड़ी लड़की), रवि कौशल (लड़का) और मन्दाकिनी गोस्वामी (छोटी लड़की) सब अपनी-अपनी अभिनय-प्रतिभा का भरपूर इस्तेमाल करते हैं। पुरानी बहुप्रशंसित प्रस्तुतियों जैसी चरित्रों की प्रभावशीलता बेशक यहाँ नहीं है। परंतु चरित्रों को एक नयापन, एक नया अर्थ और आयाम देने की रचनात्मक कोशिश यहाँ अवश्य दिखाई देती है।

इस संदर्भ में सबसे महत्त्वपूर्ण और दिलचस्प बात यह है कि निर्देशिका ने अपनी व्याख्या के लिए मूल आलेख के सम्वादों के एक शब्द से भी छेड़-छाड़ नहीं की है। केवल मूल रंग-संकेतों के बजाए चरित्रों को नई गतियाँ, भाव-भंगिमाएँ और चर्याएँ देकर या सम्वाद-लय में हेर-फेर करके नाट्यानुभव को नया और प्रासंगिक रूप देने का प्रयास किया है। इस प्रयास में कई जगह विसंगतियाँ भी पैदा हो गई हैं। डॉ० महेश आनंद के शब्दों में, "चूँकि निर्देशिका ने आलेख में परिवर्तन बिल्कुल नहीं किया। इसलिए कई स्थानों पर लेखक के शब्द, जो बड़ी कुशलता से रचे गए हैं, नयी भंगिमाओं या चर्याओं के साथ ताल-मेल नहीं बना पाए या पात्रों को ऐसा करने से रोकते भी हैं। ऐसे स्थलों पर शब्दों की ध्वनियाँ और पात्रों के कार्य एक-दूसरे से टकराते हैं।"[64] उदाहरण के लिए सिंघानियाँ के मूल रूप और उसके सम्वादों में ही पर्याप्त हास्य, विसंगति, विडम्बना और फूहड़पन है—इन्हें उभारने के लिए उसमें शारीरिक विकलांगता के अतिरिक्त आरोपण की कतई कोई जरूरत नहीं है। हाँ, इससे अभिनेता को चरित्रों में फर्क पैदा करने की सहज सुविधा अवश्य मिल जाती है। रवीन्द्र खानविलकर ने चारों भूमिकाओं में विविधता लाने के लिए भाषण-शैली में भी प्रशंसनीय परिवर्तन किया है (हालाँकि प्रायः वह आद्यन्त निभ नहीं पाता) और जुनेजा के रूप में प्रभावशाली और सफल भी सिद्ध हुए हैं। प्रतिमा काजमी ने सावित्री के नए अपेक्षाकृत अधिक मानवीय रूप को अत्यंत सम्वेदनशीलता और कुशलता से प्रस्तुत किया है।[65] सम्पूर्णता, सुख और शांति की तलाश कोई पाप नहीं है। शायद इसीलिए त्रिपुरारी की सावित्री कहीं भी अपने किए पर शर्मिंदा नहीं है और अंत में जुनेजा के चहुँतरफा खुले आक्रमण के सामने अडिग एवं अविजित खड़ी रह पाती है। पीयूष मिश्रा के संगीत में भी नयापन और ताजगी है। पार्श्व-संगीत इस प्रस्तुति के जटिल चरित्रों और उनकी बदलती हुई मनःस्थितियों को उभारने में विशेष रूप से सहायक सिद्ध हुआ है।

समग्र-प्रभाव की दृष्टि से 'आधे अधूरे' की यह प्रस्तुति कई जगह कमजोर होने या लगने के बावजूद राकेश के असामान्य घर और चरित्रों को सामान्य एवं अधिक मानवीय बनाने और उसके माध्यम से आज के सत्य एवं सम्बन्धों

को रूपायित करने की दृष्टि से निश्चय ही एक उल्लेखनीय और प्रशंसनीय प्रस्तुति है। निर्देशिका द्वारा राकेश के नारी चरित्रों के प्रति दिखाई गई अतिरिक्त सहानुभूति इस प्रयोग को 'आधे अधूरे' के मंचन इतिहास में एक अलग और विशेष स्थान का अधिकारी बनाती है।

11. अंक (बम्बई) : दिनेश ठाकुर

'दिशांतर' (दिल्ली) द्वारा ओम शिवपुरी के निर्देशन में 1969 में प्रस्तुत 'आधे-अधूरे' के प्रथम और बहुचर्चित प्रस्तुतीकरण में अशोक की जीवंत भूमिका से अपनी पहचान बनाने वाले दिनेश ठाकुर ने 4 जुलाई, 1995 को बम्बई में अपनी नाट्य-संस्था 'अंक' की ओर से इस नाटक का नया प्रस्तुतीकरण किया। इसमें दिनेश ठाकुर ने निर्देशन के साथ-साथ पाँचों पुरुष पात्रों की भूमिकाएँ भी निभाईं।

निर्देशक के अनुसार, "सावित्री महेंद्र से बेहद प्यार करती है, उसी का एक्सटेंशन तो वह तमाम पुरुषों में ढूंढ़ती फिरती है। जुनेजा से वह उसी के लिए तो लड़ती है।" अपनी इस व्याख्या के कारण ही दिनेश ने अपनी इस प्रस्तुति के अंत में परिवर्तन किया। यहाँ जब महेंद्र घर लौटता है तो गिरने से बचने के लिए सोफे का सहारा लेना चाहता है, लेकिन अंततः सावित्री ही उसे सम्भालती है— गिरने से बचाती है। बेटी माँ का कंधा छू कर उससे सहानुभूति प्रकट करती है, लेकिन अशोक मुँह फेर कर खड़ा हो जाता है—पता नहीं पीड़ा से या आक्रोश से ? जुनेजा से जैसे आखिरी लड़ाई लड़ी जा चुकी है, इसलिए भविष्य में उसका इस घर में अब शायद कोई हस्तक्षेप न हो ! वह महेंद्र के लौट आने और सावित्री के रुख से सच्चाई समझ गया है। वे जुड़े बेशक न हों, लेकिन इस बात से इंकार नहीं किया जा सकता कि, सब कुछ के बावजूद, वे संकट में एक-दूसरे के नजदीक हैं। इस अंत में एक तार्किकता तो है। और वह यह कि इस नजदीकी से ही अगली लड़ाई की विश्वसनीय भूमिका तैयार होती है। 'फिर वही शुरूआत ' ' कैसे होगी, यदि वे एक-दूसरे के पास नहीं आएँगे ?

नाटक और चरित्रों की अनिश्चितता को रेखांकित करने के लिए आरम्भ में पूरी तरह अंधकार रखा गया। अंधेरे में तीन बार सिगार का गुल चमकता है, धुंआ उड़ता है और अंधेरे में से ही काले सूट वाले आदमी के सम्वाद शुरू होते हैं।

इस प्रस्तुति के दृश्य-बंध में निर्देशक ने दो-एक नई चीजों का प्रयोग किया है। जैसे—पीछे की दीवार पर एयरकंडीशनर का खोल लगाया है, जो अब पुरानी फाइलें डम्प करने के काम आता है। मंच के पिछले हिस्से में 'घोड़े पर बैठे राजकुमार' का एक खिलौना लटकाया गया है, जिससे सावित्री और बिन्नी

बार-बार टकराती हैं— महेंद्र और अशोक उधर जाते ही नहीं और किन्नी अभी छोटी है। यह खिलौना सावित्री और बिन्नी के सम्पूर्ण पुरुष की तलाश या सपनों के राजकुमार का प्रतीक बन जाता है, जो न चाहते हुए भी बार-बार उनसे टकराता रहता है।

पार्श्व-संगीत (संजीव त्यागी) के रूप में उफनते हुए समुद्र, तेज हवाओं और धड़धड़ाती हुई रेलगाड़ी के गुजरने की आवाजों का अत्यंत सार्थक और नाटकीय इस्तेमाल इस प्रदर्शन में हुआ है। विनीत वैती की प्रकाश-परिकल्पना और अजीत मराठे की रंगभूषा प्रदर्शन को दिलचस्प एवं आकर्षक बनाने में उल्लेखनीय योगदान देती है।

अभिनय की दृष्टि से दिनेश ठाकुर दर्शकों को आद्यान्त बाँधे रहते हैं और सिंघानियाँ के चरित्र में अपने गेरुए कुरते और मुद्राओं से एक बड़े नेता का कैरीकेचर बनाकर दर्शकों का भरपूर मनोरंजन ही नहीं करते बल्कि समकालीन राजनीतिक स्थितियों पर टिप्पणी करने का दुस्साहस भी दिखाते हैं। क्रुद्ध और कुंठित युवक अशोक के लक्ष्यहीन आक्रोश को अतुल माथुर तथा असंतुष्ट और विद्रोही किन्नी के रूप में सुष्मिता दान का अभिनय भी सराहनीय है। सावित्री के रूप में प्रीता माथुर यद्यपि एक महत्त्वाकांक्षी औरत के द्वंद्व, संघर्ष, दर्द और जीवट को अपने परिपक्व अभिनय से साकार करने का भरसक प्रयत्न करती हैं; परंतु एकदम काले बालों और झुर्रीहीन चमकदार चेहरे के कारण चरित्र की थकन, टूटन, तनाव और ऊब को पूरी तरह नहीं उभार पातीं। वैसे निर्देशक के इस तर्क में दम है कि "महत्त्वाकांक्षी और एक कामकाजी-जागरूक स्त्री होने के नाते उसका अपने रख-रखाव और सुन्दर दिखने के प्रति एक अतिरिक्त आग्रह होना स्वाभाविक लगता है—वह किसी भी हालत में प्रौढ़ा घरेलू स्त्री नहीं दिखना चाहती।" उसी के इतिहास को दोहराने के लिए अभिशप्त बिन्नी के रूप में नवजीत अम्बानी भी अपने चरित्र की उलझन को काफी सफलता से सम्प्रेषित करती हैं।

दृश्य-बंध (दिनेश ठाकुर) राकेश की परिकल्पना के मध्य वर्ग से ढह कर निम्न मध्यवर्गीय स्तर तक आए टूटे-फूटे और बिखरे घर के बजाए कुछ ज्यादा ही साफ-सुथरा और व्यवस्थित दिखाई पड़ता है। एअरकंडीशनर के खोल की संगति भी, राकेश के व्यक्तिगत जीवन से भले ही हो, मूल आलेख के ब्यौरों से नहीं बैठ पाती। फिर भी, इसमें कोई संदेह नहीं कि निर्देशक ने बम्बई के महानगरीय परिवेश के जीवन और आज के घर-परिवार की सच्ची तस्वीर इस प्रस्तुति में दिखाने की रचनात्मक कोशिश की है। 'आधे-अधूरे' का महत्व इस बात में है कि वह आज भी प्रतिभावान रंगकर्मियों को नई व्याख्याओं और नए प्रयोगों के लिए प्रेरित करता है और दर्शकों की रुचि अब भी उसमें ज्यों-की-

त्यों बनी हुई है । त्रिपुरारी शर्मा और दिनेश ठाकुर के ये नए प्रस्तुतीकरण और इनके 'हाउस फुल' प्रदर्शन इसका प्रमाण हैं ।

'अंक' की अट्ठारहवीं वर्षगांठ के उपलक्ष्य में 1 से 12 अक्टूबर, 1995 को बम्बई के 'पृथ्वी थियेटर' में आयोजित नाट्योत्सव में 'आधे-अधूरे' के तीन प्रदर्शन और किए गए और इस प्रकार दिनेश अब तक इसके लगभग बीस प्रदर्शन कर चुके हैं।

(ख)

शौकिया नाट्य दलों के उल्लेखनीय प्रदर्शन

1. जे० एंड के० अकेडमी ऑफ़ आर्ट, कल्चर एंड लैंग्वेजेज़ (जम्मू) : मोतीलाल क्यमु

21 फरवरी, 1970 को जम्मू-कश्मीर एकेडेमी ऑफ़ आर्ट, कल्चर एण्ड लैंग्वेजेज ने मोतीलाल क्युम के निर्देशन में जम्मू के गुलाब भवन में मोहन राकेश के नाटक 'आधे अधूरे' का अभिमंचन किया । रंग-शिविर के प्रदर्शन के रूप में इसे मात्र सोलह दिनों में ही तैयार किया गया । अभ्यास को कभी रही और परिणामस्वरूप 'केवल पहला अंक सशक्त' बन पाया। निर्देशक को काले सूट वाले आदमी का चरित्र आरोपित लगा इसलिए उसे प्रस्तुति से पूर्णतः काट कर अलग कर दिया गया । शेष पुरुष पात्रों की भूमिकाएँ भी नाटककार की परिकल्पना के विरुद्ध अलग-अलग कलाकारों द्वारा करवाई गईं । महेन्द्र नाथ, सिंघानिया, जगमोहन और जुनेजा की भूमिकाएँ क्रमशः योगराज सूरी, महेश शर्मा, मसीह तथा कंवल किशोर शर्मा ने निभाईं । सावित्री के जटिल चरित्र को चंदा चौधरी ने साकार करने का भरसक प्रयत्न किया तो अशोक, बिन्नी तथा किन्नी के रूप में क्रमशः तलत महमूद, किरण शर्मा और सुषमा शर्मा ने भी नई पीढ़ी के बदले एवं बदलते हुए तेवर को पेश करने में अपने-अपने अभिनय कौशल का पूरा प्रयोग किया । दृश्य-बंध परिकल्पना, मंच सज्जा, प्रकाश व्यवस्था, ध्वनि-प्रभाव एवं संगीत, वेश-भूषा और रूप-विन्यास का सम्पूर्ण नेपथ्य-कर्म, रंग-शिविर की सीमा और परम्परा के अनुसार, नाटककार निर्देशक मोतीलाल क्यमू ने स्वयं ही संभाला । प्रस्तुति का एक ही प्रदर्शन हुआ जिससे खुद निर्देशक भी बहुत संतुष्ट और प्रसन्न नहीं थे—हालांकि उनके विचार से 'आधे अधूरे' मोहन राकेश का "सर्वश्रेष्ठ नाटक है तथा मंचन की दृष्टि से ज़ोरदार है ।"[66] यदि अभ्यास के लिए पर्याप्त समय मिलता तो सम्भवतः यह एक उल्लेखनीय एवं सराहनीय प्रदर्शन हो सकता था ।

2. कला संगम (पटना) : सतीश आनन्द

बिहार की राजधानी पटना की सर्वाधिक उल्लेखनीय और सक्रिय नाट्य-संस्था है—कला संगम। इसने अपने आधार-स्तम्भ एवं उत्साही रंगकर्मी सतीश आनंद के निर्देशन में राकेश के ख्याति प्राप्त रंग-नाटक 'आधे-अधूरे' की 1970, '72 और '79 में तीन प्रस्तुतियाँ कीं। इस नाटक के नौ सफल प्रदर्शनों ने न केवल इसके निर्देशक-अभिनेता और नाट्य-दल को ही प्रसिद्धि एवं प्रतिष्ठा दिलवाई बल्कि पटना के सम्पूर्ण हिंदी रंगमंच को भी एक गम्भीर और सार्थक मोड़ देने में महत्त्वपूर्ण भूमिका अदा की। 17-18 मई, 1970 को इंडियन मेडीकल एसोसियेशन हाल में प्रदर्शित इस नाटक में पांच पुरुषों की केन्द्रीय एवं कठिन भूमिका को निर्देशक सतीश आनन्द ने स्वयं बड़े परिश्रम और अभिनय-कौशल के साथ प्रस्तुत करने का प्रयत्न किया और प्रमुख स्त्री सावित्री के जटिल चरित्र को नयी अभिनेत्री विमी कपूर ने साकार करने की भरसक कौशिश की। एक अंग्रेज़ी पत्रिका के नाट्य-समीक्षक के अनुसार इसमें, "Mr. Anand's role as Mahendra Nath and Singhania was more successful than as Jagmohan and Zuneja. Kala Sangam has credit to persent a young smart and eductated punjabi girl Miss Vimi Kapoor, for the first time in the field of theatre. Her acting as 'Savitri' was up to the mark. Though she often forgot her dialogue, but she never felt nervous."[67]

इससे पहले पटना की कई नाट्य-संस्थाओं ने 'आधे-अधूरे' को कुछेक पूर्वाभ्यासों के बाद अधूरा ही छोड़ दिया था। इसलिए 'कला संगम' की प्रस्तुति को लेकर दर्शकों में कुछ अतिरिक्त उत्साह, जिज्ञासा और प्रशंसा का भाव होना स्वाभाविक ही था। अरुण कुमार सिन्हा के अनुसार व्याख्या और अभिनयात्मकता की दृष्टि से, "नाटक को समझने का प्रयास निर्देशक तथा मुख्य पात्र सतीश आनंद ने किया था और जहाँ तक वह समझ पाये, पुरुष-1, पुरुष-2, पुरुष-3 और पुरुष-4 को अलग-अलग देखने की कोशिश उन्होंने की। लेकिन मोहन राकेश की मूल भावना को, जो इन चार पात्रों के चरित्र-चित्रण के पीछे है, समझ पाने में सतीश आनंद असमर्थ मिले; क्योंकि मूलत: महेंद्रनाथ, सिंघानिया, जगमोहन और जुनेजा एकांश के बिखरे रूप हैं। सावित्री के रूप में कुण्ठित महिला का जो चित्रण मोहन राकेश ने करना चाहा है, उसके साथ न्याय तो विमी कपूर ने नहीं किया, लेकिन रंगमंच के उपयुक्त व्यक्तित्व ने सतही सफलता अवश्य दी।···कुण्ठा विरोधाभास और स्त्री-दाक्षिण्य विमी कपूर के अभिनय में नहीं उभर पाया।"[68] बड़ी लड़की बिन्नी के रूप में ज्योतिर्मयी श्रीवास्तव के अभिनय

की अपेक्षा छोटी लड़की किन्नी तथा लड़के अशोक की भूमिकाओं में क्रमशः सविता श्रीवास्तव एवं सुमन कुमार के जीवंत अभिनय की सभी ने मुक्त कण्ठ से सराहना की।

इसके बाद अप्रैल, 1972 में सतीश आनंद के ही निर्देशन में प्रदर्शित 'आधे-अधूरे' के नए मंचन ने "बिहार के रंगमंच के इतिहास में नया अध्याय जोड़ा। 'आधे-अधूरे' की सशक्त प्रस्तुतियों से बिहार के रंगमंच का पुनर्जागरण काल प्रारम्भ होता है। विनीता अग्रपाल, वीणा सहाय और वंदना गुप्ता अभिनेत्रियों के रूप में कला संगम की खोज रहीं। विनीता अग्रवाल ने 'आधे-अधूरे' में सावित्री की सशक्त भूमिका निभाकर न केवल अपनी अभिनय क्षमता का परिचय दिया बल्कि अपने व्यक्तित्व से रंगमंच को एक मर्यादित गम्भीरता भी दी। 'आधे-अधूरे' के चारों प्रदर्शन हर स्तर पर रंगमंच के क्षेत्र में मील के पत्थर प्रमाणित हुए, इनकी सम्पूर्ण सफलता से न केवल कला संगम बिहार नाट्य स्थितियों के 'पायोनियर' के रूप में स्थापित हुआ वरन् अन्य संस्थाओं ने भी नाटकों को गम्भीरता से लेने के प्रयत्न किये।"[69] अंग्रेज़ी अखबार के एक समीक्षक को सतीश आनंद द्वारा प्रस्तुत चारों पुरुष पात्रों की भूमिकाएँ पर्याप्त विश्वसनीय प्रतीत हुईं तथा नाटक की मूलाधार गृहिणी के रूप में विनीता अग्रवाल का अभिनय भी खासा भाव-प्रवण एवं विक्षुब्ध मन को भली-भाँति संप्रेषित करने में सक्षम लगा।[70] बिन्नी के रूप में वीणा सहाय की संवाद-प्रस्तुति कई जगह अस्पष्ट हो गई परंतु किन्नी और अशोक की भूमिकाओं में वंदना और सुमन कुमार की आक्रामक स्वच्छन्दता ने सबको प्रभावित किया। 'नटरंग' के समीक्षक रिपुदमन को कई कारणों से पात्रों का चुनाव दोष पूर्ण प्रतीत हुआ। उनके अनुसार, "विनीता अग्रवाल के अभिनय में मुक्तता और सहजता थी, फिर भी मध्यवर्गीय वर्जनाओं के बीच घुटती हुई सावित्री और उसकी अंतर पीड़ाओं की अभिव्यक्ति में विश्वसनीयता नहीं आ सकी। यही बात सतीश आनंद के साथ भी हुई। महेंद्रनाथ की उम्र और जीवन अनुभवों में जो एक तीखापन था वह आ नहीं सका। और यदि पात्रों का चुनाव कोई महत्त्व नहीं रखता है तो यह नाटक दर्शकों के लिए काफी प्रभावशाली रहा। सुमन कुमार और वीणा तथा वंदना जैसी नयी प्रतिभाओं ने काफी मेहनत के साथ काम किया। यह नाटक दर्शकों को बहुत ही पसंद आया। मेरे ख्याल से निर्देशन की अपरिपक्वता के बावजूद इस प्रदर्शन को 'उपलब्धि' माना जा सकता है।"[71] परंतु नाटक को करते समय सावित्री के चरित्र-निरूपण को लेकर अभिनेत्री विनीता अग्रवाल के मन में काफी द्वंद्व और विरोध का भाव था। उनका कहना है कि, "यदि हम लोगों ने नाटक राकेश की स्मृति में न किया होता, तो शायद नाटक 'आधे-अधूरे' मध्यांतर तक ही खेला जाता। चूंकि मैं स्वयं सावित्री की

भूमिका में थी, इसलिए अक्सर अपने निर्देशक और दिवा-स्वप्नों में मोहन राकेश से लड़ा करती थी कि उन्होंने सावित्री को बेवजह अपराधी घोषित किया है।"[72] और बहुत स्वाभाविक है कि इस दुविधा और अधिनिरूपण से असहमति का प्रत्यक्ष या परोक्ष प्रभाव अभिनेत्री के अभिनय पर भी पड़ा हो।

इसके बाद 24 फरवरी, 1979 को पटना के भारतीय नृत्य कला मंदिर में महत्वाकांक्षी 'द्वितीय नाट्य महोत्सव' के अंतर्गत 'आधे-अधूरे' की तृतीय प्रस्तुति हुई। "1970 एवं '72 में मंचित इस नाटक से यह प्रस्तुति भिन्न थी। आक्रोश, घुटन, टूट और असंतोष की नाटकीय अभिव्यक्ति को प्रभावशाली बनाने के लिए निर्देशक ने अपनी सूझ-बूझ और प्रयोगधर्मी प्रवृत्ति का परिचय दिया। साथ ही सावित्री की भूमिका के लिए वीणा सिन्हा एक नयी खोज रहीं, जिनकी भावाभिव्यक्ति दर्शकों के बीच सराही गई। सरिता ने जहाँ किन्नी का श्रेष्ठतम अभिनय किया, वहीं बिन्नी को आत्मसात करने में अंजु झा भी पीछे नहीं रहीं।"[73] अनुभव और अभ्यास का असर प्रस्तुति पर स्पष्टतः देखा जा सकता था। 'आर्यावर्त' के समीक्षक को भी 'आधे-अधूरे' का यह नया मंचन देखकर "प्रतीत हुआ कि जितना ही अधिक अभ्यास किया जाए अनुकृति उतनी ही सफल हो सकती है।"[74] इस समीक्षा तथा 'रविवार' में प्रकाशित किरण लता की रपट में सावित्री की भूमिका में वीणा सिन्हा के अभिनय की पर्याप्त सराहना की गई। स्वयं वीणा सिन्हा के अनुसार, " 'आधे-अधूरे' की सावित्री से मेरा परिचय और उस चरित्र को रंगमंच पर उतारने का अनुभव मेरे जीवन का एक महत्त्वपूर्ण तथा अविस्मरणीय अंश बन गया है।···मुझे उसका अधूरापन हर मायने में सच जान पड़ता है।"[75] और 'जनशक्ति' के नाट्य-समीक्षक के साक्ष्य पर हम कह सकते हैं कि "वीणा सिन्हा, सरिता सिन्हा, तथा सुमन कुमार के अलावा सिंघानिया तथा जुनेजा की भूमिकाओं में सतीश आनंद भी दर्शकों पर अपनी छाप छोड़ने में सफल हुए।"[76] परंतु पटना के ही एक अन्य नाट्य-समीक्षक एवं सक्रिय रंगकर्मी अविनाश चन्द्र मिश्र के अनुसार, "एक ही पुरुष जो विभिन्न भूमिकाएँ निभाता है, उस रूप में निर्देशक सतीश आनंद ने चारों-पाँचों भूमिकाओं में पार्थक्य तो स्थापित किया, पर महेंद्रनाथ और जुनेजा के रूप में वह अपेक्षित प्रभाव नहीं पैदा कर सके। जुनेजा वाला चरित्र भी स्थापित तो होता है, लेकिन उसका ऐसे दोस्त के रूप में स्थापित होना जो अपने मित्र की गृहस्थी को संतुलित रखने के लिए उसकी पत्नी को तटस्थ राय दे या स्थितियों का विश्लेषण करे और एक ऐसे दोस्त के रूप में स्थापित होना जो दोस्त की ओर से उसकी पत्नी को प्रताड़ित करे, उससे लड़े—मैं समझता हूँ दोनों में अंतर है। हुआ यह था कि जुनेजा लगभग महेंद्रनाथ का होकर, उसकी तरफ से सावित्री को समझा रहा था, उसे प्रताड़ित कर रहा था—जिससे तटस्थ विश्लेषण की

बजाए पैथोस क्रियेट हो रहा था।"[77] मजेदार बात यह है कि इसके ठीक विपरीत, अमरीशपुरी, श्रीराम लागू, ओम शिवपुरी तथा मनोहर सिंह जैसे सुप्रसिद्ध अभिनेताओं की बहुचर्चित प्रस्तुतियों से विवेच्य मंचन की तुलना करते हुए अंग्रेजी के एक प्रबुद्ध एवं प्रतिष्ठित (पर्यटक) समीक्षक-दर्शक को, यह लगा कि, "Kala Sangam's was a well-rehearsed show. Satish Anand in the main multiple role was admirably versatile and particularly impressive as Juneja." तथा अन्य पात्रों में से, "Bina Sinha identified herself with difficult role of Savitri especially during the last sequence when she is put in the dock by her husband's friend Juneja."[78]

सतीश आनंद की दृश्य-बंध परिकल्पना सांकेतिक-यथार्थवादी एवं आलेख के अनुरूप ही थी। पीछे दीवारों के फ्रेम मात्र थे और बीच की खाली जगह को सफेद धागों से बुनकर मकड़ी के जालों का आभास देकर नाटक की मूल-भावना को रेखांकित करने का प्रयास किया गया था। स्वयं निर्देशक के शब्दों में, "1972-73 में बाक्स-सैट का इस्तेमाल किया था। 1979 में दीवारें मकड़ी के जाले की तैयार कीं, जिससे इस घर में रहने वाले सभी पात्रों की मनःस्थिति और भी प्रखर और स्पष्ट होती गई।"[79] अशोक श्रीवास्तव की प्रकाश-व्यवस्था असरदार थी तथा बापी आचार्या की संगीत-योजना कारुणिक प्रसंगों को मुखर करने में विशेषतः सफल रही। कलात्मक गति-संरचना और प्रभावी सयोजनों ने 'आधे-अधूरे' के जीवंत एवं प्रखर सम्वादों के साथ मिलकर इसके समग्र प्रभाव को सघन एवं तीव्र बनाया।

3. यंग आर्टिस्ट कल्चरल ऐसोसियेशन (इलाहाबाद) : गजानन पित्रे

गजानन पित्रे के निर्देशन में इलाहाबाद की नाट्य-संस्था 'यंग आर्टिस्ट्स कल्चरल एसोसियेशन' ने 1970 में स्थानीय पैलेस थियेटर में 'आधे-अधूरे' का प्रस्तुतीकरण किया। काले सूट वाले आदमी की भूमिका काट दी गई और अन्य पुरुष-पात्रों की भूमिकाएँ भी नाटककार राकेश की मूल परिकल्पना के विरुद्ध अलग-अलग कलाकारों से करवाई गईं। इस प्रस्तुति में महेंद्रनाथ, सिंघानिया, जगमोहन और जुनेजा के रूप में क्रमशः कैलाशनाथ वाजपेयी, प्रणव कुमार बैनर्जी, सुबीर गोपाल दत्ता एवं प्रभुदत्त वाजपेयी ने अभिनय किया। केंद्रीय नारी चरित्र सावित्री के रूप में अलका सहाय ने अपने पात्र को मंच पर जीवंत करने की पूरी कोशिश की। अशोक और किन्नी के रूप में विनोद कुमार शर्मा तथा शशि पांडे ने नई पीढ़ी के विद्रोही तेवर को प्रखरता से उभारा। बिन्नी के रूप में स्मृति चैटर्जी ने बुझते हुए विद्रोह की पीड़ा एवं घुटन को साकार करने में अपनी अभिनय-क्षमता का अच्छा इस्तेमाल किया। दृश्य-बंध की परिकल्पना,

मंच-सज्जा और उसके निर्माण में अवनी देब, निषीथ नाथ मिश्रा तथा के० एल० कुलश्रेष्ठ ने परस्पर सहयोग से काम किया। प्रकाश-व्यवस्था ओम वोहरा की थी और ध्वनि एवं संगीत योजना सुधीर मंगेर की। वेशभूषा तथा रूप-विन्यास का दायित्व रामकृष्ण निर्भय ने सँभाला था। इलाहाबाद की यह प्रस्तुति 'आधे अधूरे' के आरम्भिक मंच-प्रयोगों में से एक उल्लेखनीय प्रस्तुति थी जिसमें निर्देशक ने राकेश जैसे प्रतिभावान, प्रतिष्ठित एवं दबंग नाटककार की रचना में सम्पादन और परिवर्तन का जोखिम उठाने का साहस दिखाया था।

4. युवा संगम (जबलपुर) : बलभद्र सिंह

16 मई, 1971 को जबलपुर के शहीद स्मारक प्रेक्षागृह के चक्रीमंच पर 'युवा संगम' ने नगर के वरिष्ठ नाट्य-निर्देशक बलभद्र सिंह के निर्देशन में 'आधे-अधूरे' का प्रस्तुतीकरण किया। निर्देशक के अनुसार, " 'आधे अधूरे' को मैं पहले बहुत जटिल और स्थानीय दर्शक के लिए अनुपयुक्त पा रहा था। जब करुणाकर पाठक ने (जिन्होंने बाद में मुख्य पात्र का अभिनय किया) 'आधे-अधूरे' नाटक मेरे सामने लाकर रखा और निर्देशन की बात कही, तो मैं स्पष्ट अस्वीकार कर गया।⋯ मैंने कई बार वह नाटक पढ़ डाला। जितना अधिक 'आधे-अधूरे' पढ़ता जाता, नाटक आत्मा में उतरता जाता। हुआ यह कि मेरा नाटक के प्रति चिंतन तीव्रतर होता गया और 'आधे-अधूरे' के पुरुषों को लगातार सात दिन तक मैं जीता रहा। उस सुख और तृप्ति से मैंने समझ लिया कि यह नाटक खेला जा सकता है।⋯ दूसरी बात मैंने यह पाई कि 'आधे-अधूरे' एक आडम्बरहीन नाटक है। इस नाटक की शैली आम आदमी की भाषा की तरह लगी। नाटक में दृश्यों के संकुचन तथा पात्र संख्या ने मंचीकरण की सरलता को उभार कर रख दिया है, जिसने मुझे बहुत प्रभावित किया।"[80] दो मास के अनथक पूर्वाभ्यासों के बाद जबलपुर में पहली बार ऐसे उत्तेजक नाटक का मंचन सम्भव हुआ जो रंगकर्मियों की दृष्टि से "संतोषजनक, दर्शक की दृष्टि से निराशापूर्ण और प्रचार की दृष्टि से उत्साहवर्द्धक"[81] सिद्ध हुआ।

इस प्रस्तुति में पुरुष पात्रों की चुनौतीपूर्ण केंद्रीय भूमिका करुणाकर पाठक तथा सावित्री की जटिल भूमिका सिंधु गडकरी ने परिश्रमपूर्वक अभिनीत की। अशोक, बिन्नी तथा किन्नी के रूप में क्रमशः दिलीप कुम्भोजकर, सरयू कुम्भोजकर और अंजलि कुम्भोजकर ने भी सराहनीय कार्य किया। निर्देशक के अनुसार, "जहाँ तक अभिनय की बात है, अभिनेताओं से मैं संतुष्ट रहा। दूसरी ओर करुणाकर पाठक ने चारों पुरुषों की एक साथ भूमिका का अस्सी प्रतिशत तक सफल निर्वाह किया। हर घटना के साथ हर क्षण हर पात्र को उसका जीवन जीने के लिए जिस जटिल प्रकाश-योजना की आवश्यकता होती है उसे इस

नाटक में मैंने बहुत सरल पाया। यही बात संगीत-योजना के लिए लागू हुई है। नाटक की अनुकूलता की दृष्टि से हमने 'शार्ट' संगीत लिया। रूप-सज्जा की दृष्टि से हमने केवल भाव-भंगिमा से ही पात्र परिवर्तित करने में सफलता पाई। सबसे अच्छी बात तो यह है कि ठोस और जानदार सम्वादों तथा भाषा की स्वाभाविकता नाटक को कहीं भी अभिनय-रिक्त नहीं करती।"[82]

नाटक की यथार्थवादी मंच-सज्जा गोपी वोस, सुरेश दत्त एवं गोपाल गुप्त ने मिल कर की तो प्रकाश-व्यवस्था जे० के० डी० गुप्ता तथा कुसुमाकर पाठक ने। ध्वनि-संयोजन का दायित्व प्रभाकर बागड़देव, बालकृष्ण दीक्षित एवं पास्कल पाल ने सम्भाला। वेश-भूषा तथा रूप-विन्यास का काम अशोक शुक्ल, रवींद्र-नाथ दुबे, धनीराम रजक और गोपी बोस ने सम्मिलित रूप से किया।

'आधे-अधूरे' की विवेच्य प्रस्तुति की एक प्रमुख विशेषता थी—गीतों का संयोजन। नीरज के लोकप्रिय गीतों के अलावा इसमें फिल्मी स्टाइल पर एक शीर्षक गीत भी रखा गया था जिसे एक स्थानीय कवि गोपाल गुप्त 'नीलेश' ने लिखा था। प्रभाकर बागड़देव के संगीत निर्देशन में पास्कल पाल एवं बालकृष्ण दीक्षित ने गीतों को स्वर दिया था। नाटक की मूल भावना को रेखांकित करने के उद्देश्य से 'नीलेश' के 32 पंक्तियों के गीत को प्रस्तुति का 'थीम-सौंग' बनाया गया—

ये जिंदगी है आधी, आधे हैं हम अधूरे,
अरमान हो सके कब, दुनिया में किसके पूरे।

यथार्थवादी प्रस्तुति-शैली में संयोजित 'आधे-अधूरे' के इस प्रदर्शन में दो-तीन रोमानी भाव-भूमि के गीतों का समावेश उचित सिद्ध नहीं हुआ। डा० विश्व भावन देवलिया के शब्दों में, "गीतों के कारण नाट्य-समस्या के सम्प्रेषण में बाधा आ गई थी।"[83]

निर्देशक और अभिनेताओं पर छाए फिल्मी प्रभाव का एक प्रमाण यह भी है कि 'आधे-अधूरे' की इस प्रस्तुति के बाद से ही वे लोग विगत दस वर्षों से बम्बई के फिल्म-उद्योग में काम पाने के लिए लगातार चक्कर लगा रहे हैं।

अपनी तमाम कमजोरियों और सीमाओं के बावजूद, निर्देशक को 'आधे-अधूरे' की अपरिमित सम्भावनाओं का एहसास है और उसे लगता है कि, "मैं इस नाटक का प्रदर्शन सारी दुनियां में कर लेने के बाद भी तृप्त नहीं हो सकूंगा।"[84] तत्कालीन स्थानीय प्रदर्शन-मूल्यों की दृष्टि से 'आधे-अधूरे' की इस प्रस्तुति को प्रशंसनीय कहा जा सकता है।

5. द सेंट्रल गवर्नमेंट हाई पावर वेलफ़ेयर कमेटी (चंडीगढ़) : वीरेंद्र मेंहदीरत्ता

चण्डीगढ़ के सुविख्यात नाट्य-निर्देशक वीरेंद्र मेंहदीरत्ता द्वारा दिसम्बर, 1971 में 'द सेंट्रल गवर्नमेंट हाई पावर वेलफेयर कमेटी' (चंडीगढ़) की ओर से प्रस्तुत 'आधे-अधूरे' का मंचन इस बहुचर्चित नाटक का शहर में पहला प्रस्तुतीकरण होने के कारण विशेष रूप से उल्लेखनीय रहा। "निर्देशक ने अपना प्रस्तुति-आलेख तैयार करते समय काले सूट वाला आदमी के आरम्भिक एकालाप तथा तीसरे अंक से सावित्री के लम्बे सम्वाद की कुछेक पंक्तियाँ काट दी थीं। 'आधे-अधूरे' को करने का प्रमुख कारण, डा० मेंहदीरत्ता के अनुसार, यह था कि नाटक, "पढ़ने पर प्रभावपूर्ण लगा। इसकी भाषा आम बोलचाल की भाषा है। पंजाब के प्रेक्षकों के लिए उपयुक्त। सोचा, मध्यवर्गीय जीवन की यह त्रासदी —मध्यवर्गीय लोगों के बसे इस शहर में जमेगी।" इसके अतिरिक्त, उनके शब्दों में, इस नाटक की, "सबसे बड़ी ताकत है मध्यवर्गीय जीवन के रोजमर्रा के तनावों को कलात्मक अभिव्यक्ति देने में इसकी सफलता। भाषा की सम्प्रेषणीयता—दूसरी ताकत। एक अभिनेता द्वारा अनेक भूमिकाओं की योजना अभिनेता के लिए चुनौती भी है और नाटक की सीमा भी।" विवेच्य प्रस्तुति में अपने अभिनय कौशल की सम्पूर्ण सामर्थ्य और सीमा के साथ विविध भूमिकाओं वाले इस पुरुष चरित्र को मंच पर साकार करने की चुनौती का सामना किया —सुशील आनंद ने। सावित्री के रूप में श्रीमती सुरिंदर पाल कौर तथा बिन्नी (बड़ी लड़की) के रूप में कु० मोहिनी शर्मा ने अपने चरित्रों से न्याय करने का भरसक प्रयत्न किया। अशोक और किन्नी (छोटी लड़की) की भूमिकाओं में युवा पीढ़ी के आक्रोश, विद्रोह और कुंठाजन्य चरित्र को साकार करने में वीरेंद्र तारा तथा श्रीमाला रावल ने भी रचनात्मक सहयोग दिया।

'टैगोर थियेटर' के मंच पर प्रस्तुत इस नाटक के यथार्थवादी दृश्य-बंध की परिकल्पना श्रीमती इंद्रा मित्तल ने की और ध्वनि प्रभाव दिए बीना आनंद ने। प्रकाश-व्यवस्था चरणदास की थी। कमल अरोड़ा के रूप-विन्यास एवं वेश-भूषा निरूपण ने भी प्रस्तुति को प्रभावी बनाने में अपना आंशिक सहयोग प्रदान किया। विवेच्य प्रस्तुति के कुल तीन प्रदर्शन हुए; एक शो दिल्ली में भी किया गया। कुल मिलाकर, "नाटक बहुत सफल रहा।" और "चंडीगढ़ में पहली बार खेले जाने के कारण कुछ लोग मुग्ध भी हुए।"[85] निर्देशक द्वारा अपनी व्याख्या का आरोप करने के बजाए स्वयं नाटककार और नाटक को समझने तथा उसे पूरी ताकत से दर्शकों तक पहुँचाने की ईमानदार कोशिश के कारण यह मंचन एक उल्लेखनीय एवं सराहनीय प्रयत्न सिद्ध हुआ।

6. रूपायन (जमशेदपुर) : मदनमोहन श्रीवास्तव

1 अक्टूबर, 1972 को जमशेदपुर की सक्रिय नाटय-संस्था 'रूपायन' ने टैल्को कालोनी के एम-53 के मुक्ताकाशी मंच पर मदनमोहन श्रीवास्तव के निर्देशन में 'आधे-अधूरे' का प्रस्तुतीकरण करके दर्शकों में उत्साह और रंग-चेतना की नई लहर पैदा कर दी। इसका द्वितीय प्रदर्शन 28.7.73 को ए० डी० एल० हाल में तथा तृतीय 16.8.75 को मोसाबनी के स्टाफ-क्लब में हुआ। इनके अतिरिक्त, इसके संशोधित रूप को जमशेदपुर में ही फरवरी, 1980 में दिखाने के बाद 25 फरवरी, 1980 को 'इलाहाबाद नाट्य संघ' द्वारा आयोजित एक नाट्य-प्रतियोगिता के अंतर्गत (प्रस्तुति के सम्पादित रूप का प्रदर्शन-काल एक घंटा) 'प्रयाग संगीत समिति' के मंच पर भी पेश किया गया। निर्देशक के अनुसार, "हमारे प्रथम प्रदर्शन में जिसको हमने ओपन-एअर-स्टेज पर लगभग 2000 दर्शकों के बीच प्रस्तुत किया—नाटक के अंत में खामोश कुछ सोचते हुए और कुछ अपने आप से बातें करते हुए बाहर निकले, उनकी वाणी जैसे मूक हो गई थी।" इसके विपरीत इलाहाबाद में इसका प्रदर्शन "बुरी तरह पिटा। कारण भी था इसका। वहाँ के अधिकारियों द्वारा इस नाटक का खूब प्रचार किया गया और इसका प्रदर्शन अंतिम दिन रखा गया। यह स्मरण रहे कि अच्छे नाटकों को ही अंत में रखा जाता है। हमारा नाटक और पात्र सचमुच ही बहुत अच्छे थे और अन्य प्रतिद्वंद्वियों द्वारा हमारा रिहर्सल देख लिया गया था। जान-बूझ कर वे पूरे नाटक में 'हूट' करते रहे, शोर मचाते रहे। जहाँ तक इसके सम्पादन का प्रश्न है बड़ी सतर्कता बरती थी हमने। नाटक को कुछ फास्ट भी रखा था। इसका प्रभाव जमशेदपुर में फरवरी '80 के हुए प्रदर्शन में काफी सुंदर पड़ा था।"[86] एक स्थानीय अंग्रेजी पत्र के नाट्य-समीक्षक के अनुसार जमशेदपुर में हुआ इसका प्रदर्शन 'ग्रिपिंग शो आफ़ इफ़्ट्स'[87] सिद्ध हुआ तो एक हिंदी नाट्य-समीक्षक के शब्दों में, "शाम सात बजे नाटक शुरू हुआ और नौ बजे खत्म। छोटा-सा समय का वृत्त, ढेर सारे कला-उत्साह और प्रसन्नता से भर गया।"[88]

पुरुष पात्रों की पाँचों भूमिकाएँ स्वयं निर्देशक मदनमोहन श्रीवास्तव ने अभिनीत कीं। दोषपूर्ण ध्वनि-व्यवस्था के कारण नाटक के आरम्भ में काले सूट वाले आदमी की लम्बी प्रस्तावना एकदम बेअसर रही और दर्शकों के शोर-गुल में खो गई। परंतु उसके बाद जैसे-जैसे नाटक आगे बढ़ा, वह दर्शकों को जकड़ता चला गया। एक नाट्य-समीक्षक के शब्दों में, "He had a good voice that at once gripped the audience, and expressive eyes that revealed the inner confficts of the role. One however wished that he ought to have chamged his approach in voice and style while portraying the two different characters."[89]

सावित्री की भूमिका कुलदीप कौर भूलर ने संतुलित ढंग से निभाई परंतु कई स्थानों पर उनकी आवाज बहुत धीमी होने के कारण कुछ सम्वाद अनसुने ही रह गए। बिन्नी, किन्नी और अशोक के अभिनय के विषय में एक नाट्य-समीक्षक का विचार है कि, "Puspalata Das as the frustrated elder daughter, was a complete misfit because of her waxen face, guileless speech and indecisive gestures, in sharp contrast to the youthful and precocious exuberance of the younger daughter, played by B. R. Pankaj who knew her role well. B. R. Singh as Ashok, the rebel son, was mediocre."[90]

उल्लेखनीय है कि अशोक की भूमिका इस प्रस्तुति में बी० आर० सिंह ने नहीं आर० बी० सिंह (राज बहादुर सिंह) ने अभिनीत की थी। फलक लगाकर बनाए गए कमरे की यथार्थवादी सज्जा ब्रजेश कुमार दास की थी। बाहर से आने का रास्ता सामने की दीवार के बीच में रखा गया। उसकी दाईं ओर ड्रेसिंग टेबल (फ्रेम जड़ी महात्मा गांधी की तस्वीर के साथ) और बाईं ओर एक खिड़की तथा उसके पास ही अशोक के लिए एक मेज तथा दो तीन मूढ़ों की व्यवस्था की गई। केन के सोफे को मंच के मध्य में रखा गया। प्रकाश-व्यवस्था कल्याण गुहा की थी और संगीत योजना मदनमोहन जोशी की। वेश-भूषा एवं रूप-विन्यास की जिम्मेदारी लालेश्वर सिंह ने सँभाली।

कुल मिलाकर निर्देशक के अनुसार, 'आधे-अधूरे' का यह प्रदर्शन 'अत्यन्त सफल' रहा तथा इसने "हमारी संस्था की मर्यादा को और बढ़ाया।"[91] 'नटरंग' में प्रकाशित संस्था के एक विवरण के साक्ष्य पर भी यह कहा जा सकता है कि इसने, "यहाँ के दर्शकों को काफी झकझोर दिया है।"[92]

'रूपायन' के 'आधे-अधूरे' के प्रथम प्रस्तुतीकरण का मुक्ताकाशी मंच पर प्रदर्शित होना इस नाटक के मंचन-इतिहास में इस प्रस्तुति की एक उल्लेखनीय विशेषता है।

7. जागृति (देहरादून) : अवी नंदा

फॉरेस्ट रिसर्च इंस्टीट्यूट के प्रेक्षागृह में देहरादून की सक्रिय नाट्य-संस्था 'जागृति' ने अवी नंदा के निर्देशन में जनवरी, 1973 में 'आधे-अधूरे' के दो प्रदर्शन किए जिसे लगभग तीन "हजार दर्शकों ने देखा। उत्तर प्रदेश संगीत नाटक अकादमी की नाटक प्रतियोगिता के अंतर्गत 12 जनवरी, 1973 को कौसर बाग, लखनऊ में भी इसका एक प्रदर्शन हुआ। आलेख में कोई परिवर्तन नहीं किया

गया परंतु पाँचों पुरुष-पात्रों की भूमिकाएँ एक ही कलाकार द्वारा करवाए जाने की नाटककार की मूल इच्छा और परिकल्पना को स्वीकार न करते हुए निर्देशक ने अपनी व्याख्या के मुताबिक विविध पुरुष-पात्रों को अलग-अलग कलाकारों से ही करवाने का फैसला किया। काले सूट वाले आदमी और महेंद्रनाथ की भूमिका एक ही अभिनेता—बी० एस० भारद्वाज—ने निभाई जबकि सिंघानिया, जगमोहन और जुनेजा के रूप में क्रमश: ए० एस० गोसाईं, अवी नंदा तथा आर० एल० टंडन ने अभिनय किया। निर्देशक के शब्दों में इस नाटक को करने के लिए चुनने का प्रमुख कारण यह था कि, "पढ़ कर ऐसा लगा, जैसे घर-घर की कहानी हो।" उनके अनुसार हालाँकि इस नाटक में "कथा की गति धीमी है और कई स्थानों पर सम्वाद लम्बे हैं और जमते भी नहीं" परंतु फिर भी इसकी "सबसे बड़ी ताकत हैं इसके डायलाग।" और मूलत: सम्वादों की ताकत पर ही टिकी इस प्रस्तुति में सावित्री की भूमिका में चंदा तथा अशोक, बिन्नी और किन्नी के रूप में क्रमश: रवि जैरथ, नीरा नंदा तथा अंजु भारद्वाज ने अपने-अपने चरित्र से पूरा न्याय करने की भरसक कोशिश की। रूप-विन्यास बी० एस० भारद्वाज का था जबकि शेष सम्पूर्ण पार्श्व-कर्म अवी नंदा ने किया। निर्देशक के अनुसार प्रस्तुति 'संतोषजनक' थी।[93] परंतु लखनऊ के प्रदर्शन पर दर्शकों-समीक्षकों की प्रतिक्रिया अनुकूल नहीं रही। एक नाट्य-समीक्षक के अनुसार यह "प्रदर्शन इतना कमजोर था कि लगा एक अच्छे नाटक की रंगमंच पर हत्या हो गई।"[94] काफी पहले ओम शिवपुरी के 'दिशांतर' का भी प्रदर्शन देहरादून में हुआ था। अत: जिन नाट्य-प्रेमियों ने उसे देखा होगा स्वभावत: उन्हें 'जागृति' का प्रदर्शन उसके मुकाबले कमजोर, शिथिल और प्रभावहीन लगा हो—तो आश्चर्य नहीं करना चाहिए।

8. रंगशिविर (उज्जैन) : राजेन्द्र गुप्त

डा० प्रभातकुमार भट्टाचार्य द्वारा संयोजित उज्जैन के एक रंगशिविर में राष्ट्रीय नाट्य विद्यालय के स्नातक, घुमक्कड़ नाट्य-निर्देशक राजेन्द्र गुप्त ने सितम्बर, 1974 में 'अंधायुग' के साथ-साथ 'आधे अधूरे' को भी तैयार कराया। राजेन्द्र गुप्त द्वारा परिकल्पित दृश्य-बंध का निर्माण गफूर कुरेशी ने किया। इसमें पीछे साइक्लोरामा के बीचों-बीच बाहर-से आने-जाने के मुख्य-द्वार की योजना की गई और बाईं ओर के पार्श्व-मध्य पीछे का दरवाजा रखा गया। इसी दरवाजे से आगे की ओर अशोक की मेज और पीछे सावित्री कीं ड्रेसिंग टेबल रखी गई। दाईं ओर के पार्श्व-मध्य से अन्दर रसोई का संकेत दिया गया और उसके आगे डाइनिंग टेबल तथा पीछे की ओर फाइल इत्यादि के लिए बुक रैक का स्थान निर्धारित किया गया। सोफे को स्वयं नाटककार की परिकल्पना और इस

नाटक की अधिकांश प्रस्तुतियों की तरह मंच के बीचो-बीच प्रमुख स्थान पर रखा गया। सम्भवतः रंगशिविर की प्रस्तुति होने के कारण ही इसमें पुरुष भूमिकाएँ अलग-अलग अभिनेताओं से करवाई गईं। काले सूट वाले आदमी, महेन्द्रनाथ, सिंघानिया, जगमोहन और जुनेजा के रूप में क्रमशः हरीश पाठक, भगवती शर्मा, नवीन डेबिड तथा हफीज़ शुक्ल ने अभिनय किया। सावित्री के रूप में बिमला शुक्ला तथा बिन्नी तथा किन्नी के रूप में सुशीला धर्मदासानी एवं शोभा यादव ने अभिनय किया तो अशोक के रूप में हिमांशु रथ ने भी चरित्र की आक्रामकता को संतुलित नाटकीयता के साथ पेश किया। नेपथ्य-कर्म का दायित्व निर्देशक राजेन्द्र गुप्त एवं ग़फूर कुरैशी ने संयुक्त रूप से सँभाला। अधिकांश कलाकार चूंकि वयस्क, उच्च शिक्षा प्राप्त, प्रबुद्ध एवं सम्वेदनशील व्यक्ति थे, इसलिए कलात्मक सूक्ष्मता के बजाए प्रदर्शन को एक अतिरिक्त गरिमा और गम्भीरता प्राप्त हो गई।

9. ऑफ़ीसर्स क्लब (सवाई माधोपुर, राजस्थान) : सुशील चौधरी

राष्ट्रीय नाट्य विद्यालय के स्नातक सुशील चौधरी ने 1973 में दिल्ली की शौकिया बंगला नाटक मंडली 'चतुरंग' के लिए 'आधे अधूरे' को, नाट्यालेख में बिना कोई हेर-फेर या काट-छाँट किए, सफलतापूर्वक कर लेने के बाद यह अनुभव कियाथा कि,"अवसर मिले तो इस नाटक को नये ढंग से प्रस्तुत करने की इच्छा मेरे मन में है।"[95] और यह अवसर उन्हें दिया सवाई माधोपुर (राजस्थान) के ऑफीसर्स क्लब के नाट्य-प्रेमी सदस्यों ने। निर्देशक ने अपनी इच्छा और समझ के अनुरूप 'काले सूट वाले आदमी का चरित्र' प्रस्तुति से पूरी तरह हटा दिया क्योंकि, 'इसकी बातें बाद में सिद्ध नहीं होतीं—बल्कि मेरे विचार से तो का० सू० आदमी और जुनेजा के सम्वाद परस्पर विरोधी हैं।' इसलिए इस प्रदर्शन में 'प्रस्तावना' को कई हिस्सों में बाँट कर नाटक के बीच में अवसर निकालकर टेपांकित-सम्वादों के द्वारा कमैंट्स के रूप में पेश किया गया। प्रदर्शन के आरम्भ में हल्के संगीत के साथ टुकड़ों में बँटी रोशनी अस्त-व्यस्त घर की बिखरी चीजों को आलोकित करती है। इसके बाद महेन्द्रनाथ तथा सावित्री के तीखे-कटु सम्वादों को टेपांकित रूप में सुनाया जाता है,[96] तत्पश्चात् 'प्रस्तावना' का अंश 'फिर एक बार, फिर से वही शुरुआत…।' तथा 'इसमें मुख्य भूमिका किसकी थी —मेरी, उस स्त्री की, परिस्थितियों की, या तीनों के बीच से उठते कुछ सवालों की।"[97] ठीक इसके बाद बिन्नी का टेपांकित सम्वाद, "तुम बता सकती हो ममा, कि क्या चीज है वह ? और कहाँ है वह ?…कहाँ पर है वह इस घर में ?"[98] नेपथ्य से प्रस्तुत सम्वादों का यह मोन्ताज नाटक की मूल भावना और उसके आधे-अधूरे चरित्रों से हमारा परिचय करा देता है।

निर्देशक के अनुसार, "नाटक के चारों पुरुष पात्र एक ही नहीं हैं, उनके अलग-अलग होने से स्त्री की त्रासदी अधिक उभरती है। इसलिए मैंने चार अलग-अलग कलाकारों से ये भूमिकाएँ करवाईं।" क्लब के एक बड़े कक्ष में अस्थायी रूप से निर्मित मंच पर प्रदर्शित इस प्रस्तुति में महेन्द्रनाथ की भूमिका आर० बी० डी० शर्मा ने अभिनीत की तो सिंघानिया और जुनेजा को प्रकाश मेहरा तथा आर० पी० गोयल ने साकार करने का प्रयत्न किया। सावित्री के रूप में श्रीमती वसंत कोठारी तथा अशोक और किन्नी के रूप में क्रमशः रवि सक्सेना और ज्योति शर्मा ने अभिनय किया। "क्लब के अफसरों ने ही अभिनय किया था, इसलिए उसका स्तर बहुत अच्छा न होते हुए भी अंशों में दर्शनीय सामान्यतः संतोषजनक ही था। सावित्री का चरित्र प्रभावशाली रहा यद्यपि अभिनय में गहराई का अभाव था।"

सम्पूर्ण नेपथ्य-कर्म निर्देशक सुशील चौधरी ने ही किया था। प्रकाश उपकरण दिल्ली से मँगवाए गए थे। दृश्य-बंध, प्रकाश-परिकल्पना और ध्वनि-प्रभावों ने नाटक के मूल कथ्य को रेखांकित करने में पर्याप्त सहायता की।

नाटक के अंत को लेकर भी निर्देशक ने थोड़ी स्वतंत्रता बरती। महेन्द्रनाथ के लौटकर दरवाजे पर आते ही सभी पात्रों को 'फ्रीज़' दिया गया और नेपथ्य से "फिर एक बार, फिर से वही शुरुआत···।" प्रस्तावना के अंश सुनाए गए। लगभग एक हजार दर्शकों द्वारा यह प्रदर्शन देखा और सराहा गया।[99]

10. थियेटर मूवमेंट (कटक, उड़ीसा) : प्रसन्ना

कटक के एक प्रमुख नाट्य-दल 'थियेटर मूवमेंट' द्वारा 5 और 6 जुलाई, 1975 को स्थानीय कला विकास केंद्र में सायं 7 बजे मोहन राकेश के विख्यात नाटक 'आधे-अधूरे' को राष्ट्रीय नाट्य विद्यालय, नई दिल्ली के स्नातक प्रसन्ना मोहंती के निर्देशन में प्रस्तुत किया गया। निर्देशक के अनुसार, "Aadhe Adhure is a situation of our society which is a modern middle class family with typical criticism and study."[100] इस प्रस्तुतीकरण में पुरुष पात्र की पाँच भूमिकाएँ अलग-अलग कलाकारों से करवाई गईं। काले सूट वाला आदमी तथा महेंद्रनाथ की दोहरी भूमिका गोविंद गुप्ता ने निभाई तो सिंघानिया, जगमोहन तथा जुनेजा के रूप में क्रमशः सुरेंद्र शर्मा, मिर्ज़ा रियाज़ और मोहसिन ने अपनी-अपनी अभिनय-प्रतिभा का प्रदर्शन किया। सावित्री की केंद्रीय भूमिका उर्मिला ने अभिनीत की तो बिन्नी, किन्नी और अशोक के रूप में क्रमशः मधुमिता, बेबी साधना एवं प्रीतम ने भी अपने-अपने चरित्रों को मंच पर जीवंत बनाने की भरसक कोशिश की। नाटक के कथ्य को प्रभावशाली ढंग से दर्शकों तक पहुँचाने में अरुणदास की प्रकाश-परिकल्पना तथा शांतनु महापात्र की संगीत-

योजना ने उल्लेखनीय योगदान किया। हेमंत बोस इस प्रस्तुति के सह-निर्देशक थे।

11. दर्पण (सीतापुर) : विजय कपूर

1 जनवरी, 1976 को सीतापुर की 'दर्पण' शाखा ने विजय कपूर के निर्देशन में 'आधे-अधूरे' को सीतापुर नेत्र-अस्पताल के हाल में प्रस्तुत किया। पुरुष पात्र की पाँचों भूमिकाएँ अलग-अलग कलाकारों से करवाई गईं। काले सूट वाले आदमी की भूमिका प्रवीण सचदेव तथा महेंद्रनाथ और सिंघानिया की बी० आर० मुखर्जी एवं रमेश तिवारी ने अभिनीत की। जगमोहन और जुनेजा के रूप में विजय कपूर तथा ओंकार नाथ मिश्र मंच पर उतरे। सावित्री की तनावपूर्ण जटिल भूमिका को प्रमोद बाला ने साकार करने का प्रयत्न किया। अशोक, बिन्नी तथा किन्नी के रूप में क्रमशः सलमान वसी, अमिता मिश्रा और मोहिनी ने नई पीढ़ी के विद्रोह, विरोध और आक्रोश के विविध स्तरों को दर्शकों तक सम्प्रेषित करने के लिए अपनी-अपनी अभिनय-प्रतिभा का अच्छा इस्तेमाल किया। काशी प्रसाद वैश्य का यथार्थवादी दृश्य-बंध नाटककार की परिकल्पना के काफी नजदीक था। प्रकाश-योजना पीर गुलाम तथा देवेंद्र राज 'अंकुर' की थी। पार्श्व संगीत एवं ध्वनि-प्रभाव विजय कपूर के निर्देशन में गोल्डन साउंड सर्विस के सौजन्य से प्रस्तुत किए गए थे। रूप-विन्यास इब्राहिम का था। दर्शकों की प्रतिक्रिया उत्साहवर्द्धक थी। इस प्रस्तुति का एक प्रदर्शन कालांतर में लखनऊ में भी किया गया। स्वयं निर्देशक के अनुसार, " 'आधे-अधूरे' मूल हिंदी नाटकों में सर्वोत्तम रचना है और मेरी दृष्टि से हमारा यह प्रस्तुतीकरण सफल कहा जा सकता है।"[101]

12. अनुपमा नाट्य एवं सांस्कृतिक संस्थान (वाराणसी) : अवधबिहारी लाल (सोना बाबू)

वाराणसी की प्रमुख, प्रतिष्ठित और चर्चित नाट्य-संस्था 'अनुपमा' ने 1976 के आरम्भ में अवधबिहारी लाल (सोना बाबू) के निर्देशन में मोहन राकेश कृत हिंदी के बहुचर्चित नाटक 'आधे-अधूरे' को स्थानीय श्री मुरारीलाल मेहता (नागरी नाटक मंडली) के प्रेक्षागृह में प्रस्तुत किया। इस नाटक में प्रस्तुत आधुनिक जीवन के तनाव और विघटन तथा पारिवारिक सम्बन्धों के उलझाव और अनिश्चय को मंच पर जीवंत रूप में प्रदर्शित करने में अवधबिहारी लाल (पुरुष की पाँचों भूमिकाएँ), लता मिश्रा (सावित्री), विजय कुमार तिवारी (अशोक), हेमा कृष्णन (बिन्नी) तथा अंजली श्रीवास्तव (किन्नी) ने अपनी-अपनी अभिनय-प्रतिभा एवं सूझ-बूझ का भरसक उपयोग किया। दृश्य-सज्जा

महेंद्र कुमार श्रीवास्तव की थी और रूप-सज्जा कांजी लाल की। रंगदीपन निर्मल मिश्र (मिश्र-बंधु) का था और ध्वनि-प्रभावों के टेप-संचालक थे—ओम प्रकाश जौहरी। डा० भानुशंकर मेहता के अनुसार, " 'आधे-अधूरे' के तीन मंचन अवधबिहारी लाल श्रीवास्तव के निर्देशन में हुए। दूसरा मंचन देखकर राकेश जी विकल हुए थे, उन्हें लगा कि अभी यह रिहर्सल स्टेज में है और उन्होंने बाल कलाकारों में अच्छी सम्भावना देखी थी। नाट्य-प्रतियोगिता में श्रीवास्तव जी ने अत्याधुनिक मंच-सज्जा का सहारा लिया अर्थात् विभिन्न आकार के ब्लाक्स रक्खे—पर उसे तनिक भी निभा नहीं पाये।"[102] परंतु 13 से 20 फरवरी, 1976 के बीच गोरखपुर में हुई प्रथम सम्भागीय नाटक प्रतियोगिता में इसे मिलने वाले पुरस्कार प्रस्तुति की एक दूसरी ही तस्वीर पेश करते हैं। इस प्रतियोगिता के अंतर्गत जूनियर इंस्टीट्यूट प्रेक्षागृह, गोरखपुर में 'अनुपमा' द्वारा प्रस्तुत 'आधे-अधूरे' को सर्वश्रेष्ठ प्रस्तुति, सर्वश्रेष्ठ निर्देशन, सर्वश्रेष्ठ मंच-सज्जा एवं सर्वश्रेष्ठ रंगदीपन के साथ-साथ लता मिश्रा को द्वितीय श्रेष्ठ अभिनेत्री, विजय कुमार तिवारी को द्वितीय श्रेष्ठ अभिनेता एवं अंजली श्रीवास्तव को विशिष्ट बाल-कलाकार के पुरस्कार देकर सम्मानित किया गया।[103] सुप्रसिद्ध नाट्य-समीक्षिका एवं रंगकर्मी डा० गिरीश रस्तोगी के अनुसार इस प्रदर्शन में "नाटक के मूल व्यापक अर्थ की रंचमात्र भी सूक्ष्म स्तर पर प्रस्तुति न होते हुए भी, उसमें नाटक के अनुरूप एक तेज गति और लय थी। उसकी दृश्य-परिकल्पना भी नाटकीय अर्थ के अनुरूप और उसमें घुला 'ग्रे' रंग भी अर्थ देता हुआ था। इस दृश्य-कल्पना के लिए वह पुरस्कृत भी हुआ।"[104] एक अन्य नाट्य-समीक्षक के अनुसार प्रतियोगिता में अभिनय-दक्षता की जो स्मृतियाँ हवा में असर छोड़ गईं, उनमें कुछ अन्य कलाकारों के साथ-साथ इस 'आधे-अधूरे' के अवधबिहारी लाल, लता मिश्र, विजय कुमार तिवारी और अंजलि भी उल्लेखनीय हैं।[105] इसके बाद इसे उ० प्र० संगीत नाटक अकादमी, लखनऊ द्वारा आयोजित पंचम प्रादेशिक नाटक प्रतियोगिता के अंतर्गत भी प्रस्तुत किया गया और इसका एक अन्य प्रदर्शन 12 मार्च, 1976 को वाराणसी के नागरी नाटक मंडली के प्रेक्षागृह में भी किया गया।

13. आर्टिस्ट कम्बाइन (ग्वालियर) : बसंत परांजपे

सामान्यतः मराठी में नाटक करने वाली ग्वालियर की सुप्रसिद्ध नाट्य संस्था 'आर्टिस्ट कम्बाइन' ने बसंत परांजपे के निर्देशन में 20 फरवरी, 1976 को स्थानीय लक्ष्मी बाई शारीरिक प्रशिक्षण महाविद्यालय के सभागार में 'आधे-अधूरे' का जो हिंदी में प्रस्तुतीकरण किया (जिसकी पुनरावृत्ति 'नाट्य-मंदिर' में मार्च. 76 में हुई)[106], उसे देखकर, निर्देशक के अनुसार, "दर्शक कथावस्तु के

साथ समरस हुए और नाटककार और कलाकार दोनों को ही सराहा गया।" तथा "समाचार पत्रों ने मंचन की सराहना की।" एक प्रबुद्ध प्रेक्षक के अनुसार, "बसंत परांजपे द्वारा निर्देशित इस नाटक ने यह सिद्ध कर दिया कि मराठी वाले हिंदी मंच पर अच्छा दखल रखते हैं।"[107] इस अभिमंचन की एक उल्लेखनीय विशेषता यह रही कि इसमें नाटककार की कल्पना के विपरीत पाँच पुरुष पात्रों की भूमिकाएँ अलग-अलग कलाकारों से करवाई गईं। निर्देशक के अनुसार इस परिवर्तन का प्रमुख कारण यह था कि, "आज तक जिन बड़े कलाकारों ने यह नाटक प्रस्तुत किया वे शायद अपनी अभिनय क्षमता दर्शकों को दिखाने का मोह संवरण न कर पाये और इसलिए चारों पुरुष भूमिकाएँ स्वयं ही कीं।...मैंने अपने आपको अलग रखकर दर्शकों के दृष्टिकोण से नाटक का अध्ययन किया और इस निष्कर्ष पर पहुँचा कि एक ही कलाकार को अलग-अलग चार चरित्रों में चरित्र की अभिव्यक्ति और अस्तित्व को व्यक्त करने के लिए दिया गया समय बहुत ही कम है।... अब सोचने की बात यह है कि दर्शक नाटक देखने आते हैं। नाटक में प्रस्तुत कथानक और उसके माध्यम से नाटककार द्वारा प्रस्तुत वर्तमान समाज के अधूरेपन की समस्याओं को समझने, उसके साथ समरस होने के बजाय नाटककार द्वारा अभिव्यक्त की गई समस्याओं से भटक कर, इस बार-बार भेस बदल कर आने वाले कलाकार से ही उलझ कर रह जाते हैं। सम्भव है दर्शक घर पहुँच कर बिस्तर पर लेटे-लेटे नाटक के बारे में जब सोचता होगा तब नाटक में प्रस्तुत मूल समस्या की तह तक पहुँच पाता होगा। परंतु यह प्रतिक्रिया विलम्ब से होती है। कलाकार या नाटककार को जो प्रशंसा या शाबासी और अभिव्यक्ति की प्रतिक्रिया आमने-सामने प्रेक्षागृह के अंदर मिलनी चाहिए, वह नहीं मिल पाती। इन्हीं सब बातों को ध्यान में रखकर मैंने चार अलग-अलग कलाकारों को चारों भूमिकाओं के लिए चुना। उससे लाभ यह हुआ कि नाटक में निहित मूल समस्या मुखरित होकर नाटक के मंचन के दौरान ही सामने आ गई।" निर्देशक की इस कामना को मंच पर साकार करने में काले सूट वाले आदमी तथा महेंद्र नाथ के रूप में नाना गडवेकर, सिंघानिया के रूप में गणपत राव पुंडे तथा जगमोहन और जुनेजा के रूप में विजय बापट तथा बसंत परांजपे ने अपनी अभिनय क्षमता का भरपूर प्रदर्शन किया। निर्देशक की इच्छानुसार सतीश नारूलकर ने अशोक की भूमिका में उद्दंडता और उच्छृंखलता के बजाए कुछ शिष्टता लाने की कोशिश की। बसंत परांजपे के शब्दों में यह सच है कि इसमें "परिस्थितियों ने विद्रोह की भावना भर दी है लेकिन वह कांवेंट स्कूल में पढ़ा है, वहाँ के संस्कार उस पर होना अनिवार्य है—इसलिए आते-जाते परदों से हाथ पोंछ कर उन्हें गंदे करना और इस तरह की अन्य घिनौनी हरकतें करने के लिए मैंने उसे प्रोत्साहित नहीं किया।" बिन्नी और किन्नी के रूप में

रेखा खांडेकर तथा स्वप्ना टिपणिस एवं सावित्री की जटिल भूमिका में उर्मिला दाते ने भी अपने-अपने चरित्रों को जीवंत बनाने का भरसक प्रयत्न किया। कलाकारों के नामों को देखकर यह धारणा बनना स्वाभाविक है कि इन तमाम मराठी भाषी कलाकारों को हिंदी भाषा तथा उसके सम्वादों की बहुविध अर्थ-छायाओं को समझने और सम्प्रेषित करने में कितनी और कैसी सफलता मिली होगी ? परंतु इस संदर्भ में यह तथ्य ध्यातव्य है कि इन कलाकारों की मातृभाषा भले ही मराठी हो किंतु इन्हें हिंदी भाषी क्षेत्रों में रहते और काम करते बरसों गुज़र गये हैं।

अभिनेता-निर्देशक ही नहीं, इस प्रस्तुति के नेपथ्य-कर्म से जुड़े अन्य कलाकार भी मराठी भाषी ही थे। पार्श्व कर्म की दृष्टि से विवेच्य प्रस्तुति में आलोक-व्यवस्था रविंद्र पुंडे, संगीत-परिकल्पना शशिकांत ओदक, वेश-भूषा सुनंदा टिपणिस, रूप-सज्जा बालकृष्ण कर्डेकर और ध्वनि-योजना शरद नाईक की थी। मंच-प्रबंध सुरेंद्र दंडवते एवं दत्तात्रय मोखरी वाले का था। प्रदर्शन का तकनीकी पक्ष सराहनीय था।

स्त्री-पुरुष सम्बन्धों को लेकर लिखा गया यह नाटक अनेक स्तरों पर वर्तमान समाज की विडम्बनाओं और अधूरेपन की अभिव्यक्ति करता है। स्त्री इस नाटक की धुरी है। उसका असंतोष ही इसका स्थायी स्वर है। इसके अतिरिक्त विभाजित व्यक्तित्व का आक्रोश, युवा पीढ़ी का असंतोष और क्षोभ—सभी समस्याएँ इस नाटक में शक्तिशाली रूप में मुखरित हुई हैं। इसकी विकट रचनात्मक चुनौती का स्मरण करते हुए निर्देशक ने पूरी ईमानदारी से स्वीकार किया कि "जब नाटक के निर्देशन की जिम्मेदारी संस्था ने मुझे सौंपी, मैं नाटक का उच्च स्तर एवं अन्य बड़े-बड़े कलाकारों द्वारा उसके मंचन की टिप्पणियाँ पढ़कर और सुनकर डर-सा गया था। एक प्रश्न था—क्या मैं यह जिम्मेदारी निभा पाऊँगा ? पर मेरे अंदर के कलाकार ने इसे चुनौती माना और मैं पूरे जोर-शोर से नाटक के हर पहलू पर बारीकी से विचार करने लगा। मैं जितनी बार नाटक पढ़ता, पहले स्थूल फिर धीरे-धीरे नाटक में अभिव्यक्त सूक्ष्म भावनाओं की परतें खुलती चली गईं।"

भैया भागवत, राजा नेवासकर एवं शकूर खाँ की मंच-परिकल्पना मूल आलेख के लगभग अनुरूप ही थी। अल्मारी, पिछले दरवाजे और बाईं ओर रखी गई ड्रेसिंग टेबुल को अंग्रेजी के 'एल' के आकार में बनाए गए थोड़े ऊँचे धरातल पर रखा गया, जबकि मध्य में रखे सोफे और दाईं ओर स्थित डाइनिंग टेबल (जिसकी कुर्सी का एक पाया टूटा हुआ था) को सामान्य धरातल पर ही प्रस्तुत किया गया। मंच-व्यवस्थापक द्वारा निर्देशित 'घर' की उच्च-स्तरीय सज्जा की कुछ समीक्षकों ने आलोचना भी की। मार्च, 1976 में भोपाल के 'मध्य प्रदेश

नाट्य समारोह' के अंतर्गत प्रदर्शित इस प्रस्तुति की समीक्षा करते हुए रश्मि बाजपेयी ने लिखा कि, "ग्वालियर का आर्टिस्ट कम्बाइन शायद तड़क-भड़क से इस कदर आक्रांत है कि 'आधे-अधूरे' में एक निम्न मध्यवर्गीय ड्राइंग रूम की कल्पना तक नहीं कर सकता। एक अपेक्षाकृत सम्पन्न व्यक्ति के सजे-बजे कमरे में एक कुर्सी का टूटा पाया दिखाने से ही तो उस पूरे परिवेश और दृष्टिकोण को बदला नहीं जा सकता।"[108] इस प्रसंग में निर्देशक का उत्तर है कि, "परिस्थिति के किए अधटूटा टी सेट, फटा पुराना सोफा, जीर्णावस्था में पहुँचे हुए परदे और कुशन कवर्स इन सब चीजों का जिक्र किया गया है। मैं मान लेता हूँ कि घर में गरीबी आ गई है यह दिखाने के लिए उपरोक्त चीजें दिखलाना पोषक है पर फर्नीचर का टूटी हालत में होना समझ में नहीं आता। सावित्री नौकरी करती है, उसके सहयोगी एवं परिचित लोग घर पर आते हैं, ऐसी हालत में घर ठीक-ठाक दिखाई दे इतना वह कर ही सकती है—भले ही उसका मन उस घर से ऊब गया हो।" इसके अतिरिक्त, "अपने आपको सुबुद्ध समझने वाले दर्शकों ने कहा कि घर पर चाय की पत्ती तक नहीं थी, इतनी गरीबी में मंच-सज्जा कुछ अधिक साफ-सुथरी नजर आ रही थी। पर अतिरंजित मद्रासी फार्मूलों में मेरा विश्वास नहीं है। मेरे विचार से जहाँ बच्चों को हर रोज दूध दिया है, नाश्ते के लिए डबलरोटी चीज का डिब्बा आ सकता है—वहाँ घर पर चाय की पत्त का न होना एक संयोग भी हो सकता है। मैं नहीं समझता निम्न मध्यवर्ग के परिवार रोज-रोज बच्चों को दूध देने का पैसा जुटा पाते होंगे। मैंने पूरा नाटक उपरोक्त दृष्टिकोण को सामने रखकर निर्देशित किया और सफलता भी मिली।"[109] स्पष्ट है कि स्थानीय स्तर पर 'आधे-अधूरे' की इस प्रस्तुति ने पर्याप्त प्रशंसा और ख्याति प्राप्त की होगी तभी इसे 'मध्य प्रदेश नाट्य समारोह' में सम्मिलित किया गया होगा। यह अलग बात है कि 'दिशांतर' और 'थियेटर यूनिट' की प्रस्तुतियाँ देख चुके समीक्षकों अथवा प्रबुद्ध प्रेक्षकों को 'आर्टिस्ट कम्बाइन' का यह प्रदर्शन उतना प्रभावशाली न लगा हो।

14. इंटरनेशनल थियेटर (भुवनेश्वर) : गोविंद गुप्ता

4 और 5 दिसम्बर, 1976 को भुवनेश्वर की नाट्य-संस्था 'इंटरनेशनल थियेटर' ने स्थानीय रवींद्र मंडप के मंच पर गोविंद गुप्ता के निर्देशन में 'आधे-अधूरे' का एक चर्चित प्रस्तुतीकरण किया। इसमें भी इस नाटक की अन्य कई प्रस्तुतियों की तरह पुरुष भूमिकाएँ, नाटककार की मूल परिकल्पना के विरुद्ध, एक के बजाए चार अलग-अलग कलाकारों से कराई गईं। काले सूट वाला आदमी तथा महेंद्र नाथ की दोहरी भूमिका स्वयं निर्देशक गोविंद गुप्ता ने परिश्रमपूर्वक निभाई तो सिंघानिया, जगमोहन तथा जुनेजा की शेष पुरुष भूमिकाएँ क्रमशः

सुरेंद्र शर्मा, विजय मोहंती और बिधुनाथन ने अभिनीत कीं। सावित्री के रूप में स्त्री की केंद्रीय भूमिका को उर्मिला ने मंच पर साकार किया। अशोक, बिन्नी और किन्नी के रूप में हिमांशु पारिख, विजया एवं साधना ने भी अपनी-अपनी अभिनय-कला का अच्छा परिचय देने की भरपूर कोशिश की। दृश्य-बंध-परिकल्पना गोविंद गुप्ता की थी और प्रकाश-व्यवस्था दिनेश की। वेशभूषा और मंच-सामग्री का दायित्व विजया गुप्ता ने सम्भाला और संगीत दिया बिधुनाथन ने। गोविंद गुप्ता राष्ट्रीय नाट्य विद्यालय से प्रशिक्षण प्राप्त नाट्य निर्देशक और उत्साही रंगकर्मी हैं, इसलिए कुछ कमियों तथा सीमाओं के बावजूद प्रदर्शन का स्तरीय होना स्वाभाविक ही है।

15. अभिनेत (चंडीगढ़) : हरीश भाटिया

सितम्बर, 1984 में चंडीगढ़ की विख्यात नाट्य-संस्था 'अभिनेत' ने एक नाट्योत्सव का आयोजन किया। इसके अंतर्गत हरीश भाटिया निर्देशित 'आधे-अधूरे' का अभिमंचन 'टैगोर थियेटर' में हुआ। चारों पुरुष भूमिकाएँ एक के बजाए अलग-अलग अभिनेताओं से कराई गईं। नाटक के कथ्य और जीवन-दर्शन को तीव्रता से रेखांकित करने के लिए प्रस्तावना को भी तोड़ा गया। इसमें महेंद्र नाथ, सिंघानिया, जगमोहन और जुनेजा की भूमिकाएँ क्रमश: कमल अरोड़ा, रवींद्र कुमार, हरीश भाटिया तथा अरबिंद नंदा ने अभिनीत कीं। स्त्री की भूमिका गोल्डी मल्होत्रा, लड़के की विकास नंदा तथा किन्नी की भूमिका मीरा भाटिया ने निभाईं। पुरुष अभिनेताओं में, "तीसरा पुरुष ही अधिक चुस्त है, जिसे हरीश भाटिया ने सशक्त ढंग से प्रस्तुत किया।···दृश्य-बंध और मंच-सज्जा में बिखराव था, जिससे नाटक के कसाव में कमी आई।"[110] यह प्रदर्शन मार्च 1974 में इंजीनियरिंग कालेज, चंडीगढ़ द्वारा हरीश भाटिया ही के निर्देशन में किए गए 'आधे-अधूरे' के प्रस्तुतीकरण से अवधारणा के स्तर पर इतना अधिक प्रभावित था कि इसे उसका पुनर्प्रदर्शन भी कहा जा सकता है।

(ग)

अन्य भाषाओं/देशों में हुए उल्लेखनीय प्रदर्शन

मराठी **विजय तेन्दुलकर**

1. थियेटर यूनिट (बम्बई) : सत्यदेव दुबे

सत्यदेव दुबे ने अप्रैल, 1969 में 'आधे-अधूरे' की हिंदी प्रस्तुति के थोड़े समय बाद या लगभग साथ-साथ ही उसे मराठी में भी प्रस्तुत किया। 'आधे-अधूरे' का

मराठी भाषांतर किया, सुविख्यात नाटककार विजय तेंदुलकर ने और इसमें पुरुष की विभिन्न भूमिकाएँ मराठी रंगमंच के शीर्षस्थ अभिनेता डॉ० श्रीराम लागू ने बड़ी कल्पनाशीलता एवं सूझ-बूझ से अभिनीत कीं। नेमिचंद्र जैन के शब्दों में, "कई कारणों से उनकी (सत्यदेव दुबे की) मराठी प्रस्तुति, न सिर्फ उन्हीं की हिंदी प्रस्तुति की तुलना में, बल्कि इस नाटक की अन्य तमाम प्रस्तुतियों की तुलना में, ज्यादा सफल और शसक्त हुई। इसमें इस नाटक का वास्तविक कथ्य बड़ी तीव्रता और स्पष्टता से अभिव्यक्त हुआ।·· सत्यदेव दुबे की मराठी प्रस्तुति में पहली बार कार्य व्यापार एक ऐसी सचमुच की गृहस्थी में घटित होता जान पड़ा जिसका जीवंत वातावरण तीखे तनाव से टुकड़े-टुकड़े हो जाने की कगार पर पहुँच चुका है।"[111] दुबे ने 'आधे-अधूरे' की त्रासदी को मध्यमवर्ग की व्यापक और सामान्यीकृत त्रासदी बनाने के बजाए उसे एक परिवार के विघटन की मानवीय परिणति के रूप में प्रस्तुत करके अधिक प्रामाणिक और संवेदनात्मक बना दिया। अंत में महेन्द्र नाथ को मंच पर न लाकर और नेपथ्य से 'प्रस्तावना' की कुछ पंक्तियों को ध्वनि-विस्तारक से दोहराकर उन्होंने नाटक के अत्यन्त तनावपूर्ण चरम-बिन्दु को हास्यास्पद होने से भी बचा लिया। बिन्नी का चरित्र अधिनिरूपण भी इस प्रस्तुति में सुखद रूप से मौलिक एवं भिन्न था।

मार्च, 1972 में संगीत नाटक अकादमी (दिल्ली) के वार्षिक पुरस्कार समारोह के अवसर पर 'एवं इन्द्रजित' तथा 'पगला घोड़ा' के साथ-साथ दिल्ली के नाट्य-प्रेमियों को कमानी प्रेक्षागृह में दुबे के बहुचर्चित मराठी 'आधे-अधूरे' को भी देखने का सुअवसर प्राप्त हुआ। डा० श्रीराम लागू का अत्यन्त सहज, विश्वसनीय एवं मोहक अभिनय इस प्रदर्शन की सबसे बड़ी उपलब्धि सिद्ध हुआ। एक वरिष्ठ नाट्य-समीक्षक के शब्दों में, "उन्होंने पुरुष की भूमिका में बड़ी गहरी समझ, सूझबूझ और सूक्ष्मता का परिचय दिया। उनका मुद्राओं और गतियों का संयम तथा आवाज का हल्का, मृदु उतार-चढ़ाव इस भूमिका के दूसरे सभी अभिनेताओं के अभिनय से भिन्न तो था ही, उसमें अभिव्यक्ति की सुखद ताजगी भी थी। उनका महेन्द्र नाथ चिड़चिड़ा और झगड़ालू होने के बजाए करुण रूप से असहाय, क्रोध दिखाने से अधिक अपने आत्म सम्मान की रक्षा के लिए परेशान-सा लगता था। सिंघानिया को उन्होंने विद्रूप द्वारा गढ़ने के बजाय विश्वसनीय चरित्र बनाने की कोशिश की। उनका जुनेजा आक्रामक हुए बिना ही सबल, ठोस और प्रतिष्ठित लगता था।"[112]

डा० लागू जैसे समर्थ, अनुभवी और प्रतिष्ठित कलाकार के सामने शेष कलाकारों का अभिनय सामान्यत: निर्दोष और ठीक-ठाक होने के बावजूद प्रदर्शन के संतुलन एवं स्तर का निर्वाह नहीं कर सका। किन्नी के रूप में भक्ति बर्वे का अभिनय भी प्रभावशाली था परतु "दीपा श्रीराम और ज्योत्सना कार्येकर जिन्होंने

क्रमशः बड़ी लड़की तथा सावित्री का अभिनय किया था—इन दोनों के अभिनय भावनात्मक स्तर पर इतने ज्यादा खिंचे और तने हुए थे कि दोनों अभिनेत्रियाँ कहीं-कहीं अति नाटकीयता को छू देती थीं।'[113] अशोक की भूमिका आज के जाने-माने रंगमंच एवं फिल्म अभिनेता अमोल पालेकर ने रोचक ढंग से निभाई।

डा० लागू जैसे सक्षम अभिनेता के सूक्ष्म एवं कुशल अभिनय से सीधा मुकाबला होने के कारण ज्योत्स्ना कार्येकर के हल्के और बाहरी अभिनय की कमजोरी और भी उभर कर सामने आ गई।

मंच-सज्जा, प्रकाश-योजना, रंग-सामग्री और प्रदर्शन के अन्य अंगों की अपेक्षा निर्देशक ने अभिनय पर ही अधिक बल दिया। प्रदर्शन में पॉप-संगीत और कुछ फिल्मी गानों के कारण ही शायद 'दिनमान' के समीक्षक को "निर्देशक के रूप में वह (दुबे) काफी हल्के, सस्ते हास्य और मनोरंजन की तलाश में भटके नजर आये।"[114] दृश्य-बंध की स्थिति तो और भी असंतोषजनक थी। दुबे के दृश्यांकन में, "दृश्य बंध के कोण, रंग, अनुपात तथा उसके विभिन्न खंडों की स्थिति सुचिंतित न थी। कमानी हाल के चौड़े रंगमंच के अनुरूप उनमें उचित परिवर्तन भी नहीं किए गए थे। उससे न तो किसी बंद तथा दमघोटू कमरे का वातावरण बन सका और न झूठी शान के नीचे विघटन को छिपाए हुए विशृंखल और उखड़ती हुई गृहस्थी का। टेपरिकार्डर जैसे कुछ उपकरण इतने चमचमाते थे कि परिवार की सही हालत को झुठलाते लगते थे।"[115] प्रकाश-व्यवस्था से भी घुटन की अपेक्षा एक खुलेपन का एहसास जागता था।

निर्देशकीय व्याख्या, श्रीराम लागू के अभिनय तथा गतियों और समूहनों की स्वाभाविकता एवं सहजता की दृष्टि से दुबे का यह मराठी प्रस्तुतीकरण 'आधे-अधूरे' के मंचन-इतिहास में निश्चय ही एक महत्त्वपूर्ण उपलब्धि है। परंतु गम्भीर कलात्मक दृष्टि और समग्र-प्रभाव एवं तीव्र नाट्यानुभव के लिहाज से यह प्रदर्शन 'दिशान्तर' की प्रस्तुति से अवश्य ही हल्का और कमजोर कहा जा सकता है।

गुजराती **मधुकर रांधेरिया**

2. भारतीय विद्या भवन कला केन्द्र (बम्बई) : चन्द्रकान्त दलाल

'मानव मात्र अधूरा' नाम से 'आधे-अधूरे' को गुजराती में चन्द्रकांत दलाल ने 'भारतीय विद्या भवन कलाकेन्द्र' बम्बई के लिए 1971 में प्रस्तुत किया। रूपांतरकार थे मधुकर रांधेरिया और दिग्दर्शक तारक मेहता। नाट्य-समीक्षक अशोक साठे के अनुसार इस प्रस्तुति की, "शुरुआत बहुत बढ़िया रही। शुरुआत अर्थात् निवेदन बस फिर पर्दा उठा। मेरी समझ में अब तक नहीं आ सका है कि इतने बढ़िया नाटक का इतना निकृष्ट प्रयोग करने की ऐसी क्या आवश्यकता

पड़ गई थी। सावित्री (नायिका) की भूमिका देवयानी ने की थी। मुझे बताया गया था कि 'शी इज़ दी बैस्ट एक्ट्रेस ऑन गुजराती स्टेज', पर जब उसका काम देखा, तो बिलकुल उल्टा ही अनुभव हुआ। लगता था कि उसे स्त्री की वह भूमिका समझ में ही नहीं आई थी। संवादों में कोई अर्थ नहीं था। मुद्राभिनय तो था ही नहीं। पता नहीं उसका चुनाव क्या देखकर किया गया। यही अवस्था अशोक और आशा की थी। हेमा दीवान ने वीणा की भूमिका प्रयत्नपूर्वक की। हाँ, चन्द्रकांत ठक्कर ने ज़रूर अपनी पाँचों भूमिकाएँ बड़े आत्म-विश्वास के साथ बारीकियों का भी ध्यान रखते हुए निभाईं।"[116] स्पष्ट है कि यदि सावित्री की केन्द्रीय एवं जटिल भूमिका में कोई प्रतिभावान अभिनेत्री स्त्री के चरित्र की घुटन, कुंठा, टूटन, पीड़ा, हताशा और पूर्णता की मायावी तलाश के साथ-साथ परिवार को चलाने की जद्दोजहद एवं व्यक्तिगत सुख की खोज में प्राप्त भटकन को सम्पूर्णता तथा जीवंतता से प्रस्तुत करके पुरुष की भूमिका में उतरे प्रभावी कलाकार चन्द्रकांत ठक्कर को चुनौती दे पातीं तो प्रस्तुति का रूप और प्रभाव कुछ और ही होता।

अंग्रेजी **बिंदु बत्रा**

3. ऑस्कर (कलकत्ता) : स्वर्ण चौधरी

कलकत्ता में अप्रासंगिक और जड़ होते जा रहे अंग्रेजी रंगमंच पर 'ऑस्कर' ने राकेश के उत्तेजक नाटक 'आधे-अधूरे' के बिन्दु बत्रा कृत अंग्रेजी अनुवाद 'हाफ वे हाउस' को श्रीमती स्वर्ण चौधरी के निर्देशन में प्रस्तुत करके यहाँ के दर्शकों/समीक्षकों को चमत्कृत कर दिया। कला मंदिर में प्रदर्शित इस नाटक के दृश्य-बंध और उसके प्रभावपूर्ण इस्तेमाल के विषय में अंग्रेजी नाट्य-समीक्षक शमीक बंद्योपाध्याय ने 'द हिन्दुस्तान स्टैंडर्ड' में लिखा था कि, "Malik Omer's sets are two eloborate, but the window on the left with a streak of light coming through provides an escape symbol, which mrs. Choudhry uses with great suggestiveness, especially in the scene with Jagmohan. Mrs. Choudhry uses the space to compose distances between the characters, with Singhania forced to turn around from his central position to look at the son, or the mother explaining herself to Juneja in his chair at extreme left forestage and Binni at extreme right relatively upstage."[117] यद्यपि अंग्रेजी अनुवाद बहुत साधारण और अरचनात्मक था, जिसमें मूल भाषा की तेजी, तल्खी और तुर्शी लगभग गायब थी—फिर भी निर्देशिका ने अपनी कल्पनाशीलता से स्थिति और चरित्रों की जटिलता को बनाए रखकर प्रस्तुति को जीवंत एवं उत्तेजक

बनाने की भरसक चेष्टा की। प्रस्तुति की प्रभावोत्पादकता के पीछे निश्चय ही पुरुष की विविध भूमिकाओं में श्यामानंद जालान जैसे सधे हुए और अनुभवी अभिनेता का योगदान भी कम नहीं था। उन्होंने महेन्द्र नाथ, सिंघानिया, जगमोहन और जुनेजा के चरित्रों की समानता और असमानता को एक साथ प्रदर्शित करने के लिए अपनी आवाज की लय, गति, उतार-चढ़ाव, तारत्व, घनत्व, लहजे और विराम तथा मुख-मुद्राओं एवं गतियों के सूक्ष्म अंतर का कल्पनाशील उपयोग करके, कम से कम पहले तीन पात्रों को, पेश करने में अद्‌भुत सफलता प्राप्त की। 'अनामिका' के लिए इसी नाटक को हिन्दी में श्यामानंद स्वयं निर्देशित कर चुके थे और वहाँ पुरुष की भूमिकाएँ कृष्ण कुमार ने की थीं। कृष्ण कुमार और श्यामानंद जालान के सिंघानिया के चरित्र-निरूपण में काफी अंतर था। स्वयं जालान के शब्दों में, "कृष्ण कुमार का सिंघानिया फूहड़ था, जबकि मेरा सिंघानिया बहुत पौलिश्ड और इंटैलीजैंट आदमी है। वह सावित्री को भी जानता है और लड़के की बत्तमीजी को भी अच्छी तरह समझ रहा है। वह अपनी शक्ति और अपने अधिकार को जानता है—वह यदि चाहे तो--सब कुछ के बावजूद—उस लड़की को वहाँ से उड़ा ले जा सकता है। वह उस घर की स्थिति, विवशता और विडम्बना को खूब समझता है। इसीलिए वह उस घर में ऐसे आता है जैसे उन लोगों को आदर दे रहा हो।"[118] जुनेजा की भूमिका में अपने व्यावसायिक अनुभव का पूरा लाभ उठाते हुए श्यामानंद ने पुरुष के पक्ष को इस ताकत और विश्वास के साथ प्रस्तुत किया कि स्त्री स्पष्टतः दोषी नजर आने लगी। स्त्री-पुरुष सम्बन्धों के तटस्थ विश्लेषण के इस बिन्दु पर आ कर कुछ तो नाटककार भी संतुलन नहीं बनाए रख सका था और कुछ रहा-सहा संतुलन इस अभिनेता की जबर्दस्त जिरह और प्रभावी अभिनय के कारण समाप्त हो गया। यह एक विडम्बनापूर्ण और आश्चर्यजनक तथ्य है कि एक स्त्री के द्वारा निर्देशत होने के बावजूद यह प्रस्तुति स्वयं स्त्री के पक्ष को ही दुर्बल कर गई।

ज़रीन चौधरी भी अत्यंत कुशल और सशक्त अभिनेत्री हैं, परंतु कुछ दर्शकों-समीक्षकों के अनुसार सावित्री की भूमिका की बारीकियों और उलझनों को पूरी तरह समझे बिना ही उन्होंने सावित्री की घृणा, पीड़ा, घुटन, टूटन और उसके क्रोध, आक्रोश और संघर्ष को ऊपरी एवं मुखर धरातल से ही प्रस्तुत किया। अनेक बार वह अपना आत्म-नियंत्रण और वाणी का संतुलन खोकर फट पड़ीं, जबकि वहाँ उन्हें बड़ी चतुराई से स्वयं को बचाते हुए सोच-समझ कर पैना वार करने की जरूरत थी—विशेषतः जुनेजा के प्रसंग में। वह अपने चरित्र को नाटकीय विकास नहीं दे सकीं। बड़ी लड़की और लड़के की भूमिकाओं में क्रमशः रेणु खन्ना एवं इंद्रजीत लाहिरी के मुकाबले छोटी लड़की के रूप में आरती दुआ ने अधिक विश्वसनीय एवं जीवंत अभिनय किया। 'द स्टेट्समैन' (कलकत्ता) के

नाट्य-समीक्षक धरणी घोष के अनुसार, "Unfortunately, the cast does not live up to expectations. Pratibha Agrawal's Savitri in the Anamika production resembled as a snow-capped volcano. Zarin Chaudhuri turns her into a peevish woman. Renu Khanna's Bina gets carried away by her emotions. Inderjit Lahiri (Ashok) affects a strangely hoarse voice. Arti Dua is more convincing as Kinni. Syamanand Jalan, who directed the Anamika production and now plays the major male roles, accounts for what is best in this production."[119]

परंतु जहाँ तक ज़रीन के अभिनय का प्रश्न है, स्वयं निर्देशिका के अनुसार, "Zarin was anything but peevish—it was a pleasure to see her switching from one role to the other and her Savitri was a many splendoured thing plus a 'woman' pulsating with life and not a snow-capped volcano."[120]

इसके अतिरिक्त 'द स्टेट्समैन' में प्रकाशित के० एल० गुप्ता तथा फ्रेंक ओलीवर ने भी अपने पत्रों में धरणी घोष की इस नाट्य-समीक्षा को पूर्वाग्रह-पूर्ण और गलत करार दिया।[121] निर्देशक के रूप में स्वर्ण चौधरी ने प्रभावशाली संयोजनों, मंचोपकरणों और स्पेस के कल्पनाशील उपयोग के द्वारा मध्यवर्गीय परिवार की इस करुण-कथा को उसके सम्पूर्ण त्रासद रूप-रंग में प्रस्तुत करके दर्शकों को आद्यन्त बाँधे रखने में सफलता प्राप्त की।

बांग्ला

4. चतुरंग (दिल्ली) : सुशील चौधरी

दिल्ली की शौकिया बंगला नाटक मंडली 'चतुरंग' ने रा० ना० वि० से प्रशिक्षित नाट्य-निर्देशक सुशील चौधरी को आमंत्रित करके उन्हें मोहन राकेश के बहु-चर्चित नाटक 'आधे अधूरे' को निर्देशित करने को कहा तो योजना के अनुसार इसका प्रदर्शन अक्टूबर, 1972 को होने वाला था पर संयोग से वह राकेश की मृत्यु के बाद—अर्थात् 1972 के बीतने के बाद—ही प्रदर्शित किया जा सका। निर्देशक के अनुसार, "मैंने 'आधे-अधूरे' इसलिए चुना क्योंकि वह आम जिंदगी के बारे में है जिसे हम मध्यवर्गीय समाज में हर रोज देखते हैं। मगर नाटक की खूबी सिर्फ इसी बात में नहीं है। उसकी सबसे बड़ी खूबी है इस साधारण विषय-वस्तु को असाधारण ढंग से प्रकट करने की सृजन-क्षमता।...एक ओर मनुष्य का अपने भीतर का द्वंद्व और दूसरी ओर आज के मध्यवर्ग की आर्थिक अवस्था और उसका प्रभाव एक परिवार के लोगों के भीतर कितनी दूर तक

सक्रिय हो सकता है—यह बड़े तीखे ढंग से 'आधे-अधूरे' में सामने आता है।"[122] नाटक का प्रदर्शन रचनाकार की मूल परिकल्पना और इच्छा के अधिकाधिक निकट रखने की कोशिश की गई। फिर भी, "यह तो सच है कि नाटक की गतियों, संरचनाओं, दृश्य-बंध और प्रकाश-योजना को तैयार करने में मैं नाटककार के निर्देशों के अनुसार नहीं चल सका। पर मैंने इस बात की पूरी कोशिश की कि मेरे किसी काम से नाटककार का कथ्य न बदले।"[123] इसलिए न तो सम्वादों का सम्पादन किया गया और न कोई अन्य उल्लेखनीय परिवर्तन। हाँ, प्रस्तुति के अंत में नाटक और नाटककार की इच्छा के बावजूद महेन्द्रनाथ को मंच पर नहीं लाया गया। "सँभलकर महेन्द्रनाथ, सँभलकर···।"[124] पर ही नाटक समाप्त कर दिया गया "क्योंकि दर्शक जानते हैं कि जुनेजा ही अंदर जाकर महेन्द्र के रूप में मंच पर आएगा। इसलिए वहाँ उसका प्रवेश हास्यास्पद हो जाता है। मुझे निर्लिप्त भाव से मंच के केंद्र में खड़ी सावित्री पर प्रकाश को केंद्रित करके और अशोक को द्वार की ओर बढ़ते दिखा कर ही नाटक का अंत कर देना अधिक स्वाभाविक और उचित प्रतीत हुआ।"[125]

आइफैक्स में प्रदर्शित इस प्रस्तुतीकरण में पुरुष की पाँचों कठिन भूमिकाएँ ज्योति चक्रवर्ती ने अभिनीत कीं और सावित्री की जटिल भूमिका वासंती सेनगुप्ता ने निभाई। अशोक, बिन्नी तथा किन्नी के रूप में क्रमशः आर० मजुमदार, बंदना बैनर्जी और आभा मजुमदार ने अभिनय किया। निर्देशक को कलाकारों के अभिनय-स्तर से विशेष संतोष नहीं हुआ "क्योंकि कलाकार पहले से तय थे और एक निश्चित ढंग से अभिनय करने के अभ्यस्त। उनके लिए कुछ नया कर पाना अधिक सम्भव नहीं था।"

दृश्य-बंध सुशील चौधरी का था और इसमें दाईं ओर पीछे की तरफ खिड़की की बगल से बनाए गए रसोई एवं पीछे के दरवाजे तथा जूते के रैक के बीच से दिखाया गया एक 'ब्लाइंड-एंड' विशेष रूप से उल्लेखनीय था जो परोक्षतः नाटक के अनिश्चित तथा 'अंतहीन अंत' को प्रकट करता था। चुनिराम चौधरी की प्रकाश-परिकल्पना भी असरदार थी। ध्वनि-प्रभाव एवं संगीत का दायित्व नारायण भट्टाचार्य पर था और उन्होंने निर्देशक की इच्छा और व्याख्या को भली-भांति स्वरों के उतार-चढ़ाव और सार्थक-निरर्थक ध्वनियों के माध्यम से रूपायित किया। निर्देशक चाहता था कि "कुछ चलती-टूटती हुई मशीनी आवाजें एक निश्चित लय-विधान में बाँधी जायें। परंतु इस प्रक्रिया में आर्केस्ट्रा के रिकार्ड पर सुई अटक गई और हमने बार-बार एक ही चीज को दोहराती उन आवाजों को ही रिकार्ड कर लिया। इसके साथ-साथ कर्नाटक के आर्केस्ट्रा को—जिसमें स्वर भी था—आधी गति से चलाया गया। सुर अपनी जगह सही था, लेकिन स्पीड के कारण कुछ अटपटा लगता था। इन दोनों को मिक्स करके 'आधे-अधूरे'

के संगीत-प्रभाव तैयार किए गए। उस तथाकथित संगति में सुर-ताल सभी कुछ था—अपनी जगह सही और ठीक भी—लेकिन कुल मिलाकर वह विविध स्वर एक वास्तविक 'संगीत' की सृष्टि नहीं करते। क्या ठीक इसी प्रकार के पारस्परिक तालमेल और सामंजस्य का अभाव ही इस नाटक की मूल समस्या नहीं है ?"[126] निःसंदेह संगीत और ध्वनि-प्रभावों के माध्यम से नाटक की मूल संवेदना को रेखांकित करने का यह एक रचनात्मक और मौलिक प्रयास था। गुण-दोषों से समन्वित इस बंगला प्रस्तुति को समग्रतः संतोषजनक ही कहा जा सकता है।

बांग्ला **प्रतिभा अग्रवाल-शमीक बनर्जी**

5. शोभनिक (कलकत्ता) : कृष्ण कुंडू

यह एक सर्वविदित तथ्य है कि अन्य भाषाओं की अपेक्षा बांग्ला में हिंदी नाटक और रंगमंच के प्रति एक अजीब-सा कुंठा-भाव है। यही कारण है एक ओर जहाँ मराठी, गुजराती, अंग्रेजी ही नहीं कन्नड़ और मलयालम, तमिल-तेलगु तक में हिंदी के अनेक नाटक सहज ही हमें मिल जाते हैं वहीं दूसरी ओर बांग्ला में हिंदी का कोई नाटक अपवाद स्वरूप ही होता है। इसलिए राकेश के नाटक 'आधे-अधूरे' का केवल बांग्ला में मंचन ही नहीं, बल्कि कलकत्ता में बांग्ला की प्रतिष्ठित रंग-संस्था 'शोभनिक' द्वारा मंचन अपने आपमें एक उल्लेखनीय घटना है।

24 अप्रैल, 1973 को कलकत्ता के प्रयोगधर्मी नाटकों के लिए विख्यात प्रोसेनियम प्रेक्षागृह 'मुक्तांगन' में 'शोभनिक' द्वारा कृष्ण कुंडु के निर्देशन में 'आधे-अधूरे का मंचन किया गया। हिंदी के इस बहुचर्चित और बहुमंचित नाटक का बांग्ला अनुवाद प्रतिभा अग्रवाल और शमीक बैनर्जी ने किया था। अभिमंचन के लिए इस नाटक के चुनाव के प्रमुख कारणों की चर्चा करते हुए निर्देशक ने बताया कि, "इस नाटक में सर्वभारतीय तत्त्व भरे हैं। इस नाटक को देश के किसी भी शहर या शहर के आसपास के परिवेश में रखा जा सकता है। पश्चिम बंगाल के शहर के आसपास और विशेषकर कलकत्ता वर्गी समाज चेहरा तो सर्वत्र एक-सा ही मिलता है। इसीलिए मुझे लगा कि या नाटक आज का नाटक है, आज के जीवन का नाटक है।" इसके अतिरिक्त निर्देशक अपने दर्शकों को यह भी बताना चाहता था कि आज का हिंदी नाटक "बंगला नाटक की तुलना में पीछे नहीं है और यह भी कि इस तरह सांस्कृतिक मेल-मिलाप का क्षेत्र विस्तृत हो सकता है।" परंतु अपने इस महत् उद्देश्य की पूर्ति के लिए निर्देशक को पर्याप्त संघर्ष करना पड़ा। रचनात्मक और व्यावहारिक दोनों प्रकार की कठिनाइयाँ सामने आईं। इस प्रस्तुति में चूँकि निर्देशन के साथ-साथ

प्रमुख पुरुष पात्र की विविध भूमिकाएँ भी स्वयं कृष्ण कुंडू ही कर रहे थे, इसलिए उनकी जिम्मेदारी और परेशानी भी दोहरी थी। स्वयं उन्हीं के शब्दों में, "··· विशेषकर नाट्यकार के निर्देशानुसार सभी पुरुष पात्रों की भूमिकाओं का निर्वाह एक ही व्यक्ति द्वारा करवाना बड़ा कठिन काम है। संवादों की प्रधानता इस नाटक की सबसे बड़ी दुर्बलता है। इस दुर्बलता को दूर करने में जिस गम्भीर संयम की अपेक्षा है, उसका निर्वाह मैं कर पाऊँगा या नहीं—शुरू में यह भय मुझे था। भीतरी एवं बाहरी अपेक्षा ने ही शायद मुझे इस सर्व भारतीय भावबोध सम्पन्न नाटक को सफल बनाने के लिए दृढ़ संकल्प बनाया।"

सावित्री की भूमिका में काजल मुखर्जी ने सम्पूर्ण पुरुष की अंतहीन तलाश में भटकती स्त्री की लड़ाई, यंत्रणा, कातरता, पीड़ा, टूटन, विफलता और निराशा को प्रस्तुत करने की भरपूर कोशिश की। निर्देशक के संकेत पर अंततः उन्होंने यह तथ्य भी रेखांकित करने का प्रयत्न किया कि, "महेंद्रनाथ का प्रेम ही उसकी रक्षा कर सकता है, इसके सिवा और कोई रास्ता नहीं है।" विद्रोही नयी पीढ़ी के प्रतिनिधि अशोक और किन्नी के रूप में भूपाल मुखर्जी तथा प्रणति मजुमदार एवं माँ से सहानुभूति रखने के बावजूद उसकी प्रतिद्वंद्वी बेटी बिन्नी की भूमिका में बानी वर्मा ने भी अपने-अपने चरित्रों से न्याय करने का भरसक प्रयत्न किया। सभी कलाकारों ने अपने-अपने काम को बड़ी गम्भीरता से लिया। निर्देशक ने सगर्व स्वीकार किया कि, "हर कलाकार से हर स्तर पर सहयोग, गम्भीरता तथा नियम पालन, जो इस नाटक के लिए अत्यंत आवश्यक है, मुझे प्राप्त हुआ था। पूर्ण सफलता का मूलाधार ही था सबका सहयोग।"

सुधांशु मंडल का यथार्थवादी दृश्य-बंध— मंच उपकरणों की दृष्टि से पूर्णतः नाटककार के निर्देशानुकूल था। फलकों के सहारे खड़ा किया गया परम्परित ढंग का सामान्य ड्राइंग-रूम सेट। पीछे—बीचोबीच दरवाजा, उसके सामने मध्य में सोफा और केन की कुर्सियाँ, दरवाजे के बाईं ओर दीवार से लगी बुक-शैल्फ और उससे लगभग सटी, डाइनिंग टेबिल की जगह, एक छोटी मेज और दाईं ओर चार-पाँच सीढ़ियों वाला आगे को निकला एक कमरा तथा उसकी दीवार से सटी अलमारी। कृष्ण कुंडू ने वेश-भूषा एवं मुहम्मद असीब ने अपने रूप-विन्यास के कौशल से पुरुष पात्रों की विविधता को स्थापित करने का सफल प्रयत्न किया। काले सूट वाले आदमी को सूट की जगह काला कोट, टाई और भूरी-सी पैंट पहनाई गई। सामने के बालों की जड़ों को सफेद रखकर खिजाब का आभास दिया गया। चेहरे पर हल्की मूँछें और हाथ में सिगार। सिंघानिया को सफेद अचकन-पायजामा, मारवाड़ी कढ़ी हुई टोपी, खिचड़ी बाल और ऊपर को उठी मध्यम आकार की काली मूँछों में रखा गया। जगमोहन को पैंट-बुशर्ट, काले बाल, बारीक मूँछें और सिगरेट के साथ पेश किया गया तो जुनेजा को बंद

गले के कोट, गोल-सी काली टोपी, खिचड़ी घनी मूँछें और चश्मे के साथ। बिन्नी को भड़कीले रंगों की सिल्क की साड़ी में और सावित्री को हल्की पारदर्शी कढ़ी हुई साड़ी में प्रस्तुत किया गया। अशोक और किन्नी आलेखानुसार ही रहे। स्वरूप मुखर्जी की आलोक-परिकल्पना एवं मंटु प्रसाद की ध्वनि-व्यवस्था भी समुचित थी।

आलेख में पर्याप्त सम्पादन और सम्वादों में काफी परिवर्तन किया गया। निर्देशक के अनुसार, "चूंकि अनुवाद शाब्दिक था अतः सम्वादों में परिवर्तन करना ही पड़ा। बोलचाल की हिंदी और बोलचाल की बांग्ला में काफी अंतर है। अवश्य ही अनुवादकों ने हमें यह अधिकार दिया था। नाटक को गतिशील बनाने के लिए कहीं-कहीं आलेख का सम्पादन भी किया था।" जहाँ तक नाटक की व्याख्या का प्रश्न है, इसे आधुनिक बौद्धिक रूप में देखने और प्रस्तुत करने के बजाए परम्परित और भावुक रूप में प्रदर्शित किया गया। प्रस्तुति का मूल स्वर सर्वथा रोमानी रहा। सिंघानिया का अधिनिरूपण इस नाटक की अन्य प्रस्तुतियों की तरह यहाँ भी अतिरंजनापूर्ण ही रखा गया। जगमोहन और सावित्री का प्रसंग एकदम फिल्मी प्रेम-दृश्य की तरह था। सोफे के हत्थे पर बैठी सावित्री जगमोहन के गले में बाँह डालती है और उसके हाथ पर हाथ रख कर बात करती है। सावित्री के व्यक्तित्व को सैंटीमेंटल बनाकर स्त्री के मूल चरित्र को ही बदल दिया गया। डा० प्रतिभा अग्रवाल के अनुसार, "यह प्रस्तुति दुर्बल थी, बंगाली जीवन और रंगमंच की भावुकता के समावेश ने इस प्रस्तुति को दुर्बल बनाया, नाटक में निहित तनाव को एकदम तोड़ दिया। घर छोड़कर जाते समय (सावित्री का) देहली तक जाकर फिर लौटना, कमरे की कुछ चीजों को अंतिम बार छू कर उनके प्रति लगाव को व्यक्त करना और फिर रुलाई रोकते हुए झटके से निकल जाना—सब कुछ बड़ा अतिरंजित और अनावश्यक लगा था, एक तनाव-भरे नाटक के लिए सर्वथा अनुपयुक्त।"[127] परंतु इन तमाम कमियों और सीमाओं के बावजूद निर्देशक के अनुसार, "प्रस्तुति हर तरह से सुंदर हुई थी और इसकी सफलता में कुशल कलाकारों के सहयोग का बड़ा योगदान था।"[128] कलकत्ता के साथ-साथ जमशेदपुर, जलपाई गुड़ी इत्यादि अन्य नगरों में भी इसके लगभग पचास प्रदर्शन किए गए—जिनकी बंगाली दर्शकों ने भूरि-भूरि प्रशंसा की।

अंग्रेजी **बिंदु बत्रा**

6. रुचिका (दिल्ली) : अरुण कुकरेजा

उत्साही युवा रंगकर्मियों की नाट्य-संस्था 'रुचिका' ने 9 नवम्बर, 73 को अरुण कुकरेजा के निर्देशन में 'आधे-अधूरे' के बिंदु बतरा कृत अंग्रेजी अनुवाद 'हाफ-वे

हाउस' को दिल्ली के गाँधी मैंमोरियल एग्जीविशन हाल में 'ऐरीना मंच' पर प्रस्तुत किया। निर्देशक के अनुसार, "मैं तो इसे हिंदी में ही करना चाहता था, पर ओम शिवपुरी (जिनके पास इसके दिल्ली में मंचन के अधिकार थे) ने करने की इजाजत नहीं दी और मुझे मजबूरन इसका अंग्रेजी अनुवाद ही करना पड़ा।"[129] मूलत: यह नाटक वाई० एम० सी० ए० के प्रेक्षागृह के लिए तैयार किया गया था, परंतु उन्हीं दिनों वहाँ कुछ गड़बड़ी हो जाने के कारण गांधी मेमोरियल हाल में करना पड़ा। इसके अनुवाद के सम्बन्ध में अंग्रेजी दैनिक 'टाइम्स आफ इंडिया' के नाट्य-समीक्षक ने लिखा था कि "Bindu Batra's 'Half-Way House' is one of those few Translations of Indian play's that create an atmosphere of the original in an acceptable English idiom. Bindu's translation of Mohan Rakesh's 'Aadhe-Adhure' not only communicates the spirit of the original but also succeeds in capturing something of the rhythm and nuanes of Rakesh's language."[130]

अरुण कुकरेजा ने अपने व्यापक और विस्तृत-दृश्य-बंध को सात अभिनय-क्षेत्रों में विभाजित किया। चारों ओर बैठे दर्शक और बीच के सपाट क्षेत्र में दाईं-बाईं ओर आगे-पीछे के परम्परित मंच विभाजन में क्रमश: ड्राइंगरूम, बेडरूम, बहिनों का कमरा और डाइनिंग रूम दिखाए गए। ड्राइंग और डाइनिंग को जोड़ने वाले स्थान को क्षेत्र पाँच के रूप में रखा गया और पीछे धरातल देकर क्षेत्र छ: और सात में क्रमश: लड़के के कमरे और रसोई की व्यवस्था की गई। क्षेत्र पाँच के पीछे तथा छ: और सात के बीच में स्लाइड प्रोजेक्शन के लिए स्थान निर्धारित किया गया। सोफा सेट, मेज-कुर्सी, स्टूल, बिस्तर, दीवान, डाइनिंग टेबल, ड्रेसिंग टेबल, अल्मारी, बुक-रैक, सिलाई की मशीन, कार्पेट, शो पीस, राजेश खन्ना का क्लो-अप, सिंक, फ्रिज, फोन और न जाने कितनी और कैसी-कैसी छोटी-बड़ी वस्तुओं से 'घर' को भरा गया। निर्देशक के अनुसार, "केवल सैट पर ही पाँच हजार रुपया खर्च हुआ।" इस बहुत बड़े तथा फैले हुए दृश्य-बंध और प्रस्तुति-शैली के तालमेल की चर्चा करते हुए एक आलोचक ने लिखा कि "The arena style seating plan, the multiple set showing the entire house, helped to bring the production as close to what he had conceived — 'a naturalistic film rather than a realistic play.' Even some of the critics failed to understand why such painfully elaborate sets were thus constructed. Simultaneously movement of characters in the sets would help Kuckreja felt, to bring out the deeper emotions of each person and to create that asphyxiating atmosphere clinging around those characters, that house and the play."[131]

यह सच है कि फ़ैज़ल अल्काज़ी की सादी किंतु कल्पनाशील प्रकाश-योजना के कारण चरित्रों के आंतरिक-जगत की झलक को 'क्लोज़-अप' में देखा जा सका; परंतु इस तथ्य को भी अस्वीकार नहीं किया जा सकता कि वह 'घर' आर्थिक दृष्टि से राकेश के 'आधे-अधूरे' के निम्न-मध्यवर्गीय परिवार का घर नहीं था और अत्यधिक मंचोपकरणों के कारण कई जगह अभिनेताओं की स्वाभाविक गतियों में अवरोध भी पैदा हुआ। परिवार की आर्थिक स्थिति के विषय में निर्देशक का कथन है कि "Although, the play has the advantage of deeling with a middle class family. Yet, in reality the predicament of life for 'other' classes would remain the same. In order to ensure a wider suitabilily of the theme and to make it even more relevant for other sections of society we have dealt with the problem a mere 'economic' one."[132]

आर्थिक और भावात्मक धरातलों पर एक साथ प्रस्तुत करने के बजाए केवल 'भावनात्मक स्तर' वाले दृष्टिकोण और उद्देश्य के कारण ही यह प्रस्तुति इस नाटक की इससे पहले की अनेक हिंदी प्रस्तुतियों से अलग रही।

आरम्भ में, स्लाइडों के माध्यम से चारों पुरुषों को पर्दे पर प्रक्षेपित किया गया 'काले सूट वाले आदमी' के बजाए सूत्रधार को काले दुशाले में बिना किसी सिगार या सिगरेट के प्रस्तुत किया गया। नेपथ्य से के० एल० सहगल के प्रसिद्ध गीत 'इक बंगला बने न्यारा' के साथ-साथ सुखी परिवार और आदर्श सम्बन्धों को स्लाइडों के द्वारा पेश करके मंचित नाटक और चरित्रों के आपसी रिश्तों के बीच की विडम्बना को, वैषम्य के माध्यम से रेखांकित करने की कोशिश की गई। पूरी प्रस्तुति में सहगल के गाने की धुन या गाने के अतिरिक्त किसी संगीत का प्रयोग नहीं हुआ। हाँ, आवश्यकता पड़ने पर वातावरण या परिवेशगत ध्वनियों को इस्तेमाल अवश्य किया गया—जैसे अंतराल के समय कैंची की 'कच-कच' की जगह सिलाई मशीन या उसकी आवाज का प्रयोग या फिर टेलीफोन की घंटी इत्यादि की ध्वनियाँ।

पाँचों पुरुष भूमिकाएँ फ़ैज़ल अल्काज़ी ने अभिनीत कीं। काले सूट वाले आदमी के निर्वैयक्तिक वक्तव्य, महेंद्रनाथ की कुंठा और पीड़ा तथा जुनेजा की तटस्थ विश्लेषणात्मकता को फ़ैज़ल ने बड़ी सूझ-बूझ से साकार किया। उनके सिंघानिया में भी संतुलनपूर्ण जीवंतता थी परंतु जगमोहन की चालाकी-भरी उदारता तथा स्वार्थमयी दिखावटी करुणा को असरदार बनाने में वह कामयाब नहीं हो सके। उनकी आवाज़ के धीमेपन तथा कोमल अंदाज़ के कारण व्यंग्य का

प्रहार भी प्रायः धारदार नहीं बन पाया। कई स्थानों पर कलाकार की सम्वेदनशीलता चरित्र की सीमा बन गई। सावित्री के रूप में मीरा आनंद चरित्र की सूक्ष्मता एवं जटिलता को सम्प्रेषित करने के बजाए बाहरी आक्रामकता, तिक्तता और छटपटाहट को ही उभार पाईं। यूँ तो किन्नी के रूप में नमिता सिन्हा भी आकर्षक थीं परंतु अशोक और बिन्नी के रूप में आलोक नाथ तथा अमिता कागल ने सर्वाधिक प्रभावित किया।

पाब्लो बार्थोलोम्यू का संगीत-प्रभाव, रति बार्थोलोम्यू का रूप-विन्यास तथा फ़ैज़ल अल्काजी की आलोक एवं परिधान परिकल्पना ने प्रस्तुति को सघन और असरदार बनाने में उल्लेखनीय भूमिका अदा की।

'इनैक्ट' में पॉल जेकब[133] तथा 'डैमोक्रैटिक वर्ल्ड' में रीता सोंधी[134] ने दृश्य-बंध के फैलाव, स्लाइड प्रक्षेपण, सहगल के गीत तथा कलाकारों के अभिनय के सम्बन्ध में अनेक सीमाओं एवं दोषों का उल्लेख किया है। परंतु कुल मिलाकर रीता सोंधी के शब्दों में अंततः हम भी यही कह सकते हैं कि "In spite of all this and some more, 'Half-Way House' is completely engrossing. The achievement dose not lie in the ultimate quality. It is in the basic sensivity."[135]

निश्चय ही 'रूचिका' की यह प्रस्तुति इस नाटक के अंग्रेजी में हुए अभिमंचनों में एक महत्त्वपूर्ण स्थान रखती है।

असमिया

दुलाल राय

7. डिपार्टमैंट ऑफ कल्चरल अफेयर्स, रिपर्टरी (गुवाहाटी) :

1976 में 'डिपार्टमैंट आफ कल्चरल अफेयर्स, रिपर्टरी' ने दुलाल राय के निर्देशन में 'आधे-अधूरे' को असमिया में अभिमंचित किया। इस प्रस्तुतीकरण में पुरुष, स्त्री तथा लड़की की भूमिकाएँ क्रमशः प्रांजल साइकिया, पूर्णिमा पाठक (साइकिया) और स्व० निवेदिता ने निभाईं। परंतु नाटक के चार सफल प्रदर्शनों के बाद असम के तत्कालीन मुख्यमंत्री ने एक स्त्री का चार पुरुषों से सम्बन्ध चित्रित करने वाले इस नाटक को अनैतिक करार देकर बंद करवा दिया।

उर्दू

8. न्यू थियेटर (हैदराबाद) : **कादिर अली बेग**

25 अप्रैल, 1977 को हैदराबाद के रवींद्र भारती प्रेक्षागृह में वहाँ की जागरूक नाट्य-संस्था 'न्यू थियेटर' ने कादिर अली बेग के निर्देशन में 'आधे-अधूरे' का अभिमंचन किया। उसके कुल सात प्रदर्शन किए गए—छः हैदराबाद में और एक 4 जुलाई, 1977 को दिल्ली के आइफैक्स हाल में। दिल्ली में इसे बंगाली

क्लब, कालीबाड़ी द्वारा आयोजित आठवें 'ऑल इंडिया ऑल लैंग्वेजेज ड्रामा काम्पेटीशन' के अंतर्गत समारोह के पहले प्रदर्शन के रूप में प्रस्तुत किया गया जिसमें कादिर अली बेग को सर्वश्रेष्ठ अभिनेता का पुरस्कार भी मिला। यूँ तो बोलचाल की भाषा में लिखित इस नाटक में वैसे भी उर्दू शब्दों की संख्या अपेक्षाकृत काफी अधिक है परंतु अपने दर्शकों की रुचि एवं मानसिकता को देखते हुए नाटक में कहीं-कहीं और भी उर्दू के शब्द डाल दिए गए थे। आलेख के प्रति पहली प्रतिक्रिया की चर्चा करते हुए निर्देशक ने बताया कि, "दोस्तों से सुना कि 'आधे-अधूरे' एक बढ़िया नाटक है। पढ़ा और फौरन स्टेज करने का फैसला कर लिया। मुझे इसकी थीम, ड्रैमेटिक सिचुएशंस, भाषा और सबसे ज्यादा चरित्रों ने प्रभावित किया। मैंने तय किया कि यदि सिर्फ निर्देशन करना पड़ा तो पुरुष की भूमिकाएँ पाँच अलग-अलग कलाकारों से करवाऊँगा। यदि सिर्फ अभिनय करना हुआ तो पाँचों किरदार खुद ही करूँगा।"[136] और हुआ यह कि कादिर अली बेग ने न केवल इसका निर्देशन किया बल्कि पुरुष पात्र की पाँचों भूमिकाएँ भी स्वयं ही अभिनीत कीं। उन्हीं के शब्दों में, "मुझे महेंद्रनाथ की भूमिका सबसे ज्यादा मुश्किल और दिलचस्प लगी। वह चरित्र किसी तस्वीर के 'बेस कलर' की तरह है अन्य चरित्र उसी पर खड़े होते हैं। सिंघानिया को हास्यास्पद या कैरीकेचर बनाने के बजाए मैंने उसे खलनायकत्व का रंग देकर संजीदगी से पेश किया।"[137] निर्देशक मानता है कि " 'आधे-अधूरे' की ट्रेजडी की बुनियादी वजह मुझे आर्थिक ही लगती है। स्त्री का अपनी हैसियत से ज्यादा की उम्मीद करना ही परिवार के विघटन का प्रमुख कारण है। मेरा विश्वास है कि यदि उसकी आर्थिक जरूरतें पूरी हो जाएँ तो नाटक एक निश्चित शक्ल इख्तियार कर सकता है। इसलिए मेरे विचार से 'प्रस्तावना' आरोपित और अर्थहीन है।"[138] सावित्री की भूमिका इस नाटक की अत्यधिक जटिल, कठिन और महत्त्वपूर्ण भूमिका है क्योंकि, "महेंद्रनाथ कई कोशिशों के बाद अब जिंदगी की लड़ाई पूरी तरह हार चुके हैं, इसलिए नाटक के संघर्ष की मूल शक्ति स्त्री में ही है।"[139] सावित्री की भूमिका इस प्रस्तुति में रश्मि सेठ ने निभाई थी जो दिल्ली से हैदराबाद गई थीं। निर्देशक के अनुसार, "उसने 'दिशांतर' का प्रोडक्शन देखा था और उससे अत्यधिक प्रभावित थी। अतः वह अंत तक मुझसे एडजस्ट नहीं कर पाई और ओवर-एक्टिंग करती रही। अशोक का रोल करने वाला कलाकार जावेद कमाल भी लड़के की भूमिका को समझ नहीं सका।"[140] बिन्नी और किन्नी के रूप में क्रमशः प्रमिला चौहान तथा जहाँ आरा सामान्यतः ठीक थीं। दृश्य-बंध परिकल्पना नाट्यालेख की मूल भावना के आधार पर स्वयं निर्देशक कादिर अली बेग ने की थी और उसका निर्माण 'स्टेज क्राफ्ट' हैदराबाद द्वारा किया गया था। लड़के और छोटी लड़की के मनोविज्ञान को प्रदर्शित करने के लिए कुछ 'सैक्सी

तस्वीरें' भी दीवार पर चिपकाई गई थीं। वेश-भूषा अहसान हैदर तथा रूप-सज्जा मुहिउद्दीन की थी। प्रकाश एवं ध्वनि प्रभाव कादिर अली बेग के थे। उनके अनुसार, " 'आधे-अधूरे' मेरी जिंदगी के उन दो-तीन नाटकों में से है जिन्हें करने के बाद मजा आया और जिन्हें मैं दुबारा भी करना चाहूँगा। 'आधे-अधूरे' को अभी फिर से नए सिरे से करने का मेरा इरादा है।"[141] लेकिन दिल्ली में इसका जो प्रदर्शन इस समीक्षक ने देखा, वह सचमुच बहुत खराब और बेअसर था। काले सूट वाले आदमी की जगह पुरुष को पैंट, ओवरकोट और फैल्ट हैट पहना कर 'आधे-अधूरे' को रहस्य-रोमांचपूर्ण वातावरण देने की गलत और अर्थहीन कोशिश की गई थी। इस सम्बन्ध में निर्देशक से पूछने पर उन्होंने बताया कि "सस्पेंस का कतई कोई इरादा नहीं था। मगर कपड़े बदलने के लिए वक्त बहुत कम होता था, घबराहट में चरित्र की एकाग्रता भी टूटती थी। पहले दिन के शो में पैंट का ज़िप भी खुला रह गया। ओवर कोट-फैल्ट में एक समाधान-सा मिला···बस उतारो और तैयार। मगर मैं आपकी इस बात से पूरी तरह सहमत हूँ कि इससे नाटक के मूल और समग्र प्रभाव पर फर्क पड़ता है। अब किया तो ऐसा बिल्कुल नहीं करूँगा।"[142] इसमें कोई संदेह नहीं कि हैदराबाद के लिए 'आधे-अधूरे' का यह प्रस्तुतीकरण एक उल्लेखनीय और उत्तेजक प्रदर्शन था परंतु जहाँ तक दिल्ली के प्रबुद्ध नाट्य-प्रेमियों का सम्बन्ध है उन्हें 'न्यू थियेटर' की यह प्रस्तुति सामान्यतः नीरस और प्रभावहीन लगी, क्योंकि 'दिशांतर' (दिल्ली) 'थियेटर यूनिट' (बम्बई) और 'अनामिका' (कलकत्ता) की बहुचर्चित श्रेष्ठ प्रस्तुतियाँ वह इससे पहले देख चुके थे और उनसे इस प्रदर्शन की तुलना हो जाना स्वाभाविक ही था।

मराठी **विजय तेंदुलकर**

9. बड़ौदा ऐमेच्योर ड्रैमेटिक क्लब (बड़ौदा) : सुधीर कुलकर्णी

21 जनवरी, 1980 को 'बड़ौदा ऐमेच्योर ड्रैमेटिक कलब' (बड़ौदा) ने जनरल एजूकेशन आडोटोरियम में 'आधे-अधूरे' के विजय तेंदुलकर कृत मराठी अनुवाद को राष्ट्रीय नाट्य विद्यालय (नई दिल्ली) के स्नातक और अब प्राध्यापक सुधीर कुलकर्णी के निर्देशन में प्रस्तुत किया। दृश्य-बंध जुन्नरकर एवं अशोक सुधालकर का था। सांकेतिक-यथार्थवादी सेट में प्रवेश-प्रस्थान के लिए दाईं ओर के दो विंग्स का ही प्रयोग किया गया। वहीं एक कुर्सी, पढ़ने-लिखने की मेज और बुकरैक रखकर महेन्द्र नाथ के लिए मुख्य अभिनय-क्षेत्र बनाया गया। पीछे के विंग पर फिल्मी-तस्वीरें और न्यूड टांग कर अशोक के कमरे का आभास दिया गया और आगे की ओर ड्रेसिंग टेबल और घूमने वाला मोड़ा रखकर सावित्री के शृंगार की

व्यवस्था की गई। मध्य में पुराने ढंग का सोफा सेट और उसके पीछे- साइक्लोरामा से लगी दो पुरानी अल्मारियाँ। बाईं ओर 4′×8′ का धरातल देकर अलग से रसोई बनाई गई। अल्मारियों के नजदीक---लगभग आमने-सामने दो दरवाजों के फ्रेम और पिछले दरवाजे के साथ एक खिड़की का फ्रेम; बीच में डाइनिंग टेबल और चार कुर्सियाँ। माँ-बेटी के सम्वादों और विवादों के लिए विशेषत: इस अभिनय-क्षेत्र का प्रयोग माँ-बेटी के सम्बन्धों को एक वैशिष्ट्य, निजत्व और अंतरंगता प्रदान करता था। प्रकाश-व्यवस्था किरण भोकरी की थी। मंच की स्वाभाविक ध्वनियों के अलावा किसी विशेष संगीत, ध्वनि-प्रभाव और रूप-विन्यास का इस्तेमाल नहीं किया गया। वेश-भूषा के लिए जयश्री जुन्नरकर ने भी सामान्य और सहज-स्वाभाविक वस्त्राभूषणों की ही व्यवस्था की। पुरुष पात्र की पाँचों भूमिकाएँ अनिल आदी ने काफी प्रभावशाली ढंग से अभिनीत कीं और पत्नी सावित्री के रूप में जयश्री जुन्नरकर ने भी बराबर उनका साथ निभाया। एक स्थानीय अंग्रेजी दैनिक के नाट्य समीक्षक के शब्दों में, "Anil Aadi came out superb in portraying a sensitive but dependent and defeated husband in Mahendranath. He looked at ease in his facial movements and dialogue delivery. He is the man to watch. However, his triple role in the three other characters of Singhania, Jagmohan and Juneja was a bit too much and sounded melodramatic Jayashree Juhnarkar posed equal challenge to Aadi in putting up an apparently agressive and defiant but inwardly insecure wife in Savitri."[143]

बड़ी लड़की बिन्नी की भूमिका में सविता प्रभुणे अत्यधिक सचेत दिखाई दीं और अंत तक सहज नहीं हो पाईं, जबकि छोटी लड़की किन्नी के रूप में ज्योत्स्ना लिमये शायद ज्यादा आत्मविश्वास में 'ओवर एक्टिंग' कर गई। अशोक की भूमिका में रवीन्द्र जोगलेकर ने अपने चरित्र को समझा और दर्शकों को एक सीमा तक प्रभावित करने में सफल भी रहे। निर्देशक सुधीर कुलकर्णी के अनुसार, "बहुत समय पहले इस नाटक को क्लास में नेमि जी से पढ़ा था और इसकी मध्यवर्गीय व्यापक समस्या और सम्वादों के पैनेपन से बहुत प्रभावित हुआ था। तभी से इसे कहीं करने की तीव्र इच्छा मन में थी। बड़ौदा का प्रस्ताव आते ही मैंने इसे मराठी में करने का निर्णय कर लिया। मुझे लगा जैसे मराठी में यह और भी प्रभावशाली हो सकेगा। एक तो व्यावसायिक रंगमंच के मुकाबले इसका अनुभव बिल्कुल भिन्न प्रकार का होगा और दूसरे, मेरे विचार से महाराष्ट्रीय परिवारों में प्राय: स्त्रियाँ अधिक पजैसिव होती हैं और मध्यवर्गीय घरों का जीवन बहुत कुछ ऐसा ही है। अवसर मिले तो मैं इसे गुजराती में भी करना चाहूँगा।"

निर्देशक के विचार से, "इस नाटक में चित्रित ट्रैजडी के कई कारण हैं। आर्थिक कारण सर्वाधिक महत्त्वपूर्ण है, लेकिन सावित्री का हावी होने का आक्रामक स्वभाव और महेन्द्रनाथ का दब्बूपन भी कम महत्त्वपूर्ण नहीं है। यदि 'लुक बैक इन ऐंगर' की तरह महेन्द्र सावित्री को थप्पड़ मार सकता तो शायद यह परिस्थिति न होती लेकिन पुरुष शायद स्वभाव से ही शान्तिप्रिय और समझौतावादी होता है, इसलिए विद्रा करता जाता है। बहुत से मनोवैज्ञानिक कारण, ग्रंथियाँ इसके लिए जिम्मेदार हो सकती हैं। इनके अलावा, इस परिस्थिति के लिए हमारी सामाजिक व्यवस्था (जिसमें शादीशुदा औरत अलग अकेली नहीं रह सकती), सम्प्रेषणीयता की समस्या और 'इमोशनल सिक्योरिटी' का अभाव जैसे कई कारण भी इसके लिए उत्तरदायी हैं।' सुधीर के अनुसार इस नाटक की सबसे बड़ी ताकत यह है कि, " 'तुग़लक' की तरह घटनात्मक नाटक न होने के बावजूद इसमें जो एक जबरदस्त मानसिक उथल-पुथल और संघर्ष है, वह हमारे अधिकांश दर्शकों का अनुभूत किया हुआ है और इसीलिए उन्हें बाँधता है।"[144] यह कहना कठिन है कि स्त्री और पुरुष में से कौन ठीक है और कौन गलत ? परंतु 'आधे-अधूरे' के इस मराठी प्रस्तुतीकरण के अंतिम दृश्य को देखते हुए लगता है कि तमाम बौद्धिक और वैचारिक तार्किक ऊहापोहों के बावजूद राकेश ही की तरह यह निर्देशक भी कहीं न कहीं स्त्री की अपरिमित अतृप्त इच्छाओं को ही इस त्रासदी का मूल कारण मानता है। क्योंकि यहाँ नाटक के अंतिम दृश्य में—किचन में सावित्री को पूरी तरह उधेड़ने के बाद जुनेजा जल्दी में अपनी छड़ी वहीं भूलकर चला गया है। अशोक और बिन्नी उसी छड़ी के सहारे महेन्द्र नाथ को वापस घर में ला रहे हैं। उधर सावित्री महेन्द्रनाथ के आगमन से बेपरवाह कहीं और देखती हुई अनमनेपन से प्याला भर जाने के बावजूद केतली से उसमें चाय उड़ेलती चली जा रही है—मानो अपनी क्षमता और सामर्थ्य से बहुत-बहुत अधिक चाहने और पाने की कभी न खत्म होने वाली भूख इस केतली और चाय के प्याले में ही सिमट कर रह गई हो।

आलेख का कतई सम्पादन नहीं किया गया और निर्देशन की दृष्टि से यह भी सही है कि "With his firm grip on the racy theme and balanced presentation of competing characters. Sudhir could succeed in making the play a living experience for the responding audience."[145] लेकिन अभिनेता-निर्देशक के रूप में सुधीर कुलकर्णी की प्रकृति को जानने-समझने वाले व्यक्ति के लिए यह तथ्य आश्चर्यजनक नहीं होना चाहिए कि अपनी तमाम विशेषताओं के बावजूद इस प्रस्तुति में ऐसे प्रसंग और ऐसे क्षण कई बार आए जब पात्रों और स्थितियों की करुणा, दयनीयता और विवशता उभरने के स्थान पर हास्य उत्पन्न हुआ और दर्शकों ने उससे खुश हो होकर खूब

तालियाँ भी बजाईं।

इस प्रस्तुति के तीन प्रदर्शन हुए जिन्हें लगभग 1800 दर्शकों ने अत्यन्त उत्साह और प्रसन्नता के साथ देखा।

अंग्रेजी **बिंदु बत्रा**

10. लेडी हार्डिंग मैडीकल कालेज (दिल्ली): रवि बासवानी

19-20 फरवरी, 1980 को दिल्ली के लेडी हार्डिंग मैडीकल कालेज के विद्यार्थियों द्वारा दिल्ली रंगमंच के विख्यात अभिनेता-निर्देशक रवि बासवानी के निर्देशन में मोहन राकेश के बहुमंचित नाटक 'आधे-अधूरे' के बिन्दु बत्रा कृत अंग्रेजी अनुवाद 'हाफ वे हाउस' को आईफैक्स प्रेक्षागृह में प्रस्तुत किया गया। प्रमुख पात्र की पाँचों भूमिकाएँ स्वयं रवि बासवानी ने सूझ-बूझ के साथ पेश कीं। रवि ने विविध चरित्रों की बाहरी पहचान और भिन्नता प्रतिष्ठित करने के इरादे से प्रस्तावना के लिए बंद गले के कोट और पैंट का प्रयोग किया। महेन्द्रनाथ को बुशशर्ट-पैंट में, सिंघानिया को पुराने डिजाइन के सूट (कम मोहरी की पैंट) में, जगमोहन को नये डिजाइन के थ्री पीस सूट, टाई और हाथ में लाइटर के साथ तथा जुनेजा को शेरवानी और पायजामे में प्रस्तुत किया। सावित्री और बिन्नी की आंतरिक समानता तथा अभिशप्त नियति की एकता को रेखांकित करने के लिए पूर्वार्द्ध में सावित्री की साड़ी के रंग, बाडर और ब्लाउज से मिलते-जुलते या शायद वही वस्त्र उत्तरार्द्ध में बिन्नी को पहनाए गए। अशोक की लापरवाही को आधुनिक खुली सी पोशाक के साथ-साथ हवाई चप्पल के माध्यम से भी प्रर्दाशित करने की कोशिश की गई।

निर्देशक ने अपनी दृश्य-बंध परिकल्पना में भी नवीनता और मौलिकता का परिचय दिया। अलग-अलग फलकों को, बीच में अन्तराल रखकर, विविध कोणों में कलात्मक ढंग से प्रस्तुत किया गया। बाहर का मुख्य द्वार साइक्लोरामा के बीचोबीच रखकर छोटी-छोटी सीढ़ियों से बनी एक लम्बी-काली प्रवेश-पट्टी को द्वार से मंच के लगभग मध्य भाग तक लाया गया। इसके दाईं ओर ड्रेसिंग टेबल, दीवान, बुक-रेक और आगे की ओर दर्शकों की तरफ पीठ करके एक कुर्सी रखी गई। बाईं ओर अल्मारी, फ्रिज, डाइनिंग टेबल और मध्य में सोफे की व्यवस्था की गई। रवि बासवानी के अनुसार, "प्लैट्स को अलग-अलग रखकर मैंने घर के टुकड़े-टुकड़े और बिखरे हुए रूप को दिखाने की कोशिश की थी। दृश्य-बंध को विभाजित करती प्रवेश-पट्टी घर या सम्बन्धों की दरार को प्रर्दाशित करती है।" इसके अतिरिक्त, "मुझे लगा कि वह घर आर्थिक दृष्टि से उतना नीचे नहीं है, जितना शिवपुरी ने अपनी प्रस्तुति में दिखाया था। इसलिए मैंने फ्रिज को वहाँ

रखा है – अब उसकी लाइट भले ही न जलती हो।"[146]

नाटक का आरम्भ मद्धम रोशनी में प्रमुख द्वार से धीमी गति के साथ सावित्री के प्रवेश से होता है। इसके बाद सूत्रधार (का० सू० वा० आदमी) अपनी प्रस्तावना के साथ-साथ अलग-अलग स्थानों पर चादरों से ढके विभिन्न पात्रों को अनावृत्त करता चलता है। वह एक जादूगर या मदारी की तरह परिवार और उसके चरित्रों से हमारा परिचय करवाता है। निर्देशक के शब्दों में, "यहाँ मेरा मकसद पात्रों और स्थितियों को क्रमशः खोलकर दिखाना है—जो बाहर वालों की नजर में ढके हुए हैं। आरम्भ में मेरा इरादा प्रस्तावना को सभी पात्रों में बाँट कर प्रस्तुत करने का था, परंतु वह सम्भव नहीं हो पाया।"[147]

सावित्री की भूमिका को सुनीता सिंह ने काफी मुखर और आक्रामक रूप में अभिनीत किया। अशीम सचदेव का अशोक भी बहुत क्रुद्ध, कटु और तीखा था। रुचित्रा गौतम की बिन्नी तथा उपमा मिश्रा की किन्नी भी प्रभावशाली थीं। संगीत और प्रकाश-योजना कल्पनाशील थी और परिस्थितियों, मनःस्थितियों या कहीं-कहीं कुछ सम्वादों अथवा शब्दों को रेखांकित करने में इनका उल्लेखनीय योगदान रहा।

नाटककार की परिकल्पना और इच्छा से किंचित हटते हुए रवि बासवानी ने पुरुष के मुकाबले स्त्री का पलड़ा थोड़ा भारी करने का प्रयत्न भी किया। उन्हीं के शब्दों में, "स्त्री को उभारने के लिए उसके संवाद को अंत में जुनेजा के बाद भी रखने की बात मैंने सोची, इसके लिए उस अंश को दुबारा लिखना पड़ता। राकेश की सम्वाद-पटुता और प्रतिभा से डर कर स्वयं कलम न उठाने का ही फैसला किया। अपने उद्देश्य की पूर्ति के लिए अंततः मैंने जुनेजा को माइल्ड रखा और सावित्री को अपराध-बोध से रहित एक बोल्ड औरत की तरह आत्मविश्वास भरी आवाज में प्रस्तुत किया।"[148]

इस प्रकार कालेजी छात्रों द्वारा प्रस्तुत 'आधे-अधूरे' का यह अंग्रेजी अभिमंचन अभिनय, पार्श्व-कर्म, व्याख्या और प्रदर्शनीयता की दृष्टि से अपने अपेक्षित एवं सम्भावित स्तर से बहुत अच्छा, मौलिक और उल्लेखनीय सिद्ध हुआ।

मणिपुरी

कृष्ण मोहन शर्मा

11. अवंत गार्द (इम्फ़ाल) : सानाख्या इबोतोम्बी

11 जुलाई, 1982 को इम्फाल के रूपमहल थियेटर में, राष्ट्रीय नाट्य-विद्यालय के स्नातक, सानाख्या इबोतोम्बी निर्देशित राकेश के 'आधे-अधूरे' के कृष्ण मोहन शर्मा कृत मणिपुरी अनुवाद का अवंत-गार्द नाट्य-दल द्वारा अभिमंचन आधुनिक मणिपुरी रंगमंच के लिए एक उल्लेखनीय घटना की तरह था। वहाँ के दर्शक इससे पहले मोहन राकेश के 'आषाढ़ का एक दिन' तथा 'लहरों के राजहंस'

के प्रदर्शन देख चुके थे। इसलिए एक परिचित नाटककार द्वारा भिन्न परिवेश और नये रूप-रंग के इस नाटक के प्रति जिज्ञासा का भाव स्वाभाविक ही था। सावित्री की जटिल भूमिका गीता देवी ने अभिनीत की। निर्देशक द्वारा समकालीन 'साबित्री' को पौराणिक 'सती सावित्री' के समानान्तर देखने और अभिनेत्री द्वारा उसे प्रभावशाली रूप में प्रदर्शित करने की कोशिश न केवल मौलिक और सराहनीय बल्कि उत्तेजक भी थी। गीता देवी ने चरित्र की पीड़ा, असहनशीलता, ऊब, अधीरता और कटुता के साथ-साथ 'ईमानदारी और जी-जान से परिवार एवं अपने पति को आर्थिक एवं सामाजिक विषम परिस्थितियों के अदृश्य शिकंजे से बचाने की लगातार लड़ाई को पूर्णत: नियंत्रित और प्रभावी आवाज़, हाव-भाव, गति-विधान, मौन और आक्रामक सम्वादों के द्वारा सफलतापूर्वक प्रस्तुत किया।'[149] सावित्री द्वारा समाज के विरुद्ध अपने अटूट एवं चुनौती भरे संघर्ष की जीवंत अभिव्यक्ति दर्शकों को उद्वेलित कर गई। पुरुष-पात्रों की विविध और कठिन भूमिकाएँ इमोबी ने निभाईं और एक नाट्य-समीक्षक के अनुसार, "For imobi who represented the four characters, it seems a bit tough. However, by the clear dividing lines among the characters in terms of their mannerism and style of dresses maintained the clear understanding towards Rakesh."[150] बिन्नी, किन्नी और अशोक के रूप में क्रमश: बेदाबती, मेरीना तथा एल० शान्ति ने भी अपनी-अपनी अभिनय क्षमता का अच्छा परिचय दिया।

अचौबा शर्मा की दृश्य-बंध परिकल्पना नाटककार की मूल कल्पना के अनुरूप यथार्थपरक ढंग की ही थी। एल० बीरेन की प्रकाश-व्यवस्था तथा सानाख्या इबोतोम्बी की संगीत-योजना ने नाटक के कथ्य को रेखांकित करने में उल्लेखनीय भूमिका निभाई। ध्वनि-प्रभाव जाय कुमार नाबा, जान, दिलीप एवं कुमार ने संयुक्त रूप से दिए। रूप-सज्जा रौनेन एवं मोबी की थी।

निर्देशक, अभिनेता और पार्श्व कर्मियों के भरसक रचनात्मक सहयोग ने प्रस्तुति को एक प्रशंसनीय स्तर प्रदान किया; परंतु इसके बावजूद अंतिम दृश्य में महेन्द्रनाथ की वापसी द्वारा उत्पन्न अतिनाटकीय अथवा अगम्भीर स्थिति को बचाया नहीं जा सका। कुल मिलाकर, यह अन्य भाषाओं में हुए राकेश के 'आधे अधूरे' की उल्लेखनीय प्रस्तुति रही, जिसके कई प्रदर्शन किए गए।

यही नहीं, 14 जनवरी, 1996 को मणिपुर में सानाख्या इबतोम्बी ने राष्ट्रीय नाट्य विद्यालय के द्वितीय वर्ष के छात्रों के साथ हिंदी में 'आषाढ़ का एक दिन' की प्रशिक्षण-प्रस्तुति का निर्देशन भी किया। इसके चार प्रदर्शन दिल्ली के ऐवान-ए-ग़ालिब प्रेक्षागृह में 3, 4, 5 और 6 फरवरी, 1996 को भी किए गए।

(घ)

कुछ और प्रस्तुतीकरणों की सूची

कोंकणी

गोवा, अमोल पालेकर (1971)

पंजाबी (अनुवाद : गुरुशरण सिंह जसूजा)

कालिजिएट ड्रामा सोसाइटी, दिल्ली : रवि तनेजा (29 मार्च, 1989)

मणिपुरी (अनुवाद : कृष्ण मोहन शर्मा)

कोरस (इम्फ़ाल) : सानाख्या इबोतोम्बी (1978 ?)

मराठी (अनुवाद : विजय तेंदुलकर)

ललित कला आणि क्रीड़ा मण्डल, नासिक (1972)
मुखवटे (बम्बई) : विजया मेहता एवं अमोल पालेकर (1981)

हिन्दी

1. नाट्य नगर, (बोकारो) : रीता सोंधी (1971)
2. इंजीनियरिंग कालेज (चण्डीगढ़) : हरीश भाटिया (मार्च, 1974)
3. आई० आई० टी० (दिल्ली) : एम० के० रैना (1974)
4. आई० आई० टी० (लखनऊ) : राजेश भाटिया (21 जून, 1974)
5. त्रिमूर्ति (जयपुर) : एस० वासुदेव (1976)
6. अभिव्यक्ति गोरखपुर, : सतीश जैन (22 फरवरी, 1978)
7. मेघदूत नाट्य संस्था (आर्डिनेंस फैक्टरी, चन्द्रपुर) : ओम प्रकाश बाल्मीकि (3 दिसम्बर, 1978)
8. समता (रायपुर) : प्रदीप भट्टाचार्य (मार्च, 1979)
9. रोटरी क्लब (गोरखपुर) : सतीश कुमार जैन (30 दिसम्बर, 1979)
10. ब्ल्यू स्टार क्लब (दिल्ली) : प्रकाश भाटिया (5 मई, 1981)
11. रौबिन आर्ट्स थियेटर (दिल्ली) : रौबिन बत्रा (22-25 अक्टूबर, 1982)
12. परिधि (शिमला) : देवेन जोशी (7 दिसम्बर, ?)
13. कोख (नई दिल्ली) : राधेश्याम (1984)
14. रंगयुग (जम्मू) : संजीव बक्षी (1991)
15. शिल्पा (शिमला) : भूपेन्द्र शर्मा (4 सितम्बर, 1995)

इनके अतिरिक्त, नाट्य कला परिषद् (बालाघाट) : बंगेश्वर मल्लिक, शेखर (राउरकेला), राज बिसारिया (लखनऊ), विभा मिश्र (भोपाल/कानपुर), 'दर्पण' उर्मिल कुमार थपलिपाल (लखनऊ) इत्यादि न मालूम कितने नाट्य-दलों और निर्देशकों ने इसे कहाँ-कहाँ और कब-कब अभिमंचित किया है !

निष्कर्ष और मूल्यांकन

'आधे-अधूरे' के देशव्यापी बहुभाषी सफल प्रदर्शनों और उसकी आश्चर्यजनक बहुस्तरीय लोकप्रियता ने उसके विषय में व्यक्त किए गए ज्यादातर संदेहों, विवादों और आरोपों का समुचित उत्तर दे दिया है। इसी नाटक पर राकेश को संगीत नाटक अकादमी पुरस्कार मिला और रंगमंच, रेडियो, दूरदर्शन तथा फिल्म के विविध माध्यमों में अपनी अभूतपूर्व सफलता के कारण इसने अपने रचनाकार को नेहरू फैलोशिप, फिल्म सेंसर बोर्ड की सदस्यता तथा फिल्म वित्त निगम के निदेशकत्व के गौरव के साथ-साथ अपने असंख्य पाठकों-दर्शकों का अपार स्नेह एवं सम्मान दिलवाया। आज शायद ही किसी को सुप्रसिद्ध रंगकर्मी एवं फिल्म अभिनेता ओम शिवपुरी के इस कथन से असहमति हो कि, " 'आधे-अधूरे' मुझे समकालीन जिन्दगी का पहला सार्थक हिंदी नाटक लगता है। यह मौजूदा जीवन की विडम्बना के कुछेक सघन बिंदुओं को रेखांकित करता है। इसके पात्र, स्थितियाँ एवं मनःस्थितियाँ यथार्थ-परक तथा विश्वसनीय हैं। इसकी गठन सुदृढ़ एवं रंगोपयुक्त है। पात्रों के प्रवेश और प्रस्थान रंगप्रभावों की दृष्टि से भली-भाँति संयोजित हैं। पूरे नाटक की अवधारणा के पीछे सूक्ष्म रंग-चेतना निहित है।"[151]

'आधे-अधूरे' मुख्यतः निर्देशक का नहीं नाटककार और अभिनेता का नाटक है। इसमें सम्वादों के एक-एक शब्द का स्थान और बलाघात, यति और गति रचनाकार द्वारा पहले से पूरी तरह सुनिश्चित और निर्धारित कर दी गई है। पात्रों के प्रवेश-प्रस्थान उनकी गतियों तथा मुद्राओं और दृश्य-बंध सम्बन्धी अत्यधिक रंग-निर्देशों की जबरदस्त जकड़ से यह नाटक कुछ इस तरह बँधा हुआ है कि कोई निर्देशक इसे खराब किए बिना आसानी से नाटककार की परिकल्पना के इधर-उधर हिला-डुला नहीं सकता। यही कारण है कि विवादास्पद 'प्रस्तावना' तथा 'एक ही अभिनेता द्वारा पाँचों भूमिकाएँ किए जाने की रंग-युक्ति' से थोड़ी-बहुत छेड़-छाड़ करने के अतिरिक्त इसकी लगभग सभी प्रस्तुतियों का मूल प्रारूप एवं अधिनिरूपण नाट्यालेख और नाटककार की परिकल्पना के अनुरूप ही रहा है।

यह एक आश्चर्यजनक तथ्य है कि 'प्रस्तावना' की आवश्यकता और अनिवा-

यंता के सम्बन्ध में चहुँतरफा तीखा प्रहार करने वाले बहुसंख्य रंगकर्मियों में से (एकाध अपवाद को छोड़कर) किसी भी प्रबुद्ध एवं प्रतिष्ठित निर्देशक ने उसे नाटक से पूरी तरह हटा देने का साहस नहीं दिखाया। हाँ, थोड़ा-बहुत सम्पादन अथवा पुर्ननियोजन करना अलग बात है। इस दृष्टि से सर्वाधिक उल्लेखनीय प्रयोग किया—अमाल अल्लाना ने। राष्ट्रीय नाट्य-विद्यालय के रंगमंडल की प्रस्तुति में निर्देशिका ने इस लम्बी प्रस्तावना को कई हिस्सों में विभाजित करके उसे पुरुष-पात्र तथा कोरस द्वारा अलग-अलग स्थानों पर बुलवाया। परंतु महत्त्वपूर्ण बात यह है कि 60 पंक्तियों की इस लम्बी प्रस्तावना को तीन-चार भागों में विभक्त करने से उसकी एकरसता टूटने के अतिरिक्त नाटक के मूल आस्वाद एवं प्रभाव में कोई विशेष धनात्मक अंतर नहीं पड़ता। बल्कि सच तो यह है कि आरंभ में 'यह एक अनिश्चित नाटक है', मध्य में, 'आप देख रहे हैं न, यह एक अनिश्चित नाटक है' और अंत में, 'आपने देखा, यह एक अनिश्चित नाटक था'— प्रस्तावना को विभाजित करके और बार-बार अपने पूर्व-कथन की सत्यता की जबरदस्ती घोषणा करके निर्देशिका प्रबुद्ध दर्शक को नाराज और अपमानित करती हैं। यूँ, 'प्रस्तावना' की कुछेक पंक्तियों का नाटक के अंत में दोहराकर सत्यदेव दुबे ने अपने मराठी प्रस्तुतीकरण में तथा 'प्रस्तावना' के कुछ सम्पादित अंशों को टेपांकित सम्वादों के रूप में नाटक के बीच कई बार कमेंट्स की तरह इस्तेमाल करके सुशील चौधरी ने अपने सवाई माधोपुर के प्रस्तुतीकरण में 'विखण्डन' के इस प्रयोग को एक सीमित रूप में पहले ही करके देख लिया था। चण्डीगढ़ में वीरेन्द्र मेंहदीरत्ता और हरीश भाटिया, जम्मू में मोतीलाल क्यूम तथा दिल्ली में रवि बासवानी ने इस दृष्टि से कुछ रचनात्मक परिवर्तन करने का प्रयत्न किया। परंतु कुल मिलाकर, नाटक के आलेख से उद्भूत नाट्यानुभव में इससे कोई बुनियादी अंतर नहीं पड़ा। कोई विशेष लाभ तो नहीं ही हुआ।

इसी से जुड़ा हुआ प्रश्न है—गीतों के समावेश का। यदि 'प्रस्तावना' ही नाट्यालेख पर आरोपित होने के कारण अनावश्यक और निरर्थक है तो मूल-भावना को रेखांकित करने के लिए इसमें कुछ फिल्मी या गैर-फिल्मी गीतों का समावेश तो और भी ज्यादा गैर-जरूरी हो जाता है। परंतु फिर भी, 'आधे-अधूरे' के कुछ निर्देशकों ने ऐसा किया है। सत्यदेव दुबे (थियेटर यूनिट, बंबई) ने अपनी बदलती हुई रुचि एवं मान्यता के अनुरूप कालांतर में 'कभी तन्हाइयों में भी हमारी याद आएगी' तथा 'बाबुल मोरा नैहर छूट्यो ही जाए' को प्रदर्शन में जोड़ दिया। अरुण कुकरेजा (रुचिका, दिल्ली) ने के० एल० सहगल के सुप्रसिद्ध गीत 'इक बंगला बने न्यारा' का प्रयोग किया तो बलभद्र सिंह (युवा संगम, जबलपुर) ने एक स्थानीय कवि गोपाल गुप्त नीलेश कृत 'आधे हैं हम अधूरे' जैसे शीर्षक-गीत के साथ-साथ नीरज के कुछ अन्य लोकप्रिय गीतों का भी इस्तेमाल किया। अमाल

अल्लाना (राष्ट्रीय नाट्य विद्यालय, रंगमंडल, दिल्ली) ने प्रेम मटियानी लिखित गीत 'सम्बन्धों से मुक्ति नहीं पा सकता है मानव मन' का समावेश करके प्रदर्शन में नूतनता लाने की कोशिश की। इस संदर्भ में ध्यातव्य है कि 'आधे अधूरे' जैसे सघन, नावपूर्ण, यथार्थवादी नाटक में सामान्यतः गीतों की कोई संगति और आवश्यकता नहीं है। इनका समावेश प्रायः फिल्मी प्रभाव और लोकप्रियता के प्रत्यक्ष या परोक्ष दबाव के कारण ही हुआ है। अमाल की प्रस्तुति में कोरस के समावेश तथा आलेख की प्रकृति के कारण यद्यपि गीत असंगत और आरोपित तो नहीं है परंतु अपनी पुनरावृत्ति के कारण यह निरर्थक अवश्य प्रतीत होने लगता है। नाटक में कही जाने वाली बात नाटककार 'प्रस्तावना' में भी दोहराता है, इसके बाद निर्देशक द्वारा गीत या किसी अन्य माध्यम से उसे—रेखांकित—करने का प्रयत्न अनावश्यक ही नहीं अनुचित भी है।

'आधे अधूरे' के मंचन के संदर्भ में एक अन्य महत्त्वपूर्ण और विवादास्पद प्रश्न एक ही कलाकार द्वारा पाँचों पुरुष भूमिकाएँ निभाने के लिए नाटककार का आग्रह भी है। राकेश इसे नाटक का अभिन्न और अपरिहार्य अंग मानते हैं जबकि अन्य कई समीक्षकों-रंगकर्मियों के अनुसार यह केवल चमत्कृत करने वाली एक आरोपित रंग-युक्ति मात्र है—जिसके हटा देने से भी नाटक के कथ्य और प्रभाव में कोई अंतर नहीं पड़ता। हिंदी रंगमंच की तत्कालीन स्थिति को देखते हुए व्यवहारतः सचमुच यह एक बड़ी चुनौती थी और इस रंग-युक्ति के सफल प्रयोग के प्रति व्यक्त की गई आशंका निराधार नहीं थी। परंतु यह भी सच है कि इस नाटक ने ही हिंदी रंगमंच के श्रेष्ठ अभिनेताओं की अव्यक्त अभिनय प्रतिभा को उत्तेजित एवं जाग्रत करके अभिनय-स्तर की दृष्टि से हमारे रंगमंच को पर्याप्त ऊंचाई और प्रतिष्ठा प्रदान की। अपनी तमाम सीमाओं के बावजूद ओमशिवपुरी, अमरीशपुरी, श्रीराम लागू, कृष्ण कुमार, श्यामानंद, मनोहर सिंह, फैज़ल रवि बास्वानी, खानविल्कर और दिनेश ठाकुर जैसे अनेक अभिनेताओं को इस भूमिका ने चुनौती दी और उनकी अभिनय-सम्भावनाओं को नये आयाम प्रदान किए।

इस रंग-युक्त को निरर्थक और आरोपित मानकर अनेक नाट्य-निर्देशकों ने इसे अस्वीकार करके ये विविध भूमिकाएँ अलग-अलग कलाकारों से करवाने के रचनात्मक परीक्षण-प्रयोग भी किए। नाटककार की मूल कल्पना के विरुद्ध जाकर अपने अभिमंचन करने वाले इन साहसी निर्देशकों में मोतीलाल क्यमू (जम्मू), गजानन पित्रे (इलाहाबाद), अवी नंदा (देहरादून), सुशील चौधरी (सवाई माधोपुर), राजिंदर नाथ (कलकत्ता), एम० के० रैना (दिल्ली), गोविंद गुप्ता (भुवनेश्वर), हरीश भाटिया (चंडीगढ़), राजेंद्र गुप्त (उज्जैन), प्रसन्ना मोहंती (कटक), विजय कपूर (सीतापुर), सतीश कुमार (गोरखपुर) तथा अलख

नंदन (भोपाल) के नाम उल्लेखनीय हैं। इनमें से दो-एक अपवादों को छोड़ कर ये सभी प्रस्तुतियाँ रंगशिविरों, क्लबों, कालेजों अथवा इसी प्रकार के संस्थानों के विशुद्ध शौकिया कलाकारों के लिए तैयार की गई थीं। स्पष्ट है कि यहाँ निर्देशकों के समक्ष मूल समस्या प्रशिक्षणार्थियों में पाँच भूमिकाएँ कर सकने में समर्थ किसी बड़े कलाकार के अभाव के साथ-साथ चार-पाँच कलाकारों को अभिनय अवसर प्रदान करने की भी रही होगी। अतः मेरे विचार से इन प्रयोगों के पीछे किसी सैद्धांतिक अथवा वैचारिक आग्रह के स्थान पर सुविधा और सीमा का सवाल ही अधिक महत्त्वपूर्ण रहा होगा। राजिंदरनाथ और अलखनंदन ही सम्भवतः वे प्रमुख नाट्य-निर्देशक हैं जिन्होंने समर्थ एवं सक्षम अभिनेताओं के होते हुए भी यह भूमिकाएँ अलग-अलग कलाकारों से करवाने का सुचिंतित निर्णय लिया। इसमें से भी राजिंदर नाथ निर्देशित 'संगीत कला मंदिर' (कलकत्ता) के लिए 19 जनवरी, 1974 की प्रस्तुति विशेष उल्लेखनीय है, क्योंकि निर्देशक के पास ओमपुरी, एम० के० रैना तथा राजेंद्र गुप्त जैसे प्रशिक्षण प्राप्त, श्रेष्ठ एवं प्रतिष्ठित अभिनेता उपलब्ध थे—जिन्होंने इस प्रस्तुति में क्रमशः जुनेजा, सिंघानिया तथा महेंद्रनाथ की भूमिकाएँ अभिनीत कीं परंतु कल्पनाशील अभिनेताओं और प्रवीण पार्श्वकर्मियों के पूर्ण रचनात्मक सहयोग के बावजूद यह प्रस्तुति प्रभावपूर्ण एवं सफल सिद्ध नहीं हुई। डा० प्रतिभा अग्रवाल के अनुसार, "नाटक का प्रभाव सर्वथा लुप्त हो गया; 'मुखौटे अलग-अलग पर चेहरा एक ही'—यह कहकर राकेश ने हर पुरुष की प्रतिक्रिया के एक होने, मूलतः व्यक्ति के स्वभाव के एक होने की ओर जो इंगित किया है, वह अलग-अलग कलाकारों के आते ही नष्ट हो गया। नाटक कोई छाप नहीं छोड़ पाया — न पात्र ही, न चरित्र ही।"[152] और सुविख्यात अभिनेता—निर्देशक श्यामानंद जालान के अनुसार, "राजिंदर नाथ का प्रस्तुतीकरण हमें अच्छा नहीं लगा। अलग-अलग कलाकारों से पाँचों भूमिकाएँ कराने के कारण नाटक की बुनियादी थियेट्रीकैलिटी और युनिटी मारी गई।"[153] अतः स्पष्ट है कि इस प्रदर्शन की असफलता का प्रमुख कारण नाटककार की उस मूल रंग-युक्ति का अस्वीकार ही था, जो कथ्य के साथ आंतरिक स्तर पर अपरिहार्य रूप में जुड़ी हुई है और केवल चमत्कृत करने वाला एक शिल्पगत प्रयोग मात्र ही नहीं है। इस संदर्भ में उल्लेखनीय है कि, "यदि नाट्यकार सशक्त है और उसने नाटकीय घटनाओं और पात्रों का संयोजन एक विशेष दृष्टि से किया है तो उसमें कोई मूलभूत परिवर्तन करने से कृति दुर्बल होती है, प्रभाव नष्ट होता है। 'आधे-अधूरे' में राकेश ने तथा 'पगला घोड़ा' में बादल बाबू ने क्रमशः एक पुरुष पात्र द्वारा पाँचों भूमिकाएँ किए जाने तथा एक स्त्री द्वारा चारों स्त्री भूमिकाएँ किए जाने की योजना की है। जब-जब लोगों ने इन नाटकों की प्रस्तुति में विभिन्न भूमिकाओं को अलग-अलग

पात्रों द्वारा करवाया है, तब-तब इन विभिन्न पात्रों की अंतर्निहित चरित्रगत एकता को क्षति पहुँची है, नाटक का प्रभाव नष्ट हुआ है।"[154] इस दृष्टि से, मध्य प्रदेश रंगमंडल, भोपाल द्वारा अलखनंदन निर्देशित प्रस्तुति भी कोई अपवाद प्रस्तुत नहीं करती। समकालीन प्रासंगिकता, यथार्थवादी आग्रह और अनेक सुचिंतित कारणों के बावजूद 'आधे-अधूरे' का यह प्रदर्शन भी अंततः श्यामानंद जालान तथा प्रतिभा अग्रवाल की उक्त स्थापनाओं का ही समर्थन करता है।

'आधे-अधूरे' के दृश्य-बंध की परिकल्पना नाटककार ने मूलतः प्रोसीनियम प्रेक्षागृह के रंगद्वारी-मंच के लिए की है और मुक्ताकाशी मंच पर लाते ही इसके तनाव, अंतर्द्वंद्व और टकरावजन्य ऊष्मा के बिखर जाने का खतरा है। बंसी कौल का यह कथन महत्त्वपूर्ण है कि, " 'आधे-अधूरे' भी, हो सकता है, कभी मुक्ताकाशी मंच पर किया जाए, पर मुझे लगता है, उसकी सूक्ष्मता नष्ट हो जाएगी।"[155] राजेंद्रनाथ के विचार से भी, "राकेश के नाटकों के लिए प्रोसेनियम स्टेज अधिक उपयुक्त है। उनमें शब्द का तत्त्व प्रधान है; उसे उजागर करने के लिए प्रेक्षक और रंगमंच के बीच निकट का सम्बन्ध अनिवार्य है, क्योंकि दूरी शाब्दिक क्षमताओं को नष्ट कर देती है।"[156] परंतु इस आशंका के बावजूद इस नाटक के कुछ प्रदर्शन मुक्ताकाशी मंच पर भी हुए हैं—यह अलग बात है कि इनके पीछे किसी प्रयोग के आग्रह के बजाए किसी-न-किसी प्रकार की विवशता ही रही है। 'दिशांतर' (दिल्ली), 'जागृति' (देहरादून) तथा 'म० प्र० रंगमंडल' (भोपाल) की प्रस्तुतियाँ मूलतः प्रोसेनियम के लिए ही तैयार की गई थीं किंतु बाद में किन्हीं विवशताओं से मजबूर होकर इन्हें दिल्ली के त्रिवेणी तथा लखनऊ के कैसर बाग में विशेष रूप से बनाए गए पंडाल में प्रदर्शित किया गया। जमशेदपुर की संस्था 'रूपायन' ही सम्भवतः एकमात्र ऐसी नाट्य-संस्था है जिसने इस नाटक का प्रथम प्रदर्शन मुक्ताकाशी मंच (एम-53, टेल्को कालोनी) पर किया; किंतु अगले दोनों प्रदर्शन इसने भी रंगद्वारी-मंच पर ही प्रस्तुत किए। यह सच है कि 'दिशांतर' का त्रिवेणी वाला प्रदर्शन भी दर्शकों को आकृष्ट करने और आद्यंत बाँधे रखने में सफल हुआ था; परंतु जिन दर्शकों ने उसके पूर्व-प्रदर्शन भी देखे हैं—वह भलीभाँति जानते हैं कि मुक्ताकाशी मंच पर आकर इसकी समग्र प्रभावान्विति एवं नाट्यानुभव की तीव्रता-सघनता में स्पष्टतः कमी आई थी। यही परिणति शेष तीनों प्रस्तुतियों की भी हुई।

नाटक के अनिश्चित अंत को सशक्त बिम्बात्मकता देने और उसे प्रभावशाली बनाने के लिए राकेश महेंद्रनाथ को पुनः मंच पर ले आते हैं जहाँ 'सम्भल कर महेंद्रनाथ, सँभलकर···।' कहते हुए जुनेजा का प्रस्थान और कुछ ही क्षणों बाद उसका महेंद्रनाथ बनकर प्रवेश किसी भी प्रदर्शन में असरदार सिद्ध नहीं हुआ। नाटक के इस सर्वाधिक गम्भीर और महत्त्वपूर्ण स्थल पर हमेशा दर्शकों

में फुसफुसाहट होती है और गम्भीरता एक दबे हुए हास्य में बदल जाती है। नाटक के अंत में अभिनेता के रूप बदल कर आने की चालाकी, कुशलता तथा तत्परता पर ध्यान केंद्रित होता है और मानव-सम्बन्धों की विडम्बनापूर्ण त्रासदी की सघन नाट्यानुभूति थोड़ी देर के लिए तिरोहित हो जाती है। इसलिए जिन दो-एक निर्देशकों ने अंत में महेंद्रनाथ को मंच पर न लाने की छूट ली है उनकी प्रस्तुतियों का प्रभाव यहाँ खंडित नहीं होता—यह अलग बात है कि कुछ अन्य कमियों-कमजोरियों के कारण वे प्रस्तुतियाँ महत्त्वपूर्ण न बन पाई हों।

'आधे-अधूरे' का आलेख भिन्न निर्देशकीय व्याख्या के लिए ज़्यादा अवकाश नहीं देता। फिर भी, बिना अधिक हेर-फेर के कुछ प्रतिभावान नाट्य-निर्देशकों ने इसे अपनी दृष्टि से व्याख्यायित करने के मौलिक और महत्त्वपूर्ण प्रयत्न किए हैं। ओम शिवपुरी ने नाटककार की इच्छा के अनुरूप स्त्री-पुरुष सम्बन्धों की विडम्बना और उसकी छाया में घुटते-टूटते परिवार की त्रासद स्थिति के साथ-साथ व्यक्तियों की विभिन्नता के बावजूद मानवीय अनुभव एवं रिश्तों की अभिशप्त नियति की समानता पर बल दिया। सत्यदेव दुबे ने अपने मराठी प्रस्तुतिकरण में यदि बेमेल व्यक्तियों की टकराहट से होने वाले पारिवारिक विघटन को रेखांकित किया तो हिंदी अभिमंचन में एक स्त्री की टूटन और कुंठा पर बल दिया—यह अलग बात है कि स्त्री के कमजोर अभिनय के कारण प्रदर्शन में पुरुष ही उस पर हावी हो गया। श्यामानंद जालान ने भी स्त्री को प्रमुख और प्रखर बनाने का प्रयास किया। 'अनामिका' की इस प्रस्तुति में निर्देशक ने मनोज को लेकर सावित्री और बिन्नी (माँ-बेटी) को परस्पर प्रतियोगी बनाकर आलेख को नया आयाम देने की कोशिश की। परंतु प्रदर्शन में यह बिंदु उभर नहीं सका और कुल मिलाकर प्रस्तुति बहुत प्रभावशाली नहीं बन पाई। इस नाटक के अन्य अनेक निर्देशकों की तरह सतीश आनंद ने भी आलेख के साक्ष्य पर सावित्री को ही अधिक दोषी सिद्ध किया। अमाल अल्लाना की प्रयोगधर्मी प्रस्तुति में तो स्त्री के साथ और भी ज्यादती की गई। सिंघानिया-प्रसंग में ऐसा लगा जैसे सावित्री केवल अपने ही नहीं बल्कि अपनी बेटी बिन्नी के मूल्य पर भी 'बॉस' को खुश करने पर उतारू है। सावित्री के बजाए या उसके साथ बिन्नी को सिंघानिया के साथ दरवाजे के बाहर तक भेजना—वास्तव में स्त्री को स्वार्थी, चरित्रहीन और छोटा बना देता है। वह महेंद्रनाथ तथा जुनेजा के लांछनों एवं तर्कों के सामने बहुत बौनी और कमजोर नजर आने लगती है। इसके दूसरे सीमांत पर अलखनंदन अपनी पूरी सहानुभूति सावित्री को देकर, उसके चरित्र को ऊपर उठाने की भरसक कोशिश करते हैं। अलखनंदन की सावित्री बिन्नी के प्रति सिंघानिया की कुदृष्टि से न केवल विवशताजन्य खेद प्रकट करती है बल्कि जरूरत पड़ने पर उसकी रक्षा के लिए स्वयं ढाल बन कर दोनों के बीच भी आ

जाती है। वह अपने घर में जुनेजा के अनपेक्षित हस्तक्षेप को अस्वीकार करने का साहस भी रखती है और 'अंदर' तथा 'बाहर' के दोनों मोर्चों पर अकेले दम लड़ने की हिम्मत भी। इस प्रस्तुति में वह संघर्ष की सक्रिय शक्ति की प्रतीक बनकर एक सीमा तक महिमा मंडित भी हो उठती है। अमाल अल्लाना और अलखनंदन दोनों के सिंघानिया के चरित्र-निरूपण एक-दूसरे के काफी नजदीक, पड़ते हैं। परंतु बॉस की कामुक मुद्राओं एवं हरकतों और उसके अश्लील हाव-भावों के प्रति स्त्री की प्रतिक्रिया के अंतर ने प्रस्तुतियों की व्याख्याओं में बुनियादी फर्क पैदा कर दिया। ओम शिवपुरी ने सिंघानिया को कैरीकेचर की तरह पेश किया तो श्रीराम लागू ने उसे एक जीते-जागते सामाजिक व्यक्ति की तरह संतुलित ढंग से प्रस्तुत किया। कृष्ण कुमार का सिंघानिया फूहड़ और हास्योत्पादक था तो श्यामानंद जालान का सुसंस्कृत एवं समझदार—जो उस घर की विडम्बना-विवशता को अच्छी तरह जानता है और जिसे अपनी शक्ति का पूरा एहसास भी है। अधिनिरूपण सम्बन्धी इसी प्रकार की विविधता हमें महेंद्रनाथ जगमोहन और विशेषतः जुनेजा के चरित्रों में भी देखने को मिलती है।

यह सच है कि 'आधे-अधूरे' की पाँच-सात बहुचर्चित प्रस्तुतियों को छोड़कर अधिकांश में पुरुष पात्रों की पाँच भूमिकाएँ करने वाले कलाकार इन चरित्रों के सूक्ष्म भेदों को निरूपित एवं स्थापित करने के बजाए प्रायः परिधान अथवा बाह्य रूप परिवर्तन ही करते रहे हैं तथा इन प्रदर्शनों में अपेक्षित तकनीकी कौशल का भी अभाव रहा है। सावित्री की जटिल मानसिकता के बहुआयामी प्रस्तुतीकरण के स्थान पर अक्सर उसे फ्लर्ट या दुष्चरित्र नारी के एकायामी रूप में प्रस्तुत किया गया। बहुस्तरीय संश्लिष्ट समस्या को केवल अर्थंज अथवा कामज विकृतियों से जोड़ कर सरलीकृत कारणों को भी रेखांकित किया गया और दर्शकों को उत्तेजित करने के बजाए मेलोड्रामा द्वारा भाव-विह्वल अवस्था में पहुँचाकर उन्हें उथले स्तर से प्रभावित भी किया गया। परंतु इस ऐतिहासिक तथ्य को भी नकारा नहीं जा सकता कि प्रदर्शन-मूल्यों की दृष्टि से 'आधे-अधूरे' के सबसे खराब और घटिया अभिमंचन ने भी आलेख की नाटकीयता एवं प्रासंगिकता और सम्वादों की प्रखरता एवं तीव्रता से दर्शकों को अवश्य प्रभावित किया है। 'आधे-अधूरे' के अब तक के लगभग सभी प्रस्तुतीकरणों में से ओम शिवपुरी निर्देशित 'दिशांतर' का अभिमंचन ही सम्भवतः नाट्यालेख और नाटककार की मूल परिकल्पना के सर्वाधिक निकट अथवा उसके एकदम अनुरूप था। और यह आकस्मिक नहीं है कि एकाग्र, तीव्र, गहन एवं सघन नाट्यानुभूति की दृष्टि से यही प्रदर्शन अपनी सीमाओं और कमियों के बावजूद इसके तमाम प्रस्तुतीकरणों में से सर्वाधिक प्रभावशाली और सफल सिद्ध हुआ। यह महत्त्वपूर्ण तथ्य ही रंगमंच के माध्यम पर मोहन राकेश की अद्भुत, गहरी और मजबूत पकड़ का प्रत्यक्ष एवं

प्रबल प्रमाण है।

'आधे-अधूरे' केवल राकेश के नाटकों में से ही नहीं, बल्कि शायद सम्पूर्ण हिंदी नाटकों में से भी सर्वाधिक चर्चित, अनूदित, मंचित और प्रतिष्ठित नाटक है— जिसने सभी प्रस्तुति-माध्यमों पर समान रूप से सफल होकर नया कीर्तिमान स्थापित किया है। सुप्रसिद्ध अभिनेता-निर्देशक-नाटककार सत्यदेव दुबे का 1972 को दिया गया यह वक्तव्य आज भी सच और प्रासंगिक है कि, "Till date 'Adhe-Adhure' is the most successful amongst the plays produced in Hindi anywhere in India."[157]

'अंधायुग' के बाद केवल 'आधे-अधूरे' ही हिंदी का एकमात्र ऐसा मौलिक और चुनौतीपूर्ण नाटक है जिसने प्रत्येक प्रतिभावान निर्देशक और कल्पनाशील अभिनेता को अपनी क्षमता एवं सामर्थ्य जाँचने का अवसर देकर हिंदी रंगमंच को विकसित और समृद्ध करने में अपनी उल्लेखनीय ऐतिहासिक भूमिका का निर्वाह किया है। इसके देशव्यापी बहुसंख्य प्रस्तुतीकरणों और अगणित (व्यक्तिगत सीमाओं के कारण) प्रदर्शनों ने हिंदी रंगान्दोलन को नई गति एवं गरिमा प्रदान की है।

संदर्भ

1. Enact : 28 : April 1969 : Last Month in Delhi : Aadhe Adhure : J. D. Sethi.
2. Enact : 30 : June 1969 : Summer Festival of Plays : J. N. Kaushal.
3. दिनमान : 23 दिसम्बर, 1973, पृ० 46
4. डॉ० लक्ष्मीमल सिंघवी से मार्च, 1981 में हुई डॉ० सत्येंद्र तनेजा एवं श्री आनंद गुप्त की लम्बी अप्रकाशित बातचीत से उद्धृत।
5. श्री श्यामानंद जालान और समीक्षक के बीच कलकत्ता में दिसम्बर, 1980 को हुई लम्बी व्यक्तिगत बातचीत से उद्धृत।
6. श्री विश्व मोहन बडौला एवं श्री रामगोपाल बजाज से समीक्षक की अलग-अलग बातचीत पर आधारित।
7. आज के रंग नाटक : आधे-अधूरे (निर्देशक का वक्तव्य : ओम शिवपुरी) : पृ० 347

8. आज के रंग नाटक : आधे-अधूरे (निर्देशक का वक्तव्य : ओम शिवपुरी), पृ० 348
9. नटरंग : 9 (जनवरी-मार्च, 1969), पृ० 90
10. नटरंग : 9 (जनवरी-मार्च, 1969), पृ० 87
11. वही, पृ० 90
12. वही, पृ० 87
13. नटरंग : 22 (जनवरी-जून, 1973) : दिल्ली का रंगमंच : नेमिचंद्र जैन, पृ० 59
14. Enact : 46 : (October, 1970) Dishantar Festival : J. N. Kaushal.
15. Enact : 71 (November, 1972)
16. Enact : 72 (December 1972) : Last Month in Delhi : J. N. Kaushal.
17. Enact : 75-76 (March-April 1973) : Rakesh Festival : Paul Jacob.
18. Times Weekly : December 10, 1972 (Death of a Militant Writer : Satyadev Dubay), P. 7
19. धर्मयुग : 11 मई, '69 ('आधे-अधूरे' : अपने परिवेश से एक साक्षात्कार : कन्हैयालाल नंदन), पृ० 47
20. धर्मयुग : 7 जून, 1970 (अद्‌भुत परिवार : नाटक के लिए पागल लड़कियाँ : सत्यदेव दुबे), पृ० 21
21. नाट्य-परिवेश : कन्हैयालाल नंदन, पृ० 52
22. Enact : 64 : April 1972 (Last month in Delhi : J. N. Kaushal).
23. धर्मयुग : 7 जून, 1970 (अद्‌भुत परिवार—सत्यदेव दुबे), पृ० 21
24. दिनमान : 17-23 अप्रैल, 1977 (दर्शक अकेला न रहे), पृ० 42
25. पूर्वग्रह : मई-जून, 1977 (नाटक : निर्देशक की भूमिका : धनंजय वर्मा), पृ० 50
26. धर्मयुग : 11 मई, 1969 ('आधे अधूरे' : अपने परिवेश से एक साक्षात्कार), पृ० 47
27. सृजन का सुख-दुःख : प्रतिभा अग्रवाल, पृ० 33-34
28. Statesman : 28.4.70
29. Hindustan Standard : 26.4.70
30. सन्मार्ग : 26.4.70

31. विश्वमित्र : 26.4.70

32. धर्मयुग : 17 जून 1970, पृ० 23 एवं 59

33. नटरंग : 15-16 (जुलाई 1970—सितम्बर 1971), पृ० 42

34. सन्मार्ग : 26.4.70

35. नटरंग : 15-16 (जुलाई 1970—सितम्बर 1971), पृ० 42

36. रविवार 2 से 8 मार्च, 1980, पृ० 32-33

37. दिनमान : 31 जनवरी, 1971, पृ० 43

38. Enact : 49-50 (Last month in Delhi Rajinder Paul)

39. नटरंग : 15-16 (जुलाई 1970—सितम्बर 1971), पृ० 41

40. Enact : 42 (Calcutta—Adhe-Adhure : K. K. Verma)

41. सृजन का सुख-दुख : प्रतिभा अग्रवाल, पृ० 138

42. श्री श्यामानंद जालान और समीक्षक के बीच दिसम्बर, 1980 में कलकत्ता में हुई एक लम्बी बातचीत से उद्धृत।

43. धर्मयुग : 2 जनवरी, 1977 (लोक-नाट्य का शहरी रंग तथा कुछ और रंग-प्रस्तुतियाँ : कन्हैयालाल नंदन), पृ० 27

44. काठमंडू के प्रदर्शन के समय प्रकाशित इस प्रस्तुति की स्मारिका के 'निर्देशकीय' से उद्धृत ।

45. धर्मयुग : 2 जनवरी, 1977 (कन्हैयालाल नंदन), पृ० 26

46. The Hindustan Times : 11.10.76 (Real Content Missed) : Kavita Nagpal), P. 4

47. धर्मयुग : 2 जनवरी, 1977, पृ० 27

48. अभिनय : शतक अंक : 1981 (अभिनेता को मारकर रंगमंच लोकप्रिय नहीं बन सकता : मनोहर सिंह), पृ० 20

49. 'आधे-अधूरे' के काठमंडू प्रदर्शन के समय प्रकाशित 'स्मारिका' में छपे निर्देशकीय से उद्धृत।

50. श्री ब० व० कारंत और समीक्षक की व्यक्तिगत बातचीत ।

51. द्रष्टव्य—अभिनय : शतक (रंजीत कपूर से जयदेव तनेजा की बातचीत), पृ० 11

52. नाट्यवार्ता : अंक 30 : मार्च 1979 (राष्ट्रीय नाट्य विद्यालय के पाँच नाटक : सुधीर गुप्त), पृ० 41

53. The Hindustan Times : 11.10.76 : P. 4

54. सृजन का सुख-दुख : प्रतिभा अग्रवाल, पृ० 204

55. श्री हरीश भाटिया द्वारा समीक्षक को लिखे 6.2.82 के पत्र से ।

56. श्री अलखनंदन और समीक्षक के बीच 6 नवम्बर, 1982 को हुई बातचीत

से उद्धृत।

57. मध्यप्रदेश रंगमंडल द्वारा आयोजित 'दिल्ली नाट्य-महोत्सव' के परिचय-पत्र से उद्धृत।
58. The Hindustan Times : 19.8.85
59. जनसत्ता : 19.9.84 (आधे अधूरे : लीक से कुछ अलग : मधुर कपिला) पृ० 5
60. 'मोहन राकेश नाट्य समारोह' की स्मारिका के 'निर्देशकीय' से उद्धृत, पृ० 38
61. वही, पृ० 38
62. वही, पृ० 38
63. वही, पृ० 38
64. नटरंग-57 (समारोह के बहाने राकेश के नाटक), पृ० 51
65. द्रष्टव्य—The Hindustan Times (Savitri's New Avttar in Rakesh's Adhe-Adhure : Kavita Nagpal) : 13.2.1992
66. सभी उद्धरण श्री मोतीलाल क्यमू द्वारा समीक्षक को दिए 10.12.81 के पत्रोत्तर से उद्धृत।
67. The Sunday Searchlight Magazine : May 24, 1970
68. नटरंग : 14 (अप्रैल-जून 1770), पृ० 60
69. 'कला संगम' द्वारा प्रस्तुत 'आषाढ़ का एक दिन' के परिचय-पत्र में प्रकाशित 'प्रतिवेदन'; पृ० 4
70. The Indian Nation : April 25, 1973, P. 3
71. नटरंग : अंक 21 (अक्टूबर-दिसम्बर 1972), पृ० 84-85
72. धर्मयुग : 27 जुलाई 1975 (कुछ अधूरी बातें और एक अधूरा प्रदर्शन—विनीता अग्रवाल), पृ० 19
73. 'कला संगम : तृतीय नाट्य महोत्सव-80' का परिचय-पत्र : पृ० 18-19
74. आर्यावर्त : 8 अप्रैल, 1979
75. 'कला संगम : द्वितीय नाट्य महोत्सव-79' के परिचय-पत्र में प्रकाशित वीणा प्रकाश सिन्हा का लेख 'सावित्री : एक अंतहीन तलाश', पृ० 49-50
76. जनशक्ति : (नाट्य महोत्सव : कला संगम), 18 मार्च, 1979
77. श्री अविनाश चंद्र मिश्र द्वारा समीक्षक को लिखे गए 16-12-80 के व्यक्तिगत पत्र से उद्धृत।
78. The Economic Times : Dnyaneshwar Nadkarni : 4 March, 1979, P. 5
79. श्री सतीश आनंद और समीक्षक के बीच दिसम्बर 1980 को पटना में हुई

बातचीत से उद्धृत।

80. नटरंग : अंक 21 (अक्टूबर-दिसम्बर, 1972) : नाट्य जगत को एक नई शैली, पृ० 22
81. डा० विश्वभावन देवलिया द्वारा सितम्बर, 1980 को समीक्षक को दिए गए पत्रोत्तर से उद्धृत।
82. नटरंग : अंक 21 (अक्टूबर-दिसम्बर, 1972), पृ० 23
83. डॉ० देवलिया द्वारा समीक्षक को लिखे गए 2 अक्टूबर, 1980 के पत्र से।
84. नटरंग : अंक 21 (अक्टूबर-दिसम्बर्र, 1972), पृ० 23
85. सभी उद्धरण डा० वीरेंद्र मेंहदीरत्ता द्वारा समीक्षक को लिखे गए 19 सितम्बर, 1980 के पत्रोत्तर से।
86. निर्देशक श्री मदनमोहन श्रीवास्तव द्वारा समीक्षक को दिए गए 1 दिसम्बर, 1981 के लम्बे पत्रोत्तर से उद्धृत।
87. Motif : July 30, 1973, P. 7
88. कोशा : वर्ष 4, अंक 8-9 (जुलाई-अगस्त, 1973), पृ० 34
89. Motif : July 30, 1973, P. 7
90. Motif : July 30, 1973, P. 7
91. निर्देशक द्वारा समीक्षक को लिखे—10 जून, 1980 तथा 1 दिसम्बर, 1981 के पत्रों से।
92. नटरंग : 22 (जनवरी-जून, 1973), पृ० 87
93. सभी उद्धरण निर्देशक अवी नंदा द्वारा समीक्षक को दिए 25-11-80 के पत्रोत्तर से।
94. नटरंग : 22; जनवरी-जून, 1973 (उत्तर प्रदेश संगीत नाटक अकादमी नाटक प्रतियोगिता : कितनी उपयोगिता : उर्मिला चतुर्वेदी), पृ० 47
95. नटरंग : 21; अक्टूबर-दिसम्बर, 1972 (आम जिंदगी का नाटक : सुशील चौधरी), पृ० 25
96. आधे-अधूरे : मोहन राकेश, पृ० 11 तथा 13
97. वही, पृ० 43-44
98. वही, पृ० 33
99. निर्देशक के सभी कथन श्री सुशील चौधरी और समीक्षक की व्यक्तिगत बातचीत पर आधारित।
100. प्रस्तुति के परिचय-पत्र से उद्धृत।
101. श्री विजय कपूर द्वारा समीक्षक को दिए गए 10 अक्टूबर, 1981 के पत्रोत्तर से उद्धृत।
102. डा० भानुशंकर मेहता द्वारा समीक्षक को लिखे 12.5.82 के पत्र से

उद्धृत।

103. 'अनुपमा' द्वारा प्रकाशित 'आधे-अधूरे' की स्मारिका से उद्धृत।

104. नटरंग : 27 (जनवरी-दिसम्बर, 1976) : उ० प्र० अकादमी की नाट्य-प्रतियोगिता : गिरीश रस्तोगी, पृ० 76

105. धर्मयुग : 11 अप्रैल, 1976 (पूर्वांचल नाट्य उत्सव : सत्यमित्र), पृ० 32

106. दिनांक और स्थान की सूचना श्री के० सी० वर्मा (ग्वालियर) के सौजन्य से प्राप्त।

107. रंगमंच (ग्वालियर) : **1976-77** (मेले से मेले तक : ग्वालियर का हिंदी रंगमंच—विमल किशोर), पृ० 64

108. नटरंग : 27 (भोपाल का रंगमंच; रश्मि वाजपेयी), पृ० 58

109. सभी उद्धरण निर्देशक श्री बसंत परांजपे द्वारा समीक्षक को दिए 2.4.82 के लम्बे पत्रोत्तर से उद्धृत।

110. जनसत्ता : 19.9.84 (आधे-अधूरे : लीक से कुछ अलग : मधुर कपिला), पृ० 5

111. पूर्वग्रह : मई-जून, 1977 (विवादास्पद, पर आकर्षक : नेमिचन्द्र जैन), पृ० 46

112. नटरंग : अंक 18 : जनवरी-मार्च, 1972 (दिल्ली का रंगमंच : नेमिचन्द्र जैन), पृ० 47

113. नवभारत टाइम्स : 19 मार्च, 1972 (मराठी में आधे-अधूरे : डा० लक्ष्मी नारायण), पृ० 4

114. दिनमान : 2 अप्रैल, 1972 (रुचियों की भिन्नता), पृ० 40

115. नटरंग : अंक 18 : जनवरी-मार्च, 1972 (दिल्ली का रंगमंच : नेमिचन्द्र जैन), पृ० 47

116. धर्मयुग : 18 अप्रैल, 1971, पृ० 39

117. Enact : 65 : May 1972.

118. श्री श्यामानंद जालान से समीक्षक की व्यक्तिगत बातचीत; दिसम्बर 1980

119. Enact : No. 65 : May 1972 से उद्धृत

120. Enact : 66; June 1972 : Letters : Half-way house

121. द्रष्टव्य—वही

122. नटरंग : 21 : अक्टूबर-दिसम्बर, 1972 (आम जिंदगी का नाटक : सुशील चौधरी), पृ० 24

123. वही, पृ० 25

124. आधे अधूरे : मोहन राकेश, पृ० 113

125. निर्देशक श्री सुशील चौधरी और समीक्षक के बीच 10 मार्च, 1980 को हुई व्यक्तिगत बातचीत ।

126. निर्देशक थी सुशील चौधरी तथा समीक्षक की व्यक्तिगत बातचीत : 10 मार्च, 1980

127. सृजन का सुख-दुःख : प्रतिभा अग्रवाल, पृ० 203-204

128. समीक्षक द्वारा निर्देशक श्री कृष्ण कुंडु से पूछे गए प्रश्नों के सभी उत्तर मूलतः बांग्ला में थे जिनके डा० प्रतिभा अग्रवाल के सौजन्य से प्राप्त हिंदी अनुवाद के अंश यहाँ उद्धृत हैं ।

129. निर्देशक श्री अरुण कुकरेजा तथा समीक्षक की व्यक्तिगत बातचीत : जनवरी, 1980

130. Times of India : ('Half-Way House'—An impressive play) : 12 Nov. 1973.

131. Enact : Nos. 101-102 : (May-June 1975) : Tani Sandhu,

132. प्रस्तुति के परिचय-पत्र में प्रकाशित 'द डारेक्टर्स वर्ड' से उद्धृत ।

133. Enact : No. 84; December 1973 : (Last month in Delhi : Half-Way House).

134- Democratic World (Theatre) 18 Nov. 1973 : P. 4

135. वही ।

136. श्री कादिर अली बेग और समीक्षक के बीच दिल्ली में 8.7.80 को हुई एक व्यक्तिगत बातचीत से ।

137. निर्देशक और समीक्षक के बीच दिल्ली में 6.9.80 को हुई दूसरी बातचीत से ।

138. वही ।

139. निर्देशक और समीक्षक के बीच दिल्ली में 6.9.80 को हुई दूसरी बातचीत से ।

140. 8.7.80 की बातचीत ।

141. वही ।

142. निर्देशक श्री कादिर अली बेग एवं समीक्षक की 8.7.80 की व्यक्तिगत बातचीत ।

143. Indian Express (Good play diluted in adaplation) : 7 Feb., 1980

184. श्री सुधीर कुलकर्णी से 5.3.81 को हुई व्यक्तिगत बातचीत ।

145. Indian Express (Bombay) : 7 Feb., 1980.

146. निर्देशक श्री रवि बासवानी तथा समीक्षक के बीच 25 फरवरी, 1980 की व्यक्तिगत बातचीत से ।

147. वही ।

148. वही ।

149. समकालीन मणिपुरी रंगमंच के प्रबुद्ध समीक्षक श्री ओकम मांगी सिंह द्वारा समीक्षक को लिखे 28 अगस्त, 1982 के व्यक्तिगत पत्र में प्रस्तुत प्रदर्शन की संक्षिप्त समीक्षा से उद्धृत ।

150. वही ।

151. नटरंग : 21, अक्टूबर-दिसम्बर, 1972 : (जीवंत सार्थक मुहावरा : ओम शिवपुरी), पृ० 19

152. सृजन का सुख-दुख : प्रतिभा अग्रवाल, पृ० 204

153. श्री श्यामानंद जालान और समीक्षक के बीच दिसम्बर, '80 को कलकत्ता में हुई लम्बी बातचीत से उद्धृत ।

154. सृजन का सुख-दुख : प्रतिभा अग्रवाल, पृ० 138

155. नटरंग : 38-39 (रंगशिल्प विशेषांक : 1982), पृ० 57

156. आधुनिक नाटक का मसीहा मोहन राकेश : गोविंद चातक : पृ० 166

157. Times Weekly : December 10, 1972 (Death of a militant Writer : Satyadev Dubey), P. 7

पैर तले की जमीन

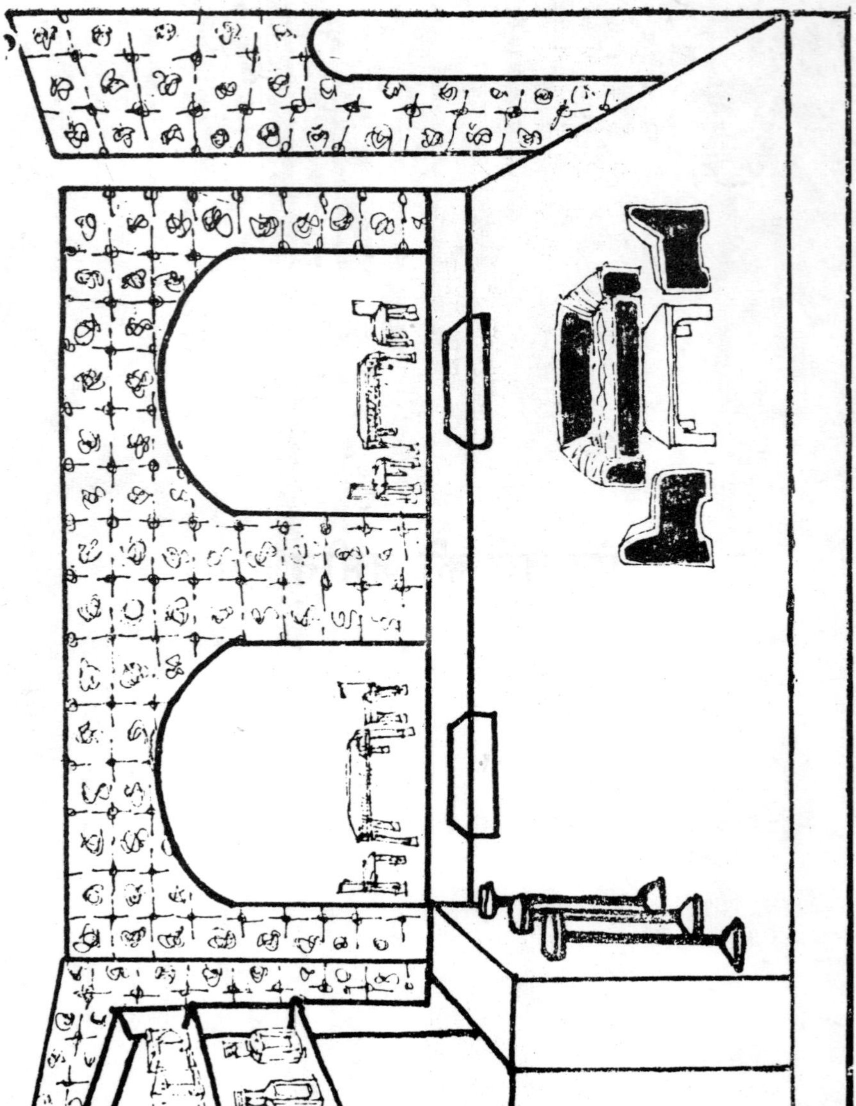

कथ्य और रंग-शिल्प

'पैर तले की ज़मीन' स्व० मोहन राकेश का अंतिम नाटक है जिसके विषय में अपने एक इंटरव्यू[1] में राकेश ने स्वयं यह स्वीकार किया था कि यह नाटक भाषा की दृष्टि से 'आधे-अधूरे' से कहीं अधिक कठिन और जटिल समस्या पैदा करता है। इसमें हमारे समाज के सभी वर्गों और स्तरों के व्यक्तियों का प्रतिनिधित्व हुआ है। इसलिए एक ऐसी नाट्य-भाषा की तलाश जो बुद्धिजीवी और चपरासी के लिए समान रूप से सम्प्रेषणीय, विश्वसनीय, जीवंत तथा तनावपूर्ण भी हो— राकेश के लिए एक बहुत बड़ी चुनौती थी। यहाँ आकर राकेश पति-पत्नी सम्बन्धों के व्यक्तिगत नाटक से आगे बढ़कर मानव-जीवन की सामान्य नियति और उसके अस्तित्व के मूलभूत प्रश्नों से साक्षात्कार करते हैं। निःसंदेह " 'आधे-अधूरे' की मंचीय और साहित्यिक सफलता के बाद उनके नाटककार की कोई महत्त्वाकांक्षा इसी नाटक में केंद्रित और निहित हो रही थी—उनके नाटकों के पाठकों और दर्शकों की आशाएँ भी।"[2] नेहरू फैलोशिप के अंतर्गत किए गए अनुसंधान पर आधारित उनके लेखों, वक्तव्यों, टिप्पणियों और साक्षात्कारों के पाठकों की ये आशाएँ तो अनेक प्रकार की अपेक्षाओं में भी बदल गई थीं। इस लिए यह नाटक कई दृष्टियों से एक महत्त्वपूर्ण नाटक बन जाता है।

बहुत आसान होता है कभी किसी प्रयोग में सफलता पा जाना और जीवन भर उसी प्रयोग को दोहराते रहना। उससे भी ज्यादा आसान होता है बिना आगे-पीछे की चिंता किए बस लिखते चले जाना और अपने हर लिखे शब्द से प्रसन्न, आश्वस्त, संतुष्ट और अभिभूत हुए रहना। मगर ऐसे भी कलाकार होते हैं—चाहे वह कितने ही कम क्यों न होते हों— जो स्वयं अपने सृजन को नकार कर कुछ नया रच सकें; जो अपने सफल प्रयोग को उसी दिशा में और आगे बढ़ाने के बजाए नये सिरे से नई जमीन तोड़ने की चुनौती स्वीकारने का साहस रखते हों। जिन्हें अपना ही कृतित्व सतत अधूरा और अपूर्ण लगता चले और उनके कृतिकार को असंतुष्ट और परेशान करता रहे। ऐसे कलाकार सचमुच सौभाग्यशाली होते हैं जिन्हें शंका व्यापती है और जो सदैव नए-नए प्रश्नों और चुनौतियों की सूली पर सहर्ष लटक जाते हैं। सही अर्थों में ऐसे रचनाकार

ही सर्जक कलाकार होते हैं। मोहन राकेश ऐसे ही कलाकार थे। प्रत्येक नाटक की सफलता और प्रतिष्ठा राकेश के अगले नाटक के लिए समस्या बनती रही अवश्य, पर 'आधू-अधेरे' की अभूतपूर्व और कल्पनातीत सफलता ने राकेश के लिए कुछ ऐसे सवाल पैदा कर दिए जो सृजनशीलता की मूल समस्या के साथ कुछ व्यक्तिगत और व्यावहारिक समस्याओं से भी जुड़े हुए थे। 'आधे-अधूरे' की सफलता और ऊँचाई कहीं बहुत भीतर स्वयं नाटककार को भी डरा गई थी। पाठकों-दर्शकों की अपेक्षाएँ बहुत बढ़ गई थीं और 'पैर तले की ज़मीन' का कोई भी प्रारूप राकेश को संतुष्ट नहीं कर पा रहा था। मेरे विचार से इस नाटक की समीक्षा करने से पूर्व उस परिस्थिति और मनःस्थिति को जान लेना निहायत जरूरी है जिसमें यह नाटक अपना अंतिम रूप ग्रहण कर रहा था। व्यक्तिगत रूप से 16 अगस्त, 1972 को लगा माँ के देहान्त का धक्का—राकेश अंतिम समय तक झेल पाने में अपने को असमर्थ महसूस करते रहे। वह उन दिनों स्वयं को बहुत असुरक्षित और अकेला महसूस करते थे। अनीता ने लिखा है, "सब कुछ तेज रफ्तार से नीचे की ओर उतर रहा था···इन दिनों तो सचमुच, जैसे वह हार ही गए थे।"[3] भाई वीरेन और कुछेक दोस्तों से भी अनबन हो गई, "इन सब किस्सों के बाद राकेश जी अब अंदर से क्षत-विक्षत हो चुके थे। किसी रिश्ते, किसी दोस्ती या किसी कमिटमेंट में अब उन्हें विश्वास नहीं रह गया था और अगर विश्वास था तो उसे फिर से जोड़ने या मजबूत करने की हिम्मत बाकी नहीं रह गई थी। सारा-सारा दिन या तो गुमसुम बैठे रहते या फिर पुरवा को गोदी में लेकर ढेर-ढेर सा प्यार देते रहते। सारी-सारी रात मुझे पास बिठाए रहते, कहते, "पता नहीं क्यों बिल्कुल अकेला होने से दहशत होने लगी है मुझे—मेरे पास बैठो—मुझे अकेला नहीं छोड़ो।" तथा "कितनी-कितनी बार वह स्टडी से बाहर आते और कहते, अन्ना, एक लफ्ज भी दिमाग में नहीं आता···कैसे काम करूँगा ?"[4] नवम्बर 1972 में स्वयं राकेश ने लिखा था, "A frequent question that a play-wright has to face between his last play & the next one is why he could not follow up his success in one experiment with a number of others, at least on the same lines."[5]

यही वह परिस्थिति, पृष्ठभूमि और मनःस्थिति थी जिसमें 'पैर तले की ज़मीन' का 'शायद अंतिम' प्रारूप लिखा जा रहा था कि अकस्मात् राकेश को उसे हमेशा के लिए आधा-अधूरा छोड़कर इस दुनिया से चले जाना पड़ा।

समीक्षा-की दृष्टि से विवेच्य नाटक के साथ एक और जटिल समस्या भी भी जुड़ी हुई है और वह यह कि इसका पहला अनुवर्तन तो स्वयं राकेश का पूरा किया हुआ है, जबकि दूसरा अनुवर्तन उनके नोट्स, दृश्य-बंध के रेखाचित्रों और इधर-उधर घसीटे गए आधे-अधूरे संवादों के आधार पर उनकी मृत्यु के

पश्चात् राकेश के अभिन्न मित्र और सुप्रसिद्ध कथाकार कमलेश्वर द्वारा लिखा गया है। इसलिए इस नाटक के गुण-दोषों की कितनी जिम्मेदारी किसकी है—इसका निर्भ्रांत निर्णय करना एक कठिन समस्या है।

हमारे यहाँ बहुत पहले बाबा तुलसीदास ने धीरज, धर्म, मित्र और नारी को 'संकटकाल' में परखने का परामर्श दिया था। परंतु पाश्चात्य चिंतक विश्व-युद्धों की भीषण विभीषिका के बाद इस निष्कर्ष पर पहुँचे कि व्यक्ति की वास्तविकता और उसके अस्तित्व की मूल पहचान संकट के समय ही होती है। आसन्न मृत्यु से बड़ा कोई संकट नहीं हो सकता, इसलिए राकेश अपने इस नाटक में व्यक्ति के पैर तले की जमीन को तलाशने के लिए भयानक बाढ़ में प्रतिपल डूब रहे काश्मीर के एक क्लब में फँसे विभिन्न वर्गों, उम्रों और मानसिकताओं के स्त्री पुरुषों के व्यक्तित्वों और सम्बन्धों का नाटक प्रस्तुत करते हैं। यूँ तो बाढ़ के संकट में फँसे व्यक्ति की असलियत को देखने-परखने का प्रयास इससे पहले राकेश अपने एक ध्वनि-नाटक 'दूध और दाँत' में भी कर चुके थे परंतु 'पैर तले की ज़मीन' में आकर तो उन्होंने बिलकुल एक नई जमीन ही तोड़ने की कोशिश की थी। ये अलग बात है कि जब तक ये नाटक हमारे सामने आया हिंदी के ही दो एक साहित्यकार इस अछूती जमीन पर अपने पैरों के निशान छोड़ चुके थे।

आसन्न-मृत्यु के सामने किस प्रकार पहले व्यक्ति पलायन का प्रयास करता है—कोई शराब के माध्यम से तो कोई चैकबुक, ताश या संगीत के माध्यम से—परंतु जब पलायन सम्भव नहीं हो पाता तो किस तरह उसके तमाम खोल और मुखौटे अपने आप उतरते चले जाते हैं और कैसे व्यक्ति आत्म-साक्षात्कार की स्थिति में पहुँचकर अपने असली चेहरे को पहचानता और स्वीकारता है—यही इस नाटक का कथ्य है।

'पैर तले की ज़मीन' का यह कथ्य इसके पाठकों-दर्शकों के समक्ष एक अत्यन्त महत्त्वपूर्ण प्रश्न यह पैदा करता है कि 'क्या मृत्यु को सामने देखते हुए भी सैक्स सम्भव है?' यह सवाल स्वयं राकेश को भी परेशान कर रहा था, राकेश के 'नोट्स' इसके गवाह हैं। 'सैक्स' का अर्थ है 'भोग' और 'भोग' का सीधा सम्बन्ध 'आनंद' से है। 'आलवाल' में अज्ञेय ने एक पुरानी भारतीय कहानी या दृष्टान्त का उल्लेख किया है, जिसका ज़िक्र मुझे यहाँ कई दृष्टियों से उपयोगी प्रतीत होता है—"बाघ से बचने के लिए एक मनुष्य पेड़ पर चढ़ता है और उसकी दूरतम शाखा तक पहुँच जाता है। उसके बोझ से शाखा झुककर उसे एक अंधे कुएँ में लटका देती है। ऊपर दो चूहे शाखा को काट रहे हैं, नीचे कुएँ में अनेक साँप फुफकारते हुए उसके गिरने की प्रतीक्षा कर रहे हैं। इस अत्यन्त संकटापन्न स्थिति में वह देखता है कि कुएँ की जगत से घास की एक पत्ती उसकी ओर झुकी हुई है और उसकी नोक पर मधु की एक बूंद काँप रही है। वह जीभ बढ़ाकर मधु

चाट लेता है— और कितना सुस्वादु है वह मधु···।"[6] उस मधु का वह अनिर्वचनीय स्वाद ! स्थिति-बोध का सच्चा आस्वाद वही है; उसी स्थिति में जाना जा सकता है कि वह मधु कितना मीठा है ! 'अस्तित्व के सबसे संकटपूर्ण क्षण में ही अस्ति का सच्चा आस्वाद मिलता है—पश्चिम को इस सत्य की जानकारी दो महायुद्धों की विभीषिका भोग लेने के बाद मिली— जिसका वैचारिक साक्षात्कार अधिकांश आधुनिक भारतीय लेखकों को 'अस्तित्ववाद' के माध्यम से हुआ। विवेच्य नाटक में टूटता हुआ पुल और डूबते क्लब में कैद हो गए पात्र: व्यक्ति की आन्तरिकता की पहचान; आत्म-साक्षात्कार और आत्म-स्वीकार; आत्महत्या, सामूहिक आत्महत्या; अलगाव, अकेलापन, ऊब; निर्णय, चुनाव और इच्छा इत्यादि के निरूपण में स्पष्टतः अस्तित्ववाद की झलक देखी जा सकती है। यहाँ मृत्यु के समय सम्भोग को राकेश ने अंतिम रिचुअल की तरह इस्तेमाल करने की कोशिश की है।

वस्तु-विभाजन की दृष्टि से अपने नाटकों में पहले से सफलतापूर्वक आजमाए हुए समस्या नाटकों वाले तीन अंकीय विधान को छोड़ कर यहाँ राकेश दो अनुवर्तनों (अंकों) का मौलिक प्रयोग करते हैं। इसकी वस्तु-संरचना सीधी-रेखा में न होकर चक्राकार है। राकेश के पहले तीनों नाटकों में मानसिकता या मनःस्थिति के प्रत्यावर्तन का चित्रण किया गया है।

ऊपरी दृष्टि से देखने पर एक ही दृश्य-बंध, संकलन-त्रय, 'बाढ़' को ध्वनि-प्रकाश और अभिनय से स्थापित करना, मंच-सामग्री को प्रतीकार्थ प्रदान करके गहरा नाटकीय प्रभाव उत्पन्न करना, भाषा की सर्जनात्मकता और संवादों की लयात्मकता—ऐसी कितनी ही विशेषताएँ हैं जो राकेश की रंगमंचीय समझ और पकड़ को एक बार फिर प्रमाणित करती प्रतीत होती हों।

परंतु इन समस्त विशेषताओं के बावजूद यह नाटक राकेश की सम्पूर्णतावादी दृष्टि और शिल्पगत प्रतिभा का प्रमाण नहीं दे पाता। जीवन और जगत के अपेक्षाकृत व्यापक एवं विविध क्षेत्रों को अपने में समेटने का आभास देने वाला यह नाटक घूमघाम कर अयूब और सलमा पर ही केन्द्रित हो जाता है और अंततः पहले नाटकों की तरह स्त्री-पुरुष सम्बन्धों के नाटक का ही रूप ग्रहण कर लेता है। इसमें कोई संदेह नहीं कि स्थिति नाटकीय एवं सम्भावनापूर्ण है। कथ्य व्यापक और गम्भीर होने के साथ-साथ मूल मानवीय अस्तित्व और सामाजिक जीवन की बुनियादी विडम्बना से हमारा साक्षात्कार कराने की कोशिश करता है परंतु एक नाट्य-कृति के रूप में इस कथ्य की अभिव्यक्ति कोई बड़ी उपलब्धि नहीं बन पाती। कुल मिलाकर नाटक में ऐसा कुछ नहीं है जो सामान्य ड्राइंग रूम के नाटक में व्यक्त न किया जा सकता हो। राजेन्द्रपाल का यह कथन सही है कि, "There is very little of theatre in it though the intention is to depict a the kind of 'theatre' that goes on in the minds of people when they face sudden death."[7]

नाटक के रूप में 'पैर तले की ज़मीन' की एक बड़ी कमजोरी यह है कि इसका प्रमुख कार्य-व्यापार नेपथ्य में होता है, मंच पर नहीं। दृश्यात्मकता की अपेक्षा रचनाकार ने सूचनात्मकता और बहसबाजी पर अधिक बल दिया है। आसन्नमृत्यु के चरम क्षणों में किए गए आत्म-साक्षात्कार का अंतिम फल और परिणाम, एक नाट्य समीक्षक के शब्दों में सिर्फ यह है कि, "The only chemical change that has taken place in this temporary nightmare is that a minor has been raped by a drunk major, to what consequence we are left high and dry to imagine. The psychology of the girl is not worked out, except ironically. It's a pity and a bit brutish in consequence."[8]

'पैर तले की ज़मीन' में कुल आठ पात्र हैं, जो समाज के विविध वर्गों से लिए गए हैं। अब्दुल्ला बारमैन है—अनुभवी, दिल का मरीज, धर्म-भीरू और बदहवास। इसकी चौथी बीवी को अब पहला लड़का हुआ है, लेकिन छुट्टी न मिलने के कारण उसे देखने तक नहीं जा सका। अज़ान की ऊँची आवाज़ में अपने भय को डुबो देना चाहता है। मरते समय उसे हिसाब की कापी बचाने की चिंता है—अपराध-भाव के साथ नहीं मरना चाहता। नियामत क्लब का चपरासी है—संयमित, व्यवस्थित और व्यावहारिक। मरते समय उसे बूढ़ी माँ की देखभाल और क्लब की चाबियों की चिंता है। कर्त्तव्य-भावना से जकड़ा हुआ है, इसलिए आखिरी वक्त पर 'क्लॉक' को बचाना चाहता है—क्योंकि उसकी सुइयों के मुताबिक उसे क्लब खोलना और बंद करना पड़ता है। इस नाटक के ये दोनों चरित्र अपने ऊपरी अंतर के बावजूद कहीं 'लहरों के राजहंस' के श्यामांग और श्वेतांग के काफी नजदीक पड़ते हैं। दूसरे अनुवर्तन में कमलेश्वर ने निम्न वर्ग के इन दोनों पात्रों को कर्म का प्रतीक बनाकर एक भिन्न आयाम प्रदान कर दिया है। अब्दुला द्वारा एक इंसानी कोशिश[9] तथा नियामत द्वारा खुदा के बिना भी बच सकने[10] की बात इसी का संकेत है। कमलेश्वर के अनुसार हमारे समाज का यही वह वर्ग है जो संकट के समय अस्तित्व-रक्षा के लिए अन्य वर्गों का भी आह्वान करता है।

जुआ खेलने के शौकीन पंडित और झुनझुनवाला क्लब के सदस्य हैं। पंडित सिग्रेट और शराब पीने तथा ताश खेलने का आदी है। कलकत्ते में इसका ऊन का कारखाना है। झुनझुनवाला इसकी पत्नी से प्रेम करता है। यह सब कुछ जानने और घृणा करने के बावजूद झुनझुनवाला के साथ रहने और खेलने को विवश है। इसके 'चेहरे से लगातार हारने वाले आदमी की परेशानी झलकती

है।'[11] शायद जिन्दगी से हर मोड़ पर मिली इस हार के कारण ही वह मौत को लेकर आश्वस्त और बेफिक्र है। यह परिस्थिति उसे आक्रामक बना देती है। इसमें सत्य को कह सकने और झुनझुनवाला के नकाब को उतार फेंकने की ताकत आ गई है। वह आखिरी वक्त में भी प्रतिशोधवश झुनझुनवाला पर कटु व्यंग्य करने से बाज नहीं आता। मृत्यु के समय वह 'ताश की गड्डी' को बचाना चाहता है। झुनझुनवाला एक ऐसा आदमी है जो "मुस्कराने से लेकर जुआ खेलने तक हर काम नाप-तोल के साथ करता है।"[12] पैसे और औरतों में विशेषरुचि रखता है। वह भ्रष्ट पूंजीपति वर्ग का प्रतीक है जो हर हालत में पीछे का रास्ता ढूंढ़ता है और मौत से बेहद डरता है। कमलेश्वर के शब्दों में वह आत्मस्वीकार करते हुए अंत में कहता है कि, "मैंने धर्म, नैतिकता, विज्ञान, राजनीति—सबको अपने मूल्य दिए···मूल्य (हँसता है)। सीधे-सीधे कहूँ तो सबको अपना व्यापार बनाया।···मैं आज तक सैकड़ों लड़कियों के साथ सोया हूँ···उनकी मर्जी से नहीं, अपनी मर्जी से। अपने दोस्तों के घरों को भी मैंने नहीं छोड़ा (पंडित को हताश भाव से देखता है) मैंने सैकड़ों कत्ल कराए। करोड़ों का माल स्मगल किया। लाखों रुपये रिश्वत में दिए, करोड़ों का टैक्स बचाकर काला धन जमा किया···इस देश के भीतर एक और अपना ही, अपनी सुविधाओं का देश बनाया···"[13] वह सब कर्जे अदा करके मरना चाहता है और आखिरी वक्त तक अपना 'पोर्टफोलियो' बचाए रखने की कोशिश करता है।

रीता, रीता दीवान उर्फ गुड्डो एक आधुनिक नवयुवती है। नीरा कोहली जो अभी चौदह वर्ष की भी नहीं हुई है परंतु अपने को 'बच्चा' समझे और कहे जाने के खिलाफ है। रीता और नीरा दोनों को तैरने, टैनिस खेलने और संगीत सुनने का शौक है। अयूब दोनों से बलात्कार करता है। रीता में निर्णय लेने और मौत को चुनने का साहस है। वह झूठी आशा और खोखले विश्वास में नहीं जीना चाहती। रीता और नीरा दोनों अपने अंतिम समय में 'रिकार्ड' (संगीत) को बचाना चाहती हैं।

नवयुवक अयूब और उसकी बीवी सलमा राकेश की रचनाओं के चिर-परिचित पति-पत्नी हैं। 'आषाढ़ का एक दिन' के कालिदास और 'लहरों के राजहंस' के नंद की तरह 'पैर तले की जमीन' के प्रमुख पुरुष पात्र अयूब का प्रथम प्रवेश राकेश ने काफी बाद में (पृ० 39 पर) कराया है। दुबला-पतला सा चौबीस-पच्चीस साल का यह नौजवान "गहरे रंग का सूट पहने है। टाई और कालर मुचड़ रहे हैं।···बात करते हुए हर वक्त उसकी आवाज से नशे का असर झलकता है।"[14] सलमा का प्रथम प्रवेश नाटककार ने पहले अनुवर्तन की समाप्ति से थोड़ा ही पहले (पृ० 62 पर) करवाया है। 'दरम्याने कद की महिला है। रंग गेहुआं है। बड़ी-बड़ी आँखों के अलावा भी चेहरे का अपना

आकर्षण है। हल्के रंग की साड़ी उसके शरीर पर बहुत फबती है। देखने में दुबली नहीं है, पर भारी भी नहीं कहा जा सकता। उम्र बाईस और तेईस के बीच है। चेहरे पर स्वाभाविक सौम्यता के अलावा विषाद की हल्की छाया है।"[15] मियाँ-बीबी के सम्बन्धों में ऊब और बासीपन आ गया है। दोनों के बीच किसी तीसरे (डाक्टर) की छाया ने शायद इनके रिश्ते को 'कब्रिस्तान' बना दिया है। डाक्टर अयूब का बचपन का पड़ोसी, परिचित और कालेज का साथी किंतु उसकी पत्नी का शायद गहरा मित्र रहा है। अयूब पुल पार करके क्लब से घर लौट जाने के बावजूद अपनी पत्नी को लेकर उसी से मिलने फिर से क्लब में लौट आया है। सलमा खुदकुशी करना चाहती है। वह अकेलेपन और अँधेरे की तलबगार है। अयूब शिद्दत से सोचने वाला आदमी है जो जिंदगी और उसके अर्थों की तलाश करना चाहता है। वह अपने माँ-बाप, सगे-सम्बन्धी और बीबी बच्चों से भी अलग रहकर 'अपनी जिंदगी' जीना चाहता है। उसके अनुसार, "जो जिंदगी मैं जी रहा हूँ, वह मेरी अपनी जिंदगी नहीं है— मैं चाहे उसे जितने साल ढोता रहूँ, फिर भी कभी उसे अपना नहीं सकूँगा।"[16] वह दूसरों के सामने अपना खोल और भरम उतार फेंकने के लिए ही सरे आम गुड्डो का हाथ पकड़ कर बेइज्जत और बदनाम होने की कोशिश करता है। सलमा द्वारा कत्ल कर दिए जाने की धमकी के बाबजूद वह पत्नी में ईर्ष्या, क्रोध और गर्मी पैंदा करने के लिए रीता और नीरा से बलात्कार करता है। अयूब अंत में जीते रहने से एक दूसरे को जान लेना ज्यादा जरूरी समझता है। परंतु उसे किसी भी तरह सम्भव न पाकर अंततः वह सामूहिक आत्महत्या का सुझाव देता है। अयूब के सम्वादों में आए बहुत सारे संदर्भ स्वयं नाटककार के आत्मकथ्य से प्रतीत होते हैं।

इन आठ चरित्रों के अतिरिक्त नाटक में कुछ ऐसे पात्र भी हैं जो प्रत्यक्षतः मंच पर नहीं आते। इनके नाम और काम का उल्लेख नाटक में किया गया है। नाटककार ने बहुत कम और हल्की-सी किंतु सधी हुई और निश्चित रेखाओं से इनके चरित्र का स्पष्ट संकेत दे दिया है। डाक्टर का जिक्र ऊपर किया जा चुका है और सकीना उसकी पत्नी है। शफी साहब बार के मालिक हैं और अयूब तथा पंडित के दोस्त। नीरा के डैडी कोहली साहब हैं, जो 'रोज क्लब में आकर मंदिर के चढ़ावे की शराब[17] पी जाते हैं। मिसेज हल्दवानी बम्बई से आई हैं और क्लब की मैंम्बर बनना चाहती हैं। किश्तवारी इस क्लब का भूतपूर्व ठेकेदार है। मिस्टर सोमनाथ टूरिस्ट अफसर है, जिनके बारे में अयूब का ख्याल है कि, "मिनिस्ट्री में खासा हत्था न होता, तो वे आज जेल में होते।"[18] बी० के० मिरजा एक्स० ई० एन० है, अयूब के अनुसार, जिसे "हमेशा पुल तुड़वाने का काम दिया जाता है ''पुल बनवाने का नहीं।"[19] इनके अतिरिक्त लालचंद— बालक चंद कमीशन एजेंट हैं, गुरनानी ठेकेदार, टेकचंद लोहेवाला और चटर्जी

इंजीनियर है । इन पात्रों के माध्यम से नाटक का परिवेश सघन होता है और उसके सामाजिक परिदृश्य को एक विस्तार मिलता है । परंतु यह कहना कि इस "नाटक के सभी चरित्र जीवंत हैं और वर्तमान जीवन में मनुष्य की अस्तित्व की निरर्थकता और बेतुकेपन को उद्घाटित करने में सक्षम हैं"[20]—सही नहीं है । इस संदर्भ में विशेष रूप से ध्यान देने की बात यह है कि चरित्रांकन के विषय में राकेश आरम्भ से ही मनोवैज्ञानिक यथार्थवादी रहे हैं । अपने चरित्रों के कथनों एवं व्यवहारों के विश्वसनीय कारण उन्होंने अपने नाटकों में कलात्मक ढंग से सदैव प्रस्तुत किए हैं । परंतु इस नाटक में उस विश्वसनीयता, यथार्थता और तार्किकता का अभाव है । सम्भवतः इसका प्रमुख कारण यह है कि शिल्प की दृष्टि से पात्रों की आंतरिकता का सम्पूर्ण उद्घाटन और नाटक के विचार या सिद्धांत पक्ष का सम्यक् प्रस्तुतिकरण राकेश नाटक के तीसरे अंक में ही किया करते थे और दुर्भाग्य से इस नाटक का वही अत्यंत महत्त्वपूर्ण अंतिम अंश उनका लिखा हुआ नहीं है । यूँ तो एक हद तक पहले और दूसरे अनुवर्तन के पंडित तथा झुनझुनवाला के चरित्रों में भी अंतर आ गया है, दूसरे अनुवर्तन में अब्दुल्ला और नियामत की रूपरेखाएँ भी आपस में घुलमिल गई हैं तथा नीरा और रीता की लुकाछिपी तथा निरर्थक भागदौड़ का भी कोई खास कारण समझ में नहीं आता । परंतु अयूब और सलमा के चरित्रांकन में तो केवल अतार्किकता ही नहीं बल्कि गहरी असंगति भी दिखाई देती है । अयूब के चिंतन, कथन और आचरण में कोई तारतम्य नहीं है । अयूब, सलमा और डाक्टर के त्रिकोण को निरर्थक ही अस्पष्ट और रहस्यमय बनाया गया है । क्या शादी से पहले डाक्टर और अयूब में सलमा को लेकर कोई प्रतिद्वंद्विता थी ? क्या सलमा डाक्टर की पूर्व-प्रेमिका रही है ? नाटक में कई स्थानों पर कई चरित्र डाक्टर की चर्चा करते हैं, परंतु उसका नाम तक कहीं नहीं दिया गया । इससे स्पष्ट है कि अयूब शफी और पंडित या झुनझुनवाला ही नहीं, अब्दुल्ला और नियामत भी उससे भली-भांति परिचित हैं । अयूब और सलमा की शादी हुए भी काफी अरसा बीत चुका है (उनके दो बच्चे हैं), डाक्टर का घर और उसकी डिस्पेंसरी भी वहीं है । उसके क्लब में भी अक्सर आने-जाने की सम्भावना है । इस परिस्थिति में अयूब के इस कथन का कोई अर्थ समझ में नहीं आता कि, "सलमा से शादी करने के बाद डाक्टर से यह मेरी पहली मुलाकात होती ।"[21] सलमा से छुटकारा चाहते हुए भी वह उसे पुल पर गिरने से क्यों बचा लेता है ? क्या इसकी वजह उसके अव-चेतन में अब भी विद्यमान पत्नी के प्रति लगाव या प्यार है या डाक्टर से सामना करवा कर उसे लज्जित किए बिना नहीं मरने देना चाहता या उसे पूरी तरह जानने-समझने तक बचाए रखना चाहता है ? अयूब रीता और नीरा से बला-त्कार करने के बाद भी और औरत चाहता है । ऐसी औरत जो मौत के खतरे

के बावजूद उसका साथ दे सके ।[22] इस रोशनी में देखने पर अयूब द्वारा अपने आपको रीता और सलमा को अपने व्यवहार के लिए दिए गए सभी कारण एवं तर्क एकदम खोखले और अर्थहीन नजर आने लगते हैं । वह सम्वेदनशील और शिद्दत से सोचने वाले आदमी की अपेक्षा एक चरित्रहीन और कामुक व्यक्ति ही अधिक दिखाई देता है । इसके अतिरिक्त नाटककार के अनुसार सलमा से अयूब के सम्बन्ध कब्रिस्तान बन गए हैं, क्योंकि अब पत्नी में पहले सा भोलापन और इन्नोसेंस शेष नहीं रहा है । इसी कारण वह रीता से बलात्कार करता है । यहीं एक प्रासंगिक प्रश्न यह उठता है कि क्या रीता में वह भोलापन और इन्नोसेंस है ? कम से कम नाटक तो ऐसा कोई प्रमाण नहीं देता । और यदि ऐसा हो भी तो मूल प्रश्न यह है कि क्या स्वयं अयूब में ही वह भोलापन और इन्नोसेंस है ? अब की बात तो क्या, कभी भी उसमें यह विशेषता रही हो, नाटक पढ़कर ऐसा नहीं लगता । तब क्या तमाम अपेक्षाएँ सिर्फ औरत से ही होती हैं ? अयूब अपना 'खोल' उतारने या आत्म-साक्षात्कार करने के लिए रीता और नीरा दोनों लड़कियों से बलात्कार करता है । क्या औरत को साधन की तरह इस्तेमाल करनेवाला अयूब का यह कृत्य कहीं न कहीं हमारी मध्ययुगीन तंत्र-साधना के निकट नहीं पड़ता ? और फिर इस सबके बाबजूद क्या उसे आत्म-साक्षात्कार होता है ? बार-बार यह प्रश्न मन को कचोटता है कि नाटक के अंत में आत्म-स्वीकार के समय पत्नी से की गई ज्यादतियों-जबरदस्तियों और रीता से बलात्कार की बात तो जाने दो, कम-से-कम बच्ची नीरा के साथ किए गए क्रूर-अमानवीय बलात्कार तक की अपराध भावना उसमें क्यों दिखाई नहीं देती ? इस नाटक के एक निर्देशक और चंडीगढ़ के युवा रंगकर्मी डा० अतुलबीर अरोड़ा भी स्वीकार करते हैं कि "अयूब और सलमा के चरित्रों और उनके आपसी बर्तावों को 'जस्टीफ़ाई' करने के लिए उपयुक्त कारण नाटक के समूचे फ्रेम में नहीं हैं । अयूब की एक 'सोलीलोकी' जो पहले अनुवर्तन में उपलब्ध होती है, वह यह गहरा संकेत देती है कि अयूब एक जटिल चरित्र है और सलमा के प्रति अपने व्यवहार, अपने प्रति अपने व्यवहार, नीरा और रीता के प्रति अपने व्यवहार, पंडित और अपने बीच अपने व्यवहार को लेकर ।हीं अचानक तनावग्रस्त है । दूसरे अनुवर्तन में यह जटिल चरित्र ठस्स और बोदा, वहशी और मूढ़ लगने लगता है । सलमा जो बेहोशी की हालत में पहले अनुवर्तन में अंत में आती है, दूसरे अनुवर्तन में अचानक बौखलाई और चीखती नजर आती है । रीता और नीरा के संदर्भ में उसका अयूब के प्रति तिरस्कार एक सीमित अर्थ में ही समझ आता है, अपने व्यक्तित्व के असमंजस भरे पहलुओं को खोलने में मदद नहीं करता ।"[23] यही कारण है कि कुल मिलाकर अयूब का चरित्र सतही, खोखला, असंगत और अविश्वसनीय लगने लगता है ।

यह ठीक है कि इस नाटक में राकेश ने अपने समकालीन समाज के विभिन्न वर्गों से चरित्रों का चुनाव किया है और आरम्भ में शायद उनका इरादा मध्यवर्गीय स्त्री-पुरुष के अतिरिक्त उच्चवर्गीय व्यापारी, दलाल, राजनीतिक कार्यकर्ता और अफसर तथा निम्नवर्गीय बारमैन, चपरासी, बेयरा, क्लर्क और क्लर्क की माँ[24] और उनके जीवन एवं परिवेश की विडम्बना और विसंगतियों को चित्रित करने का भी था। परंतु जिस रूप में नाटक हमें आज उपलब्ध है उसके बारे में यह कहना कि इस नाटक के सभी पात्र "एक दूसरे के वर्ग से जुड़कर भारतीय समाज के सामान्य वृत्त की परिधि का निर्माण करते हैं और उससे ही परिवेष्ठित हैं, उसी में अंतर्भूत हैं।"[25] या यह फैसला कि " 'पैर तले की जमीन' में बात चाहे भ्रष्ट व्यवस्था की हो अथवा सामाजिक मूल्यहीनता की या फिर पारिवारिक मूल्यों के ह्रास की, राकेश ने सूक्ष्म से सूक्ष्म सामाजिक परिदृश्य को पकड़ा और चित्रित करने का प्रयास किया है।" तथा "एक सड़ते हुए समाज के अंदर व्याप्त अच्छी-बुरी बातों को चित्रित करने में राकेश ने कोई कोर-कसर नहीं रखी है।"[26] वास्तव में सतही और अधूरे सत्य से साक्षात्कार करना है। यह सच है कि मिस्टर सोमनाथ, बी० के० मिरज़ा और कोहली साहब का ज़िक्र पहले अनुवर्तन में ही है और स्वयं राकेश ने किया है; परंतु ये संदर्भ बड़े चलताऊ और सामान्य ढंग से आए हैं — केवल इनके आधार पर राकेश की सामाजिक-राजनीतिक चेतना अथवा जागरूकता की बात करना उचित नहीं है। इस प्रकार के शेष सभी संदर्भ कमलेश्वर द्वारा जोड़े गए हैं। 'नटरंग' में 'एक नाटक का जन्म' शीर्षक से प्रकाशित राकेश के इस नाटक सम्बन्धी नोट्स स्पष्टत: इस बात का प्रमाण हैं कि यहाँ भी राकेश का बुनियादी और प्रमुख सरोकार मध्यवर्गीय स्त्री-पुरुष और उनके काम-सम्बन्धों के साथ ही था। उनकी चिंता से जुड़े अधिकांश प्रश्नों एवं उलझनों की धुरी यही है। राकेश की इस दुविधा और परेशानी के कारण ही इस नाटक की मूल्य-समस्या एवं केंद्रीय चरित्र का प्रश्न भी काफी उलझ गया है। आरम्भ में अब्दुल्ला, मध्य में अयूब और अंत में पंडित महत्त्वपूर्ण हो जाते हैं। इस नाटक में इन चरित्रों द्वारा बोले गए सम्वादों की संख्या और उनकी लम्बाई (पंक्ति-संख्या) पर ध्यान देने से यह तथ्य स्पष्टत: प्रमाणित हो जाता है। अब्दुल्ला के कुल 182 सम्वादों और 463 पंक्तियों के मुकाबले अयूब के 181 सम्वाद और 483 पंक्तियों की समानता तो आश्चर्यचकित कर देने वाली है। इनके समानांतर पंडित की सम्वाद और पंक्ति-संख्या 209 तथा 414 भी बहुत अलग नहीं है। नियामत (105), झुनझुनवाला (103), नीरा (61), रीता (85) तथा सलमा (99) की सम्वाद-संख्या से इनकी तुलना करने पर तो यह बात और भी साफ हो जाती है। सम्भवत: यही कारण है कि सामान्य मानव-नियति, पति-पत्नी या औरत-मर्द के

रिश्ते तथा व्यक्ति के वास्तविक चेहरे की सही पहचान के प्रश्नों के बीच नाटक की एकाग्रता और अन्विति बिखर गई है।

राकेश आरम्भ से ही नियतिवादी रहे हैं। नियति जो पूर्व-निर्धारित है और जिसके सामने इंसानी कोशिश बिलकुल बेमानी है। यहाँ भी बाढ़ में डूबते हुए व्यक्ति यदि अंत में बच जाते हैं तो सिर्फ इसलिए कि अचानक बाढ़ का पानी अपने आप घटने लगता है और संयोग से बाहरी सहायता मिल जाती है। यह डूबना और बचना एकदम परिस्थिति या नियति पर निर्भर करता है। चिंतन के धरातल पर यह एक प्रकार का नि ावाद है जो अंततः कर्महीनता को जन्म देता है।

कहीं-कहीं—खास तौर से अयूब के सम्वादों में—ऐसे संदर्भ भी हैं, जिन्हें आसानी से स्वयं राकेश के जीवन से जोड़ा जा सकता है। इस प्रकार का मनोवैज्ञानिक साम्य राकेश के सभी नाटकों की एक सामान्य विशेषता है। दो-एक उदाहरण द्रष्टव्य हैं—

(क) "फिर वही उतरती हुई रात और वही आवाज़ें—झींगुरों, झिल्लियों और मेंढकों की। वही एक आदम-सी दहशत, वही अकेलापन और वही अपने आपसे सामना···।"[27]

(ख) "···जो जिंदगी मैं जी रहा हूँ, वह मेरी अपनी जिंदगी नहीं है—मैं चाहे जितने साल उसे ढोता रहूँ, फिर भी कभी उसे अपना नहीं सकूँगा।"[28]

(ग) "··· कहने को सब कुछ है—घर है, बीवी है, दो बच्चे हैं, फिर भी मैं जानता हूँ कि यह सारा ताना-बाना एक न चाहते हुए मन के चारों तरफ बुना गया है।"[29]

राकेश की डायरी और उनके जीवन तथा पत्रों से परिचित पाठकों को यहाँ प्रत्यक्षतः राकेश के दर्शन हो जाएँगे।

'पैर तले की ज़मीन' में समाज के विभिन्न वर्गों, मानसिकताओं और परस्परिक सम्वादविहीन चरित्रों के लिए स्वाभाविक, विश्वसनीय एवं नाटकीय भाषा की खोज नाटककार के लिए एक विकट रचनात्मक चुनौती थी, जिससे वह अपने अंतिम समय तक अपनी सम्पूर्ण सृजनात्मक शक्ति से जूझ रहा था। स्वयं राकेश के शब्दों में, "In addition to provide the point of contact between the desparate elements of society, it (language) also has to be the language of crisis, valid and living, and I am trying to arrive at it."[30]

परंतु आश्चर्य होता है यह देखकर कि अपने वर्तमान रूप में दूसरे अनुवर्तन तो क्या पूर्णतः राकेश द्वारा लिखित पहले अनुवर्तन की भाषा भी लेखक की

उपरोक्त कसौटी पर खरी नहीं उतरती। भाषा का मँजाव और पैनापन, उसकी प्रवाहमयता और प्रभावशीलता, सम्वेदनशीलता और अंतरंगता तथा सम्वादों का चरित्रों की आंतरिकता से उद्भूत सुनिर्धारित लय-विधान—जो राकेश की निजी पहचान बन गया था—यहाँ कम ही स्थलों पर देखने को मिलता है।

भाषा की दृष्टि से, दूसरे अनुवर्तन में कमलेश्वर ने काफी परिश्रम किया है और उसे पहले अनुवर्तन के अनुकूल बनाए रखने में उन्हें पर्याप्त सफलता भी मिली है; यहाँ तक कि 'पंडित' और 'झुनझुनवाला' के लम्बे आत्म-स्वीकार अनायास राकेश के नाटकों के अंतिम लम्बे-लम्बे सम्वादों की याद दिला देते हैं; परंतु दूसरे अनुवर्तन में सम्वादों की उस विशिष्ट लय का प्राय: अभाव है जो चरित्र की आंतरिकता से उद्भूत होती है और जो हिंदी नाटक के संदर्भ में राकेश की नाट्य-भाषा की मूल पहचान बन गई है। मृत्यु-भय और चरम-संकट से उत्पन्न तनाव, घबराहट, बौखलाहट और बेचैनी का तीखा अहसास न तो इस नाटक की भाषा में ही है और न पात्रों के कार्य-व्यापार में ही। इस बौखलाहट और घबराहट को प्रस्तुत करने के लिए दूसरे अनुवर्तन में कमलेश्वर ने जिस प्रकार पात्रों के 'प्रवेश' और 'प्रस्थान' नियोजित किए हैं, उससे न केवल नाटक की संरचना ही शिथिल हुई है बल्कि इसकी गम्भीरता और नाटकीयता को भी क्षति पहुँची है। कहीं-कहीं शब्दों का चुनाव और वाक्य में उनका स्थान निर्धारण भी उच्चारण की दृष्टि से दोषपूर्ण है। अब्दुल्ला और अयूब के सम्वादों के ये अंश देखिए—

"नहीं साहब, मुझे दौरा पड़ना शुरू हुआ है तब से जब पहले भी इसी तरह एक बार बाढ़ में यहाँ फँस गया था।"[31]

तथा—

"···यह बात उसने एक बार हौले से मुझसे कही थी। तब मुझे लगा था कि यह वह इसलिए कह रहा है कि शायद···"[32]

ऊपर के सम्वादों में 'बार' के ठीक बाद 'बाढ़' तथा 'हौले' से के बाद 'मुझसे' और 'कि यह वह' उच्चारण की दृष्टि से असुविधाजनक और प्रवाह-भंजक हैं। सम्वादों की लय भी सुनिश्चित तथा पूर्व-निर्धारित नहीं है। अयूब और अब्दुल्ला कई स्थानों पर अपनी निजी लय भूल कर 'आधे-अधूरे' के महेंद्रनाथ की लय में बोलने लगते हैं और कहीं-कहीं उनके सम्वाद 'लहरों के राजहंस' के श्यामांग के लय-विधान के बहुत नजदीक पहुँच जाते हैं। नीरा के सम्वादों में 'किन्नी' (आधे-अधूरे) को साफ-साफ पहचाना जा सकता है। पृष्ठ 39 पर पंडित का सम्वाद 'छतरियाँ' की सम्वाद-योजना की याद दिलाता है।

आत्म-स्वीकार नाटकीय और प्रभावपूर्ण नहीं है। इससे न तो पात्रों की सींवन उधड़ती है और न पाठक-दर्शक ही उद्वेलित होता है। इसमें तनाव, बेसब्री

और बेबसी का अभाव है। राकेश के नाटक प्रायः आत्मपरक रहे हैं, इसलिए स्वाभाविक ही है कि 'आत्म स्वीकार' वाला अंश उन्हीं के शब्दों से जीवंत हो सकता था। इसके अतिरिक्त एक प्रासंगिक प्रश्न यहाँ यह भी है कि नाटक के अंत में सभी पात्रों के अपनी पूर्व-स्थिति में पहुँच जाने का उल्लेख किया गया है—अकेले अयूब को छोड़कर। क्यों? क्या अयूब ने इस 'घटना' से कुछ भी उपलब्ध नहीं किया है? क्या उसके व्यक्तित्व और चिंतन में कोई परिवर्तन नहीं हुआ? यदि उस पर इसका कोई प्रभाव पड़ा है तो वह क्या है और उसका उल्लेख या संकेत नाटक में क्यों नहीं है?

राकेश के अन्य नाटकों की तरह ही इस नाटक में भी प्रतीकात्मकता का विशेष महत्त्व है। 'पानी' आम तौर पर जन्म और जीवन का प्रतीक होता है किंतु यहाँ राकेश ने उसे बाढ़ और वर्षा से जोड़ कर विध्वंसक बना दिया है और आसन्न संकट, मृत्यु या मृत्यु-भय के रूप में प्रस्तुत किया है। 'डैड टेलीफोन' स्पष्टतः सम्वाद और सम्पर्क से रहित 'सम्प्रेषणहीनता' का प्रतीक है तो 'टूटता हुआ पुल' सम्बन्धों की दरार और रिश्तों की टूटन-बिखरन का। 'अंधेरा' निराशा और भविष्यहीनता को द्योतित करता है और 'घड़ी का खो जाना' काल निरपेक्ष क्षण को। भौंकता हुआ डूबता-छटपटाता कुत्ता मृत्यु की पूर्व-सूचना देने के लिए प्रयुक्त हुआ है। 'जमीन का कटना' पारस्परिक सम्बन्धों के विघटन का प्रतीक है। बलात्कार के प्रसंग में, मनोविश्लेषणात्मक दृष्टि से, जंगली पशु या जानवर (अयूब) "मनुष्य की उत्तेजित अवस्था और इसी लिए दुष्ट आवेगों या प्रबल वासना के आवेशों के प्रतीक हैं।"[33] 'घड़ी' स्त्री जननेंद्रिय की प्रतीक है और उसकी "टिक-टिक की आवाज कामोत्तेजन के समय भगनासा की थरथराहट के तुल्य है।"[34] इसी प्रकार अयूब का खाली शीशी (बोतल) मार कर ताला तोड़ना और शराब की बोतल की सील तोड़कर घूंट भरने की क्रिया भी प्रतीकात्मक है। इसमें ताला, बोतल और सील तोड़ना मनोविश्लेषणात्मक दृष्टि से क्रमशः स्त्री जननेंद्रिय, पुरुष जननेंद्रिय तथा कौमार्य भंग करने के प्रतीक माने जा सकते हैं।

राकेश अपने नाटकों में मंच-उपकरणों का भी प्रतीकात्मक और गम्भीर अर्थगर्भी प्रयोग करते रहे हैं। यहाँ उनकी यह विशेषता बहुत कम देखने को मिलती है—मगर है जरूर। अयूब का एक सम्वाद द्रष्टव्य है—"...(टेलीफोन के पास जाकर उसके रिसीवर को हल्के से छेड़ता हुआ) क्या चाहता हूँ? किसी से बात करना? पर किसी से बात करना ही तो नहीं चाहता? (टेलीफोन के पास से हटकर) तो क्या चाहता हूँ?"[35] में स्पष्टतः टेलीफोन सम्वाद और सम्प्रेषण का प्रतीक है और बात करना चाहने पर फोन को छूना-छेड़ना और न चाहने पर उससे दूर हट जाने की क्रिया उपरोक्त सम्वाद और टेलीफोन को एक

अतिरिक्त सार्थकता एवं गहराई प्रदान करती है। इसी प्रकार अयूब पंडित के सामने अपने मन की भड़ास, जलन और ईर्ष्या-घृणा की आग उगल चुकने के बाद "तिपाई की तरफ जाकर उस पर रखी ऐश-ट्रे में अपना सिगरेट बुझा देता है।"[36] यहाँ सिग्रेट बुझा देना उद्वेगहीन हो जाने का द्योतक है।

यद्यपि 'नाटकीय शब्द' के अनुसंधान के दौरान उपलब्ध निष्कर्षों का कोई खास प्रभाव इस नाटक पर देखने को नहीं मिलता; फिर भी यह सत्य है कि राकेश के पहले नाटकों की तरह मंच-उपकरणों की भरमार यहाँ नहीं है। न्यूनतम उपकरणों का उल्लेख किया गया है और उनका स्थान-निर्धारण भी निर्देशक की इच्छा पर ही छोड़ दिया गया है। दृश्य-परिवर्तन के लिए 'पर्दों' से 'प्रकाश-व्यवस्था' तक बढ़ आने के बाद इस नाटक में राकेश फिर से पर्दों पर ही लौट गए हैं।

'पैर तले की ज़मीन' के रंग-शिल्प के विषय में सोचते हुए राकेश ने तय किया था कि "चरित्रों के अयथार्थवादी नाम दिए जाएँ" तथा "निर्वहण अर्ध-काव्यात्मक हो।"[37] नाटक की वस्तु-संरचना चूँकि वृत्ताकार है इसलिए वह चाहते थे कि पूरी बात छोटे-छोटे दृश्यों में (स्वतंत्र 'शाट्स' की तरह) लिखी जानी चाहिए; सीधी लकीर के प्रभाव से बचते हुए सबसे मिल कर पूरा अर्थ अभिव्यक्त होना चाहिए।"[38] इस नाटक के कथ्य को राकेश प्रकाश और अंधकार के रूप में भी गहराई से परिभाषित और सम्प्रेषित करने की बात सोच रहे थे। वह चाहते थे कि, "मंच का थोड़ा-सा ही हिस्सा दिखाया जाए और पूरा मंच कभी न प्रकट हो"[39] तथा "प्रकाश का क्षेत्र एक-एक चरण में कम होता जाता है। अंधकार का क्षेत्र एक-एक चरण में बढ़ता जाता है। यह क्षेत्र निश्चित नहीं है और विंग्स समेत पूरे क्षेत्र को घेरता है।"[40] इसके अतिरिक्त वह प्रकाश-व्यवस्था के विस्तृत निर्देश भी देना चाह रहे थे और इस नाटक के लिए ऐसी प्रकाश-व्यवस्था की परिकल्पना कर रहे थे कि, "रेखा के धुँधला पड़ने के साथ-साथ उपकरण गायब हो जाएँ।" तथा "प्रकाश के क्षेत्र से द्वीप का आभास मिलना चाहिए।"[41] इस विशिष्ट आलोक-प्रयोग के साथ-साथ वह एक-दूसरे में घुलते दृश्यों को शब्दों और ध्वनियों के द्वारा 'थिएट्रीकली' प्रतिष्ठित करने[42] की युक्ति पर भी गम्भीरता से विचार कर रहे थे।

परंतु इन विस्तृत नोट्स और इरादों का कोई रचनात्मक प्रतिफल हमें प्रकाशित आलेख में दिखाई नहीं देता और अपने वर्तमान रूप में यह नाटक 'प्रकाश' की अपेक्षा 'ध्वनि' पर ही अधिक निर्भर करता है। यह निर्भरता कमलेश्वर लिखित दूसरे अनुवर्तन में ही नहीं स्वयं राकेश लिखित पहले अनुवर्तन में भी स्पष्टतः मौजूद है। पहले अनुवर्तन में प्रकाश-व्यवस्था के 4 निर्देशों की 9 पंक्तियों (शब्द-संख्या 53) के मुकाबले ध्वनि-व्यवस्था के 17 निर्देशों की 38

पंक्तियों (शब्द-संख्या 232) का होना इस तथ्य का प्रबल प्रमाण है। राकेश का यह अकेला ध्वनि-निर्देश तो नाटक के सम्पूर्ण रंग-निर्देशों की सम्मिलित ताकत से भी बड़ा है कि "पुल की कुछ कड़ियों के एक साथ टूटने की आवाज। इसके बाद, अनुवर्तन के अंत तक, बीच-बीच में एक-एक कड़ी के टूटने और पानी में बह जाने की आवाज सुनाई देती रहती है।"[43] प्रकाश और ध्वनि के इस अनुपात और अंतर को दूसरे अनुवर्तन में कमलेश्वर ने भी यथासम्भव बनाए रखा है। इसमें प्रकाश के 5 निर्देशों की 9 पंक्तियों (शब्द संख्या 87) के मुकाबले ध्वनि के 20 निर्देशों की 34 पंक्तियों (शब्द संख्या 191) का प्रयोग इसका गवाह है। यह सच है कि अपने पहले नाटकों की तरह राकेश ने यहाँ भी प्रकाश और ध्वनि सम्बन्धी विस्तृत एवं व्यापक रंग-निर्देश दिए हैं; परंतु यह नाटक इस सत्य का भी साक्षी है कि इनके बनिस्पत अब नाटककार अभिनय-सम्बन्धी निर्देशों पर अधिक बल देने लगा था। पहले अनुवर्तन में 291 अभिनय-निर्देश (436 पंक्तियाँ तथा 2540 शब्द) हैं और दूसरे अनुवर्तन में 288 (344 पंक्तियाँ तथा 1847 शब्द)। मेरा विश्वास है कि यदि इसका दूसरा अनुवर्तन भी स्वयं राकेश ने ही लिखा होता तो बाढ़ वाले दृश्य में अवश्य ही उन्होंने अभिनय-सम्बन्धी और अधिक निर्देश दिए होते।

निर्वहण-सम्बन्धी द्विविधा ने भी इस नाटक को काफी नुकसान पहुँचाया है। रंगमंच की सीमाओं को देखते हुए इसका कथ्य शायद अयथार्थवादी रंग-शिल्प एवं अर्ध-काव्यात्मक निर्वहण के द्वारा ही अधिक प्रभावशाली रूप में अभिव्यक्ति पा सकता था। परंतु रचनाकार के यथार्थवादी आग्रह ने निर्देशकों के लिए अनेक प्रकार की व्यावहारिक परेशानियाँ और दिक्कतें पैदा कर दी हैं।

कुल मिलाकर अपने वर्तमान रूप में यह नाटक दो अलग-अलग रचनाकारों के कृतित्व का स्थूल योग होने की बड़ी कमजोरी के साथ-साथ कथ्य के बिखराव, चरित्रों की असंगति, अन्विति के अभाव और राकेश पर लगातार बढ़ते फिल्मी-प्रभाव के कारण कोई उल्लेखनीय रचना नहीं बन सका है। सम्भवतः यही कारण है कि देश भर में अब तक इस नाटक के केवल तीन ही प्रमुख प्रदर्शन हुए हैं और वह भी बहुत महत्त्वपूर्ण या सफल सिद्ध नहीं हुए।

संदर्भ

1. द्रष्टव्य : इनैक्ट : मई, 1971 (मोहन राकेश इंटरव्यूड बाई राजिन्दर पॉल)
2. पैर तले की ज़मीन, दो शब्द : अनीता, पृ० 5
3. चंद सतरें और : अनीता राकेश, पृ० 69
4. वही, पृ० 94 तथा 104
5. The Hindustan Times (On not writing a play : Mohan Rakesh) Nov. 4, 1972.
6. आलवाल : स० ही० वात्स्यायन, पृ० 14
7. Enect : 96; December, 1974 (Last month in Delhi—Rajinder paul)
8. Enect : 96; December, 1974 (Last month in Delhi—Rijinder paul)
9. पैर तले की ज़मीन : मोहन राकेश, पृ० 109
10. वही
11. वही, पृ० 16
12. वही, पृ० 17
13. वही, पृ० 108
14. पैर तले की ज़मीन : मोहन राकेश, पृ० 39
15. वही, पृ० 63
16. वही, पृ० 59
17. वही, पृ० 56
18. वही, पृ० 52
19. वही
20. स्वातंत्र्योत्तर हिंदी नाटक : मोहन राकेश के विशेष संदर्भ में : डॉ० रीता कुमार, पृ० 318
21. पैर तले की ज़मीन : मोहन राकेश, पृ० 60
22. वही, पृ० 80
23. डॉ० अतुलवीर अरोड़ा द्वारा समीक्षक को लिखे 19 सितम्बर, 1980 के पत्र से उद्धृत ।
24. द्रष्टव्य : नटरंग : 21 (अक्टूबर-दिसम्बर, 1972) एक नाटक का जन्म : मोहन राकेश, पृ० 3

25. ज्योत्स्ना : डॉ० रामचंद्र प्रसाद : 21 फरवरी, 1976

26. छायानट : 15 (अक्टूबर-दिसम्बर, 1980) समकालीन सामाजिक परिदृश्य में—'पैर तले की ज़मीन' : लीलाधर मंडलोई, पृ० 27

27. पैर तले की ज़मीन : मोहन राकेश, पृ० 58

28. वही, पृ० 59

29. वही, पृ० 59

30. Enact : May 1971 (Mohan Rakesh Interviewed by Rajinder Paul.)

31. पैर तले की ज़मीन : मोहन राकेश, पृ० 36

32. वही, पृ० 47

33. फ्रायड मनोविश्लेषण : हिंदी अनुवाद, पृ० 145

34. वही, पृ० 246

35. पैर तले की जमीन : मोहन राकेश, पृ० 58

36. वही, पृ० 47

37. नटरंग : 21 (अक्टूबर-दिसम्बर, 1972), पृ० 3

38. वही, पृ० 4

39. वही, पृ० 5

40. वही, पृ० 8

41. वही, पृ० 8

42. वही, पृ० 5

43. पैर तले की ज़मीन : मोहन राकेश, पृ० 23

प्रस्तुतीकरण

1. अभियान (दिल्ली) : राजिंदर नाथ

'पैर तले की ज़मीन' राकेश का अंतिम और अधूरा नाटक है जिसे बाद में उनके अभिन्न हृदय मित्र कमलेश्वर ने पूरा किया। किसी आधी-अधूरी कृति को कोई दूसरा कलाकार (नाटककार-निर्देशक) ठोंक-पीटकर या काट-जोड़ कर 'पूरा' भले ही कर दे किंतु उसे 'सम्पूर्ण' कभी नहीं कर सकता। उसकी आंतरिक-एकता और समग्रता—गेस्टाल्ट—का जन्म तो कृतिकार की रचनाधर्मिता के बीज से ही उत्पन्न होता है। यही कारण है कि राकेश के इस आधे-अधूरे नाटक में देश के किसी भी नाट्य-दल या प्रतिष्ठित निर्देशक ने कोई रुचि नहीं दिखाई। ओम शिवपुरी कहकर मुकर गए और श्यामानंद जालान एवं सत्यदेव दुबे ने इसे मंचित करने की इच्छा ही नहीं की। वरिष्ठ रंगकर्मियों की इस उदासीनता का सीधा प्रभाव युवा निर्देशकों पर भी पड़ा और कई कारणों से अपने आरम्भिक दिनों में यह नाटक अमंचित ही रह गया। 3 दिसम्बर, 1974 को राकेश की मृत्यु के दो वर्ष बाद उनकी स्मृति में श्रद्धांजलि के तौर पर दिल्ली की महत्त्वपूर्ण नाट्य-संस्था 'अभियान' ने आइफैक्स में राजिंदर नाथ के निर्देशन में प्रस्तुत करके इसके सर्वप्रथम मंचन का साहस दिखाया। पहले अनुवर्तन के अतिरिक्त स्वयं राकेश द्वारा इस नाटक के दूसरे अनुवर्तन के लिखे हुए केवल सात पृष्ठ और कुछ नोट्स या रेखाचित्र ही शेष बचे थे—जिनके आधार पर इस प्रदर्शन के निमित्त खास तौर से कमलेश्वर ने उसे पूरा किया, जिसे बाद में पुस्तकाकार भी प्रकाशित किया गया। 'अभियान' की इस प्रस्तुति के तीन अन्य प्रदर्शन 6, 7 और 8 दिसम्बर, 1974 को भी हुए और बाद में 'अनामिका' (कलकत्ता) द्वारा 20 से 31 दिसम्बर, 1974 तक आयोजित 'हिंदी नाट्योत्सव—1974' के अंतर्गत इसके दो आमंत्रित प्रदर्शन कलकत्ता में भी किए गए। अब्दुल्ला की भूमिका के लिए रेडियो और रंगमंच के जाने-माने कलाकार दीनानाथ को विशेष रूप से आमंत्रित किया गया और अयूब की महत्त्वपूर्ण भूमिका भी सम्वेदनशील अभिनेता बी० एम० बडोला ने निभाई। नियामत, पंडित, झुनझुनवाला, रीता, नीरा और

सलमा के रूप में क्रमशः भूपेंद्र कुमार, सुरिंदर के० शर्मा, गिरीश माथुर, बीना मेहता, सबीना और अदिति गुप्ता जैसे कलाकारों का सहयोग भी इस प्रस्तुति को मिला। अशोक भट्टाचार्य जैसे कल्पनाशील दृश्य-बंध-परिकल्पक एवं सीतांशु मुखर्जी जैसे अनुभवी प्रकाश-संयोजक भी अपनी सम्पूर्ण प्रतिभा के साथ इस प्रदर्शन को सफल बनाने में जुटे थे। संस्था, निर्देशक, कलाकार, पार्श्वकर्मी—जैसे सभी के लिए यह एक आत्म-सम्मान का प्रश्न बना हुआ था। परंतु फिर भी, यह कैसी विडम्बना है कि यह प्रस्तुति अत्यंत असंतुलित, शिथिल और निर्जीव सिद्ध हुई। नाट्य-समीक्षक कविता नागपाल के शब्दों में, "The episodes are coughed up paroxymally with long periods of a dramatic story movement in which characters act in the wings and reacts on the boards...If the play is worth seeing at all it is for the consummate skill with which Dina Nath enwreathes Abdulla the barman. Expression, voice, gesture and stance coalesce into an all commanding stage presence. V. M Badola's staying power, Bhupinder Kumar's detachment and Sabina's precocity function as but so many satellites. The other charcters are remarkable for their innocuity. The mood is initially captured by Ashok Bhattacharya's sets, the electronic sound of the swirling tempestuous river and Rajinder Nath's valiant design but all is reduced to shambles as the play totters to its washed up end."[1] यह सच है कि नियति की विडम्बना के कारण राकेश 'पैर तले की ज़मीन' को पूरा नहीं कर पाए और इसके वर्तमान रूप में कई कमियाँ विद्यमान हैं। परंतु यह तथ्य भी कम दुर्भाग्यपूर्ण नहीं कि इसके विवेच्य प्रस्तुतीकरण में वह कमियाँ कम होने के बजाए और भी उभर कर सामने आईं।

वैसे तो कुछ अंशों को छोड़ दें, तो लगभग पूरा प्रदर्शन ही कमजोर था, किंतु अंतिम बाढ़ के दृश्य में तो फूहड़ प्रकाश-व्यवस्था, कल्पनाहीन संयोजन, प्रभावहीन प्रवेश-प्रस्थान, उखड़ी हुई सम्वाद-प्रस्तुति और बेवजह की उठा-पटक या भगदड़ ने तो प्रदर्शन को पूर्णतः नष्ट ही कर दिया। सुधीर गुप्त की यह प्रतिक्रिया एक हद तक सही है कि "मोहन राकेश की सन् 1972 में मृत्यु के पश्चात् और भी कई नाटकीय मृत्यु हुई हैं। जब 'पैर तले की ज़मीन' का निहायत उम्दा पहला अंक खत्म करके ही वे चल बसे तो नाटक को पूरा करने की जद्दोजहद में कमलेश्वर ने क्लब रूम में बाढ़ लाकर नाटक की ठोस जमीन ही पैर तले से खिसका दी। नाटक राजेंद्रनाथ की एक प्रस्तुति के बाद ही खो गया।"[2] विध्वंस पर आधारित इस नाटक को विध्वस्त करने में आलेख से लेकर प्रस्तुति

से जुड़े प्रत्येक कलाकार ने कुछ न कुछ सहयोग अवश्य दिया। अभिनय की दृष्टि से दीनानाथ और विश्व मोहन बडोला को छोड़ कर कोई भी कलाकार चरित्र के अनुरूप सिद्ध नहीं हुआ। स्वयं दीनानाथ और बडोला भी अपनी भूमिकाओं से संतुष्ट नहीं थे। बडोला ने एक साक्षात्कार में कहा था कि 'पैर तले की ज़मीन' में मुझे अपनी पत्नी से घृणा करनी थी। मैंने क्योंकि जिंदगी में ऐसा नहीं किया, मुझे कुछ दिक्कत आई तो मैंने निरीक्षण की दुनिया में जाकर उसे दूर किया।"[3] परंतु कालांतर में एक व्यक्तिगत बातचीत के दौरान उन्होंने स्वीकार किया कि "आज मुझे महसूस होता है कि निरीक्षण के आधार पर किया गया वह अभिनय बहुत अपरिपक्व और बचकाना था। उसमें गहराई और सूक्ष्मता का अभाव था।"[4] दीनानाथ प्रदर्शन और अभिनय की असफलता का प्रमुख उत्तरदायित्व नाटककार और निर्देशक दोनों पर डालते हैं।[5] सीतांशु मुखर्जी राजधानी के एक वरिष्ठ और कल्पनाशील प्रकाश-परिकल्पक हैं परंतु विवेच्य प्रस्तुति में उनका आलोक-निपात और शैलेंद्र मेहता के ध्वनि-प्रभाव बाढ़ का दृश्य उत्पन्न करने में पूर्णतः असफल रहे। काश! इसे उत्पल दत्त के 'अंगार' के अंतिम दृश्य की तरह जीवंत और प्रभावी बनाया जा सकता!

आशा यह थी कि कलकत्ता में 'हिंदी नाट्योत्सव—1974' के अंतर्गत होने वाले प्रदर्शन में अवश्य ही कुछ मूलभूत परिवर्तन और सुधार किए जायेंगे। परंतु पंडित की भूमिका में सुरेंद्र कुमार शर्मा की जगह राज बब्बर को ले जाने के अलावा न तो कोई परिवर्तन हुआ और न ही निर्देशन और अभिनय की कमजोरियों को दूर करने का प्रयत्न किया गया। नगाड़े के साथ बाढ़ को स्थापित करने की नई सूझ भी बेमानी और बेअसर सिद्ध हुई। निर्देशक के अतिरिक्त आत्मविश्वास के कारण महोत्सव में राकेश, दिल्ली रंगमंच और राजेंद्र नाथ की पूर्व निर्मित छवि की रक्षा नहीं की जा सकी। डा० प्रतिभा अग्रवाल के शब्दों में, "नाटक का कथ्य स्पष्ट नहीं हो पाया—नाटक एवं प्रस्तुति दोनों अविकसित रह गए। अनुभवी निर्देशक राजेंद्र नाथ के प्रयत्नों के बावजूद प्रस्तुति में वह मृत्यु-भय, संत्रास तथा मनोवैज्ञानिक उलझनें नहीं उभर पायीं जो ऐसे नाटक की प्रस्तुति में अपेक्षित थीं। इसका दायित्व लेखक और निर्देशक दोनों पर डाला जा सकता है—सम्भवतः लेखक पर अधिक। राकेश जीवित होते तो सम्भव है इसकी प्रस्तुति देखकर इसे और माँजते।"[6] श्यामानंद जालान, कृष्ण कुमार, मदनसूदन, विमल लाठ और आत्मानंद जैसे कलकत्ता के अनेक सक्रिय रंगकर्मियों और प्रबुद्ध दर्शकों को भी प्रस्तुति ने बुरी तरह निराश किया।[7] नाट्योत्सव की समीक्षा करते हुए एक अन्य नाट्यालोचक ने लिखा कि "पैर तले की ज़मीन' निर्देशक राजेंद्र नाथ द्वारा प्रभावशाली ढंग से प्रस्तुत नहीं किया जा सका। इस प्रस्तुतीकरण में लेखन और निर्देशन दोनों की कमजोरी उभर कर

सामने आई।"[8] और प्रदर्शन के समय 'इनैक्ट' के सम्पादक-समीक्षक राजिंदर पॉल द्वारा की गई भविष्यवाणी सही और सच सिद्ध हुई कि, "The play, as presented by Abhiyan and completed by Kamleshwar, is not likely to win many new friends for either Rakesh or Abhiyan, let alone Kamleshwar."[9]

इसमें कोई शक नहीं कि जल्दबाजी और मजबूरी के से हालात में किए गए राकेश के अंतिम नाटक के इस पहले प्रदर्शन की असफलता ने नाटककार की छवि और नाटक के भविष्य को भारी नुकसान पहुँचाया।

2. अभिनेत (चंडीगढ़) : अतुलवीर अरोड़ा

सार्थक और स्वस्थ रंगकर्म के लिए प्रतिबद्ध चंडीगढ़ की सुपरिचित नाट्य-संस्था 'अभिनेत' ने जब 1979 में राकेश के अंतिम अधूरे और विवादास्पद नाटक 'पैर तले की ज़मीन' को अतुलवीर अरोड़ा के निर्देशन में प्रस्तुत करने की घोषणा की तो अधिकांश नाट्य-प्रेमियों के मन में उत्साह और प्रसन्नता के साथ-साथ कहीं इसकी सफलता के प्रति आशंका और संदेह की भावना भी मौजूद थी। लगभग यही स्थिति शायद स्वयं निर्देशक की भी थी और रचनात्मक स्तर पर इस चुनौती का सामना करने के लिए उसे आलेख में कई जगह सम्पादन, संशोधन और पुनर्लेखन की जरूरत महसूस हुई। स्वयं उसी के शब्दों में, "मोहन राकेश का यह नाटक मेरे ज़हन में पिछले तीन बरस से था। बार-बार पढ़े जाने और अच्छा लगने के बावजूद इसका आलेख मुझे उखड़ा-उखड़ा, बेतरतीब और अधूरा लगा। एक वजह तो साफ ही थी कि राकेश उसे खुद पूरा नहीं कर सके। दूसरे यह कि कमलेश्वर की चुस्त फ़िकरेबाज़ी और सिनिसिज्म ने दूसरे अनुवर्तन में पूरे नाटक का फ्रेम और फ़ार्म दोनों बदल दिए थे। मेरे लिए यह दोहरी चुनौती थी। कमलेश्वर और मोहन राकेश दोनों को कायम रखते हुए पूरे नाटक के फ्रेम को टूटने से बचाना और फार्म में एकनिष्ठता लाना।"[10] इस उद्देश्य की पूर्ति के लिए निर्देशक को "मूल आलेख का सम्पादन, संशोधन और परिवर्तन—तीनों प्रक्रियाओं में से गुजरना पड़ा। (i) उन स्थलों पर सम्पादन की आवश्यकता महसूस हुई जो मोहन राकेश की रचना और नाट्य-शैली से मेल नहीं खाते थे। खास तौर पर 'दूसरे अनुवर्तन' में जहाँ कमलेश्वर की चुस्त फिकरेबाजी और सिनीसिज्म का अतिरिक्त दबाव है। (ii) उन स्थलों में संशोधन की आवश्यकता पड़ी, जो पहले अनुवर्तन की आंतरिक लय से नहीं उपजे हैं, बल्कि थोपे गए महसूस होते हैं। खास तौर से टेलिफोन के प्रसंग। मोहन राकेश के ज़हन में टेलिफोन की पद्धति और तकनीक 'मैनुअल' नहीं लगती, जबकि कमलेश्वर ने उसे 'मैनुअल' बना दिया है। मैंने उसे 'मैनुअल' न रखकर 'ओटो' रखा है। 'एक्सचेज'

की भूमिका का इस्तेमाल और ज्यादा प्रतीकात्मक बनाया है। (iii) कमलेश्वर की लेखनी से निसृत नाट्य-फ्रेम और फार्म मुझे मोहन राकेश द्वारा निर्मित फ्रेम और फार्म से अलग और टूटते हुए लगे हैं, इसलिए मैंने उनमें एकनिष्ठता लाने का प्रयास किया है। मसलन अयूब और सलमा के चरित्रों और उनके आपसी बर्तावों को 'जस्टीफ़ाई' करने के लिए उपयुक्त कारण नाटक के समूचे फ्रेम में नहीं है। अयूब की एक 'सोलीलोक़ी' जो पहले अनुवर्तन में उपलब्ध होती है वह यह गहरा संकेत देती है कि अयूब एक जटिल चरित्र है और सलमा के प्रति अपने व्यवहार, अपने प्रति, नीरा और रीटा के प्रति, तथा पंडित और अपने बीच अपने व्यवहार को लेकर कहीं अचानक तनाव-ग्रस्त है। दूसरे अनुवर्तन मे यह जटिल चरित्र ठस्स और बोदा, वहशी और मूढ़ लगने लगता है। सलमा जो बेहोशी की हालत में पहले अनुवर्तन के अंत में आती है, दूसरे अनुवर्तन में अचानक बौखलाई और चीखती नजर आती है। रीता और नीरा के संदर्भ में उसका अयूब के प्रति तिरस्कार एक सीमित अर्थ में ही समझ आता है, अपने व्यक्तित्व के असमंजस भरे पहलुओं को खोलने में मदद नहीं करता। इसलिए अनेक स्थानों पर संशोधन और परिवर्तन करने की कोशिश में मैंने अयूब की आधी 'सालीलोकी' उठाकर दूसरे अनुवर्तन में रखी और उसे एक 'डेफिनेट स्पीच' में तब्दील किया। बजाए इसके कि यहाँ वह अपने आपसे सम्बोधित रहे, मैंने उसे सलमा से सम्बोधित करवाया, जिससे उसके चरित्र को एक आंतरिक उत्थान मिल गया। सलमा पूरे नाटक में कितने ही नाजुक मौकों पर मौन है जहाँ उससे कुछ शाब्दिक प्रतिक्रिया की अपेक्षा होती है—खास तौर पर डाक्टर के संदर्भ में। इसलिए मैंने केवल इसी एक संदर्भ में उसे विशेष तौर पर बुलवाकर उसके चरित्र का असमंजस-भरा पहलू सकारात्मक कर दिया (जबकि मूल आलेख में वह सकारात्मकता की तरफ बढ़ने के बाद भी नकारात्मक हो जाता है)। इस तरह पूरे नाटक में सम्बन्धों के टूटने, सम्वाद के पुल में दरार पड़ते जाने के बावजूद एक सूक्ष्म हरापन भरने में सफल हो सका। मंच पर इसे घटाने के लिए मैंने 'डिल्यूज' का वह प्रसंग चुना जिसमें दोनों एक-दूसरे के 'साथ' हैं। इस 'साथ' में ये दोनों पात्र एक-दूसरे के सामने होकर भी खुद अपने भीतर लड़ रहे हैं। 'डिल्यूज' की इस परिस्थिति में दूसरे बहुत से पात्र मैंने स्टेज पर से गायब कर दिए—यानी इसे इस तरह घटाया कि लगे जैसे वे घटना में होकर भी घटना नहीं हैं— उन क्षणों में जब अयूब और सलमा एक-दूसरे से सम्बोधित हैं। मैंने इस 'सीक्वेंस' को पूरे नाटक की धारा से अलग एक प्रक्षेपक के तौर पर घटाया। इसके अतिरिक्त फालतू गतिविधियाँ खारिज की गईं। अनुवर्त्तक के भाषायी फर्क में समानता लाने का प्रयास किया। सम्वादों की लय में राकेश का सम्वाद-पटु हुनर बराबर बनाए रखा। लफ्फाजी और फिकरेबाजी जितनी कम की जा

सकती थी, की । पात्रों की आमद और गमन को ज्यादा सार्थक एवं नाटकीय बनाया। इतनी सारी तब्दीलियों के बाद भी लगा कि जो कुछ राकेश ने चाहा है, उसे अच्छी तरह समझ लेने के बावजूद मैं नहीं ला पाया हूँ । इतनी तसल्ली जरूर है कि जहाँ कहीं जो कुछ हिलाया-डुलाया है या खूँदा-टाँका है, वह अनर्थ नहीं करता ।"[11] अयूब और सलमा के सम्बन्धों को इस प्रस्तुति में एक नया मोड़ देने का प्रयत्न भी हुआ और अंत को थोड़ा अपने ढंग से सँवारने की कोशिश भी की गई। इस संदर्भ में पूछने पर निर्देशक ने बताया कि, "नाटक का वर्तमान आलेख मुझे मारबिड ज्यादा लगा। मैंने उसके जीवंत और 'मारबिड' परिप्रेक्ष्यों को अंततः निजात दिलवाने के प्रयास में अयूब और सलमा के बीच रिश्तों का स्वास्थ्य लौटा लाने की कल्पना की थी। एक आदिम सच्चाई के बनैले पशु-भाव से नीरा और रीता को उलझाने के बाद छोटी लड़की को प्रश्नाहत और बड़ी को प्रश्नमुक्त करने का प्रयत्न भी किया। मेरी प्रस्तुति के अंत में अयूब और सलमा अलग नहीं हैं, बल्कि सुखद संगीत की लय में तैर रहे हैं। एक-दूसरे को नये ढंग से समझते हुए। झुनझुनवाला और पंडित जरूर यथास्थिति को गहराते हैं और आधुनिक त्रासदी में निहित व्यंग्य उभारते हैं। मेरा सबसे ज्यादा ध्यान नाटक के अंत में नीरा के प्रश्नाहत चेहरे को आलोकित करने पर रहा। मुझे लगा कि उम्र के इस कौमार्य को छलने की इस मानवीय त्रासदी में उसकी पीड़ा रेखांकित होनी जरूरी है।"[12] राकेश के नाटक एक प्रकार के नियतिवाद से बंधे हैं। माहौल और हालात उनके चरित्रों पर इस कदर हावी हैं कि वे बेबस और मजबूर बने, सिवाए सब कुछ झेलने और सहने के, कुछ नहीं कर पाते। माहौल के इस भारी दबाव से कोई निजात नहीं है। इस सम्बन्ध में निर्देशक ने बताया कि उनकी दृष्टि में, "यही बात इस नाटक की ताकत है और यही इसकी सबसे बड़ी कमजोरी भी है। निजात क्यों नहीं है? क्या इस सवाल को भी समझने का प्रयास हम करेंगे? क्या निजात न पा सकने की स्थिति को निरंतर चलाए या बनाए रखने की कोशिश एक असामाजिक कोशिश नहीं है? मेरे विचार से इस आलेख में वैसी परिस्थितियाँ मौजूद हैं जब निजात के लिए प्रयत्न सम्भव है। लेकिन कमलेश्वर ने उन स्थितियों को उपहासास्पद बना दिया है। मैं नहीं जानता कि मोहन राकेश भी यही चाहते थे या नहीं, लेकिन मेरी निगाह को ये उपहासास्पद स्थितियाँ बहुत खटकी हैं। मसलन, सामूहिक आत्महत्या का प्रसंग। मैंने यह पूरा प्रसंग काट दिया है। इस स्थान पर मुझे सम्वादों में बहुत उलट-फेर करना पड़ा है। मैंने पंडित के कपड़े नहीं उतरवाए। कमलेश्वर को नंगा आदमी मंच पर देखने का शौक होगा और शायद वह इसमें ज्यादा नाटक की गुंजाइश भी देखते हों; मुझे यह कोशिश सार्थक नहीं लगी, इसलिए मैंने ऐसी बहुत-सी स्थितियों से बचने की कोशिश की है जो 'बात' को 'बात' न रहने देकर

'ऊँची आवाज' और 'शोर' बनाना चाहते हैं।"[13]

जाहिर है कि आलेख के इस परिवर्तन, निर्देशक के मौलिक दृष्टिकोण और संस्था की आत्मविश्वासपूर्ण तैयारी के बाद जब 28 और 29 जुलाई, 1979 की शाम चंडीगढ़ के टैगोर थियेटर में दर्शकों ने स्वयं को आलेख की जकड़ से मुक्त आदित्य प्रकाश के सादे और प्रतीकात्मक यथार्थवादी दृश्य-बंध, अनूप महाजन, नलिन एवं कुलदीप अरोड़ा के असरदार ध्वनि-प्रभाव और संगीत तथा हरजीत कैंथ और चरणदास के प्रकाश-संयोजन में 'अभिनेत' के कुशल कलाकारों को राकेश के इस विवादास्पद नाटक को पूरी गम्भीरता और ईमानदारी से मंचित करते देखा तो उनका हतप्रभ अथवा आश्चर्यचकित हो जाना स्वाभाविक ही था। नाटक के आरम्भ में निर्देशक द्वारा अपने प्रेक्षकों से की गई यह अपेक्षा और प्रार्थना सिर्फ चौंकाने भर के लिए नहीं थी कि " 'पैर तले की ज़मीन' की खूबी इसी में है कि यह हमारी जिंदगी की छल-रहित आलोचना का नाटक है।··· प्रेक्षागृह में बैठे आप लोगों से सिर्फ इतनी इल्तजाह है कि नाटक शुरू होते ही खुद को रंगमंच का हिस्सा मान लीजिएगा। हमारा मंच इस बार पूरा आडीटोरियम समेटे हुए है। आप घाटी में हैं। लिद्दर और शेषनाग आपके बाएँ-दाएँ बह रहे हैं और इनके बीच की ज़मीन आपकी है। जो पुल नाटक में टूट रहा है, वह आप ही के बीच सम्बन्धों की वैयक्तिकताओं का पुल है, सामाजिक लेन-देन और क्रिया-कलाप तथा सम्वाद का पुल है। इसे बचा सकें तो जरूर बचा लीजिए।"[14]

पर्दा उठने पर प्रेक्षकों ने देखा, बाँस की खपच्चियों से बना एक 'बार' का काउंटर। बिना 'प्लेटफार्म' का प्रयोग किए मंच को दो भागों में विभक्त किया गया था -- एक केबिन के लिए और दूसरा 'बार' के लिए। एप्रिन की ओर बाँस की ही एक आराम-कुर्सी का इस्तेमाल अनेक आत्मीय एवं तनावपूर्ण प्रसंगों को खोलने में सहायक हुआ। आराम-कुर्सी जो थकान और तनाव से मुक्ति के लिए हर बार प्रयोग में लाई जाती थी, अंततः तनाव और थकान को और ज्यादा उभार कर सामने लाती थी। कोई भी पात्र उस पर दो-एक क्षणों से अधिक नहीं बैठ पाता था। इस प्रकार आदित्य प्रकाश की मंच-परिकल्पना ने सादी होने के बावजूद नाटक के 'मूड' को और ज्यादा तिक्त और प्रखर रूप में अभिव्यक्त करने में महत्त्वपूर्ण भूमिका निभाई। ध्वनि-प्रभाव और संगीत भी असरदार रहे। बादलों की गड़गड़ाहट और बिजली गिरने की आवाज के लिए आडिटोरियम के पीछे एक बालकनीनुमा स्थान से 'विंड मशीन' और 'थंडर शीट' का 'लाइव' प्रयोग करके प्रेक्षागृह को जिस प्रभावपूर्ण चहुँतरफा अनुगूंज से भरा गया, उससे यह अनुभव हुआ मानों दो दरियाओं के बीच बैठे तमाम लोग (दर्शक) उस भयानक बारिश और तूफान से घिरे हुए हैं। परंतु ध्वनि और प्रकाश से

मंच पर सजीव होने वाला बाढ़ में बहते लोगों का अंतिम दृश्य कमजोर प्रकाश-व्यवस्था के कारण प्रभावशाली नहीं बन सका। बाढ़ के इस दृश्य में पत्थर वगैरह नहीं रखे गए थे। अंधकार के बाद प्रकाश स्त्री-पुरुष पर आता है—मानो वह पानी में बह रहे हैं—परंतु कुछ प्रस्तुतकर्ताओं की कमी और कुछ प्रेक्षकों की नासमझी के कारण वह महत्त्वपूर्ण दृश्य कमजोर हो गया और जम नहीं पाया।

शौकिया कलाकारों की सीमाओं और दिक्कतों को ध्यान में रखकर देखें तो कहा जा सकता है कि अभिनय इस प्रस्तुति का एक सशक्त पक्ष था। अब्दुल्ला की भूमिका में भारतभूषण और अयूब तथा पंडित की भूमिका में क्रमशः हरीश भाटिया एवं स्वराज भूषण ने कल्पनाशील तथा कौशलपूर्ण अभिनय का प्रदर्शन किया। अपेक्षाकृत नयी, अनुभवक्षीण और उम्र में कुछ कम होने के बावजूद नीरा और रीटा के रूप में पूजा माथुर तथा अपराजिता ने अपने-अपने चरित्रों से पूरा न्याय करने की काफी कोशिश की। उषा रानी शर्मा ने सलमा की भूमिका पात्र में पूरी तरह डूब कर असरदार ढंग से की। अरविंद नंदा ने झुनझुनवाला के हरामीपन को ज्यादा उभार कर चरित्र को इकहरा बना दिया, उसका अंतर्द्वंद्व कहीं रेखांकित नहीं हुआ। नियामत की भूमिका निर्देशक अतुलवीर अरोड़ा को स्वयं निभानी पड़ी क्योंकि, "कोई और अच्छा अभिनेता इस छोटी-सी भूमिका के लिए तैयार नहीं था, सो यह काम मेरे जिम्मे आया। मेरा अनुभव यह है कि अगर निर्देशक खुद अपनी प्रस्तुति में अभिनय भी करने लगे तो उसका असल काम ढीला रह जाता है। मैंने अपने असल काम में कोई ढील नहीं छोड़ी, अलबत्ता मैं यह भी नहीं कह सकता कि मैंने नियामत की भूमिका निभाई ही नहीं।"[15] प्रबुद्ध दर्शकों ने नियामत के कुशल अभिनेता की काफ़ी सराहना की।

नाटक के वृत्ताकार फार्म के अनुरूप निर्देशक ने समस्त मंचीय कार्य-व्यापार को वृत्तों में ही बाँधने की कोशिश की। अयूब और सलमा अपने दायरे से बाहर आकर भी उस दायरे से मुक्त नहीं हो पाते। पंडित और झुनझुनवाला भी एक वृत्त में चलते हैं—एक वृत्त से गुजर जाने के बाद फिर उसी में लौटते हुए। अब्दुल्ला और नियामत के परस्पर 'ओवर लेप' करते हुए अपने-अपने वृत्त हैं ही। पूरे नाटक में नीरा और रीता ही केवल दो पात्र हैं जो इस वृत्ताकार नाटक के वृत्तों को तोड़ते हैं—इसलिए उन्हें वृत्तों से काट कर अलग दिशा और गति में प्रस्तुत करना निर्देशक की मंचीय समझ और जागरूकता का प्रमाण माना जा सकता है।

प्रस्तुति की सफलता के सम्बन्ध में निर्देशक की आत्म-स्वीकृति है कि "मैं अपनी प्रस्तुतियों से बहुत कम संतुष्ट होता हूँ, लेकिन 'पैर तले की ज़मीन' की

मेरी प्रस्तुति ने मुझे काफी संतोष प्रदान किया।"[16] यह झूठ नहीं कि विवेच्य प्रदर्शन चंडीगढ़ के अधिकांश सामान्य दर्शकों के सिर के ऊपर से गुजर गया परंतु सच यह भी है कि इसके बावजूद 'पैर तले की ज़मीन' का यह प्रस्तुतीकरण आलेख में किए गए सोद्देश्य परिवर्तन—संशोधन, मौलिक व्याख्या, संग, प्रस्तुति-शैली, कल्पनाशील निर्देशन और एक विवादास्पद अधूरे नाटक के प्रशंसनीय प्रदर्शन के साहसी प्रयास की दृष्टि से तो निश्चय ही उल्लेखनीय बन गया।

3. राष्ट्रीय नाट्य विद्यालय, रंगमंडल (दिल्ली) : रंजीत कपूर

राष्ट्रीय नाट्य विद्यालय रंगमंडल द्वारा आयोजित 'मोहन राकेश नाट्य समारोह' के अंतर्गत राकेश के अधूरे रह गए नाटक 'पैर तले की ज़मीन' को रंजीत कपूर द्वारा पूरा करके उन्हीं के निर्देशन में 15 और 16 दिसम्बर, 1992 को श्रीराम सेंटर के मुख्य प्रेक्षागृह में अभिमंचित किया गया। प्रस्तुति की सफलता-असफलता, मूल्यांकन या उसकी समीक्षा करने से पहले उन परिस्थितियों की चर्चा करना अत्यंत आवश्यक है जिनमें इसे प्रस्तुत किया गया।

मोहन राकेश के अभिन्न हृदय मित्र कमलेश्वर द्वारा पूरे किए गए 'पैर तले की ज़मीन' के प्रकाशित आलेख की भूमिका में अनीता राकेश ने यह ठीक ही लिखा था कि "किसी कृति की अधूरी छूटी रचना को पूरा करने के लिए बड़े साहस और रागात्मक तद्रूपता की आवश्यकता होती है।" जहाँ तक रूपांतरण/पुनर्लेखन तथा निर्देशन का प्रश्न है, रंजीत कपूर ने अपनी प्रतिभा का लोहा अपने विरोधियों से मनवा लिया है। नई चुनौतियों को स्वीकार करने के साहस और रचनात्मकता की दृष्टि से उन पर कतई संदेह नहीं किया जा सकता। परंतु जहाँ तक 'रागात्मक तद्रूपता' का सवाल है, रंजीत के मन में आरम्भ से ही एक बड़ी दुविधा रही। स्वयं उन्हीं के शब्दों में "एक लेखक के रूप में मुझे राकेश की मनोभूमि में प्रवेश करना पड़ेगा जो कि मेरी मनोभूमि नहीं है। राकेश में हताशा या निराशा काफी है जो मुझमें नहीं। भले ही कुछ देर के लिए, पर बतौर लेखक मुझे राकेश के चिंतन की भूमि पर उतरकर लिखना होगा।"[17] इसके लिए रंजीत ने राकेश के सम्पूर्ण साहित्य, उनके आत्मकथ्य तथा 'चंद सतरें और···' जैसे उनसे सम्बद्ध साहित्य का गम्भीर अध्ययन किया। राकेश के मित्रों और समीक्षकों से खूब लम्बी-लम्बी चर्चाएँ भी कीं। इसके अलावा रंजीत के लेखक और निर्देशक के बीच भी आद्यन्त एक द्वंद्व बना रहा। एक ओर उन्हें लगता था कि "यह एक नाटक आलेख के रूप में काफी कमजोर है और राकेश के दूसरे नाटकों के मुकाबले इसका प्लॉट भी नाटकीय सम्भावनाओं से रहित है।··· पर बतौर निर्देशक मुझे अपना नाटक दर्शकों के सामने सफलता के साथ पेश करना है जो यह जानकर नाटक देखने नहीं आएगा कि नाटक राकेश ने पूरा लिखा है या

अधूरा। इसलिए मैं कभी सोचता हूँ कि इस नाटक की कॉमेडी बना दूं, कभी सोचता हूँ कि थ्रिलर बना दूं, कभी सोचता हूँ कि इसे रहस्यवादी बना दूं। कभी सोचता हूँ कि नाटक में लेखक के चरित्र की सृविट भी करूँ जिससे नाटक के पात्र पूछें कि तुमने मुझे क्यों अधूरा छोड़ दिया और फिर ये अधूरे पात्र लेखक से स्वाधीन होकर अपना नाटक खुद रचें। पर लगता है कि इस द्वंद्व में जीत शायद निर्देशक की ही हो।"[18] यह स्थिति 25 नवम्बर की थी और 29 नवम्बर तक 'एक पंक्ति भी नहीं लिखी गई' थी और लेखक रंजीत कपूर अभी यही सोच रहा था कि, "क्या लिखूं? शून्य में भटक रहा हूँ, क्या इसी में विलीन हो जाऊँगा? क्या यही मेरी नियति है, मोहन राकेश की तरह? उनकी मृत्यु भौतिक थी, मेरी रचनात्मक?"[19] अपने इस 'क्रिएटिव मॉनोपॉज़' की इस जान-लेवा उथल-पुथल और अनिश्चय के कारण 29-30 नवम्बर तक न तो आलेख लिखा गया था और न ही पूरी तरह यही निश्चित था कि 'पूर्व-निर्धारित 15-16 दिसम्बर को इसका प्रदर्शन होगा भी या नहीं? जाहिर है कि तब तक 'भूमिका-चयन' का तो प्रश्न ही नहीं था, लेकिन दिलचस्प बात यह है कि इस प्रस्तुति के लिए जिन कलाकारों का चुनाव निर्देशक ने तब तक कर लिया था, प्रदर्शन में उनमें से विश्वमोहन बडोला, राम गोपाल बजाज, मंदाकिनी गोस्वामी और सतीश गौतम जैसे कलाकर थे ही नहीं। अंतिम दृश्य 14 दिसम्बर की शाम को ही तय हो पाया था और सम्भवतः उसे लिखा तक नहीं गया था! रंजीत कपूर से परिचित प्रायः सभी लोग जानते हैं कि उनके संदर्भ में यह स्थिति नई या अप्रत्याशित नहीं थी। परंतु बुनियादी बात यह है कि यह कोई सामान्य प्रस्तुति नहीं थी। इसमें रा० ना० वि० रंगमंडल, महत्त्वाकांक्षी राकेश महोत्सव और स्वयं रंजीत कपूर की प्रतिष्ठा का प्रश्न भी जुड़ा था।

खैर, हालात जो भी और जैसे भी रहे हों, पूर्व-निर्धारित एवं घोषित तारीख को रंजीत कपूर द्वारा पुनर्लिखित और निर्देशित 'पैर तले की ज़मीन' का अभि-मंचन हो गया। ठीक साढ़े छः बजे जब पर्दा उठा तो खूबसूरत टाइल्स, शैंड-लियर, नक्काशीदार फर्नीचर से सजे-सँवरे बापी बोस के दृश्य-बंध में काश्मीर के क्लब के भव्य बार को उन्हीं की कल्पनाशील प्रकाश-योजना और स्वयं रंजीत कपूर के पार्श्व-संगीत के बीच प्रेक्षक एक बार तो सचमुच हतप्रभ ही हो गए। आलेख के स्तर पर रंजीत कपूर ने राकेश के अधिकाधिक निकट रहने की भर-पूर कोशिश की। टूटते हुए पुल और बाढ़ में 'डूबते क्लब' में फँसे पात्रों की विषम स्थिति एवं उनके नामों, चरित्रों और मनःस्थितियों के बाहरी ढांचे में कोई परिवर्तन नहीं किया गया। अयूब की बीवी सलमा को नजमा बना दिया गया और मूल आलेख में केवल संदर्भ के तौर पर पति-पत्नी के बीच मौजूद डॉक्टर को यहाँ 'परिवेश' में प्रकाशित राकेश के आत्म-कथ्य के आधार पर

डॉक्टर राकेश बनाकर सजीव-साकार चरित्र के रूप में पेश किया गया। अयूब और नजमा के पति-पत्नी सम्बन्धों को विस्तार और घनत्व देने के लिए 'अंधेरे बंद कमरे' के हरबंस-नीलिया प्रसंग और 'आधे-अधूरे' के कुछ अंशों/सम्वादों का सहारा लिया गया। रीता के चरित्र को छोड़ दिया गया। नीरा को 'आधे-अधूरे' की किन्नी के काफी नजदीक रखा गया। नाटक का पूर्वार्द्ध तो प्रमुखतः पति-पत्नी के प्रेम-त्रिकोण पर ही केंद्रित रहता है, लेकिन उत्तरार्द्ध में प्रदर्शन को रोचक बनाने के लिए हास्य, पिस्तौल, बलात्कार, हत्या, आत्महत्या इत्यादि के ज़रिए रंजीत का निर्देशक इसे 'थ्रिलर' सा बना देता है। अंत में लेखक-निर्देशक समझौता करके मोहन राकेश के निकट पहुँचने की कोशिश में अतिकल्पना के ज़रिए एक अमूर्त-दार्शनिक से दृश्य की सृष्टि करते हैं जिसमें एक स्त्री अपने नन्हें से बेटे का हाथ पकड़े कोहरे में (शायद पुरुष की ओर) आगे बढ़ती है, जहाँ टेपांकित आवाज को साउंड ट्रैक की तरह इस्तेमाल किया गया है। यह दृश्य अपने आपमें आकर्षक और प्रभावशाली भी है किंतु न तो यह शेष नाटक की अनिवार्य परिणति के रूप में आता है और न ही स्त्री-पुरुष सम्बन्धों में राकेश की नियतिवादी-निराशावादी दृष्टि से ही मेल खाता है; क्योंकि पति-पत्नी सम्बन्धों के दो किनारों को मिलाने में बच्चे पुल नहीं बन सकते—इस सत्य से राकेश 'आधे-अधूरे' में ही साक्षात्कार कर चुके थे। अभिनय की दृष्टि से यद्यपि सौरभ शुक्ला (झुनझुनवाला), ग्रूशा कपूर (नीरा), विजय शुक्ला (पंडित) और अमित बनर्जी (डॉक्टर राकेश) ने काफी प्रभावशाली अभिनय किया और अयूब, नजमा तथा अब्दुल्ला के रूप में क्रमशः बापी बोस, मधु मालती और महेंद्र शर्मा ने भी तैयारी की कमी के बावजूद निराश नहीं किया। परंतु कुल मिलाकर कुछ आकर्षक दृश्यों और रोचक प्रसंगों, दर्शक को बाँधने के सारे लटकों-झटकों, तकनीकी कौशल, निर्देशकीय सूझ-बूझ और जीवंत अभिनय के बावजूद यह नाटक आधा-अधूरा-सा ही रहा और कोई तीव्र या गहन नाट्यानुभव प्रदान नहीं कर सका। 'पैर तले की ज़मीन' का यह प्रयोग न तो पूरी तरह मोहन राकेश का नाटक बन सका और न पूरी तरह रंजीत कपूर का प्रभावशाली प्रस्तुतीकरण। इस संदर्भ में रंगमंडल के तत्कालीन प्रमुख और प्रबुद्ध रंगकर्मी रामगोपाल बजाज का यह आकलन या मूल्यांकन बहुत सही लगता है कि "मैंने (बल्कि हम सबने) बड़ी आशा और चाव से रंजीत से यह कार्य करने को कहा था। इसे लेकर हिंदी रंगकर्मियों और पूरे रंग-जगत में एक आशा और जिज्ञासा थी— स्वयं रंजीत भी बहुत उत्साहित थे। लेकिन प्रतिभा के धनी रंजीत जीविकाचारण के चक्र में अंततः ऐसे उलझे कि आलेख को लगभग अंतिम समय तक भी पूरा ही करते रहे। ऐसा प्रयोग नवलेखन के रूप में किसी और मौके पर तो शायद चल भी जाता। लेकिन इस महोत्सव में इससे नाटक के साथ-

साथ प्रदर्शन और अवसर को तो चोट लगी ही, मुझे विश्वास है स्वयं रंजीत को भी मूर्च्छना आई होगी। इस एहसास के कारण ही ये भी सोचा गया था कि अपेक्षित समय लेकर इसको वे फिर कुछ करें, ऐसी उनकी उत्कट इच्छा भी थी, किंतु नदी नाव संयोग नहीं हो पाया।"[20] सम्भवतः किसी भी तरह पूरा न हो पाना राकेश के इस अधूरे नाटक की अनिवार्य नियति ही है।

(घ)

कुछ और प्रस्तुतियों की सूची

1. गांधी मैडीकल कालेज (भोपाल) : रईस हसन (1976)
2. चिकित्सा महाविद्यालय (रायपुर) : गिरिजा शंकर अग्रवाल (1980)

निष्कर्ष और मूल्यांकन

मोहन राकेश के अन्य नाटकों की अपेक्षा 'पैर तले की ज़मीन' का अभिमंचन बहुत कम हुआ है। अभियान (दिल्ली), 'अभिनेत' (चंडीगढ़) और राष्ट्रीय नाट्य विद्यालय रंगमंडल (दिल्ली) को छोड़कर देश की किसी भी अन्य महत्त्वपूर्ण नाट्य-संस्था अथवा प्रतिष्ठित निर्देशक ने इसे करने का प्रयत्न नहीं किया है। इन तीनों संस्थाओं के प्रदर्शन की भूमिका और नेपथ्य-कथा पर दृष्टिपात करें तो यह स्पष्ट हो जाता है कि इन तीनों संस्थाओं और निर्देशकों ने नाट्य-आलेख की श्रेष्ठता के बजाए किन्हीं अन्य कारणों से इसे प्रस्तुत करने का जोखिम उठाया है। 'अभियान' द्वारा प्रदर्शित इस नाटक की स्मारिका के कवर की प्रथम पंक्तियों में यह साफ़ तौर से स्पष्ट कर दिया गया है कि इसे मोहन राकेश की दूसरी पुण्य-तिथि (3 दिसम्बर, 1974) के अवसर पर श्रद्धांजलि के रूप में प्रदर्शित किया जा रहा है।[21] 'दिशान्तर' ने इसके प्रदर्शन की घोषणा करने के बावजूद अन्ततः इसे न करना ही श्रेयस्कर समझ इसे अमंचित ही छोड़ दिया था। राजेंद्र नाथ स्वयं राकेश के करीबी दोस्त रहे हैं और शायद उनके अन्य मित्रों एवं प्रशंसकों के आग्रह और इच्छा को ध्यान में रखते हुए ही उन्होंने 'अभियान' की ओर से इस कमज़ोर नाटक को करने का फैसला किया था। और जैसा कि प्रस्तुति-समीक्षा के अंतर्गत हम देख चुके हैं कि किसी भी तरह इस नाटक को बचाया नहीं जा सका और अनेक प्रतिभाओं के भरपूर सहयोग के बावजूद प्रदर्शन निराशाजनक एवं असफल रहा। इसका स्पष्ट एवं व्यापक प्रभाव सम्पूर्ण हिंदी नाट्य-जगत पर पड़ा और किसी रंगकर्मी ने भी इसे उठाने का साहस नहीं किया।

चंडीगढ़ की नाट्य-संस्था 'अभिनेत' और उसके प्रमुख सदस्य मोहन राकेश

के व्यक्तित्व एवं कृतित्व से प्रभावित रहे हैं। इस संस्था ने राकेश के सभी नाटकों का अभिमंचन किया है। लेकिन 1979 से पहले इसे भी 'पैर तले की ज़मीन' को छूने का साहस नहीं हुआ। निर्देशक अतुलवीर अरोड़ा के अनुसार इसका मुख्य कारण आलेख का 'उखड़ा-उखड़ा, बेतरतीव और अधूरा'[22] लगना था। अत: 'एकदम क्रूर होकर (आलेख को) शुरू से आखिर तक काट-छाँट डाला'[23] गया। इस प्रक्रिया के दौरान 'फ़ालतू गतिविधियाँ खारिज कर दी गयीं। अनुवर्त्तनों के भाषायी फ़र्क में समानता लाने का प्रयास किया। संवादों की लय में मोहन राकेश का संवाद-पटु हुनर बराबर बनाए रखा। कमलेश्वर के आलेख में जगह-बे-जगह पात्रों का आना-जाना बना रहता है, उसे कम किया। पात्रों की आमद और गमन को ज्यादा से ज्यादा सार्थक और नाटकीय बनाया! लफ्फ़ाजी और फिकरेबाज़ी जितनी कम की जा सकती थी, की। इतनी सारी तब्दीलियों के बाद भी लगा कि जो कुछ राकेश ने चाहा है, उसे अच्छी तरह समझ लेने के बावजूद मैं नहीं ला पाया हूं।'[24] इसके अतिरिक्त निर्देशक यह भी स्वीकार करता है कि 'मंच सज्जा के स्तर पर मैंने राकेश की परवाह नहीं की है। इस नाटक तक आते-आते राकेश पर फिल्म हावी हो गई लगती है।'[25] यही नहीं, नाटक के कथ्य और उद्देश्य को लेकर भी निर्देशक को परिवर्तन की ज़रूरत महसूस होती है। उसी के शब्दों में, "इस माहौल से कोई निजात नहीं है। यही बात जो इस नाटक की ताकत है, यही इसकी सबसे बड़ी कमजोरी भी है। निजात क्यों नहीं है? क्या इस सवाल को भी समझने का प्रयास हम करेंगे? क्या निजात न पा सकने की स्थिति को निरंतर चलाए या बनाए रखने की कोशिश एक असामाजिक कोशिश नहीं है?·· इसलिए मैंने ऐसी बहुत-सी स्थितियों से बचने की कोशिश की है जो 'बात' को 'बात' न रहने देकर 'ऊँची आवाज़' और 'शोर' बनाना चाहती हैं।"[26] इसी प्रयत्न में नाटक का अंत भी बदल दिया गया! इस माहौल से निजात दिलाने की कोशिश में "अयूब और सलमा के बीच रिश्तों का स्वास्थ्य लौटा लाने की कल्पना"[27] की गई तथा "एक आदिम सच्चाई के बनैले पशु-भाव से नीरा और रीता को उलझाने के बाद एक को प्रश्नाहत (छोटी लड़की को) और दूसरी को प्रश्न-मुक्त"[28] किया गया। इस परिप्रेक्ष्य में 'अभिनेत' की प्रस्तुति पर विचार करने से यह बात स्पष्ट हो जाती है कि इस नाटक को करने के लिए अतुलवीर अरोड़ा के निर्देशक की अपेक्षा उनके लेखक का आग्रह ही शायद अधिक रहा है। राकेश के पात्रों और नाटक के फार्म को बनाए रखकर दरअसल यह इस नाटक के पूर्णत: संशोधित, परिवर्तित अथवा पुनर्लिखित रूप का मंचन था—न कि विवेच्य और प्रकाशित नायट्‌लेख का। राकेश की बीसवीं पुण्य-तिथि के अवसर पर राष्ट्रीय नाट्यविद्यालय रंगमंडल (दिल्ली) द्वारा आयोजित 'मोहन राकेश नाट्य समारोह' के अंतर्गत रंजीत कपूर द्वारा

पुर्नलिखित और निर्देशित 'पैर तले की ज़मीन' की नेपथ्य-कथा और परिणति भी लगभग यही रही है।

अतुलवीर अरोड़ा की ही तरह राजेंद्र नाथ, श्यामानंद जालान, प्रतिभा अग्रवाल, सतीश आनंद आदि अनेक प्रबुद्ध नाट्य-निर्देशकों को ऐसा लगता है कि 'पैर तले की ज़मीन' पर फिल्म हावी है और कुल मिलाकर बात कुछ बनती नहीं।[29] इस संदर्भ में यह भी उल्लेखनीय है कि चरित्रांकन के अंतर्विरोधों तथा प्रभावान्विति के अभाव जैसी प्रमुख कमजोरियों के साथ-साथ ज्यादातर नाट्य-निर्देशकों, समीक्षकों और प्रबुद्ध पाठकों-दर्शकों ने मंच पर उपस्थित किए गए 'बाढ़ के दृश्य' को मंचन की दृष्टि से इस नाटक की एक बड़ी सीमा और कमज़ोरी स्वीकार किया है। इसके प्रदर्शनों की असफलता का प्रमुख कारण भी इस प्रसंग का बेअसर दृश्यांकन रहा है। इसलिए यहाँ इस विषय में थोड़ा गहराई से विचार कर लेना शायद अप्रासंगिक नहीं होगा।

रंगमंच पर दर्शक 'यथार्थ' देखने की उम्मीद लेकर नहीं आता, उसे यहाँ जीवन के गहन-गम्भीर सत्य से साक्षात्कार की अपेक्षा होती है। दर्शक इशारे भर से सब कुछ स्वीकार कर लेता है। ऐसा न होता तो बादल सरकार के मनोशारीरिक शैली के प्रदर्शनों में कलाकारों का नदी, झरना, पुल, बस, मशीन, आग, हवा, आँधी, वर्षा, कुर्सी-मेज, दरवाजा और न जाने क्या-क्या बन जाना और सार्थक अनुभव दे पाना कैसे सम्भव होता? उसी से जुड़ा हुआ यह तथ्य भी है कि अपने अंतिम दिनों में राकेश तकनीक-समृद्ध रंगमंच की अपेक्षा शब्द और अभिनेता को ही रंगमंच का मूल तर्क मानने लगे थे। तब क्या यह सम्भय नहीं कि यदि वह अंतिम दृश्य की कल्पना अपने मौजूदा रूप में भी करते, तब भी शायद उसे प्रकाश और अंधकार के जादू द्वारा मंच पर यथार्थ रूप में उपस्थित करने के बजाए ध्वनि और अभिनेता की देह के माध्यम से प्रस्तुत करने का निर्देश देते। इसी संदर्भ में डॉ॰ प्रतिभा अग्रवाल का वह उदाहरण भी प्रासंगिक और महत्त्वपूर्ण है जहाँ वह उत्पल दत्त के 'अंगार' के अंतिम बाढ़-दृश्य को मंच पर जीवंत करने के लिए आलोक के जादूगर तापस सेन तथा अद्भुत संगीतकार रविशंकर की प्रशंसा करते हुए बम्बई के कांतिलाल मड़िया के किसी नाटक के अंतिम दृश्य को स्मरण करते हुए कहती हैं कि "...नाटक के अंतिम दृश्य में बस्ती को डुबो देने वाले समुद्र का चित्रण था। दुर्घटना घट चुकी थी, सामने भीगे टूटे मकान और झोंपड़ियों के हिस्से, पीछे अपेक्षाकृत शांत पर लहराता समुद्र—बड़ा यथार्थ लगा था; पर शायद मंच पर इतना यथार्थ गले के नीचे नहीं उतरता। ध्यान तत्काल उस कौशल की ओर आकृष्ट हो गया, जिसके फलस्वरूप मंच पर समुद्र दिखलाया जा सका—मन दृश्य के विध्वंस की विभीषिका के प्रति खिन्न होने के बदले उनकी सफल प्रस्तुति के कौशल के प्रति आनंदित

हुआ, प्रशंसा से उच्छ्वसित हुआ। बात समझ में आई कि मंच पर विशेष कौशल का परिचय अनपेक्षित है। दर्शक जानता है कि वह प्रेक्षागृह में बैठा है और उसके सामने जो दृश्य दिखलाया जा रहा है वह निर्मित है, वास्तविक नहीं।··· नाटक, अभिनय सब गौण होकर कौशलपूर्ण दृश्य ही प्रमुख हो जाता है। जहाँ कौशल के बिना यथार्थ का अनुभव कराया जा सकता है वहाँ अद्भुत प्रभाव पड़ता है।"[30] इस संदर्भ में प्रमाणस्वरूप स्वयं नाटककार राकेश के इस सूत्र को भी उद्धृत किया जा सकता है कि "नहीं, ऐसी कोई 'गिमिक' नहीं होनी चाहिए जिससे नाटक की गम्भीरता पर असर पड़े ··"[31] शायद इसी कारण समर्थ होते हुए भी अत्यन्त कल्पनाशील निर्देशक रंजीत कपूर ने ध्वनि, प्रकाश, फिल्म प्रक्षेपण या अन्य किसी चमत्कारिक युक्ति से मंच पर बाढ़ 'दिखाने' की कोई कोशिश नहीं की। यह अलग बात है कि किन्हीं अन्य कारणों से इसका सफल प्रस्तुतीकरण रंजीत भी नहीं कर सके।

इस संदर्भ में महत्त्वपूर्ण बात यह है कि राकेश द्वारा परिकल्पित या अपेक्षित अयथार्थवादी दृश्यांकन के लिए नाटक की सम्पूर्ण प्रस्तुति-शैली और उसके निर्वहण का भी उससे मेल खाना निहायत जरूरी है। और यही वह बिन्दु है जो प्रदर्शन के स्तर इस नाटक के निर्देशकों और अन्य रंगकर्मियों को बहुत परेशान करता है। इसलिए हमें इस सत्य को स्वीकार करने में कोई आपत्ति या दुविधा नहीं होनी चाहिए कि अपनी अनेक छुट-पुट विशेषताओं के बावजूद यह नाट्यालेख राकेश की नाट्य-प्रतिभा के किसी नए आयाम का उद्घाटन नहीं करता और अभिमंचन की दृष्टि से कमज़ोर ही नहीं बल्कि एक असफल रचना भी है जो अधूरी बने रहने के लिए शायद अभिशप्त ही है।

संदर्भ

1. The Hindustan Times: (Mohan Rakesh's Last Play, Kavita Nagpal), Dec. 9, 1974.
2. नाट्य-वार्ता : अंक 30 (मार्च, 1979), पृ० 4
3. दिनमान : 27 जून से 3 जुलाई, 1976 (अभिनय और अभिनेता : मंगलेश डबराल), पृ० 46
4. श्री विश्वमोहन बडोला और समीक्षक की व्यक्तिगत बातचीत : दिसम्बर, 1981
5. श्री दीनानाथ और समीक्षक की व्यक्तिगत बातचीत : मई, 1980
6. सृजन का सुख-दुख : प्रतिभा अग्रवाल, पृ० 158
7. कलकत्ता में, दिसम्बर, 1980 में हुई समीक्षक की व्यक्तिगत बातचीत।

. दिनमान : 19 जनवरी, 1975 (हिंदी नाट्योत्सव : 1974) : पृ० 43

9. Enact : 96 (December, 1974) : Last Month in Delhi : Rajinder Paul.

10. 'अभिनेत' द्वारा प्रस्तुत : 'पैर तले की ज़मीन' के परिचय-पत्र में प्रकाशित निर्देशकीय वक्तव्य 'इजाज़त दें तो···' से उद्धृत ।

11. श्री अतुलवीर अरोड़ा द्वारा समीक्षक को लिखे गए 19 सितम्बर, 1980 के एक लम्बे व्यक्तिगत पत्रोत्तर से उद्धृत

12. समीक्षक और निर्देशक के बीच दिसम्बर, 1980 की एक शाम दिल्ली के श्रीराम सेंटर में हुई व्यक्तिगत बातचीत से ।

13. वही

14. परिचय-पत्र में प्रकाशित 'इजाज़त दें तो··' से उद्धृत ।

15. श्री अतुलवीर अरोड़ा द्वारा समीक्षक को लिखे गए 19 सितम्बर, 1980 के एक व्यक्तिगत पत्र से उद्धृत ।

16. वही

17. जनसत्ता : 25 नवम्बर, 1962 (तो यही इंतजार होता···), पृ० 5

18. वही

19. मोहन राकेश नाट्य समारोह (स्मारिका) : निर्देशकीय, पृ० 39

20 श्री रामगोपाल बजाज और इस समीक्षक के बीच फरवरी, 1995 को हुई एक व्यक्तिगत बातचीत पर आधारित ।

21. Abhiyan pays homage to the memory of Mohan Rakesh by presenting the first performance of his last play on his second death anniversary on 3 December, 1974

22. 'अभिनेत' कृत 'पैर तले की ज़मीन' के परिचय-पत्र में प्रकाशित निर्देशकीय 'इजाज़त दें तो···' से उद्धृत ।

23. वही

24. वही

25. वही

26. डॉ० अतुलवीर अरोड़ा द्वारा समीक्षक को लिखे गए 19 सितम्बर, 1980 के लम्बे पत्र से उद्धृत ।

27. वही

28. वही

29. विभिन्न रंगकर्मियों से समीक्षक की व्यक्तिगत बातचीत पर आधारित ।

30. सृजन का सुख-दुख : प्रतिभा अग्रवाल, पृ० 188

31. नटरंग : 21 (अक्तूबर-दिसम्बर, 1972), पृ० 5

उपसंहार

हिंदी रंगान्दोलन में राकेश का प्रभाव और योगदान

> **कुछ नाटककारों में बीज बोने की क्षमता होती है। अपने लेखन से वे ऐसे वातावरण का सृजन करते हैं जिससे दूसरों में प्रतिक्रिया होती है और लिखने की प्रेरणा जन्मती है। मोहन राकेश ऐसे ही नाटककार हैं। उनकी अकाल मृत्यु से भारतीय नाट्य आंदोलन की तो दुःखद क्षति हुई ही, हिंदी नाट्य की विशेष रूप से हुई।[1]**

भारतीय नाट्यांदोलन के संदर्भ में मोहन राकेश की विशिष्ट भूमिका और उनके महत्त्वपूर्ण योगदान को रेखांकित करने वाले ये शब्द आधुनिक भारतीय रंगांदोलन के प्रमुख आधार-स्तम्भ एवं हमारे समय के शीर्षस्थ रंगशिल्पी इब्राहिम अल्काज़ी के हैं। यह कहना तो अतिशयोक्ति ही होगी कि राकेश से पहले हिंदी में श्रेष्ठ और महत्त्वपूर्ण नाटक लिखे ही नहीं गए। **भारतेंदु हरिश्चंद्र** के नाट्य-लेखन एवं रंगकर्म ने आधुनिक हिंदी रंगमंच की समर्थ और सही शुरुआत की थी। **जयशंकर प्रसाद** के नाटकों ने इस विधा को काव्यात्मकता, दार्शनिकता और कलात्मकता देकर नई गरिमा एवं प्रतिष्ठा प्रदान की। **लक्ष्मीनारायण मिश्र** ने इसे समयकालीन यथार्थ से जोड़कर सामान्य व्यक्ति की समस्याओं के चित्रण का माध्यम बनाया। आजादी के बाद **जगदीश चंद्र माथुर** तथा **धर्मवीर भारती** के 'कोणार्क' एवं 'अंधा-युग' जैसी महत्त्वपूर्ण नाट्य-कृतियों का प्रकाशन भी राकेश के आगमन से पूर्व हो चुका था और मध्यवर्गीय स्त्री-पुरुष सम्बन्धों के विश्लेषण-विवेचन की दृष्टि से भी **भुवनेश्वर, उपेंद्रनाथ अश्क** और **लक्ष्मी नारायण लाल** का कृतित्व भी सामने आ चुका था। परंतु वास्तविकता यह है कि इस सबके बावजूद जून, 1958 में प्रकाशित मोहन राकेश का नाटक **आषाढ़ का एक दिन** आधुनिक हिंदी नाटक और रंगमंच के नए आंदोलन के श्रीगणेश का सबसे पहला, विशिष्ट और महत्त्वपूर्ण प्रमाण है। भारतेंदु ने प्राचीन

और नवीन के साथ अपने समसामयिक पारसी थियेटर की रंग-रूढ़ियों का प्रयोग करते हुए बेशक एक अच्छी शुरुआत की थी। लेकिन प्रसाद के अलगाववादी दृष्टिकोण तथा उनके महान् साहित्यिक नाटकों के कारण हिंदी रंगमंच की यह धारा वहीं अवरुद्ध होकर रह गई। लक्ष्मीनारायण मिश्र के नर-नारी सम्बन्धों की बौद्धिक और मनोवैज्ञानिक व्याख्या करने वाले समस्या-नाटक सतही स्थितियों, निर्जीव चरित्रों, गतिहीन-कृत्रिम सम्वादों तथा रंगमंच के आंतरिक काव्य से रहित होने के कारण अरंगमंचीय एवं प्रभावहीन सिद्ध हुए। भुवनेश्वर के नाटक पाश्चात्य नाट्य-रचनाओं के प्रभाव से आक्रांत होने तथा अपने समय से काफी आगे की समस्याओं के चित्रण के कारण उपेक्षित रह गए तथा "उपेंद्रनाथ अश्क और जगदीश चंद्र माथुर ने, विशेषकर जगदीश चंद्र माथुर ने, नाटक में सहज स्वाभाविकता और नाटकीयता के जिस मिश्रण का सूत्रपात किया, उसकी महत्त्वपूर्ण परिणति 'आषाढ़ का एक दिन' में हुई (है)। अवश्य ही **अंधायुग** इससे पहले लिखा जा चुका था, पर उसका प्रभाव नाटक और रंगमंच पर बहुत कम पड़ा और पड़ा भी तो कुछ बाद में ही दृष्टिगोचर हुआ।"[2] ज्ञातव्य है कि 'अंधा युग' का पहला प्रस्तुतीकरण 'थियेटर यूनिट' बम्बई द्वारा सत्यदेव दुबे के निर्देशन में दिसम्बर, 1962 में हुआ था।

निश्चय ही 'अंधायुग' ने भारतीय रंग-परिदृश्य में हिंदी नाटक एवं रंगमंच को उच्च-स्तर पर प्रतिष्ठित करने में उल्लेखनीय भूमिका निभाई है, परंतु इसमें भी संदेह नहीं कि सम्वेदनशील दृष्टि, अतीतोन्मुखी कथानक एवं चरित्रों के आधुनिक उपयोग, कथ्य और शिल्प की प्रभावी अन्विति, नाट्य भाषा की तलाश, पात्रों की आंतरिकता से अद्भुत स्वाभाविक एवं विश्वसनीय सम्वाद-लय की उपलब्धि, दार्शनिकता, काव्यात्मकता तथा प्रतीकमयता के नाटकीय इस्तेमाल जैसी अनेक विशेषताओं के कारण 'आषाढ़ का एक दिन' तथा 'लहरों के राजहंस' ने हिंदी नाट्य-लेखन और रंग-कर्म को एक गम्भीर, दायित्वपूर्ण, सांस्कृतिक, कलात्मक और महत्त्वपूर्ण रचनात्मक क्रिया-कलाप के रूप में व्यापक स्वीकृति दिलाने, राष्ट्रीय स्तर पर प्रतिष्ठित कराने तथा अपनी वैविध्यपूर्ण बहुसंख्यक प्रस्तुतियों से नए हिंदी रंगांदोलन को दो-चार महानगरों के सीमित दायरे से आगे बढ़ाकर छोटे-बड़े नगरों एवं कस्बों तक फैलाने की दृष्टि से एक निर्णायक भूमिका का निर्वाह किया है। '**आषाढ़ का एक दिन, लहरों के राजहंस, आधे-अधूरे और पैर तले की जमीन** के अब तक लगभग डेढ़ सौ से भी अधिक प्रस्तुतीकरण और बेशुमार प्रदर्शन हो चुके हैं और अंग्रेजी, असमिया, कन्नड़, मराठी, गुजराती, पंजाबी तथा मणिपुरी जैसी अन्य भाषाओं में भी इनकी छत्तीस से भी अधिक प्रस्तुतियों का होना, हिंदी रंगमंच की वर्तमान स्थिति को देखते हुए, एक गौरवमय कीर्ति-

मान है।

ब० व० कारंत की धारणा है कि "अल्काज़ी द्वारा प्रस्तुत 'आषाढ़ का एक दिन' से पहले हिंदी रंगमंच था ही नहीं।"[3] अत: स्पष्ट है कि आधुनिक हिंदी नाटक और रंगमंच की दृष्टि से 'आषाढ़ का एक दिन' न केवल इस क्षेत्र में व्यापक साहित्यिक और रंगमंचीय नाटक जैसे भ्रामक एवं गलत वर्गीकरण को तोड़कर एक सार्थक रंग-परम्परा का सूत्रपात करता है बल्कि स्वयं को इसकी श्रेष्ठतम उपलब्धियों में से एक ऐसी महत्त्वपूर्ण रचना भी सिद्ध करता है जिसने गम्भीर हिंदी रंगकर्म को कई स्तरों पर प्रभावित करके वयस्क बनाया।

1963 में प्रकाशित 'लहरों के राजहंस' ने 'आषाढ़ का एक दिन' जैसी अभूतपूर्व सफलता भले ही न पाई हो किंतु इसने हिंदी नाट्य-परम्परा को समृद्ध और रंगांदोलन को तीव्र करने में अपनी उल्लेखनीय भूमिका अवश्य निभाई है। 1968 में इसके परिवर्तित-रूप की लेखन-प्रक्रिया ने नाटककार और निर्देशक के रचनात्मक सहयोग एवं रंग-सृष्टि में उनकी अन्योन्याश्रित भूमिका की सीमा और शक्ति को भी व्यावहारिक एवं प्रामाणिक स्तर पर रेखांकित किया।

इसके बाद, 1969 में बहुचर्चित **आधे-अधूरे** सामने आया, जिसने रंगमंच, रेडियो, दूरदर्शन और सिनेमा— सभी प्रस्तुति-माध्यमों पर अपनी अपार सफलता तथा प्रशंसा के द्वारा हिंदी रंगांदोलन को एक नया स्तर एवं उत्कर्ष प्रदान किया। इसके देशव्यापी बहुसंख्य नाट्य-प्रदर्शनों ने जहाँ एक ओर शौकिया रंगमंच को विस्तार दिया वहीं दूसरी ओर प्रशिक्षित कलाकारों के लिए नियमित, अर्द्धव्यावसायिक अथवा व्यावसायिक रंगमंच की सम्भावना के द्वार खोल दिए। यह आकस्मिक नहीं है कि दिल्ली की नाट्य-संस्था 'दिशांतर' तथा कलकत्ता की 'अनामिका' ने अपने 'सप्ताहांत रंगमंच' और 'नियमित नाट्य प्रदर्शन' के महत्त्वाकांक्षी कार्यक्रमों का शुभारम्भ राकेश के 'आधे-अधूरे' से ही किया। दिल्ली दूरदर्शन से नाट्य-प्रदर्शन की एक नई श्रृंखला 'थियेटर टुडे' का श्रीगणेश भी इसी नाटक से हुआ और आज तक समकालीन श्रेष्ठ, गम्भीर एवं सार्थक भारतीय नाट्य-रचनाओं में यह हिंदी का सर्वाधिक मंचित, चर्चित और प्रशंसित नाटक बना हुआ है। हिंदी रंग-क्षेत्र के एक बहुत बड़े दर्शक-वर्ग ने, 'आधे-अधूरे' से ही नाटक देखना शुरू किया। हिंदी रंगमंच पर 'आधे-अधूरे' ही शायद हिंदी का एकमात्र मौलिक नाटक है जो सबसे ज्यादा खेला गया और पसंद किया गया। इसने साहित्यिक और रंगमंचीय नाटक के भ्रामक अंतर को पूरी तरह मिटा दिया।

पार्श्व-नाटक **छतरियाँ** (मैड डिलाइट), बीज-नाटक **शायद** और **हं:!** तथा **बहुत बड़ा सवाल** जैसे अपने अन्य प्रयोगधर्मी छोटे नाटकों के माध्यम से राकेश ने प्रशिक्षण तथा रंग-शिविरों के नवोदित एवं उत्साही कलाकारों में

नयी सम्वेदना तथा समग्र रंग-दृष्टि के प्रसार का महत्त्वपूर्ण दायित्व निभाया।

इसी प्रकार, बम्बई की व्यावसायिक फार्मूला फिल्मों के अटूट एवं सुदृढ़ ढाँचे के समानांतर नई और कला फिल्मों के सार्थक आंदोलन की शुरुआत का श्रेय भी राकेश की रचनाओं पर बनी **उसकी रोटी** तथा **आषाढ़ का एक दिन** जैसी फिल्मों को दिया जाता है। बी॰ के॰ करंजिया के शब्दों में, "जिस तरह मोहन राकेश के नाटक 'आधे-अधूरे' ने भारतीय रंगमंच पर नई लहर के नाटकों का सिलसिला प्रारम्भ किया, वही काम 'उसकी रोटी' ने हिंदी फिल्मों में किया। ⋯ एक तरह से यह उचित ही था कि 'उसकी रोटी' और 'आषाढ़ का एक दिन' ने लगातार दो वर्ष क्रिटिक्स एवार्ड जीते।"[4] रेडियो तथा दूरदर्शन पर नाटक को लोकप्रिय एवं समृद्ध बनाने में मोहन राकेश के योगदान को नकारा नहीं जा सकता। 'कहानी का रंगमंच' नामक अपेक्षाकृत नए रंग-प्रयोगों के क्षेत्र में भी राकेश की **अपरिचित, परमात्मा का कुत्ता, मलबे का मालिक, मिस पाल** तथा **एक और जिंदगी** जैसी कहानियों ने एक उल्लेखनीय भूमिका का निर्वाह किया है।

विज़ंस 1919 के द्वारा राकेश ने नाट्य-लेखन के एक मौलिक तथा नए आयाम का उद्घाटन किया। जलियाँवाला बाग के नृशंस हत्याकांड पर आधारित ध्वनि, प्रकाश और अभिनेता के सहयोग से अमृतसर में 14 अप्रैल, 1969 को प्रस्तुत राकेश के इस अभिनव प्रथम रंग-प्रयोग की एक लम्बी परम्परा आज तक चली आ रही है।

यह सत्य है कि साहित्यकार के रूप में मोहन राकेश को स्वीकृति और प्रतिष्ठा पहले नए कहानीकार के रूप में ही मिली। वह समकालीन हिंदी साहित्य के एक प्रमुख कथाकार हैं। परंतु जैसा कि डॉ॰ इंद्रनाथ मदान का मत है, "राकेश पहले भी नाटककार हैं और अंत में भी नाटककार ही हैं।"[5] **अंधेरे बंद कमरे, न आने वाला कल** और **अन्तराल** में ही नहीं बल्कि **एक और जिंदगी, सुहागिनें, अपरिचित, चौगान, खाली, मिस पाल, फौलाद का आकाश, सेफ्टी पिन** और **आखिरी सामान** जैसी अनेक कहानियों में भी व्यक्त मानवीय सम्बन्धों की जटिलता, स्थितियों की नाटकीय विडम्बना, चरित्रों की अस्थिरता एवं अनिश्चितता, पूर्ण विभाजित मानसिकता, नियतिवाद की स्वीकृति, अंतरंग, अनौपचारिक तथा आत्मीय भाषा की तलाश, बोलचाल की विश्वसनीय लय और समय के साथ टूटते-बदलते मूल्यों की पहचान जैसी विशेषताएँ उनके कथा-लेखन को नाट्य-लेखन के पूर्वाभ्यास-सा सिद्ध करने लगती हैं। राकेश ने बहुत जल्दी नाटक को आज की केंद्रीय एवं सर्वाधिक सशक्त विधा के रूप में स्वीकार कर लिया और पूर्ववर्ती लेखन से प्राप्त औज़ारों का अत्यंत कुशल एवं प्रभावी प्रयोग अपने नाटय-लेखन में किया। उन्होंने रंगमंच के

माध्यम, व्याकरण तथा मुहावरे को समझने और उस समझ को सर्जनात्मक रूप में इस्तेमाल करने की प्रक्रिया को अपनी जीवन-प्रक्रिया ही बना लिया था।

मोहन राकेश को प्रायः केवल मध्यवर्ग के तंग दायरे में भटकने वाला आत्म-सीमित लेखक कहकर उनके योगदान एवं प्रभाव को कम करने की कोशिश की गई है। लेकिन वास्तविकता यह है कि "इस देश के वासी भले ही वह शहरी हों, कस्बे के हों या फिर देहात के ही क्यों न हों, या कि निम्न, मध्य या उच्च वर्ग के हों, सभी पूर्णतया मध्यवर्गीय बनते जा रहे हैं।"[6] और इसीलिए राकेश का यह तर्क अपनी जगह सही प्रतीत होता है कि, "अगर हमारी पूरी आसपास की जिंदगी इस मध्यवर्गीय प्रवृत्ति को लिए हुए है तो मैं नहीं समझता कि हम इससे हटकर कुछ और भी लिख सकते हैं। इसलिए इसका अर्थ यह भी हुआ कि इस प्रकार का लेखन केवल एक ही वर्ग तक सीमित नहीं है, कहिए पूरे देश की मनोवृत्ति को लेकर ही लिखा जा रहा है।"[7] सम्भवतः यही कारण है कि विश्वसनीयता, प्रामाणिकता और प्रभावोत्पादकता की दृष्टि से, कुछेक अपवादों को छोड़कर, प्रायः हमारी सभी अथवा अधिकांश आधुनिक श्रेष्ठ नाट्य रचनाएँ मध्यवर्गीय स्त्री-पुरुष सम्बन्धों को ही अलग-अलग कोणों तथा धरातलों से उद्घाटित करने का प्रयास करती हैं। यह सत्य है कि 1975-76 के आसपास भारतीय सामाजिक एवं राजनीतिक जीवन में भारी परिवर्तन आया है और उसका स्पष्ट प्रभाव समकालीन लेखन और रंगमंच पर भी पड़ा ही है। प्रतिबद्ध रंगमंच और मंच-मुक्त नाटकों की बढ़ती हुई लोकप्रियता इसका स्पष्ट प्रमाण है। परंतु इस तथ्य को भी नकारा नहीं जा सकता कि जीवन, साहित्य और कला की इन बदलती हुई परिस्थितियों के बावजूद, राकेश के नाटकों की लोकप्रियता में कोई बुनियादी अंतर नहीं आया है। पिछले बाईस-तेईस वर्षों में विभिन्न नगरों और भाषाओं में होने वाले राकेश के नाटकों के बहुसंख्य प्रस्तुतीकरणों के अलावा 1992 में राष्ट्रीय नाट्य विद्यालय रंगमंडल द्वारा आयोजित 'मोहन राकेश नाट्य समारोह' के दिल्ली, मॉरीशस, कलकत्ता इत्यादि में अपार दर्शकों द्वारा किए गए स्वागत ने एक ओर इन नाटकों की समकालीन लोकप्रियता एवं स्वीकृति पर पुनः मोहर लगाई है तो दूसरी ओर नए निर्देशकों की इन मौलिक—नई व्याख्या वाली प्रस्तुतियों ने यह भी सिद्ध कर दिया है कि राकेश के इन नाटकों में समय के साथ चलने की अद्भुत क्षमता/सम्भावना भी निहित है। अतः डॉ० लक्ष्मीनारायण लाल का मोहन राकेश के संदर्भ में यह कथन पूर्वाग्रह-युक्त ही नहीं बल्कि सरासर गलत भी है कि "नाटक लिखकर वे पब्लिक रिलेशन बहुत करने लगते थे। इससे जब तक वे जीवित रहे तब तक उनका नाटक खूब खेला गया किंतु बाद में कोई पूछनेवाला नहीं, क्योंकि पब्लिक रिलेशन गायब हो गया।"[8]

इस संदर्भ में तथ्य यह है कि मुझे प्राप्त हुई सूचनाओं के अनुसार राकेश की मृत्यु के बाद किए गए उनके नाटकों के प्रस्तुतीकरणों की संख्या उनके जीते-जी हुए प्रदर्शनों के मुकाबले चार गुना से भी ज्यादा है। यही नहीं, 'छतरियाँ', के शिमला वर्कशाप के प्रयोगों के अतिरिक्त इक्कीस अन्य प्रस्तुतीकरण हुए हैं और ये सबके सब राकेश की मृत्यु के बाद ही किए गए हैं। 'बहुत बड़ा सवाल', 'शायद और हुँः' तथा उनके अन्य एकांकियों के बहुसंख्य सभी प्रदर्शन नाटककार की चिर-अनुपस्थिति में ही हुए हैं। इसलिए सुप्रसिद्ध नाट्य समीक्षक नेमिचंद्र जैन के शब्दों में सच तो यह है कि "कई ऐतिहासिक कारणों से हिंदी नाटक और रंगमंच के क्षेत्र में राकेश 'मील का पत्थर' बन गए और दिलचस्प बात यह है कि आज दस वर्ष बाद भी स्थिति में कोई अंतर नहीं आया है।"[9] और महत्त्वपूर्ण तथ्य यह है कि उक्त कथन में 'दस' की जगह 'पच्चीस-तीस' कर देने से भी इसकी सत्यता में कोई अंतर नहीं आएगा।

मोहन राकेश ने व्यापक स्तर पर हिंदी-नाट्य लेखन को प्रभावित किया है। राकेश के बाद यदि सर्वाधिक गम्भीर, श्रेष्ठ और प्रभावशाली किसी एक हिंदी नाटककार का नाम लिया जा सकता है तो वह है—सुरेंद्र वर्मा। यह संयोग नहीं है कि वह राकेश से कई स्तरों पर प्रभावित हैं और उन्हें कई बार राकेश की मानस-संतान तक कह दिया जाता है। सुरेंद्र वर्मा के नाटक **सेतु बंध** तथा **आठवाँ सर्ग**, 'आषाढ़ का एक दिन' तथा **सूर्य की अंतिम किरण से सूर्य की पहली किरण तक**, 'लहरों के राजहंस' की याद दिलाने वाली रचनाएँ हैं तो **द्रौपदी** एकदम 'आधे-अधूरे' का ही उतरा हुआ आक्रामक रूप है। राकेश मरते समय सरदार पटेल तथा जवाहरलाल नेहरू को ध्यान में रखकर ऐतिहासिक परिवेश के आधुनिक राजनीतिक नाटक **चाणक्य और चंद्रगुप्त** (सम्भावित नाम) की तैयारी में लगे थे तो सुरेंद्र वर्मा का बड़ा नाटक **छोटे सैयद बड़े सैयद** भी उत्तर मुगलकाल के बहाने से समकालीन राजनीतिक उथल-पुथल को पेश करता है। कथ्य, परिवेश, शैली, शिल्प, भाषा, सम्वाद, सौंदर्य-बोध और समस्या की दृष्टि से हिंदी के ये दोनों नाटककार, कई स्पष्ट एवं प्रकट असमानताओं के बावजूद, एक-दूसरे के बहुत निकट पड़ते हैं। यही नहीं 1972 से 75-76 के बीच का सम्पूर्ण हिंदी नाट्य-लेखन राकेश के 'आधे-अधूरे' की छाया से बुरी तरह आक्रांत रहा है। डॉ० लक्ष्मीनारायण लाल का **कर्फ्यू**, उपेंद्रनाथ अश्क का **लौटता हुआ दिन**, रमेश बक्षी का **देवयानी का कहना है**, मुद्रा राक्षस का **तिलचट्टा** और **तेंदुआ**, शांति मेहरोत्रा का **एक और दिन** तथा **ठहरा हुआ पानी**, शोभना सिद्दीकी का **शायद हाँ**, मृदुला गर्ग का '**एक और अजनबी** इत्यादि तथा कुछ और बाद में लिखे गए नंदकिशोर आचार्य के **देहांतर** तथा **हस्तिनापुर** और त्रिपुरारी शर्मा के **रेशमी रूमाल** जैसे नाटक स्पष्टतः

राकेश-परम्परा के ही नाटक हैं। इसी प्रकार 'सगुन पंछी' और 'व्यक्तिगत' (लाल), 'सम्भोग से संन्यास तक' तथा 'अप्रत्याशित' (सत्यदेव दुबे), 'अरे, मायावी सरोवर', **रक्तबीज** (शंकर शेष), 'चार यारों की यार' (सुशील कुमार सिंह), गुफाएँ (मुद्रा राक्षस), 'कृति-विकृति' (नाग बोडस), 'चारपाई' (रामेश्वर प्रेम) तथा सुरेंद्र वर्मा और रमेश बक्षी के अनेक छोटे नाटकों पर भी कमोबेश उस असर को देखा जा सकता है। हिंदी में स्त्री-पुरुष सम्बन्धों के शाश्वत प्रश्न की अलग-अलग कोणों से की जाने वाली गहरी, सूक्ष्म और गम्भीर छानबीन की कोशिश के मूल में कहीं-न-कहीं राकेश के नाटक ही विद्यमान रहे हैं। दिलचस्प तथ्य यह है कि उस दौर में लिखे गए गिरीश कर्नाड के 'ययाति' तथा 'हयवदन' (कन्नड़), बादल सरकार के 'सारी रात' और 'पगला घोड़ा' (बंगला), तथा विजय तेंदुलकर, चि० त्र्यं खानोलकर, महेश एलकुंचवार, अच्युत वझे और सतीश आलेकर जैसे मराठी नाटककारों के बहुसंख्य नाटक भी मध्यवर्गीय स्त्री-पुरुष सम्बन्धों और बदलते हुए इन्सानी रिश्तों की कशमकश के ही नाटक हैं।

भाषा, सम्वाद और रंग-शिल्प के स्तर से भी राकेश ने हिंदी नाटक को एक नई जागरूकता और चेतना प्रदान की है। यद्यपि इस दिशा में राकेश की तलाश और उपलब्धि को आगे बढ़ाने का बुनियादी और कठिन काम सुरेंद्र वर्मा और किसी हद तक नंदकिशोर आचार्य को छोड़कर किसी दूसरे नाटककार ने नहीं किया, फिर भी नाटककारों की मानसिकता पर किसी-न-किसी रूप में उसका परोक्ष प्रभाव तो पड़ा ही है।

मोहन राकेश एक सम्पूर्णतावादी (परफ़ैक्शनिस्ट) नाटककार थे। उन्होंने दूसरों के तो क्या स्वयं अपने ही आजमाए हुए नुक्तों और सफल नुस्खों का सदैव बहिष्कार करके मौलिक रचनात्मक लेखन का कठिन किंतु सही रास्ता अपनाया। यह उनके इस दृष्टिकोण और आत्म-निषेध की जबरदस्त शक्ति का ही परिणाम है कि वह अपने प्रत्येक नाटक के कई-कई प्रारूप तैयार करने के बाद ही उसे अंतिम रूप देते थे और अपने जीवन काल में केवल तीन नाटकों की रचना कर सके। उन्होंने शीर्षस्थ निर्देशकों और महत्त्वपूर्ण नाट्य-दलों के साथ मिलकर भी काम किया, किंतु रचना-सृष्टि की दृष्टि से उन्होंने अपनी ज़मीन और अपना मोर्चा कभी नहीं छोड़ा। किसी भी आकर्षण या लालच में आकर, लेखकीय स्तर पर, कभी कोई समझौता नहीं किया। उन्होंने शिमला वर्कशाप में प्रयोग के ही विशिष्ट उद्देश्य से लिखित 'छतरियाँ' को छोड़कर नाट्य-निर्देशकों की अहंपूर्ति, प्रयोग एवं सुविधा के लिए नाट्यालेखों के ब्लू-प्रिंट तैयार न करके अपने आप में सम्पूर्ण और सघन नाटकों की रचना की। वह फिल्म को मूलतः दृश्य और रंगमंच को श्रव्य माध्यम मानते थे, शायद इसीलिए उनके नाटकों में मंचीय सफलता

और प्रदर्शनीयता के साथ-साथ साहित्यिकता और पठनीयता का विलक्षण गुण भी विद्यमान है। उनके नाटको में इन दोनों विशेषताओं का अद्भुत सामंजस्य हुआ है। नाटक को पाठ्य भी मानने का ही यह परिणाम है कि उनके नाटकों के संवादों और रंग-निर्देशों की भाषा में कोई अंतर नहीं है। 'आषाढ़ का एक दिन' के प्रथम और विशिष्ट संस्करणों के रंग-निर्देशों की भाषा में मौजूद शब्द-प्रयोग की मितव्ययता और उसकी प्रभावी तराश का अंतर इसका प्रत्यक्ष प्रमाण है। संभवत: यही कारण है कि उनके नाटकों को देखते या सुनते हुए ही नहीं, पढ़ते हुए भी—बीच में छोड़ना बहुत कठिन और कष्टकर प्रतीत होता है। रंगकर्मियों के साथ-साथ विश्वविद्यालयों में भी राकेश के नाटकों की व्यापक लोकप्रियता का यही मुख्य और मूल कारण है।

हिंदी नाटक के साथ-साथ हिंदी रंगमंच को भी विकसित, विस्तृत, समृद्ध और प्रतिष्ठित करने के महत्त्वपूर्ण कार्य में राकेश ने उल्लेखनीय भूमिका का निर्वाह किया है।

देश के शीर्षस्थ रंगकर्मियों एवं विद्वानों-कलाकारों से राकेश के घनिष्ठ व्यक्तिगत सम्बन्ध थे। परंतु कम लोग जानते हैं कि इन सम्बन्धों की शुरुआत उनके कृतित्व —विशेषत: 'आषाढ़ का एक दिन'—से व्यक्तिगत तक पहुँची थी। राकेश एक ज़िंदादिल और आत्मसम्मानी व्यक्ति थे। वह सम्बन्ध बनाना और निभाना जानते थे। भीतर से अकेले और उदास होने के बावजूद बाहर से राकेश ने स्वयं को सदैव दबंग, लड़ाकू और हठी व्यक्ति के रूप में प्रस्तुत करके हिंदी के लेखक और नाटककार को सम्मान एवं उत्कर्ष दिलाया। उनकी यह लड़ाई व्यक्ति के लिए नहीं, अपने वर्ग के लिए थी। राकेश ने प्रचलित और स्वीकृत को मानने के बजाए नई अपेक्षाओं और शर्तों की सृष्टि की। उन्हीं के शब्दों में, "जब भी मैं अपने पूरे सीने का ज़ोर लगाकर इन अधिकारों के लिए लड़ता हूँ तो केवल अपने अकेले के लिए ही नहीं। मैंने यह लड़ाई सिर्फ इसलिए तो शुरू नहीं की है कि इसका लाभ सिर्फ़ अकेले ही मुझको मिले।··· मैं सम्भवत: इस विषय में थोड़ा-बहुत कर सका हूँ। कुछ जगह परिवर्तन आया है। उदाहरण के लिए 10 वर्ष पूर्व एक कहानी के लिए 25 रुपए दिए जाते थे, और 40 से ऊपर कभी नहीं। आज इसके लिए 250 दिया जाता है। यह सब अपने आप ही नहीं हो गया।"[10] स्पष्ट है कि राकेश ने यदि आने-जाने के लिए हवाई जहाज के किराए की माँग की,[11] रायल्टी की सम्मानजनक दर माँगी और न मिलने पर वकीलों के नोटिस दिलवाए, वैचारिक मतभेद पर आत्मसम्मानी योद्धा की तरह हमेशा लड़ने को कटिबद्ध रहे, समय की पाबंदी न होने पर मोरारजी देसाई और अज्ञेय से भिड़ गए, जरूरत पड़ने पर बड़े-बड़े सम्मेलनों और सेमिनारों से वाक्आउट कर गए, किसी भी स्थान से कभी भी त्यागपत्र देने को सदैव तैयार रहे,[12] अपनी प्रतिष्ठा

को संकट में डालकर भी लेखकीय मर्यादा की सदैव रक्षा की। डॉ० सुरेश अवस्थी के शब्दों में, "राकेश केवल नाटक ही नहीं लिख रहे थे, वे रंगमंच के क्रियाकलाप में पूरी तरह से जुटे हुए थे, और हिंदी के नये रंगमंच के आंदोलन में उनका योगदान केवल नाटककार के ही रूप में नहीं है।"[13] रंगमंच से उनकी सम्बद्धता प्रत्यक्ष और बहुस्तरीय थी।

मोहन राकेश के नाटकों के महत्त्व तथा उनके योगदान का कुछ अनुमान इस तथ्य से भी लगाया जा सकता है कि आधुनिक हिंदी रंगमंच का शायद ही कोई जागरूक और सक्रिय नाट्य-दल तथा महत्त्वपूर्ण भारतीय नाट्य-निर्देशक होगा जिसने राकेश का कोई न कोई नाटक प्रस्तुत न किया हो।

राकेश के नाटक आत्म-परक हैं, उनका अनुभव क्षेत्र और चरित्र-संसार सीमित है, उनका स्त्री-विषयक दृष्टिकोण मध्ययुगीन है, वह प्रायः अपने रोमानी और बौद्धिक आग्रहों में संतुलन नहीं बैठा पाते, उन्होंने कोई बड़ा या मौलिक शिल्पगत प्रयोग नहीं किया, उनके नाटकों का तीसरा अंक समान रूप से शब्द-बहुल और कमजोर है, वह अत्यधिक रंग-निर्देशों के द्वारा अभिनेता और निर्देशक को अकारण ही जकड़ने की कोशिश करते हैं, उनके नाटक नियतिवादी हैं, अंत अनिश्चित एवं निराशाजनक हैं और वे अपने पाठकों-दर्शकों को कोई दिशा नहीं देते तथा बदले हुए जीवन एवं मंच की ज़रूरतों को पूरा करने में असमर्थ हैं—जैसे राकेश और उनके नाटकों पर लगाए जाने वाले अनेक आरोप अपने आपमें गलत न होते हुए भी सच की सिर्फ अधूरी तस्वीर ही पेश करते हैं। इस संदर्भ में महत्त्वपूर्ण बात यह है कि इन सब कमियों और सीमाओं के बावजूद राकेश ने अपने साढ़े तीन नाटकों से जो उपलब्ध किया है और उनके देशव्यापी बहुसंख्य प्रदर्शनों ने हिंदी रंगान्दोलन की गति को तीव्र करने में जो योगदान किया है—वह अद्वितीय है। डॉ० सुरेश अवस्थी के अनुसार, "उन्होंने अपने नाटकों से हिंदी में एक नया दर्शक-वर्ग तैयार किया और जयशंकर प्रसाद के बाद पहली बार हिंदी रंगमंच की समर्थता का एहसास कराया।"[14] और सुविख्यात रंगकर्मी इब्राहिम अल्काज़ी का यह कथन भी सही है कि, "भारतीय रंगमंच के नए युग की शुरुआत उनके द्वारा ही होती है।"[15] यही नहीं, राकेश के निधन के दस वर्ष बाद उनके कृतित्व का पुनर्मूल्यांकन करते हुए वरिष्ठ नाट्य-समीक्षक नेमिचन्द्र जैन की निश्चित और निर्भ्रान्त धारणा थी कि "इस बीच हिंदी नाटक और रंगमंच के क्षेत्र में हुए वस्तु शिल्प, शैली और प्रदर्शन-पद्धतियों के तमाम प्रयोगों के बावजूद सच्चाई यह है कि हम आज भी राकेश से आगे नहीं जा पाए हैं।"[16] और फरवरी 1995 में ब० व० कारंत ने एक साक्षात्कार में निःसंकोच स्वीकार किया है कि "राकेश की टक्कर का नाटककार उनके बाद से आज तक हिंदी ने पैदा ही नहीं किया है।" राष्ट्रीय स्तर पर राकेश जैसी प्रतिष्ठा

और स्वीकृति किसी हिंदी नाटककार को नहीं मिली।

मोहन राकेश को मिलने वाले विविध पुरस्कारों और सम्मानों ने भी हिंदी नाटक और रंगमंच की गरिमा एवं प्रतिष्ठा बढ़ाने में कभी प्रत्यक्ष और कभी परोक्ष रूप से अपनी भूमिका निभाई है। 'आषाढ़ का एक दिन' संगीत नाटक अकादमी से सर्वश्रेष्ठ नाटक का पुरस्कार जीतने वाला पहला नाटक था। 'आधे-अधूरे' के बाद संगीत नाटक अकादमी ने नाटककार राकेश को पुनः पुरस्कृत किया। 'दिशांतर' द्वारा प्रस्तुत 'आधे-अधूरे' के अभिमंचन को 'साहित्य कला परिषद्' दिल्ली ने वर्ष के सर्वश्रेष्ठ प्रस्तुतीकरण का प्रथम पुरस्कार देकर सम्मानित किया। नेहरू फ़ैलोशिप पाने वाले वह हिंदी के पहले लेखक तथा अब तक के प्रथम और अंतिम नाटककार हैं। उनकी रचनाओं पर बनी दोनों फिल्मों 'उसकी रोटी' तथा 'आषाढ़ का एक दिन' ने लगातार दो वर्षों तक फिल्मफेअर क्रिटिक्स एवार्ड जीते। सेंसर बोर्ड की सदस्यता तथा 'फिल्म वित्त निगम' के निर्देशकत्व का दायित्व भी उन्होंने सफलतापूर्वक सँभाला। वह संगीत नाटक अकादमी द्वारा प्रकाशित पत्रिका 'संगीत नाटक' के सम्पादक-मंडल में भी रहे और राष्ट्रीय नाट्य विद्यालय की कार्यकारिणी समिति के सदस्य भी। इनके अतिरिक्त भी वह राष्ट्रीय स्तर की न जाने कितनी कमेटियों-संगोष्ठियों और सम्मान-पुरस्कार इत्यादि की समितियों में सदस्य, प्रतिनिधि एवं विशेषज्ञ या निर्णायक की हैसियत से शामिल होते रहे। समकालीन भारतीय नाटक की उपलब्धि को एक साथ रेखांकित करने वाले महत्त्वाकांक्षी प्रकाशन 'आज के रंग नाटक' तथा 1972 के 'अकादमी थियेटर फैस्टीवल' को मोहन राकेश की स्मृति को समर्पित करके केवल रचनाकार राकेश को ही नहीं मानो सम्पूर्ण हिंदी नाटक और रंगमंच के योगदान को ही सम्मानित किया गया। देश की अनेक पत्र-पत्रिकाओं द्वारा उनकी याद में प्रकाशित राकेश-विशेषांकों तथा नाट्य-संस्थाओं द्वारा आयोजित स्मृति शोक-सभाओं, सेमिनारों एवं नाट्य-समारोहों ने भी राकेश के व्यक्तित्व और कृतित्व को समग्रता से प्रस्तुत करके उनकी बहुआयामी प्रतिभा का परिचय दिया। 1973 में संगीत कला मंदिर, कलकत्ता ने जनवरी, 1966 से दिसम्बर 1971 के बीच देश की सभी भाषाओं में प्रकाशित अथवा अभिमंचित समस्त नाटकों में से 'आधे-अधूरे' को सर्वश्रेष्ठ मानकर उसे दस हजार रुपए के प्रथम पुरस्कार से सम्मानित किया। नाटक, नाट्य-भाषा और रंगमंच सम्बन्धी स्वयं राकेश के गम्भीर लेखों, टिप्पणियों एवं साक्षात्कारों का तो अपना महत्त्व है ही, देश-विदेश में राकेश के नाटकों पर होने वाले व्यापक शोध-कार्य और उन पर लिखी गई अनेक उल्लेखनीय पुस्तकों ने भी नाट्य-समीक्षा और अनुसंधान के स्तर को ऊँचा उठाने में उल्लेखनीय योगदान दिया है।

दोस्त परवर, झगड़ालू, बेहद संवेदनशील, घोर अहंकारी, अध्यवसायी,

बेसब्रा, हँसमुख और मिलनसार मोहन राकेश का निजी जीवन उनके साहित्यिक जीवन और कृति-व्यक्तित्व के मूल्यांकन में सदैव आड़े आता रहा है। हिमाचल से कन्याकुमारी तक बिखरे उनके सैकड़ों मित्रों में लेखक और कला-साहित्य के प्रेमी ही नहीं, अनेक पेशों के लोग भी शामिल हैं। यह सच है कि मैत्रेय राकेश ने बड़ी आस्था, आत्मीयता और सहजता से दोस्तियाँ निभाई हैं किंतु गलत यह यह भी नहीं कि दोस्ती करने के मामले में अक्सर वह बड़ा सचेत और व्यवहार-कुशल भी रहा है। डॉ० इन्द्रनाथ मदान, डॉ० विजयेन्द्र स्नातक, डॉ० सुरेश अवस्थी, डॉ० धर्मवीर भारती, कमलेश्वर, डॉ० कर्ण सिंह, इन्द्रकुमार गुजराल, नेमिचंद्र जैन, राजिंदर पॉल, ओम्प्रकाश, शीला संधू, विश्वनाथ, इब्राहिम अल्काज़ी, श्यामानंद जालान, सत्यदेव दुबे, ओम शिवपुरी, राजेंद्रनाथ, बासु भट्टाचार्य, बी०के० करंजिया जैसे व्यक्तियों की मैत्री का भरपूर लाभ भी राकेश ने उठाया ही है और निस्संदेह राकेश को राष्ट्रीय स्तर पर प्रक्षेपित और प्रतिष्ठित करने में इन मित्रों का योगदान कम नहीं है। राकेश के समकालीनों की ईर्ष्या और पीड़ा का प्रमुख कारण यह भी है कि वह उसे साहित्यिक-राजनीतिक अखाड़ेबाज़ी और गुटबंदी के घटिया स्तर पर भी पराजित नहीं कर सके। राकेश ने बड़े सावधान और सुनियोजित ढंग से अपनी रचनात्मक शक्ति, प्रखर प्रतिभा और नेतृत्व-क्षमता का सार्थक इस्तेमाल करके पहले नई कहानी और फिर आधुनिक हिंदी नाटक एवं रंगमंच की लहर को आंदोलन का रूप देने में महत्त्वपूर्ण ही नहीं बल्कि निर्णायक भूमिका निभाई।

राष्ट्रीय नाट्य विद्यालय के साथ घनिष्ठ एवं निकट सम्बन्ध ने भी राकेश को देश-व्यापी नाटककार बनाने में काफी सहायता पहुँचाई। यह एक रोचक और महत्त्वपूर्ण तथ्य है कि हिंदी के साथ-साथ अन्य प्रादेशिक भाषाओं में राकेश के नाटकों को अभिमंचित करने वाले नाट्य-निर्देशकों में अधिकतर राष्ट्रीय नाट्य विद्यालय के स्नातक ही रहे हैं।

राकेश के आगमन के समय रंगमंच की बागडोर मुख्यतः अंग्रेजीप्रिय अधिकारियों और रंगकर्मियों के हाथों में थी और वे हिंदी भाषा तथा इसके नाटक दोनों को हेय दृष्टि से देखते थे। मोहन राकेश ने अपने प्रभावशाली व्यक्तित्व और 'आषाढ़ का एक दिन' जैसे श्रेष्ठ कृतित्व के द्वारा इस मिथ्या धारणा को तोड़ा। राकेश के नाटकों ने अंग्रेजी नाटक करने वाली नाट्य-संस्थाओं को पहली बार तीव्रता से यह एहसास कराया कि हिंदी में भी कुछ ऐसे नाटक हैं जिन्हें (अंग्रेजी अनुवाद के माध्यम से ही सही) किए बिना आधुनिक भारतीय रंगमंच की मूल धारा में शामिल होना या उसका अंग बनकर रहना कठिन है। लगभग यही स्थिति मराठी, कन्नड़ और बंगला जैसे अपेक्षाकृत समृद्ध रंग-परम्परा वाले रंगकर्मियों की भी थी। इन भाषाओं में कुछ तो अपनी रंग-समृद्धि

और उत्कृष्टता के उच्च-भाव के कारण और कुछ हिंदी में किसी राष्ट्रीय स्तर के श्रेष्ठ नाटककार के अभाव के कारण हिंदी का कोई नाटक इन भाषाओं में मंचित नहीं हुआ था, जबकि उस समय का हिंदी रंगमंच देशी-विदेशी अनुवादों से पटा पड़ा था। राकेश के नाटकों ने पहली बार एक सम्मानपूर्ण आदान-प्रदान की शुरुआत की और उनके नाटक रंगकर्म की दृष्टि से सक्रिय लगभग सभी भारतीय भाषाओं में अनूदित और मंचित होकर राष्ट्रीय स्तर पर चर्चित और प्रशंसित हुए। "यह उनके व्यक्तित्व का प्रभाव या मित्रों की साज़िश नहीं है कि देश के चार प्रमुख भारतीय नाटककारों में राकेश भी एक हैं। यह उनके कृतित्व की ही शक्ति का स्वाभाविक परिणाम है।"[17] हिंदी के नये-पुराने सभी नाट्य-लेखकों और रंगकर्मियों के लिए मोहन राकेश का कृतित्व आज भी एक चुनौती बना हुआ है। राकेश ने हिंदी नाटक, नाटककार और रंगमंच को एक विशिष्ट गरिमा, प्रौढ़ता, प्रतिष्ठा और मर्यादा प्रदान की। हिंदी के नये रंगान्दोलन के उद्‌भव, विकास और उसे समृद्ध करने में राकेश के नाटकों के बहुभाषी बहुसंख्य प्रदर्शनों ने निर्णायक भूमिका निभाई है।

राकेश के नाटक स्वयं रंगकर्मियों को अपनी प्रतिभा और क्षमता परखने के साधन रहे हैं। जिस प्रकार विश्व के लगभग सभी उल्लेखनीय निर्देशक कभी न कभी शेक्सपीयर से जरूर टकराना चाहते हैं और इसी से उन्हें अपनी रंग-सामर्थ्य का प्रमाण मिलता है। ठीक उसी प्रकार हमारे समय में, अपनी तमाम कमियों और सीमाओं के बावजूद, राकेश के नाटकों ने एक रचनात्मक चुनौती प्रस्तुत करके भारतीय रंगकर्मियों को अपनी ओर आकृष्ट किया है। यही कारण है कि राकेश का नाट्य-व्यक्तित्व आज भी आधुनिक भारतीय रंग-परिदृश्य में एक कालजयी कीर्ति-स्तम्भ की तरह अडिग और अटल खड़ा है। कालजयी नाट्य-रचना की इच्छा और समय के द्वंद्व में राकेश की इच्छा को ही विजय प्राप्त हुई है।

संदर्भ

1. दिनमान : 25-31 जनवरी, 1976 (ठोंकपीट अच्छी बात नहीं : इब्राहिम अल्काज़ी) पृ० 33
2. नटरंग : 21 अक्टूबर-दिसम्बर, 1972 (मोहन राकेश के नाटक : नेमिचंद्र जैन) पृ० 34
3. इनैक्ट : 172-173-174 (ब० व० कारंत इन कंवर्सेशन विद राजिंदर पाल)

4. माधुरी : 22 दिसम्बर, 1972 (वह बेसब्रा आदमी : मोहन राकेश — बी० के० करंजिया) पृ० 11
5. राधाकृष्ण प्रकाशन, दिल्ली द्वारा 10 दिसम्बर, 1982 को त्रिवेणी सभागार में आयोजित 'मोहन राकेश की स्मृति में' के अंतर्गत डा० इंद्रनाथ मदान के भाषण से।
6. मोहन राकेश साहित्यिक और सांस्कृतिक दृष्टि, पृ० 146
7. वही, पृ० 147
8. छायानट : 17 (अप्रैल-जून, 1981) नाटककार डॉ० लक्ष्मीनारायण लाल से बातचीत, पृ० 29
9. राधाकृष्ण प्रकाशन, दिल्ली द्वारा 10 दिसम्बर, 1982 को त्रिवेणी सभागार में आयोजित 'मोहन रोकश की स्मृति में' के अंतर्गत प्रस्तुत श्री नेमिचंद्र जैन के व्याख्यान से।
10. मोहन राकेश साहित्यिक और सांस्कृतिक दृष्टि, पृ० 155
11. द्रष्टव्य : सृजन का सुख-दुखः प्रतिभा अग्रवाल, पृ० 115
12. द्रष्टव्य : दिनमान : 10 दिसम्बर, 1972 (त्यागपत्र : श्रीकांत वर्मा), पृ० 16
13. दिशान्तर द्वारा प्रस्तुत 'मोहन राकेश स्मृति समारोह' के परिचय-पत्र में प्रकाशित डॉ० सुरेश अवस्थी के संस्मरण-लेख 'मैत्रेय राकेश : आखिरी दिनों की कुछ यादें' से उद्धृत।
14-15. राकेश के निधन पर राष्ट्रीय नाट्य-विद्यालय, दिल्ली द्वारा 4 दिसम्बर, 1972 की शाम को मेघदूत में आयोजित शोक-सभा में दिए गए वक्तव्य (द्रष्टव्य : धर्मयुग 17 दिसम्बर, 1972), पृ० 23
16. त्रिवेणी सभागार, दिल्ली में 20 दिसम्बर, 1982 को आयोजित 'मोहन राकेश स्मृति' में प्रस्तुत नेमिचन्द्र जैन के व्याख्यान से।
17. राधाकृष्ण प्रकाशन, दिल्ली द्वारा 10 दिसम्बर, 1982 को त्रिवेणी सभागार में आयोजित 'मोहन राकेश स्मृति' के अंतर्गत श्री नेमिचन्द्र जैन के व्याख्यान से उद्धृत।

परिशिष्ट

राकेश के नाटकों का सम्वाद एवं रंग-निर्देश विश्लेषण

आषाढ़ का एक दिन

सम्वाद-विश्लेषण

पात्र	अंक	पंक्तियाँ		सम्वाद संख्या		स्वगत			
						पंक्तियाँ		सम्वाद संख्या	
		प्रथम सं०	नया सं०	प्रथम सं०	नया सं०	प्रथम सं०	नया सं०	प्रथम सं०	नया सं०
अम्बिका	i	133	135	64	63	1	1	1	1
	ii	61	58	15	15	—	—	—	—
	iii	—	—	—	—	—	—	—	—
	योग	194	193	79	78	1	1	1	1

मल्लिका	i	247	244	77	78	—	—	—	—
	ii	147	140	74	74	17[2]	18	2	2
	iii	115	111	38	38	48	49**	1	1
	योग	509	495	189	190	65	67	3	3
कालिदास	i	85	85	32	32	8	8*	1	1*
	1ii	193	196	31	31	1	1	1	1
	योग	278	281	63	63	9	9	2	2
बंतुल	1	41	39	14	14	—	—	—	—
मातुल	i	70	72	17	17	—	—	—	—
	ii	40	40	9	9	—	—	—	—
	iii	82	81	11	11	—	—	—	—
	योग	192	193	37	37	—	—	—	—

*हरिणशावक को सम्बोधित । **ग्रंथ को सम्बोधित ।

निक्षेप	i	47	50	20	20	—	—	—	—
	ii	47	47	22	22	1	1	1	1
	योग	94	97	42	42	1	1	1	1
विलोम	i	115	116	26	26	—	—		—
	ii	84	84	14	14	—	—	—	—
	iii	66	67	5	5	12	12	2	2
	योग	265	267	45	45	12	12	2	2
रंगिणी	ii	22	22	10	10	—	—	—	—
संगिणी	ii	28	28	13	13	—	—	—	—
अनुस्वार	ii	62	62	43	43	—	—	—	—
अनुनासिक	ii	48	43	38	38	—	—	—	—
प्रियंगुमंजरी	ii	133	126	25	25	—	—	—	—

रंग-निर्देश

निर्देश	अंक	निर्देश-संख्या	पंक्तियाँ	शब्द	पृष्ठ संख्या
दृश्य-बंध	i	1	26	245	13-14
	ii	1	18	170	60-61
	iii	1	17	129	101-102
	योग	3	58	544	
प्रकाश-व्यवस्था	i	4	11	36	13, 44, 58
	iii	3	4	20	101, 109, 127
	योग	7	15	56	
ध्वनि-प्रभाव	i	7	16	85	13, 19, 58, 59
	ii	4	9	24	64, 65, 71
	iii	11	13	81	101,109,113, 120 121, 126, 127
	योग	22	38	190	
अभिनय-निर्देश	i	238	390	2033	
	ii	195	316	1751	
	iii	125	194	1082	
	योग	558	820	4866	

लहरों क राजहस

सम्वाद-विश्लेषण

पात्र	अंक	पंक्तियाँ		सम्वाद संख्या		स्वगत			
						पंक्तियाँ		सम्वाद संख्या	
		प्रथम सं०	नया सं०	प्रथम सं०	नया सं०	प्रथम सं०	नया सं०	प्रथम सं०	नया सं०
सुंदरी	i	294	317	93	88	3	15	1	1
	ii	170	198	97	106	2	2	1	1
	iii	131	144	44	55	5	—	—	3
	योग	595	659	234	249	10	17	2	5
अलका	i	53	51	26	22	—	—	—	—
	ii	24	22	11	11	4	3	2*	3*
	iii	125	128	64	59	—	9	—	1
	योग	202	201	101	92	4	12	2	4

*नेपथ्य सम्वाद का द्योतक है।

मैत्रेय	i	16	18	7	8	—	—	—	—
शशांक	i	6	3	4	2	—	—	—	—
नीहारिका	ii	6	6	4	4	—	—	—	—
	iii	5	3	4	2	—	—	—	—
	योग	11	9	8	6	—	—	—	—
नंद	i	105	120	49	52	—	7	—	1
	ii	162	203	93	103	18	39	5	4
	iii	135	214	20	36	91	66	3	1
	योग	402	537	162	191	109	112	8	6
श्यामांग	i	74	83	27	23	15	18	1	1
	ii	33	11	8*	4	33	11	8*	4*
	iii	6	—	2*	—	6	—	2*	—
	योग	113	94	37	27	54	29	11	5

श्वेतांग	i	33	68	23	21	—	—	—	—
	iii	58	54	24	21	—	—	—	—
	योग	91	122	47	42	—	—	—	—
भिक्षु आनंद	i	33	37	13	13	—	—	—	—
भिक्षुओं का स्वर	i	—	3	—	1	—	3	—	1*
	ii	6	6	2*	2	6	6	2*	2*
	iii	—	—	—	—	—	—	—	—
	योग	6	9	2	3	6	9	2	3[1]

*नेपथ्य सम्वाद का द्योतक है ।

रंग-निर्देश

(प्रथम संस्करण)

निर्देश	अंक	पंक्तियाँ	शब्द-संख्या	निर्देश-संख्या	पृष्ठ-संख्या
दृश्य-बंध	i	21	165	2	24, 25
	ii	15	103	2	24, 54, 57
	iii	5	36	2	24,76
	योग	41	304	6	
प्रकाश-व्यवस्था	i	2	16	1	53
	ii	11	71	5	54, 55, 56, 71
	iii	9	53	5	76, 92, 100
	योग	22	140	11	
ध्वनि-प्रभाव	i	16	82	5	33, 34, 48
	ii	25	160	13	59, 65, 67, 70, 71
	iii	3	20	2	100
	योग	44	262	20	

अभिनय-निर्देश	i	286	1893	230
	ii	260	1825	194
	iii	369	1864	191
	योग	815	5582	615

रंग-निर्देश

(द्वितीय संस्करण)

निर्देश	अंक	पंक्तियाँ	शब्द-संख्या	निर्देश-संख्या	पृष्ठ-संख्या
दृश्य-बंध	i	25	199	2	42, 45, 46
	ii	14	97	3	42, 83, 85
	iii	5	35	2	42, 111
	योग	44	331	7	
प्रकाश-व्यवस्था	i	6	25	3	45, 46, 79
	ii	9	45	4	82, 85, 90, 108
	योग	15	70	7	

ध्वनि-प्रभाव	i	14	83	9	45, 56, 57, 74, 76
	ii	24	136	12	89, 96, 98, 102, 103
	योग	38	219	21	
अभिनय-निर्देश	i	269	1495	192	
	ii	253	1424	180	
	iii	233	1335	147	
	योग	755	4254	519	

आधे-अधूरे

सम्वाद-विश्लेषण

पात्र	दृश्य	पंक्तियाँ	सम्वाद-संख्या	स्वगत पंक्तियाँ	स्वगत सम्वाद
काले सूट वाला आदमी	i	—	—	60	1*
पुरुष एक उर्फ महेंद्रनाथ	i	199	95	—	—
पुरुष दो उर्फ सिंघानिया	i	127	46	—	—
पुरुष तीन उर्फ जगमोहन	ii	73	42	—	—
पुरुष चार उर्फ जुनेजा	ii	290	89	—	—

*दर्शकों को सम्बोधित ।

स्त्री	i	388	217	17	1
	ii	309	127	12	1
	योग	697	344	29	2
बड़ी लड़की	i	205	120	—	—
	ii	212	153	9	2
	योग	417	273	9	2
छोटी लड़की	i	52	25	—	—
	ii	82	41	—	—
	योग	134	66	—	—
लड़का	i	146	97	—	—
	ii	92	64	—	—
	योग	238	161	—	—

रंग-निर्देश

निर्देश	दृश्य	पंक्तियाँ	शब्द-संख्या	निर्देश-संख्या	पृष्ठ-संख्या
दृश्य-बंध	i	37	373	2	10, 13
	ii	11	83	1	66
	योग	48	456	3	
प्रकाश-व्यवस्था	i	17	135	5	10, 13, 65
	ii	13	61	7	66, 113
	योग	30	196	12	
ध्वनि-प्रभाव	i	7	46	4	65
	ii	13	65	5	89, 110, 112
	योग	20	111	9	113
अभिनय-निर्देश	i	543	3199	475	
	ii	398	1958	279	
	योग	941	5157	754	

पैर तले ज़मीन

सम्वाद-विश्लेषण

पात्र	अंक	पंक्तियाँ	सम्वाद-संख्या	स्वगत	
				पंक्तियाँ	सम्वाद-संख्या
अब्दुल्ला	i	377	126	54	3
	ii	86	56	—	—
	योग	463	182	54	3
नियामत	i	116	55	—	—
	ii	78	50	—	—
	योग	194	105	—	—
पंडित	i	201	100	7	1
	ii	213	109	—	—
	योग	414	209	7	1

झुनझुनवाला	i	28	11	—	—
	ii	176	92	—	—
	योग	204	103	—	—
नीरा	i	54	31	—	—
	ii	47	30	1	1
	योग	101	61	1	1
रीता	i	132	49	25	1
	ii	75	36	—	—
	योग	207	85	25	1
अयूब	i	301	77	72	2
	ii	182	104	—	—
	योग	483	181	72	2
सलमा	i	6	3	—	—
	ii	133	96	—	—
	योग	139	99	—	—

रंग-निर्देश

निर्देश	अंक	पंक्तियाँ	शब्द-संख्या	निर्देश-संख्या	पृष्ठ-संख्या
दृश्य-बंध	i	13	114	1	9
	ii	11	102	1	67
	योग	24	216	2	
प्रकाश-व्यवस्था	i	9	53	4	9, 61, 62, 66
	il	9	87	5	66, 98, 103
	योग	18	140	9	
ध्वनि-प्रभाव	i	38	232	17	9, 11, 13, 14, 15, 23, 35, 51, 53, 61,62, 66
	ii	34	191	20	67,69, 71, 72, 75, 83, 85, 89, 90, 96,
	योग	72	423	37	97, 104. 112
अभिनय-निर्देश	i	436	2540	291	
	ii	344	1847	288	
	योग	780	4387	579	